국어능력인증시험

완벽 준비서

국어능력인증시험 완벽 준비서

지은이 이문성
펴낸이 안용백
펴낸곳 (주)넥서스

초판 1쇄 발행 2009년 4월 5일
초판 8쇄 발행 2013년 1월 25일

출판신고 1992년 4월 3일 제311-2002-2호
121-840 서울시 마포구 서교동 394-2
Tel (02)330-5500 Fax (02)330-5555

ISBN 978-89-6000-512-9 13710

저자와 출판사의 허락 없이 내용의 일부를
인용하거나 발췌하는 것을 금합니다.
저자와의 협의에 따라서 인지는 붙이지 않습니다.

가격은 뒤표지에 있습니다.
잘못 만들어진 책은 구입처에서 바꾸어 드립니다.

www.nexusbook.com
넥서스BOOKS는 (주)넥서스의 실용 브랜드입니다.

국어능력인증시험

완벽 준비서

이문성 지음

넥서스

머리말

국어는
give and take,
주고 받는 것
주는 것이 표현, 받는 것은 이해
듣고 읽으면 이해. 말하고 쓰면 표현
줄 줄 알고 받을 줄 알면
끝.

그러나
그것은
쉬우면서 어려운 것
이것만 바로 서면
세상은 아름답고
삶은 행복할 텐데
현실은
그렇지 못하다.

이
책은
주고 받는
기본을
바로 잡고 싶은
조그만 소망을
담았을
뿐.

권력을 주고 받는 것이 정치활동이요,
돈을 주고 받는 것이 경제활동이라면
우리들의 사상·감정을 주고 받는 것은 言語 활동
언어 활동은 모든 인간 활동의 기본이요,
이 기본이 바로 서야
돈도 권력도 순리적으로 오고 가며
세상은 자연스럽게 돌고 돌 것이다.

국어능력인증시험은
단순한 시험이 아니라
서로의 사상·감정을 주고 받는
인간의 가장 기본적인 삶의 능력을 측정하는 시험이다.
언어는 예부터 지금까지 경제력과 권력의 원천이었다.
국어능력은 이 땅에서 우리들의 사회적 신분을 결정지어 왔다.
국어능력인증시험은 진정한 사회적 능력과 위치를 대변하는 시험이다.

그러기에
이 책은
듣고 / 말하고, 읽고 / 쓰는
즉
주고(표현) / 받는(이해)
삶의
기본적이고 중요한 내용을 수록한
책이다.

— 글(文)별(星) 李文星

국어능력인증시험 준비생은 물론 이 책이 국민 필독서가 되길 기원하며 죽도록 정리하며 썼습니다. 이 책과 관련된 모든 분들께 감사드립니다. 고맙습니다, 사랑합니다.

차례

제1장 언어 기초 영역

제1절 어휘

Ⅰ 고유어
- 테마 1_ 아름다운 우리말 17
- 테마 2_ 작품에 나타난 고유어 29
- 테마 3_ 정겨운 단위어 35
- 테마 4_ 부드러운 순화어 38

Ⅱ 한자어
- 테마 5_ 주요 한자어 41
- 테마 6_ 동음이의어 48
- 테마 7_ 혼동하기 쉬운 한자어 57

Ⅲ 관용어
- 테마 8_ 관용어 62
- 테마 9_ 속담 66

Ⅳ 사자성어
- 테마 10_ 주요 사자성어 76
- 테마 11_ 속담과 관련된 사자성어 96

실전 다지기
- 유형 1_ 단어의 사전적 의미 98
- 유형 2_ 단어의 문맥적 의미 100
- 유형 3_ 단어의 관계 102
- 유형 4_ 용법 103
- 유형 5_ 기타 105
- 유형 6_ 주관식 110

홈페이지 클릭 ●자료 1_주제별 우리말 ●자료 2_ 동음이의 한자어 ●자료 3_ 신체와 관련된 관용어 ●자료 4_ 가나다 속담 ●자료 5_ 주제별 사자성어

제2절 어문 규정과 어법

Ⅰ 말소리(음운론)
- 테마 1_ 국어의 특질-음운상에 나타난 두음 법칙과 모음 조화 113
- 테마 2_ 말소리-소리의 길이와 자음·모음 116
- 테마 3_ 말소리-모음의 체계와 변화 119
- 테마 4_ 말소리-자음의 체계 122
- 테마 5_ 말소리-자음의 변화-중화 현상 124
- 테마 6_ 말소리-자음의 변화-동화 현상 127
- 테마 7_ 말소리-자음의 변화-첨가 현상 131
- 테마 8_ 말소리-자음의 변화-탈락과 축약 134
- 테마 9_ 로마자 표기 137

	테마 10_ 외래어 표기 142
Ⅱ 단어(품사론)	테마 11_ 단어-파생어와 합성어 149
	테마 12_ 단어-체언과 조사 153
	테마 13_ 단어-어간과 어미 157
	테마 14_ 단어-고어·한자어, 방언·표준어 160
	테마 15_ 단어-올바른 단어 선택 162
	테마 16_ 단어-어법에 맞는 단어의 사용 166
Ⅲ 문장(통사론)	테마 17_ 문장-문장 성분의 호응 170
	테마 18_ 문장-문법의 요소와 기능 173
	테마 19_ 문장-자연스럽게 문장 다듬기 179
Ⅳ 의미론	테마 20_ 의미-의미의 올바른 사용 181
	테마 21_ 언어 다듬기 실전 연습 184
실전 다지기	유형 1_ 맞춤법 188
	유형 2_ 표준어(발음) 190
	유형 3_ 외래어 표기법 / 로마자 표기법 193
	유형 4_ 생략 195
	유형 5_ 중복 196
	유형 6_ 호응 197
	유형 7_ 중의성 198
	유형 8_ 기타 199
홈페이지 클릭	●자료 6_한글 맞춤법 통일안 ●자료 7_표준어 사정 원칙 ●자료 8_표준 발음법 ●자료 9_규범과 관련하여 혼동하기 쉬운 예들 ●자료 10_비슷하지만 뜻이 다른 말

제2장   언어 기능 영역

제1절 읽기

Ⅰ 사실적 이해	테마 1_ 정보의 문맥 파악하기 203
	테마 2_ 핵심 정보 파악하기 218
	테마 3_ 개괄 및 세부 정보 파악하기 231
	테마 4_ 정보 간의 관계 파악하기 244
	테마 5_ 표현 방식 파악하기 255

Ⅱ 추론적 이해
- 테마 6_ 추론의 방법 263
- 테마 7_ 전체 및 세부 정보 추론하기 267
- 테마 8_ 생략된 정보 추론하기 273
- 테마 9_ 필자의 관점 및 독자의 반응 추론하기 281

Ⅲ 비판과 창의적 이해
- 테마 10_ 오류의 발견과 비판하기 289
- 테마 11_ 내용의 통일성 비판하기 294
- 테마 12_ 논거의 적절성 비판하기 298
- 테마 13_ 논지의 타당성 비판하기 302
- 테마 14_ 창의적 이해 306

Ⅳ 내용 영역별 이해
- 테마 15_ 인문 314
- 테마 16_ 사회 323
- 테마 17_ 과학·기술 332
- 테마 18_ 문학·예술 340

실전 다지기
- 유형 1_ 세부 정보의 파악 350
- 유형 2_ 핵심 정보의 파악 352
- 유형 3_ 논지 전개 양상의 파악 / 문단 구조의 파악 355
- 유형 4_ 세부 정보의 추리 357
- 유형 5_ 생략된 정보의 추리 358
- 유형 6_ 핵심 정보의 관계 추리 360
- 유형 7_ 사례와 구체적 상황 추리 361
- 유형 8_ 필자의 태도, 관점, 의도 추리 363
- 유형 9_ 전제와 결론의 추리 365
- 유형 10_ 논증의 타당성 분석 367
- 유형 11_ 주제, 관점, 구조의 유사성 분석 369
- 유형 12_ 문학 작품의 감상 371
- 유형 13_ 비판의 적절성 평가 372
- 유형 14_ 반응의 적절성 375

홈페이지 클릭 ●자료 11_인문 지문 독해 연습 ●자료 12_사회 지문 독해 연습 ●자료 13_과학 지문 독해 연습 ●자료 14_예술 지문 독해 연습 ●자료 15_ 문학 지문 독해 연습

제2절 쓰기

Ⅰ 계획하기
- 테마 1_ 주제 설정 및 주제문 작성하기 379
- 테마 2_ 자료의 수집과 선택 382
- 테마 3_ 구성 및 개요 작성 385

Ⅱ 표현하기
- 테마 4_ 내용 조직하기 390
- 테마 5_ 글의 전개 방식 393

	테마 6_ 표현 기법 398
Ⅲ 글 다듬기	테마 7_ 고쳐 쓰기 402
	테마 8_ 교정 및 문장 부호 406
실전 다지기	유형 1_ 주제 설정 410
	유형 2_ 참주제와 가주제의 이해 410
	유형 3_ 자료의 선별, 분류 411
	유형 4_ 자료의 해석 412
	유형 5_ 자료의 보완 413
	유형 6_ 구성 요소의 설정 414
	유형 7_ 구성 요소의 배치 414
	유형 8_ 개요 작성 416
	유형 9_ 단락의 요건과 구조 416
	유형 10_ 화제문과 뒷받침문 417
	유형 11_ 설명과 논증 417
	유형 12_ 서론과 결론 418
홈페이지 클릭	●자료 16_ 문장 부호 ●자료 17_ 문장 수사법

제3절 듣기

Ⅰ 사고 과정별 듣기	테마 1_ 사실대로 듣기 421
	테마 2_ 추론하며 듣기 433
	테마 3_ 비판하며 듣기 442
Ⅱ 제재별 듣기	테마 4_ 대화 448
	테마 5_ 독화 451
실전 다지기	유형 1_ 내용의 파악 454
	유형 2_ 발화 상황의 이해 454
	유형 3_ 의도 및 상황의 파악 455
	유형 4_ 생략된 정보의 추론 456
	유형 5_ 구체적 상황에 적용하기 457
	유형 6_ 내용의 적절성 평가 458
	유형 7_ 근거의 적절성 평가 458
	유형 8_ 적용 및 대안 탐색 459
홈페이지 클릭	●자료 18_ 수능 듣기 문제 ●자료 19_ 수능 듣기 지문 및 MP3
정답과 해설	별책

이 책의 짜임

본 교재는 기(봄), 승(여름), 전(가을), 결(겨울)의 순환적 리듬이 스며 있는 교재입니다.

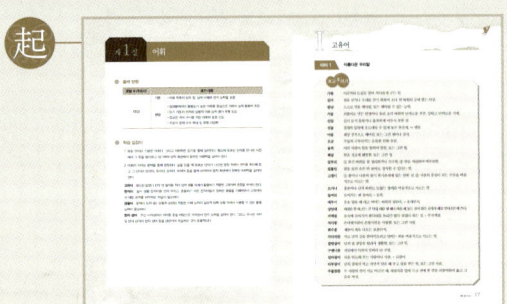

起 토대 학습
어휘 영역에서는 '보고 또 보기'를, 규범 영역에서는 '문법 지식'을, 읽기, 쓰기, 듣기에서는 '배경 지식' 등을 제시하여 기초를 튼튼히 할 수 있도록 하였다.

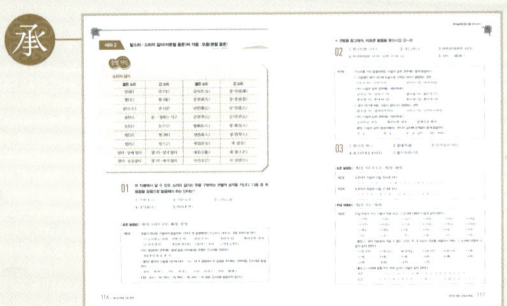

承 테마별 학습
출제 영역별 학습을 테마별로 좀 더 세분화하여 단계적이고 체계적으로 학습하여 실력을 배양할 수 있도록 하였다.

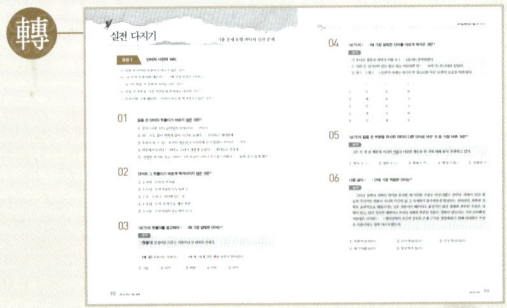

轉 실전 다지기
국어능력인증시험 유형 안내 문제들을 제시하고, 그와 같은 문제들로 구성하여 시험에 실질적으로 대비할 수 있도록 하였다.

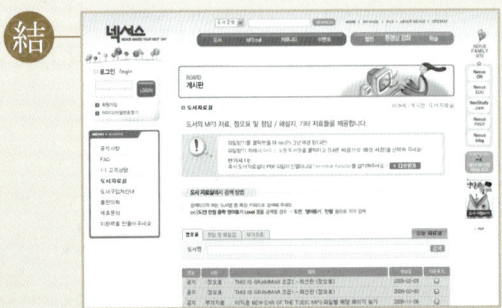

結 마무리 학습
좀 더 익혀야 할 어휘들, 반복해서 접해야 할 규범들, 꾸준히 풀어야 할 읽기 문제들, 기본적으로 알아야 할 쓰기 지식들, 자주 들어야 할 듣기 대본들 등의 자료를 홈페이지에 올려 마무리 학습을 할 수 있도록 하였다.

● 넥서스 홈페이지(www.nexusbook.com) ⇨ 커뮤니티 ⇨ 도서자료실 ⇨ 부가 자료

본 교재를 효과적으로 활용하기 위해서는
넥서스 홈페이지로 들어오셔서 회원으로 등록하세요.
마무리 학습을 할 수 있는 자료를 다운 받을 수 있습니다.

출제 방향과 학습 길잡이

교재의 각 절마다 한국언어문화연구원이 제시한 변경 전과 변경 후의 출제 방향을 함께 제시하여 출제의 흐름을 파악할 수 있도록 하였고, 이에 따른 올바른 학습 방향을 잡기 위해 학습 길잡이를 제시함으로써 국어능력인증시험 준비를 제대로 할 수 있도록 하였다.

듣기 대본

사고 과정별 듣기 대본은 듣기의 기초를 다지기 위해 해당 문제에 바로 제시하였으나, 제재별 듣기 대본과 실전 다지기 대본은 별도로 해설집 뒤에 제시하여 실전과 같은 감각으로 학습할 수 있도록 하였다.

정답과 해설

정답과 해설을 별도로 분권하여 편하게 학습하도록 했으며, 그 내용에 있어서도 정답과 오답에 대한 명쾌한 해설은 물론 출제 의도와 문제 해결 과정까지 상세히 설명하여 다양한 형태의 문제를 효과적으로 학습하도록 하였다.

홈페이지 클릭

본 교재는 일반적인 참고서나 문제집과 달리 교재의 내용을 좀 더 폭 넓고 깊게 학습하도록 관련된 자료와 문제를 홈페이지에 파일로 올려 완벽한 학습이 되도록 하였다.

국어능력인증시험은?

1. 국어능력인증시험의 목적

국어능력인증시험은 변화하는 국어 생활의 환경에 발맞추어 기존의 국어 교육 내용이나 방법의 한계를 극복하고, 체계적인 사고 과정의 결과로 나타나는 말하고, 듣고, 읽고 쓸 줄 아는 총체적인 언어 능력의 평가를 통해 국민의 국어 능력을 신장시키고, 나아가 국어 능력 향상을 학교 교육의 단계를 넘어 평생 학습의 단계로 인식토록 하고자 개발된 시험이다.

국어 능력인증시험이 추구하는 기본 방향은 다음과 같다.
1. 국어 교수·학습 및 평가의 지속성 유지와 국어의 평생 교육 지향
2. 사고력 평가를 통한 체계적이고 창의적인 국어 활동의 생활화 고취
3. 광범위하고 심도 있는 독서와 사고의 태도를 함양

2. 국어능력인증시험의 기본 방향

국어능력인증시험은 언어 사용 능력을 넘어서는 포괄적인 국어 능력 평가이며, 특히 언어 기능 영역과 사고력 영역을 유기적으로 통합하여 병행 평가하는 것을 기본 원칙으로 한다.

① 언어 기능 영역인 듣기, 읽기, 쓰기 영역을 평가하되, 각 기능 영역마다 사실 이해력, 추론력, 비판력, 창의력 등의 사고 영역을 유기적으로 통합하여 평가한다. 쓰기 영역의 경우 실질적인 쓰기 능력을 평가하기 위해 주관식 평가를 실시한다.
② 국어 생활의 질과 관련되는 전통 텍스트에 관한 능력, 문학적 언어에 관한 능력을 평가는 하되 그 비중을 제한적으로 하고, 가급적 다양한 분야의 지문 활용을 통해 국가 시험이나 진학 시험 등 타 시험과의 관계성을 높임으로써 장차 국어능력인증시험이 활용될 수 있는 기능성을 높인다.
③ 평가 시점 및 미래의 언어 환경 변화를 고려하여 매체 언어, 멀티미디어, 인터넷 등의 실제적인 언어 능력을 평가한다.
④ 언어 경험의 질과 양을 정확하게 평가할 수 있도록 하되 남녀나 지역, 계층 등에 따른 불평등이 나타나지 않도록 한다.
⑤ 현대 사회에서 교양과 전문성을 발휘할 수 있는 기본 능력으로서의 국어 능력을 평가하도록 한다.
⑥ 평가 결과를 해석하고 교육 과정 및 활용 과정에 반영하기 쉽도록 영역, 수준을 세분화한다.
⑦ 국어 능력을 분절적·분석적으로 보여 주는 동시에 통합적으로도 보여 줄 수 있도록 한다.

3. 중요 시행 원칙

▶ 출제 영역

사고력	사실적 이해 / 추론적 이해 / 비판적 이해 / 창의적 이해					
기능 영역	듣기	어휘	어법	어문 규정	읽기	쓰기
문항수(주관식)	15(2)	15(2)	5	5	40(1)	10(5)

문항 구성 : 객관식 80문항 +주관식 10문항 총 90문항

배점 : 객관식 2점 동일 배점 +주관식 4점 차등 배점(4점, 3점, 2점, 1점) 총200점 만점

▶ 시험 시간

1교시(10:00~11:00) 60분 : 읽기, 어문규정, 어휘 등 객관식 57문항

2교시(11:10~12:20) 70분 : 듣기, 어법, 쓰기 등 객관식 23문항 주관식 10문항

▶ 성적과 급수
- 국어능력인증시험의 성적은 절대 평가 방식으로 산출한다.
- 총점은 200점이며 121점 미만(60% 이하)은 급수를 부여하지 않는다.
- 급수는 1급에서 5급까지 부여하며, 각 급수에 따른 인증서를 발부한다.

급수	1급	2급	3급	4급	5급
총점	200~185	185 미만~169	169 미만~153	153 미만~137	137 미만~121

※ 121점 미만은 급수를 부여하지 않음.

▶ 응시 방법

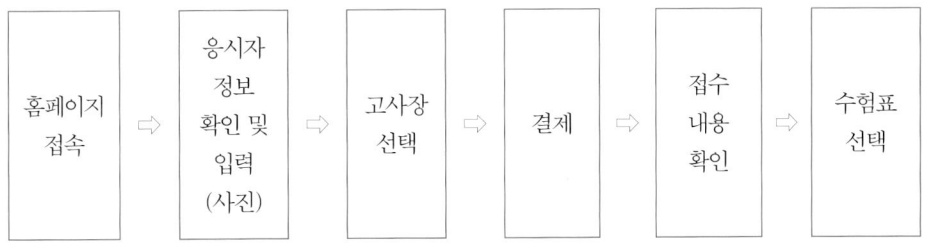

4. 기타 시행 원칙과 계획

국어능력인증시험 홈페이지(www.tokl.or.kr)를 접속하면 자세한 내용을 알 수 있습니다.

제1장
언어 기초 영역

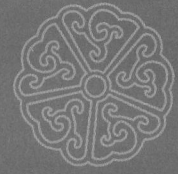

제1절 어휘

❋ 출제 방향

문항 수(주관식)		평가 내용
15(2)	기존	• 어휘 목록의 양과 질, 실제 이해와 한자 능력을 포함
	변경	• 실생활에서의 활용도가 높은 어휘를 중심으로 어휘의 실제 활용에 초점 • 읽기 지문과 연계된 실용적 어휘 능력 평가 유형 도입 • 정교한 국어 구사를 위한 어휘와 표현 선도 • 주관식 문제 수의 확대 및 유형 다양화

❋ 학습 길잡이

1. 모든 언어의 기본은 어휘다. 그리고 어휘력은 암기를 통해 길러진다. 평소에 모르는 단어를 만나면 사전에서 그 뜻을 찾아보고 암기하여 양적 측면에서 풍부한 어휘력을 길러야 한다.

2. 어휘의 의미는 문맥을 통해 결정된다. 글을 읽을 때 모르는 단어가 나오면 문장 속에서 의미를 추리해 보고 그 단어의 반의어, 유의어, 상위어, 하위어 등을 함께 파악하여 질적 측면에서 정확한 어휘력을 길러야 한다.

고유어 : 생소한 말보다 한두 번 들어본 적이 있어 생활 속에서 활용하기 적합한 고유어에 초점을 두어야 한다.
한자어 : 필수 생활 한자어를 먼저 익히고, 혼동하기 쉬운 한자어들의 정확한 용법을 이해하면서 고유어와의 대응 관계를 파악하는 학습이 필요하다.
관용어 : 문맥이 드러내는 상황과 관련된 적합한 이해 능력과 일상적 담화 상황 속에서 사용할 수 있는 활용 능력이 중요하다.
한자 성어 : 우선 사자성어의 의미를 훈을 바탕으로 익히면서 한자 능력을 길러야 한다. 그리고 유사한 의미 및 반의 관계의 한자 성어 등을 관련지어 학습하는 것이 효율적이다.

I. 고유어

테마 1 아름다운 우리말

보고 또 보기

가탈	이리저리 트집을 잡아 까다롭게 구는 일.
길마	짐을 싣거나 수레를 끌기 위하여 소나 말 따위의 등에 얹은 안장.
깜냥	스스로 일을 헤아림. 또는 헤아릴 수 있는 능력.
서슬	쇠붙이로 만든 연장이나 유리 조각 따위의 날카로운 부분. 강하고 날카로운 기세.
선잠	깊이 들지 못하거나 흡족하게 이루지 못한 잠.
섬돌	집채의 앞뒤에 오르내릴 수 있게 놓은 돌층계. ≒ 댓돌.
어림	대강 짐작으로 헤아림. 또는 그런 셈이나 짐작.
오금	무릎의 구부러지는 오목한 안쪽 부분.
울력	여러 사람이 힘을 합하여 일함. 또는 그런 힘.
헤살	일을 짓궂게 훼방함. 또는 그런 짓.
갈무리	① 물건 따위를 잘 정리하거나 간수함. ② 일을 처리하여 마무리함.
겉볼안	겉을 보면 속은 안 보아도 짐작할 수 있다는 말.
고갱이	① 풀이나 나물의 줄기 한가운데에 있는 연한 심. ② 사물의 중심이 되는 부분을 비유적으로 이르는 말.
도가니	흥분이나 감격 따위로 들끓는 상태를 비유적으로 이르는 말.
들머리	들어가는 맨 첫머리. = 들목.
매무시	옷을 입을 때 매고 여미는 따위의 뒷단속. = 옷매무시.
상앗대	배질을 할 때 쓰는 긴 막대. 배를 댈 때나 띄울 때, 또는 물이 얕은 곳에서 배를 밀어갈 때 쓴다.
자맥질	물속에 들어가서 팔다리를 놀리면 떴다 잠겼다 하는 짓. = 무자맥질.
치사랑	손아랫사람이 손윗사람을 사랑함. 또는 그런 사랑.
화수분	재물이 계속 나오는 보물단지.
각다귀판	서로 남의 것을 뜯어먹으려고 덤비는 판을 비유적으로 이르는 말.
곁방살이	남의 집 곁방을 빌려서 생활함. 또는 그런 일.
구레나룻	귀밑에서 턱까지 잇따라 난 수염.
길라잡이	길을 인도해 주는 사람이나 사물. = 길잡이.
더부살이	남의 집에서 먹고 자면서 일을 해 주고 삯을 받는 일. 또는 그런 사람.
무릎맞춤	두 사람의 말이 서로 어긋날 때, 제삼자를 앞에 두고 전에 한 말을 되풀이하여 옳고 그름을 따짐.

씨양이질 한창 바쁠 때에 쓸데없는 일로 남을 귀찮게 하는 것.
아귀다툼 각자 자신의 욕심을 채우고자 서로 헐뜯고 기를 쓰며 다투는 일.
아름드리 둘레가 한 아름이 넘는 것을 나타내는 말.
괴나리봇짐 걸어서 먼 길을 떠날 때에 보자기에 싸서 어깨에 메는 작은 짐.

※ 다음 빈칸에 어울리는 아름다운 우리말(명사 중심)을 〈보기〉에서 찾으시오.(1~3)

01
① 시험 때문에 긴장을 해서인지 어젯밤에는 내내 (　　)만 잤다.
② 암소 등 위에 얹은 (　　)에서 볏단을 내리던 준의 부친이 그를 맞았다.
③ 그는 자기의 (　　)을 잘 알고 있었다.
④ 시집에서 (　　)이 많아서 결혼이 쉽지 않다.
⑤ 문 지주 머슴들은 동네 사람들 (　　)에 기가 죽어 제대로 달려들지 못했다.
⑥ (　　)으로 계산해 보아도 큰돈이 남았다.
⑦ (　　) 앞에 와 있던 오후의 햇살이 어느 틈에 마루 중간까지 올라와 있다.
⑧ 저기 저 농로도 지난 여름에야 동네 사람들이 (　　)을 해서 낸 거란다.
⑨ 내 땅에서 내가 소작료 받는데 자네가 무슨 억하심정으로 (　　)을 놓는가 말이야?
⑩ 구석에 앉은 소년은 (　　)이 저리는지 자꾸 자세를 바꾸었다.

> 보기
> ㉠ 가탈　㉡ 깜냥　㉢ 길마　㉣ 서슬　㉤ 선잠
> ㉥ 울력　㉦ 섬돌　㉧ 어림　㉨ 오금　㉩ 헤살

02
① 옆 사람에게 일의 (　　)를 부탁하였다.
② (　　)이라고 사람이 저만치 생겼으면 속도 실할 것 같구먼.
③ 그의 삶 속에는 민족 자존이라는 (　　)가 자리잡고 있었다.
④ 우리 선수가 세계를 제패했다는 소식은 온 국민을 감격의 (　　)로 몰아넣었다.
⑤ 맹만수 계장 집은 마을의 첫 (　　)에 있었다.
⑥ 손을 씻고 나서 (　　)를 다시 하였다.
⑦ 그는 (　　)를 물속에 쑤셔 박아 뗏목을 앞쪽으로 밀었다.
⑧ 오랜 (　　) 끝에 물을 벗어난 잠수부처럼 나는 길게 숨을 내쉰다.
⑨ 내리사랑은 있어도 (　　)은 없다는 옛말은 참말로 그릇되지 않은 말이로다.
⑩ 땅은 해마다 돈을 낳을 테니까. 그야말로 (　　)이지.

> 보기
> ㉠ 상앗대　㉡ 갈무리　㉢ 겉볼안　㉣ 치사랑　㉤ 매무시
> ㉥ 고갱이　㉦ 자맥질　㉧ 화수분　㉨ 들머리　㉩ 도가니

03
① 사람들이 서로 헐뜯고 싸우는데, 이건 완전히 (　　)이었다.
② 남의 집 귀한 따님을 데려다 놓고 (　　)를 시키다니?
③ 종이에 침을 바르는 두터운 입술 언저리로 면도를 하지 못한 (　　)이 달빛에 유독 시커멓게 돋보인다.
④ 그들은 (　　) 등불도 없이 어둠을 더듬고 갔다.
⑤ 그녀는 부잣집에 (　　)로 허드렛일을 하면서 지냈다.
⑥ 이 일은 (　　)을 해 보아야 진상이 밝혀지겠다.
⑦ 계집애가 나물을 캐러 가면 갔지 남 울타리 엮는데 (　　)을 하는 것은 다 뭐냐.
⑧ 다시 택시 합승을 위해 (　　)을 벌이는 극장 앞에까지 왔다.
⑨ (　　) 소나무 숲 속은 대낮에도 하늘이 보이지 않게 가지가 덮고 있다.
⑩ 말이 여행이었지. (　　)을 하나씩 짊어지고 하늘재를 넘어간, 그야말로 초라한 나들이에 지나지 않았다.

> **보기**
> ㉠ 구레나룻   ㉡ 더부살이   ㉢ 무릎맞춤   ㉣ 각다귀판   ㉤ 씨양이질
> ㉥ 아귀다툼   ㉦ 길라잡이   ㉧ 괴나리봇짐   ㉨ 곁방살이   ㉩ 아름드리

※ 다음에 주어진 아름다운 우리말(동사, 형용사)의 풀이를 찾아, 바르게 연결하시오. (4~7)

04
갈음하다 ①　　㉠ 얌전히 있지 못하고 철없이 출랑거리다.
감돌다 ②　　㉡ 같은 말을 되풀이하여 말하다.
겯고틀다 ③　　㉢ 물결이나 불 따위가 넘실거리거나 바람에 가볍게 흔들리다.
곧추앉다 ④　　㉣ 욕심을 부리며 추하고 염치없이 행동하다.
나부대다 ⑤　　㉤ 일의 뒤끝을 맺다.
넘놀다 ⑥　　㉥ 어떤 둘레를 여러 번 빙빙 돌다
되뇌다 ⑦　　㉦ 옷감이나 재목 따위를 치수에 맞도록 재거나 자르다.
마름하다 ⑧　　㉧ 시비나 승부를 다툴 때에, 서로 지지 않으려고 버티어 겨루다.
마무르다 ⑨　　㉨ 허리를 펴고 똑바로 앉다.
주접떨다 ⑩　　㉩ 무엇을 다른 것으로 바꾸어 대신하다.

> **단어 사용 예시**
> ① 여러분과 여러분 가정에 행운이 가득하기를 기원하는 것으로 치사를 갈음합니다.
> ② 마당에 흙탕물이 질펀하게 감돌아 수채 구멍으로 빠져나가고 있었다. 〈한승원, '해일'〉
> ③ 응달의 검은 바위에서 물결이 하얗게 부서지고, 달려온 물결 소리와 골짜기의 숲 흔들리는 소리가 소란스럽게 겯고틀었다. 〈한승원, '해일'〉
> ④ 대불이는 권대길한테 몸이 아픈 것을 감추려고 되도록 곧추앉아서 밝은 얼굴로 두렷두렷 주변을 살폈다.
> ⑤ 둑을 기어오르듯 날고 있던 흰 나비 한 마리가 보리 위로 옮겨 가서 몹시 나부댄다. 〈박경리, '시장과 전장'〉

⑥ 그 햇살이 바다 위로 떨어져서는 수평선 위에 넘노는 물결이 황금빛으로 자글자글 끓어오르고……
⑦ 그녀는 입속으로 그 말을 몇 번이고 되뇌었다. 〈한수산, '유민'〉
⑧ 방바닥에는 옷감 마름해 놓은 것이 널리어져 있고, 벽에는 사진틀이 하나 걸려 있었다. 〈김승옥, '환상수첩'〉
⑨ 학명은 깊은 의미가 남아 있는 듯이 말끝을 마무르지 아니하고 웃는다. 〈한용운, '흑풍'〉
⑩ 똑같은 언문을 하루에도 수천 번을 되뇌며, 주접떨고 다니는 고물 장사 주제이고 보니…… 〈김주영, '도둑 견습'〉

05

가쁘다	①	㉠ 몹시 먹고 싶거나 하고 싶은 욕심에 사로잡힌 듯하다.
객쩍다	②	㉡ 모양이나 차림새 따위가 매우 깨끗하고 훤칠하다.
걱실걱실하다	③	㉢ 얼굴이나 성미가 예쁘장하고 얌전한 데가 있다.
게걸스럽다	④	㉣ 쓸쓸한 느낌이 들 정도로 아주 고요하다.
겸연쩍다	⑤	㉤ 성질 따위가 야무지고 옹골차다.
곱살스럽다	⑥	㉥ (주로 관형사형으로 쓰여) 몸이 튼튼하고 병이 없다.
괴괴하다	⑦	㉦ 행동이나 말, 생각이 쓸데없고 싱겁다.
끌밋하다	⑧	㉧ 쑥스럽거나 미안하여 어색하다. = 계면쩍다.
맵짜다	⑨	㉨ 몹시 숨이 차다.
생때같다	⑩	㉩ 성질이 너그러워 말과 행동이 시원시원하다.

단어 사용 예시

① 폐 한쪽을 들어낸 소령은 침대에서 내려서는 것만으로도 숨이 가빠서 네댓 번은 쉬어야 된다. 〈홍성원, '육이오'〉
② 객쩍은 소리 그만두어요. 그 따위 실없는 소리를 할 때가 아니에요. 〈염상섭, '삼대'〉
③ 누님은 중성적인 걱실걱실한 성격을 가진 부인이라, 내 배 앓아 낳은 딸이 아니라고 구박을 하거나 들볶거나 할 사람은 아니었지만…… 〈한무숙, '돌'〉
④ 나는 식탁 위에 밥을 차릴 겨를도 없이 닥치는 대로 게걸스럽게 식사를 해치웠다. 〈최인호, '돌의 초상'〉
⑤ 그는 마을에서 방울이를 마주 대하기가 겸연쩍어 되도록 피하는 입장이 되었다. 〈문순태, '타오르는강'〉
⑥ 영감과 남매래도 곧이들을 만큼 거북살스럽게 생긴 완만한 이 마님의 어디서 그런 소리가 나오는지 말소리만은 곱살스럽다. 〈염상섭, '취후'〉
⑦ 주위는 갑자기 총성이 멎어 마치 괴괴한 달밤처럼 적막했다. 〈홍성권, '육이오'〉
⑧ 열네 살의 털북숭이 소녀가 이제는 스물두살의 끌밋한 처녀가 돼 있었다. 〈황순원, 나무들 비탈에 서다〉
⑨ 보기보다 살림 솜씨가 맵짜다는 소리가 들리는 걸 보면…… 〈김원우, '짐승의 시간'〉
⑩ 늙은 부모 공양하고 생때 같은 자식들 안 굶기자는 일이니까 이것을 그대로 자식 된 도리고 부모 된 도립니다. 〈송기숙, '암태도'〉

06

생뚱스럽다	①	㉠	실속이 있게 속이 꽉 차 있다.
성기다	②	㉡	달리 어쩔 도리가 없다.
암팡스럽다	③	㉢	보기에 날씨나 분위기 따위가 몹시 스산하고 쓸쓸한 데가 있다.
야멸치다	④	㉣	좀 겸연쩍고 부끄럽다.
열없다	⑤	㉤	① 물건의 사이가 뜨다. ② 반복되는 횟수나 도수(度數)가 뜨다. ③ 관계가 깊지 않고 서먹하다.
옹골지다	⑥	㉥	하는 행동이나 말이 상황에 맞지 아니하고 엉뚱한 데가 있다.
을씨년스럽다	⑦	㉦	① 겉모양이 깨끗하지 못하고 생기가 없다. ② 태도 따위가 너절하고 고상하지 못하다.
추레하다	⑧	㉧	모자람이 없이 넉넉하다.
푼푼하다	⑨	㉨	몸은 작아도 야무지고 다부진 면이 있다.
하릴없다	⑩	㉩	① 남의 사정은 돌보지 아니하고 자기만 생각하다. ② 태도가 차고 야무지다.

단어 사용 예시

① 침침하고 가라앉은 풍경 속에 나타난 새색시의 다홍치마, 노랑 저고리는 생뚱스럽도록 당돌해 보였다. 〈박완서, '미망'〉
② 잎이 거의 다 떨어진 탱자나무의 성긴 가지 사이로 서너 명의 코흘리개들 모습이 얼비쳐 보였다. 〈조정래, '태백산맥'〉 / 매일같이 만나던 두 사람이 요즘 들어서는 만남이 성기다.
③ 그 아이는 체구는 작지만 꽤 암팡스러워 보인다.
④ 어린 색시가 서방 흉을 보는 것처럼 말을 꺼내 놓고 은근슬쩍 자랑을 하는 게 어찌나 징그럽던지 너 하고 말 안 할 거라고 야멸치게 쏘아 주곤 했었다. 〈박완서, '저문 날의 삽화'〉
⑤ 그는 할 일 없이 앉아 있기가 열없어서 곁에 있던 잡지를 뒤적거리기 시작했다.
⑥ 요즈음 밭농사는 잡곡 농사보다 채소 농사가 옹골지다.
⑦ 상여 움막보다 더 을씨년스러운 꼴을 한 숯막을 바라보고 있는 염상진의 시야에는 아버지의 늙은 모습이 어릿거리며…… 〈조정래, '태백산맥'〉
⑧ 김덕기가 추레하게 차려입은 농사꾼 차림의 나이가 지긋한 사내와 함께 마당으로 들어섰다. 〈문순태, '타오르는 강'〉 / 달수의 그런 추레한 꼴을 본 사람들은 경멸에 앞서 동정을 보냈다. 〈최일남, '거룩한 응달'〉
⑨ 팔십 전을 손에 쥔 김 첨지의 마음은 푼푼하였다. 〈현진건, '운수 좋은날'〉
⑩ 중요한 물건을 잃어버렸으니 꾸중을 들어도 하릴없는 일이다.

07

노상	①	㉠ 물건이 거듭 쌓이거나 일이 계속 일어남을 나타내는 말.
고즈넉이	②	㉡ 과연 정말로.
곧추	③	㉢ 모르는 사이에 조금씩 조금씩.
곰비임비	④	㉣ 갑자기 또는 난데없이.
다복다복	⑤	㉤ 고요하고 쓸쓸하게.
마수없이	⑥	㉥ 풀이나 나무 따위가 여기저기 아주 탐스럽게 소복한 모양.
시나브로	⑦	㉦ 고요하고 아늑하게.
오롯이	⑧	㉧ 꽤 어지간한 정도로.
적이	⑨	㉨ 언제나 변함없이 한 모양으로 줄곧.
짜장	⑩	㉩ 굽히거나 구부리지 아니하고 곧게.

> **단어 사용 예시**
> ① 김장자는 자나 깨나 노상 그 아들로 하여 은근히 걱정 중이겠다. 〈이기영, '봄'〉
> ② 겉으로 고즈넉이 보이는 조선 팔도는 속으로는 여간 어지럽지 않았다. 〈김동인, '젊은 그들'〉
> ③ 땅바닥에 곧추 떨어진 햇빛이 번히 열린 눈 속으로 다시 파고들었다. 〈이동하, '우울한 귀향'〉
> ④ 경사스러운 일이 곰비임비 일어난다. / 병일은 곰비임비 술을 들이켰다. 〈현진건, '적도'〉
> ⑤ 다복다복 돋은 풀은 안 남산 밖 남산 군데군데 푸르렀는데… 〈육정수, '송뢰금'〉
> ⑥ 넋을 놓고 한길 가운데 우두커니 섰는데, 누가 마수없이 어깨를 짚으면서 공중에서 부른다. 〈채만식, '탁류'〉
> ⑦ 그는 비슬비슬하다가 어느 틈엔가 구덩이 속으로 시나브로 없어져 버린다.
> ⑧ 살아갈 기력을 잃은 그들은 오롯이 어둠 속에 묻혀 가고 있었다. 〈문순태, '타오르는 강'〉
> ⑨ 해가 막 떨어진 뒤라 그런지 그녀의 웃음이 적이 붉게 보였다. 〈김정한, '모래톱 이야기'〉
> ⑩ 제발 남편이 신발과 댕기를 사 오기를 축수하고 나서, 짜장 댕기와 고무신을 사 오지 않으면 사생결단으로 싸워 보리라 마음먹었다. 〈정비석, '성황당'〉 / 기를 쓰고 가르쳐 본댔자 소 귀에 경 읽기라는 말이 짜장 헛된 이야기만도 아닌 셈이었다. 〈박태순, '어느 사학도의 젊은 시절'〉

※ 다음과 같은 뜻을 가진 고유어를 〈보기〉에서 찾으시오. (8~9)

08
① 재산이 넉넉하고 많다.
② 마음속으로 겁이 나고 탈이 날까 불안하다.
③ 성미가 너그럽지 못하고 까다롭다.
④ 아주 그럴듯하다.
⑤ 빨리하도록 재촉하다.
⑥ 흐트러짐이 없이 잘 정돈되어 단출하다.
⑦ 성질이나 행동이 잘고 꼼꼼한 데가 있다.
⑧ 작으면서도 갖출 것은 다 갖추어 아주 깜찍하다.
⑨ 성질이 까다롭고 괴팍하다. 인정이 메마르다.
⑩ 얼굴이 희고 곱다랗다.
⑪ 사람이나 물건이 보기에 매우 튼튼하다.
⑫ 일이나 물건이 얼크러져 정신이 뒤숭숭하다.

⑬ 제법 마음에 들다.
⑭ 모자람이 없이 온전하다.
⑮ 모양이나 상태가 가지런하고 차분하다.
⑯ 성미가 찬찬하고 차분하지 않은 데가 있다.
⑰ 생김새가 탐스럽다. 음식이 넉넉하여 먹음직하다.
⑱ 마음씨가 부드럽고 다정스럽다.
⑲ 모양이 꼭 체격에 어울려서 맞다.
⑳ 시시하고 보잘것없다.

보기

ⓐ 가멸다　ⓑ 영절스럽다　ⓒ 간동하다　ⓓ 강파르다　ⓔ 해사하다
ⓕ 곰상스럽다　ⓖ 귀살쩍다　ⓗ 덜룽스럽다　ⓘ 데데하다　ⓙ 돈바르다
ⓚ 마뜩하다　ⓛ 맵자하다　ⓜ 함초롬하다　ⓝ 켕기다　ⓞ 살갑다
ⓟ 소담하다　ⓠ 실팍하다　ⓡ 앙증맞다　ⓢ 재우치다　ⓣ 오롯하다

09
① 가죽으로 만든 우리 고유의 신을 통틀어 이르는 말.
② 남이 탄 말을 몰기 위하여 잡는 고삐.
③ 얹어 쬐는 불.
④ 음식을 하기 위해서가 아니라 방을 덥게 하기 위하여 때는 불.
⑤ 길의 가장자리.
⑥ 실을 내어 옷감을 짜는 모든 일을 통틀어 이르는 말.
⑦ 줄기를 잘라 낸 나무의 밑동.
⑧ 일을 하다가 잠깐 쉬면서 먹는 음식.
⑨ 음식 그릇을 씻을 때 쓰는 물.
⑩ 털이 붙어 있는 채로 무두질하여 다룬 개의 가죽. 방석처럼 쓴다.
⑪ 실담배를 피우는 데에 쓰는 짧은 담뱃대.
⑫ 꿩의 암컷. = 암꿩.
⑬ 박을 쪼개지 않고 꼭지 근처에 구멍만 뚫어 속을 파낸 바가지.
⑭ 물살이 급하고 빠른 여울물.
⑮ 매의 임자를 표시하여 매의 꽁지털 속에 매어 둔 네모 난 뿔.

보기

ⓐ 곁불　ⓑ 길쌈　ⓒ 새참　ⓓ 곰방대　ⓔ 갓신
ⓕ 등걸　ⓖ 경마　ⓗ 개잘량　ⓘ 뒤웅박　ⓙ 시치미
ⓚ 군불　ⓛ 개숫물　ⓜ 길섶　ⓝ 까투리　ⓞ 살여울

보고 또 보기

거드럭거드럭	조금 거만스럽게 잘난 체하며 자꾸 버릇없이 구는 모양.
간들간들(건들건들)	① 바람이 부는 모양. ② 사람이 간드러진 태도로 되바라지게 행동하는 모양. ③ 작은 물체가 이리저리 가볍게 자꾸 흔들리는 모양.
곰실곰실	작은 벌레 따위가 한데 어우러져 조금씩 굼뜨게 자꾸 움직이는 모양.
궁싯궁싯	① 잠이 오지 아니하여 누워서 몸을 이리저리 뒤척거리는 모양. ② 어찌할 바를 몰라 이리저리 머뭇거리는 모양.
나울나울(너울너울)	① 물결이나 늘어진 천, 나뭇잎 따위가 부드럽고 느릿하게 자꾸 굽이쳐 움직이는 모양. ② 팔이나 날개 따위를 활짝 펴고 위아래로 부드럽게 자꾸 움직이는 모양.
녹진녹진(눅진눅진)	① 물기가 있어 매우 눅눅하면서 끈끈한 모양. ② 성질이 부드러우면서도 끈기가 있는 모양.
다문다문(드문드문)	① 시간적으로 잦지 않고 드문 모양. ② 공간적으로 배지 않고 사이가 드문 모양.
바득바득(부득부득)	① 억지를 부려 자꾸 우기거나 조르는 모양. ② 악착스럽게 애쓰는 모양.
씰룩씰룩	근육의 한 부분이 자꾸 실그러지게 움직이는 모양.
옥신옥신(욱신욱신)	① 여럿이 한데 많이 뒤섞여 몹시 수선스럽게 들끓는 모양. ② 머리나 상처 따위가 자꾸 쑤시는 듯이 아픈 느낌.
질퍽질퍽	① 물이나 진창을 자꾸 거칠게 밟거나 치는 소리. 또는 그 모양. ② 여럿이 다 조금 힘없이 넘어지거나 주저앉는 소리. 또는 그 모양.
주저리주저리	너저분한 물건이 어지럽게 매달리거나 또는 한데 묶여진 것.
콩켸팥켸	사물이 마구 뒤섞여 뒤죽박죽된 것을 가리키는 말.
피둥피둥	① 볼썽사나울 정도로 살쪄서 꽤 통통한 모양. ② 통통한 살이 윤택한 탄력이 있는 모양. ③ 남의 말을 잘 듣지 아니하고 엇나가는 모양.
힐끔힐끔(흘끔흘끔)	곁눈질하여 자꾸 슬쩍슬쩍 쳐다보는 모양.

10 다음 빈칸에 어울리는 감각적인 상징어를 〈보기〉에서 찾으시오.

① 배가 불룩해졌고 거기에다 약주 잔까지 곁들여서, 아주 거나한 기분으로 신 선생은 종로통으로 (　　) 걸어 나왔다. 〈박용구, '점잖은 신 선생'〉

② 저녁 때가 다 못 되어 동풍이 (　　) 불면서 사면에 검은 구름이 덩이덩이 모이더니……. 〈육정수, '송뢰금'〉

③ 가물가물하는 저 앞쪽은 눈 높이로 올려다 보였고, 거기서 장구벌레 같은 아지랑이가 (　　) 나풀대고 있었다. 〈김원일, '불의 제전'〉

④ 이런 생각이 나서 혼자 (   )하고 있는데 밖에서 별안간 인기척이 나며……. 〈이기영, '고향'〉

⑤ 그 새는 힘차게 날개를 펄럭이며 하늘 높이 솟구쳐 오르더니, (   ) 구만리 창천을 날아가는 게 아닌가. 〈김성동, '잔월'〉

⑥ 떼로 몰려 갯가에 까맣게 기어 나올 때는 여름 장마 뒤 홍수가 휩쓸고 지나간 후 개펄이 (   ) 폭양이 삶고 있을 때이다. 〈유현종, '들불'〉

⑦ (   ) 나다니던 바깥 출입조차 달포 넘게 끊은 채 집 안에서만 박혀 지냈다. 〈김원일, '불의 제전'〉

⑧ 식구들 생각이 모두 그러한데 웅보 혼자만이 (   ) 고집을 세울 수도 없는 일이어서, 그는 하는 수 없이 식구들 뜻에 따르기로 하였다. 〈문순태, '타오르는 강'〉

⑨ 열대여섯 살쯤 된, 얼굴이 복스럽게 생긴 소년이 입을 헤벌리고 그 놀이를 구경하며 괜히 (   ) 웃어 댔다. 〈김원일, '불의 제전'〉

⑩ 잘못 온 게 아닌가 싶은 초조함 때문에 초희는 (   ) 뒷골이 다 쑤셨다. 〈한수산, '유민'〉

⑪ 가로등조차 없는 거대한 공터는 언제나 진흙이 (   ) 습기에 젖어 있었고 채 베어 내지 못한 미루나무들이 전신주처럼 우뚝 서 있었다. 〈최인호, '돌의 초상'〉

⑫ 내고장 칠월은 청포도가 익어가는 계절/ 이 마을 전설이 (   ) 열리고/ 먼 데 하늘이 꿈꾸며 알알이 들어와 박혀 〈이육사, '청포도'〉

⑬ 아이의 방에 들어가 보니 여러 가지 장난감들이 (   ) 뒤섞여 있었다.

⑭ 무수한 이웃들이 겪고 있는 공통의 빈곤 속에서 오직 그들 두 사람만이 (   ) 살이 오른 채 오만하게 행복한 것이다. 〈홍성원, '육이오'〉

⑮ 경희와 정신은 발가락으로 서로 꽁무니를 꼭꼭 찔러 가면서 두 사람의 눈치만 (   ) 보고 앉아 있다. 〈심훈, '영원의 미소'〉

> **보기**
>
> ⓐ 거드럭거드럭   ⓑ 욱신욱신   ⓒ 궁싯궁싯
> ⓓ 곰실곰실   ⓔ 피둥피둥   ⓕ 콩케팥케
> ⓖ 힐끔힐끔   ⓗ 눅진눅진   ⓘ 건들건들
> ⓙ 바득바득   ⓚ 씰룩씰룩   ⓛ 질펀질펀
> ⓜ 너울너울   ⓝ 다문다문   ⓞ 주저리주저리

보고 또 보기

오솔길 폭이 좁은 호젓한 길. 예 가로등이 드문드문 서 있는 오솔길의 벤치에는 데이트하는 남녀들로 빈자리가 없었다.

옹달샘 작고 오목한 샘. '옹달'은 작고 오목한 모양을 가리키는 말. '옹달솥, 옹달시루.' 예 산길을 가다 옹달샘에서 물 한 모금 마시고 잠시 쉬었다.

맏물 푸성귀, 과일, 곡식, 해산물 따위에서 그해 들어 제일 먼저 거두어들인 것. 예 삼촌네 과수원에서 나는 사과는 맏물이 가장 크고 달다.

환 아무렇게나 그린 그림. 환을 그리는 것을 '환(을) 치다'라 하며 환을 치는 사람을 '환쟁이'라 함. 예 붓에 먹을 찍어 종이에다 환을 친다는 것이 무엇이 그리 대단한 노릇이리오마는…. 〈김용준, '근원 수필'〉

외손잡이 두 손 가운데 어느 한쪽 손만 능하게 쓰는 사람. 두 손 다 잘 쓰는 사람을 '양수잡이'라 함.

애벌 같은 일을 여러 차례 거듭하여야 할 때에 맨 처음 대강 하여 낸 차례. 예 부지런한 집에서는 김매기도 애벌을 마쳐 갈 무렵이었다. 〈이문구, '오자룡'〉

강밥 국이나 찬도 없이 맨밥으로 먹는 밥. 예 조금만 기다리면 반찬이 되는데 왜 강밥을 먹겠다니?

열구름 지나가는 구름. 떠가는 구름. 예 열구름처럼 마음 내키는 대로, 냇물처럼 막힘 없이 발 닿는 대로…

고무래 곡식을 그러모으고 펴거나, 밭의 흙을 고르거나 아궁이의 재를 긁어모으는 데에 쓰는 'ㅜ'자 모양의 기구. 장방형이나 반달형 또는 사다리꼴의 널조각에 긴 자루를 박아 만든다. 예 반쯤 불에 탄 고무래가 있어서 우리는 이것으로 산처럼 재를 긁어모으다가 흔히 깜장이가 되곤 했다. 〈윤흥길, '황혼의 집'〉

얼레 연줄, 낚싯줄 따위를 감는 데 쓰는 기구. 나무 기둥의 설주를 두 개나 네 개 또는 여섯 개로 짜서 맞추고 가운데에 자루를 박아 만든다. 예 현호가 얼레를 따르르 풀어 주자 지연은 바람을 타고 더욱 높이 아득히 솟았다. 〈오유권, '대지의 학대'〉

덤터기 남에게 넘겨씌우거나 남에게서 넘겨받은 허물이나 걱정거리. 예 엉뚱한 사람에게 덤터기를 씌우지 마라.

살갑다 ① 집이나 세간 따위가 겉으로 보기보다는 속이 너르다. ② 마음씨가 부드럽고 상냥하다. 예 형이라고 해도 살가운 정을 느끼기보다는 믿음직스러우면서도 어려웠다. 〈조정래, '태백산맥'〉 ③ 닿는 느낌 같은 것이 가볍고 부드럽다. 예 찰랑찰랑 밀려 들어오는 물결이 어떻게 살가운지 몰랐다. 〈현진건, '무영탑'〉 ④ 물건 따위에 정이 들다. 예 아무것도 가진 것 없이 들어와 산 집이지만, 막상 떠나려고 보니 살가운 것도 많았다. 〈이문열, '영웅 시대'〉

다잡다 ① 다그쳐 단단히 잡다. 예 아낙은 칭얼대는 아이의 손을 다잡으며 잰걸음을 놀렸다. ② 엄하게 단속을 하거나 통제하다. 예 반 아이들이 잠시라도 한눈을 팔면 말썽을 피우니 소풍을 가면 아이들을 어지간히 다잡지 않아서는 안 될 것 같습니다. ③ 들뜨거나 어지러운 마음을 가라앉혀 바로잡다. 예 마음을 굳게 다잡다.

대중하다 표준으로 하다. '대중'은 어떤 기준(基準). '대중없다, 대중삼다, 대중잡다'와 같이 쓰임. 예 변덕이 심해서 그가 하는 일을 대중하기가 어렵다.

갸륵하다 착하고 장하다. 예 부모님을 그토록 위하는 네 마음씨가 참으로 갸륵하구나.

11 다음은 잘못 알기 쉬운 우리말들이다. 주어진 우리말의 알맞은 뜻은?

① 오솔길
㉠ 호젓한 길　　㉡ 좁은 길　　㉢ 위험한 길　　㉣ 혼자 걷는 길

② 옹달샘
㉠ 산골짜기의 샘　　㉡ 작고 오목한 샘
㉢ 졸졸 흐르는 샘　　㉣ 좁고 깊은 샘

③ 맏물
㉠ 짐승의 첫 번 낳은 새끼　　㉡ 익기 전에 베어 마련한 곡식
㉢ 가을에 잡풀을 베어 말린 땔나무　　㉣ 맨 먼저 나온 과실

④ 환
㉠ 사람의 얼굴을 그린 그림　　㉡ 아무렇게나 그린 그림
㉢ 종이에 그린 그림　　㉣ 천에 그린 그림

⑤ 외손잡이
㉠ 왼손을 오른손보다 잘 쓰는 사람　　㉡ 오른손을 왼손보다 잘 쓰는 사람
㉢ 두 손 중에서 한 손을 잘 쓰는 사람　　㉣ 물건의 한쪽에만 붙어 있는 손잡이

⑥ 애벌
㉠ 하나뿐인 물건　　㉡ 맨 처음 대강 처리한 한 차례
㉢ 몇 벌의 옷가지　　㉣ 아기옷

⑦ 강밥
㉠ 잡곡으로 지은 밥　　㉡ 몹시 된 밥
㉢ 국이나 반찬 없이 맨밥으로 먹는 밥　　㉣ 국이나 물에 말지 않고 먹는 밥

⑧ 열구름
㉠ 떠가는 구름　　㉡ 엷은 구름　　㉢ 빛이 흰 구름　　㉣ 높은 구름

⑨ 고무래
㉠ 곡식을 그러모으는 기구　　㉡ 쟁기의 삽 같은 쇠
㉢ 땅을 파고 흙을 뜨는 기구　　㉣ 김맬 때 쓰는 농기구

⑩ 얼레
㉠ 실 감는 기구
㉡ 전체의 윤곽
㉢ 빗살이 굵은 빗
㉣ 중간치기

⑪ 덤터기
㉠ 여자가 데리고 들어온 자식
㉡ 넘겨씌우거나 넘겨받은 걱정거리
㉢ 제 값어치 외에 얹어 주는 일
㉣ 본래의 값에 덧붙이는 돈

⑫ 살갑다
㉠ 겉으로 보기보다 속이 너르다
㉡ 성질이 싹싹하다
㉢ 사이가 배지 않고 뜨다
㉣ 성질이 좀 쌀쌀한 데가 있다

⑬ 다잡다
㉠ 뜻이 같은 사람들이 결속을 다지다
㉡ 움켜쥐고 놓지 아니하다
㉢ 남을 감독하여 힘써 일하게 하다
㉣ 자기의 것으로 만들어 가지다

⑭ 대중하다
㉠ 표준으로 하다
㉡ 미루어 생각하다
㉢ 미리 헤아리다
㉣ 남에게 의지하다

⑮ 갸륵하다
㉠ 썩 착하고 장하다
㉡ 성스럽고 위대하다
㉢ 착하게 여겨 칭찬하다
㉣ 모양이 조금 기름하다

테마 2 작품에 나타난 고유어

※ 소설 속에 나오는 고유어의 풀이를 찾아, 바르게 연결하시오.(1~3)

01

각다분하다 ①		㉠ 매우 험상궂고 사납다.
감때사납다 ②		㉡ 일을 해 나가기가 매우 고되고 힘들다.
결곡하다 ③		㉢ 꼼짝 못하게 하고 몰아치다.
곧추다 ④		㉣ 동작이 몹시 느리다. 반 날래다.
굼뜨다 ⑤		㉤ 아주 번듯하고 의젓하다.
너볏하다 ⑥		㉥ 얼굴 생김새나 마음씨가 깨끗하고 야무져 빈틈없다.
달구치다 ⑦		㉦ 잘못 건드려 재앙이 일어나다.
동티나다 ⑧		㉧ 오랫동안 뜨음하다.
두남두다 ⑨		㉨ 잘못을 두둔해 주다.
뜨막하다 ⑩		㉩ 굽은 것을 곧게 하다.

> **단어 사용 예시**
> ① 죽은 아내가 불쌍하고, 시골 사람이 각다분하고, 홀아비 신세가 초라하고 하기는 하지만……. 〈채만식, '태평천하'〉
> ② 큰 대문, 안대문, 사랑 중문을 모조리 닫아걸고는 감때사납게 생긴, 권투할 줄 안다는 행랑아범의 조카놈이 행랑방에 버티고 앉아 드나드는 사람을 일일이 단속합니다. 〈채만식, '태평천하'〉
> ③ 옥을 깎아 붙인 듯한 결곡한 코 언저리엔 송글송글 땀방울이 엉기었다. 〈박종화, '다정불심'〉
> ④ 가뭄이 들어도 그들은 학나무를 쳐다보았다. 그러면 학이 그 긴 주둥이를 하늘로 곧추고 비오, 비오, 울어 고해 주는 것이었다. 〈이범선, '학마을 사람들'〉
> ⑤ 동혁은 저 먼저 굵다란 목소리로 동요도 하고 그 큰 몸집을 굼뜨게 움직여 유희하는 흉내도 내어 보인다. 〈심훈, '상록수'〉
> ⑥ 그는 대책을 세우기 전에 참고로 그녀의 경력을 본인에게 물었다. 그녀는 제법 너볏한 얼굴을 해 가며 생각나는 대로 자랑스럽게 풰어 나갔다. 〈이문구, '남의 여자'〉
> ⑦ 처음 끌려가던 날 앙탈을 한다고 매를 맞고 몸부림을 하는 통에 유서가 허리춤에서 빠졌던 모양이어요. 그것을 본 후로는 변소에도 혼자 못 가게 달구칩니다그려! 〈이무영, '취향'〉
> ⑧ 당집을 잘못 건드리면 동티날까 염려한 마을 사람들이 발분하겠으므로, 민원을 살까 두려워 한 관리는 그대로 돌아갔다. 〈황석영, '장길산'〉
> ⑨ 아무리 벼슬이 높다 하나 죄상이 드러나는 날에는 머리털만한 두남둠이 없을 것이요, 아무리 뿌리 깊은 권문세가라 하나 이 영을 거슬리는 자는 가산을 적몰한 뒤에 엄한 죄책을 받을 것이다. 〈박종화, '다정불심'〉
> ⑩ 차디찬 늦가을 비가 추적지근하게 내리고 있는 후선방의 원마을에는, 툇마루를 길 밖으로 낸 작은 주막이 한 채뿐이었고 행객은 뜨막하여 쓸쓸하기 그지없었다. 〈황석영, '장길산'〉

02

모지락스럽다 ①	㉠	남이 괴롭게 굴거나 부탁하는 것을 잘 받아 주는 것.
몰강스럽다 ②	㉡	벌어져서 틈이 나다. 두 사람의 사이가 탐탁하지 않다.
무람없다 ③	㉢	숨은 일을 들추어내다. 작은 일을 크게 떠벌리다.
받자 ④	㉣	억세거나 거세어 매우 모질다.
버르집다 ⑤	㉤	예의를 지키지 않아 버릇없다.
버성기다 ⑥	㉥	지나치게 모질고 악착스럽다.
불콰하다 ⑦	㉦	기회를 놓치지 않고 붙잡아 알뜰하게 이용하는 소질이 있다.
빙충맞다 ⑧	㉧	함께 살던 사람이 따로 살림을 차리다. ㉾ 분가하다.
세간나다 ⑨	㉨	똘똘하지 못하고 어리석고 수줍기만 하다.
아금받다 ⑩	㉩	(술기운을 띠거나 혈기가 좋아서 얼굴빛이) 보기 좋게 불그레하다.

단어 사용 예시

① 그는 박씨와 안씨, 두 지주에게 그 논들을 사들이면서 값을 모지락스럽게 후려 때렸음은 물론이고, 거래도 일체 비밀에 부쳤다. 〈조정래, '태백산맥'〉

② 메기 아가리의 넓적한 손바닥이 우 노인의 얼굴을 몰강스럽게 냅다 갈겼다. 〈김정한, '인간단지'〉

③ 카페의 여급 모양으로 무람없이 손님의 담배를 제 맘대로 피워 무는 것도 화풀이로 그러려니 하는 생각이 들었지만……. 〈염상섭, '삼대'〉

④ 저번 왔을 때 상대를 해 주었더니 또 무엇인가 조사하러 학생까지 하나 데리고 왔음에 틀림없다. 그러기에 처음부터 받자하지를 말아야 하는 건데. 〈황순원, '일월'〉

⑤ 건배는 무슨 일이든지 크게 버르집고 뒤떠들려고만 든다고 동혁이와 의견 충돌까지 되었지만……. 〈심훈, '상록수'〉

⑥ 그들이 그 당시의 문씨를 허드레로 쳐서 갖은 업시름을 주며 버성기게 굴었던 심사는 어디에 물어볼 것도 없이 자명한 일이었다. 〈이문구, '강동만필'〉

⑦ ……요새도 장복을 하는 인삼 등속의 효과로 해서 얼굴은 불콰하니 동안(童顔)이요,……. 〈채만식, '태평천하'〉

⑧ 색시는 시집오던 날부터 팔자 한탄을 하고 날마다 밤마다 우는 사람이 되었다. 울며는 요사스럽다고 때린다. 또 말이 없으면, 빙충맞다고 친다. 〈나도향, '벙어리 삼룡이'〉

⑨ 아버지와 처음부터 생각을 달리하고 있는 동규는 세간난 뒤에는 더욱 아버지와 다른 생활을 해 왔다. 〈안수길, '북간도'〉

⑩ 계집의 마음먹음이 당차고 아금받아서 우습게 알았다간 어느 타관에서 무슨 봉변을 당하게 할지 모를 계집이었다. 〈김주영, '객주'〉

03

알쭌하다	①	㉠	모양이 어울려서 보기 좋다.
암팡지다	②	㉡	(생각이나 뜻이) 매우 넓고 깊다.
앙그러지다	③	㉢	겉으로는 어리석은 것 같으나 속은 엉큼한 데가 있다.
억실억실하다	④	㉣	다른 것이 섞이거나 보태진 것 없이 순수하거나 순진하다.
웅숭깊다	⑤	㉤	행동이 가볍고 참을성이 없다.
의뭉스럽다	⑥	㉥	처치하기 어려울 만큼 짐스럽거나 귀찮다.
자발없다	⑦	㉦	(얼굴 모양이나 생김새가) 선이 굵고 시원스러운 데가 있다.
주체스럽다	⑧	㉧	일을 몹시 재촉하다.
쥐뿔나다	⑨	㉨	몸은 작아도 힘차고 다부지다.
채치다	⑩	㉩	보잘것없는 사람이 같잖은 짓을 하다.

단어 사용 예시

① 모씨네와 같이 은행을 세운다, 학교를 세운다 하지 못하여 널리 알려진 귀족은 아니 되고 현금 많고 남의 빚 없고 자손 적고 잘 나다니지 않는 박 자작을, 아는 사람은 어느 귀족, 어느 부자보다도 더 알쭌하게 쳤다. 〈이태준, '제2의 운명'〉
② 남편은 암팡지게 달려드는 아내의 어깨를 억센 팔로 꽉 움켜잡더니 이러지도 못하고 저러지도 못해서 쩔쩔매었다. 〈정비석, '색지풍경'〉
③ 중문간에 고르게 팬 장작을 가득 쌓고 비스듬히 들여다보이는 장독대가 겨울철이지만 앙그러져 보이는 것을 보니…… 뜨내기의 난봉 살림은 결코 아니다. 〈염상섭, '삼대'〉
④ 이마를 덮고 있는 머리칼만이 어두무레한 속에 제법 음산한 빛을 발하며 억실억실하게 거센 것이, 흔하게 얘기되는 혁명가다운 여운이 전혀 없지도 않았다. 〈이호철, '소시민'〉
⑤ 그리고는 눈을 딱 감고 한참이나 이슬에 젖은 숲 속의 벌레 소리를 듣고 있더니 "나는 이런 생각을 하고 있어요." 하고 웅숭깊은 목소리로 말을 꺼낸다. 〈심훈, '상록수'〉
⑥ 탁보는 엉거주춤하고 서서 점을 쳐 본다. 의뭉스럽기로 삼동네에서 알아주는 마누라고 보니 어디에 감췄을지 막연하다. 〈이문구, '김탁보전'〉
⑦ 집사와 겸인들이 미친 중놈 모양으로 뛰기만 하는 노속들과 비부쟁이들에게 물을 가져오라고 면박을 하고 뒤설레를 치는 판국이되 자발없는 계집들은 몸을 한줌이나 되도록 오그리고 소리만 내질렀다. 〈김주영, '객주'〉
⑧ 그들은 책가방이 주체스러운 모양인지 그것을 뱅뱅 돌리기도 하며 어깨 너머로 넘겨 들기도 하며 두 손으로 껴안기도 하곤 했다. 〈김승옥, '무진기행'〉
⑨ 찾아가 볼 성의−성의라느니보다도 애정이나 의리가 있다면 그것은 부친의 일이다. 쥐뿔나게 자기가 튀어 나설 막(幕)이 아닌 성도 싶었다. 〈염상섭, '삼대'〉
⑩ "저한테 온 것이야요." 하고 대답을 않을 수 없다. 그러면 발신인이 누구인 것을 채쳐 묻는다. 〈현진건, 'B사감과 러브레터'〉

보고 또 보기

가댁질	서로 피하고 잡고 하며 뛰노는 아이들의 장난.
가축	알뜰하게 매만져 잘 유지하는 것.
감발	발감개.
곁두리	농부나 일꾼이 끼니 외에 참참이 먹는 음식. ㉿ 샛밥. 새참.
고래실	바닥이 깊고 물길이 좋아 기름진 논.
너나들이	너니 나니 하면서 터놓고 지내는 사이.
너스레	떠벌려 늘어놓는 말이나 짓.
도르리	여러 사람이 음식을 돌려 가며 내어 함께 먹는 일.
도린곁	사람이 별로 가지 않는 외진 곳.
돈짝	엽전 둘레의 크기. 또는 사물의 크기를 이에 대비하여 이르는 말.
맨드리	옷을 입고 매만진 맵시.
모르쇠	아는 것이나 모르는 것이나 모두 모른다고만 하는 주의.
바투	두 물체의 사이가 썩 가깝게.
댓바람에	일에 당하여 맨 첫 번으로.
손방	일을 아주 할 줄 모르는 솜씨.
속살속살	자질구레한 말로 속닥거리는 소리나 모양.
시나위	무당 음악의 하나. 향피리·대금·해금·장구로 편성되는 합주임.
아퀴	일을 마무르는 끝매듭.
암상	남을 미워하고 샘을 잘 내는 잔망스러운 심술.
애오라지	마음에 부족하나 겨우.
애옥살이	가난에 쪼들려 고생하며 사는 살림살이.
오도카니	맥없이 멀거니 서 있거나 앉아 있는 모양.
움쌀	잡곡밥 위에 조금 얹어 안치는 쌀.
잡도리	(잘못되지 안도록) 엄하게 다루는 것.
지청구	까닭 없이 남을 탓하는 짓.
채변	남이 무엇을 줄 때에 사양하는 것.
책상물림	글만 읽어서 세상 물정에 어두운 사람을 얕잡아 이르는 말.
터럭	사람이나 길짐승의 몸에 난 길고 굵은 털.
포달	암상이 나서 악을 쓰고 함부로 대드는 일.
하냥	한결같이 줄곧.

※ 다음 빈칸에 어울리는 고유어를 〈보기〉에서 찾으시오. (4~6)

04
① 깊은 곳에 들어가 물장구와 (　　)이다. 어린아이 그대로의 순진한 마음이 방울방울 날리는 물방울과 함께 하늘을 휘덮었다가는 쏟아지는 것이다. 〈이효석, '들'〉
② 곱패 눈은 살기가 다락다락하고, 매부리코에 눈썹은 마조 붙고, 뾰족한 주둥이에 살빛은 왜 그리 파르족족한지. 그래서 돌고 돌아서 옷 매암도리와 몸 (　　)을 할 만치 하니까 갖은 흥이 다 묻히고 반지구러했지. 〈이해조, '빈상설'〉
③ 영신의 결심은 나날이 굳어졌다. 짚신의 사내처럼 (　　)을 하고는 오늘은 이 동리, 내일은 저 동리로 기부금을 모으러 다녔다. 〈심훈, '상록수'〉
④ 보리 곱살미 댓되밥을 먹은 후에 (　　)로 보리 탁주를 사발로 퍼먹은 농부들이 북통 같은 배를 질질 끌고……. 〈이인직, '신세계'〉
⑤ 오월서부터 가문 하늘은 유월 복중에도 소나기 한 방울 떨어지지 않았다. (　　) 논에는 생수 구멍이 막히고……. 〈박종화, '다정불심'〉
⑥ 사내는 매월이와 트고 지내는 사이인 듯 (　　)하였다. 사내의 입에서 흘러 나오는 말본새가 고이하고 민망하다. 〈김주영, '객주'〉
⑦ "자아, 어서 들어와요! 원 부끄럽긴 무에 그리 부끄럽담! 다아 신식 물 자신 양반들이,……" 하고 또 한바탕 (　　)를 떤다. 〈채만식, '태평천하'〉
⑧ 한 집에 가서 보니 동네 사람 네댓이 모여 앉아서 쇠머리 (　　)를 하는데 정작 술이 없데 그려. 〈홍명희, '임꺽정'〉
⑨ 느름새는 그만큼 사람이 드문 데다 기슭 동네답게 (　　)이 흔하고 곱은탱이가 잦아 일 년 내내 사람 발길이 안 닿는 구석진 터가 널려 있었다. 〈이문구, '여요주서'〉
⑩ 유치장으로 통한 복도의 콘크리트 바닥에 영신의 눈물이 방울방울 떨어져서 (　　)만큼씩 번졌다. 〈심훈, '상록수'〉

> **보기**
> ㉠ 감발　　㉡ 고래실　　㉢ 가댁질　　㉣ 너나들이　　㉤ 돈짝
> ㉥ 도르리　　㉦ 너스레　　㉧ 가축　　㉨ 도린곁　　㉩ 곁두리

05
① 까다롭게 흠을 잡아 말한다면 키가 너무 커서 (　　)가 없고 귀가 쪽박귀고 눈에 독살이 들어 보이고 목소리가 새될 것 같았다. 〈홍명희, '임꺽정'〉
② 나장이 노밤이를 꾸짖은 뒤 다시 늙은이더러 이 말 저 말을 물어 보았으나 늙은이는 모두 (　　)로 방패막이하였다. 〈홍명희, '임꺽정'〉
③ 소년이 고삐를 (　　) 잡아 쥐고 등을 긁어 주는 체 훌쩍 올라탔다. 송아지가 껑충거리며 돌아간다. 〈황순원, '소나기'〉
④ 첫 번에 삼십 전, 둘째 번에 오십 전 — 아침 (　　)에 그리 흔치 않은 일이었다. 〈현진건, '운수 좋은 날'〉
⑤ "더군다나 농사는 이력이 있어야겠어요. 우린 아주 (　　)이지만……." 〈심훈, '상록수'〉

⑥ 마루 위로 잡담 제하고 올라서며 문을 똑똑 두드리니 (　　) 이야기하는 소리가 뚝 그치고 상훈이가 마주 나오면서 몹시 당황해한다. 〈염상섭, '삼대'〉
⑦ 강가 모랫벌엔 큰 차일을 치고, 차일 속엔 마을 여인들이 자욱이 앉아 무당의 (　　)에 취해 있다. 〈김동리, '무녀도'〉
⑧ 영신은, 짐은 철도편으로 먼저 부치고, 빈 몸으로 한곡리를 향하여 떠났다. 두 사람의 장래에 관한 일을 이번에는 아주 (　　)를 짓고 떠나려 함이었다. 〈심훈, '상록수'〉
⑨ 안에서는 진주집이 음전이를 잡아 족치는데, 진주집의 (　　)이 머리끝까지 올라서 악을 박박 쓰는 소리와 음전이의 살려 달라고 애걸하는 소리가 밖에서도 들리었다. 〈이무영, '농민'〉
⑩ 이를테면 노파로서는, ……, (　　) 오랜 세월을 살아온 제 습성대로만 고이 간직하고 싶은 것을 이 곽씨로 해서 번번이 깨치고 있다는 셈이었을 것이다. 〈이호철, '소시민'〉

보기

| ㉠ 바투 | ㉡ 속살속살 | ㉢ 아퀴 | ㉣ 맨드리 | ㉤ 애오라지 |
| ㉥ 모르쇠 | ㉦ 손방 | ㉧ 댓바람 | ㉨ 시나위 | ㉩ 암상 |

06

① 그곳은 시세 있을 때 잔뜩 그러모았다가 선거에 다 지져 먹고 늦게 (　　)하는 정계 퇴물들이나 자주 들르던 동네로……. 〈이문구, '강동만필'〉
② 닫힌 문을 소리 없이 열고 방 안으로 들어섰으나 아랫목에 (　　) 앉았던 여인은 고개를 들지 않았다. 〈김주영, '객주'〉
③ "여보게 오늘은 (　　) 좀 많이 놓게! 그리구 돼지죽처럼 젖지 말고 좀 꼬들꼬들하게 지어 보란 말야." 〈김정한, '인간단지'〉
④ 안에서는 정부인 윤씨와 진주집이 음전이를 잡아 족치었고, 밖에서는 돌이를 잡아 엎어놓고 (　　)를 하는 것이다. 〈이무영, '농민'〉
⑤ 정주 바닥에 퍼질러 앉았던 매월이 선잠 깬 주막 노파를 붙잡고 (　　)가 늘어졌다. 〈김주영, '객주'〉
⑥ 반찬은 갖가지 해물이었는데 내 입에는 약간 짜다는 것말고는 정갈스럽게 돼 있어서 나는 밥 한 그릇을 (　　) 않고 해치웠다. 〈김국태, '떨리는 손'〉
⑦ 구형이가 (　　)으로 장사에 경험이 없다는 것쯤은 구형을 아는 사람은 누구나 아는 바이다. 〈박노갑, '삼인행'〉
⑧ 방원의 가슴은 …… 온 전신의 피가 가슴으로 모여드는 듯하더니 다시 (　　)이라는 (　　)은 전부 거꾸로 일어서는 듯하였다. 〈나도향, '물레방아'〉
⑨ "고 배라먹을 년이 왜 고렇게 (　　)을 부려서 장부의 마음을 긁어 놓아!" 〈나도향, '물레방아'〉
⑩ 모란이 지고 말면 그뿐, 내 한 해는 다 가고 말아, / 삼백예순 날 (　　) 섭섭해 우옵내다. 〈김영랑, '모란이 피기까지는'〉

보기

| ㉠ 잡도리 | ㉡ 하냥 | ㉢ 책상물림 | ㉣ 채변 | ㉤ 터럭 |
| ㉥ 지청구 | ㉦ 오도카니 | ㉧ 포달 | ㉨ 애옥살이 | ㉩ 옴쌀 |

테마 3 정겨운 단위어

보고 또 보기

가웃	되, 말, 자의 수를 셀 때 남는 반 분.
갓	비웃·굴비 같은 것의 열 마리, 또는 고사리·고비 같은 것의 열 모숨을 한 줄로 엮은 것을 셀 때 이르는 단위.
개비	성냥 두 개비. 담배 한 개비. 장작 두 개비 따위.
고리	소주 10사발을 한 단위로 일컫는 말.
꼬지	곶감 열 개를 일컫는 말.
꾸러미	달걀 10개를 꾸리어 싼 것. 또는 꾸리어 싼 것을 세는 단위.
단	푸성귀, 짚, 땔나무 따위의 한 묶음.
담불	벼 100섬을 한 단위로 일컫는 말.
되가웃	한 되의 반.
되지기	논밭 한 마지기의 10분의 1.
땀	바느질 할 때에 바늘을 한 번 뜬 그 눈.
마장	주로 10리나 5리가 못 되는 거리를 일컫는 단위.
마지기	한 말의 씨앗을 뿌릴 만한 땅이라는 뜻으로, 논밭의 넓이를 나타내는 단위. 대개 논은 150~300평, 밭은 100평 정도이다.
말소수	한 말이 조금 더 되는 곡식의 분량.
모숨	모나 푸성귀처럼 길고 가는 것의 한 줌쯤 되는 분량을 이르는 단위.
모태	떡판에 놓고 한 차례 칠 만한 떡의 분량
무지	무더기로 쌓여 있는 더미를 세는 단위. 돌무지.
못	생선 10마리, 미역 10장에 해당하는 단위. 장작·잎나무 따위를 한 묶음씩 작게 묶은 단위를 세는 말. 볏단의 수를 세는 데 쓰는 말.
바리	소나 말에 잔뜩 실은 짐을 세는 단위.
연	종이 전지 500장.
우리	기와를 세는 단위. 한 우리는 2000장.
제	탕약 스무 첩, 또는 그만한 분량으로 지은 한약이나 고약의 양.
죽	옷·신·그릇 따위의 10벌을 이르는 단위.
채	집채를 세는 단위. 가마를 세는 단위. 이불을 세는 단위. 가공하지 않은 인삼 100근을 단위로 하여 이르는 말.
첩	한약을 지어 약봉지에 싼 뭉치를 세는 단위. 한방약 1봉지.
켤레	신·버선·양말 따위의 두 짝을 한 벌로 하여 세는 단위.
타래	실·노끈·고삐 같은 것을 감아서 틀어 놓은 덩이의 수를 세는 데 쓰는 말.
톨	밤, 도토리, 마늘 같은 것을 세는 단위.
통	광목 60자.
평	사방 6 자평방 = 3.306평방미터(180×180센티미터).
필	명주 40자.
한소끔	끓는 물 따위의 한 번 끓는 것을 이르는 말.

01 다음에 주어진 정다운 단위어의 쓰임새를 찾아 바르게 연결하시오.

축   ①   ㉠ 바늘 24개를 한 단위로 세는 말.
쌈   ②   ㉡ 말린 오징어 20마리를 한 단위로 세는 말.
쾌   ③   ㉢ 오이나 가지 따위를 50개 단위로 묶어 세는 말.
모   ④   ㉣ 과일이나 채소를 100개씩 세는 말.
접   ⑤   ㉤ 생선 2마리를 한 단위로 세는 말.
손   ⑥   ㉥ 북어 20마리를 한 단위로 세는 말.
거리 ⑦   ㉦ 김 백 장을 묶어서 세는 말 또는 사십 장.
톳   ⑧   ㉧ 조기를 10마리씩 두 줄로 엮은 총 20마리를 한 단위로 세는 말.
판   ⑨   ㉨ 계란 30개를 플라스틱 판 등에 세워 담은 것을 한 단위로 세는 말.
두름 ⑩   ㉩ 두부와 묵 따위의 덩이를 세는 말

02 다음 빈칸에 적절한 단위어를 〈보기〉에서 찾으시오.

① 두 (　　)의 승용차가 건물 앞을 지나가고 있다.
② 어린 여자아이가 고기 한 (　　)을 먹어 치운다.
③ 그녀의 허리 둘레가 세 (　　) 반이다.
④ 초등학생에게 나는 연필 한 (　　)를 선물로 주었다.
⑤ 마당쇠가 꿀을 한 (　　)이나 해 왔다.
⑥ 그녀에게 준 것은 금 한 (　　)짜리 반지이다.
⑦ 여기 국수 두 (　　) 더 넣어 주세요.
⑧ 파란만장하던 그의 삶도 이젠 한 (　　)의 흙으로 돌아갔다.
⑨ 설악산에 있는 그 소나무는 둘레가 다섯 (　　)이나 된다.
⑩ 남대문 시장에 가서 옷감 다섯 (　　)만 끊어 오너라.

> **보기**
>
> 발, 돈, 짐, 뼘, 줌, 아름, 사리, 대, 근, 자루

보고 또 보기

길이 단위

척, 자 약 30.3cm, '삼척'은 90.9cm 정도, '다섯 자'는 151.5cm 정도.
치 약 3cm.
길 ① 사람의 키의 한 길이, 또는 그 길이를 헤아리는 데 쓰는 말. ② 여덟 자 또는 열 자 정도의 길이.

부피 단위

되 약 1.8 l.
말 곡식, 액체, 가루 등의 분량을 헤아리는 단위. 약 18 l. '서 말'은 54 l 정도.
섬 주로 곡식이나 액체의 양을 헤아리는 데 쓰는 말. 약 180 l, 10말 해당함.
닢 쇠붙이로 만든 돈이나 가마니같이 납작한 물건을 낱낱의 뜻으로 세는 말.
푼 ① 돈 한 닢을 일컫는 옛날 엽전의 단위. 한 냥의 100분의 1. 예 닷 냥 서 ~/ 한 ~도 없다.
② 무게의 단위, 한 돈의 1/10.
③ 길이의 단위, 한 치의 1/10.
냥 돈 또는 중량의 단위, 한 냥은 한 돈(=전)의 10배. 예 돈 열 ~/ 은 한 ~

기타

칸 집의 칸살(집의 도리 네 개로 둘러막은 면적)을 세는 말.
술 밥 따위의 음식물을 숟가락으로 떠 그 분량을 세는 단위. 예 밥 두어 술.

03 다음 속담에 나오는 (　)의 단위어를 쓰시오.

① 오 (　) 쓰고 한 (　) 갚는다.
② 구슬이 서 (　)이라도 꿰어야 보배라.
③ 열에 한 (　) 밥
④ (　)로 주고 (　)로 받는다.
⑤ 제 코가 석 (　).
⑥ 한 (　) 뺏아 백 (　) 채운다.
⑦ 삼 (　) 동자도 다 안다.
⑧ 세 (　) 혀가 다섯 (　) 몸을 망친다.
⑨ 큰 집이 천 (　)이라도 밤에 자는 자리는 여덟 (　)밖에 안 된다.
⑩ 땅 열 (　)을 파도 돈 한 (　) 안 나온다.

04 다음 밑줄 친 단위어와 어울리는 말을 선택하시오.

① 나는 어머니께 (석, 서, 세) 돈짜리 금반지를 생일 선물로 해 드렸다.
② 결혼하는 누이는 황금 열쇠 (석, 서, 세) 냥을 해 갔다.
③ (석, 서, 세) 자 장롱은 이 방에 너무 크다.
④ 시골에 사는 할머니께서 참기름 (넉, 너, 네) 되를 보내 주셨다.
⑤ 지난 장날에 산 쌀 (석, 서, 세) 말이 아직까지 남아 있다.

테마 4 부드러운 순화어

보고 또 보기

가부라 → 접단, 끝접기	하리핀 → 핀
가후스 → 커프스, 소맷부리단	한소대 → 반소매
곤로 → 화로, 풍로	
곤조 → 근성, 본성, 성깔, 심지	가료 → 치료
구사리/쿠사리 → 면박, 꾸중	가봉 → 시침질
꼬봉 → 부하	각서 → 다짐장
나가레 → 깨짐, 허사, 무효, 유산	견습 → 수습
다시 → (맛) 국물	견양 → 서식, 본, 본보기
뎃센 → 풀린올	고참 → 선임자, 선참자
땡땡이 → 물방울 (무늬)	기라성 → 빛나는 별, 뭇별
땡땡가라 → 물방울 무늬	기합 → 혼내기, 벌주기, 얼차려
모나카 → 팥소 과자	내역 → 명세
몸뻬 → 왜바지, 일바지	대절 → 전세
바바리 → 트렌치코트	도합 → 합계, 모두
빽바지 → (꼭)낀 바지	백묵 → 분필
사시꼬미 → 콘센트	선착장 → 나루터, 도선장
선탠 → 살갗 태우기	세대 → 가구, 집
세타 → 스웨터	세면 → 세수
소데나시 → 민소매(옷)	쇼부 → 흥정, 결판, 승부
소보루빵 → 곰보빵	시말서 → 경위서, 전말서
시아게 → 끝손질, 마무리	시합 → 경기, 겨루기, 내기
앙꼬 → 팥소	신병 → 몸, 사람, 신상
야지 → 야유	언도 → 선고
오방떡 → 왕풀빵	이서 → 배서
유도리/유토리 → 늘품, 여유분, 융통	잔고 → 잔액, 나머지
자바라 → 주름물통, 주름관	축제 → 잔치, 축전
잣쿠 → 지퍼	출산 → 해산
지리멸 → 애멸치	하명 → 명령, 지시
찌라시 → 선전지, 광고 쪽지	흑판 → 칠판

01 다음은 순화해야 할 일본어투 생활 용어들을 종류별로 분류한 것이다. 우리말답게 다듬으시오.

(1) 순수 일본어

① 가께우동 → (　　) ② 오뎅 → (　　)
③ 지(찌)라시 → (　　) ④ 아나고 → (　　)
⑤ 노가다 → (　　) ⑥ 시다 → (　　)
⑦ 쓰메끼리 → (　　) ⑧ 가리방 → (　　)
⑨ 기마에(기마이) → (　　) ⑩ 잇파이(입빠이) → (　　)
⑪ 다쿠안(다꾸앙) → (　　) ⑫ 벤또 → (　　)
⑬ 야키만두 → (　　)

(2) 일본식 한자어

① 역할(役割) → (　　) ② 승강장(乘降場) → (　　)
③ 할증료(割增料) → (　　) ④ 호열자(虎列刺) → (　　)
⑤ 유휴지(遊休地) → (　　) ⑥ 에리(襟) → (　　)
⑦ 야맹증(夜盲症) → (　　) ⑧ 송달(送達) → (　　)
⑨ 부지(敷地) → (　　) ⑩ 금반(今般) → (　　)
⑪ 견본(見本) → (　　)

(3) 일본식 서구 외래어

① 가라오케 → (　　) ② 추리닝 → (　　)
③ 바케스 → (　　) ④ 프리미엄 → (　　)
⑤ 타월 → (　　) ⑥ 바캉스 → (　　)
⑦ 오나 → (　　) ⑧ 백미라 → (　　)

02 다음은 순화해야 할 일본어들이다. 우리말답게 다듬으시오.

① 가라 → (　　) ② 구루마 → (　　) ③ 기스 → (　　)
④ 나시 → (　　) ⑤ 다대기 → (　　) ⑥ 다라이 → (　　)
⑦ 다마내기 → (　　) ⑧ 단도리 → (　　) ⑨ 뎃빵 → (　　)
⑩ 도라무통 → (　　) ⑪ 뗑깡 → (　　) ⑫ 마호병 → (　　)
⑬ 만땅 → (　　) ⑭ 모찌 → (　　) ⑮ 무데뽀 → (　　)
⑯ 미싱 → (　　) ⑰ 빵구 → (　　) ⑱ 삐끼 → (　　)
⑲ 사라 → (　　) ⑳ 사시미 → (　　) ㉑ 신뼁 → (　　)
㉒ 쓰리 → (　　) ㉓ 오야붕 → (　　) ㉔ 와꾸 → (　　)

㉕ 와리바시 → (   )   ㉖ 와사비 → (   )   ㉗ 우와기 → (   )
㉘ 지리   → (   )   ㉙ 쿠사리 → (   )   ㉚ 히야시 → (   )

03 다음은 순화해야 할 한자어이다. 우리말답게 다듬으시오.

① 가계약(假契約)   → (   )   ② 거래선(去來先)   → (   )
③ 고수부지(高水敷地) → (   )   ④ 곤색(紺色)   → (   )
⑤ 구좌(口座)   → (   )   ⑥ 나대지(裸垈地)   → (   )
⑦ 노견(路肩)   → (   )   ⑧ 담합(談合)   → (   )
⑨ 매상고(賣上高)   → (   )   ⑩ 매점(買占)   → (   )
⑪ 명도(明渡)   → (   )   ⑫ 비상구(非常口)   → (   )
⑬ 사양서(仕樣書)   → (   )   ⑭ 수순(手順)   → (   )
⑮ 숙박계(宿泊屆)   → (   )   ⑯ 신입생(新入生)   → (   )
⑰ 십팔번(十八番)   → (   )   ⑱ 안내(案內) 요원(要員) → (   )
⑲ 여흥(餘興) 시간(時間) → (   )   ⑳ 제조원(製造元)   → (   )
㉑ 취하(取下)   → (   )

04 다음은 순화해야 할 외래어이다. 우리말답게 다듬으시오.

① 게놈   → (   )   ② 노블리스 오블리주 → (   )
③ 데모   → (   )   ④ 라벨   → (   )
⑤ 링크   → (   )   ⑥ 마스터플랜   → (   )
⑦ 매뉴얼북   → (   )   ⑧ 부품 파트북   → (   )
⑨ 시뮬레이션   → (   )   ⑩ 애드리브   → (   )
⑪ 엑기스   → (   )   ⑫ 코멘트   → (   )
⑬ 콤비   → (   )   ⑭ 트러블   → (   )
⑮ 플레이   → (   )

II. 한자어

테마 5   주요 한자어

※ 다음은 생활 속에서 자주 접하는 한자어 가운데 108자를 추려보았다. 음과 훈을 익히고, 독음을 쓰시오. (1~7)

01

多少( )	長短( )	問答( )	往來( )
生死( )	苦樂( )	貧富( )	貴賤( )
公私( )	高低( )	有無( )	授受( )
賞罰( )	主客( )	賣買( )	自由( )

[많을 다 적을 소]   [길 장 짧을 단]   [물을 문 답할 답]   [갈 왕 올 래]
[날 생 죽을 사]   [쓸 고 즐길 락]   [가난 빈 가멸 부]   [귀할 귀 천할 천]
[공변될 공 사 사]   [높을 고 밑 저]   [있을 유 없을 무]   [줄 수 받을 수]
[상줄 상 죄 벌]   [주인 주 손 객]   [팔 매 살 매]   [스스로 자 말미암을 유]

02

時間( )	刊行( )	個人( )	巨大( )
植木( )	看護( )	健康( )	季節( )
共存( )	供給( )	教室( )	兩班( )
部族( )	根本( )	夕陽( )	毛皮( )

[때 시 틈 간]   [책펴낼 간 갈 행]   [낱 개 사람 인]   [클 거 큰 대]
[심을 식 나무 목]   [볼 간 보호할 호]   [튼튼할 건 편안할 강]   [끝 계 마디 절]
[함께 공 있을 존]   [이바지 공 넉넉할 급]   [가르칠 교 집 실]   [두 양 나눌 반]
[거느릴 부 겨레 족]   [뿌리 근 밑 본]   [저녁 석 볕 양]   [털 모 가죽 피]

03

身體( )	兒童( )	外交( )	獨特( )
佛經( )	議論( )	意見( )	空中( )
仲介( )	道路( )	徒步( )	登錄( )
草綠( )	家計( )	救助( )	浪費( )

[몸 신 몸 체]　　[아이 아 아이 동]　　[밖 외 사귈 교]　　[홀로 독 우뚝할 특]
[부처 불 날 경]　　[의논할 의 말할 논]　[뜻 의 볼 견]　　　[빌 공 가운데 중]
[버금 중 끼일 개]　[길 도 길 로]　　　　[무리 도 걸음 보]　[오를 등 기록할 록]
[풀 초 초록빛 록]　[집 가 꾀 계]　　　　[건질 구 도울 조]　[물결 낭 쓸 비]

04

牧畜( )	山脈( )	近視( )	農村( )
勤勉( )	禁止( )	能率( )	先頭( )
貸與( )	武器( )	文字( )	硏究( )
結果( )	期待( )	物價( )	複雜( )

[칠 목 쌓을 축]　　　[뫼 산 맥 맥]　　　[가까울 근 볼 시]　[농사 농 마을 촌]
[부지런할 근 힘쓸 면][금할 금 멈출 지]　[능할 능 헤아릴 률][먼저 선 머리 두]
[빌릴 대 줄 여]　　　[굳셀 무 그릇 기]　[무늬 문 글자 자]　[갈 연 궁구할 구]
[맺을 결 실과 과]　　[기약할 기 기다릴 대][만물 물 값 가]　　[겹칠 복 섞일 잡]

05

美德( )	歷史( )	非常( )	狀態( )
成功( )	世界( )	習慣( )	迷信( )
審査( )	糧食( )	密林( )	反省( )
誠實( )	職業( )	洪水( )	憲法( )

[아름다울 미 덕 덕]　[지낼 역 역사 사]　[아닐 비 항상 상]　[형상 상 모양 태]
[이룰 성 공 공]　　　[세상 세 지경 계]　[익힐 습 버릇 관]　[미혹할 미 믿을 신]
[살필 심 사실할 사]　[양식 양 밥 식]　　[빽빽할 밀 수풀 림][되돌릴 반 살필 성]
[정성 성 열매 실]　　[벼슬 직 업 업]　　[큰물 홍 물 수]　　[법 헌 법 법]

06

性品( )	平凡( )	燒却( )	損害( )
防疫( )	溪谷( )	孤立( )	兄弟( )
說話( )	活動( )	新聞( )	略圖( )
幸福( )	必勝( )	國民( )	解放( )

[성품 성 물건 품]　　[평평할 평 무릇 범][사를 소 물리칠 각][덜 손 해칠 해]
[막을 방 염병 역]　　[시내 계 골 곡]　　[외로울 고 설 립]　[맏 형 아우 제]
[말씀 설 말할 화]　　[살 활 움직일 동]　[새 신 들을 문]　　[간략할 약 그림 도]
[다행 행 복 복]　　　[반드시 필 이길 승][나라 국 백성 민]　[풀 해 놓을 방]

07

種類( )	忍耐( )	陸軍( )	合同( )
眞理( )	休息( )	牛乳( )	學校( )
神經( )	苦杯( )	培養( )	妄想( )

[씨 종 무리 류]   [참을 인 견딜 내]   [뭍 육 군사 군]   [합할 합 한가지 동]
[참 진 다스릴 리] [쉴 휴 숨쉴 식]   [소 우 젖 유]   [배울 학 학교 교]
[귀신 신 날 경]   [쓸 고 잔 배]   [북돋을 배 기를 양] [허망할 망 생각 상]

※ 다음은 글을 읽을 때 자주 접하는 한자어들을 추려 보았다. 음과 훈을 익히고, 뜻을 바르게 연결하시오.(8~16)

08

架空[시렁 가 빌 공]   假飾[거짓 가 꾸밀 식]   干戈[방패 간 창 과]
講究[익힐 강 궁구할 구]   謙虛[겸손할 겸 빌 허]   警戒[경계할 경 경계할 계]
驚愕[놀랄 경 놀랄 악]   傾注[기울 경 물댈 주]   枯渴[마를 고 목마를 갈]
孤高[외로울 고 높을 고]   高揚[높을 고 오를 양]   課業[매길 과 업 업]

架空 ①   ㉠ 겸손하여 건방지지 아니함.
假飾 ②   ㉡ 몹시 놀람.
干戈 ③   ㉢ 잘못된 일을 하지 않도록 타일러 조심하게 함.
講究 ④   ㉣ (속된 현실 사회에서 벗어나) 홀로 깨끗하고 우뚝하다.
謙虛 ⑤   ㉤ ① 물이 말라 없어짐. ② 돈이나 물건 같은 것이 매우 귀해짐.
警戒 ⑥   ㉥ (말이나 행동을) 속마음과는 달리 거짓으로 꾸밈.
驚愕 ⑦   ㉦ 배당한 업무 또는 학과.
傾注 ⑧   ㉧ (의식, 기분, 분위기 등을) 돋우어 높이는 것.
枯渴 ⑨   ㉨ 좋은 방법이나 방책을 찾아내도록 연구함.
孤高 ⑩   ㉩ 근거 없는 일. 사실이 아니고 상상으로 지어낸 일.
高揚 ⑪   ㉪ 방패와 창. 무기.
課業 ⑫   ㉫ 정신이나 힘을 한 곳에만 기울임.

09

巧妙[공교할 교 묘할 묘]	窮究[다할 궁 궁구할 구]	奇拔[기이할 기 뺄 발]
氣魄[기운 기 넋 백]	技藝[재주 기 재주 예]	濃度[짙을 농 법도 도]
但書[다만 단 쓸 서]	談論[말씀 담 말할 론]	劣惡[못할 열 악할 악]
露呈[이슬 노 드릴 정]	論駁[말할 논 얼룩말 박]	萌芽[싹 맹 싹 아]

巧妙 ① ㉠ 예외 따위를 덧붙여 놓는 글.
窮究 ② ㉡ 유달리 재치 있게 뛰어남.
奇拔 ③ ㉢ 솜씨나 꾀가 재치 있고 묘함.
氣魄 ④ ㉣ ① 식물의 새로 트는 싹. ② 사물의 시초.
技藝 ⑤ ㉤ 드러나 나타남.
濃度 ⑥ ㉥ 남의 잘못된 것을 공격하여 말함.
但書 ⑦ ㉦ 혼합 기체나 용액 속에 존재하는 각 성분의 비율.
談論 ⑧ ㉧ 깊이 파고 들어 연구.
劣惡 ⑨ ㉨ 이야기를 나누고 의논함.
露呈 ⑩ ㉩ ① 미술·공예 등에 관한 기술. ② 솜씨와 재주.
論駁 ⑪ ㉪ 씩씩한 기력과 진취성 있는 정신.
萌芽 ⑫ ㉫ 품질, 형편, 성질 따위가 몹시 나쁨.

10

命脈[목숨 명 맥 맥]	模寫[본보기 모 베낄 사]	目睹[눈 목 볼 도]
沒落[가라앉을 몰 떨어질 락]	放縱[놓을 방 늘어질 종]	放置[놓을 방 둘 치]
培養[북돋을 배 기를 양]	法度[법 법 법도 도]	保留[지킬 보 머무를 류]
浮游[뜰 부 헤엄칠 유]	卑小[낮을 비 작을 소]	相剋[서로 상 이길 극]

命脈 ① ㉠ 거리낌없이 제멋대로 행동함.
模寫 ② ㉡ 일이나 안건 따위의 처리를 뒷날로 미루어 둠.
目睹 ③ ㉢ 둘 사이가 서로 화합하지 못하고 늘 충돌함을 이르는 말.
沒落 ④ ㉣ 그대로 내버려 둠.
放縱 ⑤ ㉤ 목숨. 생명.
放置 ⑥ ㉥ 보잘것없이 작다.
培養 ⑦ ㉦ ① 죄다 떨어짐. ② 멸망하여 없어짐.
法度 ⑧ ㉧ 사물의 모양을 있는 그대로 그림.
保留 ⑨ ㉨ 인공적으로 기름.
浮游 ⑩ ㉩ 대기 중에 떠다니는 먼지.
卑小 ⑪ ㉪ 법률과 제도. 생활상의 예법과 제도.
相剋 ⑫ ㉫ 눈으로 직접 봄.

11

宣暢[베풀 선 펼 창]　　攝取[당길 섭 취할 취]　　疏通[트일 소 통할 통]
首肯[머리 수 옳이여길 긍]　收斂[거둘 수 거둘 렴]　辛辣[매울 신 매울 랄]
惡辣[악할 악 매울 랄]　　斡旋[관리할 알 돌 선]　研磨[갈 연 갈 마]
演算[헤아릴 연 셀 산]　　演戲[행할 연 희롱할 희]　榮譽[꽃 영 기릴 예]

宣暢 ①　　　　㉠ 영광스러운 명예.
攝取 ②　　　　㉡ 여러 가지 생각이나 의견을 한 군데로 모음.
疏通 ③　　　　㉢ ① 여러 번 갈고 닦음. ② 학문이나 기술을 연구하여 닦음.
首肯 ④　　　　㉣ 널리 알려 펌.
收斂 ⑤　　　　㉤ 말과 동작으로 재주를 부리는 여러 가지 놀이.
辛辣 ⑥　　　　㉥ ① 그렇다고 고개를 끄덕임. ② 옳다고 승낙함.
惡辣 ⑦　　　　㉦ 정해진 방식에 따라 계산을 하여 필요한 답을 구하는 일.
斡旋 ⑧　　　　㉧ ① 영양분을 몸 속에 받아들임.
研磨 ⑨　　　　㉨ ① 맛이 몹시 쓰고 매운. ② 사물의 분석이나 비평이 매우 날카로운.
演算 ⑩　　　　㉩ 매섭고 표독스러움.
演戲 ⑪　　　　㉪ 막힘이 없이 서로 통함.
榮譽 ⑫　　　　㉫ 남의 일을 잘 되도록 마련해 줌.

12

叡智[밝을 예 슬기 지]　　汚辱[더러울 오 욕되게할 욕]　歪曲[비뚤 왜 굽을 곡]
畏敬[두려워할 외 공경 경]　搖動[흔들릴 요 움직일 동]　夭折[어릴 요 꺾을 절]
威壓[위엄 위 누를 압]　　萎縮[마를 위 다스릴 축]　柔弱[부드러울 유 약할 약]
愉悅[즐거울 유 기쁠 열]　猶豫[오히려 유 미리 예]　應當[응할 응 당할 당]

叡智 ①　　　　㉠ 으레, 반드시, 당연히.
汚辱 ②　　　　㉡ 사물의 본질을 꿰뚫는 뛰어난 지혜를 가진 사람.
歪曲 ③　　　　㉢ 사실과 달리 그릇되게 해석함.
畏敬 ④　　　　㉣ 날짜나 시간을 미룸. 또는 그런 시간.
搖動 ⑤　　　　㉤ 더럽히고 욕되게 함.
夭折 ⑥　　　　㉥ 기쁘고 즐거움.
威壓 ⑦　　　　㉦ 공경하고 두려워함. 경외.
萎縮 ⑧　　　　㉧ 부드럽고 약함.
柔弱 ⑨　　　　㉨ 흔들려 움직임.
愉悅 ⑩　　　　㉩ 눌려 오므라듦.
猶豫 ⑪　　　　㉪ 젊어서 일찍 죽음.
應當 ⑫　　　　㉫ 위력으로 억누름.

13

因襲[인할 인 엄습할 습]　逸走[달아날 일 달릴 주]　姿態[맵시 자 모양 태]
壯烈[씩씩할 장 세찰 렬]　轉換[구를 전 바꿀 환]　切迫[끊을 절 닥칠 박]
精巧[면밀할 정 공교할 교]　精妙[면밀할 정 묘할 묘]　整齊[가지런할 정 가지런할 제]
精進[면밀할 정 나아갈 진]　拙劣[졸할 졸 못할 렬]　主唱[주인 주 노래 창]

因襲 ①　　　ㄱ 아주 세세한 부분까지 정밀하게 잘 되어 있음.
逸走 ②　　　ㄴ 다급하여 여유가 없음.
姿態 ③　　　ㄷ 서투르고 보잘것이 없는. 정도가 낮고 방법이 치졸한.
壯烈 ④　　　ㄹ 매우 세밀하고 교묘함.
轉換 ⑤　　　ㅁ 주의나 사상을 앞장서서 주장하는 것.
切迫 ⑥　　　ㅂ 전해 오는 풍습이나 습관 등을 그대로 좇아 고치지 아니한 것.
精巧 ⑦　　　ㅅ 바로잡아 가지런히 함.
精妙 ⑧　　　ㅇ 달리다.
整齊 ⑨　　　ㅈ 정력을 다하여 나아감. 아주 열심히 노력함.
精進 ⑩　　　ㅊ 몸가짐과 맵시.
拙劣 ⑪　　　ㅋ 이리저리 변하여 바뀜.
主唱 ⑫　　　ㅌ 의기가 씩씩하고 열렬함.

14

衆智[무리 중 슬기 지]　增額[더할 증 액수 액]　證左[증거 증 왼 좌]
眞率[참 진 거느릴 솔]　振興[떨칠 진 일 흥]　執着[잡을 집 붙을 착]
錯誤[섞일 착 그릇할 오]　懺悔[뉘우칠 참 뉘우칠 회]　闡明[열 천 밝을 명]
千秋[일천 천 가을 추]　捷徑[이길 첩 지름길 경]　超然[넘을 초 그러할 연]

衆智 ①　　　ㄱ 액수를 늘림. 또는 그 액수.
增額 ②　　　ㄴ (속세나 명리 따위에) 관계하려는 태도가 없다.
證左 ③　　　ㄷ 떨쳐 일으킴. 성하게 됨.
眞率 ④　　　ㄹ 지름길.
振興 ⑤　　　ㅁ 진실하고 솔직한.
執着 ⑥　　　ㅂ 드러내어 밝힘.
錯誤 ⑦　　　ㅅ 여러 사람의 지혜.
懺悔 ⑧　　　ㅇ 어떤 한 가지 일에만 마음이 쏠려 떠나지 아니함.
闡明 ⑨　　　ㅈ 어떤 사실을 증명하는 데 바탕이 되는 증거.
千秋 ⑩　　　ㅊ 자신의 잘못을 깊이 뉘우침.
捷徑 ⑪　　　ㅋ 착각을 하여 잘못함. 또는 그런 잘못.
超然 ⑫　　　ㅌ 오래고 긴 세월, 또는 먼 장래.

15

超脫[넘을 초 벗을 탈]　　催促[재촉할 최 재촉할 촉]　　推理[옮을 추 다스릴 리]
趨勢[달릴 추 기세 세]　　推移[옮을 추 옮을 이]　　蓄積[쌓을 축 쌓을 적]
充當[찰 충 당할 당]　　　衷心[속마음 충 마음 심]　　取捨[취할 취 버릴 사]
妥當[온당할 타 당할 당]　洞察[꿰뚫을 통 살필 찰]　投影[던질 투 그림자 영]

超脫 ①　　㉠ 전체를 환하게 내다봄.
催促 ②　　㉡ 속으로부터 우러나오는 참된 마음.
推理 ③　　㉢ 많이 모아 쌓아 둠.
趨勢 ④　　㉣ 세상일이 되어 가는 형편.
推移 ⑤　　㉤ 재촉하다.
蓄積 ⑥　　㉥ (세속적인 것이나 일반적인 한계를) 벗어남.
充當 ⑦　　㉦ 이치를 미루어 생각함.
衷心 ⑧　　㉧ 일이나 형편이 일정한 방향으로 변하여 나아감.
取捨 ⑨　　㉨ 부족한 것을 채워 메움.
妥當 ⑩　　㉩ 가려서 쓸 것은 쓰고 버릴 것은 버림.
洞察 ⑪　　㉪ 어떤 물체의 그림자가 비침.
投影 ⑫　　㉫ 형편이나 이치에 마땅함.

16

偏見[치우칠 편 볼 견]　　偏狹[치우칠 편 좁을 협]　　諷刺[욀 풍 찌를 자]
畢竟[마칠 필 다할 경]　　限量[한계 한 헤아릴 량]　　害毒[해칠 해 독 독]
享樂[누릴 향 즐길 락]　　擴充[넓힐 확 찰 충]　　　歡待[기뻐할 환 기다릴 대]
懷疑[품을 회 의심할 의]　懷抱[품을 회 안을 포]　　獲得[얻을 획 얻을 득]

偏見 ①　　㉠ 마음이 좁고 한쪽으로 치우침.
偏狹 ②　　㉡ 얻어 가짐. 손에 넣음.
諷刺 ③　　㉢ 이롭지 못한 것. 사납고 모진 것.
畢竟 ④　　㉣ 공정하지 못하고 한쪽으로 치우친 생각.
限量 ⑤　　㉤ 마음속에 품은 생각.
害毒 ⑥　　㉥ 부정적인 사회 현상이나 모순 등을 빗대어 비웃으면서 폭로함.
享樂 ⑦　　㉦ 반겨서 후하게 대접함. 기쁘게 맞아 정성껏 대접함.
擴充 ⑧　　㉧ 마침내. 결국에는.
歡待 ⑨　　㉨ 넓히고 보태어 충실하게 함.
懷疑 ⑩　　㉩ 일정하게 정해진 분량.
懷抱 ⑪　　㉪ 관능적 쾌락을 누리는 것.
獲得 ⑫　　㉫ 일이 진정으로 올바르고 확실한지의 여부를 의심하는 일.

테마 6   동음이의어(同音異議語)

 보고 또 보기

- 感謝[느낄 감 사례할 사] : 고맙게 여겨 사의를 표함.
- 監査[살필 감 조사할 사] : 감독하고 검사함.

- 決意[정할 결 뜻 의] : 굳게 뜻을 정함.
- 結義[맺을 결 맺을 의] : 남남끼리 친족의 의리를 맺음.

- 校正[교정볼 교 바를 정] : 글자의 잘못된 것을 대조하여 바로잡음.
- 矯正[바로잡을 교 바를 정] : 틀어지거나 굽은 것을 바로잡음.

- 口碑[입 구 비석 비] : 대대로 전하여 내려오는 말.
- 具備[갖출 구 갖출 비] : 모두 갖춤.

- 具象[갖출 구 형상 상] : 개체가 특수한 형체나 성질을 갖추는 일.
- 構想[꾀할 구 생각 상] : 앞으로 하려는 일에 대해서 생각을 정리함.

- 技術[재주 기 기술 술] : 일을 솜씨 있게 할 수 있는 방법이나 능력.
- 記述[기록할 기 지을 술] : 사물의 내용을 기록하여 서술함.

- 同氣[한가지 동 기운 기] : 형제 자매.
- 動機[움직일 동 기회 기] : 의사 결정이나 어떤 행위의 직접적인 원인.

- 賣盡[팔 매 다할 진] : 남김 없이 다 팔리는 것.
- 邁進[힘쓸 매 나아갈 진] : 힘써 나아감.

- 模擬[더듬을 모 흉내낼 의] : 흉내 내어 시험적으로 해 보는 일.
- 謀議[꾀할 모 의논할 의] : 어떠한 일을 꾀하고 의논하는 것.

- 誣告[꾸밀 무 아뢸 고] : 거짓을 꾸며 고발함.
- 無故[없을 무 사건 고] : 사고 없이 잘 있음.

- 未收[아닐 미 거둘 수] : 돈·물건을 아직 다 거두어 들이지 못함.
- 未遂[아닐 미 이룰 수] : 계획한 일의 목적을 이루지 못함.

- 背馳[배반할 배 달릴 치] : 서로 반대되어 어긋나는 것.
- 配置[배정할 배 둘 치] : 할당하고 분해하여 저마다의 자리에 둠.

- 事例[일 사 보기 례] : 실제로 일어난 낱낱의 사건.
- 謝禮[사례할 사 예도 례] : 상대편에게 고마운 뜻을 나타냄.

| ┌社說[모일] | 사 | 언론 | 설] : 신문에서 사(社)의 주장으로 재재하는 논설.
| └辭說[말] | 사 | 말씀 | 설] : 잔소리를 늘어놓은 말.
| ┌良好[좋을] | 양 | 좋을 | 호] : 매우 좋음.
| └養護[기를] | 양 | 보호할 | 호] : 기르고 보호함.

| ┌旅情[여행할] | 여 | 뜻 | 정] : 여행할 때 마음에 우러나는 회포.
| └旅程[여행할] | 여 | 과정 | 정] : 여행의 과정이나 일정.
| ┌憂愁[근심] | 우 | 근심 | 수] : 우울과 근심.
| └優秀[뛰어날] | 우 | 빼어날 | 수] : 빼어나고 뛰어남.
| ┌異常[다를] | 이 | 범상 | 상] : 정상적인 것과는 다른 일.
| └理想[깨달을] | 이 | 생각 | 상] : 최고라고 생각되는 상태.
| ┌異性[다를] | 이 | 성 | 성] : 성이 다른 것.
| └理性[깨달을] | 이 | 성품 | 성] : 조리 있게 일을 생각하여 판단하는 능력.
| ┌利害[이로울] | 이 | 손해 | 해] : 이익과 손해.
| └理解[깨달을] | 이 | 풀 | 해] : 사리를 분별하여 해석함.

| ┌引渡[물러날] | 인 | 건넬 | 도] : 사물이나 권리 따위를 넘겨주는 것.
| └引導[인도할] | 인 | 인도할 | 도] : 이끌어서 지도하는 것.
| ┌引上[끌] | 인 | 오를 | 상] : 물건 값, 용도, 봉급 등을 올림.
| └印象[찍을] | 인 | 형상 | 상] : 깊이 느껴 잊혀지지 않는 일.
| ┌認定[인정할] | 인 | 정할 | 정] : 옳다고 믿고 정하는 것.
| └人情[사람] | 인 | 정 | 정] : 남을 동정하는 따뜻한 마음.
| ┌日程[일] | 일 | 과정 | 정] : 그 날 할 일.
| └一定[하나] | 일 | 정할 | 정] : 변동이 없음.
| ┌自意[스스로] | 자 | 뜻 | 의] : 자기의 생각이나 뜻.
| └恣意[방자할] | 자 | 생각 | 의] : 제멋대로의 방자한 생각.

| ┌才質[재주] | 재 | 품성 | 질] : 재능이 있는 자질.
| └材質[재목] | 재 | 품성 | 질] : 목재, 금속, 천 등의 재료가 같은 성질.
| ┌主義[주체] | 주 | 뜻 | 의] : 굳게 지키는 일정한 주장이나 방침.
| └注意[뜻둘] | 주 | 생각 | 의] : 마음에 새겨 두고 조심함.
| ┌俊秀[뛰어날] | 준 | 빼어날 | 수] : 재주와 슬기 또는 풍채가 아주 빼어남.
| └遵守[좇을] | 준 | 지킬 | 수] : 규칙, 명령 등을 그대로 좇아서 지킴.

| 淸濁[맑을 | 청 | 흐릴 | 탁] : ① 맑음과 흐림. ② 옳음과 그름.
| 請託[청할 | 청 | 부탁할 | 탁] : 청하여 부탁함.
| 通常[통할 | 통 | 항상 | 상] : 특별하지 않고 예사임. 보통.
| 通商[내왕할 | 통 | 장사할 | 상] : 외국과 서로 물품을 사고 팔고 하는 것.

| 表紙[겉 | 표 | 종이 | 지] : 책 겉장.
| 標識[표 | 표 | 기록할 | 지] : 어떤 사물을 표하기 위한 표지나 특징.
| 香水[향기 | 향 | 물 | 수] : 화장품의 하나.
| 鄕愁[시골 | 향 | 근심 | 수] : 고향이 그리워 느끼는 슬픔.
| 歡迎[기뻐할 | 환 | 맞이할 | 영] : 기쁜 마음으로 즐거이 맞이함.
| 幻影[허깨비 | 환 | 그림자 | 영] : 없는 것이 있는 것처럼 보이는 것.
| 懷柔[달랠 | 회 | 부드러울유] : 어루만져서 잘 달램.
| 回遊[돌아올 | 회 | 헤엄칠 | 유] : 널리 돌아다니면서 유람하는 것.
| 稀少[드물 | 희 | 적을 | 소] : 드물어서 적음.
| 喜笑[기쁠 | 희 | 웃을 | 소] : 기뻐서 웃는 웃음.

※ 다음은 소리는 같지만 뜻이 달라 사용에 있어 주의해야 할 한자어들이다. 바르게 연결하시오.(1~12)

01
베풀어 주신 은혜에 어떻게 감사를 표시해야 할까요? ①   ㉠ 校正
임시 국회에서 국정을 감사하다.   ②   ㉡ 口碑
우리는 최선을 다할 것을 각자 결의하였다.   ③   ㉢ 矯正
동향 사람들끼리 결의하여 서로 도우며 산다.   ④   ㉣ 構想
교정을 안 했는지 책에 오자가 많다.   ⑤   ㉤ 具象
치아를 고르게 교정하다.   ⑥   ㉥ 監査
구비 문학은 구전 문학이라고도 한다.   ⑦   ㉦ 具備
전자 상가에는 수많은 전자 제품이 구비되어 있다.   ⑧   ㉧ 決意
그림에 구상적 요소는 사라지고 추상적인 그림이 됐다.   ⑨   ㉨ 結義
작품을 구상하기 위하여 현장 체험을 하다.   ⑩   ㉩ 感謝

02
기술적인 문제를 해결하려면 많은 시간이 필요하다. ① ㉠ 動機
그를 민족의 반역자로 기술하는 책도 있다. ② ㉡ 謀議
동기끼리 사이좋게 지내다. ③ ㉢ 邁進
그 사건은 처음에는 아주 단순한 동기에서 시작되었다. ④ ㉣ 模擬
연휴라서 그런지 영화는 벌써 표가 매진되고 없었다. ⑤ ㉤ 誣告
선생님은 후학들을 가르치는 일에만 매진해 왔다. ⑥ ㉥ 無故
모의고사 성적이 오르지 않아 걱정이다. ⑦ ㉦ 記述
그는 범죄자들과 위조지폐를 발행하기로 모의했다. ⑧ ㉧ 賣盡
거짓말로 남을 도리어 무고하는 자는 나쁜 사람이다. ⑨ ㉨ 技術
우리 회사에는 무고하게 결근하는 사람은 하나도 없다. ⑩ ㉩ 同氣

03
아직 대금을 미수하여서 자금이 부족하다. ① ㉠ 辭說
암살 기도가 미수로 그치다. ② ㉡ 社說
너의 행동은 네가 평소 말해 왔던 이념에 배치된 것이었다. ③ ㉢ 謝禮
그는 용의자의 주변에 감시 요원을 배치했다. ④ ㉣ 配置
이런 사례는 없었기 때문에 어떻게 처리해야 할지 모르겠다. ⑤ ㉤ 背馳
변변찮은 것이나마 사례의 표시이니 받아 주시길 바랍니다. ⑥ ㉥ 未收
신문 사설을 읽으며 논술 준비를 하고 있다. ⑦ ㉦ 養護
긴 사설 그만하고 어서 밥이나 잡수시오. ⑧ ㉧ 未遂
이 유적은 보존 상태가 양호하다. ⑨ ㉨ 事例
그는 옛날보다 건강 상태가 매우 양호하다. ⑩ ㉩ 良好

04
기차에 몸을 실으니 여정이 한층 깊어진다. ① ㉠ 理想
1박 2일의 짧은 여정을 마치다. ② ㉡ 理解
비가 오면 나그네의 우수 같은 것이 스치고 지나간다. ③ ㉢ 異性
그는 놀랄 만큼 우수한 성적으로 졸업했다. ④ ㉣ 異常
아버지의 얼굴이 그날따라 이상하게 굳어 있었다. ⑤ ㉤ 旅程
운동을 해서 신체가 이상적으로 균형이 잡혀 있다. ⑥ ㉥ 旅情
어느새 딸아이가 커서 이성에 눈을 뜰 나이가 되었다. ⑦ ㉦ 理性
흥분해 있을 때는 이성적인 판단을 하기 어렵다. ⑧ ㉧ 利害
그는 무슨 말이든 이해로 따지기 전에 옳고 그름으로 따진다. ⑨ ㉨ 憂愁
이 책의 내용은 초보자가 이해하기 어려울 것이다. ⑩ ㉩ 優秀

05
유품이 가족들에게 인도되었다.	①	㉠	印象
중생을 부처의 깨달음으로 인도하다	②	㉡	恣意
다음 학기부터 등록금이 대폭 인상된다.	③	㉢	日程
건장한 체격과 쏘는 듯한 눈빛이 인상적이었다.	④	㉣	人情
어느 누구도 이번 승리를 그의 공로로 인정하지 않았다.	⑤	㉤	一定
그는 겉은 무뚝뚝한 사람이지만 속은 인정이 많은 사람이다.	⑥	㉥	認定
일정이 꽉 차 있으니 내일 만나자.	⑦	㉦	引導
지구는 일정하게 태양의 주위를 돈다.	⑧	㉧	自意
그는 자의로 10년 동안 다녔던 직장을 그만두었다.	⑨	㉨	引渡
법을 자의적으로 적용해서는 안 된다.	⑩	㉩	引上

06
그는 남다른 재질을 가지고 태어난 사람처럼 보인다.	①	㉠	主義
이 신발은 재질이 좋지 않아서 오래 신기는 힘들 것 같다.	②	㉡	俊秀
세상에 그럴싸하지 않은 사상이나 주의가 어디 있겠습니까?	③	㉢	通常
임산부는 약물 복용에 각별히 주의해야 한다.	④	㉣	清濁
그는 노년의 나이에도 청년 같은 준수한 용모를 지니고 있다.	⑤	㉤	材質
국민은 헌법을 준수해야 할 의무를 지닌다.	⑥	㉥	注意
그는 돈이 되는 일이라면 청탁을 불문하고 맡아서 한다.	⑦	㉦	通商
요즘은 나에게 그림을 그려 달라고 청탁하는 사람이 늘고 있다.	⑧	㉧	遵守
우리 가족은 통상 아침 7시에 기상한다.	⑨	㉨	才質
두 나라는 적대 관계를 청산하고 새로이 통상하기를 원했다.	⑩	㉩	請託

07
책을 잃어버리지 않도록 표지 안쪽에 이름을 써 두었다.	①	㉠	香水
사람이 붐비는 곳은 화장실 표지를 눈에 띄게 해야 한다.	②	㉡	幻影
향수 냄새가 지나치게 진하게 풍기면 좋지 않다.	③	㉢	回遊
풀벌레의 울음소리가 새삼 향수를 일깨웠다.	④	㉣	表紙
그는 우리의 제안을 쌍수를 들고 환영했다.	⑤	㉤	喜笑
죽은 이의 환영에 시달리다.	⑥	㉥	標識
설득과 회유로 듣지 않는다면 두들겨 패는 도리밖에 없다.	⑦	㉦	歡迎
대구는 12월쯤 산란을 위해 동해로 회유해 온다.	⑧	㉧	鄕愁
옛날에 인적이 희소할 적에는 이 고개에서 도적이 났다 한다.	⑨	㉨	懷柔
문득 그녀의 얼굴에 희소하는 모습이 떠올랐다가 사라졌다.	⑩	㉩	稀少

보고 또 보기

- 感傷[느낄 감　근심할 상] : 마음에 느껴 슬퍼함.
- 感想[느낄 감　생각 상] : 느끼어 일어나는 생각.
- 鑑賞[살필 감　구경할 상] : 예술 작품을 음미하고 이해함.

- 近刊[가까울 근　책펴낼 간] : 최근에 출판되었거나, 출판될 간행물.
- 近間[가까울 근　사이 간] : 요사이.
- 根幹[뿌리 근　줄기 간] : ① 뿌리와 줄기. ② 근본.

- 端正[바를 단　바를 정] : 얌전하고 바름.
- 斷定[결단할 단　정할 정] : 딱 잘라 결정하고 판단을 내림.
- 端整[바를 단　가지런할 정] : 깨끗이 정돈함.

- 補修[고칠 보　고칠 수] : 보충하여 수리하는 것.
- 報酬[갚을 보　갚을 수] : 대가로 주는 금품.
- 保守[보전할 보　지킬 수] : 보전해서 지킴.

- 社告[모일 사　알릴 고] : 회사 등에서 알리는 광고.
- 事故[일 사　연고 고] : 평상시에 없는 뜻밖의 일.
- 思考[생각 사　헤아릴 고] : 생각하고 사리를 깊이 연구함.

- 士氣[사내 사　기운 기] : 기운으로 넘쳐 굽힐 줄 모르는 씩씩한 기색.
- 史記[역사 사　기록할 기] : 역사를 기록한 책.
- 詐欺[속일 사　속일 기] : 남을 속여 착오에 빠지게 하는 행위.

- 士道[선비 사　도리 도] : 선비로서 마땅히 지켜야 할 도리.
- 私道[사사로울 사　도리 도] : 사사로운 이익을 꾀하는 방도.
- 邪道[간사할 사　도리 도] : 올바르지 못한 길이나 사악한 도리.

- 死傷[죽을 사　상할 상] : 죽거나 다치는 것.
- 思想[생각 사　생각할 상] : 판단이나 추리를 거쳐 생긴 생각이나 의견.
- 事象[일 사　형상 상] : 관찰할 수 있는 상태로 나타나는 사물과 형상.

- 思惟[생각 사　생각할 유] : 논리적인 생각.
- 私有[개인 사　가질 유] : 개인이 사사로이 가짐.
- 事由[일 사　까닭 유] : 일의 까닭.

- 宣戰[임금의말 선　싸움 전] : 한 나라가 다른 나라에 대하여 전쟁의 시작을 알림.
- 善戰[잘할 선　싸움 전] : 실력 이상으로 잘 싸움.
- 宣傳[베풀 선　펼 전] : 남에게 설명하고 이해를 구함.

| ┌ 善政[착할 | 선 | 정사 | 정] : 바르고 착한.
| │ 選定[가릴 | 선 | 정할 | 정] : 가려서 정하는 것.
| └ 煽情[부채질할 | 선 | 뜻 | 정] : 욕정을 북돋움.

| ┌ 樣式 [모양 | 양 | 법 | 식] : 일정한 모양과 방식.
| │ 良識 [어질 | 양 | 알 | 식] : 올바른 사고방식.
| └ 糧食 [양식 | 양 | 밥 | 식] : 삶에 필요한 먹을거리.

| ┌ 延期[물릴 | 연 | 기간 | 기] : 정해진 기한을 뒤로 물리는 것.
| │ 煙氣[연기 | 연 | 기운 | 기] : 무엇이 불에 탈 때에 나는 흐릿한 기체.
| └ 演技[행할 | 연 | 재주 | 기] : 배우가 맡은 행동이나 성격을 창조하는 일.

| ┌ 有志[있을 | 유 | 뜻 | 지] : 명망 있고 영향력을 가진 사람.
| │ 油脂[기름 | 유 | 기름 | 지] : 동물 또는 식물에서 채취한 기름.
| └ 維持[지탱할 | 유 | 지닐 | 지] : 지탱하여 나감.

| ┌ 正道[바를 | 정 | 도리 | 도] : 올바른 길, 또는 도리.
| │ 定道[정할 | 정 | 길 | 도] : 정해져서 바뀔 수 없는 길.
| └ 程度[한도 | 정 | 정도 | 도] : 그만큼가량의 분량.

| ┌ 正常[바를 | 정 | 항상 | 상] : 바르고 떳떳함.
| │ 頂上[꼭대기 | 정 | 위 | 상] : ① 산꼭대기. ② 그 이상 더 없는 것.
| └ 情狀[사실 | 정 | 형편 | 상] : 사실 있는 그대로의 상태.

| ┌ 造化[이룰 | 조 | 될 | 화] : 이상하고 신통한 일.
| │ 造花[만들 | 조 | 꽃 | 화] : 인공으로 만든 꽃.
| └ 調和[고를 | 조 | 화목할 | 화] : 서로 잘 어울리게 함.

| ┌ 住持 [살 | 주 | 가질 | 지] : 절을 주관하는 승려.
| │ 周知 [두루 | 주 | 알 | 지] : 빠짐없이 골고루 앎.
| └ 主知 [주인 | 주 | 알 | 지] : 지성을 중시함.

| ┌ 平定[평탄할 | 평 | 정할 | 정] : 난리를 평온하게 진정시킴.
| │ 平靜[평탄할 | 평 | 고요할 | 정] : 평안하고 고요한 것.
| └ 評定[평론할 | 평 | 정할 | 정] : 평가하여 결정하는 것.

| ┌ 現象[나타날 | 현 | 형상 | 상] : 관찰할 수 있는 사물의 형상.
| │ 現狀[나타날 | 현 | 형편 | 상] : 나타나 보이는 현재의 상태.
| └ 懸賞[매달 | 현 | 상줄 | 상] : 무엇을 구하거나 사람을 찾는 일에 상을 거는 일.

08
그런 일로 감상에 젖지 마라.	①	㉠ 感想
그 책을 읽은 감상이 어때?	②	㉡ 保守
서울 시내의 야경을 감상하자.	③	㉢ 根幹
이 책은 근간에 출판된 책 중에서 가장 추천하고 싶은 책이다.	④	㉣ 感傷
근간에 잘 지내고 있는지 궁금하다.	⑤	㉤ 報酬
철강업은 국가의 근간 사업이다.	⑥	㉥ 鑑賞
그녀는 몸가짐이 늘 단정하다.	⑦	㉦ 端整
네 마음대로 단정 짓지 마라.	⑧	㉧ 近刊
정원이 아주 단정하게 가꾸어져 있다.	⑨	㉨ 斷定
훼손된 성벽을 보수하고 있다.	⑩	㉩ 近間
보수가 너무 적어 불만이다.	⑪	㉪ 端正
개혁과 보수의 갈등이 첨예하다.	⑫	㉫ 補修

09
회사 정문에 사원 모집을 알리는 사고가 붙어 있다.	①	㉠ 事故
그분은 불의의 사고로 세상을 떠나셨다.	②	㉡ 事象
논리적으로 대상을 사고하다.	③	㉢ 史記
선수단의 사기가 하늘을 찌를 듯하다.	④	㉣ 思想
삼국사기는 김부식이 왕명에 따라 펴낸 역사 책이다.	⑤	㉤ 士氣
그는 아무것도 모르는 아이들을 상대로 사기를 쳤다.	⑥	㉥ 邪道
학자로서 사도에 어긋나는 일은 하지 않는다.	⑦	㉦ 社告
공직자가 사도를 추구하면 나라가 망한다.	⑧	㉧ 詐欺
지배자들에 의해 사도라 배척되었다.	⑨	㉨ 思考
이번 교통사고로 많은 사람이 사상했다.	⑩	㉩ 私道
모든 작품은 작가 자신의 사상과 감정을 담고 있다.	⑪	㉪ 士道
사상을 통하여 사물의 본질을 파악하게 된다.	⑫	㉫ 死傷

10
차분한 사유 과정을 거쳤다.	①	㉠ 糧食
이 땅은 사유지다.	②	㉡ 思惟
결근한 사유가 뭐냐?	③	㉢ 事由
선전 포고 없이 침략하다.	④	㉣ 良識
선수들의 선전하는 모습은 정말 감동적이었다.	⑤	㉤ 私有
그는 국민들에게 그 청년을 민족의 영웅으로 선전했다.	⑥	㉥ 樣式

요순 시대는 선정이 펼쳐진 대표적인 시대다.	⑦	ㅅ	宣戰
학생회장 선정을 위한 투표에 들어가자.	⑧	ㅇ	煽情
과도하게 선정적인 장면을 삭제하시오.	⑨	ㅈ	善戰
보고서 양식 좀 알려줘.	⑩	ㅊ	選定
그는 양식 있는 사람이다.	⑪	ㅋ	宣傳
양식이 다 떨어져 간다.	⑫	ㅌ	善政

11

시험이 한 달 뒤로 연기되었다.	①	ㄱ	情狀
방 안에 담배 연기가 자욱하다.	②	ㄴ	油脂
그는 한여름에 겨울 외투를 입고 연기하느라 진땀을 뺐다.	③	ㄷ	程度
그 동아리는 유지 대접을 받는 집 아이들로 이루어졌다.	④	ㄹ	延期
이 약품은 유지를 분해하여 오염 지역을 복원시키는 데 효과가 있다.	⑤	ㅁ	頂上
그 회사는 간신히 명맥을 유지하다.	⑥	ㅂ	有志
인간 세계에는 번연히 역사의 정도가 있지 않습니까?	⑦	ㅅ	正常
그가 무당이 된 것은 어쩔 수 없는 정도이다.	⑧	ㅇ	煙氣
택시 요금이 오천 원 정도 필요하다.	⑨	ㅈ	維持
그 사람은 정상이 아니다.	⑩	ㅊ	正道
한국은 이번 세계 축구 대회에서 정상에 올랐다.	⑪	ㅋ	演技
순순히 나와 자수한다면 정상을 참작하겠다.	⑫	ㅌ	定道

12

무슨 조화인지 갈피를 못 잡겠다.	①	ㄱ	平定
조화 말고 생화를 다오.	②	ㄴ	調和
음(音)이 조화를 이룬다.	③	ㄷ	造化
이 절의 주지는 누구시오?	④	ㄹ	懸賞
그것은 주지의 사실이다.	⑤	ㅁ	現象
김광균은 주지주의 시인이다.	⑥	ㅂ	現狀
고구려와 백제는 신라에 의해 평정되었다.	⑦	ㅅ	主知
웃음 띠었던 그의 얼굴이 굳어지더니 곧 평정을 되찾았다.	⑧	ㅇ	造花
인사과에서 사원들의 근무 태도 평정 기준을 제시하였다.	⑨	ㅈ	平靜
선사의 손에 들린 주장자는 눈에 보이는 가시적 현상이다.	⑩	ㅊ	周知
지금 같은 불경기에는 현상을 유지하는 것만도 힘이 든다.	⑪	ㅋ	住持
베 오백 필이란 큼직한 현상에 사람들의 허욕은 움직였다.	⑫	ㅌ	評定

테마 7 혼동하기 쉬운 한자어

보고 또 보기

- 改良(개량) : 주로 구체적인 것을 좋게 만듦. 예 농사 방법의 改良에 힘쓰다.
- 改善(개선) : 주로 추상적인 것을 좋게 만듦. 예 관계 改善을 위하여 노력하다.
- 啓發(계발) : 지능, 정신 따위를 깨우쳐 열어 줌. 예 상상력 啓發.
- 開發(개발) : 개척하여 발전시킴. 예 유전 開發.
- 檢查(검사) : 살펴서 옳고 그름을 판단하는 일. 예 檢查를 통해 불량률을 줄였다.
- 調査(조사) : 사실을 알기 위해 자세히 살핌. 예 調査 결과를 발표하다.
- 揭示(게시) : 무엇을 내걸어 두루 보게 함. 예 행사 일정표의 揭示.
- 啓示(계시) : 오묘한 진리를 깨우쳐 보여 줌. 예 신은 나에게만 啓示하였다.
- 決濟(결제) : 대금을 주고받아 거래 관계를 끝맺는 것. 예 어음으로 決濟하다.
- 決裁(결재) : 안건을 허가하거나 승인하는 것. 예 決裁 서류를 올리다.
- 困辱(곤욕) : 심한 모욕. 또는 참기 힘든 일. 예 困辱을 치르다.
- 困惑(곤혹) : 어찌할 바를 모름. 예 예기치 못한 질문에 困惑을 느끼다.
- 究明(구명) : 사물의 본질, 원인 따위를 깊이 따짐. 예 사건의 원인 究明
- 糾明(규명) : 어떤 사실을 자세히 따져서 바로 밝힘. 예 糾明을 촉구하다.
- 區別(구별) : 성질, 종류에 따라 나타나는 차이. 예 남녀의 區別이 없다.
- 區分(구분) : 전체를 몇 개로 갈라 나눔. 예 서정시와 서사시의 區分.
- 期日(기일) : 정해진 날짜. 예 期日 내에 이 일을 끝마쳐라.
- 期限(기한) : 미리 한정하여 놓은 시기. 예 期限을 넘기다.
- 來歷(내력) : 지금껏 지나온 자취나 경력. 예 살아온 來歷을 책으로 엮다.
- 內譯(내역) : 물품, 금액 등의 정확한 내용. 예 공사비 內譯을 공개해라.
- 團合(단합) : 힘이나 세력을 하나로 뭉침. 예 團合이 잘 되는 팀이다.
- 談合(담합) : 의논해 같이 행할 것을 합의함. 예 談合하여 가격을 올리다.
- 反證(반증) : 상대가 틀렸음을 알리는 증거. 예 그의 주장을 뒤집을 反證이다.
- 傍證(방증) : 간접적인 도움을 주는 증거. 예 이런 건 傍證도 못 된다.
- 告訴(고소) : 범죄의 피해자나 다른 고소권자가 범죄 사실을 수사 기관에 신고하여 그 수사와 범인의 기소를 요구하는 일. 예 검찰에 사기꾼을 告訴하다.
- 告發(고발) : 피해자나 고소권자가 아닌 제삼자가 수사 기관에 범죄 사실을 신고하여 수사 및 범인의 기소를 요구하는 일. 예 소비자 告發 센터.

- 部門(부문) : 기준에 따라 나눈 것 중 하나. 예 과학은 여러 部門으로 나뉜다.
- 部分(부분) : 전체를 몇 개로 나눈 것의 하나. 예 썩은 部分을 잘라내다.
- 上演(상연) : 무대 위에서 연극을 보임. 예 희곡은 무대 上演을 전제로 하는 문학이다.
- 上映(상영) : 극장에서 영화를 보임. 예 이 영화는 上映 시간이 길다.
- 時刻(시각) : 시간의 어느 한 시점. 예 해 뜨는 時刻이 빨라졌다.
- 時間(시간) : 시각과 시각 사이의 동안. 예 영화를 보면서 時間을 보내다.
- 一切(일절) : 아주, 전혀, 절대로. 예 출입을 一切 금하다.
- 一切(일체) : 모든 것. 예 도난에 대한 一切의 책임을 지다.
- 調整(조정) : 기준이나 실정에 맞게 정돈함. 예 버스 노선의 조정이 필요하다.
- 操縱(조종) : 비행기 등 기계를 다루어 부림. 예 操縱 방법을 배우다.
- 地位(지위) : 사회적 신분에 따른 위치. 예 높은 地位에 오르다.
- 職位(직위) : 직무로 인해 얻게 되는 위치. 예 職位를 박탈하다.
- 止揚(지양) : 어떤 것을 하지 않음. 예 구습은 止揚해야 한다.
- 志向(지향) : 어떤 곳으로 나아가려는 의지. 예 작은 정부를 志向해야 합니다.
- 體格(체격) : 몸 전체의 외관이나 형태. 예 키가 크고 마른 體格이었다.
- 體力(체력) : 움직일 수 있게 하는 몸의 힘. 예 體力을 단련하다.
- 追突(추돌) : 뒤에서 달려와 들이받음. 예 버스와 자동차의 追突이 일어났다.
- 衝突(충돌) : 서로 맞부딪치거나 맞섬. 예 동지끼리 의견 衝突을 일으켰다.
- 砲擊(포격) : 대포를 쏘아 공격함. 예 배가 유엔군의 砲擊에 의해 격침되었다.
- 爆擊(폭격) : 비행기에서 폭탄을 떨어뜨림. 예 아군기의 爆擊을 맞았다.
- 更新(경신) : 이전의 내용을 새롭게 고침. 예 주가가 1000포인트를 更新했다.
- 更新(갱신) : 없어질 상태에서 다시 새롭게 함. 예 면허 更新을 거부하다.
- 再演(재연) : 연극, 영화 따위를 다시 상연함. 예 최악의 사태가 再演되고야 말았다.
- 再現(재현) : 다시 나타남. 다시 드러냄. 예 사고 당시의 상황을 再現하다.
- 漠然(막연) : 갈피를 잡을 수 없게 아득하다. 예 앞으로 살아갈 길이 漠然하다.
- 莫逆(막역) : 허물이 없이 아주 친하다. 예 친구와 나는 莫逆한 사이이다.
- 感激(감격) : 마음에 깊이 느끼어 감동함. 예 우승의 感激을 맛보다.
- 感動(감동) : 깊고 강하게 느끼어 마음의 변화를 일으킴. 예 연설에 感動하다.
- 發達(발달) : 신체가 성장하거나 태풍 따위의 규모가 커짐. 기술이나 문명 등이 더 높은 수준에 이름.
- 發展(발전) : 더 낫고 좋은 상태나 더 높은 단계로 나아감. 일이 어떤 방향으로 전개됨.
- 復舊(복구) : 파괴된 것을 다시 본래의 상태로 고치는 것.
- 復歸(복귀) : 떠났다가 원래의 자리나 상태로 되돌아가는 것.

┌ 修理(수리) : 고장나거나 허름한 데를 손보아 고침. 주로 건축물, 기계류에 사용.
└ 修繕(수선) : 낡거나 허름한 것을 손보아 고침.
┌ 連任(연임) : 정해진 임기를 다 마친 뒤에 다시 계속하여 그 직위에 머무름.
└ 重任(중임) : 임기가 끝나거나 임기 중에 개편이 있을 때 거듭 그 자리에 임용함.
┌ 烈士(열사) : 나라를 위하여 절의를 굳게 지키며 충성을 다하여 싸운 사람.
└ 義士(의사) : 나라와 민족을 위하여 몸을 바쳐 일하려는 뜻을 가진 의로운 사람.
┌ 原因(원인) : 어떤 현상을 일으키거나 변화시키는 근본이 되는 일이나 사건.
└ 理由(이유) : 결론이나 결과에 이른 까닭이나 근거, 심리적 변화나 행동의 동기.
┌ 賃貸(임대) : 일정한 삯을 받고 어떤 물건이나 권리를 남에게 빌려주는 것.
└ 賃借(임차) : 돈을 내고 남의 물건을 빌려 씀.
┌ 張本人(장본인) : 어떤 일을 꾸미거나 일으킨, 문제가 된 바로 그 사람.
└ 主人公(주인공) : 중심 인물이나 중심이 되어 주도적인 역할을 하는 사람.
┌ 典型(전형) : 사물 중에서 보편적이고 일반적인 특성을 잘 지닌 표본 같은 것.
└ 定型(정형) : 정해진 모양이나 틀, 일정한 유형.
┌ 混沌(혼돈) : 뒤섞이거나 뒤엉키어 갈피를 잡을 수 없는 상태.
└ 混同(혼동) : 서로 다른 것들을 구별하지 못하고 뒤바꾸어 다룸.

※ 다음은 의미상 혼동하기 쉬운 한자어들이다. 문맥에 맞는 한자어를 고르시오. (1~50)

01 작업 환경이 많이 (改良 改善)되어서 일하기가 훨씬 편해졌다.

02 교사는 학생들의 창의성이 충분히 (啓發 開發)될 수 있도록 힘써야 한다.

03 철저한 품질 (調査 檢査)를 통해 불량률을 현저하게 줄였다.

04 그 남자는 신의 (揭示 啓示)를 받았다며 허무맹랑한 말을 떠들어 댔다.

05 돌아온 어음을 (決裁 決濟)하지 못할 경우 회사는 부도 처리된다.

06 수천만 원에 달하는 병원비를 마련하지 못해 (困惑 困辱)을 치렀다.

07 사고 원인을 (究明 糾明)하기 위해 국회 소속의 대책반이 만들어졌다.

08 일부 음식점은 좌석을 흡연석과 금연석으로 (區分 區別)해 놓았다.

09 홈페이지 이용 금액을 (期限 期日) 내에 납부해 주시기 바랍니다.

10 자기가 살아온 (來歷 內譯)을 책으로 엮어 출간하는 정치가가 많다.

11 　제조사들의 가격 (團合　談合)은 소비자들에게 피해를 끼칠 수 있다.

12 　우리에게는 그의 주장을 뒤집을 만한 (反證　傍證)이 없었다.

13 　그는 불법 침입죄로 피해 당사자로부터 (告訴　告發)당했다.

14 　이 영화는 작년 백룡영화제에서 작품상 (部分　部門) 최우수상을 탄 영화다.

15 　두 달 동안 (上映　上演)된 그 영화는 천만 명이 넘는 관객을 동원했다.

16 　눈코 뜰 새 없이 바빠 밥 먹을 (時刻　時間)조차 없을 지경이다.

17 　소송에 따르는 [(一切(일체)　一切(일절)]의 비용은 상대 회사가 부담하기로 약속했다.

18 　7월 1일부터 시내버스 노선이 (操縱　調整)되오니 숙지하시기 바랍니다.

19 　지휘 책임을 물어 관할 경찰서장의 (職位　地位)를 해제했다.

20 　우리나라는 민주주의와 시장 경제를 (止揚　志向)하는 나라다.

21 　마지막에 이르러 (體力　體格)이 바닥났으나 정신력으로 끝까지 버텼다.

22 　자가용과 마주 오던 트럭이 (追突　衝突)하는 사고가 발생했다.

23 　급정차한 버스 때문에 뒤에 오던 차들이 연속으로 (追突　衝突)하는 사건이 일어났다.

24 　우리 편 비행기의 (砲擊　爆擊)을 받아 적함은 일순에 침몰하였다.

25 　박태환은 베이징 올림픽에서 자신의 종전 기록을 [更新(경신)　更新(갱신)]했다.

26 　기한이 만기된 운전 면허를 [更新(경신)　更新(갱신)]하러 가야 한다.

27 　그는 수많은 시행착오 끝에 분청사기의 회청색을 (再演　再現)했다.

28 　그들은 어렸을 때부터 (莫逆　漠然)하게 지내왔다.

29 　장미란 선수의 역도 세계 신기록은 온 나라를 (感激　感動)의 도가니로 만들었다.

30 　모처럼 좋은 영화를 보고 깊은 (感激　感動)을 받았다.

31 　우리는 모두 스스로의 (發達　發展)을 위해 노력해야 한다.

32 　남서쪽에서 (發達　發展)한 기압골의 영향으로 우리나라 전역에 비가 내리겠습니다.

33 　경제 (發達　發展)이 국민 의식의 성장에 미치는 영향이 크다.

34 　악성 바이러스로 인해 손상된 컴퓨터 자료를 (復舊　復歸)하기가 어렵다.

35 　지난 인사 개편 때 대기 발령이 났던 김 부장은 이번에 부장으로 (復舊　復歸)되었다.

36 우리 집은 지은 지 오래 되어서 (修理 修善)할 곳이 많다.

37 집 근처 지하철 역 근처에 구두 (修理 修善)집이 생겨서 무척 반가웠다.

38 이번에 단행된 대폭 개각에도 불구하고, 대통령의 신임을 받는 것으로 널리 알려진 국방부 장관은 (連任 重任)되었다.

39 1907년 이준 (烈士 義士)는 고종의 밀사로 헤이그에서 열린 만국 평화 회의에 참석하여 일본의 침략 행위를 세계에 호소하려 하였다.

40 안중근 (烈士 義士)는 1909년 만주의 하얼빈 역에서 이토 히로부미를 암살하였다.

41 일상의 사소한 스트레스가 큰 병의 (原因 理由)이/가 될 수도 있다.

42 잘 다니던 회사를 갑자기 그만두겠다는 (原人 理由)이/가 뭐냐?

43 집을 담보로 은행에서 돈을 빌려 사무실을 (賃貸 賃借)하였다.

44 재개발 지역에 지어진 아파트의 50%는 서민에게 (賃貸 賃借)할 예정이다.

45 그가 바로 이번 시합에서 우리 팀을 승리로 이끈 (張本人 主人公)이다.

46 파업을 주동한 (張本人 主人公)이 누구인지 알아낼 길이 막연했다.

47 내 고향은 뒤에는 산이 있고 앞에는 내가 흐르는 (典型的 定型的)인 농촌이다.

48 신체시(新體詩)의 출현은 우리의 전통적인 시의 (典型 定型)을 깨뜨렸다.

49 자유와 방종을 (混沌 混同)하는 어리석은 인간들이 아직도 수두룩하다.

50 외래문화의 무분별한 수입은 가치관의 (混沌 混同)을 초래하였다.

III 관용어

테마 8 　 관용어

경(更)을 치다	호된 꾸지람이나 나무람을 듣거나 벌을 받다.
골탕을 먹다	한꺼번에 크게 손해를 입거나 낭패를 당하다.
곁살이 끼다	남이 하는 일에 곁다리로 끼다.
녹초가 되다	맥이 풀어져 힘을 못 쓰고 늘어지다.
동티가 나다	잘못 건드려 스스로 재앙을 사다.
들통이 나다	들키다. 숨긴 일이 드러나서 발각되다.
떼어 놓은 당상	어떤 일이 확실하여 조금도 염려가 없다.
바가지 긁다	잔소리를 늘어놓다.
바가지 쓰다	터무니없는 값을 지불하면서 억울한 손해를 보다.
법석을 떨다	소란하고 시끄럽게 하다
변죽을 울리다	바로 집어 말을 하지 않고 둘러서 말을 하다.
산통(을) 깨다	다 잘되어 가던 일을 이루지 못하게 뒤틀다.
삼수갑산을 가다	매우 힘들고 험난한 곳으로 가거나 어려운 지경에 이르다.
삼십육계 줄행랑을 놓다	매우 급하게 도망을 치다.
시치미를 떼다	자기가 하고도 하지 아니한 체하거나 알고 있으면서도 모르는 체하다.
십 년 감수하다	몹시 놀라거나 위태로운 일을 겪었을 때 쓰는 말.
이판사판이다	마지막까지 몰렸을 때를 가리키는 말로 쓰이어, 어떻게 되어도 좋다.
점(을) 찍다	마음속으로 선택하여 두다.
터무니(가) 없다	근거가 없다. 어이가 없다.
학(질)을 떼다	괴롭거나 어려운 상황을 벗어나느라고 진땀을 빼다.

※ 다음 빈칸에 어울리는 관용어를 〈보기〉에서 찾으시오. (1~2)

01
① 어른에게 말대꾸를 하다니, 저런 (　　).
② 선배가 시키는 대로 했다가 (　　).
③ 너도 (　　) 뭐든 해 보려고 하는 모양인데, 이번에는 제발 빠져 주라.
④ 운동장을 계속 돌더니 모두 (　　) 버렸다.
⑤ 카지노를 건드리면 (　　) 염려한 검찰은 관련자 일부를 구속하는 선에서 수사를 마무리하였다.
⑥ 숨어 지내다가 (　　) 만하면 다른 곳으로 옮겨가는 생활이 반복되었다.
⑦ 걱정하지 마. 1등은 (　　)이라구.
⑧ 어제 집사람이 어찌나 (　　). 잠을 통 못 잤어.
⑨ 상인들의 횡포로 해마다 피서철만 되면 (　　).
⑩ 창을 부수고 문을 차는 등 (　　) 바람에 전차는 얼마쯤 가다가 섰다.

> **보기**
> ㉠ 곱살이 껴서　　㉡ 동티가 날까　　㉢ 들통이 날　　㉣ 경을 칠 놈
> ㉤ 떼어놓은 당상　　㉥ 바가지를 긁던지　　㉦ 녹초가 되어　　㉧ 법석을 떠는
> ㉨ 골탕만 먹었다　　㉩ 바가지 쓴다

02
① 수천억 원 비자금설이 (　　) 사그러들었다.
② 다 된 일이었는데, 내가 (　　) 꼴이 되었다.
③ (　　) 이 일은 꼭 해라.
④ 뭘, 머뭇거리니? 들켰을 때는 (　　)을 놓는 게 상책이야.
⑤ 영수는 돈을 자기가 감추고도 (　　).
⑥ 눈 오는 날 산에 올라갔다가 정말 (　　).
⑦ 이젠 나도 (　　) 마음대로 해라.
⑧ (　　) 둔 회사에 입사하게 되었다.
⑨ 능력 있는 선수라는 건 인정하지만, 너무 (　　) 액수를 요구한다.
⑩ 귀찮게 자꾸 캐묻는 바람에 아주 (　　).

> **보기**
> ㉠ 이판사판이니　　㉡ 변죽만 울리다가　　㉢ 산통을 깬　　㉣ 터무니없는
> ㉤ 십 년 감수했다　　㉥ 삼수갑산을 가더라도　　㉦ 점찍어　　㉧ 학질을 뗐다
> ㉨ 시치미를 떼었다　　㉩ 삼십육계 줄행랑

보고 또 보기

가슴이 내려앉다	몹시 놀라거나 맥이 풀리다.
가슴이 미어지다	슬픔이나 고통으로 가득 차 견디기 힘들다.
간담이 서늘하다	몹시 놀라서 섬뜩하다.
귀가 여리다	남의 말을 그대로 잘 믿다.
눈썹도 까딱하지 않다	아주 태연하다.
눈에 밟히다	잊혀지지 않고 자꾸 눈에 떠오르다.
눈을 붙이다	잠을 자다.
눈이 벌겋다	어떤 일에 몹시 열중하다.
다리를 놓다	중간에서 관계를 맺어 주다.
다리품을 팔다	길을 많이 걷다.
덜미를 잡다	꼼짝 못하게 하다
뒤가 드러나다	비밀로 하거나 숨긴 일이 나타나거나 알려지다.
뒷손을 쓰다	은밀히 대책을 강구하거나 뒷수습을 하다.
머리를 들다	숨겨 온 생각, 세력 따위가 겉으로 드러나다.
머리를 쥐어짜다	몹시 애써서 궁리하다.
머리털이 곤두서다	무섭거나 놀라서 날카롭게 신경이 긴장되다.
목에 걸리다	마음이 편치 않고 걱정되다.
발 벗고 나서다	적극적으로 나서다.
발이 저리다	지은 죄가 있어 마음이 조마조마하거나 편하지 않다.
배를 불리다	재물이나 이득을 많이 차지하여 욕심을 채우다.
보따리를 풀다	숨은 사실을 폭로하다.
볼 장 다 보다	일이 다 틀어지다.
뼈에 사무치다	원한이나 고통이 깊고 강하다.
손을 내밀다	구걸하다. 또는 행위가 어떤 곳에 미치게 하다.
손을 잡다	서로 뜻을 같이하여 긴밀하게 협력하다.
어깨가 처지다	낙심하여 풀이 죽고 기가 꺾이다.
어깨를 나란히 하다	서로 비슷한 지위나 힘을 가지다.
얼굴을 내밀다	모임 따위에 모습을 나타내다.
입술을 깨물다	북받치는 감정을 참다. 또는 어떤 결의를 굳게 하다.
입을 닦다	이익을 혼자 가로채고 모르는 척하다.

입이 무겁다	아는 일을 함부로 옮기지 않다.
코가 납작해지다	몹시 무안을 당하거나 기가 죽어 위신이 뚝 떨어지다.
피가 마르다	몹시 괴롭거나 애가 타다.

03 다음 괄호 안에 들어갈 단어를 〈보기〉에서 찾으시오.

① (　　)을 일으키다.　　어떤 사실이 다른 데 영향을 미치거나 문제를 일으키다.
② (　　)를 던지다.　　남을 꾀어내기 위한 수단을 쓰다.
③ (　　)이 풀리다　　소원이나 욕망 따위가 뜻대로 이루어져 마음이 흐뭇하다.
④ (　　)을 울리다　　외부의 자극을 받아 마음에 감동을 일으키다.
⑤ (　　)을 못 쓰다.　　반하거나 혹하여 꼼짝을 못하다.
⑥ (　　)을 잡다.　　실마리, 요점, 단점 따위를 찾아내거나 알아내다.
⑦ (　　)을 나다.　　살림, 세간 따위를 따로 차리다.
⑧ (　　)을 걸다.　　동의하였던 일을 딴전을 부려 어기다.
⑨ (　　)을 내다.　　속을 태우며 조급하게 굴다.
⑩ (　　)이 저리다　　저지른 잘못이 들통이 나거나, 또는 그것 때문에 어떤 벌이 내릴 것 같아 마음을 졸이다.

보기

| ㉠ 사족 | ㉡ 가닥 | ㉢ 파문 | ㉣ 세간 | ㉤ 심금 |
| ㉥ 딴죽 | ㉦ 낚시 | ㉧ 오금 | ㉨ 직성 | ㉩ 안달 |

테마 9 속담

보고 또 보기

죽어서 넋두리를 한다 : 죽은 사람조차도 무당의 입을 빌려 못 다한 말을 하는데, 산 사람이 못 할 말 있겠느냐는 뜻이다.
말은 보태고 떡은 뗀다 : 말은 보태서 전해지고 음식은 줄어서 전해진다.
에해 다르고 애해 다르다 : 말씨 여하로 상대에게 주는 느낌이 다르다.
혀는 짧아도 침은 길게 뱉는다 : 분수도 모르고 지나칠 정도로 잘난 척한다.
입은 비뚤어져도 주라는 바로 불라 : 말만은 사실대로 정직하게 해라.

광에서 인심 난다 : 살림이 넉넉해야 남을 도울 수 있다.
소도 언덕이 있어야 비빈다 : 의지할 곳이 든든해야 일이 잘 된다.
부자는 망해도 삼 년 먹을 것이 있다 : 본래 부자이던 사람은 망한다 하더라도 얼마 동안은 그럭저럭 살 수 있다.
수양산 그늘이 강동 팔십 리를 간다 : 한 사람이 잘 되면 주변 사람들이 그 덕을 본다.
대신댁 송아지 호랑이 무서운 줄 모른다 : 의지하는 세력을 믿고 거만하게 굴다.

쪽박 쓰고 벼락 피하기 : 아무리 애를 써도 피할 수 없음을 두고 비유한 말.
가랑잎에 불 붙기 : 성질이 급하고 마음이 좁은 사람을 가리키는 말.
나루 건너 배 타기 : 무슨 일이나 순서가 있어 건너뛸 수 없음.
밤송이 우엉송이 다 끼어 보았다 : 모든 뼈 아프고 고생스러운 일을 다 겪어 보았다는 말.
가지 많은 나무에 바람 잘 날 없다 : 자식을 많이 거느린 부모는 편할 날이 없음을 이름.

누이 믿고 장가 안 간다 : 혼자서만 엉뚱한 기대를 품는 어리석음.
산돼지 잡으려다 집돼지 놓친다 : 먼뎃 것을 탐내다가 이미 가진 것도 잃는다는 말.
같이 우물 파고 혼자 먹는다 : 매우 욕심이 많은 사람을 두고 하는 말.
당장 먹기엔 곶감이 달다 : 당장 하기 좋은 것은 그때뿐이나 참으로 이로운 것은 못됨.
감기 고뿔도 남 안 준다 : 몹시 인색하다는 뜻.

풀 방구리에 쥐 드나들 듯한다 : 풀을 먹으려고 쥐가 드나드는 것처럼 자주 드나드는 모양.
푸줏간 들어가는 소 걸음 : 가고 싶지 않은 곳에 억지로 끌려감.
쭈그렁 밤송이 삼 년 간다 : 기력이 약한 사람도 오래 사는 수가 있다는 말.

말 죽은 데 체 장수 모이듯 : 말이 죽으면 말총으로 체를 만들려고 체 장수가 모이듯 남의 사정은 아랑곳 없이 제 욕심만 채우려는 것을 두고 하는 말.

달걀 지고 성 밑으로 못 간다 : 너무 의심이 많고 필요 이상의 걱정을 하는 사람을 이름.

무당이 제 굿 못한다 : 무당이 자신을 위하여는 굿을 못함. 남의 일은 잘 처리하여도 자기 일을 잘 못한다는 뜻.

모진 놈 옆에 있다 벼락 맞는다 : 나쁜 사람과 가까이 하면 반드시 그 화를 입는다는 말.

선무당이 사람 잡는다 : 일에 서투른 사람이 오히려 일을 망친다는 뜻.

선무당이 장구 탓한다 : 제 솜씨가 부족한 것은 생각지 않고 다른 핑계로 변명한다는 뜻.

장대로 하늘 재기 : 될 가망이 없는 일을 함.

천 리 길도 한 걸음부터다 : 아무리 큰일이라도 그 첫 시작은 작은 일부터 비롯된다는 말.

첫 술 밥에 배 부르랴 : 어떤 일이든지 단번에 만족할 수는 없다.

갑갑한 놈이 송사한다 : 긴요한 사람이 먼저 행동한다는 말.

봉사 문고리 잡기 : 소경이 문고리 잡기 어렵듯 아주 어려운 일을 두고 하는 말.

시루에 물 퍼붓기 : 아무리 비용을 들이고 애를 써도 효과가 나타나지 않음.

※ 다음에 제시된 내용에 알맞은 속담을 고르시오. (1~7)

01 할 말은 하는 것이 좋다.
① 죽어서 넋두리도 하는데
② 말은 보태고 떡은 뗀다
③ 에해 다르고 애해 다르다
④ 혀는 짧아도 침은 길게 뱉는다
⑤ 입은 비뚤어져도 주라는 바로 불라

02 한 사람이 잘 되면 주변 사람들이 그 덕을 본다.
① 광에서 인심 난다
② 소도 언덕이 있어야 비빈다
③ 부자는 망해도 삼 년 먹을 것이 있다
④ 수양산 그늘이 강동 팔십 리를 간다
⑤ 대신댁 송아지 호랑이 무서운 줄 모른다

03 모든 일에는 순서가 있음.
① 쪽박 쓰고 벼락 피하기
② 가랑잎에 불 붙기
③ 나무 건너 배 타기
④ 밤송이 우엉송이 다 끼어 보았다
⑤ 가지 많은 나무에 바람 잘 날 없다

04 먼 데 있는 것을 탐내다가 이미 가진 것도 잃게 됨.
① 누이 믿고 장가 안 간다
② 산돼지 잡으려다 집돼지 놓친다
③ 같이 우물 파고 혼자 먹는다
④ 당장 먹기엔 곶감이 달다
⑤ 감기 고뿔도 남 안 준다

05 하는 수 없이 가야 할 때의 내키지 않는 모양.
① 풀 방구리에 쥐 드나들 듯 한다
② 푸줏간 들어가는 소 걸음
③ 쭈그렁 밤송이 삼 년 간다
④ 말 죽은 데 체 장수 모이듯
⑤ 달걀 지고 성 밑으로 못 간다

06 제 솜씨 부족한 것은 생각 않고 남만 원망함.
① 무당이 제 굿 못한다
② 모진 놈 옆에 있다 벼락 맞는다
③ 선무당이 사람 잡는다
④ 선무당이 장구 탓한다
⑤ 장대로 하늘 재기

07 着手(착수)가 곧 成功(성공)이다.
① 천리 길도 한 걸음부터다
② 첫 술 밥에 배 부르랴
③ 갑갑한 놈이 송사한다
④ 봉사 문고리 잡기
⑤ 시루에 물 퍼붓기

보고 또 보기

자다가 봉창 두드리는 소리 : 전혀 관계가 없는 딴 소리를 불쑥 내놓는다.

귀신 씨나락 까먹는 소리 : 보이지 않는 곳에서 몇 사람이 무엇이라 수근거리는 소리.

기차 화통 삶아 먹는 소리 : 무조건 큰소리만 내뱉는 소리.

벙어리 발등 앓는 소리 : 맥없이 지리하고 듣기 싫게 흥얼거린다.

솜방망이로 가슴 찧는 소리 : 너무나 기가 막히고 답답하다.

가난 구제는 나라도 못한다 : 가난한 사람을 구제하는 일은 아무리 하여도 한이 없으므로 매우 어려움을 뜻함.

서발 막대 내저어 봐야 짚검불 하나 안 걸린다 : 가난한 집안에 아무 세간도 없음을 이름.

가랑잎이 솔잎더러 바스락거린다고 한다 : 자기 허물이 더 크고 많은 사람이 도리어 허물이 작은 사람을 나무라거나 흉을 본다는 뜻.

제 돈 서 푼만 알고 남의 돈 칠 푼은 모른다 : 자기가 가지고 있는 것만 소중히 여기고 남의 것은 대수롭지 않게 여긴다는 말.

길러 준 개 주인 문다 : 입은 은덕을 저버리고 배반함.

못 먹는 감 찔러라도 본다 : 자기가 차지하지 못할 바에는 차라리 심술을 부려 망쳐 버린다는 뜻.

가자니 태산이요 돌아서자니 숭산이라 : 앞으로 가지도 못하고 뒤로 돌아갈 수도 없어 난처한 지경에 빠졌다는 뜻.

메뚜기도 오뉴월이 한철이다 : 제때를 만난 듯이 날뛰는 자를 풍자하는 말. 모든 것의 전성기는 매우 짧다는 말.

사나운 개 콧등은 아물 날이 없다 : 사나와서 늘 싸우기만 하면 상처를 입고 그것이 미처 낫기도 전에 또 새 상처를 입는다는 말.

못 되는 놈은 자빠져도 코가 깨진다 : 운수가 나쁜 사람은 무슨 일을 하더라도 다 잘 안 된다는 말.

울며 겨자 먹기 : 하기 싫은 일을 마지못해 좋은 척하고 억지로 한다.

쇠귀에 경 읽기 : 가르치고 일러 주어도 알아듣지 못한다.

장님 제 닭 잡아 먹기 : 남을 해하려다 해가 제게로 돌아온다.

밑 빠진 독에 물 붓기 : 아무리 하여도 한이 없고 한 보람도 보이지 않는 경우에 쓰는 말.

마파람에 게눈 감추듯 : 음식을 어느 결에 먹었는지 모르게 빨리 먹어 버림.

가난한 집 제사 돌아오듯 한다 : 힘드는 일이 자주 닥쳐옴을 일컫는 말.

누이 좋고 매부 좋다 : 서로 다 좋다.

군불에 밥 짓기 : 어떤 일에 곁따라 다른 일이 쉽게 이루어지거나 또는 다른 일을 해냄을 이름.
길을 갈 탓 말은 할 탓 : 같은 말이라도 하기에 따라서 상대에게 다르게 영향을 미침.
물은 트는 대로 흐른다 : 사람은 가르치는 대로 따라 교화되고 일은 사람이 주선하는 대로 된다는 뜻.

무른 땅에 말뚝 박기 : 일하기 쉽다는 뜻.
손으로 하늘 찌르기 : 될 것 같지 않은 가망이 없는 일이라는 뜻.
손 안 대고 코 풀기 : 수고는 조금도 하지 않고 큰 소득만 얻으려고 한다는 뜻.
황소 뒷걸음 치다 쥐 잡기 : 어리석은 사람이 미련한 행동을 하다가 뜻밖에 좋은 성과를 얻었을 때 하는 말.
장대로 하늘 재기 : 가능성이 없는 짓.

개똥 밭에 굴러도 이승이 낫다 : 아무리 고생을 하고 천하게 살더라도 죽는 것보다는 낫다는 말.
부뚜막의 소금도 집어넣어야 짜다 : 쉽고 좋은 기회나 형편도 이용하지 않으면 소용이 없다.
모로 가도 서울만 가면 된다 : 수단과 방법을 가리지 않고 목적만 이루면 된다.
갓 사러 갔다가 망건 산다 : 본래의 의미를 잊어버리고 다른 일에 정신이 팔려 있다는 뜻.
새도 가지를 가려서 앉는다 : 친구를 사귀거나 사업을 함에 있어 잘 가리고 골라야 한다는 뜻.

※ ( )에 들어가기에 알맞은 속담을 고르시오. (8~11)

08

아무도 기다리는 사람이 없는 고향에 여섯 살 난 딸아이를 업고 불쑥 바람처럼 나타난 그는, 물에 잠겨 버린 지 삼 년째가 되는 방울재 뒷동산 각시바위에 댓돌같이 앉아서는 목이 터져라고 마을 사람들의 이름을 하나하나 불러 대는가 하면, 혼자서 고개를 끄덕거려 가며 오순도순 ( )를 중얼거리다가도, 불컥 고개를 쳐들어 하늘을 찔러보고, 창자가 등뼈에 달라붙도록 큰 소리로 웃어대고, 느닷없이 징을 두들기며 겅중겅중 도깨비춤을 추었다.
 – 문순태, '징소리'

① 자다가 봉창 두드리는 소리
② 귀신 씨나락 까먹는 소리
③ 기차 화통 삶아 먹는 소리
④ 벙어리 발등 앓는 소리
⑤ 솜방망이로 가슴 찧는 소리

09

> 좋은 청춘 어영부영 다 보냈지요. 신분에는 전과자라는 붉은 도장 찍혔지요, 몸에는 몹쓸 병까지 들었지요. 이 신세를 해가지굴랑은 굴 속 같은 오두막집 단칸 셋방 한 구석에 사시장철 밤이나 낮이나 눈 따악 감고 드러누웠군요. 재산이 어디 집 터전인들 있을 턱이 있나요. (　　　) 철빈(鐵貧)인데.
> — 채만식, '치숙'

① 가난 구제는 나라도 못한다는
② 서발 막대 내저어 봐야 짚검불 하나 걸리는 것 없는
③ 가랑잎이 솔잎더러 바스락거린다고 하는
④ 제 돈 서 푼만 알고 남의 돈 칠 푼은 모르는
⑤ 길러 준 개 주인 문다는 식의

10

> 흥부 아내 하는 말이, 가지 마오, 부모 혈육을 가지고 매삯이 웬 말이오. 아무리 만류하되 종시 듣지 아니하고 감영으로 달려가더니, (　　　) 마침 나라에서 사(赦)가 내려 죄인을 방송(放送)하시니 흥부 매품도 못 팔고 그저 온다.

① 못 먹는 감 찔러라도 본다고
② 가자니 태산이요 돌아서자니 숭산이라
③ 메뚜기도 오뉴월이 한철이라고
④ 사나운 개 콧등은 아물 날이 없다고
⑤ 못 되는 놈은 자빠져도 코가 깨진다고

11

> 우리나라 사람은 일반적으로 책에 관심이 적은 것 같다. 학교에 다닐 때에는 시험이란 악마(惡魔)의 위력(威力) 때문이랄까. (　　　)로 교과서를 파고들지만, 일단 졸업이란 영예(榮譽)의 관문을 돌파한 다음에는 대개 책과의 인연(因緣)이 멀어지는 것 같다.

① 울며 겨자 먹기
② 쇠귀에 경 읽기
③ 장님 제 닭 잡아 먹기
④ 밑 빠진 독에 물 붓기
⑤ 마파람에 게눈 감추듯

※ 밑줄 친 부분의 의미와 통하는 속담을 고르시오. (12~14)

12

샌님, 말씀 들으시오. 시대가 금전이면 그만인데, 하필 이놈을 잡아다 죽이면 뭣하오? 돈이나 몇백 냥 내라고 하여 우리끼리 노나 쓰도록 하면 <u>샌님도 좋고 나도 돈냥이나 벌어 쓰지 않겠소</u>.
— '봉산탈춤'

① 가난한 집 제사 돌아오듯 한다
② 누이 좋고 매부 좋다
③ 군불에 밥 짓기
④ 길은 갈 탓 말은 할 탓
⑤ 물은 트는 대로 흐른다

13

"요―런 얌체빠진 작자 같으니라구. 왜, 그럼 돈두 없으면서 덤볐어? 덤비기를…… 그랬다가 요행 바루 맞으면 <u>올개미 없는 개장수</u>를 할 령으루……그리구 고 꼴에 허욕은 담뿍 나서, 머 오십 전이야 차마 하겠니? 일 원은 해야지?…… 아이구! 구저 요걸 그것……."
해송이는 뺨을 한 대 갈길 듯이, 먹살 잡지 않은 바른편 팔을 번쩍 쳐들어 넓죽한 손바닥을 들이대면서 얼러 멘다. 정 주사는 그것을 피하려고 고개를 오므라뜨리면서 엉겁결에 손을……
— 채만식, '탁류'

① 무른 땅에 말뚝 박기
② 손으로 하늘 찌르기
③ 손 안 대고 코 풀기
④ 황소 뒷걸음 치다 쥐 잡기
⑤ 장대로 하늘 재기

14

한국 사람들은 대체로 <u>현세적 실제적인 것에 애착을 가지고, 그것을 즐기려 하며, 중시하려는 경향이 많다</u>고 흔히들 말한다.

① 개똥 밭에 굴러도 이승이 낫다
② 부뚜막의 소금도 집어넣어야 짜다
③ 모로 가도 서울만 가면 된다
④ 갓 사러 갔다가 망건 산다
⑤ 새도 가지를 가려서 앉는다

※ **다음 속담 중 그 쓰임이 나머지 넷과 거리가 먼 것은?** (15~20)

15
① 아는 길도 물어 가라
② 얕은 내도 깊게 건너라
③ 식은 죽도 불어 가며 먹는다
④ 돌다리도 두들겨 보고 건너라
⑤ 누울 자리 봐 가며 발 뻗는다

16
① 말 가는 데 소도 간다
② 잉어가 뛰니까 망둥이도 뛴다
③ 남이 은장도를 차니 나는 식칼을 찬다
④ 남이 장에 간다고 하니까 거름 지고 나간다
⑤ 거문고 인 놈이 춤을 추면 칼 쓴 놈도 춤을 춘다

17
① 술 익자 체 장사 지나간다
② 노처녀가 시집을 가려니 등창이 난다
③ 계란에 유골, 마디에 옹이, 기침에 재채기 난다
④ 재수 없는 포수는 곰을 잡아도 웅담이 없다
⑤ 밀가루 장사하면 바람이 불고 소금 장사하면 비가 온다

18
① 혼자 하는 장군 없다
② 백지장도 맞들면 낫다
③ 열에 한 술 밥이 한 그릇 푼푼하다
④ 도둑질도 손발이 맞아야
⑤ 구슬이 서 말이라도 꿰어야 보배

19
① 짚신에 국화 그리기
② 거적문에 돌쩌귀
③ 개 발에 주석 편자
④ 삿갓에 쇄자질
⑤ 가는 말에 채찍질

20
① 가을 바람에 새털 날듯 한다
② 가을 중(僧) 싸대듯
③ 발바닥에 불이 난다
④ 불 난 데 며느리 싸대듯
⑤ 궁둥이에서 비파소리가 난다

※ 속담에 어울리는 한문을 찾아, 바르게 연결하시오. (21~25)

21
간에 붙었다 쓸개에 붙었다	①	㉠ 瓜田不納履 (과전불납리)
개천에서 용났다	②	㉡ 上濁下不淨 (상탁하부정)
미꾸라지 한 마리가 온 강물을 흐린다	③	㉢ 兒在負三年搜 (아재부삼년수)
하늘 보고 쏘아도 과녁에 맞는다	④	㉣ 百聞不如一見 (백문불여일견)
참외 밭에선 신발 끈을 고쳐 매지 말라	⑤	㉤ 隨友適江南 (수우적강남)
업은 아기 삼 년 찾는다	⑥	㉥ 開川龍出乎 (개천용출호)
윗물이 맑아야 아랫물이 맑다	⑦	㉦ 騎馬欲率奴 (기마욕솔노)
말 타면 종 거느리고 싶다	⑧	㉧ 一魚混全川 (일어혼전천)
친구 따라 강남 간다	⑨	㉨ 仰射空貫革中 (앙사공관혁중)
열 번 듣는 것이 한 번 보는 것만 못하다	⑩	㉩ 附肝附念通 (부간부염통)

22
말 가는 데 소도 간다	①	㉠ 去言美來言美 (거언미래언미)
금강산도 식후경이라	②	㉡ 陰地轉陽地變 (음지전양지변)
귀에 걸면 귀걸이 코에 걸면 코걸이	③	㉢ 飛者上有乘者 (비자상유승자)
가는 말이 고와야 오는 말이 곱다	④	㉣ 夫婦戰刀割水 (부부전도할수)
도망 가는 노루 돌아보다 잡은 토끼 놓친다	⑤	㉤ 積功之塔不墮 (적공지탑불타)
뛰는 놈 위에 나는 놈 있다	⑥	㉥ 谷無虎先生兎 (곡무호선생토)
부부 싸움은 칼로 물 베기	⑦	㉦ 金剛山食後景 (금강산식후경)
음지가 양지 된다	⑧	㉧ 奔獐顧放獲兎 (분장고방획토)
공든 탑이 무너지랴	⑨	㉨ 馬行處牛亦去 (마행처우역거)
호랑이 없는 굴에 토끼가 왕노릇한다	⑩	㉩ 耳懸鈴鼻懸鈴 (이현령비현령)

23
될성 부른 나무 떡잎부터 알아본다	①	㉠ 種瓜得瓜 種豆得豆 (종과득과 종두득두)
열 사람이 한 도둑 막기 어렵다	②	㉡ 泰山鳴動 鼠一匹 (태산명동 서일필)
호랑이도 제 말하면 온다	③	㉢ 晝語雀聽 夜語鼠聽 (주어작청 야어서청)
재수 없는 사람은 뒤로 자빠져도 코가 깨진다	④	㉣ 天雖崩 牛出有血 (천수붕 우출유혈)
하늘이 무너져도 솟아날 구멍이 있다	⑤	㉤ 十人守之 不得察一敵 (십인수지 부득찰일적)
콩 심은 데 콩 나고 팥 심은 데 팥 난다	⑥	㉥ 蔬之將善 兩葉可辨 (소지장선 양엽가변)
낮 말은 새가 듣고 밤 말은 쥐가 듣는다	⑦	㉦ 始用升授 還以斗受 (시용승수 환이두수)
되로 주고 말로 받는다	⑧	㉧ 無足之言 飛于千里 (무족지언 비우천리)
발 없는 말이 천리를 간다	⑨	㉨ 談虎虎至 談人人至 (담호호지 담인인지)
소문난 잔치에 먹을 것 없다	⑩	㉩ 窮人之事 飜亦破鼻 (궁인지사 번역파비)

24

말 많은 집 장맛 쓰다	①	㉠ 獲山猪失家猪(획산저실가저)
먼 친척은 가까운 이웃만 못하다	②	㉡ 盲人不知死日(맹인부지사일)
배 먹고 이 닦기	③	㉢ 對笑顔唾亦難(대소안타역난)
산돼지 잡으려다 집돼지 잃는다	④	㉣ 偶然去刑房處(우연거형방처)
자식을 길러봐야 어버이의 공을 안다	⑤	㉤ 不知其人視其友(부지기인시기우)
우연히 가니 형방이 있는 곳이다	⑥	㉥ 養子息知親力(양자식지친력)
웃는 얼굴에 침 뱉으랴	⑦	㉦ 遠親不如近隣(원친불여근린)
그 사람을 알려거든 그 친구를 보아라	⑧	㉧ 難上之木不仰(난상지목불앙)
오르지 못할 나무는 쳐다보지 말라	⑨	㉨ 言多家醬不甘(언다가장불감)
맹인이 자기 죽을 날 모른다	⑩	㉩ 食梨兼而濯齒(식리겸이탁치)

25

옷은 새것이 좋고 사람은 오랠수록 좋다	①	㉠ 三歲之習 至于八十(삼세지습 지우팔십)
열 길 물속은 알아도 한 길 사람 속은 모른다	②	㉡ 不燃之突煙不生(불연지돌연불생)
세 살 버릇 여든까지 간다	③	㉢ 不入虎穴 不得虎子(불입호혈 부득호자)
사흘 거리를 하루에 가고 열흘을 앓아 눕는다	④	㉣ 他人之宴 曰梨曰柿(타인지연 왈리왈시)
아니 땐 굴뚝에 연기 나랴	⑤	㉤ 水深可知 人心難知(수심가지 인심난지)
농부는 굶어 죽어도 그 종자를 베고 죽는다	⑥	㉥ 三日之程 一日往 十日臥 (삼일지정 일일왕 십일와)
남의 잔치에 감 놔라 배 놔라 한다	⑦	㉦ 虎死遺皮 人死遺名(호사유피 인사유명)
내 배 부르면 종 배고픈 줄 모른다	⑧	㉧ 農夫餓死 枕厥種子(농부아사 침궐종자)
호랑이 굴에 가야 호랑이 새끼를 잡는다	⑨	㉨ 衣以新爲好 人以舊爲虎 (의이신위호 인이구위호)
호랑이는 죽어서 가죽을 남기고 사람은 죽어서 이름을 남긴다	⑩	㉩ 我腹旣飽 不察奴飢(아복기포 불찰노기)

사자성어

테마 10 주요 사자성어

보고 또 보기

敬而遠之(경이원지) : 겉으로는 공경하는 체하면서 가까이 하지는 않음.
半面之分(반면지분) : 얼굴은 아는 사이라 할지라도 친하게 지내지는 않는 사이.
似而非(사이비) : 겉으로는 비슷하나 실제로는 근본적으로 다른 가짜를 가리키는 것.
皓齒丹脣(호치단순) : 아름다운 여자의 붉은 입술과 흰 이를 말한다.
喪家之狗(상가지구) : 초상집 개. 초상집은 슬픔에만 잠겨 개 따위는 관심이 없으므로 개는 매우 여위고 힘이 없다. 수척하거나 힘이 없이 느른한 사람을 놀려서 하는 말.

桑田碧海(상전벽해) : 뽕밭이 변하여 푸른 바다가 된다는 뜻으로, '세상 일이 덧없이 바뀜'을 이르는 말.
赤手空拳(적수공권) : 맨 손에 맨 주먹이라 함은 아무것도 가진 것이 없다는 뜻.
曲學阿世(곡학아세) : 정도를 벗어난 학문으로 세상 사람에게 아첨함. 왜곡된 학문으로 세상에 아첨함.
置之度外(치지도외) : 내버려 두고 거들떠보지도 않는다.
松茂栢悅(송무백열) : 소나무가 무성함을 잣나무가 기뻐한다는 뜻으로, 벗이 잘 됨을 기뻐함.

緣木求魚(연목구어) : 나무에 올라가서 물고기를 잡으려 한다는 뜻으로, '도저히 불가능한 일을 굳이 하려함', 또는 '목적을 달성하기 위해 취하는 수단이 잘못됨'을 비유하는 말.
誰怨誰咎(수원수구) : 누구를 원망하며 누구를 탓하랴. 누구를 원망하거나 탓할 수 없다는 말.
四面春風(사면춘풍) : 두루 춘풍. 누구에게나 모나지 않게 다 좋도록 처세하는 일. 또는 그런 사람.
靑出於藍(청출어람) : '쪽에서 나온 푸른 물감이 쪽보다 더 푸르다'는 뜻으로, 제자가 스승보다 낫다는 말.
勸上搖木(권상요목) : 나무 위에 오르라고 권하고는 오르자마자 아래에서 흔들어 댐.

三人成虎(삼인성호) : 여러 사람이 거리에 범이 나왔다고 하면, 거짓말이라도 참말로 곧이 듣게 된다는 뜻으로, 근거 없는 말도 여러 사람이 하면 이를 믿게 된다는 말.
汗牛充棟(한우충동) : 책을 실은 수레를 끄는 소가 흘리는 땀이 많다는 뜻으로, 책이 많다.
自强不息(자강불식) : 스스로 힘써 행하여 쉬지 않음.
同氣一身(동기일신) : 형제자매는 한 몸이나 다름없음을 이르는 말.
春秋筆法(춘추필법) : 공자(孔子)의 역사 비판이 나타나 있는 『춘추(春秋)』와 같이 대의명분을 밝혀 세우는 사필(史筆)의 논법.

弄瓦之慶(농와지경) : ① 딸을 낳은 경사. 중국에서 딸을 낳으면 실패[瓦]의 장난감을 준 고사에서 나온 말.(瓦 : 기와, 실패.) → 아들을 낳은 경사. 弄璋之慶(농장지경).

十匙一飯(십시일반) : 열 숟가락이면 한 끼의 밥. 여러 사람이 힘을 합하면 한 사람을 구원할 수 있다는 말.

走馬加鞭(주마가편) : 더 잘 되어 가도록 부추기거나 몰아침.

益者三友(익자삼우) : 사귀어서 자기에게 유익한 세 벗. 곧 정직한 벗.

千慮一失(천려일실) : 지혜로운 사람도 많은 생각 가운데는 미처 생각지 못하는 점이 있을 수 있다는 말.

五十步百步(오십보백보) : 전쟁에서 오십 보를 달아난 자가 백 보를 달아난 자를 보고 비웃더라도, 달아나기는 매일반이라고 한 맹자(孟子)의 말에서 나온 것으로, 약간의 차이는 있으나 본질적으로는 같다는 뜻.

魚魯不辨(어로불변) : '魚' 자와 '魯' 자를 분별하지 못함. 매우 무식함.

後生角高(후생각고) : 뒤에 난 뿔이 더 우뚝하다. 제자나 후배가 스승이나 선배보다 뛰어나다.

高麗公事三日(고려공사삼일) : 고려의 정책이나 법령은 사흘들이로 바뀜. 곧, 시작한 일이 오래 가지 못함을 비유.

耕當問奴(경당문노) : 농사일은 마땅히 사내종에게 물어야 함. 곧, 일은 그 방면의 전문가에게 물음이 옳음.

九折羊腸(구절양장) : '꼬불꼬불하게 서린 양의 창자'라는 뜻으로, '산길 따위가 몹시 험하게 꼬불꼬불한 것'을 이르는 말.

氷炭之間(빙탄지간) : 서로 화합할 수 없는 사이.

姑息之計(고식지계) : 잠시를 모면할 일시적인 계교를 말한다. = 미봉책(彌縫策). 고식책(姑息策).

天衣無縫(천의무봉) : 천사의 옷은 솔기가 없음. 사물이 흠 없이 완전함. 문장이 잘 되어 손댈 곳이 하나도 없음.

蚊蚋負山(문예부산) : 모기가 산을 짊어짐. 중책을 감당하지 못함.

烏集之交(오집지교) : 까마귀들이 모인 사귐이라는 뜻으로, 거짓이 많고 신용이 없는 교제를 이르는 말이다.

日進月步(일진월보) : 나날이 다달이 계속하여 진보·발전함.

伯仲之勢(백중지세) : 우열을 가리기 어려움.

敢不生心(감불생심) : 능력이 모자라 감히 생각도 못한다.

切齒腐心(절치부심) : 이를 갈고 속을 썩힌다. 몹시 분하게 여김을 뜻함.

尾生之信(미생지신) : 미련하고 우직하게 지키는 약속.

花無十日紅(화무십일홍) : 십년 가는 세도는 없다는 뜻으로 쓰는 말.

畵中之餠(화중지병) : 그림의 떡. 곧 실속 없는 말에 비유하는 말.
賊反荷杖(적반하장) : 도둑이 도리어 매를 든다는 뜻으로, 잘못한 사람이 도리어 시비나 트집을 거는 경우의 비유.
鯨戰蝦死(경전하사) : 고래 싸움에 새우등 터진다.

奇想天外(기상천외) : 상식을 벗어난 아주 엉뚱한 생각.
輕擧妄動(경거망동) : 경솔하고 분수없는 행동을 뜻함.
羊頭狗肉(양두구육) : 양의 머리를 내세우고는 개고기를 팖. 겉으로는 그럴 듯하게 내세우나 속은 음흉한 딴 생각이 있음.
附和雷同(부화뇌동) : 일정한 주견 없이 남의 의견에 덮어놓고 붙좇아 행동함.
狐假虎威(호가호위) : 호랑이의 위세를 빌리는 여우. 곧 남의 권세에 의지하여 으스대는 경우를 비유하는 말.

※ 다음 사자성어와 그 풀이가 잘못 짝지어진 것은?(1~10)

01
① 敬而遠之 : 높여서 존경한다.
② 半面之分 : 서로 알아보지만 친하게 지내지는 않는 관계.
③ 似而非 : 외면은 비슷하나 내용은 다르다.
④ 皓齒丹脣 : 아름다운 여인.
⑤ 喪家之狗 : 초라하게 이곳저곳 돌아다니며 얻어먹는 사람을 이름.

02
① 桑田碧海 : 세상 일이 허망하여 믿을 곳이 없음.
② 赤手空拳 : 아무것도 가진 것이 없음.
③ 曲學阿世 : 그릇된 학문을 하여 세속에 아부함.
④ 置之度外 : 내버려 두고 문제로 삼지 않음.
⑤ 松茂柏悅 : 친구가 잘 되는 것을 기뻐함.

03
① 誰怨誰咎 : 누구를 원망하고 누구를 탓하랴.
② 四面春風 : 항상 좋은 얼굴로 대하여 호감을 삼.
③ 靑出於藍 : 스승보다 제자가 훨씬 뛰어남.
④ 緣木求魚 : 정성을 다하면 안 되는 일이 없음.
⑤ 勸上搖木 : 겉 다르고 속 다름.

04
① 汗牛充棟 : 많은 책.
② 自彊不息 : 스스로 힘쓰고 쉬지 않는다.
③ 三人成虎 : 힘을 합치면 한 사람을 돕기 쉽다.
④ 同氣一身 : 동기 간은 한 몸과 같다.
⑤ 春秋筆法 : 대의명분을 밝히어 세우는 사필(史筆)의 논법.

05
① 弄瓦之慶 : 아들을 낳은 경사.
② 十匙一飯 : 여러 사람이 힘을 합하면 한 사람을 돕기는 쉽다.
③ 走馬加鞭 : 더욱 잘하기를 재촉함.
④ 益者三友 : 사귀어 이롭고 보탬이 되는 세 벗을 일컫는다.
⑤ 千慮一失 : 많은 생각 가운데에 한 가지쯤은 실책이 있게 마련이다.

06
① 魚魯不辨 : 무식한 사람을 뜻함.
② 五十步百步 : 오십 보와 백 보는 차이가 있음.
③ 後生角兀 : 후배나 제자가 선배나 스승보다 뛰어남.
④ 高麗公事三日 : 시작한 일이 오래가지 못함.
⑤ 耕當問奴 : 일은 그 방면의 전문가에게 물음이 좋음.

07
① 氷炭之間 : 매우 먼 사이.
② 九折羊腸 : 고향을 잊지 않고 그리워함.
③ 姑息之計 : 일시적으로 편한 것을 취함.
④ 天衣無縫 : 완전 무결해 흠이 없음.
⑤ 蚊蚋負山 : 중책을 감당하지 못함.

08
① 日進月步 : 나날이 발전하고 진보함을 이르는 말.
② 伯仲之勢 : 우열의 차가 엇비슷함.
③ 烏集之交 : 두터운 우정.
④ 敢不生心 : 감히 엄두도 내지 못함.
⑤ 切齒腐心 : 몹시 분하여 이를 갈고 속을 썩임.

09
① 花無十日紅 : 열흘 붉은 꽃 없다.
② 畵中之餠 : 그림의 떡.
③ 尾生之信 : 굳은 신념.
④ 賊反荷杖 : 도둑이 매를 든다.
⑤ 鯨戰蝦死 : 고래 싸움에 새우등 터진다.

10
① 輕擧妄動 : 남이 장에 간다니까 거름 지고 나선다.
② 奇想天外 : 김치 국물부터 마신다.
③ 羊頭狗肉 : 등 치고 간 낸다.
④ 附和雷同 : 망둥이가 뛰니까 꼴뚜기도 뛴다.
⑤ 狐假虎威 : 원님 덕에 나팔 분다.

보고 또 보기

同價紅裳(동가홍상) : 같은 값이면 다홍치마란 뜻이다. 이왕이면 곱고 아름답고 젊은 것이 좋다는 말이다.

一石二鳥(일석이조) : 하나의 돌로 두 마리의 새를 잡는다. 하나로 두 가지 이득을 본다.

九牛一毛(구우일모) : 아홉 마리 소에 한 가닥의 털. 썩 많은 가운데의 극히 적은 것. 아주 큰 물건 속에 아주 작은 물건.

兩者擇一(양자택일) : 두 사람 또는 두 물건 중에서 하나를 선택 함.

先憂後樂(선우후락) : 세상의 근심할 일은 남보다 먼저 근심하고 즐거워할 일은 남보다 나중에 즐거워한다는 뜻으로, 지사(志士)나 어진 사람의 마음씨를 이르는 말.

畵龍點睛(화룡점정) : 용을 그릴 때 마지막에 눈을 그려 완성시킨다는 뜻. 즉 사물의 가장 중요한 부분에 손을 대어 완성함.

一筆揮之(일필휘지) : 글씨를 단숨에 써 내림.

自由自在(자유자재) : 어떤 범위 내에서 제한됨이 없이 마음대로 할 수 있음.

龍蛇飛騰(용사비등) : 용이 움직이는 듯이 아주 활기 있는 필력을 가리키는 말.

大書特筆(대서특필) : 특히 드러나게 큰 글자로 쓰는 것.

指鹿爲馬(지록위마) : 윗사람을 농락하여 권세를 마음대로 휘두르는 것.

漁父之利(어부지리) : 둘이 다투고 있는 사이에 엉뚱한 사람이 이익을 가로챔을 이르는 말.
舍己從人(사기종인) : 자기의 고집을 버리고 남의 견해를 따름.
絶長補短(절장보단) : 긴 것을 잘라 짧은 것에 보탠다는 뜻으로, 알맞게 함을 뜻함.
居安思危(거안사위) : 편안함에 거처해도 항상 위난을 생각함.

自家撞着(자가당착) : 자기가 한 말의 앞뒤가 서로 어긋남.
自繩自縛(자승자박) : 자신이 한 말과 행동에 자신이 구속되어 괴로움을 당함.
自勝之癖(자승지벽) : 제가 남보다 나은 줄로 여기는 버릇.
自畵自讚(자화자찬) : 자기가 그린 그림을 스스로 칭찬함. 자기가 한 일을 스스로 칭찬함.
自業自得(자업자득) : 제가 저지른 일의 결과를 제가 받음.

塞翁之馬(새옹지마) : 인생에 있어서의 길흉 화복은 항상 바뀌어 미리 헤아릴 수가 없다는 말.
南柯一夢(남가일몽) : 덧없는 꿈. 덧없는 부귀 영화.
焚書坑儒(분서갱유) : 언론을 탄압하기 위하여 책을 불사르고 선비를 생매장함.
好事多魔(호사다마) : 좋은 일에는 흔히 탈이 끼어들기 쉬움을 이르는 말.
榮枯盛衰(영고성쇠) : 영화(榮華)롭고 마르고 성(盛)하고 쇠함이란 뜻으로, 개인이나 사회의 성(盛)하고 쇠함이 서로 뒤바뀌는 현상.

馬耳東風(마이동풍) : 남의 말을 귀담아듣지 않고 곧 흘려 버림.
牛耳讀經(우이독경) : 둔한 사람은 아무리 가르치고 일러 주어도 알아듣지 못함.
焉敢生心(언감생심) : 감히 품을 수도 없는 생각.
東問西答(동문서답) : 묻는 말에 당치도 않은 대답을 함.
言語道斷(언어도단) : 어이가 없어서 말하려 해도 말할 수 없음을 이르는 말.

看雲步月(간운보월) : 낮에는 구름을 바라보고 밤에는 달빛 아래 거닌다는 뜻으로, 고향을 그리워하는 마음을 나타냄.
風樹之嘆(풍수지탄) : 어버이가 돌아가시어 효도하고 싶어도 할 수 없는 슬픔을 이르는 말.
修身齊家(수신제가) : 행실을 닦고 집안을 다스린다는 뜻.
前程萬里(전정만리) : 나이가 젊어서 앞길이 아주 유망하다는 뜻.
戀慕之情(연모지정) : 사랑하여 그리워하는 정.

以夷制夷(이이제이) : 오랑캐로 오랑캐를 제어함.
苛政猛虎(가정맹호) : 가혹한 정치는 백성에게 있어 호랑이에게 잡히는 고통보다 더 두려움.

負薪入火(부신입화) : 숯을 지고 불 속에 뛰어듦. 위험을 무릅씀.
肝膽相照(간담상조) : 서로 간과 쓸개를 내어 보일 만큼 격의 없이 절친한 사이.
群鷄一鶴(군계일학) : 평범한 사람들 가운데 뛰어난 한 사람이 있음을 비유한 말.

刮目相對(괄목상대) : 얼마 동안 못 보는 사이에 상대가 깜짝 놀랄 정도의 발전을 보임을 뜻함.
自强不息(자강불식) : 스스로 힘쓰며 쉬지 않음.
漸入佳境(점입가경) : 갈수록 좋거나 재미있는 경지로 들어감. 또는 그 모양.
七顚八起(칠전팔기) : 많은 실패에도 굽히지 않고 분투함을 일컫는 말.
後生可畏(후생가외) : 후배는 나이가 젊어 기력이 왕성하므로, 학문을 쌓으면 훗날 어떠한 큰 역량을 발휘할는지 모르기 때문에, 선배는 외경(畏敬)을 품고 후배를 대해야 한다는 말.

泰山北斗(태산북두) : ① 권위자, 제1인자. ② 가장 존경을 받는 사람.
淸風明月(청풍명월) : 맑은 바람과 밝은 달. 아름다운 자연.
千疊玉山(천첩옥산) : 수없이 겹쳐 있는 아름다운 산.
明鏡止水(명경지수) : 거울처럼 맑고 조용한 물.
莫上莫下(막상막하) : 우열의 차가 없음.

結草報恩(결초보은) : 죽은 후에라도 혼령이 되어 은혜를 잊지 않고 갚는다는 뜻.
犬馬之勞(견마지로) : 개나 말 정도의 하찮은 힘이란 뜻으로, 윗사람을 위하여 바치는 자기의 노력을 겸손하게 이르는 말.
子路負米(자로부미) : 지극한 효성을 이르는 말.
管鮑之交(관포지교) : 서로 이해하고 믿고 아끼며 정답게 지내는 친구의 교제를 가리킴.
炎凉世態(염량세태) : 세력이 있을 때는 좇고, 권세가 없어지면 푸대접하는 세속 인심.

一魚濁水(일어탁수) : 고기 하나가 물을 흐리게 한다는 뜻으로, 한 사람이 좋지 못한 짓을 하여 그 화를 여러 사람에게 미친다는 의미의 말.
一葉知秋(일엽지추) : 떨어지는 나뭇잎을 보고 가을이 올 것을 앎. 한 가지 일을 보고 장차 일을 미리 짐작함.
一以貫之(일이관지) : 하나로써 모든 것을 꿰뚫음.
一陣狂風(일진광풍) : 한바탕 부는 폭풍.
一罰百戒(일벌백계) : 여러 사람에게 경각심을 불러일으키게 하기 위하여 무거운 벌로 다스리는 일.

麥秀之嘆(맥수지탄) : 고국의 멸망을 한탄함. 나라를 잃어버린 데 대한 탄식.

亡羊之歎(망양지탄) : 달아난 양을 찾다가 길이 여러 갈래로 갈려, 마침내 양을 잃고 말았다는 고사에서 나온 것으로, 방침이 많아 어찌할 바를 모르는 것을 뜻하는 말.

晚時之歎(만시지탄) : 기회를 놓친 탄식.

髀肉之嘆(비육지탄) : 유비(劉備)가 말을 타고 천하를 호령하는 몸이 되지 못하고, 헛되이 세월만 보내어 넓적다리의 살만 찌게 된 것을 한탄했다는 고사에서 나온 것으로, 능력을 발휘하여 보람 있는 일을 하지 못하고 헛되이 세월만 보내는 것을 한탄함을 이르는 말.

亡國之歎(망국지탄) : 나라가 망한 것에 대한 한탄.

猫頭縣鈴(묘두현령) : 고양이 목에 방울 달기. 되지도 않을 일을 가지고 공론함을 말함.

文不加點(문불가점) : 문장이 너무 잘 되어 점 하나 찍을 만한 흠도 없음.

背水之陣(배수지진) : 뒤로 물러가면 죽게 되므로 살기 위해 필사적으로 싸우도록 한 목적의 진.

白面書生(백면서생) : 글만 읽어서 세상살이에 경험이 없는 사람

拔本塞源(발본색원) : 문제를 근본적으로 처리함.

孤掌難鳴(고장난명) : 외손뼉은 울릴 수 없다는 뜻으로, 혼자서는 일을 이루지 못함을 이르는 말.

口尙乳臭(구상유취) : 입에서 아직 젖내가 난다. 아직 어리고 유치한 짓을 하는 사람을 보고 하는 말.

昏定晨省(혼정신성) : 부모 모신 사람이 저녁이면 자리를 정해 드리고 아침이면 주무신 자리를 정성껏 돌봐드린다는 뜻으로, 부모에게 효도하는 도리를 이르는 말.

南行北走(남행북주) : 사방으로 몹시 바쁘게 돌아다님.

信賞必罰(신상필벌) : 상을 줄 만한 사람에게 꼭 상을 주고, 벌을 줄 만한 사람에게는 꼭 벌을 준다는 뜻으로, 상벌을 규정대로 분명하게 함을 이르는 말.

滄海一粟(창해일속) : 큰 바다 중의 한 알의 좁쌀. 광대한 것 속의 극히 작은 물건.

一場春夢(일장춘몽) : 한바탕의 봄 꿈처럼 헛된 영화(榮華).

出將入相(출장입상) : 문무를 겸비하여 장상의 벼슬을 모두 지낸다는 말.

草露人生(초로인생) : 해가 나면 없어질 풀잎에 맺힌 이슬처럼 덧없는 인생.

焦眉之急(초미지급) : 눈썹에 불이 붙은 것같이 매우 위급함.

苛斂誅求(가렴주구) : 가혹하게 세금을 거두어들이며 무리하게 재물을 빼앗음.

惑世誣民(혹세무민) : 세상 사람을 미혹하게 하여 속임.

破邪顯正(파사현정) : 그릇된 것을 깨어 버리고 바른 것을 드러냄.

濟世安民(제세안민) : 세상을 구제하고 백성을 편안하게 함.

與民同樂(여민동락) : 임금이 백성과 함께 즐김.

格物致知(격물치지) : 사물의 이치를 연구하여 지식을 명확히 함.
自暴自棄(자포자기) : 스스로 포기함.
手不釋卷(수불석권) : 손에서 책을 놓지 않고 늘 글을 읽음.
口蜜腹劍(구밀복검) : 말로는 친한 체하며 속으로 해칠 생각을 가짐.
朝令暮改(조령모개) : 법령이나 착수한 일을 자주 바꿔서 종잡을 수 없음.

朝三暮四(조삼모사) : 같은 것을 가지고 간사한 말주변으로 속임.
一口二言(일구이언) : 한 입으로 두 말을 함. 말을 바꾸는 것을 이름.
主客顚倒(주객전도) : 주인은 손님처럼 손님은 주인처럼 행동한다는 것으로 입장이 뒤바뀐 것.
重言復言(중언부언) : 한 말을 자꾸 뒤풀이함.
父傳子傳(부전자전) : 아버지가 아들에게 대대로 전함.

磨斧作針(마부작침) : 도끼를 갈아서 바늘을 만든다는 뜻으로, 아무리 어려운 일이라도 참고 계속하면 언젠가는 반드시 성공하게 됨을 뜻함.
萬事休矣(만사휴의) : 손 쓸 방도가 없어 어찌할 도리가 없음.
亡國之音(망국지음) : 나라를 망칠 만큼 저속하고 잡스러운 음악.
得隴望蜀(득롱망촉) : 사람의 욕심은 끝이 없음.
孟母斷機(맹모단기) : 중도에서 학업을 그만두면 아무 쓸모없이 됨.

※ 주어진 내용에 알맞은 또는 관련된 사자성어를 고르시오.(11~30)

11 같은 처지라면 품질이 더 좋은 것이나 자기에게 소득이 더 많은 것으로 고르겠다.
① 一石二鳥　② 同價紅裳　③ 九牛一毛　④ 兩者擇一　⑤ 先憂後樂

12 가장 중요한 부분에 손을 대어 완성시킴.
① 一筆揮之　② 畵龍點睛　③ 自由自在　④ 龍蛇飛騰　⑤ 大書特筆

13 윗사람을 농락하여 권세를 마음대로 휘두른다.
① 漁父之利　② 指鹿爲馬　③ 舍己從人　④ 絶長補短　⑤ 居安思危

14 제가 남보다 나은 줄로 여기는 버릇.
① 自家撞着　② 自繩自縛　③ 自勝之癖　④ 自畵自讚　⑤ 自業自得

15 길흉화복을 예측할 수 없음.
① 南柯一夢　② 塞翁之馬　③ 焚書坑儒　④ 好事多魔　⑤ 榮枯盛衰

16 남의 의견이나 말을 귀담아듣지 않고 흘림.
① 牛耳讀經　② 馬耳東風　③ 焉敢生心　④ 東問西答　⑤ 言語道斷

17 고향을 그리워하는 마음.
① 看雲步月　② 風樹之嘆　③ 修身齊家　④ 前程萬里　⑤ 戀慕之情

18 다른 것의 힘으로 또 다른 것을 견제함.
① 苛政猛虎　② 負薪入火　③ 肝膽相照　④ 群鷄一鶴　⑤ 以夷制夷

19 눈부시게 발전해 감.
① 自强不息　② 漸入佳境　③ 七顚八起　④ 後生可畏　⑤ 刮目相對

20 권위자, 제1인자, 대가.
① 淸風明月　② 泰山北斗　③ 千疊玉山　④ 明鏡止水　⑤ 莫上莫下

21 죽은 뒤에도 은혜를 갚는다.
① 犬馬之勞　② 子路負米　③ 管鮑之交　④ 結草報恩　⑤ 炎凉世態

22 한 사람의 잘못으로 여럿이 피해를 봄.
① 一魚濁水　② 一葉知秋　③ 一以貫之　④ 一陣狂風　⑤ 一罰百戒

23 망국(亡國)에 대한 한탄.
① 亡羊之歎　② 晩時之歎　③ 髀肉之歎　④ 麥秀之嘆　⑤ 望洋之嘆

24 실행하기 어려운 공론.
① 猫頭縣鈴　② 文不加點　③ 背水之陣　④ 白面書生　⑤ 拔本塞源

25 혼자만의 힘으로 일을 하기 어려움.
① 口尙乳臭　② 昏定晨省　③ 孤掌難鳴　④ 南行北走　⑤ 信賞必罰

26 미약하고 보잘것없는 존재.
① 一場春夢　② 滄海一粟　③ 出將入相　④ 草露人生　⑤ 焦眉之急

27 '金樽美酒는 千人血이요, 玉盤佳肴는 萬姓膏라. 燭淚落時 民淚落이요, 歌聲高處에 怨聲高라.'와 관계 있는 것은?
① 苛斂誅求　② 惑世誣民　③ 破邪顯正　④ 濟世安民　⑤ 與民同樂

28 사물의 이치를 근거로 삼아, 알고 있는 지식을 명확히 함.
① 自暴自棄　② 格物致知　③ 手不釋卷　④ 口蜜腹劍　⑤ 朝令暮改

29 똑같은 것을 간사한 말로 다른 것처럼 속여 농락함.
① 朝三暮四　② 一口二言　③ 主客顚倒　④ 重言復言　⑤ 父傳子傳

30 아무리 어려운 일이라도 참고 계속하면 언젠가는 반드시 성공함.
① 萬事休矣　② 亡國之音　③ 磨斧作針　④ 得隴望蜀　⑤ 孟母斷機

보고 또 보기

菽麥不辨(숙맥불변) : 콩인지 보리인지를 구별하지 못한다는 뜻으로, '어리석고 못난 사람'을 비유하여 이르는 말.
二律背反(이율배반) : 서로 모순되는 명제가 동등의 권리를 가지고 주장되는 일.
見物生心(견물생심) : 물건을 보고 욕심이 생김.
死後藥方文(사후약방문) : 때를 놓치고 난 뒤에 기울이는 헛된 노력을 이르는 말.
有口無言(유구무언) : 입은 있으나 할말이 없다. 변명할 말이 없음.

單刀直入(단도직입) : 말을 하거나 글을 쓸 때, 군말은 빼고 요점으로 바로 들어감.
曖昧模糊(애매모호) : 사물의 이치가 희미하고 분명치 않음.[*曖(가릴 애), 昧(새벽 매), 模(법 모), 糊(풀 호)]
權謀術數(권모술수) : 그때그때의 상황에 따라 변통성 있게 둘러 맞추는 모략이나 수단. 사람을 속이는 임기응변의 꾀와 수단.
因果應報(인과응보) : 사람이 짓는 선악의 인업에 응하여 과보가 있음이니 항상 좋은 일을 해서 좋은 결과를 얻도록 해야 한다.
一瀉千里(일사천리) : 냇물이 한 번 흘러 천 리를 가듯, 형세가 빠르고 급함을 이르는 말.

前代未聞(전대미문) : 이제까지 들은 적이 없음.
不問可知(불문가지) : 묻지 않아도 알 수 있음.
進退維谷(진퇴유곡) : 앞으로 나아갈 수도 뒤로 물러설 수도 없이 궁지에 빠짐.
衆寡不敵(중과부적) : 적은 수효가 많은 수효를 대적하지 못함.
輾轉反側(전전반측) : 이리 뒤척 저리 뒤척 하며 잠을 이루지 못함(불안).

取捨選擇(취사선택) : 어떤 기준을 가지고 중요한 것을 선택한다.
捨小取大(사소취대) : 더 큰 이익을 위해 작은 이익을 버린다.
能小能大(능소능대) : 재주와 주변이 좋아 모든 일에 두루 능함.
玉石俱焚(옥석구분) : 착한 사람이나 악한 사람이 다 같이 화를 당함.
結者解之(결자해지) : 맺은 사람이 풀어야 한다는 뜻으로, 자기가 저지른 일은 자기가 해결하여야 함을 이르는 말.

五里霧中(오리무중) : 오리에 걸쳐 낀 안개 속. 무슨 일에 대하여 알 길이 없음을 비유. 안개 속과 같이 희미하고 애매하여 길을 찾기 어려움.
罔知所措(망지소조) : 어찌할 바를 모르고 허둥지둥함.

前人未踏(전인미답) : 아직까지 아무도 가 보지 못함.
說往說來(설왕설래) : 서로 변론하여 말로 옥신각신함.
舊官名官(구관명관) : 아무래도 오래 경험을 쌓은 사람이 낫다는 말.

臥薪嘗膽(와신상담) : 원수를 갚거나 마음먹은 일을 이루기 위하여 온갖 어려움과 괴로움을 참고 견딤.
三顧草廬(삼고초려) : 중국 삼국 시대, 촉한(蜀漢)의 유비(劉備)가 제갈량(諸葛亮)을 얻기 위해 세 번이나 그의 집으로 찾아갔다는 고사.
大器晩成(대기만성) : 크게 될 사람은 늦게 이루어짐.
一觸卽發(일촉즉발) : 한 번 스치기만 하면 곧 폭발함. 사소한 것으로도 그것이 동기가 되어 크게 터질 수 있는 아슬아슬한 형세.
守株待兎(수주대토) : 한 가지 일에만 얽매여 발전을 모르는 어리석은 사람을 비유적으로 이르는 말.

束手無策(속수무책) : 손을 묶었으니 계획이 없음. 어찌할 도리가 없음.
四通八達(사통팔달) : 도로나 교통망, 통신망 따위가 이리저리 사방으로 통함. ≒ 사달오통, 사통오달.
愚公移山(우공이산) : 어리석은 영감이 산을 옮겨 놓는다는 말로 남 보기에 미련한 것같이 보이지만, 한 가지 일을 계속 물고 늘어지면 언젠가는 목적을 달성하게 된다.
舊態依然(구태의연) : '구태의연하다'의 어근. 조금도 변하거나 발전한 데 없이 예전 모습 그대로이다. '여전하다'로 순화.
袖手傍觀(수수방관) : 팔짱을 끼고 곁에서 보기만 함. 응당 해야 할 일에 아무런 손도 쓰지 않고 그저 보고만 있음.

反哺報恩(반포보은) : '까마귀의 새끼가 자라서 먹이를 물어다가 늙은 어미에게 먹인다'는 뜻으로 자식이 자라서 늙은 부모를 봉양함, 또는 은혜를 갚음을 뜻함. 반포지효(反哺之孝)라고도 함.
博施濟衆(박시제중) : 널리 사랑과 은혜를 베풀어 많은 사람을 구제함.
橘化爲枳(귤화위지) : '회남의 귤을 회북에 옮겨 심으면 탱자가 된다'는 뜻으로, 환경에 따라 사람이나 사물의 성질이 변함을 뜻함.
膠柱鼓瑟(교주고슬) : '비파나 거문고의 기둥을 아교풀로 고착시켜 버리면 한 가지 소리밖에 나지 않는다'는 뜻으로 변통성이 없이 소견이 세어 어찌할 수 없음을 뜻함.
殺身成仁(살신성인) : 옳은 일을 위하여 자기 몸을 희생함.

※ 다음 (   ) 안에 들어갈 적합한 사자성어는? (31~38)

31

아니 (   )도 유분수지, 그래 모른다 모른다 해도 그렇게 어처구니 없이 모를 수가 있단 말인가?

① 菽麥不辨   ② 二律背反   ③ 見物生心   ④ 死後藥方文   ⑤ 有口無言

32

무엇인가 어려운 문제에 대한 합의나 승낙을 얻어내기 위한 교섭에서, 의견의 일치를 보기 쉬운 화제로부터 시작하여 단계적으로 본론에 접근하면, (   )(으)로 난제를 꺼내는 것에 비해 좋은 결과를 얻는 일이 훨씬 수월해질 것이다.

① 單刀直入   ② 曖昧模糊   ③ 權謀術數   ④ 因果應報   ⑤ 一瀉千里

33

실학은 조선 왕조의 통치 질서의 한계성과 임진왜란, 병자호란과 같은 (   )의 전쟁 피해 때문에 파탄에 처한 국가 경제를 바로잡으려는 사상이었다고도 볼 수 있다.

① 不問可知   ② 進退維谷   ③ 衆寡不敵   ④ 前代未聞   ⑤ 輾轉反側

34

남의 저서에서 도움이 될 만한 요점을 추려내어 책을 만들 때에는 우선 자기 자신의 학문에 주견(主見)이 뚜렷해야 판단 기준이 마음에 세워져 (   )하는 일이 용이(容易)할 것이다.

① 捨小取大   ② 能小能大   ③ 玉石俱焚   ④ 取捨選擇   ⑤ 結者解之

35

김 영감의 그 후의 소식은 물어 낼 필요도 없었으나, 거리에서 만나 박 서방 입으로 우연히 한 구절 얻어듣게 되었다. 병든 둥글개 첩은 기어코 김 영감의 눈을 감춰 최 서기와 줄행랑을 놓았다. 종적을 수색 중이나 아직 (   )(이)라 한다.
　사랑방에서는 고시랑고시랑 잠을 못 이룰 육십 노인의 꼴이 측은하게 눈에 떠올랐다. 애매한 머슴을 내쫓았음을 뉘우치리라고 생각되었다.
　　　　　　　　　　　　　　　　　　　　　　　　　　　　－ 이효석, '산'

① 罔知所措   ② 五里霧中   ③ 前人未踏   ④ 說往說來   ⑤ 舊官名官

36

나는 네가 그런 고초로 심신을 소모하는 것보다 이곳에서 (　　) 다시 일어설 기틀을 마련하는 편이 나을 것 같다.
— 이문열, '황제를 위하여'

① 臥薪嘗膽　② 三顧草廬　③ 大器晚成　④ 一觸卽發　⑤ 守株待兎

37

"아버지, 우리가 대신 환곡을 갚아 주고 양반을 사버리면 재물도 많겠다, 한번 거들먹거리고 살게 되잖겠어요?"
　큰아들의 맞장구였다.
　부자는 부랴부랴 양반의 집으로 달려갔다. 그리하여 환곡을 갚아 줄 터이니 그 양반의 신분을 넘겨 달라고 흥정을 걸어 보았다. 양반은 (　　)이라 잡혀 갈 날만 기다리던 참이니, '이게 웬 떡이냐?' 싶어 얼른 승낙하였다.
— 박지원, '양반전'

① 四通八達　② 束手無策　③ 愚公移山　④ 舊態依然　⑤ 袖手傍觀

38

뉘라서 까마귀를 검고 흉타 하돗던고.
(　　)이/가 그 아니 아름다운가.
사람이 저 새만 못함을 못내 겨워 하노라
— 박효관

① 反哺報恩　② 博施濟衆　③ 橘化爲枳　④ 膠柱鼓瑟　⑤ 殺身成仁

보고 또 보기

進退兩難(진퇴양난) : 그 어느 것도 포기할 수 없는 상태에서 하나에 치중하다 보면 다른 것을 놓치게 되는 상황이다. '이렇게 할 수도 없고 그렇다고 저렇게 할 수도 없는 상황'을 의미한다.
捨生取義(사생취의) : 목숨을 버리고 의를 취함. 의리를 위해서 생명을 돌보지 않음.
一進一退(일진일퇴) : 한 번 나아갔다 한 번 물러섰다 하거나 좋아졌다 나빠졌다 함.
甲論乙駁(갑론을박) : 서로 자기의 의견을 내세워 남의 의견을 반박함.
孤立無援(고립무원) : 고립되어 구원을 받을 데가 없음.

生者必滅(생자필멸) : 무릇 이 세상에 생명이 있는 것은 다 마침내 죽기 마련이란 뜻.
生而知之(생이지지) : 도를 스스로 깨달음에 이른다.
會者定離(회자정리) : 만난 자는 반드시 헤어짐. 모든 것이 무상함을 이르는 말.
適者生存(적자생존) : 생물이 외계의 형편에 맞는 것은 살고 그렇지 못한 것은 전멸하는 현상.
存亡之秋(존망지추) : 존속하느냐 멸망하느냐의 중대한 때. 절박한 위기를 비유하는 말.

弊袍破笠(폐포파립) : 해진 옷과 부서진 갓. 빈궁하여 매우 초라한 모습.
袈裟長衫(가사장삼) : 승려의 복장.
葛巾野服(갈건야복) : '갈건과 베옷', 벼슬하지 않고 초야에 묻혀 사는 처사(處士)의 거칠고 소박한 복장.
竹杖芒鞋(죽장망혜) : '대지팡이와 짚신'. 가장 간단한 보행이나 여행의 차림.
綠衣紅裳(녹의홍상) : 연두색 저고리와 다홍치마. 곧, 젊은 여자의 곱게 차린 복색.

寤寐不忘(오매불망) : 자나 깨나 잊지 못함.
鶴首苦待(학수고대) : '학처럼 목을 빼고 기다린다'는 뜻으로, 몹시 기다림을 뜻하는 말.
勞心焦思(노심초사) : 마음으로 애를 쓰며 속을 태우다.
捲土重來(권토중래) : ① 한 번 실패에 굴하지 않고 몇 번이고 다시 일어남. ② 세력을 되찾아 다시 쳐들어옴.
咸興差使(함흥차사) : 일을 보러 밖에 나간 사람이 오래도록 돌아오지 않을 때 하는 말.

甘呑苦吐(감탄고토) : 신의나 지조를 돌보지 않고, 자기에게 이로우면 잘 사귀어 쓰나 필요하지 않게 되면 배척한다는 뜻.
面從腹背(면종복배) : 앞에서는 순종하는 체하고 돌아서는 딴 마음을 먹음.
以卵投石(이란투석) : 달걀로 돌을 친다. 턱없이 약한 것으로 엄청나게 강한 것을 당해내려는 어리석음.
如厠二心(여측이심) : 뒷간에 갈 적 마음 다르고 올 적 마음 다르다는 말.
初志一貫(초지일관) : 처음 세운 뜻을 이루려고 끝까지 밀고 나감.

同苦同樂(동고동락) : 같이 고생하고 같이 즐김.
感之德之(감지덕지) : 몹시 고맙게 여김.
同聲相應(동성상응) : 비슷한 부류의 사람들이 서로 어울림을 이르는 말.
見危授命(견위수명) : 나라의 위태로움을 보고 목숨을 아끼지 않고 싸움.
竹馬故友(죽마고우) : 어렸을 때부터의 친한 벗.

左雇右眄(좌고우면) : 좌우를 자주 돌아본다. 무슨 일에 얼른 결정을 짓지 못함.
同病相憐(동병상련) : 같은 처지에 있는 사람끼리 서로 동정함.
先公後私(선공후사) : 공적인 일을 먼저 하고 사사로운 일을 뒤로 돌림을 뜻함.
事必歸正(사필귀정) : 만사는 반드시 바른 이치에 맞아 들어간다는 뜻.
之東之西(지동지서) : 동으로 갔다 서로 갔다 함. 어떤 일에 주견이 없이 갈팡질팡함.

切磋琢磨(절차탁마) : 상아와 구슬을 끊고 다듬음. 학문이나 덕행을 힘써 닦음.
他山之石(타산지석) : 남의 하찮은 언행을 거울 삼아 제 품성을 높이는 교훈으로 삼음.
利用厚生(이용후생) : 사용하는 기구들을 편리하게 하고, 먹고 사는 일을 풍부하게 하며, 생계에 부족함이 없게 함
骨肉相爭(골육상쟁) : 동족끼리 서로 싸움.
刻舟求劍(각주구검) : 사리에 어둡고 어리석음.

首丘初心(수구초심) : 여우가 죽을 때 머리를 자기가 살던 굴로 향한다는 말로, 고향을 그리워하는 마음을 이름.
眼下無人(안하무인) : 사람을 업신여기고 교만한 태도.
坐井觀天(좌정관천) : 우물에 앉아서 하늘을 보고 하늘의 넓이를 짐작한다는 뜻.
安貧樂道(안빈낙도) : 구차하고 가난한 생활 속에서도 도를 즐기며 편안한 생활을 함.
愛之重之(애지중지) : 매우 사랑하고 소중히 여기는 모양.

日就月將(일취월장) : 날로 달로 진보함.
電光石火(전광석화) : 번갯불과 부싯돌의 불이란 뜻으로, 일이 매우 빠름을 말함.
百尺竿頭(백척간두) : 백 척 높이의 장대 위에 올라섰다는 뜻. 몹시 위태롭고 어려운 지경에 빠짐.
一敗塗地(일패도지) : 여지없이 패하여 다시 일어날 수 없게 됨.
孤城落日(고성낙일) : 남의 도움이 없이 고립된 상태. 의지할 길 없어 불안함, 쓸쓸함.

不知不識(부지불식) : 미처 깨닫지 못하는.
目不識丁(목불식정) : 간단한 글자인 '丁' 자를 보고 그것이 '고무래'인 줄 알지 못한다는 뜻으로 아주 까막눈임을 이르는 말.
無不通知(무불통지) : 무슨 일이든지 다 통하여 환히 앎.
目不忍見(목불인견) : 딱하고 가엾어 차마 눈으로 볼 수 없음.
同床異夢(동상이몽) : 같은 자리에 자면서 다른 꿈을 꾼다는 뜻으로, 겉으로는 같이 행동하면서 속으로는 각각 다른 생각을 함.

自激之心(자격지심) : 제가 한 일에 대하여 스스로 미흡한 생각을 가짐. = 자굴지심(自屈之心), 자비지심(自卑之心).
乾坤一擲(건곤일척) : 흥망을 걸고 권력을 다하여 마지막으로 승부를 겨룸.
破廉恥漢(파렴치한) : 염치를 모르는 뻔뻔한 사람.
厚顔無恥(후안무치) : 뻔뻔스러워 부끄러워할 줄 모름.
傍若無人(방약무인) : 곁에 사람이 없는 것 같다는 뜻. 거리낌 없이 함부로 행동함.

※ 밑줄 친 부분의 의미와 통하는 사자성어를 고르시오. (39~50)

39

디자인의 기본 개념은 기능과 모양새이다. 이 두 요소는 서로 상반된 목적을 지향하고 있다. 양자 사이의 조화를 찾는 일이 그리 쉽지는 않다. 기능을 중시하다 보면 모양새가 마땅치 않고, 모양새에 치중하다 보면 기능이 떨어지는 경우가 대부분이다. 현재의 비행기와 자동차를 예로 들어 어떻게 하면 바람직한 디자인을 얻을 수 있는가 생각해 보자.

① 進退兩難 ② 捨生取義 ③ 一進一退 ④ 甲論乙駁 ⑤ 四顧無親

40

인간이 가지는 또 하나의 높은 차원의 특징은 그 사회성(社會性)이라고 할 것이다. 인간은 오랜 옛날부터 이미 집단을 형성하였고, 그 구성원보다는 그 집단 자체가 생존 경쟁(生存競爭)의 단위였다. 이 집단을 유지(維持)하기 위하여 조직(組織)과 제도(制度)가 생겨나고, 다시 이의 통합을 위하여 정치(政治)가 생겨났다. 그래서 사람을 호모 폴리티쿠스(Homo politicus, 정치적 인간)라고도 한다.

① 生者必滅 ② 生而知之 ③ 會者定離 ④ 適者生存 ⑤ 存亡之秋

41

애 애 저기 가는 놈아 아나 애 불러노니 저놈이 힛끗이 돌아보며 대답 않고 서 있거날 이자식 어른이 불으면 오는 것이 도리 옳지 가만이 서서 보기는 이눔 이눔은 남원읍에서 어긋나기로 유명헌 놈이라 어른이나 아해나 지가 꼭 이겨야만 잘난 줄로 아는 놈인듸 어사또를 바라보니 하도 헐게 채려 제 마음에 더 가소롭겄다 어사또 턱 밑에 밧삭 들어서며 바쁘게 가는 사람 뭣헐라고 부르요 허 이자식 너 어데 사느냐 나 살기는 사람 많이 살다가 다 죽어 버리고 나 혼자 사는 데 사요 흥 이자식 이 세상에 혼자 사는 데가 있단 말이냐 응 남원 산단 말이지 이자식이 가만이 듣고 생각허니 차 기가 막힐 일이지 맞았오 맞았어 당신 죽도 않고 귀신 다 되었오그려 예라 이놈 그래 너 어데를 가느냐 양반 독차지헌데 가지라우 양반 독차지헌 데라니 한양 간단 말이구나 앗다 당신 소강절 똥구녕에 다 움막 짓고 살었소 허 그놈 패씸한 놈이로고

① 袈裟長衫 ② 葛巾野服 ③ 弊袍破笠 ④ 竹杖芒鞋 ⑤ 綠衣紅裳

42

제가 연약한 몸으로 나중 일을 생각지 않고 이런 과오를 범하여 방탕한 행실이 더욱 나타나 남들의 웃음을 사게 되었습니다. 그러므로 죄가 크고 수치스러움이 어버이께 미칠 것이오나, 이생과 헤어진 후로 원한이 쌓여 쓰러진 연약한 몸이 맥없이 홀로 있으니, 생각은 날이 갈수록 더욱 나고 병세는 점차 위중하여서 쓰러질 지경에 이르렀습니다. 하오니 부모님께서 제 소원을 이루어 주신다면 남은 목숨을 보전할 것이옵고, 그렇지 않으면 비록 죽어서라도 지하에서 이생을 따르기로 맹세하고 다른 가문에는 오르지 않겠나이다. – 김시습, '이생규장전'

① 鶴首苦待 ② 悟寐不忘 ③ 勞心焦思 ④ 捲土重來 ⑤ 咸興差使

43

혈색 좋던 얼굴과 어여쁜 웃음도 풀 위의 웃음처럼 사라져 버렸고, 향기롭던 가약도 바람에 나부끼는 버들가지입니다. 당신은 나 때문에 괴로움을 받고 나는 당신 때문에 더 근심이 되고 있습니다. 가만히 옛날의 기쁨을 곰곰 생각해 보건대 그것이 바로 우환의 발단이었습니다. 뭇새가 모여 있다가 함께 굶어 죽기보다는 차라리 짝없는 난새가 되어 거울을 향하여 짝을 부르는 것이 낫지 않겠습니까? <u>추우면 버리고 더우면 친하고 하는 것은</u> 인정상 차마 못할 일이지만, 행하고 그치고 하는 것은 인력으로 되는 것이 아니며, 헤어지고 만나고 하는 것도 운수가 있는 것입니다.

- 조신 설화

① 甘呑苦吐　② 面從腹背　③ 以卵投石　④ 如厠二心　⑤ 初志一貫

44

<u>반평생을 같이 지내 온 짐승이었다. 같은 주막에서 잠자고, 같은 달빛에 젖으면서 장에서 장으로 걸어 다니는 동안에 이십 년의 세월이 사람과 짐승을 함께 늙게 하였다.</u>

① 同苦同樂　② 感之德之　③ 同聲相應　④ 見危授命　⑤ 竹馬故友

45

　　강원도 정선(旌善) 고을에 한 양반이 살고 있었다. 그는 성품이 어질고 글 읽기를 무척이나 좋아했다.
　　이 고을에 새로 부임해 오는 군수(郡守)는 으레 이 양반을 몸소 찾아보았고, 그에게 두터운 경의를 표하는 것이 통례로 되어 있었다. 그러나 이 양반은 워낙 집이 가난하여 관가의 환자(還子)를 꾸어 먹은 것이 여러 해가 되고 보니, 어느덧 천 석이 다 되었다. 관찰사(觀察使)가 각 고을을 돌아다니며 관곡(官穀)을 조사하다가 이 고을에 와서 그 축난 것을 보고 크게 노했다.
　　"어떤 놈의 양반이 이렇게 했단 말이냐!"
이렇게 호통을 치며 그 양반을 잡아 가두라 하였다.
　　<u>군수는 그 양반이 워낙 가난해서 관곡을 갚을 방도가 없음을 불쌍히 여겨 차마 가둘 수는 없고, 그렇다고 해서 상사의 명령에 복종하지 않을 수도 없어 매우 난처한 처지가 되었다.</u>

① 同病相憐　② 先公後私　③ 左雇右眄　④ 事必歸正　⑤ 之東之西

46

　　그러나 이 신라인의 꿈 속에 살아 있던 밝고 고요하고 위엄 있고 너그러운 모습에 숨결과 핏줄이 통하게 한 것은 이 불상을 조성한 희대(稀代)의 예술가의 드높은 호흡과 경주(傾注)된 심혈(心血)이었다. 그의 마음 위에 빛이 되어 떠오른 이상인의 모습을 모델로 삼아 거대한 화강 석괴(花崗石塊)를 붙안고 밤낮을 헤아림 없이 <u>쪼아 내고 깎아 낸</u> 끝에 탄생된 이 불상은 벌써 인도인의 사상도 모습도 아닌 신라의 꿈과 솜씨였다.

① 他山之石　② 利用厚生　③ 骨肉相爭　④ 切磋琢磨　⑤ 刻舟求劍

47

어렸을 때에 함께 놀던 종달새, 우아했던 방울새, 정이 두터웠던 개가 생각난다. 엄격한 승원(僧院)이나 깊은 절간의 고요 속에서 이런 짐승들을 생각하면서 더 자유롭게, 더 조용히, 또 생각하고 또 쓰고 싶다.

① 首邱初心　② 眼下無人　③ 坐井觀天　④ 安貧樂道　⑤ 愛之重之

48

우리나라에 있는 백공(百工)들의 기예는 모두 옛날 중국에서 배워 온 방식인데, 수백 년 이래 칼로 벤 것처럼 딱 잘라 다시는 중국에 가서 새로운 것을 배우려는 계획을 세우지 않았다. 중국에는 새로운 방식과 교묘한 제도가 나날이 증가하고 다달이 불어나서 수백 년 이전의 옛날 중국이 아니다.

① 日就月將　② 電光石火　③ 百尺竿頭　④ 一敗塗地　⑤ 孤城落日

49

전통은 대체로 그 사회 및 그 사회의 구성원인 개인의 몸에 배어 있는 것이다. 그러므로 스스로 깨닫지 못하는 사이에 전통은 우리의 현실에 작용하는 경우가 있다.

① 目不識丁　② 不知不識　③ 無不通知　④ 目不忍見　⑤ 同床異夢

50

춘향모 대답하되,
"말씀은 황공하오나 가세가 부족하니 재상가에는 부당하고사 서인 상하에 다 미치지 못하니, 씨가 있는 자식이라 만사를 달통하고 삼강 행실 뉘라서 내 딸이라 하리오만, 혼인이 늦어져서 주야로 걱정이나 도련님 말씀은 잠시 춘향과 백년 기약한다는 말씀이오나 그런 말씀 마시고 노시다가 가시기나 하시오."

① 乾坤一擲　② 破廉恥漢　③ 厚顏無恥　④ 自激之心　⑤ 傍若無人

테마 11 속담과 관련된 사자성어

※ 속담에 어울리는 사자성어를 찾아, 바르게 연결하시오.(1~5)

01

겉 다르고 속 다르다	①	㉠ 後生可畏(후생가외)
등잔 밑이 어둡다	②	㉡ 烏飛梨落(오비이락)
후생목이 우뚝하다	③	㉢ 亡羊補牢(망양보뢰)
개 밥에 도토리	④	㉣ 表裏不同(표리부동)
믿는 도끼에 발등 찍힌다	⑤	㉤ 雪上加霜(설상가상)
까마귀 날자 배 떨어진다	⑥	㉥ 燈下不明(등하불명)
입술이 없으면 이가 시리다	⑦	㉦ 知斧斫足(지부작족)
소 잃고 외양간 고친다	⑧	㉧ 孤立無援(고립무원)
단맛 쓴맛 다 보았다	⑨	㉨ 脣亡齒寒(순망치한)
엎친 데 덮치기, 눈위에 서리 친다	⑩	㉩ 山戰水戰(산전수전)

02

토끼를 다 잡으면 사냥개도 잡아먹는다	①	㉠ 針盜盜牛(침도도우)
불면 꺼질까 쥐면 터질까	②	㉡ 牝鷄之晨(빈계지신)
지성이면 감천이다	③	㉢ 下石上臺(하석상대)
열 번 찍어 아니 넘어 가는 나무 없다	④	㉣ 十伐之木(십벌지목)
먹을 가까이하면 검어진다	⑤	㉤ 至誠感天(지성감천)
아랫돌 빼서 윗돌 괴기	⑥	㉥ 兔死狗烹(토사구팽)
암탉이 울면 집안이 망한다	⑦	㉦ 鯨戰蝦死(경전하사)
바늘 도둑이 소도둑 된다	⑧	㉧ 金枝玉葉(금지옥엽)
갈치가 갈치 꼬리 문다	⑨	㉨ 近墨者黑(근묵자흑)
고래 싸움에 새우등 터진다	⑩	㉩ 同族相殘(동족상잔)

03

님도 보고 뽕도 따고, 도랑 치고 가재 잡고, 마당 쓸고 동전 줍고	①	㉠ 漢江投石(한강투석)
티끌 모아 태산	②	㉡ 苦盡甘來(고진감래)
양지가 음지 되고 음지가 양지 된다	③	㉢ 一擧兩得(일거양득)
우는 아이가 젖을 먹는다	④	㉣ 堂狗風月(당구풍월)
한강에 돌 던지기	⑤	㉤ 泣兒受乳(읍아수유)
고생 끝에 낙이 온다	⑥	㉥ 亡子計齒(망자계치)

	서당개 삼 년에 풍월을 읊는다	⑦	ㅅ 積小成大(적소성대)
	죽은 자식 나이 세기	⑧	ㅇ 於異阿異(어이아이)
	수박 겉 핥기	⑨	ㅈ 轉禍爲福(전화위복)
	어 다르고 아 다르다	⑩	ㅊ 走馬看山(주마간산)

04

비단 옷 입고 밤길 가기	①	ㄱ 吳鼻三尺(오비삼척)
하룻강아지 범 무서운 줄 모른다	②	ㄴ 十匙一飯(십시일반)
자는 범 코 침 주기	③	ㄷ 見蚊拔劍(견문발검)
천리길도 한 걸음부터	④	ㄹ 矯角殺牛(교각살우)
내 코가 석자	⑤	ㅁ 登高自卑(등고자비)
빈대 잡으려다 초가삼간 태운다	⑥	ㅂ 囊中取物(낭중취물)
열에 한 술 밥이 한 그릇 풍풍하다	⑦	ㅅ 錦衣夜行(금의야행)
모기 보고 칼 빼기	⑧	ㅇ 借廳借閨(차청차규)
누워 떡 먹기, 무른 땅에 말뚝 박기	⑨	ㅈ 宿虎衝鼻(숙호충비)
대청 빌려 주니 안방 빌리자고 한다	⑩	ㅊ 螳螂拒轍(당랑거철)

05

제 논에 물 대기	①	ㄱ 聞一知十(문일지십)
새 발의 피	②	ㄴ 井底之蛙(정저지와)
주머니에 들어간 송곳이라	③	ㄷ 得隴望蜀(득롱망촉)
하나를 보면 열을 안다	④	ㄹ 孤掌難鳴(고장난명)
목 마른 놈이 우물 판다	⑤	ㅁ 鷄卵有骨(계란유골)
우물 안 개구리	⑥	ㅂ 識字憂患(식자우환)
말타면 경마(말의 고삐) 잡히고 싶다	⑦	ㅅ 鳥足之血(조족지혈)
계란에도 뼈가 있다	⑧	ㅇ 我田引水(아전인수)
아는 게 병이라	⑨	ㅈ 渴而穿井(갈이천정)
손뼉도 마주 쳐야 소리가 난다	⑩	ㅊ 囊中之錐(낭중지추)

실전 다지기

기출 문제 유형 파악과 실전 문제

유형 1   단어의 사전적 의미

▶▶ 밑줄 친 단어의 뜻풀이가 바르지 않은 것은?
▶▶ 〈보기〉의 뜻풀이와 예문의 ( )에 가장 알맞은 단어는?
▶▶ 보기의 밑줄 친 부분의 의미로 바른 것은?
▶▶ 밑줄 친 부분을 가장 적절하게 한자어로 대치한 것은?
▶▶ 뜻풀이와 그에 해당하는 단어가 바르게 짝지어지지 않은 것은?

01   밑줄 친 단어의 뜻풀이가 바르지 않은 것은?

① 경사스러운 일이 곰비임비 일어난다? → 연달아
② 하는 일도 없이 맥쩍게 앉아 시간을 보냈다. → 심심하고 재미없게
③ 우리가 쓸 수 있는 물건이 애오라지 이것밖에 남지 않았단 말이냐? → 겨우
④ 위층에서 들려오는 피아노 소리가 재겹게 들렸다. → 재미있고 정겹게
⑤ 설명한 바지를 입고 나타난 그의 모습이 너무나 우스꽝스러웠다. → 몸에 맞지 않게 짧은

02   단어와 그 뜻풀이가 바르게 짝지어지지 않은 것은?

① 눈자위 : 눈알의 언저리
② 눈두덩 : 눈언저리의 두두룩한 곳
③ 눈살 : 눈과 눈 사이에 있는 살
④ 눈초리 : 눈의 귀 쪽으로 째진 부분
⑤ 눈시울 : 눈언저리의 속눈썹이 난 곳

03   〈보기〉의 뜻풀이를 참고하여 ( )에 가장 알맞은 단어는?

보기

[뜻풀이] 등성이를 이루는 지붕이나 산 따위의 꼭대기.

[예 문] 옥분이는 북한산 ( )에 덩그렇게 걸린 해를 보면서 일어섰다.

① 기슭   ② 마루   ③ 벼랑   ④ 비탈   ⑤ 언덕

04 〈보기〉의 ( )에 가장 알맞은 단어를 바르게 짝지은 것은?

보기

㉠ 누나는 결혼을 하면서 이불 두 ( )(을/를) 준비하였다.
㉡ 질린 듯 상기되어 있는 얼굴 위로 머리카락 몇 ( )(이/가) 흘러내려 있었다.
㉢ 한 ( ) 한 ( ) 뜨면서 아내는 자신이 뜬 목도리를 두른 남편의 모습을 떠올렸다.

	㉠	㉡	㉢
①	장	올	땀
②	채	올	코
③	필	올	코
④	채	장	땀
⑤	장	채	모

05 〈보기〉의 밑줄 친 부분을 유사한 의미의 다른 단어로 바꾼 것 중 가장 바른 것은?

보기

그는 돈 몇 푼 때문에 자신의 <u>이름</u>을 더럽힌 행동을 한 것에 대해 몹시 후회하고 있다.

① 명목(名目)   ② 명분(名分)   ③ 명예(名譽)
④ 명칭(名稱)   ⑤ 성명(姓名)

06 다음 글의 ( ) 안에 가장 적합한 단어는?

보기

그러나 철학과 과학의 역사를 돌아볼 때 이러한 주장은 터무니없는 것이다. 과학이 인간 활동의 우연적인 산물이 아니라 인간의 삶 그 자체에서 불가피하게 형성되는 것이라면, 과학과 철학을 표면적으로 대립시키는 것은 잘못이기 때문이다. 물질적인 대상 세계와 관련된 부분은 과학이 맡고, 인간 정신의 내면이나 가치의 세계와 관련된 부분은 철학이 맡는다는 식의 낡아빠진 이분법은 과거의 ( ) 형이상학이 자신의 잘못된 존재 근거를 정당화하기 위해 내세웠던 주장을 되풀이하는 것에 지나지 않는다.

① 사변적(思辨的)   ② 감각적(感覺的)   ③ 감상적(感傷的)
④ 계기적(繼起的)   ⑤ 형상적(形像的)

07 〈보기〉의 뜻풀이와 예문의 ( ) 안에 가장 알맞은 단어는?

보기

[뜻풀이] 서로 응하거나 어울림.

[예 문] 청소년이 누려야 할 기본적인 권리와 이에 (　　)하는 책임을 주요 내용으로 하는 새로운 청소년 헌장을 선포코자 한다.

① 상응(相應)　② 부응(符應)　③ 호응(呼應)　④ 대응(對應)　⑤ 조응(照應)

유형 2　단어의 문맥적 의미

▶▶ 밑줄 친 부분의 문맥적 의미가 가장 다른 것은?
▶▶ 밑줄 친 단어나 표현을 바꾼 것 중 본래의 의미와 가장 가까운 것은?
▶▶ 밑줄 친 단어의 문맥상 의미와 유사한 의미로 사용된 것은?

08 〈보기〉의 밑줄 친 단어와 문맥상 의미가 유사하게 사용된 것은?

보기

서산 위에 잠깐 나타났다 숨어 버리는 초생달은 세상을 후려 삼키려는 독부(毒婦)가 아니면 철모르는 처녀 같은 달이지마는, 그믐달은 세상의 갖은 풍상(風霜)을 다 겪고 나중에는 그 무슨 원한을 품고서 애처롭게 쓰러지는 원부(怨婦)와 같이 애절하고 애절한 <u>맛</u>이 있다.

① 생각해서 가져온 것이니 <u>맛</u> 좀 보시지요.
② 고기는 씹어야 <u>맛</u>이요, 말은 해야 <u>맛</u>이라.
③ 청계산은 부드러우나 거친 <u>맛</u>이 없고, 관악산은 거칠지만 부드러운 <u>맛</u>이 없다.
④ 꼭 욕을 해야 <u>맛</u>인가.
⑤ 요즈음엔 통 살<u>맛</u>이 없다.

09 다음 밑줄 친 단어의 의미가 〈보기〉의 뜻풀이와 같은 것은?

보기

시간의 흐름에 따라 개인의 삶이나 사회적·역사적 발전 따위가 전개되는 과정

① 그녀는 표현할 길이 없는 감동을 느꼈다.
② 그는 숲 속에서 길을 잃고 한참을 헤맸다.
③ 그는 학교에서 돌아오는 길에 물장난을 하였다.
④ 역사학자는 인류 문명이 발전해 온 길을 되돌아본다.
⑤ 김 선생은 올바른 스승의 길을 가겠다는 다짐을 했다.

10 밑줄 친 단어를 바꾸어 쓴 것으로 바르지 않은 것은?

① 깊은 생각에 빠져 있다. → 명상(冥想)
② 새로운 발명품을 생각해 내었다. → 궁리(窮理)
③ 생각을 잘 더듬어 보세요. → 의지(意志)
④ 도대체 그 사람의 생각을 모르겠다. → 심산(心算)
⑤ 그거 참 좋은 생각이구나. → 발상(發想)

11 〈보기〉의 밑줄 친 단어와 문맥상 의미가 유사하게 사용된 것은?

> 보기
> "에그 참. 정신두 없어라. 영감일랑 완전히 돌아가셨으니 남은 식구들일랑 어떻게 굶주리지나 않게 돼야 할 게 아니요?"
> — 오영진, '살아 있는 이중생 각하'

① 호랑이에게 물려 가도 정신만 차리면 살 수 있다.
② 화랑도는 신라 시대 단체 정신이 투철했던 청소년 집단이다.
③ 순국 선열들의 나라 사랑의 숭고한 정신을 잊지 말도록 합시다.
④ 고대에는 정신을 신체에 깃드는 공기나 불과 같은 것으로 여겼다.
⑤ 물질은 인간의 정신과는 독립적으로 존재하는 객관적 실재를 말한다.

12 밑줄 친 부분을 유사한 의미의 다른 단어로 바꾼 것 중 바르지 않은 것은?

① 가능하면 물색 좋은 놈으로 골라라. → 형편
② 아무리 물색해 봐도 내가 찾던 사람은 보이지 않더라. → 사람을 찾아
③ 물색도 모르고 덤벼들다가 큰 코 다치기 쉽지. → 영문
④ 어쨌든 물색 좋은 곳에 집을 짓고 싶다. → 경치
⑤ 서산댁은 물색도 모르고 좋아하기만 했다. → 까닭

유형 3	단어의 관계

▶▶ 밑줄 친 단어의 쓰임이 다른 것은?
▶▶ 밑줄 친 부분의 의미가 가장 이질적인 것은?
▶▶ 밑줄 친 부분을 같은 의미의 다른 단어나 표현으로 바꾼 것 중 바르지 않은 것은?
▶▶ 보기의 밑줄 친 단어와 가장 유사한 의미로 쓰인 것은?
▶▶ 두 단어 간의 관계가 다른 것과 이질적인 것은?

13 밑줄 친 단어의 쓰임이 다른 것은?

① 어제는 눈이 오는 바람에 길이 미끄러웠다.
② 아이는 배탈이 나는 바람에 학교에 결석했다.
③ 그와 나는 시간이 어긋나는 바람에 서로 만나지 못했다.
④ 친구가 가자고 조르는 바람에 할 수 없이 자리에서 일어났다.
⑤ 그가 힘껏 내리치는 도끼 바람에 장작이 두 쪽으로 짝짝 갈라졌다.

14 밑줄 친 부분의 의미가 가장 이질적인 것은?

> **보기**
>
> 이웃에 장생(長生)이라는 자가 살고 있었다. 장생은 집을 지으려고 산에 들어가 ㉠ 재목을 구하였는데 빽빽이 들어찬 ㉡ 나무들 모두가 구불구불하게 비틀어져 용도에 맞지 않았다. 그런 가운데 산속에 있는 무덤 가에 ㉢ 나무 한 그루가 서 있었는데 앞에서 보아도 곧바르고 왼쪽에서 보아도 쭉 뻗었으며 오른쪽에서 보아도 곧기만 하였다. 그래서 좋은 ㉣ 재목이라 생각하고는 도끼를 들고 그쪽으로 가서 뒤에서 살펴보니 슬쩍 구부러져 쓸 수 없는 ㉤ 나무인 것이었다.
> – 장유, '곡목설(曲木說)'

① ㉠   ② ㉡   ③ ㉢   ④ ㉣   ⑤ ㉤

15 밑줄 친 부분을 같은 의미의 다른 단어나 표현으로 바꾼 것 중 바르지 않은 것은?

> **보기**
>
> 이는 ㉠ 언어가 본래 사회적 산물로서 객관성이 있어야 하기 때문이다. 그러므로 언어는 도저히 주관적으로 좌우할 수 없다. 그렇다면 ㉡ 언어는 고정화하여서 언제까지든지 그대로만 있어야 할 터인데 실상은 그렇지 아니하여 새말이 자꾸 생기고, 있는 말도 그 뜻이 점점 변하는 일이 많다. 또, 지금까지 쓰이던 말이 없어져 버리는 일도 있다. 그러므로 언어에는 생명이 있다고 한다. 생명이 있다는 것은 ㉢ 언어가 신생, 성장, 사멸하는 것을 가리키는 말이다.
> 인문(人文)이 발달하여 갈수록 ㉣ 언어에 빈곤을 느끼게 된다. 즉, 의미 있는 말의 수효가 부족하여 마음 속에 있는 사상을 자유롭게 표현할 수 없는 경우가 많다. 그러나 개인의 의사에 따라

새 말을 자꾸 만들어 내면 ⓜ 언어의 수가 한정 없이 늘어날 터이요, 또 그 의미가 조변석개(朝變夕改)되어 큰 혼란에 빠지고 말 것이다.
― 이희승, '국어의 개념'

① ㉠-말   ② ㉡-의미   ③ ㉢-낱말   ④ ㉣-어휘   ⑤ ㉤-단어

16 보기의 밑줄 친 단어와 가장 유사한 의미 관계로 쓰인 것은?

보기

폭포와 분수는 동양과 서양의 사상을 대변한다. 폭포가 자연에 순응하는 것이라면, 분수는 자연의 힘을 거스르는 것이다.

① 독서 : 서적   ② 보수 : 진보   ③ 시계 : 시침
④ 악어 : 악어새   ⑤ 바위 : 이끼

17 두 단어 간의 관계가 다른 것과 이질적인 것은?

① 아버지 : 부친   ② 진지 : 밥   ③ 속옷 : 내의
④ 밤낮 : 주야   ⑤ 몸집 : 체격

유형 4 용법

▶▶ 밑줄 친 단어의 쓰임이 바른 것은?
▶▶ 경조사(慶弔事)에 쓰이는 단어나 표현으로 바르지 않은 것은?
▶▶ 밑줄 친 부분이 문장의 의미와 자연스럽게 어울리지 않는 것은?
▶▶ 밑줄 친 부분의 쓰임이 바르지 않은 것은?
▶▶ 밑줄 친 단어를 고치기 위한 설명으로 바른 것은?
▶▶ 〈보기〉는 공문서의 일부이다. 지나치게 어려운 표현을 문맥에도 맞고 이해하기에도 쉬운 표현으로 바꾼 것 중 적절하지 않은 것은?

18 밑줄 친 단어의 쓰임이 바른 것은?

① 예전에 그는 김 선생님에게서 판소리를 사사(師事)했다.
② 날이 점점 더 어두워져 길을 찾기가 막역(莫逆)해지고 말았다.
③ 이번 인사에서는 지방 출신자들을 준용(準用)할 것으로 예상된다.
④ 그 해결책은 자신이 처음 야기(惹起)한 것이라고 사장은 자랑하였다.
⑤ 안전 장비를 제대로 휴대(携帶)하지 않은 차량은 출입을 통제하고 있다.

19 경조사(慶弔事)에 쓰이는 단어나 표현으로 바르지 않은 것은?

① 후배의 결혼식에 : 祝 華婚
② 장인의 환갑 잔치에 : 祝 壽宴
③ 직장 동료의 병문안에 : 祈 快癒
④ 직장 상사의 정년 퇴임식에 : 頌功
⑤ 선생님의 칠순 잔치에 : 祝 喜壽宴

20 밑줄 친 부분이 문장의 의미와 자연스럽게 어울리는 것은?

① 적재적소에 알맞은 선수를 채용(採用)한 것이 승리의 밑거름이 되었다.
② 그는 뼈를 깎는 노력 끝에 공공 기업에 신입 사원으로 기용(起用)되었다.
③ 공민왕 때 관리로 등용(登用)된 신진 사대부들은 조선 건국의 주역으로 활동하였다.
④ 대부분의 사람들은 버스나 지하철 등의 대중 교통을 교통 수단으로 사용(使用)한다.
⑤ 부도 위기를 맞았던 회사가 새로운 판매 방식을 고용(雇用)하여 큰 성공을 거두었다.

21 밑줄 친 부분의 쓰임이 바르지 않은 것은?

① 그리 멀지 않은 곳에 사니까 머지않아 만날거야.
② 가을에 김장을 담아서 항아리에 담가 두었다.
③ 아내가 하얀 이를 드러내고 웃고 있는 동안 나는 창고에 그득히 쌓여있는 쌀가마니를 밖으로 들어내었다.
④ 돈은 있다가도 없는 것이야, 오늘 안으로 마련할 테니 이따가 오너라.
⑤ 나이는 엿가락처럼 늘일 수는 있어도 사람의 지식은 그에 비례해서 늘릴 수 있는 것은 아니다.

22 밑줄 친 부분을 고친 것으로 잘못된 것은?

① 요즘에는 금방 전에 읽은 것도 자꾸 잊어버려. → 방금
② 전국에서 내로라하는 선생님들이 다 모였다. → 내노라하는
③ 검찰은 사건을 마무리 짓기 위해 본격적인 증인 심문에 들어갔다. → 신문
④ 우리나라 정치가 지향(志向)해야 할 것 중의 하나는 지나친 지역주의이다. → 지양(止揚)해야
⑤ 저 아가씨는 옷 매무시가 아주 훌륭하다. → 매무새

23. 〈보기〉의 밑줄 부분을 다른 단어나 표현으로 바꾼 것으로 적합하지 <u>않은</u> 것은?

보기

이토록 중요한 과제를 제대로 ㉠ 인식(認識)하지 못하고 처방 또한 엄두도 내지 못하고 있다는 것이 마음에 걸린다. 그저 대립과 갈등의 평행선만을 달리며 누구도 진정한 해결책을 제시하지 못하고 있는 꼴이다. 무엇보다 노동 개혁은 노·사·정은 물론 모두에게 득이 되는데도 현실이 이를 따라가지 못하고 있어 안타깝다. ㉡ 비근(卑近)한 예로 기업하기 좋은 나라를 만들자는 목표엔 모두 동의하면서 걸림돌을 제거하는 것에는 쉽게 합의가 이루어지지 않고 있음을 볼 수 있다. 기업하기 좋은 ㉢ 여건(與件)을 ㉣ 조성(造成)하는 일이 불가능해지면 그만큼 모두의 손실로 이어짐은 ㉤ 자명(自明)하다.

① ㉠ : 알아채지
② ㉡ : 천한
③ ㉢ : 주어진 조건
④ ㉣ : 만드는
⑤ ㉤ : 분명하다

유형 5 기타

복합어
▶ 밑줄 친 부분의 의미가 가장 이질적인 것은?
▶ 밑줄 친 부분의 의미가 다른 것은?

관용구 / 속담 / 한자 성어
▶ 밑줄 친 부분의 의미가 가장 유사한 것끼리 짝지어진 것은?
▶ 관용구의 뜻풀이가 바르지 않은 것은?
▶ 〈보기〉의 밑줄 친 부분에 바꾸어 쓰기에 가장 적절한 것은?

외래어 / 순화어 / 신조어
▶ 게시판에 나타난 단어나 표현을 고치기 위한 방안으로 가장 적절한 것은?

24. 보기 안의 어휘 중, 〈보기〉의 ⓐ~ⓒ와 상응하는 어휘로 바르게 짝지어진 것은?

보기

단어는 크게 단일어와 복합어로 나눌 수 있다. 단일어는 '고추'처럼 하나의 어근으로 된 단어를 말하고, 복합어는 둘 이상의 어근이나 어근과 파생 접사로 이루어진 단어를 가리킨다. 여기서 복합어는 그 결합 방식에 따라 두 가지로 구분할 수 있는데, '고추바람'처럼 둘 이상의 어근이 결합한 복합어는 합성어라고 하며, '풋고추'처럼 〈파생 접사 + 어근(혹은 어근 + 파생 접사)〉의 구성으로 된 복합어를 파생어라고 한다.

ⓐ 고추 : ① (식) 가짓과의 한해살이풀. 줄기 높이 60~90cm, 잎은 긴 달걀꼴에 끝이 뾰족하다. 여름에 흰 꽃이 잎겨드랑이에서 하나씩 피고 열매는 장과(漿果)이다. 잎과 열매를 식용한다. = 당초(唐椒). ② 'ⓐ'의 열매. 긴 원뿔 모양으로 처음에는 초록색이나 익을수록 빨갛게 된다. 생식하거나 익혀서 양념이나 반찬으로 쓴다.

⇒ ⓑ 풋-고추 : ① 아직 익지 아니한 푸른 고추. = 청고추. ② (음)'출인가'를 달리 이르는 말.

⇒ ⓒ 고추-바람 : 살을 에는 듯 매섭게 부는 차가운 바람을 비유적으로 이르는 말.

ⓐ	ⓑ	ⓒ
① 꿈	장님	둘러싼
② 낯선	꿈	둘러싼
③ 장님	조화롭게	낯선
④ 둘러싼	조화롭게	장님
⑤ 조화롭게	낯선	꿈

25 만들어진 방식이 이질적인 단어는?

① 볶음밥　② 이것　③ 올벼　④ 맛있다　⑤ 밤낮

26 하나의 요소로만 이루어져 더 이상 나눌 수 <u>없는</u> 단어는?.

① 마소　② 좁쌀　③ 까막까치　④ 시나브로　⑤ 짓누르다

27 밑줄 친 부분의 쓰임이 바른 것은?

① <u>산수갑산</u>에 가는 한이 있어도 그놈만큼은 내 손으로 잡아 경찰에 넘기겠다.
② 총선을 앞두고 공천을 둘러싼 당내 갈등이 말 그대로 <u>점입가경</u>이다.
③ 언론들은 힐러리가 <u>절대절명</u>의 순간을 앞두고 '우아함'을 선택했다고 촌평했다.
④ 중국에 진출한 우리기업의 <u>야밤도주</u> 문제가 우리정부의 대책 마련으로 일단락되는 분위기다.
⑤ 주식의 경우 잘못 투자하면 가정이 <u>풍지박산</u>나고 가족이 동반자살하는 경우도 생겨난다.

28 〈보기〉의 밑줄 친 내용에 가장 적합한 한자 성어는?

> **보기**
> <u>인근 마을에서까지 몰려들어 성시를 이루었던 하회 별신굿</u>은, 이 굿을 못 보면 죽어서 좋은 데로 못 간다고까지 일러 오던 대축제였으나, 시대적 추이와 더불어 경제적 원인과 기타의 이유로 해서 1928년 이래로 중단되고, 탈과 탈놀이만 문화제로 남아 온다.

① 門前薄待　　② 輾轉反側　　③ 多多益善
④ 驚天動地　　⑤ 人山人海

29 〈보기〉의 내용과 가장 관계가 깊은 한자 성어는?

보기

전국 시대 때의 인물 방총(龐蔥)이 위혜왕(魏惠王)에게 말하길, "금일 한 사람이 시장에 호랑이가 나타났다고 하면 왕께서는 그 말을 믿으시겠습니까?" 하자, 왕이 "믿지 않는다."라고 하였다. 방총이 "두 사람이 시장에 호랑이가 나타났다고 하면 왕은 믿으시겠습니까?" 하니, 왕은 "그렇다면 의심스러워하겠지." 하였다. 방총이 "세 사람이 시장에 호랑이가 나타났다고 하면 믿으시겠습니까?" 하니, 왕은 "과인은 믿겠노라." 하였다. 그러자 방총이 말하기를, "시장에 호랑이가 나타날 리가 없습니다. 그러나 세 사람씩이나 같은 말을 하면 누구든 믿지 않을 수가 없게 됩니다."라고 한 데서 유래하였다.

① 가렴주구(苛斂誅求)　　② 경세제민(經世濟民)
③ 기호지세(騎虎之勢)　　④ 삼인성호(三人成虎)
⑤ 통관규천(通管窺天)

30 신체 부위와 관련되어 있는 〈보기〉의 ㉠~㉺을 신체의 위에서 아래의 순서로 나열한 것은?

보기

㉠ 애를 태우다　　　　㉡ 비견할 만하다
㉢ 슬하를 떠나다　　　㉣ 오금이 저리다
㉤ 부아가 치밀다　　　㉥ 구설수에 오르다
㉦ 초미의 관심사이다　㉧ 미주알고주알 캐묻다

① ㉠-㉤-㉥-㉧-㉢
② ㉡-㉥-㉤-㉣-㉢
③ ㉣-㉠-㉦-㉧-㉢
④ ㉥-㉡-㉤-㉠-㉣
⑤ ㉦-㉥-㉡-㉣-㉧

31 다음 관용구의 뜻풀이가 바르지 <u>않은</u> 것은?

① 막을 열다 : 행사를 시작하다.
② 말문을 열다 : 어떤 일을 하려고 마음을 먹다.
③ 포문을 열다 : 말로써 상대편을 공격하다.
④ 뚜껑을 열다 : 사물의 내용이나 결과 따위를 보다.
⑤ 대문을 열다 : 조직에 새로운 성원을 받아들이다.

32 밑줄 친 부분의 쓰임이 바르지 <u>않은</u> 것은?

① 이제야 서울에서 부산으로 갈 수 있는 길이 닿은 셈이군.
② 돌아갈 길이 바쁘시겠지만 제가 들어가서 옷을 갈아입고 오겠어요.
③ 해 뜨기 전에 산막을 나선 평산과 삼수가 얼마만큼 길을 재촉했을 때 해는 솟기 시작했다.
④ 병원에 입원할 길을 뚫어 보고 일찍 들어오마.
⑤ 지칠 대로 지친 그들이어서 좀처럼 길이 축나지 않았다.

33 〈보기〉의 (   ) 안에 가장 알맞은 속담은?

> **보기**
>
> 물질과 권세(權勢)를 취하고 보자는 이기주의는 양심을 외면하게 한다. 이러한 일이 되풀이 되면 곧 양심(良心)이 마비되고 말며, 양심이 마비되면 어떠한 부정과 불의(不義)든지 가책 없이 행하게 된다. 처음에는 다소 마음에 걸리는 바가 있다가도 나중에는 조금도 양심의 가책을 느끼지 않게 되어 버린다. 이러한 상황은 참으로 위험천만한 것이 아닐 수 없다. (   ) 한 가지 두 가지 일이 반복(反復)되어 극에 이르게 되면 수많은 사람을 희생의 제물로 만들 뿐 아니라, 결국에 가서는 자기 자신이 단말마의 묘혈을 파서, 나락에 떨어지는 비극(悲劇)을 연출하고 만다.

① 가랑비에 옷 젖듯
② 불난 데 부채질하듯
③ 세 살 버릇 여든까지 가듯
④ 하룻강아지 범 무서운 줄 모르듯
⑤ 늦게 배운 도둑질에 날 새는 줄 모르듯

34 〈보기〉의 상황을 가장 적절히 표현한 속담은?

> **보기**
>
> 이같이 여러 자식들이 수시로 보채지만 무엇으로 먹여 살리자는 말인가? 집 안을 다 뒤져도 먹을 것이라고는 싸라기 한 줌 없는지라, 개다리 소반은 네 발이 춤을 추며 하늘만 축수하니, 이 빠진 사발 대접들은 시렁에서 사흘 나흘 엎어져 있고, 밥을 지어 먹자 하면 책력 긴 줄 보아 갑자일이 되어야 솥에 쌀이 들어가고, 생쥐 이 집에서 쌀알갱이 얻으려고 열사흘을 쏘다니다 다리에 가래톳이 나서, 파종(종기를 터뜨림) 하고 앓는 소리 세 동리를 떠드니 이 어찌 아니 슬플소냐?

① 가난 구제는 지옥 늪이라.
② 새앙쥐 볼가심할 것도 없다.
③ 가난한 집 제사 돌아오듯 한다.
④ 가난할수록 기와집 짓는다.
⑤ 산 입에 거미줄 치랴?

35 〈보기〉의 밑줄과 의미상 관계 깊은 속담은?

> **보기**
> 말뚝이 : 예에, 양반을 찾으려고 찬밥 국 말어 일조식(日早食)하고, 마굿간에 들어가 노새 원님을 끌어다가 등에 솔질을 솰솰 하여 말뚝이님 내가 타고 서양(西洋) 영미(英美), 법덕(法德), 동양3국 <u>무른 메주 밟듯</u> 하고, 동은 여울이요, 서는 구월이라, 동여울 서구월 남드리 북향산 방방곡곡(坊坊曲曲) 면면촌촌(面面村村)이, 바위틈틈이, 모래 쨈쨈이, 참나무 결결이 다 찾아다녀도 샌님 비뚝한 놈도 없습니다.

① 오려 논에 물 터 놓기
② 땅 짚고 헤엄치기
③ 구렁이 담 넘어가듯 한다
④ 무른 감도 쉬어 가면서 먹어라
⑤ 눈치 빠르기는 도갓집 강아지

36 무분별하게 사용된 외래어를 고쳐 쓴 것 중 적절하지 않은 것은?

① 움직임이 빠른 <u>피사체</u>를 촬영할 때는 수동으로 초점을 맞추세요. → 물체를
② <u>에어 필터</u> 장치의 덮개를 벗긴 후 여과지를 교체합니다. → 공기 여과기의
③ 그는 개그맨답게 지쳐 있는 모든 사람들이 함께 웃을 수 있는 <u>멘트를 날렸다</u>. → 말을 던졌다.
④ 그가 높은 <u>개런티</u>를 받은 이유는 지명도 때문이 아니라 연기력 때문이다. → 급여(給與)
⑤ 이런 황당한 <u>시추에이션</u>에서는 어떻게 행동해야 할지 모르겠다. → 상황(狀況)

37 외래어가 무분별하게 사용된 표현을 고쳐 쓴 것 중 적절하지 않은 것은?

① 미국의 <u>로비스트</u>들은 지금 국가 경제를 위해서 헌신적으로 뛰고 있다. → 막후 교섭자
② 그녀가 바로 지난 1992년 제25회 바르셀로나 올림픽 대회의 첫 <u>메달리스트</u>인 ○○○을 키운 어머니다. → 메달 받을 이
③ ○○○가 다큐멘터리 <u>내레이터</u>로 깜짝 변신하여 시청자들의 관심을 끌었다. → 해설자
④ 이영표는 어느덧 잉글랜드 프로 축구 리그에서 최고의 <u>테크니션</u>으로 인정받기에 이르렀다. → 경기자
⑤ 원작을 조금 바꾸어서 무대에 올리더라도 원작자에게 적절한 <u>로열티</u>를 지불해야 한다. → 사용료(使用料)

유형 6　　주관식

제시된 조건에 따른 어휘의 완성
▶▶ 제시된 단어 간의 관계가 〈보기〉와 같도록 괄호 안에 알맞은 단어를 쓰시오. (신규 유형)
▶▶ 십자말풀이를 참조해 빗금 친 칸에 맞는 단어를 쓰시오.

짧은글 짓기 – 쓰기 – 어휘 연계 유형
▶▶ 〈보기〉를 참조하여 아래의 빈 칸에 알맞은 답을 쓰시오. (신규 유형)
▶▶ 단어 셋을 이용하여 짧은 글을 짓고 해당 단어에 밑줄을 그으시오.

38 제시된 단어 간의 관계가 〈보기〉와 같도록 괄호 안에 알맞은 단어를 쓰시오.

보기

지조와 정조는 다 같이 절개에 속한다. 지조는 정신적인 것이고, 정조는 육체적인 것이라고도 하지만, 알고 보면 지조의 변절도 육체 생활의 이욕(利慾)에 매수된 것이요, 정조의 부정도 정신의 쾌락에 대한 방종에서 비롯된다.

지조 : 정조 = 지능 : (　　　)

39 〈보기〉의 십자 말풀이를 참조해 빈칸에 알맞은 단어를 쓰시오.

보기

					단
			①		출
②					하
두	루	뭉	술	하	게

① 세상에 나타나지 않을 만큼 뛰어남.
② 어떤 범위나 한계. 둘레의 줄.

40 〈보기〉의 빈칸에 공통으로 들어갈 알맞은 단어를 쓰시오.

> **보기**
>
> • 돼지를 (   )   • 도랑을 (   )   • 사군자를 (   )   • 술을 (   )

 홈페이지 클릭
자료 1 : 주제별 우리말
자료 2 : 동음이의 한자어
자료 3 : 신체와 관련된 관용어
자료 4 : 가나다 속담
자료 5 : 주제별 사자성어

제 2 절 어문 규정과 어법

❖ 출제 방향

문항 수(주관식)			평가 내용
어법	5	기존	• 바른 문장 사용을 위한 문장 성분의 호응, 표현의 오류 파악
		변경	• 정확하고도 경제적인 문장을 구사할 수 있는 능력을 중심으로 어법 활용 능력 평가 • 일상생활에서의 문장(구어, 광고, 각종 실용 문서)을 활용한 어법 지식 평가
어문 규정	5	기존	• 언어 활동의 기초가 되는 맞춤법과 띄어쓰기, 표준어와 표준 발음
		변경	• 실생활에서 꼭 필요한 규범의 활용 능력을 중심으로 평가 • 효율적인 의사소통을 위한 규범 평가

❖ 학습 길잡이

1. 정확히 발음(표준 발음)하고 바르게 표기(맞춤법, 로마자·외래어 표기)하고 제대로 사용(어법)하면 된다. 이러한 올바른 언어생활을 하기 위해서는 습관을 길들여야 하고, 습관을 들이기 위해서는 반복하는 길밖에 없다.

2. 올바른 언어생활을 하기 위해서는 규범을 알아야 하고 규범을 알기 위해서는 규범의 밑자락에 깔려 있는 문법을 알아야 한다. 중요한 문법 지식부터 체계적으로 정리해 두어야 한다.

어문 규정 : 교재에 편집된 순서대로 먼저 문법 체계에 따라 규범에 대한 원리를 이해하면서 문제를 푼 다음에는 규범 보기 문제 풀이를 반복해야 한다.
어법 : 평소 정확한 문장 표현에 관심을 가져야 하며, 문제 유형에 익숙해지도록 어법 관련 문제를 많이 풀어 보아야 한다.

I. 말소리(음운론)

테마 1 국어의 특질 – 음운상에 나타난 두음 법칙과 모음 조화

| 한글 맞춤법 | 〈제4장 형태에 관한 것 – 제1절 체언과 조사〉 제14항

제1항	한글 맞춤법은 표준어를 소리대로 적되, 어법에 맞도록 함을 원칙으로 한다.
제2항	문장의 각 단어는 띄어 씀을 원칙으로 한다.
제3항	외래어는 '외래어 표기법'에 따라 적는다.

| 표준어 사정 원칙 | 〈제1장 총칙〉 제1항~제2항

제1항	표준어는 교양 있는 사람들이 두루 쓰는 현대 서울말로 정함을 원칙으로 한다.
제2항	외래어는 따로 사정한다.

| 표준 발음법 | 〈제1장 총칙〉 제1항

제1항	표준 발음법은 표준어의 실제 발음을 따르되, 국어의 전통성과 합리성을 고려하여 정함을 원칙으로 한다.

문법 지식

국어의 특질

음운의 특질	① 국어의 음운에는 다른 언어에는 없는 독특한 음운 대립이 있다. ② 국어에는 다른 언어에 비해 마찰음(摩擦音)이 많지 않다. ③ 음절 끝 위치에 오는 파열음들이 파열되지 않을 수 있다. ④ 국어에서는 첫소리에 둘 이상의 자음이나 'ㄹ'이나 'ㄴ'이 오지 못한다. ⑤ 국어에는 모음 조화(母音造化) 현상이 있다.
어휘의 특질	① 국어의 어휘(語彙)는 크게 고유어, 한자어, 외래어로 나뉜다. ② 고유어에는 감각어와 상징어가 크게 발달되어 있다. ③ 국어에는 의성어나 의태어도 발달하여 있다. ④ 우리말에는 친족 관계를 나타내는 어휘가 발달하여 있다.
문법의 특질	① 국어에는 조사와 어미가 발달하여 있어서 대부분의 문법적 기능은 이들에 의해 실현된다. ② 국어에는 또한 단어 형성법이 발달하여 있다. ③ 국어의 문장은 대체로 '주어 – 목적어 – 서술어'의 어순으로 나타난다. ④ 높임 표현이 발달하여 있다는 점도 국어의 두드러진 특징이다.

| 한글 맞춤법 | 〈제3장 소리에 관한 것 – 제5절 두음 법칙〉 제10항~제12항

| 제10항 | 한자음 '녀, 뇨, 뉴, 니'가 단어 첫머리에 올 적에는 두음 법칙에 따라 '여, 요, 유, 이'로 적는다.
　　　여자(女子)　　유대(紐帶)　　연세(年歲)　　이토(泥土)　　요소(尿素)
다만, 다음과 같은 의존 명사에서는 '냐, 녀' 음을 인정한다.
　　　냥(兩)　　　냥쭝(兩-)　　년(年)(몇 년)
| 붙임 1 | 단어의 첫머리 이외의 경우에는 본음대로 적는다.
　　　남녀(男女)　　당뇨(糖尿)　　은닉(隱匿)
| 붙임 2 | 접두사처럼 쓰이는 한자가 붙어서 된 말이나 합성어에서, 뒷말의 첫소리가 'ㄴ' 소리로 나더라도 두음 법칙에 따라 적는다.
　　　신여성(新女性)　　공염불(空念佛)　　남존여비(男尊女卑)
| 붙임 3 | 둘 이상의 단어로 이루어진 고유 명사를 붙여 쓰는 경우에도 '붙임 2'에 준하여 적는다.
　　　한국여자대학　　　대한요소비료회사

※ 규범을 참고하여, 표기가 옳지 <u>않은</u> 단어를 고르시오. (1~6)

01　① 고얀 녀석　　② 동전 한 잎　　③ 신여성(新女性)
　　　④ 익명(匿名)　　⑤ 결뉴(結紐)

| 제11항 | 한자음 '랴, 려, 레, 료, 류, 리'가 단어의 첫머리에 올 적에는 두음 법칙에 따라 '야, 여, 예, 요, 유, 이'로 적는다.
　　　용궁(龍宮)　　역사(歷史)　　유행(流行)　　예의(禮儀)　　이발(理髮)
다만, 다음과 같은 의존 명사는 본음대로 적는다.
　　　리(里): 몇 리냐?　　　　　　　　리(理): 그럴 리가 없다.
　　　리(厘): 2푼 5리　　　　　　　　량(輛): 객차 오십 량
| 붙임 1 | 단어의 첫머리 이외의 경우에는 본음대로 적는다.
　　　선량(善良)　　수력(水力)　　협력(協力)　　사례(謝禮)　　혼례(婚禮)
　　　와룡(臥龍)　　하류(下流)　　급류(急流)　　도리(道理)　　진리(眞理)
다만, 모음이나 'ㄴ' 받침 뒤에 이어지는 '렬', '률'은 '열', '율'로 적는다.
　　　나열(羅列)　　분열(分裂)　　치열(齒列)　　선열(先烈)　　비열(卑劣)
　　　규율(規律)　　비율(比率)　　전율(戰慄)
| 붙임 2 | 외자로 된 이름을 성에 붙여 쓸 경우에도 본음대로 적을 수 있다.
　　　신립(申砬)　　최린(崔麟)　　채륜(蔡倫)　　하륜(河崙)
| 붙임 3 | 준말에서 본음으로 소리나는 것은 본음대로 적는다.
　　　국련(국제연합)　　대한교련(대한교육연합회)
| 붙임 4 | 접두사처럼 쓰이는 한자가 붙어서 된 말이나 합성어에서 뒷말의 첫소리가 'ㄴ' 또는 'ㄹ' 소리로 나더라도 두음 법칙에 따라 적는다.
　　　연이율(年利率)　　해외여행(海外旅行)
| 붙임 5 | 둘 이상의 단어로 이루어진 고유 명사를 붙여 쓰는 경우나 십진법에 따라 쓰는 수(數)도 '붙임 4'에 준하여 적는다.
　　　서울여관　　　신흥이발관　　　육천육백육십육(六千六百六十六)

02　① 백분률(百分率) - 실패율(失敗率)　　② 선율(旋律) - 역이용(逆利用)
　　　③ 열역학(熱力學) - 진열(陣烈)　　　 ④ 쌍룡(雙龍) - 용궁(龍宮)
　　　⑤ 양심(良心) - 개량(改良)

제12항	한자음 '랴, 래, 로, 뢰, 루, 르'가 단어의 첫머리에 올 적에는 두음 법칙에 따라 '나, 내, 노, 뇌, 누, 느'로 적는다.
	낙원(樂園)　내일(來日)　노인(老人)　뇌성(雷聲)　누각(樓閣)　능묘(陵墓)
	ㅣ붙임 1ㅣ 단어의 첫머리 이외의 경우에는 본음대로 적는다.
	쾌락(快樂)　극락(極樂)　거래(去來)　왕래(往來)　부로(父老)　연로(年老)
	지뢰(地雷)　낙뢰(落雷)　고루(高樓)　광한루(廣寒樓)　동구릉(東九陵)　가정란(家庭欄)
	ㅣ붙임 2ㅣ 접두사처럼 쓰이는 한자가 붙어서 된 단어는 뒷말을 두음 법칙에 따라 적는다.
	내내월(來來月)　상노인(上老人)　중노동(重勞動)　비논리적(非論理的)

03 ① 동구릉(東九陵)　② 광한루(廣寒樓)　③ 불로초(不老草)
　　④ 연년생(年年生)　⑤ 고냉지

04 ① 구름량　② 쓰레기양　③ 알칼리양　④ 노동량　⑤ 강수량

ㅣ한글 맞춤법ㅣ〈제6장 - 그 밖의 것〉 제52항

제52항	한자어에서 본음으로도 나고 속음으로도 나는 것은 각각 그 소리에 따라 적는다.
	본음으로 나는 것 :
	만난(萬難)　안녕(安寧)　분노(忿怒)　토론(討論)
	오륙십(五六十)　목재(木材)　십일(十日)　팔일(八日)
	속음으로 나는 것 :
	수락(受諾)　쾌락(快諾)　허락(許諾)　논란(論難)
	의령(宜寧)　회령(會寧)　의논(議論)　오뉴월　유월(六月)
	모과(木瓜)　시왕(十王)　시월(十月)　초파일(初八日)

05 ① 시방정토(十方淨土)　② 희노애락(喜怒哀樂)　③ 대로(大怒)
　　④ 곤란(困難)　⑤ 승낙(承諾)

ㅣ표준어 사정 원칙ㅣ〈제2장 발음 변화에 따른 표준어 규정 - 제2절 모음〉 제8항 - 모음 조화

제8항	양성 모음이 음성 모음으로 바뀌어 굳어진 다음 단어는 음성 모음 형태를 표준어로 삼는다.
	발가-숭이　보퉁이　봉죽　주추
	다만, 어원 의식이 강하게 작용하는 다음 단어에서는 양성 모음 형태를 그대로 표준어로 삼는다.
	부조(扶助)　사돈(査頓)

06 ① 깡충깡충　② 막둥이　③ 뻗장다리　④ 삼촌(三寸)　⑤ 오뚝이

테마 2 말소리 – 소리의 길이(비분절 음운)와 자음·모음(분절 음운)

소리의 길이

짧은 소리	긴 소리	짧은 소리	긴 소리
밤[夜]	밤ː[栗]	감사(監査)	감ː사(感謝)
발[足]	발ː[簾]	감상(鑑賞)	감ː상(感想)
굴[石火]	굴ː[窟]	난민(難民)	난ː민(亂民)
솔[松]	솔ː-칠하는 기구	군민(軍民)	군ː민(君民)
눈[目]	눈ː[雪]	방화(防火)	방ː화(放火)
벌[罰]	벌ː[蜂]	성인(成人)	성ː인(聖人)
말[馬]	말ː[言]	새집[新家]	새ː집[巢]
업다-등에 업다	없ː다-있지 않다	대장(臺帳)	대ː장(大將)
말다-돌돌감다	말ː다-하지 않다	사신(私信)	사ː신(使臣)

01 위 자료에서 알 수 있듯 소리의 길이는 뜻을 구분하는 변별적 성격을 지닌다. 다음 중 첫 음절을 장음으로 발음해야 하는 단어는?

① 가장(家長)   ② 가중(加重)   ③ 고속(高速)
④ 경기(競技)   ⑤ 비리(非理)

| 표준 발음법 | 〈제3장 소리의 길이〉 제6항, 제7항

제6항	모음의 장단을 구별하여 발음하되, 단어의 첫 음절에서만 긴소리가 나타나는 것을 원칙으로 한다.
	(1) 눈보라[눈ː보라] 말씨[말ː씨] 많다[만ː타] 멀리[멀ː리] 벌리다[벌ː리다]
	(2) 참말[참말] 쌍동밤[쌍동밤] 수많이[수ː마니] 눈멀다[눈멀다]
	다만, 합성어의 경우에는 둘째 음절 이하에서도 분명한 긴소리를 인정한다.
	재삼재사[재ː삼 재ː사]
		붙임	용언의 단음절 어간에 어미 '-아/-어'가 결합되어 한 음절로 축약되는 경우에도 긴소리로 발음한다.
	보아 ⇒ 봐[봐ː] 기어 ⇒ 겨[겨ː] 두어 ⇒ 둬[둬ː] 하여 ⇒ 해[해ː]
	다만, '오아 ⇒ 와, 지어 ⇒ 져, 찌어 ⇒ 쪄, 치어 ⇒ 쳐' 등은 긴소리로 발음하지 않는다.

※ 규범을 참고하여, 비표준 발음을 찾으시오.(2~3)

02
① 밤나무[밤:나무]   ② 첫눈[천눈]   ③ 떠벌리다[떠벌:리다]
④ 반신반의[반:신 바:늬/반:신 바:니]   ⑤ 되어 → 돼[돼:]

제7항	긴소리를 가진 음절이라도, 다음과 같은 경우에는 짧게 발음한다.
	1. 단음절인 용언 어간에 모음으로 시작된 어미가 결합되는 경우
	신다[신:따] - 신어[시너] 알다[알:다] - 알아[아라]
	다만, 다음과 같은 경우에는 예외적이다.
	끌다[끌:다] - 끌어[끄:러] 떫다[떫:다] - 떫은[떨:븐]
	벌다[벌:다] - 벌어[버:러] 썰다[썰:다] - 썰어[써:러]
	2. 용언 어간에 피동, 사동의 접미사가 결합되는 경우
	밟다[밥:따] - 밟히다[발피다] 꼬다[꼬:다] - 꼬이다[꼬이다]
	다만, 다음과 같은 경우에는 예외적이다.
	끌리다[끌:리다] 벌리다[벌:리다] 없애다[업:쌔다]
	|붙임| 다음과 같은 합성어에서는 본디의 길이에 관계없이 짧게 발음한다.
	밀-물 썰-물 쏜-살-같이 작은-아버지

03
① 밟다[밥:따]   ② 핥네[할레]   ③ 감기다[감:기다]
④ 읊조리다[읍쪼리다]   ⑤ 밟으면[발브면]

| 표준 발음법 | ⟨제2장 자음과 모음⟩ 제2항, 제3항

제2항	표준어의 자음은 다음 19개로 한다.
	ㄱ ㄲ ㄴ ㄷ ㄸ ㄹ ㅁ ㅂ ㅃ ㅅ ㅆ ㅇ ㅈ ㅉ ㅊ ㅋ ㅌ ㅍ ㅎ
제3항	표준어의 모음은 다음 21개로 한다.
	ㅏ ㅐ ㅑ ㅒ ㅓ ㅔ ㅕ ㅖ ㅗ ㅘ ㅙ ㅚ ㅛ ㅜ ㅝ ㅞ ㅟ ㅠ ㅡ ㅢ ㅣ

| 한글 맞춤법 | ⟨제2장 자모⟩ 제4항

제4항	한글 자모의 수는 스물넉 자로 하고, 그 순서와 이름은 다음과 같이 정한다.
	ㄱ(기역) ㄴ(니은) ㄷ(디귿) ㄹ(리을) ㅁ(미음) ㅂ(비읍)
	ㅅ(시옷) ㅇ(이응) ㅈ(지읒) ㅊ(치읓) ㅋ(키읔) ㅌ(티읕)
	ㅍ(피읖) ㅎ(히읗) ㅏ(아) ㅑ(야) ㅓ(어) ㅕ(여)
	ㅗ(오) ㅛ(요) ㅜ(우) ㅠ(유) ㅡ(으) ㅣ(이)
	|붙임 1| 위의 자모로써 적을 수 없는 소리는 두 개 이상의 자모를 어울러서 적되, 그 순서와 이름은 다음과 같이 정한다.
	ㄲ(쌍기역) ㄸ(쌍디귿) ㅃ(쌍비읍) ㅆ(쌍시옷) ㅉ(쌍지읒) ㅐ(애)
	ㅒ(얘) ㅔ(에) ㅖ(예) ㅘ(와) ㅙ(왜) ㅚ(외)
	ㅝ(워) ㅞ(웨) ㅟ(위) ㅢ(의)
	|붙임 2| 사전에 올릴 적의 자모 순서는 다음과 같이 정한다.
	자음 ㄱ ㄲ ㄴ ㄷ ㄸ ㄹ ㅁ ㅂ ㅃ ㅅ ㅆ ㅇ ㅈ ㅉ ㅊ ㅋ ㅌ ㅍ ㅎ
	모음 ㅏ ㅐ ㅑ ㅒ ㅓ ㅔ ㅕ ㅖ ㅗ ㅘ ㅙ ㅚ ㅛ ㅜ ㅝ ㅞ ㅟ ㅠ ㅡ ㅢ ㅣ

04 위 규정을 참고로 한글 낱자와 그 이름이 잘못 연결된 것은?

① ㅌ – 티읕 ② ㄷ – 디은 ③ ㅅ – 시옷
④ ㅋ – 키읔 ⑤ ㅍ – 피읖

05 다음 중 사전에서 가장 나중에 나오는 것은?

① 곱살스럽다 ② 관찰하다 ③ 괘장부치다 ④ 궐잡다 ⑤ 깝살리다

06 '한글 맞춤법'의 한글 자모에 대한 설명이 바르게 된 것은 어느 것인가?

① 한글 자모의 수는 24자이다.
② 'ㅊ, ㅋ, ㅌ'의 이름은 각각 '치읏, 키역, 티읏'이다.
③ 두 개 이상의 자음을 쌍으로 같이 어울러 만든 자음은 6개다.
④ 사전에 올릴 때 'ㄲ'은 'ㅎ'의 뒤이다.

테마 3   말소리 – 모음의 체계와 변화

모음 체계

혀의 앞뒤	전설 모음		후설 모음	
입술 모양 혀의 높이	평순	원순	평순	원순
고모음(폐모음)	ㅣ	ㅟ	ㅡ (ㅢ)	ㅜ (ㅠ)
중모음	ㅔ (ㅖ ㅞ)	ㅚ	ㅓ (ㅕ ㅝ)	ㅗ (ㅛ)
저모음(개모음)	ㅐ (ㅒ ㅙ)		ㅏ (ㅑ ㅘ)	

( ) 안은 이중 모음이다.

| 표준 발음법 | 〈제2장 자음과 모음〉 제4항, 제5항

제4항	'ㅏ ㅐ ㅓ ㅔ ㅗ ㅚ ㅜ ㅟ ㅡ ㅣ'는 단모음(單母音)으로 발음한다. [붙임] 'ㅚ, ㅟ'는 이중 모음으로 발음할 수 있다.
제5항	'ㅑ ㅒ ㅕ ㅖ ㅘ ㅙ ㅛ ㅝ ㅞ ㅠ ㅢ'는 이중 모음으로 발음한다. 다만 1. 용언의 활용형에 나타나는 '져, 쪄, 쳐'는 [저, 쩌, 처]로 발음한다. 　　가지어 ⇨ 가져[가저]　　　찌어 ⇨ 쪄[쩌]　　　다치어 ⇨ 다쳐[다처] 다만 2. '예, 례' 이외의 'ㅖ'는 [ㅔ]로도 발음한다. 　　계집[계:집/게:집]　　　계시다[계:시다/게:시다]　　　시계[시계/시게](時計) 　　연계[연계/연게](連繫)　　　몌별[몌별/메별](袂別)　　　개폐[개폐/개페](開閉) 　　혜택[혜:택/헤:택](惠澤)　　　지혜[지혜/지헤](智慧) 다만 3. 자음을 첫소리로 가지고 있는 음절의 'ㅢ'는 [ㅣ]로 발음한다. 　　무늬　　　씌어　　　틔어　　　희어　　　희떱다　　　유희 다만 4. 단어의 첫 음절 외의 '의'는 [ㅣ]로, 조사 '의'는 [ㅔ]로 발음함도 허용한다. 　　주의[주의/주이]　　　협의[혀븨/혀비]　　　우리의[우리의/우리에] 　　강의의[강:의의/강:이에]

01 다음 중 발음과 표기가 일치하는 것은?

① 두 팔을 힘껏 벌려 보자.　　　② 그는 너무 살이 쪄 매무새가 좋지 않다.
③ 그 물건을 이리 가져 오너라.　　　④ 다쳐 일하기가 어렵고 힘들다.

02 다음 중 'ㅢ'가 [ㅣ]로 발음되지 않는 것은?

① 닐리리　　② 의사　　③ 띄어쓰기　　④ 희망　　⑤ 넝쿨

03 '민주주의의 의의'의 발음으로 허용될 수 없는 것은 무엇인가?

① [민주주의에 의의]　② [민주주의에 의이]　③ [민주주이의 의이]
④ [민주주이에 의이]　⑤ [민주주이의 이의]

| 한글 맞춤법 | 〈제3장 소리에 관한 것 - 제4절 모음〉 제8항, 제9항

제8항	'계, 례, 몌, 폐, 혜'의 'ㅖ'는 'ㅔ'로 소리나는 경우가 있더라도 'ㅖ'로 적는다. 　　계수(桂樹)　사례(謝禮)　계집　연몌(連袂)　폐품(廢品)　계시다 다만, 다음 말은 본음대로 적는다. 　　게송(偈頌)　게양(揭揚)　게재(揭載)
제9항	'의'나, 자음을 첫소리로 가지고 있는 음절의 'ㅢ'는 'ㅣ'로 소리나는 경우가 있더라도 'ㅢ'로 적는다. 　　의의(意義)　본의(本義)　띄어쓰기　무늬[紋]　씌어　보늬 　　틔어　오늬　희망(希望)　하늬바람　희다

※ 규범을 참고하여, 표기가 옳지 않은 단어를 고르시오.(4~11)

04　① 게시판(揭示板)　② 폐품(廢品)　③ 핑계
　　④ 혜택(惠澤)　⑤ 휴게실(休憩室)

05　① 닁큼　② 띄어쓰기　③ 하늬바람　④ 닐리리　⑤ 유희(遊戲)

| 표준어 사정 원칙 | 〈제2장 발음 변화에 따른 표준어 규정 - 제2절 모음〉 제10항~13항

제10항	다음 단어는 모음이 단순화한 형태를 표준어로 삼는다. 　　-구먼　미륵　여느　온-달　으레
제11항	다음 단어에서는 모음의 발음 변화를 인정하여, 발음이 바뀌어 굳어진 형태를 표준어로 삼는다. 　　-구려　미수　바라다　시러베-아들
제12항	'웃-' 및 '윗-'은 명사 '위'에 맞추어 '윗-'으로 통일한다. 　　윗-넓이　윗-눈썹　윗-당줄　윗-도리 다만 1. 된소리나 거센소리 앞에서는 '위-'로 한다. 　　위-짝　위-채　위-치마　위-턱　위-팔 다만 2. '아래, 위'의 대립이 없는 단어는 '웃-'으로 발음되는 형태를 표준어로 삼는다. 　　웃-국　웃-기　웃-돈　웃-비
제13항	한자 '구(句)'가 붙어서 이루어진 단어는 '귀'로 읽는 것을 인정하지 아니하고, '구'로 통일한다. 　　시구(詩句)　구절(句節)　구점(句點)　경인구(驚人句) 다만, 다음 단어는 '귀'로 발음되는 형태를 표준어로 삼는다. 　　귀-글

06　① 괴팍하다　② 미루나무　③ 케케묵다　④ 허우대　⑤ 허위적허위적

07
① 깍쟁이, 튀기　　② 미숫가루, 바람[所望]
③ 상추, 주책없다　　④ 지리하다, 나무라다　　⑤ 허드렛일, 호루라기

08
① 웃어른, 웃돈　　② 위쪽, 위층　　③ 윗니, 윗잇몸
④ 윗입술, 윗수염　　⑤ 윗옷, 윗몸

09
① 글구　② 결구　③ 어구　④ 문구　⑤ 대구

| 한글 맞춤법 | 〈제6장 – 그 밖의 것〉 제56항

| 제56항 | '–더라, –던'과 '–든지'는 다음과 같이 적는다.
1. 지난 일을 나타내는 어미는 '–더라, –던'으로 적는다.
　　깊던 물이 얕아졌다.　　얼마나 놀랐던지 몰라.　　그렇게 좋던가?
2. 물건이나 일의 내용을 가리지 아니하는 뜻을 나타내는 조사와 어미는 '(–)든지'로 적는다.
　　배든지 사과든지 마음대로 먹어라.　　가든지 오든지 마음대로 해라.

10
① 지난 겨울은 몹시 춥더라.　　② 그 사람 말 잘하던데!
③ 얼마나 좋았든지 몰라.　　④ 먹든지 말든지 마음대로 해라.
⑤ 네가 살던 곳으로 가든지 말든지 마음대로 해라.

| 표준 발음법 | 〈제5장 소리의 동화〉 제22항 – 'ㅣ' 모음 동화

| 제22항 | 다음과 같은 용언의 어미는 [어]로 발음함을 원칙으로 하되, [여]로 발음함도 허용한다.
　　피어[피어/피여]　　되어[되어/되여]
| 붙임 | '이오, 아니오'도 이에 준하여 [이요], [아니요]로 발음함을 허용한다.

| 표준어 사정 원칙 | 〈제2장 발음 변화에 따른 표준어 규정 – 제2절 모음〉 제9항

| 제9항 | 'ㅣ' 역행 동화 현상에 의한 발음은 원칙적으로 표준 발음으로 인정하지 아니하되, 다만 다음 단어들은 그러한 동화가 적용된 형태를 표준어로 삼는다.　동댕이–치다
| 붙임 1 | 다음 단어는 'ㅣ' 역행 동화가 일어나지 아니한 형태를 표준어로 삼는다.
| 붙임 2 | 기술자에게는 '–장이', 그 외에는 '–쟁이'가 붙는 형태를 표준어로 삼는다.
　　골목쟁이　　발목쟁이　　미장이

11
① 시골내기, 풋내기, 점쟁이　　② 냄비, 유기장이, 요술쟁이
③ 아지랭이, 소금쟁이, 대장장이　　④ 양복쟁이, 멋쟁이, 중매쟁이
⑤ 신출내기, 담쟁이, 덩굴, 석수장이

테마 4 말소리 - 자음의 체계

자음 체계

울림 유무	자리 방법	입술소리 (두 입술)	혀끝소리 (윗잇몸, 혀끝)	구개음 (센입천장, 혓바닥)	연구개음 (여린입천장, 혀 뒤)	목청소리 (목청 사이)
안울림 소리	파열음	ㅂ, ㅃ, ㅍ	ㄷ, ㄸ, ㅌ		ㄱ, ㄲ, ㅋ	
	파찰음			ㅈ, ㅉ, ㅊ		
	마찰음		ㅅ, ㅆ			ㅎ
울림 소리	비음	ㅁ	ㄴ		ㅇ	
	유음		ㄹ			

| **표준어 사정 원칙** | 〈제2장 발음 변화에 따른 표준어 규정 – 제1절 자음〉 제3항~제7항 |

| 제3항 | 다음 단어들은 거센소리를 가진 형태를 표준어로 삼는다.
　　넉　　　부엌　　　살-쾡이　　　털어-먹다 |
| 제4항 | 다음 단어들은 거센소리로 나지 않는 형태를 표준어로 삼는다.
　　가을-갈이　　　거시기　　　분침 |

※ 규범을 참고하여, 표기가 옳지 <u>않은</u> 단어를 고르시오. (1~4)

01　① 칸막이　② ㄲ나풀　③ 나발꽃　④ 부엌　⑤ 초가삼간

| 제5항 | 어원에서 멀어진 형태로 굳어져서 널리 쓰이는 것은, 그것을 표준어로 삼는다.
　　고샅　　　사글-세　　　울력-성당
다만, 어원적으로 원형에 더 가까운 형태가 아직 쓰이고 있는 경우에는, 그것을 표준어로 삼는다.
　　적이　　　갓모　　　굴-젓　　　말-곁 |
| 제6항 | 다음 단어들은 의미를 구별함이 없이, 한 가지 형태만을 표준어로 삼는다.
　　둘-째　　　셋-째　　　넷-째　　　빌리다
다만, '둘째'는 십 단위 이상의 서수사에 쓰일 때에 '두째'로 한다.
　　열두-째　　　스물두-째 |

02 ① 강낭콩   ② 돌   ③ 물수란   ④ 사글세   ⑤ 미뜨리다

제7항	수컷을 이르는 접두사는 '수-'로 통일한다.
	수-놈 수-사돈
	다만 1. 다음 단어에서는 접두사 다음에서 나는 거센소리를 인정한다. 접두사 '암-'이 결합되는 경우에도 이에 준한다.
	수-캉아지 수-키와 수-탉 수-퇘지
	다만 2. 다음 단어의 접두사는 '숫-'으로 한다.
	숫-쥐 숫양 숫염소

03 ① 수꿩, 수은행나무   ② 수캐, 수키와   ③ 수평아리, 수톨쩌귀
④ 숫소, 수-탕나귀   ⑤ 숫양, 숫염소

| 한글 맞춤법 | 〈제6장 – 그 밖의 것〉 제55항

제55항	두 가지로 구별하여 적던 다음 말들은 한 가지로 적는다.
	마추다(×) ⇨ 맞추다(입을 맞춘다. 양복을 맞춘다.)(○)
	뻐치다(×) ⇨ 뻗치다(다리를 뻗친다. 멀리 뻗친다.)(○)

| 한글 맞춤법 | 〈제3장 소리에 관한 것 – 제6절 겹쳐 나는 소리〉 제13항

제13항	한 단어 안에서 같은 음절이나 비슷한 음절이 겹쳐 나는 부분은 같은 글자로 적는다.
	딱딱 쌕쌕 놀놀하다
	씩씩 눅눅하다 똑딱똑딱
	쓱싹쓱싹 싹싹하다 연연불망(戀戀不忘)
	유유상종(類類相從) 누누이(屢屢-) 짭짤하다

04 ① 꼿꼿하다   ② 밋밋하다   ③ 쌉쌀하다
④ 씁쓸하다   ⑤ 적나라(赤裸裸)하다

테마 5 말소리 – 자음의 변화 – 중화 현상(음절의 끝소리 규칙)

문법 지식

자생적 음운 변화

음절의 끝소리 규칙		낟(알), 낫, 낮, 낯, 낱(개) → [낟], 흙[흑], 닭[닥]
모음의 변동	단모음의 변동	내것~네것의 혼동, 가게 → 가개, 지게 → 지개
	이중모음의 변동	계집애 → 기집애, 켜다 → 키다, 며칠 → 메칠
첫소리의 된소리 되기		감다 → 깜다, 닦다 → 딱다, 부러지다 → 뿌러지다

결합적 음운 변화

		중화현상	음절의 끝소리 규칙(자음 또는 실질형태소의 모음이 결합될 때)
동화현상	모음 동화	ㅣ모음동화	아비 → [애비], 잡히다 → [자피다] → [재피다]
		전설모음화	까슬까슬 → [까실까실], 부수다 → [부시다]
		원순모음화	기쁘다 → [기뿌다], 아버지 → [아부지]
	자음 동화	결정적 변화	〈비음화〉 먹는다 → [멍는다], 부엌문 → [부엉문] 〈설측음화〉 원리 → [월리], 칼날 → [칼랄]
		수의적 변화	〈연구개음화〉 건강 → [겅강], 감기 → [강기] 〈양순음화〉 냇물 → [냄물], 단백질 → [담백질]
	구개음화		해돋+이 → [해도디] → [해도지] 닫+히+어 → 닫혀 → 다텨 → [다처] → [다처]
탈락			잇+어 → [이어], 쓰+어 → 써, 울+니 → [우니], 불+삽 → [부삽]
첨가			눈+요기 → [눈뇨기], 설+익다 → [설릭다], 코+날(콧날) → [콘날]
축약	모음		나의 → 내, 너의 → 네, 보이다 → 뵈다, 오+아서 → 와서
	자음		낙하 → [나카], 먹히다 → [머키다], 놓고 → [노코]

| **표준 발음법** | 〈제4장 받침의 발음〉 제8항~제11항

| 제8항 | 받침소리로는 'ㄱ, ㄴ, ㄷ, ㄹ, ㅁ, ㅂ, ㅇ'의 7개 자음만 발음한다. |
| 제9항 | 받침 'ㄲ, ㅋ', 'ㅅ, ㅆ, ㅈ, ㅊ, ㅌ', 'ㅍ'은 어말 또는 자음 앞에서 각각 대표음 〔ㄱ, ㄷ, ㅂ〕으로 발음한다. |

    닦다[닥따]   키읔과[키윽꽈]   웃다[욷ː따]   있다[읻따]
    젖[젇]   꽃[꼳]   뱉다[밷ː따]   앞[압]

| 제10항 | 겹받침 'ㄳ', 'ㄵ', 'ㄼ, ㄽ, ㄾ', 'ㅄ'은 어말 또는 자음 앞에서 각각 〔ㄱ, ㄴ, ㄹ, ㅂ〕으로 발음한다. |

    넋과[넉꽈]   앉다[안따]   여덟[여덜]
    외곬[외골]   핥다[할따]   값[갑]

    다만, '밟-'은 자음 앞에서 [밥]으로 발음하고, '넓-'은 다음과 같은 경우에 [넙]으로 발음한다.
    (1) 밟다[밥ː따]   밟소[밥ː쏘]   밟지[밥ː찌]   밟게[밥ː께]   밟고[밥ː꼬]
    (2) 넓-적하다[넙쩌카다]

※ 규범을 참고하여, 비표준 발음을 찾으시오. (1~5)

01 ① 밟는[밥ː는]   ② 넓죽하다[널쭈카다]   ③ 넓둥글다[넙뚱글다]
      ④ 밟소[발ː쏘]   ⑤ 넓다[넙따]

| 제11항 | 겹받침 'ㄺ, ㄻ, ㄿ'은 어말 또는 자음 앞에서 각각 〔ㄱ, ㅁ, ㅂ〕으로 발음한다. |

    닭[닥]   흙과[흑꽈]   맑다[막따]   삶[삼ː]   읊다[읍따]

    다만, 용언의 어간 말음 'ㄺ'은 'ㄱ' 앞에서 〔ㄹ〕로 발음한다.
    묽고[물꼬]   얽거나[얼꺼나]

02 ① 맑게[막께]   ② 젊다[점ː따]   ③ 늙지[늑찌]   ④ 읊고[읍꼬]

| **표준 발음법** | 〈제4장 받침의 발음〉 제13항~제16항

| 제13항 | 홑받침이나 쌍받침이 모음으로 시작된 조사나 어미, 접미사와 결합되는 경우에는, 제 음가대로 뒤 음절 첫소리로 옮겨 발음한다. |

    깎아[까까]   옷이[오시]   있어[이써]   낮이[나지]   꽂아[꼬자]
    꽃을[꼬츨]   쫓아[쪼차]   밭에[바테]   앞으로[아프로]   덮이다[더피다]

03 ① 식물이 햇볕을 받아 잘 자란다. → [핻뼈츨]
      ② 그녀 곁을 떠나지 않았다. → [겨틀]
      ③ 옷이 날개다. → [오시]
      ④ 어제는 무릎이 무척 아팠다. → [무르피]
      ⑤ 열대 지방의 나무들은 잎이 넓다. → [이피]

제14항	겹받침이 모음으로 시작된 조사나 어미, 접미사와 결합되는 경우에는 뒤엣것만을 뒤 음절 첫소리로 옮겨 발음한다.(이 경우, 'ㅅ'은 된소리로 발음함.)
	앉아[안자] 곬이[골씨] 핥아[할타] 읊어[을퍼] 값을[갑쓸]

04
① 넋이[넉시] ② 앉아[안자] ③ 닭을[달글]
④ 젊어[절머] ⑤ 없어[업ː써]

제15항	받침 뒤에 모음 'ㅏ, ㅓ, ㅗ, ㅜ, ㅟ'들로 시작되는 실질 형태소가 연결되는 경우에는, 대표음으로 바꾸어서 뒤 음절 첫소리로 옮겨 발음한다.
	늪 앞[느밥] 젖어미[저더미] 맛없다[마덥따]
	겉옷[거돋] 헛웃음[허두슴] 꽃 위[꼬뒤]
	다만, '맛있다, 멋있다'는 [마싣따], [머싣따]로도 발음할 수 있다.
	[붙임] 겹받침의 경우에는 그 중 하나만을 옮겨 발음한다.
	닭 앞에[다가페] 값어치[가버치]

05
① 밭 아래[바다래] ② 넋 없다[너겁따] ③ 젖어미[저더미]
④ 맛있다[마싣따] ⑤ 값있는[갑씬는]

제16항	한글 자음의 이름은 그 받침소리를 연음하되, 'ㄷ, ㅈ, ㅊ, ㅋ, ㅌ, ㅍ, ㅎ'의 경우에는 특별히 다음과 같이 발음한다.
	디귿이[디그시] 디귿을[디그슬] 디귿에[디그세]
	지읒이[지으시] 지읒을[지으슬] 지읒에[지으세]
	치읓이[치으시] 치읓을[치으슬] 치읓에[치으세]
	키읔이[키으기] 키읔을[키으글] 키읔에[키으게]
	티읕이[티으시] 티읕을[티으슬] 티읕에[티으세]
	피읖이[피으비] 피읖을[피으블] 피읖에[피으베]
	히읗이[히으시] 히읗을[히으슬] 히읗에[히으세]

06 다음은 한글 자음의 이름이다. 괄호 안의 발음 표시가 옳은 것은?
① 디귿이[디그디] ② 키읔을[키으클]
③ 히읗에[히으세] ④ 지읒을[지으즐]

한글 맞춤법	〈제3장 소리에 관한 것 – 제3절 'ㄷ' 소리 받침〉 제7항
제7항	'ㄷ' 소리로 나는 받침 중에서 'ㄷ'으로 적을 근거가 없는 것은 'ㅅ'으로 적는다.
	웃어른 무릇 사뭇 얼핏 자칫하면 뭇[衆]

07 규범을 참고하여, 표기가 옳지 않은 단어를 고르시오.
① 덧저고리 ② 돗자리 ③ 섯달 ④ 엇셈 ⑤ 핫옷

테마 6 말소리 - 자음의 변화 - 동화 현상

| 표준 발음법 | 〈제5장 소리의 동화〉 제18항~제19항 - 비음화

제18항	받침 'ㄱ(ㄲ, ㅋ, ㄳ, ㄺ), ㄷ(ㅅ, ㅆ, ㅈ, ㅊ, ㅌ, ㅎ), ㅂ(ㅍ, ㄼ, ㄿ, ㅄ)'은 'ㄴ, ㅁ' 앞에서 [ㅇ, ㄴ, ㅁ]으로 발음한다.

국물[궁물]　　깎는[깡는]　　키읔만[키응만]　　몫몫이[몽목씨]　　긁는[궁는]
닫는[단는]　　옷맵시[온맵시]　　있는[인는]　　젖멍울[전멍울]　　쫓는[쫀는]
붙는[분는]　　놓는[논는]　　잡는[잠는]　　밥물[밤물]　　앞마당[암마당]
밟는[밤:는]　　읊는[음는]　　없는[엄:는]　　값매다[감매다]
| 붙임 | 두 단어를 이어서 한 마디로 발음하는 경우에도 이와 같다.
책 넣는다[챙넌는다]　　흙 말리다[흥말리다]　　옷 맞추다[온마추다]
밥 먹는다[밤멍는다]　　값 매기다[감매기다]

제19항	받침 'ㅁ, ㅇ' 뒤에 연결되는 'ㄹ'은 [ㄴ]으로 발음한다.

침략[침냑]　　강릉[강능]　　항로[항:노]　　대통령[대:통녕]
| 붙임 | 받침 'ㄱ, ㅂ' 뒤에 연결되는 'ㄹ'도 [ㄴ]으로 발음한다.
막론[막논 ⇨ 망논]　　협력[협녁 ⇨ 혐녁]　　십리[십니 ⇨ 심니]

※ 규범을 참고하여, 비표준 발음을 찾으시오. (1~5)

01　① 담력[담:녁]　② 먹는[멍는]　③ 꽃망울[꼰망울]
　　　④ 백리[뱅니]　⑤ 흙만[흑만]

| 표준 발음법 | 〈제5장 소리의 동화〉 제20항 - 설측음화

제20항	'ㄴ'은 'ㄹ'의 앞이나 뒤에서 [ㄹ]로 발음한다.

(1) 난로[날:로]　　신라[실라]　　천리[철리]　　광한루[광:할루]
(2) 칼날[칼랄]　　물난리[물랄리]　　할는지[할른지]
| 붙임 | 첫소리 'ㄴ'이 'ㅀ', 'ㄾ' 뒤에 연결되는 경우에도 이에 준한다.
닳는[달른]　　뚫는[뚤른]　　핥네[할레]
다만, 다음과 같은 단어들은 'ㄹ'을 [ㄴ]으로 발음한다.
임진란[임:진난]　　생산량[생산냥]　　결단력[결딴녁]　　공권력[공꿘녁]
동원령[동:원녕]　　상견례[상견녜]　　횡단로[횡단노]
이원론[이:원논]　　입원료[이붠뇨]　　구근류[구근뉴]

02　① 닳는[달른]　② 줄넘기[줄넘끼]　③ 뚫는[뚤른]
　　　④ 대관령[대:괄령]　⑤ 의견란[의:견난]

| 표준 발음법 | 〈제6장 된소리되기〉 제23항~제25항 – 된소리되기

> 제23항 받침 'ㄱ(ㄲ, ㅋ, ㄳ, ㄺ), ㄷ(ㅅ, ㅆ, ㅈ, ㅊ, ㅌ), ㅂ(ㅍ, ㄼ, ㄿ, ㅄ)' 뒤에 연결되는 'ㄱ, ㄷ, ㅂ, ㅅ, ㅈ'은 된소리로 발음한다.
>
> 국밥[국빱]   깎다[깍따]   넋받이[넉빠지]   삯돈[삭똔]
> 닭장[닥짱]   칡범[칙뻠]   뻗대다[뻗때다]   옷고름[옫꼬름]
> 있던[읻떤]   꽂고[꼳꼬]   꽃다발[꼳따발]   낯설다[낟썰다]
> 밭갈이[받까리]   솥전[솓쩐]   곱돌[곱똘]   덮개[덥깨]
> 옆집[엽찝]   넓죽하다[넙쭈카다]   읊조리다[읍쪼리다]   값지다[갑찌다]
>
> 제24항 어간 받침 'ㄴ(ㄵ), ㅁ(ㄻ)' 뒤에 결합되는 어미의 첫소리 'ㄱ, ㄷ, ㅅ, ㅈ'은 된소리로 발음한다.
> 껴안다[껴안따]   앉고[안꼬]   얹다[언따]
> 삼고[삼ː꼬]   더듬지[더듬찌]   닮고[담ː꼬]
>
> 다만, 피동, 사동의 접미사 '-기-'는 된소리로 발음하지 않는다.
> 안기다   감기다   옮기다
>
> 제25항 어간 받침 'ㄼ, ㄾ' 뒤에 결합되는 어미의 첫소리 'ㄱ, ㄷ, ㅅ, ㅈ'은 된소리로 발음한다.
> 넓게[널께]   핥다[할따]   훑소[훌쏘]

03 다음 중 된소리가 아닌 예사소리로 발음되는 것은?

① 굶기다   ② 신고   ③ 껴안다   ④ 젊지   ⑤ 떫지

| 표준 발음법 | 〈제6장 된소리되기〉 제26항~제28항 – 된소리되기

> 제26항 한자어에서, 'ㄹ' 받침 뒤에 연결되는 'ㄷ, ㅅ, ㅈ'은 된소리로 발음한다.
> 갈등[갈뜽]   발동[발똥]   절도[절또]   말살[말쌀]
> 불소[불쏘](弗素)   일시[일씨]   갈증[갈쯩]   물질[물찔]
> 발전[발쩐]   몰상식[몰쌍식]   불세출[불쎄출]
>
> 다만, 같은 한자가 겹쳐진 단어의 경우에는 된소리로 발음하지 않는다.
> 허허실실[허허실실](虛虛實實)   절절-하다[절절하다](切切-)

04 ① 문법(文法)[문뻡]   ② 관건(關鍵)[관껀]   ③ 효과(效果)[효ː과]
④ 사건(事件)[사ː껀]   ⑤ 방법(方法)[방법]

> 제27항 관형사형 '-(으)ㄹ' 뒤에 연결되는 'ㄱ, ㄷ, ㅂ, ㅅ, ㅈ'은 된소리로 발음한다.
> 할 것을[할꺼슬]   갈 데가[갈떼가]   할 바를[할빠를]
> 할 적에[할쩌게]   갈 곳[갈꼳]   할 도리[할또리]
>
> 다만, 끊어서 말할 적에는 예사소리로 발음한다.
> |붙임| '-(으)ㄹ'로 시작되는 어미의 경우에도 이에 준한다.
> 할걸[할껄]   할밖에[할빠께]   할세라[할쎄라]
> 할지라도[할찌라도]   할지언정[할찌언정]   할진대[할찐대]

제28항	표기상으로는 사이시옷이 없더라도, 관형격 기능을 지니는 사이시옷이 있어야 할(휴지가 성립되는) 합성어의 경우에는, 뒤 단어의 첫소리 'ㄱ, ㄷ, ㅂ, ㅅ, ㅈ'을 된소리로 발음한다.
	눈-동자[눈똥자] 신-바람[신빠람] 손-재주[손째주]
	물-동이[물똥이] 발-바닥[발빠닥] 술-잔[술짠]
	바람-결[바람껼] 아침-밥[아침빱] 초승-달[초승딸]
	등-불[등뿔] 창-살[창쌀] 강-줄기[강쭐기]

05
① 할 수는[할쑤는], 만날 사람[만날싸람]
② 할수록[할수록], 산-새[산쌔]
③ 길-가[길까], 잠-자리[잠짜리]
④ 그믐-달[그믐딸], 문-고리[문꼬리]
⑤ 굴-속[굴:쏙], 강-가[강까]

| 한글 맞춤법 | 〈제3장 소리에 관한 것-제1절 된소리〉 제5항

제5항	한 단어 안에서 뚜렷한 까닭 없이 나는 된소리는 다음 음절의 첫소리를 된소리로 적는다.
	1. 두 모음 사이에서 나는 된소리
	어깨 으뜸 아끼다 기쁘다
	깨끗하다 어떠하다 어찌 이따금
	2. 'ㄴ, ㄹ, ㅁ, ㅇ' 받침 뒤에서 나는 된소리
	살짝 훨씬 움찔 몽땅 엉뚱하다
	다만, 'ㄱ, ㅂ' 받침 뒤에서 나는 된소리는, 같은 음절이나 비슷한 음절이 겹쳐 나는 경우가 아니면 된소리로 적지 아니한다.
	국수 딱지 색시 몹시 법석

※ 규범을 참고하여, 표기가 옳지 않은 단어를 고르시오.(6~8)

06
① 깍두기, 갑자기
② 소쩍새, 부썩
③ 싹뚝, 담뿍
④ 잔뜩, 거꾸로
⑤ 산뜻하다, 해쓱하다

| 한글 맞춤법 | 〈제6장-그 밖의 것〉 제53항

제53항	다음과 같은 어미는 예사소리로 적는다.
	-(으)ㄹ거나 -(으)ㄹ걸 -(으)ㄹ게 -(으)ㄹ세
	-(으)ㄹ세라 -(으)ㄹ수록 -(으)ㄹ시 -(으)ㄹ지
	-(으)ㄹ지니라 -(으)ㄹ지라도 -(으)ㄹ지어다 -(으)ㄹ지언정
	-(으)ㄹ진대 -(으)ㄹ진저 -올시다
	다만, 의문을 나타내는 다음 어미들은 된소리로 적는다.
	-(으)ㄹ까? -(으)ㄹ꼬? -(스)ㅂ니까? -(으)리까? -(으)ㄹ쏘냐?

07
① 이제 무엇을 하면 좋으리까?
② 어디서 다시 만나게 될꼬?
③ 그런들 내가 질쏘냐?
④ 내가 바로 연락할께.
⑤ 내가 한번 해 볼게.

| 한글 맞춤법 | 〈제6장 그 밖의 것〉 제54항

| 제54항 | 다음과 같은 접미사는 된소리로 적는다.
심부름꾼   익살꾼   장난꾼   지게꾼   때깔   성깔
귀때기   판자때기   뒤꿈치   팔꿈치   이마빼기   코빼기   연쩍다 |

08 ① 객쩍다   ② 볼때기   ③ 빛깔   ④ (정답을) 맞추다   ⑤ 일꾼

| 표준 발음법 | 〈제5장 소리의 동화〉 제17항 – 구개음화

| 제17항 | 받침 'ㄷ, ㅌ(ㄾ)'이 조사나 접미사의 모음 'ㅣ'와 결합되는 경우에는, [ㅈ, ㅊ]으로 바꾸어서 뒤 음절 첫소리로 옮겨 발음한다. → 구개음화
곧이듣다[고지듣따]   굳이[구지]   미닫이[미다지]
땀받이[땀바지]   밭이[바치]   벼훑이[벼훌치]
[붙임] 'ㄷ' 뒤에 접미사 '히'가 결합되어 '티'를 이루는 것은 [치]로 발음한다.
굳히다[구치다]   닫히다[다치다]   묻히다[무치다] |

09 규범을 참고하여, 비표준 발음을 찾으시오.
① 오늘은 끝을[끄틀] 보고야 말거라고 했지만, 정작 끝이[끄치] 보이지 않더구나.
② 그는 굳이[구지] 내 말을 안 듣고 남의 말을 곧이듣고[고지듣꼬] 집을 나갔다.
③ 꽃밭을[꼳바틀] 가꾸어 놓았더니 밭이[바시] 더 넓어 보이는군.
④ 당신이 내 곁을[겨틀] 떠난 뒤에 내 곁이[겨치] 너무 허전했어.
⑤ 동고동락을 같이[가치]했던 부부는 같은 곳에 묻히었다[무치얻따].

| 한글 맞춤법 | 〈제3장 소리에 관한 것 – 제2절 구개음화〉 제6항

| 제6항 | 'ㄷ, ㅌ' 받침 뒤에 종속적 관계를 가진 '-이(-)'나 '-히-'가 올 적에는 그 'ㄷ, ㅌ'이 'ㅈ, ㅊ'으로 소리나더라도 'ㄷ, ㅌ'으로 적는다.
맏이   끝이   같이   굳이   닫히다   핥이다 |

10 규범을 참고하여, 표기가 옳지 <u>않은</u> 단어를 고르시오.
① 걷히다   ② 묻히다   ③ 설걷이   ④ 굳히다   ⑤ 해돋이

| 표준 발음법 | 〈제5장 소리의 동화〉 제21항 – 양순음화와 연구개음화

| 제21항 | 위에서 지적한 이외의 자음 동화는 인정하지 않는다.
감기[감ː기]([강ː기] ×)   옷감[옫깜]([옥깜] ×)   있고[읻꼬]([익꼬] ×)
꽃밭[꼳빧]([꼽빧] ×)   젖먹이[전머기]([점머기] ×) |

11 다음 중에서 표준 발음법에 맞는 것은?
① 꽃길[꼭낄]   ② 지팡이[지팽이]   ③ 문법[뭄뻡]
④ 옷맵시[온맵시]   ⑤ 꽃바구니[꼽바구니]

테마 7 말소리 – 자음의 변화 – 첨가 현상(사잇소리 현상)

사잇소리

사잇소리 현상의 조건

① 발음상 사잇소리가 있어야 한다.
  초+불(촛불) → [초뿔]   고래 + 기름 → [고래기름]

② 이 현상에 따른 의미의 분화가 고려되어야 한다.
  고기+ㅅ+배 → [고기빼](고기잡이 하는 배)   고기 + 배 → [고기배](고기의 배)
  나무+ㅅ+집 → [나무찝](장작을 파는 집)   나무 + 집 → [나무집](나무로 만든 집)

같은 조건에서 사잇소리 현상의 유무에 대하여

· 김밥[김ː밥] – 아침밥[아침빱]
· 인사말[인사말], 머리말[머리말] – 노랫말[노랜말], 혼잣말[혼잔말]
· 고무줄[고무줄] – 빨랫줄[빨래쭐, 빨랟쭐]
· 회수(回收)[회수] – 횟수(回數)[회쑤, 휃쑤]

한자어의 된소리 발음

① 문법(文法)[문뻡]   ② 관건(關鍵)[관건]   ③ 효과(效果)[효ː과]
④ 사건(事件)[사ː껀]   ⑤ 방법(方法)[방법]   ⑥ 김밥[김ː밥] – 아침밥[아침빱]

| 표준 발음법 | 〈제7장 소리의 첨가〉 제29항

제29항 합성어 및 파생어에서, 앞 단어나 접두사의 끝이 자음이고 뒤 단어나 접미사의 첫 음절이 '이, 야, 여, 요, 유'인 경우에는, 'ㄴ' 소리를 첨가하여 [니, 냐, 녀, 뇨, 뉴]로 발음한다.

솜 – 이불[솜ː니불]   홑 – 이불[혼니불]   막 – 일[망닐]
맨 – 입[맨닙]   꽃 – 잎[꼰닙]   내복 – 약[내ː봉냑]   한 – 여름[한녀름]
남존 – 여비[남존녀비] 신 – 여성[신녀성]   색 – 연필[생년필]   직행 – 열차[지캥녈차]
콩 – 엿[콩녇]   담 – 요[담ː뇨]   눈 – 요기[눈뇨기]
영업 – 용[영엄뇽]   국민 – 윤리[궁민뉼리] 밤 – 윷[밤ː뉻]

다만, 다음과 같은 말들은 'ㄴ' 소리를 첨가하여 발음하되, 표기대로 발음할 수 있다.
  이죽 – 이죽[이중니죽/이주기죽]   야금 – 야금[야ː금냐금/야ː그먀금]
  검열[거ː멸]   율량 – 율량[율량늘량/율량율량]

※ 규범을 참고하여, 비표준 발음을 찾으시오. (1~3)

01
① 늑막염[능마겸]   ② 삯 – 일[상닐]   ③ 금융[금늉/그뮹]
④ 식용 – 유[시공뉴] ⑤ 검열[검ː널]

제29항	합성어 및 파생어에서, 앞 단어나 접두사의 끝이 자음이고 뒤 단어나 접미사의 첫 음절이 '이, 야, 여, 요, 유'인 경우에는, 'ㄴ' 소리를 첨가하여 [니, 냐, 녀, 뇨, 뉴]로 발음한다. |붙임 1| 'ㄹ' 받침 뒤에 첨가되는 'ㄴ' 소리는 [ㄹ]로 발음한다. 　들-일[들:릴]　　　솔-잎[솔립]　　　물-약[물략] 　불-여우[불려우]　　서울-역[서울력]　　물-엿[물렫] |붙임 2| 두 단어를 이어서 한 마디로 발음하는 경우에도 이에 준한다. 　한 일[한닐]　　　옷 입다[온닙따]　　서른 여섯[서른녀섣] 　먹은 엿[머근녇]　　할 일[할릴]　　　잘 입다[잘립따] 　스물 여섯[스물려섣]　1연대[일련대]　　먹을 엿[머글렫] 다만, 다음과 같은 단어에서는 'ㄴ(ㄹ)' 소리를 첨가하여 발음하지 않는다. 　6·25[유기오]　　　3·1절[사밀쩔]　　등용-문[등용문]

02　① 휘발-유[휘발류]　② 3연대[삼년대]　③ 설-익다[설릭따]
　　④ 송별연[송별련]　⑤ 유들-유들[유들류들]

| 표준 발음법 | 〈제7장 소리의 첨가〉 제30항

제30항	사이시옷이 붙은 단어는 다음과 같이 발음한다. 1. 'ㄱ, ㄷ, ㅂ, ㅅ, ㅈ'으로 시작하는 단어 앞에 사이시옷이 올 때에는 이들 자음만을 된소리로 발음하는 것을 원칙으로 하되, 사이시옷을 [ㄷ]으로 발음하는 것도 허용한다. 　냇가[내:까/낻:까]　　　샛길[새:낄/샏:낄] 　빨랫돌[빨래똘/빨랟똘]　콧등[코뜽/콛뜽] 　깃발[기빨/긷빨]　　　대팻밥[대:패빱/대:팯빱] 　햇살[해쌀/핻쌀]　　　뱃전[배쩐/밷쩐] 2. 사이시옷 뒤에 'ㄴ, ㅁ'이 결합되는 경우에는 [ㄴ]으로 발음한다. 　콧날[콛날 ⇨ 콘날]　아랫니[아랟니 ⇨ 아랜니]　뒷마루[뒫:마루 ⇨ 뒨:마루] 3. 사이시옷 뒤에 '이' 소리가 결합되는 경우에는 [ㄴㄴ]으로 발음한다. 　베갯잇[베갣닏 ⇨ 베갠닏]　깻잎[깯닙 ⇨ 깬닙] 　나뭇잎[나묻닙 ⇨ 나문닙]　도리깻열[도리깯녈 ⇨ 도리깬녈]

03　① 뒷윷[뉻:늋]　② 뱃머리[밴머리]　③ 뱃속[배쏙]
　　④ 뱃속[밷쏙]　⑤ 고갯짓[고갣찓]

| 한글 맞춤법 | 〈제4장 형태에 관한 것 - 제4절 - 합성어 및 접두사가 붙은 말〉 제30항

제30항	사이시옷은 다음과 같은 경우에 받치어 적는다. 1. 순 우리말로 된 합성어로서 앞말이 모음으로 끝난 경우 　(1) 뒷말의 첫소리가 된소리로 나는 것 　　고랫재　귓밥　나룻배　나뭇가지　냇가　댓가지 　　뒷갈망　맷돌　머릿기름　모깃불　못자리　바닷가 　　뱃길　볏가리　부싯돌　쇳조각　우렁잇속　잇자국 　　잿더미　챗바퀴　킷값　핏대　햇볕　헛바늘

(2) 뒷말의 첫소리 'ㄴ, ㅁ' 앞에서 'ㄴ' 소리가 덧나는 것
　아랫니　　텃마당　　잇몸　　깻묵　　냇물　　빗물
(3) 뒷말의 첫소리 모음 앞에서 'ㄴㄴ' 소리가 덧나는 것
　도리깻열　뒷윷　뒷일　뒷입맛
　욧잇　깻잎　나뭇잎　댓잎
2. 순 우리말과 한자어로 된 합성어로서 앞말이 모음으로 끝난 경우
(1) 뒷말의 첫소리가 된소리로 나는 것　　　　귓병　　 텟줄　　 사잣밥　　 샛강
(2) 뒷말의 첫소리 'ㄴ, ㅁ' 앞에서 'ㄴ' 소리가 덧나는 것　　 곗날　　 훗날　　 양칫물
(3) 뒷말의 첫소리 모음 앞에서 'ㄴㄴ' 소리가 덧나는 것　　 가욋일　 사삿일
3. 두 음절로 된 다음 한자어
　곳간(庫間)　셋방(貰房)　숫자(數字)　찻간(車間)　툇간(退間)

※ 규범을 참고하여, 표기가 옳지 <u>않은</u> 단어를 고르시오. (4~6)

04 ① 베갯잇, 두렛일　② 머릿말, 뒷머리　③ 멧나물, 아랫마을
④ 아랫집, 찻집　⑤ 조갯살, 선짓국

05 ① 아랫층, 아랫방　② 자릿세, 찻잔　③ 제삿날, 툇마루
④ 예삿일, 훗일　⑤ 전셋집, 머릿방

06 ① 전셋방(專貰房)　② 갯수(個數)　③ 횟수(回數)
④ 촛점(焦點)　⑤ 냇과(內科)

| 한글 맞춤법 | 〈제4장 형태에 관한 것 - 제4절 - 합성어 및 접두사가 붙은 말〉 제31항

| 제31항 | 두 말이 어울릴 적에 'ㅂ' 소리나 'ㅎ' 소리가 덧나는 것은 소리대로 적는다.
1. 'ㅂ' 소리가 덧나는 것
　댑싸리(대ㅂ싸리)　멥쌀(메ㅂ쌀)　볍씨(벼ㅂ씨)　입때(이ㅂ때)
　입쌀(이ㅂ쌀)　접때(저ㅂ때)　좁쌀(조ㅂ쌀)　햅쌀(해ㅂ쌀)
2. 'ㅎ' 소리가 덧나는 것
　머리카락(머리ㅎ가락)　살코기(살ㅎ고기)　수캐(수ㅎ개)　수컷(수ㅎ것)
　수탉(수ㅎ닭)　안팎(안ㅎ밖)　암캐(암ㅎ개)　암컷(암ㅎ것)　암탉(암ㅎ닭)

테마 8 말소리 – 자음의 변화 – 탈락과 축약

| 표준 발음법 | 〈제4장 받침의 발음〉 제12항

| 제12항 | 받침 'ㅎ'의 발음은 다음과 같다.
1. 'ㅎ(ㄶ, ㅀ)' 뒤에 'ㄱ, ㄷ, ㅈ'이 결합되는 경우에는, 뒤 음절 첫소리와 합쳐서 [ㅋ, ㅌ, ㅊ]으로 발음한다.
   놓고[노코]   좋던[조:턴]   쌓지[싸치]

   | 붙임 1 | 받침 'ㄱ(ㄺ), ㄷ, ㅂ(ㄼ), ㅈ(ㄵ)'이 뒤 음절 첫소리 'ㅎ'과 결합되는 경우에도, 역시 두 소리를 합쳐서 [ㅋ, ㅌ, ㅍ, ㅊ]으로 발음한다.
   먹히다[머키다]   밝히다[발키다]   넓히다[널피다]   꽂히다[꼬치다]

   | 붙임 2 | 규정에 따라 'ㄷ'으로 발음되는 'ㅅ, ㅈ, ㅊ, ㅌ'의 경우에는 이에 준한다.
   옷 한 벌[오탄벌]   낮 한때[나탄때]   숱하다[수타다]

2. 'ㅎ(ㄶ, ㅀ)' 뒤에 'ㅅ'이 결합되는 경우에는, 'ㅅ'을 [ㅆ]으로 발음한다.
   닿소[다쏘]   많소[만:쏘]   싫소[실쏘]

3. 'ㅎ' 뒤에 'ㄴ'이 결합되는 경우에는, [ㄴ]으로 발음한다.
   놓는[논는]   쌓네[싼네]

   | 붙임 | 'ㄶ, ㅀ' 뒤에 'ㄴ'이 결합되는 경우에는, 'ㅎ'을 발음하지 않는다.
   뚫네[뚤네 ⇨ 뚤레]   뚫는[뚤는 ⇨ 뚤른]

4. 'ㅎ(ㄶ, ㅀ)' 뒤에 모음으로 시작된 어미나 접미사가 결합되는 경우에는, 'ㅎ'을 발음하지 않는다.
   낳은[나은]   쌓이다[싸이다]   않은[아는]   싫어도[시러도] |

01 규범을 참고하여, 비표준 발음을 찾으시오.

① 맏형[마텽]   ② 않는[안는]   ③ 앉히다[안치다]
④ 꽃 한 송이[꼰한송이]   ⑤ 많아[마:나]

| 한글 맞춤법 | 〈제4장 형태에 관한 것 – 제5절 준말〉 제39항, 제40항

| 제39항 | 어미 '-지' 뒤에 '않-'이 어울려 '-잖-'이 될 적과 '-하지' 뒤에 '않-'이 어울려 '-찮-'이 될 적에는 준 대로 적는다.
   그렇지 않은 ⇨ 그렇잖은   만만하지 않다 ⇨ 만만찮다 |

| 제40항 | 어간의 끝 음절 '하'의 'ㅏ'가 줄고 'ㅎ'이 다음 음절의 첫소리와 어울려 거센소리로 될 적에는 거센소리로 적는다.
   간편하게 ⇨ 간편케   연구하도록 ⇨ 연구토록   가하다 ⇨ 가타
   다정하다 ⇨ 다정타   정결하다 ⇨ 정결타   흔하다 ⇨ 흔타

   | 붙임 1 | 'ㅎ'이 어간의 끝소리로 굳어진 것은 받침으로 적는다.
   아무렇다   아무렇고   아무렇지   아무렇든지
   어떻다   어떻고   어떻지   어떻든지

   | 붙임 2 | 어간의 끝 음절 '하'가 아주 줄 적에는 준 대로 적는다.
   생각하다 못하여 ⇨ 생각다 못해   깨끗하지 않다 ⇨ 깨끗지 않다
   넉넉하지 않다 ⇨ 넉넉지 않다   못하지 않다 ⇨ 못지않다

   | 붙임 3 | 다음과 같은 부사는 소리대로 적는다.
   결단코   결코   기필코   무심코
   정녕코   요컨대   필연코   한사코 |

※ 규범을 참고하여, 표기가 옳지 않은 단어를 고르시오. (2~5)

02
① 그렇지 않은 – 그렇잖은 ② 생각하건대 – 생각컨대
③ 적지 않은 – 적잖은 ④ 거북하지 – 거북지
⑤ 변변하지 않다 – 변변찮다

03
① 아무튼 ② 어떻든 ③ 요컨대 ④ 하마트면 ⑤ 하여튼

| 한글 맞춤법 | 〈제4장 형태에 관한 것 – 제5절 준말〉 제32항, 제33항 |

제32항	단어의 끝모음이 줄어지고 자음만 남은 것은 그 앞의 음절에 받침으로 적는다.
	기러기야 ⇨ 기럭아 어제저녁 ⇨ 엊저녁 가지고, 가지지 ⇨ 갖고, 갖지
	어제그저께 ⇨ 엊그저께 온가지 ⇨ 온갖 디디고, 디디지 ⇨ 딛고, 딛지
제33항	체언과 조사가 어울려 줄어지는 경우에는 준 대로 적는다.
	그것은 ⇨ 그건 그것으로 ⇨ 그걸로 나를 ⇨ 날
	너를 ⇨ 널 무엇이 ⇨ 뭣이/무에 그것이 ⇨ 그게
	나는 ⇨ 난 너는 ⇨ 넌 무엇을 ⇨ 무얼/뭘

| 한글 맞춤법 | 〈제4장 형태에 관한 것 – 제5절 준말〉 제34항~제38항(모음 충돌 회피 현상) |

제34항	모음 'ㅏ, ㅓ'로 끝난 어간에 '-아/-어, -았-/-었-'이 어울릴 적에는 준 대로 적는다.
	가아 ⇨ 가 나아 ⇨ 나 타아 ⇨ 타
	서어 ⇨ 서 켜어 ⇨ 켜 펴어 ⇨ 펴
	가았다 ⇨ 갔다 나았다 ⇨ 났다 타았다 ⇨ 탔다
	서었다 ⇨ 섰다 켜었다 ⇨ 켰다 펴었다 ⇨ 폈다
	[붙임 1] 'ㅐ, ㅔ' 뒤에 '-어, -었-'이 어울릴 적에는 준 대로 적는다.
	개어 ⇨ 개 내어 ⇨ 내 베어 ⇨ 베 세어 ⇨ 세
	개었다 ⇨ 갰다 내었다 ⇨ 냈다 베었다 ⇨ 벴다 세었다 ⇨ 셌다
	[붙임 2] '하여'가 한 음절로 줄어서 '해'로 될 적에는 준 대로 적는다.
	하여 ⇨ 해 더하여 ⇨ 더해 흔하여 ⇨ 흔해
	하였다 ⇨ 했다 더하였다 ⇨ 더했다 흔하였다 ⇨ 흔했다
제35항	음 'ㅗ, ㅜ'로 끝난 어간에 '-아/-어, -았-/-었-'이 어울려 'ㅘ/ㅝ, ㅘㅆ/ㅝㅆ'으로 될 적에는 준 대로 적는다.
	꼬아 ⇨ 꽈 보아 ⇨ 봐 쏘아 ⇨ 쏴
	두어 ⇨ 둬 쑤어 ⇨ 쒀 주어 ⇨ 줘
	꼬았다 ⇨ 꽜다 보았다 ⇨ 봤다 쏘았다 ⇨ 쐈다
	두었다 ⇨ 뒀다 쑤었다 ⇨ 쒔다 주었다 ⇨ 줬다
	[붙임 1] '놓아'가 '놔'로 줄 적에는 준 대로 적는다.
	[붙임 2] 'ㅚ' 뒤에 '-어, -었-'이 어울려 'ㅙ, ㅙㅆ'으로 될 적에도 준 대로 적는다.
	괴어 ⇨ 괘 되어 ⇨ 돼 뵈어 ⇨ 봬 쇠어 ⇨ 쇄 쐬어 ⇨ 쐐
	괴었다 ⇨ 괬다 되었다 ⇨ 됐다 뵈었다 ⇨ 뵀다 쇠었다 ⇨ 쇘다 쐬었다 ⇨ 쐤다
제36항	'ㅣ' 뒤에 '-어'가 와서 'ㅕ'로 줄 적에는 준 대로 적는다.
	가지어 ⇨ 가져 견디어 ⇨ 견뎌 다니어 ⇨ 다녀
	막히어 ⇨ 막혀 버티어 ⇨ 버텨 치이어 ⇨ 치여

	가지었다 ⇨ 가졌다　　견디었다 ⇨ 견뎠다　　다니었다 ⇨ 다녔다 막히었다 ⇨ 막혔다　　버티었다 ⇨ 버텼다　　치이었다 ⇨ 치였다
제37항	'ㅏ, ㅕ, ㅗ, ㅜ, ㅡ'로 끝난 어간에 '-이-'가 와서 각각 'ㅐ, ㅖ, ㅚ, ㅟ, ㅢ'로 줄 적에는 준 대로 적는다. 싸이다 ⇨ 쌔다　　펴이다 ⇨ 폐다　　보이다 ⇨ 뵈다 누이다 ⇨ 뉘다　　뜨이다 ⇨ 띄다　　쓰이다 ⇨ 씌다
제38항	'ㅏ, ㅗ, ㅜ, ㅡ' 뒤에 '-이어'가 어울려 줄어질 적에는 준 대로 적는다. 싸이어 ⇨ 쌔어/싸여　　보이어 ⇨ 뵈어/보여　　쏘이어 ⇨ 쐬어/쏘여 누이어 ⇨ 뉘어/누여　　뜨이어 ⇨ 띄어　　쓰이어 ⇨ 씌어/쓰여 트이어 ⇨ 틔어/트여

| 표준어 사정 원칙 | 〈제2장 발음 변화에 따른 표준어 규정 - 제3절 준말〉 제14항~제16항

	※ ( ) 안은 비표준어이다.
제14항	준말이 널리 쓰이고 본말이 잘 쓰이지 않는 경우에는, 준말만을 표준어로 삼는다. 뱀(배암 ×)　　샘(새암 ×)　　온갖(온가지 ×)
제15항	준말이 쓰이고 있더라도, 본말이 널리 쓰이고 있으면 본말을 표준어로 삼는다. 귀이개(귀개 ×)　　뒷물대야(뒷대야 ×)　　부스럼(부럼 ×)
제16항	준말과 본말이 다 같이 널리 쓰이면서 준말의 효용이 뚜렷이 인정되는 것은, 두 가지를 다 표준어로 삼는다. 노을 / 놀　　막대기 / 막대　　망태기 / 망태 시누이 / 시뉘 /시누　　오누이 / 오뉘 / 오누　　이기죽거리다 / 이죽거리다

04　　① 똬리　　② 장사아치　　③ 솔개　　④ 생쥐　　⑤ 무

| 표준어 사정 원칙 | 〈제2장 발음 변화에 따른 표준어 규정 - 제4절 단순 표준어〉 제17항

제17항	비슷한 발음의 몇 형태가 쓰일 경우, 그 의미에 아무런 차이가 없고 그 중 하나가 더 널리 쓰이면, 그 한 형태만을 표준어로 삼는다. 꼭두각시(꼭둑각시 ×)　댑싸리(대싸리 ×)　봉숭아(봉숭화 ×)　뺨-따귀(뺨따귀 ×) 상판대기(쌍판대기 ×)　아궁이(아궁지 ×)　天障 - 천장(찬장 ×) ┌ 너[四] / 서[三] : ~ 돈, ~ 말, ~ 발, ~ 푼 └ 넉[四] / 석[三] : ~ 냥, ~ 되, ~ 섬, ~ 자

| 표준어 사정 원칙 | 〈제2장 발음 변화에 따른 표준어 규정 - 제4절 복수 표준어〉 제18항, 제19항

제18항	다음 단어는 앞의 말을 원칙으로 하고 뒤의 말도 허용하는 복수 표준어이다. 네 / 예　　　　　　　　소고기 / 쇠고기
제19항	어감의 차이를 나타내는 단어 또는 발음이 비슷한 단어들이 다 같이 널리 쓰이는 경우에는, 그 모두를 표준어로 삼는다. 거슴츠레 - 하다 / 게슴츠레하다　　고까 / 꼬까 고린내 / 코린내　　　　　　　　　구린내 / 쿠린내 나부랭이 / 너부렁이　　　　　　　꺼림하다 / 께름하다

05　　① 께슴츠레하다　　② 구린내　　③ 꺼림하다　　④ 나부랭이　　⑤ 고까웃

테마 9 로마자 표기

| 제1장 표기의 기본 원칙 | 제1항~제2항

제1항	국어의 로마자 표기는 국어의 표준 발음법에 따라 적는 것을 원칙으로 한다.
제2항	로마자 이외의 부호는 되도록 사용하지 않는다.

| 제2장 표기 일람 | 제1항

제1항   모음은 다음 각호와 같이 적는다.

1. 단모음

ㅏ	ㅓ	ㅗ	ㅜ	ㅡ	ㅣ	ㅐ	ㅔ	ㅚ	ㅟ
a	eo	o	u	eu	i	ae	e	oe	wi

2. 이중 모음

ㅑ	ㅕ	ㅛ	ㅠ	ㅒ	ㅖ	ㅘ	ㅙ	ㅝ	ㅞ	ㅢ
ya	yeo	yo	yu	yae	ye	wa	wae	wo	we	ui

| 붙임 1 | 'ㅢ'는 'ㅣ'로 소리 나더라도 ui로 적는다.   광희문 Gwanghuimun
| 붙임 2 | 장모음의 표기는 따로 하지 않는다.

01 위 규정을 참고하여 아래의 우리말을 영어와 국어 로마자 표기법을 활용하여 향찰과 같은 방식으로 적어서 읽는다고 할 때, 쓰기와 읽기의 방법이 올바른 것은?

나는 너를 사랑한다

⟨쓰기⟩ ⟨읽기⟩

① I-neun YOU-reul LOVE-handa.　　[na-neun neo-reul sarang-handa]
② na-neun neo-reul sarang-handa.　　[I-neun YOU-reul LOVE-handa]
③ I-neun LOVE-handa YOU-reul.　　[I-neun LOVE-handa YOU-reul]
④ ai-neun yu-reul reobeu-handa.　　[na-neun neo-reul sarang-handa]
⑤ I-neun YOU-reul LOVE-handa.　　[ai-neun yu-reul reobeu-handa]

| 제2장 표기 일람 | 제2항

| 제2항 | 자음은 다음 각호와 같이 적는다. |

1. 파열음

ㄱ	ㄲ	ㅋ	ㄷ	ㄸ	ㅌ	ㅂ	ㅃ	ㅍ
g, k	kk	k	d, t	tt	t	b, p	pp	p

2. 파찰음　　　3. 마찰음　　　4. 비음　　　5. 유음

ㅈ	ㅉ	ㅊ	ㅅ	ㅆ	ㅎ	ㄴ	ㅁ	ㅇ	ㄹ
j	jj	ch	s	ss	h	n	m	ng	r, l

| 붙임 1 | 'ㄱ, ㄷ, ㅂ'은 모음 앞에서는 'g, d, b'로, 자음 앞이나 어말에서는 'k, t, p'로 적는다.(( ) 안의 발음에 따라 표기함.)

| 붙임 2 | 'ㄹ'은 모음 앞에서는 'r'로, 자음 앞이나 어말에서는 'l'로 적는다. 단, 'ㄹㄹ'은 'll'로 적는다.

02 위의 로마자 표기 원칙에 따라서 다음 단어들을 로마자로 쓰시오.

① 구미 [　　　]　② 영동 [　　　]　③ 백암 [　　　]
④ 옥천 [　　　]　⑤ 합덕 [　　　]　⑥ 호법 [　　　]
⑦ 벚꽃 [　　　]　⑧ 한밭 [　　　]　⑨ 구리 [　　　]
⑩ 설악 [　　　]　⑪ 칠곡 [　　　]　⑫ 임실 [　　　]

| 제3장 표기상의 유의점 | 제1항

| 제1항 | 음운 변화가 일어날 때에는 변화의 결과에 따라 다음 각호와 같이 적는다.

1. 자음 사이에서 동화 작용이 일어나는 경우 ⓔ 왕십리[왕심니] Wangsimni
2. 'ㄴ, ㄹ'이 덧나는 경우 ⓔ 학여울[항녀울] Hangnyeoul
3. 구개음화가 되는 경우 ⓔ 해돋이[해도지] haedoji
4. 'ㄱ, ㄷ, ㅂ, ㅈ'이 'ㅎ'과 합하여 거센소리로 소리 나는 경우 ⓔ 놓다[노타] nota
   다만, 체언에서 'ㄱ, ㄷ, ㅂ' 뒤에 'ㅎ'이 따를 때에는 'ㅎ'을 밝혀 적는다. ⓔ 집현전 Jiphyeonjeon

| 붙임 | 된소리되기는 표기에 반영하지 않는다. ⓔ 낙동강 Nakdonggang

03 위의 로마자 표기 원칙에 따라서 다음 단어들을 로마자로 쓰시오.

① 백마 [　　　]　② 신문로 [　　　]　③ 별내 [　　　]
④ 알약 [　　　]　⑤ 같이 [　　　]　⑥ 맞히다 [　　　]
⑦ 좋고 [　　　]　⑧ 잡혀 [　　　]　⑨ 낳지 [　　　]
⑩ 죽변 [　　　]　⑪ 낙성대 [　　　]　⑫ 합정 [　　　]
⑬ 팔당 [　　　]　⑭ 샛별 [　　　]

| 제3장 표기상의 유의점 | 제2항~제4항

| 제2항 | 발음상 혼동의 우려가 있을 때에는 음절 사이에 붙임표(-)를 쓸 수 있다.
| | 예 중앙 Jung-ang   세운 Se-un   반구대 Ban-gudae
| 제3항 | 고유 명사는 첫 글자를 대문자로 적는다. 예 세종 Sejong
| 제4항 | 인명은 성과 이름의 순서로 띄어 쓴다. 이름은 붙여 쓰는 것을 원칙으로 하되 음절 사이에 붙임표(-)를 쓰는 것을 허용한다.(( ) 안의 표기를 허용함.)
| | 예 송나리 Song Nari(Song Na-ri)   민용하 Min Yongha(Min Yong-ha)
| | (1) 이름에서 일어나는 음운 변화는 표기에 반영하지 않는다.
| | 예 홍빛나 Hong Bitna(Hong Bit-na)
| | (2) 성의 표기는 따로 정한다.

04 다음 중 로마자 표기법의 쓰임이 잘못된 것은?

① 부산 해운대 Busan Hae-undae
② 한복남 Han Boknam(Han Bok-nam)
③ 충청북도 Chungcheongbuk-do
④ 청주시 cheongju
⑤ 독도 Dok-do

| 제3장 표기상의 유의점 | 제5항~제7항

| 제5항 | '도, 시, 군, 구, 읍, 면, 리, 동'의 행정 구역 단위와 '가'는 각각 'do, si, gun, gu, eup, myeon, ri, dong, ga'로 적고, 그 앞에는 붙임표(-)를 넣는다. 붙임표(-) 앞뒤에서 일어나는 음운 변화는 표기에 반영하지 않는다.
| | 〈보기〉 의정부시 Uijeongbu-si   양주군 Yangju-gun
| | 도봉구 Dobong-gu   신창읍 Sinchang-eup
| | 삼죽면 Samjuk-myeon   인왕리 Inwang-ri
| | 당산동 Dangsan-dong   봉천 1동 Bongcheon 1(il)-dong
| | 종로 2가 Jongno 2(i)-ga 퇴계로 3가 Toegyero 3(sam)-ga
| | [붙임] '시, 군, 읍'의 행정 구역 단위는 생략할 수 있다.
| | 〈보기〉 함평군 Hampyeong   순창읍 Sunchang
| 제6항 | 자연 지물명, 문화재명, 인공 축조물명은 붙임표(-) 없이 붙여 쓴다.
| | 〈보기〉 금강   Geumgang   경복궁   Gyeongbokgung
| | 무량수전   Muryangsujeon
| | 연화교   Yeonhwagyo   극락전   Geungnakjeon
| | 안압지   Anapji   남한산성   Namhansanseong
| | 화랑대   Hwarangdae   불국사   Bulguksa
| | 현충사   Hyeonchungsa 독립문   Dongnimmun
| | 오죽헌   Ojukheon   촉석루   Chokseongnu
| | 종묘   Jongmyo   다보탑   Dabotap

제7항	인명, 회사명, 단체명 등은 그동안 써 온 표기를 쓸 수 있다.
제8항	학술 연구 논문 등 특수 분야에서 한글 복원을 전제로 표기할 경우에는 한글 표기를 대상으로 적는다. 이 때 글자 대응은 제2장을 따르되 'ㄱ, ㄷ, ㅂ, ㄹ'은 'g, d, b, l'로만 적는다. 음가 없는 'ㅇ'은 붙임표(-)로 표기하되 어두에서는 생략하는 것을 원칙으로 한다. 기타 분절의 필요가 있을 때에도 붙임표(-)를 쓴다.

(보기) 집   jib   짚   jip
       밖   bakk   값   gabs
       붓꽃   buskkoch   먹는   meogneun
       독립   doglib   문리   munli
       물엿   mul-yeos   굳이   gud-i
       좋다   johda   가곡   gagog
       조랑말 jolangmal   없었습니다 eobs-eoss-seubnida

05 다음 중 잘못 표기된 것을 찾아 로마자 표기법 규정에 맞게 고치시오.

1. 강감찬 Gang Gam Chan
2. 강릉 Gangneung
3. 강원도 Gangwon-do
4. 강화도 Ganghwado
5. 거북선 Geobukseon
6. 경기도 Gyeonggi-do
7. 경상북도 Gyeongsangbuk-do
8. 경주 Gyeongju
9. 경포대 Gyeongpodae
10. 고구려 Goguryeo
11. 광주 Gwangju
12. 광화문 Gwanghwamun
13. 광희문 Gwanghuimun
14. 금산 Geumsan
15. 김치 Kimchi
16. 김포 Kimpo
17. 김해 Gimhae
18. 남대문 Namdaemun
19. 남산 Nam-san
20. 내장산 Naejangsan
21. 단군 Dangun
22. 대관령 Daegwannyeong
23. 대구 Daegu
24. 대동강 Daedonggang
25. 대전 Taejeon Daejeon
26. 대한민국 Daehanminguk
27. 덕수궁 Deoksugung
28. 도봉산 Dobongsan
29. 독도 Dokdo
30. 동강 Donggang
31. 두만강 Dumangang
32. 맞춤법 matchoombeop
33. 무궁화 Mugunghwa
34. 묵호 Muko
35. 백제 Baekje
36. 부산 Pusan

37. 북한산 Bukhansan	38. 서대전 West Daejeon
39. 석가탑 Seokgatap	40. 설악산 Seoraksan
41. 세종 Sejong	42. 소월길 Sowolgil
43. 속리산 Soknisan	44. 순천 Suncheon
45. 신라 Shilla	46. 신림동 Sillimdong
47. 신촌 Sinchon	48. 압구정 Apkkujeong
49. 압록강 Amnokgang	50. 애국가 Aegukga
51. 여의도 Yeouido	52. 영산강 Yeongsangang
53. 완도 Wando	54. 울릉 Ulleung
55. 울산 Ulsan	56. 원당 Weondang
57. 인천 Incheon	58. 월곶 wolgod
59. 을지로 Eulji-ro	60. 을지문덕 Euljimundeok,
61. 임진강 Imjingang	62. 전라북도 Jeollabuk-do
63. 전주 Cheonju	64. 정읍 Jeongeup
65. 제주도 Jejudo	66. 종로 Jongro
67. 지리산 Jilisan	68. 창경궁 Changgyeonggung
69. 첨성대 Cheomseongdae	70. 청주 Cheongju
71. 춘천 Chuncheon	72. 충청북도 Chungcheongbukdo
73. 태극기 Taegeukgi	74. 태백 Taebak
75. 태종대 Taejongdae	76. 포천 Pocheon
77. 포항 Pohang	78. 한강 Hangang
79. 한글 hangeul	80. 한라산 Hallasan
81. 한복남 Han Bongnam	82. 홍도 Hongdo
83. 화랑 hwarang	

테마 10 　 외래어 표기

| 제1장 표기의 기본 원칙 | 제1항~제5항

제1항	외래어는 국어의 현용 24 자모만으로 적는다.
제2항	외래어의 1 음운은 원칙적으로 1 기호로 적는다.
제3항	받침에는 'ㄱ, ㄴ, ㄹ, ㅁ, ㅂ, ㅅ, ㅇ'만을 쓴다.
제4항	파열음 표기에는 된소리를 쓰지 않는 것을 원칙으로 한다.
제5항	이미 굳어진 외래어는 관용을 존중하되, 그 범위와 용례는 따로 정한다.

01 다음 중 외래어 표기가 틀린 것은?

① 콩트 ② 커피숍 ③ 디스켇 ④ 인터넷 ⑤ 슈퍼마켓

02 다음 중 외래어 표기법에 맞는 것은?

① juice : 쥬스 ② cake : 케잌 ③ truck : 트럭
④ encore : 앵콜 ⑤ service : 써비스

| 제3장 표기 세칙 | 〈제1절 영어의 표기〉 제1항~제4항 - 안울림소리 표기

제1항	무성 파열음([p], [t], [k])
	1. 짧은 모음 다음의 어말 무성 파열음([p], [t], [k])은 받침으로 적는다.
	cat 캣　　　book 북
	2. 짧은 모음과 유음·비음([l], [r], [m], [n]) 이외의 자음 사이에 오는 무성 파열음([p], [t], [k])은 받침으로 적는다.
	setback 셋백　　act 액트
	3. 위 경우 이외의 어말과 자음 앞의 [p], [t], [k]는 '으'를 붙여 적는다.
	cape 케이프　　nest 네스트　　part 파트
	desk 데스크　　make 메이크　　mattress 매트리스
제2항	유성 파열음([b], [d], [g])
	어말과 모든 자음 앞에 오는 유성 파열음은 '으'를 붙여 적는다.
	bulb 벌브　　land 랜드　　kidnap 키드냅　　signal 시그널

※ 규범을 참고하여, 표기가 옳지 <u>않은</u> 단어를 고르시오. (3~5)

03 ① gap[gæp] 개브 ② apt[æpl] 앱트 ③ stamp[stæmp] 스탬프
④ apple[æfl] 애플 ⑤ zigzag[zigzæg] 지그재그

제3항	마찰음([s], [z], [f], [v], [θ], [ð], [ʃ], [ʒ])

1. 어말 또는 자음 앞의 [s], [z], [f], [v], [θ], [ð]는 '으'를 붙여 적는다.
 mask 마스크   graph 그래프
 olive 올리브   thrill 스릴   bathe 베이드
2. 어말의 [ʃ]는 '시'로 적고, 자음 앞의 [ʃ]는 '슈'로, 모음 앞의 [ʃ]는 뒤따르는 모음에 따라 '샤, 섀, 셔, 셰, 쇼, 슈, 시'로 적는다.
 shrub 슈러브   shark 샤크   shank 섕크
 sheriff 셰리프   shoe 슈   shim 심
3. 어말 또는 자음 앞의 [ʒ]는 '지'로 적고, 모음 앞의 [ʒ]는 'ㅈ'으로 적는다.
 mirage 미라지

제4항	파찰음([ts], [dz], [tʃ], [dʒ])

1. 어말 또는 자음 앞의 [ts], [dz]는 'ㅊ', 'ㅈ'로 적고, [tʃ], [dʒ]는 '치', '지'로 적는다.
 Keats 키츠   odds 오즈   switch 스위치   bridge 브리지
2. 모음 앞의 [tʃ], [dʒ]는 'ㅊ', 'ㅈ'으로 적는다.
 chart 차트   virgin 버진

04 ① flash[flæʃ] 플래쉬 ② fashion[fæʃən] 패션 ③ shopping[ʃɔpiŋ] 쇼핑
④ vision[viʒən] 비전 ⑤ jazz[dʒæz] 재즈

| 제3장 표기 세칙 | 〈제1절 영어의 표기〉 제5항~제6항 – 울림소리 표기

제5항	비음([m], [n], [ŋ])

1. 어말 또는 자음 앞의 비음은 모두 받침으로 적는다.
 steam 스팀   corn 콘   ring 링   ink 잉크
2. 모음과 모음 사이의 [ŋ]은 앞 음절의 받침 'ㅇ'으로 적는다.
 longing 롱잉

제6항	유음([l])

1. 어말 또는 자음 앞의 [l]은 받침으로 적는다.
 hotel 호텔
2. 어중의 [l]이 모음 앞에 오거나, 모음이 따르지 않는 비음([m], [n]) 앞에 올 때에는 'ㄹㄹ'로 적는다. 다만, 비음([m], [n]) 뒤의 [l]은 모음 앞에 오더라도 'ㄹ'로 적는다.
 slide 슬라이드   Hamlet 햄릿   Henley 헨리

05 ① lamp[læmp] 램프 ② hanging[hæŋiŋ] 행잉 ③ pulp[pʌlp] 펼프
④ film[film] 필림 ⑤ hint[hint] 힌트

| 제3장 표기 세칙 | 〈제1절 영어의 표기〉 제7항~제9항 – 모음의 표기

| 제7항 | 장모음 : 장모음의 장음은 따로 표기하지 않는다.
team 팀　　　route 루트
| 제8항 | 중모음 ([ai], [au], [ei], [ɔi], [ou], [auə])
중모음은 각 단모음의 음가를 살려서 적되, [ou]는 '오'로, [auə]는 '아워'로 적는다.
time 타임　　　skate 스케이트　　　oil 오일
| 제9항 | 반모음([w], [j])
1. [w]는 뒤따르는 모음에 따라 [wə], [wɔ], [wou]는 '워', [wa]는 '와', [wæ]는 '왜', [we]는 '웨', [wi]는 '위', [wu]는 '우'로 적는다.
word 워드　　　wander 완더　　　wag 왜그
west 웨스트　　wool 울
2. 자음 뒤에 [w]가 올 때에는 두 음절로 갈라 적되, [gw], [hw], [kw]는 한 음절로 붙여 적는다.
swing 스윙　　twist 트위스트　　penguin 펭귄
whistle 휘슬　　quarter 쿼터
3. 반모음 [j]는 뒤따르는 모음과 합쳐 '야, 얘, 여, 예, 요, 유, 이'로 적는다. 다만, [d], [l], [n] 다음에 [jə]가 올 때에는 각각 '디어', '리어', '니어'로 적는다.
yard 야드　　yank 얭크　　yearn 연
yawn 욘　　　you 유　　　　union 유니언

06 밑줄 친 부분이 외래어 표기법에 맞는 것은?

① 남산 타우워　　② 인디안 추장　　③ 모델 하우스
④ 보우트 선착장　⑤ 옐로우 카드

| 제3장 표기 세칙 | 〈제1절 영어의 표기〉 제10항 복합어

| 제10항 | 복합어
1. 따로 설 수 있는 말의 합성으로 이루어진 복합어는 그것을 구성하고 있는 말이 단독으로 쓰일 때의 표기대로 적는다.
cuplike 컵라이크　　bookend 북엔드　　headlight 헤드라이트
touchwood 터치우드　sit-in 싯인　　　bookmaker 북메이커
flashgun 플래시건　　topknot 톱놋
2. 원어에서 띄어 쓴 말은 띄어 쓴 대로 한글 표기를 하되, 붙여 쓸 수도 있다.
Los Alamos 로스 앨러모스/로스앨러모스　　top class 톱 클래스/톱클래스

| 제4장 인명, 지명 표기의 원칙 | 〈제1절 표기 원칙〉 제1항~제4항

| 제1항 | 외국의 인명, 지명의 표기는 제1장, 제2장, 제3장의 규정을 따르는 것을 원칙으로 한다.
| 제2항 | 제3장에 포함되어 있지 않은 언어권의 인명, 지명은 원지음을 따르는 것을 원칙으로 한다.
Ankara 앙카라　　Gandhi 간디
| 제3항 | 원지음이 아닌 제3국의 발음으로 통용되고 있는 것은 관용을 따른다.
Hague 헤이그　　Caesar 시저
| 제4항 | 고유 명사의 번역명이 통용되는 경우 관용을 따른다.
Pacific Ocean 태평양　　Black Sea 흑해

| **제4장 인명, 지명 표기의 원칙** | 〈제2절 동양의 인명 지명 표기〉 제1항~제4항

제1항	중국 인명은 과거인과 현대인을 구분하여 과거인은 종전의 한자음대로 표기하고, 현대인은 원칙적으로 중국어 표기법에 따라 표기하되, 필요한 경우 한자를 병기한다.	
제2항	중국의 역사 지명으로서 현재 쓰이지 않는 것은 우리 한자음대로 하고, 현재 지명과 동일한 것은 중국어 표기법에 따라 표기하되, 필요한 경우 한자를 병기한다.	
제3항	일본의 인명과 지명은 과거와 현대의 구분 없이 일본어 표기법에 따라 표기하는 것을 원칙으로 하되, 필요한 경우 한자를 병기한다.	
제4항	중국 및 일본의 지명 가운데 한국 한자음으로 읽는 관용이 있는 것은 이를 허용한다.	
	東京 도쿄, 동경	京都 교토, 경도
	上海 상하이, 상해	臺灣 타이완, 대만
	黃河 황허, 황하	

| **제4장 인명, 지명 표기의 원칙** | 〈제3절 바다, 섬, 강, 산 등의 표기 세칙〉 제1항~제5항

제1항	'해', '섬', '강', '산' 등이 외래어에 붙을 때에는 띄어 쓰고, 우리말에 붙을 때에는 붙여 쓴다.	
	카리브 해 북해 발리 섬 목요섬	
제2항	바다는 '해(海)'로 통일한다.	
	홍해 발트 해 아라비아 해	
제3항	우리나라를 제외하고 섬은 모두 '섬'으로 통일한다.	
	타이완 섬 코르시카 섬 (우리나라 : 제주도, 울릉도)	
제4항	한자 사용 지역(일본, 중국)의 지명이 하나의 한자로 되어 있을 경우, '강', '산', '호', '섬' 등은 겹쳐 적는다.	
	온타케 산(御岳) 주장 강(珠江)	
	도시마 섬(利島) 하야카와 강(早川) 위산 산(玉山)	
제5항	지명이 산맥, 산, 강 등의 뜻이 들어 있는 것은 '산맥', '산', '강' 등을 겹쳐 적는다.	
	Rio Grande 리오그란데 강	Monte Rosa 몬테로사 산
	Mont Blanc 몽블랑 산	Sierra Madre 시에라마드레 산맥

07 다음의 외래어 표기 중에서 바르게 적힌 것은?

① 카리브해   ② 타이완 섬   ③ 몽블랑   ④ 하야카와   ⑤ 발트 만

08 외래어 표기에 맞는 것에 O표 하시오.

1. 1야아드 / 1야드

2. 가디건 / 카디건

3. 그리스 / 그리이스

4. 기부스 / 깁스

5. 까페 / 카페

6. 꽁트 / 콩트

7. 노블리스 오블리지 / 노블레스 오블리주 / 노블레스 오블리제

8. 덩샤오핑 / 등소평 – 鄧小平

9. 데뷰 / 데뷔

10. 뎃생 / 데생 / 뎃상

11. 도너스 / 도넛 / 도나스

12. 도쿄 / 토오쿄오 / 동경 – 東京

13. 디스켇 / 디스켓
14. 라디오 / 레디오 / 레이디오
15. 레크레이션 / 레크리에이션
16. 로봇 / 로보트 / 로봇트
17. 로켓 / 로케트 / 로켇트
18. 리더십 / 리더쉽
19. 립클로즈 / 립글로스
20. 링게르 / 링거
21. 말레이지아 / 말레이시아
22. 맘모스 / 매머드
23. 맛사지 / 마사지
24. 매니아 / 마니아
25. 메론 / 멜론
26. 메세지 / 메시지
27. 모짜르트 / 모차르트
28. 몽타주 / 몽타즈 / 몽타지
29. 미리미터 / 밀리미터
30. 밀크셰이크 / 밀크쉐이크
31. 바흐 / 바하
32. 밧데리 / 배터리
33. 방카슈랑스 / 방크슈랑스 / 방카쉬랑스
34. 배지 / 뱃지 / 뺏지
35. 배터리 / 빳떼리
36. 버터 / 뻐터
37. 벤취 / 벤치
38. 보닛 / 본넷 / 본넷트
39. 보울링 / 볼링
40. 보트 / 보우트
41. 부르즈와 / 부르주아 / 부르조아
42. 부페 / 뷔페
43. 블라우스 / 브라우스
44. 비스킷 / 비스켓
45. 샌달 / 샌들
46. 샤마니즘 / 샤머니즘
47. 샷시 / 새시 – sash
48. 서비스 / 써비스
49. 섹소폰 / 색스폰 / 색소폰
50. 센타 / 센터
51. 서터 / 샷다
52. 소시지 / 소세지
53. 소파 / 솝파
54. 슈퍼마켓 / 슈퍼마켙 / 수퍼마켓
55. 스노보드 / 스노우보드
56. 스라이드 / 슬라이드
57. 스커프 / 스카프
58. 스케치북 / 스켓치북
59. 스테인리스 / 스텐리스 / 스텐레스
60. 스티로폴 / 스티로폼 / 스치로폼
61. 스팟 뉴스 / 스포트뉴스 / 스폿 뉴스
62. 스펀지 / 스폰지
63. 싸인 / 사인
64. 써클 / 서클
65. 썬그라스 / 선글라스
66. 쎈터 / 센터
67. 아이 쉐도우 / 아이 섀도
68. 악세사리 / 액세서리 / 악세서리
69. 악센트 / 엑센트 / 엑센트
70. 알콜 / 알코올

71. 앙케트 / 앙케이트
72. 애드립 / 애드리브
73. 앰부란스 / 앰뷸런스 / 앰브란스
74. 앵콜 /앙코르 /앙콜
75. 어나운서 / 아나운서
76. 에어콘 / 에어컨
77. 유머 / 유모어 / 유우머
78. 인터네트 / 인터넷
79. 인터체인지 / 인터췌인지
80. 자켓 / 재킷
81. 젯트 / 제트
82. 주스 / 쥬스
83. 쥐라기 공원 / 쥬라기 공원 / 주라기 공원
84. 쥬니어 / 주니어
85. 째즈 / 재즈
86. 챠트 / 차트
87. 초콜렛 / 초콜릿 / 초코렛
88. 카나다 / 캐나다
89. 칸 / 칸느 / 깐느
90. 칼라 텔레비전 / 컬러 텔레비전
91. 칼라믹스 / 컬러믹스
92. 캐비넷 / 캐비닛
93. 커텐 / 커튼 / 카텐
94. 커피숍 / 커피숖 / 커피샾
95. 케이크 / 케익 / 케잌
96. 케첩 / 케찹
97. 코메디 / 코미디
98. 콩쿨 / 콩쿠르
99. 콩트 / 꽁트
100. 퀵보드 / 킥보드
101. 크래커 / 크래카
102. 크리스털 / 크리스탈
103. 클리닉 / 크리닉
104. 타부 / 터부
105. 타잎 / 타입
106. 탈렌트 / 탤런트
107. 터미날 / 터미널
108. 텔레비전 / 텔레비젼
109. 트로트 / 트롯
110. 파일 / 화일
111. 판넬 / 패널
112. 팜플렛 / 팜플릿 / 팸플릿
113. 포르투갈 / 포르투칼
114. 포크레인 / 포클레인
115. 포탈 싸이트 / 포털 사이트
116. 프라이 / 후라이
117. 플래카드 / 플랭카드 / 프랭카드
118. 헬맷 / 헬멧
119. 홀몬 / 호르몬
120. 화이팅 / 파이팅
121. 환타지 / 판타지
122. 후라이팬 / 프라이팬

단어(품사론)

단어의 형성

파생어	접두사+어근	참기름, 덧버선, 햇밤, 맨손, 선무당, 군소리, 올벼, 헛기침 헛늙다, 짓누르다, 새빨갛다
	어근+접미사	뜻만 제한 : 선생님, 멋쟁이, 지게꾼, 꾀보, 물리다, 먹이다, 품사 바뀜 : 놀이, 지우개, 게으름, 머뭇거리다, 많이, 마주
합성어	통사적	돌아가다, 가려내다, 새마을, 굳은살, 잘나다, 앞에서다, 힘들다, 겁나다, 본받다, 애쓰다 길바다, 돌부처, 곧잘, 더욱더
	비통사적	늦잠, 꺾쇠, 들것, 굶주리다, 오르내리다, 날뛰다, 굳세다, 높푸르다, 부슬비, 산들바람, 척척박사

합성어의 모습 바뀜

첨가	사잇소리 첨가	콧등, 뱃사공, 시냇가, 촛불, 고갯마루
	'ㄴ, ㄹ' 첨가	댓잎 → [댇닙] → [댄닙], 물약, 솜이불, 밤일
	'ㅎ' 첨가	머리카락, 안팎, 암탉, 살코기, 암컷
	'ㅂ' 첨가	좁쌀, 햅쌀, 접때, 볍씨, 입때, 댑싸리
탈락	'ㄹ' 탈락	소나무, 화살, 마소, 부나비, 싸전, 부손
	모음 탈락	까마귀+까치 → 까막까치
변이	'ㄷ'으로 변이	이튿날, 숟가락, 섣달, 잗주름, 반짇고리

테마 11 단어 – 파생어와 합성어

| 한글 맞춤법 | 〈제4장 형태에 관한 것 – 제3절 접미사가 붙어서 된 말〉 제19항~제20항

제19항　어간에 '-이'나 '-음/-ㅁ'이 붙어서 명사로 된 것과 '-이'나 '-히'가 붙어서 부사로 된 것은 그 어간의 원형을 밝히어 적는다.
　　　 1. '-이'가 붙어서 명사로 된 것　　　다듬이　　달맞이　　미닫이　　벼훑이
　　　 2. '-음/-ㅁ'이 붙어서 명사로 된 것　　엮음　　울음　　죽음　　앎　　만듦
　　　 3. '-이'가 붙어서 부사로 된 것　　　실없이　　짓궂이
　　　 4. '-히'가 붙어서 부사로 된 것　　　밝히　　익히　　작히
　　　 다만, 어간에 '-이'나 '-음'이 붙어서 명사로 바뀐 것이라도 그 어간의 뜻과 멀어진 것은 그 원형을 밝히어 적지 아니한다.
　　　　 굽도리　　 목거리(목병)　　 무녀리　　 코끼리　　 고름[膿]
　　　|붙임| 어간에 '-이'나 '-음' 이외의 모음으로 시작된 접미사가 붙어서 다른 품사로 바뀐 것은 그 어간의 원형을 밝히어 적지 아니한다.
　　　 (1) 명사로 바뀐 것　　　　　　　 귀머거리　　 까마귀　　 너머　　 마개　　 가미
　　　 (2) 부사로 바뀐 것　　　　　　　 거뭇거뭇　　 뜨덤뜨덤　　 바투　　 자주　　 차마
　　　 (3) 조사로 바뀌어 뜻이 달라진 것　 나마　　 부터　　 조차

※ 규범을 참고하여, 표기가 옳지 <u>않은</u> 단어를 고르시오. (1~8)

01　① 놀음-(도박), 거름[비료]　② 귀머거리, 비렁뱅이　③ 주검, 무덤
　　　 ④ 비로소, 너무　　　　　　 ⑤ 땀받이, 쇠붙이

제20항　명사 뒤에 '-이'가 붙어서 된 말은 그 명사의 원형을 밝히어 적는다.
　　　 1. 부사로 된 것　　　　 곳곳이　　 낱낱이　　 몫몫이　　 샅샅이
　　　 2. 명사로 된 것　　　　 곰배팔이　　 삼발이　　 절뚝발이
　　　|붙임| '-이' 외의 모음으로 시작된 접미사가 붙어서 된 말은 그 명사의 원형을 밝히어 적지 아니한다.
　　　　 꼬락서니　　 모가치　　 바가지　　 바깥　　 사타구니

02　① 절름발이　② 잎파리　③ 지붕　④ 지푸라기　⑤ 끄트머리

| 한글 맞춤법 | 〈제6장 – 그 밖의 것〉 제51항

| 제51항 | 부사의 끝음절이 분명히 '이'로만 나는 것은 '-이'로 적고, '히'로만 나거나 '이'나 '히'로 나는 것은 '-히'로 적는다.
1. '이'로만 나는 것　　　　산뜻이　틈틈이　번번이　일일이　따뜻이
2. '히'로만 나는 것　　　　엄격히　정확히
3. '이, 히'로 나는 것　　가만히　열심히　조용히　도저히 |

03　① 깨끗이　② 반듯이　③ 솔직이　④ 곰곰이　⑤ 꼼꼼히

〔-이〕 와 〔-히〕

1. 'ㅅ'으로 끝나는 '-히'는 없다. 즉 'ㅅ' 받침 뒤에서는 '이'이다

　가붓이　　　깨끗이　　　나붓이　　　느긋이　　　둥긋이　　　따뜻이
　번듯이　　　반듯이　　　버젓이　　　산뜻이　　　의젓이　　　빠듯이

2. 받침이 'ㄱ'으로 끝나면 주로 '히'로 소리 난다. 그래서 '히'로 적는다.

　극히　　딱히　　속히　　작히　　족히　　특히　　엄격히　정확히　솔직히(이)
　※ (예외)　더욱이(더우기)　　일찍이(일찌기)　　히죽이　〈부사 뒤에서〉 큼직이

'-하다'가 붙는 말은 '-히'를, 그렇지 않은 말은 '-이'로 쓰면 된다.

3. '-하다'가 붙지 않는 첩어 뒤에서는 '이'이다.

　간간이　겹겹이　곳곳이　알알이　일일이　줄줄이　번번이　겹겹이　일일이　집집이　틈틈이　곰곰이
　('-하다'가 붙는 말) 쓸쓸히　꼼꼼히　급급히　답답히　섭섭히　당당히

4. '-하다'가 붙지 않으며 모음 뒤에서는 '이'로 적는다.

　가까이　　고이　　날카로이　　대수로이　　번거로이　　많이　　헛되이
　(-하다가 붙는 말)　　간소히　　요히　　도저히

5. 울림소리 뒤에서 '이, 히'로 나는 것은 '히'로 적는다.

　가만히　간편히　나른히　무단히　각별히　소홀히　정결히
　과감히　심히　　열심히　조용히　공평히　능히　분명히　상당히

| 한글 맞춤법 | 〈제4장 형태에 관한 것 - 제3절 접미사가 붙어서 된 말〉 제21항~제26항

| 제21항 | 명사나 혹은 용언의 어간 뒤에 자음으로 시작된 접미사가 붙어서 된 말은 그 명사나 어간의 원형을 밝히어 적는다.

　1. 명사 뒤에 자음으로 시작된 접미사가 붙어서 된 것
　　값지다　　넋두리　　빛깔　　옆댕이　　잎사귀
　2. 용언의 어간 뒤에 자음으로 시작된 접미사가 붙어서 된 것
　　낚시　　늙정이　　넓적하다　　늙수그레하다
　다만, 다음과 같은 말은 소리대로 적는다.
　　(1) 겹받침의 끝소리가 드러나지 아니하는 것
　　　널따랗다　　실쭉하다　　짤따랗다　　얄팍하다
　　(2) 어원이 분명하지 아니하거나 본뜻에서 멀어진 것
　　　넙치　　올무　　골막하다

04　① 깊숙하다　② 높다랗다　③ 넓직하다　④ 얄따랗다　⑤ 납작하다

| 제22항 | 용언의 어간에 다음과 같은 접미사들이 붙어서 이루어진 말들은 그 어간을 밝히어 적는다.
　1. '-기-, -리-, -이-, -히-, -구-, -우-, -추-, -으키-, -이키-, -애-'가 붙는 것
　　쫓기다　　뚫리다　　핥이다　　얽히다　　솟구다　　곧추다
　다만, '-이-, -히-, -우-'가 붙어서 된 말이라도 본뜻에서 멀어진 것은 소리대로 적는다.
　　도리다(칼로 ~)　　드리다(용돈을 ~)　　고치다
　2. '-치-, -뜨리-, -트리-'가 붙는 것
　　받치다　　밭치다　　부딪치다　　부딪뜨리다/부딪트리다
　|붙임| '-업-, -읍-, -브-'가 붙어서 된 말은 소리대로 적는다.
　　미덥다　　우습다　　미쁘다

05　① 돋구다(안경의 도수를 ~)　② 바치다(세금을 ~)　③ 붙이다(편지를 ~)
　　④ 돋우다(램프의 심지를 ~)　⑤ 받치다(우산을 ~)

| 제23항 | '-하다'나 '-거리다'가 붙는 어근에 '-이'가 붙어서 명사가 된 것은 그 원형을 밝히어 적는다.
　　꿀꿀이　　눈깜짝이　　배불뚝이　　삐죽이　　쌕쌕이
　|붙임| '-하다'나 '-거리다'가 붙을 수 없는 어근에 '-이'나 또는 다른 모음으로 시작되는 접미사가 붙어서 명사가 된 것은 그 원형을 밝히어 적지 아니한다.
　　개구리　　귀뚜라미　　쟁과리　　누더기　　두드러기

06　① 깍두기, 얼룩이　② 딱따구리, 날라리　③ 부스러기, 뻐꾸기
　　④ 오뚝이, 푸석이　⑤ 홀쭉이, 더펄이

제24항	'-거리다'가 붙을 수 있는 시늉말 어근에 '-이다'가 붙어서 된 용언은 그 어근을 밝히어 적는다.
	꾸벅이다　　끄덕이다　　숙덕이다　　퍼덕이다　　허덕이다

제25항	'-하다'가 붙는 어근에 '-히'나 '-이'가 붙어서 부사가 되거나, 부사에 '-이'가 붙어서 뜻을 더하는 경우에는 그 어근이나 부사의 원형을 밝히어 적는다.
	1. '-하다'가 붙는 어근에 '-히'나 '-이'가 붙는 경우　　급히　도저히　딱히
	[붙임] '-하다'가 붙지 않는 경우에는 반드시 소리대로 적는다. 반드시(꼭)
	2. 부사에 '-이'가 붙어서 역시 부사가 되는 경우　　곰곰이　더욱이　생긋이

제26항	'-하다'나 '-없다'가 붙어서 된 용언은 그 '-하다'나 '-없다'를 밝히어 적는다.
	1. '-하다'가 붙어서 용언이 된 것　　딱하다　　숱하다　　텁텁하다
	2. '-없다'가 붙어서 용언이 된 것　　시름없다　　열없다　　하염없다

07 ① 꾸준히　② 깨끗이　③ 갑자기　④ 일찌기　⑤ 어렴풋이

|한글 맞춤법| ⟨제4장 형태에 관한 것 – 제4절 합성어 및 접두사가 붙은 말⟩ 제27항~제29항

제27항	둘 이상의 단어가 어울리거나 접두사가 붙어서 이루어진 말은 각각 그 원형을 밝히어 적는다.
	국말이　꺾꽂이　꽃잎　끝장　물난리　밑천
	부엌일　싫증　옷안　웃옷　젖몸살　첫아들
	칼날　팥알　헛웃음　홀아비　홑몸　흙내
	값없다　겉늙다　굶주리다　낯잡다　맞먹다　받내다
	벋놓다　빗나가다　빛나다　새파랗다　샛노랗다　시꺼멓다
	싯누렇다　엇나가다　엎누르다　엿듣다　옻오르다　짓이기다
	헛되다
	[붙임 1] 어원은 분명하나 소리만 특이하게 변한 것은 변한 대로 적는다.
	할아버지(한-아버지)　　할아범(한-아범)
	[붙임 2] 어원이 분명하지 아니한 것은 원형을 밝히어 적지 아니한다.
	골병　골탕　끌탕　며칠　아재비　오라비
	업신여기다　부리나케
	[붙임 3] '이(齒, 虱)'가 합성어나 이에 준하는 말에서 '니' 또는 '리'로 소리날 때에는 '니'로 적는다.
	간니　덧니　사랑니　송곳니　앞니　어금니
	윗니　젖니　톱니　틀니　가랑니　머릿니

제28항	끝소리가 'ㄹ'인 말과 딴 말이 어울릴 적에 'ㄹ' 소리가 나지 아니하는 것은 아니나는 대로 적는다.
	다달이(달-달-이)　따님(딸-님)　마되(말-되)　마소(말-소)
	무자위(물-자위)　바느질(바늘-질)　부나비(불-나비)　부삽(불-삽)
	부손(불-손)　소나무(솔-나무)　싸전(쌀-전)　여닫이(열-닫이)
	우짖다(울-짖다)　화살(활-살)

제29항	끝소리가 'ㄹ'인 말과 딴 말이 어울릴 적에 'ㄹ' 소리가 'ㄷ' 소리로 나는 것은 'ㄷ'으로 적는다.
	사흗날(사흘~)　삼짇날(삼질~)　섣달(설~)　잗주름(잘~)　푿소(풀~)
	섣부르다(설~)　잗다듬다(잘~)

08 ① 치달다　② 반짇고리　③ 숟가락　④ 이튿날　⑤ 잗다랗다

 테마 12 　단어 – 체언과 조사

문법 지식

1. 의존 명사와 조사의 구별

① 용언의 관형사형 + '대로, 만큼, 뿐' ⇨ (의존) 명사

  예) 아는 **대로**, 먹는 **대로** / 할 **만큼**, 먹을 **만큼** / 놀기만 할 **뿐**이다.

② 체언 + '대로, 만큼, 뿐' ⇨ 조사

  예) 너**대로**, 마음**대로** / 너**만큼**, 철수**만큼** / 너**뿐**, 마음**뿐**이지만

2. 의존 명사의 종류

① **형식성 의존 명사** : 실질적 의미가 결여되어 있거나 희박한 의존 명사

  보편성 의존 명사 : 사람을 기르는 **것**이 중요하다. – '것'은 '것이, 것을, 것에, 것이다' 등에서처럼 조사가 붙어 온갖 문장 성분의 역할을 다 하고 있다.

  서술성 의존 명사 : 그것은 그가 할 **따름**이다.

  목적어성 의존 명사 : 그는 그 일을 할 **줄**을 모른다.

  부사성 의존 명사 : 모자를 쓴 **채**로 들어오지 말아라.

  먹을 **만큼** 먹어라 ┐ 격조사가 붙지 않는다는 점에서 '채'와 차이를
  밥을 먹은 **듯**하다. ┘ 보인다.

② **단위성 의존 명사** : 실질적 의미, 즉 수량 의미를 가지고 있다.

  연필 다섯 **자루**, 사람 열 **명**, 대포 일곱 **문**(門), 대표 두 **사람**

  잉크 스무 **병**(瓶), 나무 세 **그루**, 막걸리 한 **사발** …

  사람이 열 명, **병**이 다섯 개, **그루**만 남은 나무, **사발**에 담긴 막걸리 – 보통명사

| 한글 맞춤법 | 〈제4장 형태에 관한 것 – 제1절 체언과 조사〉 제14항

제14항	체언은 조사와 구별하여 적는다.
	떡이　떡을　떡에　떡도　떡만　　값이　값을　값에　값도　값만

| 한글 맞춤법 | 〈제5장 띄어쓰기 – 제1절 조사〉 제41항

제41항	조사는 그 앞말에 붙여 쓴다.
	꽃이　　　꽃마저　　꽃밖에　　꽃에서부터　　꽃으로만
	꽃이나마　꽃이다　　꽃입니다　꽃처럼　　　어디까지나
	거기도　　멀리는　　웃고만

한글 맞춤법 |〈제5장 띄어쓰기 - 제2절 의존 명사, 단위를 나타내는 명사 및 열거하는 말 등〉제42항

제42항	의존 명사는 띄어 쓴다.
	아는 것이 힘이다.　　　나도 할 수 있다.　　　먹을 만큼 먹어라.
	아는 이를 만났다.　　　네가 뜻한 바를 알겠다.　그가 떠난 지가 오래다.

※ 규범을 참고하여, 띄어쓰기가 옳지 않은 것을 고르시오. (1~12)

01
① 밥을 먹은지 한참이 지났다.
② 그것이 무엇을 의미하는지를 모르겠다.
③ 진희가 어디에 있는지를 잘 모르겠다.
④ 구걸은커녕 쪽박만 깼다.
⑤ 학교를 그만둘 테야.

02
① 우리 모두 같이 떠나자. / 내가 하는 것과 같이 해.
② 겨울이라 방바닥이 얼음장 같이 차갑다. / 바람 같이 빠르다.
③ 아버지는 새벽같이 길을 떠났다. / 눈같이 희다.
④ 나는 들은 대로 말했다. / 틈나는 대로 하마.
⑤ 네 뜻대로 해라. / 너는 너대로 나는 나대로 하자.

03
① 다 읽는 데 한참 걸렸다. / 가까운 데로 놀러 가자.
② 머리 아픈데 먹는 약이다. / 공부하는데 쓰는 책.
③ 그 친구는 딸만 둘이데. / 거리는 가까운데 바빠서 가지 못한다.
④ 노력한 만큼 대가를 얻었다. / 주는 만큼 받아라.
⑤ 나도 너만큼 할 수 있다. / 무명만큼 질기다.

04
① 나부터 먼저 먹을게. / 아침부터 저녁까지.
② 어려서 부터 공부를 좋아했다. / 어려서 부터 똑똑했다.
③ 보기만 할 뿐 나서지는 않는다. / 눈만 껌뻑거릴 뿐 말이 없다.
④ 믿을 것은 오직 실력뿐이다. / 우리의 염원은 통일뿐이다.
⑤ 집에서뿐만 아니라 학교에서도 잔다. / 가진 것은 이것뿐이다.

05
① 상우는 아빠를 빼다 박은듯 닮았다.
② 어머니는 모르겠다는 듯 눈만 껌뻑였다.
③ 약속 시간에 늦은 듯하다.
④ 땀이 비 오듯 쏟아졌다.
⑤ 그녀는 물 쓰듯 돈을 쓴다.

06
① 친구를 만난 지 한 시간 만에 헤어졌다.
② 그가 화를 낼만도 하다.
③ 회를 먹고는 싶다만 돈이 없다.
④ 그녀는 울기만 할 뿐 말이 없다.
⑤ 고향에 안 가느니만 못했다.

07
① 앞서 지적한 바와 같다.
② 우리는 이제 결사 항전을 선언하는 바이다.
③ 그 작업은 내 능력 밖의 일이다.
④ 이제는 하나밖에 남지 않았다.
⑤ 영희는 공부 밖에 모르는 학생이다.

| 한글 맞춤법 | 〈제5장 띄어쓰기 – 제2절 의존 명사, 단위를 나타내는 명사 및 열거하는 말 등〉 제43항~제46항

제43항	단위를 나타내는 명사는 띄어 쓴다.
	한 개 차 한 대 금 서 돈 소 한 마리
	옷 한 벌 열 살 조기 한 손 연필 한 자루
	버선 한 죽 집 한 채 신 두 켤레 북어 한 쾌
	다만, 순서를 나타내는 경우나 숫자와 어울리어 쓰이는 경우에는 붙여 쓸 수 있다.
	두시 삼십분 오초 제일과 삼학년 육층
	1446년 10월 9일 2대대 16동 502호 제1어학실습실
	80원 10개 7미터

08
① 여행할 때 옷을 한 벌만 가지고 가는 사람은 무모하다.
② 단 한 마리의 새만이 맑은 소리로 지저귀고 있다.
③ 한 번 엎지른 물은 다시 주워 담지 못한다.
④ 실망하지 말고 다시 한 번 도전해야지.
⑤ 제일과 제일장을 공부합시다.

제44항	수를 적을 적에는 '만(萬)' 단위로 띄어 쓴다.
	십이억 삼천사백오십육만 칠천팔백구십팔(12억 3456만 7898)

09 띄어쓰기가 올바른 것은?
① 일백 이십삼만사천 오백육십칠
② 그 물건 자네가 사겠다고 하지그래.
③ 일 주일 전에 나갔던 놈이 이제야 돌아왔네 그려.
④ 십오 억 육천칠백팔십삼 만 사천칠백구십칠
⑤ 큰소리만 치더니 성공은 커녕 가족 조차 돌보지 못했다.

제45항	두 말을 이어 주거나 열거할 적에 쓰이는 다음의 말들은 띄어 쓴다.
	국장 겸 과장 열 내지 스물 청군 대 백군
	책상, 걸상 등이 있다. 이사장 및 이사들 사과, 배, 귤 등등
제46항	단음절로 된 단어가 연이어 나타날 적에는 붙여 쓸 수 있다.
	이말 저말 한잎 두잎

10
① 한 시간 내지 두 시간이 걸린다.
② 광역시에는 부산, 광주 등이 있다.
③ 그때 그곳에서 우리는 좀 더 큰것을 샀다.
④ 과자, 사탕, 과일 등 속을 많이 사 오너라.
⑤ 오늘밤 한국 대 일본의 축구 경기가 벌어진다.

│한글 맞춤법│〈제5장 띄어쓰기 - 제4절 고유 명사 및 전문 용어〉제48항~제50항

제48항	성과 이름, 성과 호 등은 붙여 쓰고, 이에 덧붙는 호칭어, 관직명 등은 띄어 쓴다.
	김양수(金良洙) 서화담(徐花潭) 채영신 씨
	최치원 선생 박동식 박사 충무공 이순신 장군
	다만, 성과 이름, 성과 호를 분명히 구분할 필요가 있을 경우에는 띄어 쓸 수 있다.
	남궁억/남궁 억 독고준/독고 준 황보지봉(皇甫芝峰)/황보 지봉
제49항	성명 이외의 고유 명사는 단어별로 띄어 씀을 원칙으로 하되, 단위별로 붙여 쓸 수 있다.
	대한 중학교(○)/대한중학교(○) 한국 대학교 사범 대학(○)/한국대학교 사범대학(○)
제50항	전문 용어는 단어별로 띄어 씀을 원칙으로 하되, 붙여 쓸 수 있다.
	만성 골수성 백혈병(○)/만성골수성백혈병(○) 중거리 탄도 유도탄(○)/중거리탄도유도탄(○)

11
① 너는 이상우 씨를 언제 만났니?
② 김철수님 그대는 저의 동지이며, 동반자입니다.
③ 황진희 기녀와 서화담(徐花潭) 선생은 뽀뽀를 했을까?
④ 너는 김 모 씨에 대해 알고 있니?
⑤ 선우 빈, 이름은 '빈'이요, 성은 '선우'입니다.

12
① 그는 한국대학교 문과대학 국어국문학과 1년생이다.
② 지난 주 대한병원에서 급성복막염을 수술했다.
③ 그는 국제 학술 회의 중, 과로로 쓰러졌다.
④ 아이스크림은 붙여 쓸까? 띄어 쓸까?
⑤ 우리는 기술 시간에 간단한 도면그리기를 배웠다.

테마 13 단어 – 어간과 어미

| 한글 맞춤법 | 〈제4장 – 형태에 관한 것 제2절 어간과 어미 〉 제15항~제18항

> **제15항** 용언의 어간과 어미는 구별하여 적는다.
>
> 넓다   넓고   넓어   넓으니
> 찾다   찾고   찾아   찾으니
>
> | 붙임 1 | 두 개의 용언이 어울려 한 개의 용언이 될 적에, 앞말의 본뜻이 유지되고 있는 것은 그 원형을 밝히어 적고, 그 본뜻에서 멀어진 것은 밝히어 적지 아니한다.
>
> (1) 앞말의 본뜻이 유지되고 있는 것
> 넘어지다   늘어지다   되짚어가다   들어가다
> 떨어지다   벌어지다   엎어지다   흩어지다
>
> (2) 본뜻에서 멀어진 것
> 드러나다(들다/나다)   사라지다(살다/지다)   쓰러지다(쓸다/지다)
>
> | 붙임 2 | 종결형에서 사용되는 어미 '-오'는 '요'로 소리나는 경우가 있더라도 그 원형을 밝혀 '오'로 적는다.
> 이것은 책이오.   이리로 오시오.   이것은 책이 아니오.
>
> | 붙임 3 | 연결형에서 사용되는 '이요'는 '이요'로 적는다.
> 이것은 책이요, 저것은 붓이오.
>
> **제16항** 어간의 끝음절 모음이 'ㅏ, ㅗ'일 때에는 어미를 '-아'로 적고, 그 밖의 모음일 때에는 '-어'로 적는다.
>
> 1. '-아'로 적는 경우
> 나아   나아도   나아서   돌아   돌아도   돌아서
>
> 2. '-어'로 적는 경우
> 개어   개어도   개어서   베어   베어도   베어서

※ 규범을 참고하여, 표기가 옳지 <u>않은</u> 단어를 고르시오.(1~7)

01
① 늘어나다 ② 쓸어지다 ③ 돌아가다
④ 틀어지다 ⑤ 불거지다

02
① 철수가 집에 가오.
② 저리로 가시요.
③ 이리로 오시오.
④ 이것은 진리요, 거짓이 아니오.
⑤ 아니요, 가지 않습니다.

> **제17항** 어미 뒤에 덧붙는 조사 '-요'는 '-요'로 적는다.
> (읽어) 읽어요   (참으리) 참으리요   (좋지) 좋지요

03
① 어디로 가는가요?　　② 떡을 먹어요.　　　　③ 집에 갔습니다요.
④ 어서 오십시오.　　　⑤ 안녕히 가십시오.

제18항　다음과 같은 용언들은 어미가 바뀔 경우, 그 어간이나 어미가 원칙에 벗어나면 벗어나는 대로 적는다.
1. 어간의 끝 'ㄹ'이 줄어질 적
　갈다:　　가니　　간　　갑니다　　가시다　　가오
　놀다:　　노니　　논　　놉니다　　노시다　　노오
　불다:　　부니　　분　　붑니다　　부시다　　부오
　둥글다:　둥그니　둥근　둥급니다　둥그시다　둥그오
　어질다:　어지니　어진　어집니다　어지시다　어지오
[붙임] 다음과 같은 말에서도 'ㄹ'이 준 대로 적는다.
　마지못하다　마지않다　(하)다마다　(하)자마자　(하)지 마라　(하)지 마(아)
2. 어간의 끝 'ㅅ'이 줄어질 적
　굿다:　　그어　　그으니　　그었다　　잇다:　　이어　　이으니　이었다
3. 어간의 끝 'ㅎ'이 줄어질 적
　그렇다:　　그러니　　그럴　　그러면　　그럽니다　　그러오
　까맣다:　　까마니　　까말　　까마면　　까맙니다　　까마오
　동그랗다:　동그라미　동그랄　동그라면　동그랍니다　동그라오
　하얗다:　　하야니　　하얄　　하야면　　하얍니다　　하야오
4. 어간의 끝 'ㅜ, ㅡ'가 줄어질 적
　푸다:　퍼　퍘다　　　담그다:　담가　담갔다
5. 어간의 끝 'ㄷ'이 'ㄹ'로 바뀔 적
　묻다[問]:　물어　물으니　물었다　　신다[載]:　실어　실으니　실었다
6. 어간의 끝 'ㅂ'이 'ㅜ'로 바뀔 적
　굽다[炙]:　구워　구우니　구웠다　　괴롭다:　괴로워　괴로우니　괴로웠다
다만, '돕(다), 곱(다)'과 같은 단음절 어간에 어미 '-아'가 결합되어 '와'로 소리나는 것은 '-와'로 적고, 그 밖의 경우는 모두 '워'로 적는다.
　돕다[助]:　도와　도와서　도와도　도왔다

04
① 아이들이 잘 놉니다.　　　② 오늘도 바람이 부오.
③ 아버님의 얼굴은 둥글으시다.　④ 영희는 성격이 어집니다.

05 다음 예문 가운데 밑줄 친 용언의 활용이 바르게 된 것은?

① 약이 좋아 병이 빨리 <u>나섰다</u>.
② 김치를 <u>담궈</u> 먹었다.
③ 차에 짐을 <u>실고</u> 떠났다.
④ 날이 추워 얼굴이 <u>퍼럽니다</u>.
⑤ 문을 꼭 <u>잠궈야</u> 한다.

06 ① 가까워 ② 고와 ③ 아름다와 ④ 순조로워 ⑤ 슬기로워

| 한글 맞춤법 | 〈제5장 띄어쓰기 – 제3절 보조용언〉 제47항

제47항	보조 용언은 띄어 씀을 원칙으로 하되, 경우에 따라 붙여 씀도 허용한다.
	ㄱ(원칙) / ㄴ(허용)
	불이 꺼져 간다. / 불이 꺼져간다.
	내 힘으로 막아 낸다. / 내 힘으로 막아낸다.
	그릇을 깨뜨려 버렸다. / 그릇을 깨뜨려버렸다.
	비가 올 듯하다. / 비가 올듯하다.
	그 일은 할 만하다. / 그 일은 할만하다.
	일이 될 법하다. / 일이 될법하다.
	비가 올 성싶다. / 비가 올성싶다.
	잘 아는 척한다. / 잘 아는척한다.
	다만, 앞말에 조사가 붙거나 앞말이 합성 동사인 경우, 그리고 중간에 조사가 들어갈 적에는 그 뒤에 오는 보조 용언은 띄어 쓴다.
	잘도 놀아만 나는구나! / 책을 읽어도 보고…… / 네가 덤벼들어 보아라.
	강물에 떠내려가 버렸다. / 그가 올 듯도 하다. / 잘난 체를 한다.

07 ① 진희가 할머니께 사과를 깎아드린다.
② 비가 올 듯도 하다.
③ 진희는 그의 책상을 반질반질해지도록 늘 닦는다.
④ 그에게 덤벼들어 봐라.
⑤ 엄마를 도와드렸다.

테마 14 단어 – 고어·한자어, 방언·표준어(단순 표준어, 복수 표준어)

| 표준어 사정 원칙 | 〈제3장 어휘 선택의 변화에 따른 표준어 규정 제1절 고어〉 제20항

제20항	사어(死語)가 되어 쓰이지 않게 된 단어는 고어로 처리하고, 현재 널리 사용되는 단어를 표준어로 삼는다. 낭떠러지(낭)　자두(오얏)　애달프다(애닯다)

| 표준어 사정 원칙 | 〈제3장 어휘 선택의 변화에 따른 표준어 규정 제2절 한자어〉 제21항, 제22항

제21항	고유어 계열의 단어가 널리 쓰이고 그에 대응되는 한자어 계열의 단어가 용도를 잃게 된 것은, 고유어 계열의 단어만을 표준어로 삼는다. 잎담배(잎초)　잔돈(잔전)　흰말(백말) *백마(白馬)는 표준어
제22항	고유어 계열의 단어가 생명력을 잃고 그에 대응되는 한자어 계열의 단어가 널리 쓰이면, 한자어 계열의 단어를 표준어로 삼는다. 개다리 – 소반　겸 – 상　단 – 벌 양 – 파　총각 – 무　칫 – 솔

※ 규범을 참고하여, 표기가 옳지 <u>않은</u> 단어를 고르시오.(1~4)

01　① 설거지하다　② 총각무　③ 맞상　④ 푼돈　⑤ 지겟다리

| 표준어 사정 원칙 | 〈제3장 어휘 선택의 변화에 따른 표준어 규정 제3절 방언〉 제23항, 제24항

제23항	방언이던 단어가 표준어보다 더 널리 쓰이게 된 것은, 그것을 표준어로 삼는다. 이 경우, 원래의 표준어는 그대로 표준어로 남겨 두는 것을 원칙으로 한다.　물방개/선두리　애순/어린순
제24항	방언이던 단어가 널리 쓰이게 됨에 따라 표준어이던 단어가 안 쓰이게 된 것은, 방언이던 단어를 표준어로 삼는다.　귀밑머리(귓머리)　생인손(생안손)

02　① 멍게　② 우렁쉥이　③ 빈대떡　④ 코보

| 표준어 사정 원칙 | 〈제3장 어휘 선택의 변화에 따른 표준어 규정 제4절 단수표준어〉 제25항

제25항	의미가 똑같은 형태가 몇 가지 있을 경우, 그 중 어느 하나가 압도적으로 널리 쓰이면, 그 단어만을 표준어로 삼는다. ⇨ 단순 표준어 – 게끔　　광주리　　길 – 잡이　　까다롭다 담배 – 꽁초　며느리 – 발톱　부스러기　붉으락 – 푸르락 손목 – 시계　술 – 고래　쌍동 – 밤　안절부절못하다(안절부절하다) 애 – 벌레　전봇 – 대　　　　주책없다(주책이다)

03 ① 까탈스럽다　② 부끄러워하다　③ 빠뜨리다
　　　④ 안절부절못하다　⑤ 앞지르다

| 표준어 사정 원칙 | 〈제3장 어휘 선택의 변화에 따른 표준어 규정 제4절 복수표준어〉 제26항

| 제26항 | 한 가지 의미를 나타내는 형태 몇 가지가 널리 쓰이며 표준어 규정에 맞으면, 그 모두를 표준어로 삼는다.
⇨ 복수 표준어
가락-엿/가래-엿　　　　가뭄/가물　　　　　가엾다/가엽다
감감-무소식/감감-소식　개수-통/설거지-통　개숫-물/설거지-물
교정-보다/준-보다　　　　　　　　　　　　깃-저고리/배내-옷/배냇-저고리
꼬까/때때/고까　　　　넝쿨/덩굴　　　　딴-전/딴-청　　보-조개/볼-우물
살-쾡이/삵　　　　　　생/새앙/생강　　　성글다/성기다　　-(으)세요/-(으)셔요
여왕-벌/장수-벌　　　여쭈다/여쭙다　　욕심-꾸러기/욕심-쟁이
우레/천둥　　　　　　자물-쇠/자물-통　책-씻이/책-거리 |

04 ① 가엾다/가엽다, 교정보다/준보다　② 고깃간/푸줏간, 개숫물/설거지물
　　　③ 넝쿨/덩굴, 가는허리/잔허리　　　④ -게끔/-게시리, 길잡이/길앞잡이

테마 15   단어 – 올바른 단어 선택

| 한글 맞춤법 | 〈제6장 그 밖의 것〉 제57항

제57항   다음 말들은 각각 구별하여 적는다.

- 가름 : 둘로 가름.
- 갈음 : 새 책상으로 갈음하였다.

- 거름 : 풀을 썩인 거름.
- 걸음 : 빠른 걸음.

- 거치다 : 영월을 거쳐 왔다.
- 걷히다 : 외상값이 잘 걷힌다.

- 걷잡다 : 걷잡을 수 없는 상태.
- 겉잡다 : 겉잡아서 50만 명 정도는 되겠다.

- 그러므로(그러니까) : 그는 부지런하다. 그러므로 잘 산다.
- 그럼으로(써)(그렇게 하는 것으로) : 그는 열심히 공부한다. 그럼으로(써) 은혜에 보답한다.

- 노름 : 노름판이 벌어졌다.
- 놀음(놀이) : 즐거운 놀음.

- 느리다 : 진도가 너무 느리다.
- 늘이다 : 고무줄을 늘인다.
- 늘리다 : 수출량을 더 늘린다.

- 다리다 : 옷을 다린다.
- 달이다 : 약을 달인다.

- 다치다 : 부주의로 손을 다쳤다.
- 닫히다 : 문이 저절로 닫혔다.
- 닫치다 : 문을 힘껏 닫쳤다.

- 마치다 : 벌써 일을 마쳤다.
- 맞히다 : 여러 문제를 더 맞혔다.

- 목거리 : 목거리가 덧났다.
- 목걸이 : 금 목걸이, 은 목걸이.

- 바치다 : 나라를 위해 목숨을 바쳤다.
- 받치다 : 우산을 받치고 간다.
- 받히다 : 쇠뿔에 받혔다.
- 밭치다 : 술을 체에 밭친다.

- 반드시 : 약속은 반드시 지켜라.
- 반듯이 : 고개를 반듯이 들어라.

- 부딪치다 : 차와 차가 마주 부딪쳤다.
- 부딪히다 : 마차가 화물차에 부딪혔다.

- 부치다 : 힘이 부치는 일이다. 편지를 부치다. 논밭을 부친다. 빈대떡을 부친다. 식목일에 부치는 글, 회의에 부치는 안건, 인쇄에 부치는 원고, 삼촌 집에 숙식을 부친다.
- 붙이다 : 우표를 붙이다. 책상을 벽에 붙였다. 흥정을 붙인다. 불을 붙인다. 감시원을 붙인다. 조건을 붙인다. 취미를 붙인다. 별명을 붙인다.

- 시키다 : 일을 시킨다.
- 식히다 : 끓인 물을 식힌다.

- 아름 : 세 아름 되는 둘레.
- 알음 : 전부터 알음이 있는 사이.
- 앎 : 앎이 힘이다.

- 안치다 : 밥을 안친다.
- 앉히다 : 윗자리에 앉힌다.

- 어름 : 두 물건의 어름에서 일어난 현상.
- 얼음 : 얼음이 얼었다.

- 이따가 : 이따가 오너라.
- 있다가 : 돈은 있다가도 없다.

- 저리다 : 다친 다리가 저린다.
- 절이다 : 김장 배추를 절인다.

- 조리다 : 생선을 조린다. 통조림, 병조림.
- 졸이다 : 마음을 졸인다.

- 주리다 : 여러 날을 주렸다.
- 줄이다 : 비용을 줄인다.

- 하노라고 : 하노라고 한 것이 이 모양이다.
- 하느라고 : 공부하느라고 밤을 새웠다.

- -느니보다(어미) : 나를 찾아 오느니보다 집에 있거라.
- -는 이보다(의존 명사) : 오는 이가 가는 이보다 많다.

- -(으)리만큼(어미) : 나를 미워하리만큼 그에게 잘못한 일이 없다.
- -(으)ㄹ 이만큼(의존 명사) : 찬성할 이도 반대할 이만큼이나 많을 것이다.

- -(으)러(목적) : 공부하러 간다.
- -(으)려(의도) : 서울 가려 한다.

- -(으)로서(자격) : 사람으로서 그럴 수는 없다.
- -(으)로써(수단) : 닭으로써 꿩을 대신했다.

- -(으)므로(어미) : 그가 나를 믿으므로 나도 그를 믿는다.
- (-ㅁ, -음)으로(써)(조사) : 그는 믿음으로(써) 산 보람을 느꼈다.

01 올바른 언어생활을 위해서는 소리가 같거나 비슷하지만 뜻이 다른 말들을 혼동하지 말고 정확하게 알아 적합한 단어를 선택해야 한다. 다음 문장에서 올바른 단어를 선택하시오.
〔소리가 같거나 비슷해 혼동하는 현상〕

① ┌ 잠깐만 기다려. (금세, 금새) 일을 끝낼 테니까.
　└ 요즘 하도 가물어서 배추 (금세, 금새)가 말도 못 하게 비싸다.

② ┌ 입술을 (지그시, 지긋이) 깨물다
　└ 나이도 (지그시, 지긋이) 드신 양반이!

③ ┌ 길에서 놀던 아이가 자동차 소리에 깜짝 놀라 옆으로 (비꼈다, 비켰다).
　└ 북진해 오던 태풍이 다행스럽게도 우리나라를 살짝 (비껴, 비켜) 갔다.

④ ┌ 제사 때 쓸 비용을 좀 (낫잡아서, 낮잡아서) 계산해 봐라.
　└ 오이 값을 너무 (낫잡는, 낮잡는) 것 같군요.

⑤ ┌ 겨울 바람이 무척 (드새, 드세)구나.
　└ 오늘 밤은 이야기 꽃을 피우며 함께 (드새, 드세) 보자.

⑥ ┌ 이 일에 대해서는 (갈음, 가름)이 잘 되지 않는다.
　└ 돈이 없으면 물건으로 (갈음, 가름)해라.

⑦ ┌ 오늘 팬 장작 중에는 (희아리, 희나리)가 있으니 분리해 놓아라.
　└ 고추를 말릴 때는 (희아리, 희나리)가 생기지 않도록 정성을 다해라.

⑧ ┌ 밤을 (세워, 새워) 공부하다.
　└ 머리를 촌스럽게 (새웠다, 세웠다).

⑨ ┌ 홍어회는 홍어를 (썩여서, 썩혀서) 만든다.
　└ 영수는 어려서부터 부모 속을 (썩히거나, 썩이거나) 거역한 일이 없다.

⑩ ┌ 아무리 생각해 보아도 아이가 어디에 갔는지 (지피는, 짚이는) 곳이 없다.
　└ 아버지는 장작을 한 아름 들고 들어와 방 안의 난로에 불을 지피셨다.

⑪ ┌ 두 마리의 토끼를 (좇는, 쫓는) 자는 한 마리의 토끼도 못 잡는다.
　└ 쏟아지는 잠을 (좇기, 쫓기) 위해 찬물로 세수를 해야겠다.

⑫ ┌ 아이는 가방에서 손전등을 꺼내 어두운 방을 (비처, 비춰) 보았다.
　└ 어둠 속에서 달빛이 환하게 (비추고, 비치고) 있었다.

⑬ ┌ 거슬리다 : 자꾸 흘러내리는 앞머리가 (거스려, 거슬려) 공부가 잘 안 된다.
　└ 거스르다 : 국민들은 시대를 (거슬르는, 거스르는) 구시대의 법을 폐지할 것을 요구했다.

⑭ ┌ 빗다 : 빗으로 머리를 (빚다, 빗다).
　└ 빚다 : 만두를 (빗다, 빚다).

⑮ ┌ -(으)로써 : 우리는 법을 (지킴으로서, 지킴으로써) 타인의 권익과 자유를 침범하지 않도록 해야 한다.
　└ -(으)로서 : 인간에게는 소리의 한계를 (글로서, 글로써) 해결할 수 있는 슬기가 있었다.

| 언어 다듬기 | 혼동하기 쉬운 단어

┌ 가진 : '가지다'의 관형형. ~을 소유한. 예 그는 사업체를 여럿 가진 사업가다
└ 갖은 : 골고루 모두 갖춘. 여러 가지의. 예 갖은 노력을 다하다

┌ 거저 : 아무런 노력이나 대가 없이. 공짜로. 예 내가 읽던 책을 거저 주었다.
└ 그저 : 다른 일은 하지 않고 그냥. 예 그는 그저 웃기만 했다.

┌ 너머 : 높거나 넓게 놓인 것의 건너편. 예 들창 너머, 파랗다 못해 보라색을 띠었다.
└ 넘어 : 경계나 높은 곳을 지나감. 예 국경을 넘어가다

┌ 봉오리 : 망울만 맺힌 채 아직 피지 않은 꽃. 예 이제 봉오리가 맺을락 말락 하는 할미꽃.
└ 봉우리 : 산에서 높고 뾰족하게 솟은 부분. 예 산의 제일 높은 봉우리에 오르다.

┌ 예 : 아주 먼 과거. 예 꼼꼼한 성격은 예나 지금이나 조금도 달라진 것이 없다.
└ 옛 : 지나간 때의. 예 10년 뒤 찾은 고향은 옛 모습 그대로였다.

┌ 자갈 : 강, 바다의 바닥에 있는 자잘한 돌. 예 가뭄으로 강바닥의 자갈이 드러났다.
└ 재갈 : 말을 하지 못하도록 사람의 입에 물리는 물건. 예 재갈을 물리다.

┌ 장사 : 이익을 얻으려고 물건을 사서 파는 일. 예 장사를 시작하다.
└ 장수 : 장사하는 사람. 예 인심이 후한 사과 장수 아저씨.

┌ 가르치다 : 모르는 것을 알게 만들어 줌. 예 그는 그녀에게 운전을 가르쳤다.
└ 가리키다 : 대상을 지적해서 보이거나 말함. 예 그는 손가락으로 북쪽을 가리켰다.

┌ 겨누다 : 목표물을 향해 방향과 거리를 잡다. 예 총을 호랑이에게 겨누다.
└ 겨루다 : 서로 버터서 우열을 다툼. 예 상대 선수와 기량을 겨루다.

┌ 끼다 : 때나 먼지 따위가 엉겨 붙다. 예 목에 때가 덕지덕지 끼다.
└ 끼이다 : 좁은 틈 사이에 박힘. 예 발이 돌 틈에 끼이다.

┌ 나가다 : 안에서 밖으로 이동하다. 예 조용히 있고 싶으니 모두 나가서 놀아라.
└ 나아가다 : 목표 등을 향해 노력해 나감. 예 관직에 나아가다.

┌ 놀라다 : 뜻밖의 일로 가슴이 두근거리다. 예 고함 소리에 화들짝 놀라다.
└ 놀래다 : 남을 놀라게 함. 예 뒤에서 갑자기 나타나서 그를 놀래 주자.

┌ 달리다 : 재물, 기술, 힘 따위가 모자라다. 예 다른 사람들에 비해 실력이 달린다.
└ 딸리다 : 어떤 것에 매이거나 속해 있음. 예 그 집에는 넓은 앞마당이 딸려 있다.

┌ 띠다 : 마음속에 생각이나 사명 등을 지님. 예 그는 항상 열정을 띠고 일한다.
└ 띄다 : '뜨이다'의 준말. 눈에 보이게 됨. 예 눈에 띄게 달라진 모습이다.

┌ 맞추다 : 두 개를 나란히 놓고 비교해 살핌. 예 친구와 일정을 맞추어 보았다.
└ 맞히다 : 물음에 틀리지 않은 답을 댐. 예 퀴즈의 답을 정확히 맞혔다.

┌ 배다 : 물기나 냄새가 스며듦. 예 종이에 기름이 배다.
└ 베다 : 날이 있는 도구로 무엇을 끊거나 자름. 예 낫으로 벼를 베다.

┌ 부치다 : 경로를 통해 무엇을 상대에게 보냄. 예 짐을 외국으로 부치다.
└ 붙이다 : 맞닿은 것이 떨어지지 않게 함. 예 떨어지지 않게 풀로 붙였다.

┌ 새다 : 물 등이 틈, 구멍으로 조금씩 빠짐. 예 지붕에서 비가 샌다.
└ 세다 : 사물의 수효를 헤아리거나 꼽다. 예 참석자의 수를 세다.

┌ 여의다 : 사랑하는 사람이 죽어서 이별하다. 예 그는 부모를 여의고 고아로 자랐다.
└ 여위다 : 몸의 살이 빠져 파리하게 되다. 예 여윈 손.

┌ 잃다 : 가졌던 물건이 없어져 그것을 갖지 아니하게 되다. 예 가방을 잃다.
└ 잊다 : 기억하지 못하거나 기억해 내지 못하다. 예 수학 공식을 잊다.

┌ 작다 : 크기, 부피 등이 보통보다 덜하다. 예 깨알처럼 작은 글씨.
└ 적다 : 수효나 분량, 정도가 일정한 기준에 미치지 못하다. 예 수입이 적다.

02 올바른 언어생활을 위해서는 선택에 제한이 있는 유의어들 간의 의미 차이를 정확하게 알아 적합한 단어를 사용해야 한다. 다음 문장에서 올바른 단어를 선택하시오. 〔유의어(類義語) 혼동 현상〕

① 어머니께서는 (홀몸, 홑몸)으로 저희 남매를 키우셨습니다.
　결혼한 지 3년이나 되었는데 아직도 (홀몸, 홑몸)이야?
② 과일은 (껍질이, 껍데기가) 두꺼우면 못쓰는 거야.
　소라 (껍질만, 껍데기만) 있고 알맹이는 모두 빠져 버렸네.
③ 10은 5의 (곱절, 갑절)이다.
　그의 몸무게는 너의 세 (곱절, 갑절)은 될 거야.
④ 풀섶에 넘어진 (주검, 죽음)을 보았다. / 아저씨의 (주검, 죽음)은 사고가 아니었다.
⑤ 오늘 낮에는 눈이 많이 내리더니 밤에는 (추위, 강추위)까지 겹쳤다.
⑥ 의견이 서로 (다르다, 틀리다) / 계산이 (다르다, 틀리다)
⑦ 일(사업, 가게)를 (벌이다, 벌리다). / 팔을 (벌이다, 벌리다).
⑧ 이불을 (들치다, 들추다). / 과거를 (들치다, 들추다).
⑨ 촛불에 머리카락이 (그을리다, 그슬리다). / 얼굴이 새까맣게 (그을렸다, 그슬렸다).
⑩ 나는 아무 음식이나 잘 먹지만, (다만, 단지, 오직) 짠 것은 좋아하지 않는다.
　그는 여행을 가서 (다만, 단지, 오직) 닷새 만에 돌아왔다.
　그는 (다만, 단지, 오직) 민족의 장래만을 걱정하고 있다.

03 다음은 단어의 의미를 부정확하게 쓰거나 단어를 정확하게 쓰지 않는 데서 나타나는 단어 내용의 오류들이다. 바르게 고치시오. 〔단어 내용의 오류〕

① 세종대왕은 우수한 우리말과 글을 만들었는데 특히 한글은 언어 구조가 간단하고 단순하여 쉽게 배울 수 있다.
② 커피는 한 잔 이상이면 해롭습니다.
③ 추녀 끝에 고드름이 달렸다.
④ 성적이 상승하였다.
⑤ 대통령은 장병들의 노고를 치하하였다.
⑥ 사랑스러운 그녀의 앙칼진 목소리가 귓전에 와 닿았다.

04 지나친 한자어나 외래어의 사용은 부자연스럽다. 우리말답게 고치시오.

① 동일한 사고를 공유하는 사람들이 집합하였다.
② 수면을 취하다
③ 총력을 경주하여
④ 교제 중이다
⑤ 개전의 정이 현저한
⑥ 섬유 산업은 6, 70년대 경제적 발전에 큰 기여를 하였다.
⑦ 이 옷에서는 브라운 톤에 포커스를 두었다.

테마 16　단어 - 어법에 맞는 단어의 사용

| 언어 다듬기 | [체언(명사, 대명사, 수사)]

명사화 구성 자체가 비문의 조건이 되는 것은 아니지만 명사화 구성을 남용하는 것은 문제가 된다. 우리말 어법에 따르면, 명사화하여 표현하는 것보다는 동사나 형용사로 풀어서 설명해 주는 것이 더 자연스러울 때가 많다.
- 그대 있음에 나는 행복하다. → 그대가 있으매(있으므로)······
- 불법 건물임이 판명되었다. → 불법 건물로 판명되었다.
- 가격이 오름에도 불구하고 → 가격이 올라도(오르는데도)
- 불법 시비가 잇따랐음은 물론이다. → 물론 불법시비가 잇따랐다.
- 먹음에 의해 → 먹으니까   · 먹음과 동시에 → 먹자마자
- 먹음으로 인해 → 먹어서   · 먹음을 이유로 → 먹는다 해도
- 먹음을 가정하고, 먹음을 조건으로 → 먹는다손 치더라도
- 먹기 위해서 → 먹으려고

01 **다음 문장을 바르게 고치시오.** [지나친 명사화 구성]
① 그가 그 문제를 명쾌하게 해결할 것으로 예상되는 것이다.
② 여름이 되면 수해 방지 대책 마련에 철저를 기해야 한다.
③ 은주는 권장 도서 목록 선정이 너무 주관적이라며 불만을 터뜨렸습니다.

02 **자연스럽지 않은 부분을 찾아 내어 고치시오.** [의존 명사 구문의 모호성 및 기타]
① 배가 고프니 우선 데를 찾아보자.
② 철수는 어머니께 철수의 옷을 보여 드렸다.
③ 어젯밤에는 눈들이 많이 내렸다.
④ 그가 걸음을 걷는 것이 이상하다.

| 언어 다듬기 | [관계언(조사)]

- 그 중요한 목적은 우리의 사상을 상대자한테 전달하는 데 있다.
  '상대자한테'는 '상대자에게'로 바꾸어야 한다. '한테'는 구어체에 사용되는 조사이고, '에게'는 낙착점을 표시하는 부사격 조사이다.
- 최선을 다할 따름이 중요하다.
  '따름'은 '뿐'과 함께 서술격 조사 '이다(아니다)'와 결합되는데, 주격 조사가 쓰였기 때문에 불합리한 문장이 되었다. '최선을 다할 따름이다.'로 고쳐야 한다.

03 **다음 문장에서 불합리하거나 자연스럽지 못한 조사를 찾으시오.** [조사의 오류]
① 일본에게 패하였다.
② 청년으로부터 폭행을 당했다.

③ 원서 접수는 5일까지 마감한다.
④ 내 아이만큼은 잘 키울 것이니 교육만큼은 제게 맡기세요.
⑤ 남은 책이 한 권뿐이 없다.
⑥ 한국의 경제 위기의 실상의 정확한 분석
⑦ 학교에 가야겠다라고 생각했어요.
⑧ 우승했다라는 사실이 믿기지 않아요.
⑨ 재해 지역 선포를 대통령에 요청했다.
⑩ ㄱ대학은 ㄴ대학에 4 : 3으로 이겼습니다.
⑪ 2000년대의 식량 문제를 대처할 방안을 생각하자.
⑫ 이제는 아시아에 손꼽히는 강대국이 되었다.

| 언어 다듬기 | [용언(동사, 형용사)]

- 부디 건강하세요. → 부디 건강하시기 바랍니다.
  '건강하다'는 동사가 아니라 형용사이다. 형용사는 상태를 묘사하는 단어이므로 명령형이 있을 수가 없다. 따라서, 동사로 끝나는 문장을 만들어, '부디 건강하시기 바랍니다.'가 되어야 한다.
- 유익한 주말이 되십시오. → 유익한 주말을 보내시기 바랍니다.
  명령문의 구조상 '너는 유익한 주말이 되어라.'의 뜻이 되므로 틀린 표현이다. '유익한 주말을 보내시기 바랍니다.' 가 옳은 표현이며, '유익한 주말이 되기를 바랍니다.'도 가능하다.

04 다음 문장에서 자연스럽지 않은 부분을 찾아내어 고치시오. [활용 어미의 사용]
① 어제는 머리가 아프니까 결석을 하였습니다.
② 그 계곡물 위에는 이미 썩어진 나무 다리가 놓여 있었다.
③ 어디를 가던지 자기 하기 나름이다.
④ 나는 창수가 합격함을 바란다.
⑤ 여기 가만히 있거라.
⑥ 알맞는 답을 고르시오.
⑦ 푸르른 들판을 마음껏 달려 보자.
⑧ 보세요, 잘 날라가지 않습니까?
⑨ 피난민 열차를 버리고 걸어서 남하하였다.
⑩ 달 밝는 밤이면 고향에 대한 그리움이 사무친다.
⑪ 빨리 철수를 데리자.
⑫ 형과 함께 이삿짐을 열심히 나르었다.
⑬ 인숙이는 얼굴이 빨가져서 달아나 버렸다.

| 언어 다듬기 | [수식언과 독립언]

> 꾸미는 말을 중첩하여 쓰거나, 전체 문장의 의미에 비추어 관형화 구성을 하지 않고 무조건 쓰게 되면 비문(非文)이 될 확률이 높다. 그러므로 이 때에는 꾸밈을 받는 말과의 관계를 잘 따져 본 다음 경제성을 살려 관형화 구성을 하는 것이 좋다.

05 다음 문장에서 불합리하거나 자연스럽지 못한 찾아 고치시오. [관형화 구성]

① 유구한 빛나는 전통 문화를 단절시킬 가능성이 큰 융통성 없는 문화 정책은 재고해야 한다.
② 이 수술은 후유증이 없는 안전한 고도의 정밀한 수술로 비용도 저렴한 파격적인 저비용이다.
③ 살랑거리는 파릇파릇한 나뭇잎은 신록의 몸짓을 보여 준다.

| 언어 다듬기 |

> 오랫만에 쉴려고 시골집에 들렸다가 들녁에 불려 나가 운동 부족의 댓가만 톡톡이 치뤄야 했습니다.

⇨ '오랫만에'는 '오랜만에'가 맞다. '오랜만'은 '오래간만'의 준말로 보아 ㄴ 받침을 쓰는 것이다. '오래간만'은 '오래 가다'의 관형형 '오래간'에 의존 명사 '만'이 붙어 명사로 합성된 것이다.
⇨ '쉴려고'는 '쉬려고'가 맞다. '-려고'를 '-ㄹ려고'로 하거나 '-ㄹ라고'로 함은 모두 잘못이다.
⇨ '들려서'는 '들르다'가 기본형이고 'ㅡ' 탈락 규칙에 의한 활용을 하므로 '들러서'가 맞다. 위 예문 뒷부분에 나온 '치뤄'도 'ㅡ' 탈락 용언 중에 자주 틀리는 예다. 같은 유형으로 자주 틀리는 단어로는 '담그다'도 있다. 이들을 '치루다, 담구다'로 알고 '치루어, 치뤄 : 담구어, 담궈'로 적은 경우가 많은데 모두 잘못이며 '치러, 담가'로 적어야 한다.
⇨ '들녁'은 '들녘'이 맞다.
⇨ '댓가'는 한자어의 사이시옷 규정(맞춤법 30항)에서 사이시옷을 쓰는 여섯 단어(곳간, 셋방, 숫자, 찻간, 툇간, 횟수)가 아니므로 '대가'가 맞다.
⇨ '톡톡이'는 '톡톡히'로 적는다.
⇨ '-읍니다'는 현 한글 맞춤법 규정에서 쓸 일이 없어져 '-습니다'로만 써야 한다. 또한 위 문장은 운동 부족의 대가가 무슨 뜻인지 언뜻 떠오르지 않아 내용상 다듬을 필요도 있다.

※ ㉠~㉤을 고쳐 쓰기 위한 의견으로 알맞지 <u>않은</u> 것은?(6~8)

06
존경하는 박 선생님께
　선생님, 그동안 안녕하셨는지요? 깊은 밤 책을 읽다가, 선생님이 떠올라 이렇게 글월 ㉠<u>올리옵니다</u>. 선생님께서는 ㉡<u>우리</u> 제자들을 위한 일이라면 어떤 어려움도 마다하지 않으셨지요. 형편이 어려운 제자들을 격려하기도 하셨고, 학교에 잘 적응하지 못하는 친구들을 ㉢<u>곧은 길로</u> 인도해 주셨지요. 그때 선생님께서 베풀어 주신 사랑이 얼마나 ㉣<u>고마웠던지</u> 지금도 잊을 수가 없습니다. 선생님의 사랑 덕분에 모두 제 길을 ㉤<u>찾을수</u> 있었습니다. 선생님의 높고 큰 은혜에 보답하기 위하여 저는 하루하루를 소중하게 여기며 충실하게 살아가고 있습니다.
　연락 자주 드리겠습니다. 내내 평안하시기를 빕니다.

2002년 ○월 ○일
제자 김희정 올림

① ㉠ '올리옵니다'는 요즘 잘 쓰지 않는 어투이니, '올립니다'로 바꾸는 것이 낫겠다.
② ㉡ '우리'는 공손한 느낌을 주는 '저희'로 바꾸는 것이 좋겠다.
③ ㉢ '곧은'은 어색한 표현이니, '바른'으로 바꿔야겠다.
④ ㉣ '고마웠던지'는 맞춤법에 어긋나니까 '고마웠든지'로 바꿔야겠다.
⑤ ㉤ '찾을수'에서 '수'는 의존 명사니까 띄어 써야 하겠다.

07 우리나라 가구당 서적·인쇄물 구입에 지출한 돈이 월평균 ㉠1만405원에 불과하다고 한다. 월 평균 3권 이상 읽는 인구 비율은 우리가 14.5%인 데 비해 일본은 17.7%에 달한다. 이처럼 ㉡적은 독서율로는 21세기 문화 전쟁의 시대를 이겨낼 수 없다. 문화 전쟁의 무기는 정보와 지식이고, 책이야말로 검증된 지식과 정보의 원천이기 때문이다. ㉢그러기에 책을 읽지 않는 국민에게는 미래가 없다.
정부는 독서 진흥 방안을 적극 마련해야 한다. 공공 도서관을 ㉣늘이고 양서(良書) 출판도 지원해야 한다. 학교의 ㉤독서 환경과 독서 교육을 더욱 강화해야 한다. 신문이든 책이든 읽는 사람[Reader]이 지도자[Leader]가 된다.

① ㉠ : 수(數)는 '만(萬)' 단위로 띄어 써야 하므로 '1만 405원'으로 고친다.
② ㉡ : '비율'은 수치의 높고 낮음을 나타내므로 '낮은'으로 고친다.
③ ㉢ : 앞 문장과의 연결 관계를 고려하여 '그러나'로 고친다.
④ ㉣ : 수나 양을 늘게 한다는 뜻인 '늘리고'로 고친다.
⑤ ㉤ : 서술어와 호응이 되지 않으므로 '독서 환경을 개선하고'로 고친다.

08 고등학교 졸업 후 반 년 만에 선생님께 연락드린 후 댁으로 찾아갔다. 선생님 댁으로 가는 언덕길이 ㉠가파라서 힘들었지만 오랜만에 선생님을 뵙는다는 생각에 마음만은 가벼웠다. 대문 밖에 나와 기다리시던 선생님께서는 ㉡너무 반가워하시며 내 손을 잡아 주셨다. 앞뜰의 ㉢꽃에 물을 주시던 사모님께서도 반겨 주셨다. 사모님께서는 반가운 제자가 왔다고 ㉣살찐 생선으로 끓인 먹음직한 찌개로 저녁상을 차려 주셨다. 나는 대학 생활의 시작이 ㉤성공적이였다고 선생님께 말씀 드렸다. 선생님께서는 잔잔한 미소를 지으며 내 이야기에 귀를 기울여 주셨다.

① ㉠의 기본형 '가파르다'는 '르'불규칙 용언이므로 '가팔라서'로 고친다.
② ㉡에서 '너무'는 부정적인 어감을 지니고 있으므로 '무척'으로 바꾸는 것이 좋겠다.
③ ㉢의 대상은 움직임이 없는 것이기에 '-에'가 아니라 '-에게'로 바꾸는 것이 좋겠다.
④ ㉣의 '살찐'은 동사이기에, 의미에 맞게 형용사인 '살진'으로 바꾸어야겠다.
⑤ ㉤에서 '-였-'은 '-이었-'이 준 형태인데 앞에 '-이-'가 있으므로 '-었-'으로 수정하는 것이 좋겠다.

문장(통사론)

테마 17 문장 – 문장 성분의 호응

문장성분	
주어	• 동작 또는 상태나 성질의 주체가 되는 문장 성분 • 체언+주격 조사(이/가, 께서, 에서), 체언+보조사(은/는,도,만)
서술어	• 주어의 동작, 상태, 성질 따위를 풀이하는 기능을 하는 문장 성분 • 동사, 형용사, 체언+서술격 조사(이다) • 그 성격에 따라 필요로 하는 문장 성분의 개수가 다름(서술어의 자릿수)
목적어	• 서술어(타동사)의 동작 대상이 되는 문장 성분 • 체언+목적격 조사(을/를), 체언+보조사
보어	• '되다, 아니다'와 같은 서술어의 필수 성분으로 기능하는 문장 성분 • 체언+보격 조사(이/가)
관형어	• 체언을 수식하는 문장 성분 • 관형사, 용언의 관형사형(용언 어간+-는, -(으)ㄴ, -(으)ㄹ, -던), 체언+관형격 조사(의)
부사어	• 용언, 관형어, 부사어 등을 수식하는 문장 성분 • 부사, 체언+부사격 조사[에, (으로)로], 용언의 부사형
독립어	• 문장의 어느 성분과도 직접적인 관련이 없는 문장 성분 • 감탄사, 체언+호격 조사(아/야, 이여)

| 언어 다듬기 | [주어와 서술어]

문장의 기본 구조를 갖추기 위해서는 무엇보다도 주어와 서술어가 호응되어야 한다. 문맥상 의미가 통할 때에는 우리말의 특성상 주어가 생략되거나 이 중 주어가 오는 경우도 있다.

01 다음 문장을 성분이 자연스럽게 호응되도록 고치시오. [주어와 서술어의 호응]

① 이 글을 읽는 여러분에게 먼저 당부하고 싶은 것은 만일 여러분이 주변 환경을 탓하고 있다면 그런 생각은 버리시길 바랍니다.
② 현재의 복지 정책은 앞으로 손질이 불가피할 전망입니다.
③ 한번 오염된 환경이 다시 깨끗해지려면, 많은 비용과 노력, 그리고 긴 시간이 든다.
④ 이 지역은 무단 입산자에 대하여는 자연 공원법 제60조에 의거 처벌을 받게 됩니다.

| 언어 다듬기 | [목적어, 보어, 관형어, 부사어, 독립어]

특정 부사어가 특정 서술어와 호응하는 것으로, 그 관계가 매우 고정적이라는 점이 특징이다.
호응에 제약을 가지는 표현

결코 ~않다	과연 ~구나	그다지 ~하지 않다
도대체 ~이냐	드디어 ~하다	마치 ~같다
만약 ~라면(~ㄴ다면)	부디 ~하여라	비록 ~일지라도
아마 ~-ㄹ 것이다	여간 ~않다	일절 ~ 않다(못하다)
차라리 ~-ㄹ지언정	차마 ~않다	혹시 ~거든

02 다음 문장을 성분이 자연스럽게 호응되도록 고치시오. [부사어의 호응]

① 동아리에 가입하기 위해서는 절대로 직접 손으로 쓴 작품을 제출해야 한다.
② 한결같이 어려운 이웃을 돕는 사람들이 많습니다.
③ 그는 내키지 않는 일은 반드시 하지 않는다.
④ 그는 마음먹은 일은 절대로 하고 만다.
⑤ 우리는 그것을 학생으로서의 마땅한 의무라고 생각합니다.

| 언어 다듬기 | [문장 성분의 호응]

맛도 영양도 훨씬 많다.

⇨ '맛도 영양도'가 주어를 병렬하였는데 서술어 '많다'와의 호응이 어색하다. 즉 '영양도 많다'는 주술 관계가 어울리지만 '맛도 많다'는 어색하므로 전체 문장이 의미론적으로 어색한 문장이 되었다. 따라서 '맛도 좋고 영양도 많다'라고 해야 바른 문장이다.

길을 다니거나 놀 때 사고 위험이 많다.

⇨ '길을' 다음에 서술어가 병렬되어 나타났는데 '다니거나'와는 호응하지만 '놀 때'의 '놀다'와는 호응이 어색하다. 이는 '길에서 놀다'라고 해야 하기 때문이다. 따라서 '길을 다니거나 길에서 놀 때 사고 위험이 많다'로 해야 통사론적으로나 의미론적으로나 완전한 문장이 된다.

> 철수는 영수가 은희가 떠나는 것을 보았다고 말했다.
>
> ⇨ 이른바 겹주어 구문으로 보이지만 관련 주어와 서술어끼리는 근접하여야 한다는 원칙을 어김으로써 비문이 되었다. 이것은 주어-서술어 근접 원칙에 따라 '은희가 떠나는 것을 영수가 보았다고 철수는 말했다.'라고 바꾸면 자연스럽다.
>
> 자동커피판매기 → 커피자동판매기   급차선변경 → 차선 급 변경
> 완전 서비스 공짜 → 서비스 완전 공짜   절대 비밀 보장 → 비밀 절대 보장
>
> ⇨ 잘 쓰이는 관용구들이지만 통사적으로 성분 호응 관계에 문제가 많은 예들로 → 표의 오른쪽 예처럼 고쳐야 정확한 표현이다.
>
> 이런 경찰의 주장은 전혀 설득력이 없다 → 경찰의 이런 주장은……
>
> ⇨ '이런 경찰의 주장'과 '경찰의 이런 주장'은 뜻이 다른데도 후자를 전자처럼 쓰는 경우가 많은 것을 지적한 것이다.

03 문장은 필요한 성분은 있어야 하고 불필요한 성분은 없어야 한다. 그래야 문장 성분 간의 호응이 자연스러운 문장이 된다. 다음 문장에서 불필요한 말과 보충해야 할 말을 찾으시오.

〔성분의 보충과 생략〕

① 문학은 다양한 삶의 체험을 보여 주는 예술의 장르로서 문학을 즐길 예술적 본능을 지닌다.

② 인간은 환경을 지배하기도 하고, 때로는 순응하면서 산다.

③ 본격적인 공사가 언제 시작되고, 언제 개통될지 모른다.

④ 그 선수의 장점은 경기 흐름을 잘 읽고 다른 선수들에게 공을 잘 보내 준다는 것이 큰 장점이다.

⑤ 방학 기간 동안 축구를 실컷 찼다.

⑥ 요즘 같은 때에는 공기를 자주 환기시켜야 감기에 안 걸리는 거야.

⑦ 손님이 거의 가 버렸다.

⑧ 나는 원고지에 연필로 십 년 이상 글을 써 왔는데, 이제 바꾸려니 쉽지 않다.

04 다음 문장을 성분이 자연스럽게 호응되도록 고치시오.

① 이 배는 사람이나 짐을 싣고 하루에 다섯 번씩 운행한다.

② 운전 기사와 잡담을 하거나 과속을 금지한다.

③ 영이는 노래를 하고, 순이는 키가 크다.

④ 인간은 자연에 복종도 하고, 지배도 하며 살아간다.

⑤ 내가 하고 싶은 말은 다름이 아니라, 아직 늦지 않았으니 새로 시작하기를 바란다.

⑥ 나는 영희가 좋다.

⑦ 지역 주민의 사랑을 받을 것을 다짐했습니다.

⑧ 날씨가 흐리면서 비가 조금 내리겠습니다.

⑨ 내일은 비가 예상됩니다.

⑩ 즐거운 주말을 되십시오.

⑪ 다음 주부터는 주가가 오를 전망입니다.

테마 18   문장 – 문법의 요소와 기능

| 언어 다듬기 | [문장의 종결]

> 인터넷상의 다양한 종결 표현의 특징
> ① 보조사 '여'를 들 수 있다. '있어여, 봤어여, 안되여, 안한다네여' 등에서 보듯이 '여'는 보조사 '요'의 변이 형태이다. 문장이 완전히 끝났음을 나타내기 위하여 '다녔어염'에서처럼 '염'을 사용하는 것 역시 볼 수 있다.
> ② '-ㅁ다'이다. 이것은 '졸업했슴다, 갔슴다, 축하드림다'에서처럼 나타난다.
> ③ 맨 마지막에 'ㅇ'을 넣는 것이다. '이동합니당, 했어용, 했는뎅, 했슴당'을 예로 들 수 있다.
> ④ '갈려구, 별루라구, 맡기구'에서 보는 것처럼 '-구'를 사용하는 것이다. 이것은 대체로 '-고' 대신에 사용된 것으로 볼 수 있다. 이러한 경향은 '구래서'와 '본사루'에서도 보이는데 이 때의 '구'는 '그' 대신 사용한 것이고, '루'는 '로' 대신 사용한 것이다.

01 다음은 인터넷에 올려진 글이다. 이 자료에서 인터넷상에 주로 쓰이는 종결 어미 표현을 찾아 규범 표현으로 고치시오.

① 냉면집 하면 생각나는 집, 한 군데 있어여. 이 집 냉면처럼 맛있는 집 처음 봤어여. 면발이 다른 집이랑 비교가 안 되여. 국물 맛 또한 기가 막혀여.
② 아래 주소로 이사했어여. 5초 후 자동 이동합니당.
③ ○○대 산업 공학과를 2000년 2월에 졸업했슴다. 무쟈게 학교 오래 다녔어염.
④ 전부터 말썽이던 휴대 전화를 고치려고 했어용. 첨엔 ○○에 갈려구 했는뎅 거긴 서비스가 별루라구 해서여, 삼성동 A/S 본사루 가라고 해서 갔더니 토욜이라 안 한 대네여……. T.T 딴 덴 다 하는데……. 구래서 가장 가까운 청담동으로 갔슴다. 근데 시간이 없다구 당일 수리는 불가하다네여. T.T 결국 ○○에 가서 맡기구 낼 찾기로 했슴당.
⑤ 김근호 님과 김평원 님의 가입을 축하드림다.

높임 표현

높임법은 문장 종결 표현, 선어말 어미 '-(으)시-', 조사 '께, 께서', 특수 어휘 '계시다, 드리다'와 같은 표현을 통해서 실현된다.

① **상대 높임법** : 말하는 이가 듣는 이에 대하여 높이거나 낮추어 말하는 방법이다.
② **주체 높임법** : 서술의 주체를 높이는 방법으로, 말하는 이보다 서술의 주체가 나이나 사회적 지위 등에서 상위자일 때 사용된다.
③ **객체 높임법** : 목적어나 부사어가 지시하는 대상, 즉 서술의 객체를 높이는 방법이다.

| 언어 다듬기 | [높임 표현]

```
① 선생님께서는 지금 집에 (계시다 ○, 있으시다 ×). : 주어 직접 높임
② 선생님께서는 돌 지난 손자가 (계시다 ×, 있으시다 ○). : 주어 간접 높임
③ 선생님께서는 아끼시는 고서가 많이 (계시다 ×, 있으시다 ○). : 주어 간접 높임
④ 과장님, 넥타이가 (예쁘시네요 ×, 예쁘네요 ○). 과장님, 돈이 (있으시군요 ○, 있군요 ×).
   과장님, 집이 (크시군요 ×, 크군요 ○). 과장님, 강아지가 (예쁘시군요 ×, 예쁘군요 ○).
⑤ 회장으로 계시는 ○○○ 회장님의 말씀이 계셨습니다.
   → 회장이신 ○○○ 회장님의 말씀이 있었습니다.
⑥ 어머니께서 아프시답니다. → 편찮으시답니다.
⇨ ①~③은 주어에 대한 직접 높임과 간접 높임을 구별하여야 할 예들이다. ④도 간접 높임을 의도한 것이 '넥타이, 집,
   강아지'를 직접 높이는 것으로 변질되어 過恭非禮가 되므로 삼가야 한다. ⑤도 過恭非禮의 예이다. ⑥은 '아프다'의
   높임법 어휘를 바르게 써야 하는 예이다.
```

02 다음 자료에서 잘못된 높임 표현을 찾아 바르게 고치시오.

① 우리 할아버지께서는 귀가 참 밝아요.
② 철수야, 너 아버지께서 오시라고 한다.
③ 우리 선생님이 준 과학책이야.
④ 할머니께서는 이빨이 좋으시다.
⑤ 할아버지께서는 병이 나셔서 병원에 입원하였다.
⑥ 할아버지, 작은 아버지께서 오셨습니다.
⑦ 주례 선생님의 말씀이 계시겠습니다.
⑧ 너, 선생님이 빨리 오래.

03 다음 짝지은 문장 중에서 바른 것을 골라내고, 그 이유를 설명하시오.

① ㉠ 그분은 두 살 된 따님이 계시다. / ㉡ 그분은 두 살 된 따님이 있으시다.
② ㉠ 댁에 정원사가 계시죠? / ㉡ 댁에 정원사가 있으시죠?
③ ㉠ 선생님, 외투가 무거우시죠? / ㉡ 선생님, 외투가 무겁죠?
④ ㉠ 아버지, 둘째 형이 오늘 서울에 도착하신대요. / ㉡ 아버지, 둘째 형이 오늘 서울에 도착한대요.
⑤ ㉠ 호철아, 선생님께서 오시랜다. / ㉡ 호철아, 선생님께서 오라신다.
⑥ ㉠ 어머니께 여쭈어 보고 나서 대답하겠습니다. / ㉡ 어머니께 물어 보고 나서 대답하겠습니다.
⑦ ㉠ 내가 짐을 들어다 드리겠습니다. / ㉡ 제가 짐을 들어다 드리겠습니다.
⑧ ㉠ 선생님, 제 말 좀 들어 보십시오. / ㉡ 선생님, 제 말씀 좀 들어 보십시오.

시간 표현

시제는 말하는 이가 말하는 시점인 발화시(發話時)와 동작이나 상태가 일어나는 시점인 사건시(事件時)를 구별할 필요가 있다. 발화시와 사건시가 어떤 관계에 있느냐에 따라 시제는 대개 과거 시제, 현재 시제, 미래 시제로 나뉜다.

① 과거 시제 : 사건시가 발화시보다 앞선 있는 시제이다.
② 현재 시제 : 사건시와 발화시가 일치하는 시제로 선어말 어미, 시간 부사어, 관형사형 어미를 통해서 실현된다.
③ 미래 시제 : 사건시가 발화시보다 나중인 시제이다.

|언어 다듬기| [시간 표현]

① 철수는 어제 영화를 보러 갔었다. → ······ 보러 갔다.
② 나는 조금 전까지 그 책을 읽었었다. → ······ 읽었다.
③ 늘 건강하시기를 바라겠습니다. → ······ 바랍니다.
④ 앞으로 호전될 것으로 예상되겠습니다. → ······ 예상됩니다.
⑤ 보내 주셔서 감사했습니다. → ······ 감사합니다.

'-았었/었었-'은 단절 상황(대과거)일 때만 쓰는 것이 좋다. 가령 "그는 중학교 때 꿈이 대통령이었었는데 대학교 때 와서는 과학자가 꿈이었다."의 경우가 그러한 단절 상황의 표현이다. 따라서 다음 ①, ②도 단절 상황이 아니고 '-았/었-'으로 표현하여도 충분한 단순 과거 표현이라면 '-았었/었었-'을 쓰지 말아야 한다.

⇨ ③, ④는 미래 의미의 어휘 '바라다, 예상하다'에 미래 기능의 '-겠-'이 중복되어 동의 중복 구성이 되므로 다듬는 것이 좋다. 특히 ③은 건강하기를 지금은 바라지 않고 앞으로 바라겠다는 것으로 오해할 수 있다. ⑤도 보내 준 것을 받은 그 때만 감사하고 지금은 아닌 것으로 오해할 수 있다. 따라서 감사는 현재의 마음을 표현하는 것이므로 현재 시제로 하여야 한다.

04 다음 문장에서 불완전한 곳이 있으면 고치시오. [時相 표현의 오류]

① 그의 선생님에 대한 존경과 그도 선생님과 같은 사람이 되어야겠다는 생각이 싹트기 시작한다.
② 그녀는 요즘 소녀 시절의 순수한 마음을 잃어 가는 것 같은 느낌으로 슬퍼지는 때가 있었다.
③ 공부를 끝내고 나니 열두 시가 넘겠다.
④ 세화는 바야흐로 노래를 불렀다.
⑤ 아직 학교에 도착하고 있지 않습니다.
⑥ 철수는 아직도 그 이야기를 믿는 중이다.
⑦ 나도 극장에 가더라.
⑧ 사람은 만물의 영장이었다.

문법 지식

피동의 실현

파생적 피동문: 동사+피동 접미사(-이-, -히-, -리-, -기-)
- 기적 소리가 <u>들리더니</u>, 멀리서 기차가 <u>보이기</u> 시작했다.
- 경찰이 추격하던 범인이 드디어 <u>잡혔다</u>.

통사적 피동문: 동사, 형용사 어간+'-어지다', '-게 되다'
- 이것은 저것과 <u>관련된다</u>.
- 새로운 사실이 <u>밝혀졌다</u>.
- 이 펜은 글씨가 잘 <u>써진다</u>.
- 곧 사실이 <u>드러나게 된다</u>.

| 언어 다듬기 | [피동 표현]

- 생각된다, 생각되어진다 → 생각한다.
- 왜색 문화는 극복되어야 한다 → …… 극복하여야 한다.
- 왜색 문화는 극복되어야 된다 → …… 극복하여야 한다.
- 닫기다, 닫아지다, 닫히어지다 → 닫히다.
- 그렇게 보여지고 → 그렇게 보이고.

⇨ '생각'은 스스로 하는 것인데 '생각되다'로 표현함은 자신을 로봇 인간으로 자인하는 태도다. '왜색 문화 극복'도 능동적으로 할 일이고 피동적으로 할 일이 아닌데도 '되다'를 씀은 잘못이다. '닫히어지다, 보여지다'는 피동 형태 '-이/히-'와 '-어지다'가 겹친 이중 피동인데 '보이다'로 하면 간단하다. 따라서 '되다'와 이중 피동의 남용을 삼가야 한다.

05 다음 각 문장의 지나친 피동 표현을 자연스럽게 고치시오. [피동법의 오류]

① 이러한 성격 때문에 당해지는 손해가 여간 크지 않았다.
② 내일 아침이면 또 마음이 변해지겠구나.
③ 나도 그렇게 생각되어지더라.
④ 우리나라는 그동안 많은 다목적 댐들이 만들어지고, 한강뿐만 아니라 전국의 주요 홍수 통제 시스템들이 마련되어 가고 있다.
⑤ 열차가 곧 도착됩니다.
⑥ 현대는 과학이 대단히 발달해져 있다.
⑦ 그것이 요즈음 학생들에게 많이 읽혀지는 책이다.
⑧ 바위 위에 천마라고 생각되는 그림이 그려져 있는 것이 아닌가?
⑨ 그러나 이상의 문제들이 지금껏 민주적 방법으로 해결되어지지 못했기 때문에 갈등과 불만이 싹텄다.

⑩ 그렇게 하는 것이 좋을 거라고 생각되어집니다.
⑪ 일이 잘 진행되어지고 있습니다.
⑫ 지방세가 우세하지 않나 이렇게 보아지는군요.
⑬ 문안에 막 들어서려고 하는데, 문이 바람에 저절로 닫아져서 못 들어갔다.
⑭ 정원의 잔디가 많은 사람들의 발에 밟아져서 못 쓰게 되었다.
⑮ 붓이 오래 되어 낡아서 글씨가 잘 써지지 않는다.

사동 표현

파생적 사동 : 동사, 형용사 어근+사동 접미사(-이-, -히-, -리-, -기-, -우-, -구-, -추-)
사동문은 그 밖에 접미사 '-시키다'로도 실현된다. 예 차를 정지시켰다.

통사적 사동 : 보조적 연결 어미(-게)+보조 용언(하다) 예 차를 정지하게 했다.

파생적 사동문과 통사적 사동문의 의미 차이 구분하기
① 어머니가 딸에게 옷을 입혔다.   어머니가 딸에게 옷을 입게 하였다.
② 선생님께서 철수에게 책을 읽히셨다   선생님께서 철수에게 책을 읽게 하셨다.

⇨ 대개 파생적 사동문은 주어가 객체에게 직접적인 행위를 한 것을 나타내고, 통사적 사동문은 간접적인 행위를 한 것을 나타낸다. ①의 예가 그것을 잘 보여 준다. '입혔다' 문장은 어머니가 직접 옷을 입혀 주었다는 의미이고, '입게 하였다' 문장은 딸로 하여금 입게 하였다는 의미이다. 그러나 ②와 같은 경우에는 파생적 사동문이든 통사적 사동문이든 모두 간접적 행위를 의미하는 것으로 해석된다. 결국 파생적 사동문과 통사적 사동문의 의미 차이는 서술어와 다른 성분들의 특성에 따라 달리 해석되는 것으로 이해할 수 있다.

| 언어 다듬기 | [사동 표현]

① 무료로 교육시켜 드립니다. → …… 가르쳐 드립니다 / …… 교육합니다.
② 나에게 거짓말시키면 안 되지. → 나에게 거짓말해서는 안 되지.
③ 외화를 유출시킨 장본인 → 외화를 유출한 장본인 / …… 빼돌린 장본인
④ 검찰은 오늘 새벽 합천에서 검찰 수사관을 급파하여 전두환 씨를 구속시켰다. → …… 구속했다.

⇨ ①은 광고문인데 광고 주체가 무료로 교육한다는 것을 '시키다'로 하여 다른 기관에 무료 교육을 위탁하는 것으로 오해할 수 있다. ②는 '나에게 거짓말을 강요하면 안 된다'라는 뜻이라면 괜찮으나 '나에게 거짓말을 해서는 안 된다'라는 뜻이라면 고쳐야 한다. ③도 제3자에게 외화를 유출하게 한 것이 아니라면 고쳐야 한다. ④도 검찰이 경찰을 시켰으면 구속시킨 것이지만 검찰이 직접 구속을 집행하였으면 고쳐야 한다.

06 어색하거나 잘못된 표현 찾아 고치시오. 〔사동법의 오류〕

① 학교에서 입시 위원회를 설치시킬 예정이다.
② 우리 공장에서는 기계를 하루 종일 가동시키고 있습니다.
③ 내가 친구 한 명 소개시켜 줄게.
④ 그 선생님은 영어를 교육시키는 분이다.
⑤ 영이로 하여금 생각할 시간을 마련하였다.

부정 표현

부정문의 해석

아래 문장에서 '안, 아니하다'가 부정하는 내용은 '철수'가 될 수도 있고, '책'이 될 수도 있으며, '읽다'가 될 수도 있다.

　　철수가 책을 <u>안</u> 읽었다. / 철수가 책을 읽지 <u>않았다</u>.

이러한 중의성은 '철수, 책, 읽다'의 어느 곳에 강세를 주어 구별하거나, 다음과 같이 보조사 '는, 도, 만'을 넣어서 해소할 수 있다. 또한 문맥을 통해서도 중의성이 해소될 수 있다.

　　철수<u>는</u> 책을 안 읽었다. / 철수가 책<u>은</u> 안 읽었다. / 철수가 책을 읽지<u>는</u> 않았다.

| 언어 다듬기 | [부정 표현]

부정 표현의 단어와 호응하는 말의 관계를 명확히 해야 한다.

　　　　　시간이 이십 분<u>뿐</u>이 안 남았다. → 시간이 이십 분밖에 안 남았다.

▷ 보조사 '뿐'이 '안'이라는 부정 표현과 함께 쓰여 의미가 모호한 문장이 되었다.

　　　　　우연치 않게 문성이를 만났다. → 우연히 문성이를 만났다.

▷ 단어의 의미에 주의하지 않은 채 습관적으로 부정 표현을 잘못하여 의미가 정확하지 못하다.

테마 19 문장 – 자연스럽게 문장 다듬기

01 다음은 습관적인 추측 표현을 해서 어색하거나 분명하지 않게 된 문장들이다. 자연스럽게 고치시오.

① 내년에는 부동산 투기 억제를 강력히 추진해야 할 것 같이 보여진다.
② 그의 의견이 옳다고 할 수 있을 것이라고 생각할 수 있다.
③ 영화가 매우 재미있는 것 같습니다.
④ 오늘 날씨는 매우 좋은 것 같아요.
⑤ 이 인형은 너무 예쁘다.
⑥ 그것은 내가 가장 좋아하는 것 가운데 하나이다.
⑦ 이 사건에 대한 해명은 반드시 있어야 한다.

02 다음은 잘못된 일본어식 표현들이다. 우리말답게 고치시오.

① 그 사람은 선각자에 다름아니다.
② 그의 작품은 이러한 주목에 값한다.
③ 나는 학생들에 대하여 많은 관심을 기울이고 있다.
④ 학생 회의에 있어 진지하게 참여하는 것이 중요합니다.

03 다음은 잘못된 영어식 표현들이다. 우리말답게 고치시오.

① 우리 모두 내일 오전 10시에 회의를 갖도록 하자.
② 불조심하는 것은 아무리 강조해도 지나치지 않는다.
③ 춘향호의 선장과 선원들은 배 침몰과 함께 사망했습니다.
④ 은행이 휴면 계좌로부터 얻는 수익이 연간 1,600억 원을 상회하는 것으로 나타났다.
⑤ 경호원을 필요로 하는 영화배우들이 행사에 참여했다.

04 다음은 논리적이지 못한 표현이 나타난 문장들이다. 자연스럽게 고치시오.

① 우리 회사에서는 정화시킨 오염 폐수만을 내보낸다.
② 우리는 돌이에게 민족에 대한 자각을 심어 주기 위해 노력하였다.
③ 이 옷에는 회색으로 무늬를 화사하게 넣었다.
④ 회장은 회원들이 시설물을 이용하는 것을 제한할 수 있으며, 제한하는 경우에는 사전에 이 사회의 승인을 얻어야 한다.
⑤ 모든 국민은 신체의 자유를 가진다.

05 다음은 접속 구성의 오류가 나타난 문장들이다. 자연스럽게 고치시오.

① 검찰이 성역 없는 수사를 한다고 해서, 수사 결과를 두고 볼 일이다.
② 그가 오거든 일이 잘 될 것이다.
③ 그가 오므로서 문제는 쉽게 해결이 되었다.
④ 날씨가 너무 나쁜 관계로 여행을 떠나지 못하였다.
⑤ 그것이 합리적이다라는 생각이 들더군요.
⑥ 한국 축구팀은 불확실한 패스웍과 수비가 불안하여 네덜란드 팀에 패배하였다.

06 다음은 주체 및 객체 혼동의 오류가 나타난 문장들이다. 자연스럽게 고치시오.

① 학교에 원서를 접수하였다.
② 공부를 배워주는 선생님께 여쭤라.
③ 김○○ 교수님께 師事 받고 있습니다.

의미론

테마 20 | 의미 - 의미의 올바른 사용

의미의 사용

중의적 표현	어휘적 중의성	동음 이의어 저 배 좀 봐. (腹, 船, 梨)
		다의어 손 좀 봐야돼.(이 기계는, 그 사람은)
	구조적 중의성	나는 철수와 순이를 만났다.
	은유적 중의성	김 선생님은 호랑이시다. (모습, 성격)
간접적 표현	방이 덥다. → '문을 열어라.'는 의미일 때도 있음.	
관용적 표현	숙어 : 영희는 발이 넓다. 신혼 살림에 깨가 쏟아지지요?	
	속담 : 이 일은 땅 짚고 헤엄 치기다.	
잉여적 표현	여성 자매 두 분이 왔어요. 그것은 불법 살인 행위이다.	

언어 다듬기

- **어휘적 동의 중복 현상**
  실내체육관('관'과 '실내' 중복), 대관령고개('령'과 '고개' 중복), 동해바다('해'와 '바다' 중복), 약숫물, 무궁화꽃, 라인선줄, 농번기철, 박수치다('拍'과 '치다' 중복), 혹사시키다('使'와 '시키다' 중복), 축구차다('蹴'과 '차다' 중복)…

- **통사적 동의 중복 현상**
  왼쪽으로 左回轉하여라. → 좌회전하여라. / 왼쪽으로 돌아라.
  連休가 계속되어 → 休日이 계속되어 / 연휴가 되어 / 연휴라
  농담 비슷하게 농담조로 한 말이었다. → 농담이었다.
  원고 많이 투고하세요 / 대략 절반 쯤은 / 상장을 수여 받다 / 姉妹結緣을 맺다 / 계속 속출하다 / 과반수 이상의
  더불어 함께 하는 기쁨 / 여행 기간 동안 / 그럴 수 있는 가능성 / 이런 결과로 인해 → 이래서, 이런 결과로
  거의 대부분의 학교 / 기타 다른 것 / 최근에 들어 / 소위 이른바 / 뜨거운 핫 이슈 / 물 때문에 생기는 수인성전염병

- **중의적인 문장**
  ① 아름다운 고향의 하늘을 생각한다. → 아름다운 고향 / 아름다운 하늘
  ② 이것은 우리 아버지의 그림이다. → 아버지께서 그리신 그림 / 아버지를 그린 그림 / 아버지께서 가지고 계신 그림

01 다음은 단어의 의미 중복이 나타난 문장들이다. 의미가 중복된 단어에 밑줄을 치시오.

① 할머니는 읽을 줄도, 쓸 줄도 모르는 문맹자다.
② 우리는 전쟁에서 이기기 위해 죽음을 각오하고 결사적으로 싸웠다.
③ 나는 도저히 네 주장을 수용해서 받아들일 수가 없었다.
④ 지나간 과거의 불행했던 기억들이 되살아난다.
⑤ 옥순이의 예상 못한 갑작스러운 전학 때문에 우리는 헤어져야 했다.
⑥ 돌이켜 회고해 보건대 우리는 가시밭길을 걸어 왔습니다.
⑦ 나로서도 어찌할 수가 없는 불가피한 상황이었다.
⑧ 금번 새로이 개발한 저희 회사의 신제품을 자주 애용해 주시기 바랍니다.
⑨ 그의 사상이 밖으로 표출된 것이 바로 이 책이다.
⑩ 올해 나온 햅쌀로 밥을 지으면 맛이 좋을 뿐 아니라 영양가도 높다.

| 언어 다듬기 | 의미가 모호한 문장

1. 수식의 모호성
① 그 거만한 시장의 외삼촌은 그 시장이 쌓아놓은 공덕을 죄다 깎아 내리고 있었다.
⇨ 거만한 게 시장인지 외삼촌인지?
② 언덕 위로 솟아 있는 교회당의 종탑에서 종소리가 오늘도 변함없이 들려온다.
⇨ 솟아 있는 것이 교회당인지 종탑인지?
③ 빙고 게임을 무척이나 좋아하는 아우의 할아버지를 만났다.
⇨ 빙고 게임을 좋아하는 사람이 아우인지 할아버지인지?
④ 사람들이 많은 도시를 다녀 보면 재미있는 일이 많을 것이다.
⇨ 사람들이 많은 도시인지 많은 도시를 다닌다는 말인지?
⑤ 불행하게도 전선에서 만난 우리들은 다시 모일 기회가 없었다.
⇨ '불행하게도'가 '만난'을 꾸미는지 '없었다'를 꾸미는지 모호하다.
⑥ 그는 열심히 공부하여 성적이 많이 향상된 철수와 1, 2 등을 다툴 것이다.
⇨ 열심히 공부한 주체가 '그'인지, '철수'인지 분명히 알 수 없다.

2. 비교 구문의 모호성
① 부모는 자식보다 이웃을 더 사랑한다.
⇨ 부모가, 자식보다 이웃을 더 사랑하는지, 부모가 자식이 이웃을 사랑하는 것보다 더 이웃을 사랑하는지 확실히 알 수 없다.
② 영희는 순이보다 책 읽기를 더 좋아한다.
⇨ 영희와 순이는 책 읽기를 좋아하는데 순이보다 영희가 더 좋아한다는 의미인지, 영희는 순이도 좋아하고 책읽기도 좋아하는데 책읽기를 더 좋아한다는 의미인지 분명치 않다.

3. 병렬 구문의 모호성
① 철수는 영희와 순애를 만나러 갔다.
⇨ 철수가 두 사람을 만나러 갔는지 아니면, 철수가 영희와 함께 순애를 만나러 갔는지 모호하다.
② 동창회에서 들었는데, 영희와 철수가 결혼했다더군.
⇨ 영희와 철수가 각각 다른 배우자와 결혼했다는 뜻인지, 아니면 철수가 영희와 결혼했다는 뜻인지 분명하지 않다.

③ 그녀는 삼천 석의 지주이며 한말에 이 동네에 은거해 살았던 외가의 행랑아범의 손녀이다.
⇨ 삼천 석의 지주가 그녀인지 행랑아범인지 모호하다.

4. 의존 명사 구문의 모호성
① 문이가 술 마시는 것을 알지 못한다.
⇨ 문이가 술을 마신다는 사실을 알지 못한다는 의미인지, 문이는 술 마실 줄 모른다는 의미인지 알 수 없다.
② 그는 값비싼 보석을 가지고 왔지만, 그것을 숨기었다.
⇨ '그것'이 지시하는 대상이 '값비싼 보석'인지 '보석을 가지고 온 사실'인지 분명하지 않다.

5. 부정 구문의 모호성
① 그는 그날 덕수궁에 가지 않았다.
⇨ '그, 그날, 덕수궁, 가다' 중에서 무엇을 부정하는지 정확히 알 수 없다.
② 소년은 어제 밤의 이야기를 소녀에게 하지 않았다.
⇨ 다른 사람에게는 했는데 소년에게만 안 했는지, 어젯밤의 이야기만 안 했는지, 소녀에게 꼭해야 하는데 안 했는지 모호하다.
③ 석남이가 항상 늦는 것은 아니다
⇨ 절대로 늦는 법이 없다는 뜻인지, 대체로 늦지만 안 그러는 경우도 있다는 뜻인지 분명하지 않다.

02 다음 문장을 두 가지 이상으로 해석되지 않도록 고치시오.

① 슬픈 곡예사의 운명은 여기서 끝나는 것인가?
② 조선의 신하들은 한일 합방에 대하여 '불가불가(不可不可)'라는 반응을 보였다.
③ 용감한 그의 아버지는 적군을 향해 돌진했다.
④ 그 판매원은 웃으면서 들어오는 손님에게 인사를 건넸다.
⑤ 남편은 나보다 비디오를 더 좋아한다.
⑥ 어머니께서 사과와 귤 두 개를 주셨다.
⑦ 커피 한 잔은 되지만 한 잔 이상 마시면 해롭습니다.

테마 21   언어 다듬기 실전 연습

01 다음 문장에서 밑줄 친 부분을 좀 더 적합한 말로 바꾸시오.

① 그의 시도는 미수(未遂)에 머물고 말았다.
② 한 자루의 희망이 엿보인다.
③ 우리는 어릴 때부터 이웃에서 함께 자란 막연한 친구 사이다.
④ 일을 벌렸으면 끝장을 보아야지.
⑤ 날이 차니 두터운 잠바를 입고 나가라.
⑥ 시장에 가서 옷 세 개와 운동화 한 개를 사 왔다.
⑦ 우리가 접근하는 소리에 놀랜 토끼가 귀를 쫑긋한다.

02 다음 문장을 좀 더 자연스러운 표현으로 바꾸시오.

① 그 문제는 다시 재고의 여지가 없습니다.
② 허가를 득한 연휴에 시작함이 가하다고 사료됩니다.
③ 너와 나와의 사이에 무슨 비밀이 있겠니?
④ 창수는 나에게 그것이 무엇이냐라고 물었다.

03 다음 문장에서 잘못된 점이 무엇인가를 말하고, 바르게 고치시오.

① 작품에 손을 대거나 파손 행위 금지
② 인간은 신을 숭배하지만 때로는 도전하기도 한다.
③ 이야기는 여기에서 일대 전환된다.

04 다음 문장을 좀 더 자연스럽게 다듬어 보시오.

① 이 약은 신제품으로서, 이번에 박리다매 방침에 따른 할인 판매를 시작하였다.
② 이 사진은 나의 친구의 어머니의 젊은 시절의 사진이다.
③ 이 문제의 국회 통과는 야당의 반발 가능성을 배제할 수 없다.

05 다음 문장에서 틀린 부분을 찾아 바르게 고치시오.
① 자 이제, 모두들 조용하자.
② 이번 축구 시합은 일본에게 크게 이겼다.
③ 너는 영이가 오거든 기분이 그토록 좋으냐?

06 다음 문장을 좀 더 자연스러운 표현으로 바꾸어 보시오.
① 그들은 심의 과정에서의 실제적 참여를 원하였다.
② 우리는 모름지기 그 사실을 알고 있다.
③ 이 음식은 양적이나 질적인 면에서 공히 우수하다.

07 다음 문장에서 문법에 어긋나는 부분을 찾아내어 고치시오.
① 민족성에는 기본적인 것과 파생적인 것의 두 가지로 성립된다.
② 그보다 더 기쁘고 반가운 것은 나를 지도해 주신 최 선생님으로부터 칭찬과 격려의 글을 보내 주신 것이다.
③ 공산주의자와 타협이나 협상은 패배를 의미하는 것이다.
④ 무엇보다도 중요한 것이 인간이 문명의 이기를 사용할 때에 그것이 인간 자신을 위해 지혜 있게 사용되어야 한다.
⑤ 작업복이 튼튼하고, 입기에 편하면서, 비싸지 않은 것으로 고쳐야 한다.

08 다음 문장에서 잘못된 점을 바로잡고, 그 이유를 설명하시오.
① 순희가 오늘도 학교에 안 와서 고향에 간 것이 틀림없다.
② 날씨가 더워서 수영장에 가거라.
③ 철수는 감을 먹으며 떡을 먹는다.

09 다음 문장들을 자연스러운 문장으로 고치시오.
① 그는 아들 둘을 가지고 있다.
② 박물관을 증축했다고 보도되어져 있는 신문을 읽었다.
③ 전방 부대에 입소해 들어갔습니다.
④ 옷에 펑크가 났다.
⑤ 약품의 효과는 어느 정도이신가요?
⑥ 궁금한 점이 있거나 문의할 점이 있으면 말씀해 주시지요.

10 다음은 실제로 우리 주변에서 수집된 어색한 문장들이다. 바른 문장으로 고치시오.

① 시가지 평균 주행 속도를 10% 이상 줄이며, 운전자로 하여금 20~30% 연료를 절약시켜 줍니다.
② 차량 운행에는 운전에 집중하시고 핸즈프리를 통해 통화를 하십시오.
③ 당청 일반 경쟁 입찰 참가 자격 등록은 수시로 등록이 가능하며 이에 대한 등록 절차는 당청 종합 지원 센터에 열람 또는 문의.

11 어색하거나 잘못된 표현 찾아 고치시오.

① 과장님, 넥타이가 아주 예쁘십니다.
② 회장님의 말씀이 계시겠습니다.
③ 컴퓨터를 구매하시면 저희 회사가 직접 교육시켜 드립니다.
④ 이런 곳에서 내가 생활한다는 것이 믿겨지지 않는다.
⑤ 손에 들려져 있어야 할 물건이 보이지 않았다.
⑥ 열려져 있는 창문으로 모기가 들어왔네.

12 다음은 부자연스럽거나 잘못된 문장을 찾아 고치시오.

① 이 때문에 환자들도 무조건 기다리거나 하소연만 할 게 아니라 실종된 환자의 권리를 적극적으로 찾아 나서야 한다는…….
② 속옷에서부터 카메라, 시계, 영양제 등이 가득합니다.
③ 고인의 숭고한 삶과 뜻을 추모하였습니다.
④ 의료 사태에 대한 직접적인 해결책보다는 국민 불편을 줄이는 것이 우선이라는 판단입니다.
⑤ 장 할아버지는 남북 가족이 모두 모여 묘소를 찾을 수 있는 날이 올 수 있을지 마지막 소망을 하여 봅니다.

13 다음의 문장에서 부자연스럽거나 잘못된 점을 찾아 바르게 고치시오.

① 풍년 농사를 위한 저수지가 관리 소홀과 무관심으로 올 농사를 망쳐 버렸습니다.
② 국내산으로 속여 팔다 적발된 수입 닭.
③ 이 같은 국내 영어 캠프는 무분별한 학생들의 해외 연수를 줄일 수 있는…….
④ 내가 졸업식장에 도착하였을 때에는 이미 모든 것이 끝난 후였다.
⑤ 축구 경기에서 최후방 수비수를 골키퍼라고 하며, 판단력과 순발력이 있어야 한다.
⑥ 내가 말하고 싶은 것은 겨울에 체력 훈련을 열심히 하여야 지난 해와 같은 성적을 올릴 수 있을 것이다.
⑦ 생선의 신선도는 눈보다 아가미를 보고 고르는 것이 요령이다.

⑧ 우리들의 의견은 앞으로 농촌 보건 문제에 관심을 갖자는 데 뜻을 모았다.
⑨ 향가의 쇠퇴는 고려 중엽으로 볼 수 있다.
⑩ 현대의 민주주의 복지 국가들은 헌법에 국민의 인권을 보장하는 규정이 있다.

14 다음은 단어의 부정확한 사용으로 인하여 이상해진 문장들이다. 밑줄 친 부분을 바르게 고치시오.

① 교육 환경을 OECD 국가 수준으로 <u>발전시켜</u> 나가겠다고
② 이번 두 회사를 합병한 <u>파장이</u> 어떻게 될 것 같습니까?
③ 주민들을 <u>신기</u> 위하여선……
④ 이번 사건으로 인한 파문이 빨리 <u>진화되기를</u> 바랍니다.
⑤ 50세를 넘어선 여성의 소뇌 중심부의 크기는 남성과 달리 급격히 <u>줄어들었습니다.</u>
⑥ 최고 백만 원의 과태료가 부과될 <u>전망입니다.</u>
⑦ 이를 위하여선 지속적인 개혁이 <u>조건입니다.</u>
⑧ 시민으로부터 들어온 폭발물을 설치하였다는 <u>첩보는</u> 허위 사실로 밝혀졌습니다.
⑨ 휴대 전화 요금 때문에 가정 불화까지 <u>경험한</u> 것으로 나타났습니다.
⑩ 친선 공연이 아니라 20만 달러라는 값을 <u>받은</u> 엄연한 문화 상품인데도 인기가 높습니다.
⑪ 전쟁의 공이 오히려 체첸 쪽으로 넘어가 버린 <u>양상입니다.</u>
⑫ 최근 병상을 백 개 이상 과감히 줄였습니다. 그 <u>덕분에</u> 병실 가동률이 현저히 올랐습니다.

실전 다지기

기출 문제 유형 파악과 실전 문제

유형 1 맞춤법

▶▶ 신문 기사의 제목 중 맞춤법에 오류가 없는 것은?
▶▶ 광고 문구의 밑줄 친 부분이 어문 규정에 맞는 것은?
▶▶ 대중가요나 시에 나온 단어나 표현에 대한 설명으로 바르지 않은 것은?

01 〈보기〉의 내용에 비추어 볼 때 맞춤법이 잘못된 것은?

> **보기**
> 한자어 '蘭'과 '量'은 앞의 말이 고유어나 외래어일 때는 두음 법칙이 적용되지만, 한자어일 때는 두음 법칙이 적용되지 않는다. 두음 법칙이란 'ㄹ'이 단어의 첫소리로 쓰이지 않고, 'ㄴ'이 'ㅣ' 모음이나 반모음 'ㅣ' 앞에서 쓰이지 않는 현상을 말한다.

① 구름양   ② 강수량   ③ 어린이난   ④ 펜팔난   ⑤ 알칼리량

02 〈보기〉의 내용에 비추어 볼 때 밑줄 친 부분의 맞춤법이 틀린 것은?

> **보기**
> 사이시옷은 고유어나, 고유어와 한자어의 두 말이 합쳐져 한 단어를 이룰 때 붙는데, 앞의 말이 모음으로 끝나고 뒷말의 첫소리가 된소리가 나는 경우, 뒷말의 첫소리 'ㄴ, ㅁ' 앞에서 'ㄴ' 소리가 덧나는 경우, 뒷말의 첫소리 모음 앞에서 'ㄴㄴ' 소리가 덧나는 경우에 붙는다. 단 원래의 두 말이 한자어로만 이루어지는 경우 몇 가지를 제외하고 다른 경우에는 붙지 않는다.

① <u>머릿방</u>에 머물고 있다.
② <u>훗일</u>을 걱정할 필요는 없다.
③ <u>시냇물</u>이 맑게 흐른다.
④ <u>촛점</u>을 분명히 밝혀야 한다.
⑤ 그녀의 눈물이 <u>베갯잇</u>을 적시고 있었다.

03 맞춤법 규정에 어긋나는 것은?

① 곱빼기   ② 연년생   ③ 홍건이   ④ 예스럽다   ⑤ 김치찌개

04 〈보기〉에서 밑줄 친 부분의 표기가 맞는 것끼리 묶인 것은?

> **보기**
> ㄱ. <u>오랜만</u>에 뵙겠습니다.
> ㄴ. 예천 댁이 <u>싯퍼런</u> 얼굴로 뛰어들었다.
> ㄷ. <u>객쩍은</u> 말들에 신경을 쓰지는 마세요.
> ㄹ. 그녀는 이가 참 <u>골라서</u> 웃을 때 더 예뻤다.
> ㅁ. 위험을 <u>무릎쓰고</u> 실험을 강행할 필요는 없다.
> ㅂ. 이제 와서 <u>넉두리</u>를 해 봐야 소용없는 일이었다.

① ㄱ, ㄴ, ㅂ ② ㄱ, ㄷ, ㄹ ③ ㄴ, ㄷ, ㄹ ④ ㄷ, ㅁ, ㅂ ⑤ ㄹ, ㅁ, ㅂ

05 ㉠~㉤ 중 현행 어문 규정에 맞는 것은?

> 나의 불장난은 누님이 부엌에서 어머니와 함께 ㉠ <u>설겆이</u>를 마치고 마당으로 나오면 끝이 났다. 누님은 밥솥에 얹어 삶아 놓았던 감자 몇 알을 바가지에 담아 내왔다. 나는 ㉡ <u>으례</u> 누님이 그렇게 할 것을 알고 있었기 때문에 손을 씻는 것도 잊고 감자가 담긴 바가지로 달려들곤 하였다. 손을 씻고 오지 않으면 안 해 준다며, 누님이 ㉢ <u>봉숭아꽃</u>을 담아 놓은 소쿠리를 가리켰다. 내가 손을 씻지 않고 감자를 먹으면 봉숭아 꽃물을 들여 주지 않겠다는 뜻이었다. 그 말에는 나도 ㉣ <u>어쩔수가</u> 없었다. 나는 어느새 얌전해져서 샘터로 뛰어가 펌프질을 하여 물을 퍼내 손을 씻었다. 그리고는 할머니의 무릎 위로 달려와 앉아 감자를 먹었다. "천천히 먹어라, 목멘다." 할머니는 늘 어린 ㉤ <u>손주</u>가 걱정이었다.

① ㉠ ② ㉡ ③ ㉢ ④ ㉣ ⑤ ㉤

06 다음 중 밑줄 친 부분이 앞말에 붙여야 하는 문장만으로 짝지은 것은?

> ㉠ 아는 <u>것</u>이 힘이다.
> ㉡ 믿을 건 너 <u>뿐</u>이다.
> ㉢ 약속 <u>대로</u> 시간을 지켜라.
> ㉣ 여기에서 <u>부터</u>가 휴전선이다.
> ㉤ 그가 떠난 <u>지</u> 사흘이 지났다.

① ㉠ ② ㉡, ㉢ ③ ㉡, ㉢, ㉣ ④ ㉡, ㉢, ㉣, ㉤ ⑤ ㉠, ㉡, ㉢, ㉣, ㉤

07 다음 각 문장의 밑줄 친 부분이 정서법에 맞는 것은?

① <u>거칠은</u> 솜씨와 <u>서툰</u> 재주로 엉성하게 만들었다.
② 총력을 <u>기울여</u> 수출을 <u>늘려야</u> 한다.
③ <u>일일이</u> 악수를 나누며 <u>반가히</u> 맞았다.
④ <u>오랫만에</u> 교외에 나가 <u>오랫동안</u> 바람을 쏘였다.
⑤ 몸이 <u>괴로와</u> <u>공무원으로서</u> 책임을 다하지 못했다.

08 다음 중, 밑줄 친 어휘의 쓰임이 적절한 것은?

① 그는 어머니를 일찍 여의었어.
② 유행을 쫓느라 돈이 많이 들어.
③ 재산을 늘이려면 열심히 일해야지.
④ 벽에 벽보를 부치는 일부터 해야겠어.
⑤ 약 다리는 냄새가 온 집안에 가득했다.

09 밑줄 친 부분이 맞춤법 규정에 어긋나는 것은?

① 저기 있는 것이 뭐예요?
② 이 사람은 정말 아니에요.
③ 내가 5시까지 너희 집으로 갈게.
④ 그는 취직이 되서 고향을 떠났다.
⑤ 네가 가고 나면 난 어떡해?

10 밑줄 친 부분의 표기가 맞는 것은?

① 요컨데 이 문제는 당사자가 해결해야 한다는 것이다.
② 그는 생떼를 부리는 나쁜 버릇이 있다.
③ 회계년도의 시작은 나라마다 차이가 있다.
④ 어머니께서는 자식을 위해 30년 세월을 아둥바둥 살아오셨다.
⑤ 영희는 온종일 책을 읽었다. 그리고 나서 산책을 나갔다.

유형 2   표준어(발음)

▶▶ 표기와 발음에 관련된 설명 중 바른 것은?
▶▶ 〈보기〉를 참조할 때, 밑줄 친 부분의 발음이 표준 발음법에 맞지 않는 것은?

---

11 맞춤법에 맞는 것으로만 구성된 것은?

① 여지껏 - 이제껏 - 입때껏
② 눈대중 - 눈어림 - 눈짐작
③ 볼따구니 - 볼퉁이 - 볼따귀
④ 멀찌감치 - 멀찌가니 - 멀찌기
⑤ 보통나기 - 여간나기 - 예사나기

12 다음 중 표준어인 단어들로만 묶인 것은?

① 강냉이, 아지랑이, 셋째, 깡총깡총
② 상추, 멋쟁이, 아니꼬와, 오순도순
③ 무, 네째, 했습니다, 아둥바둥
④ 반가워요, 같습니다, 설거지, 쌔근쌔근
⑤ 백분율, 깍둑이, 숫개, 방귀쟁이, 위층

13 밑줄 친 단어가 표준어가 아닌 것은?

① 뒤엉킨 <u>덩굴</u>을 뒤적거려 참외를 찾았다.
② 강의실은 <u>우뢰</u> 같은 함성으로 가득 찼다.
③ 탕국에는 <u>쇠고기</u>를 넣어 끓여야 맛이 난다.
④ 경찰의 <u>늑장</u> 대응이 큰 피해를 가져왔다.
⑤ 여름에 <u>가물</u>이 들어 농사에 지장이 많다.

14 밑줄 친 부분이 맞춤법이나 표준어 규정에 맞지 않는 것은?

① 오랜만에 <u>고기국</u>을 먹으니 속이 든든하다.
② <u>방구</u> 뀐 놈이 성내고 야단이다.
③ 우리 부부는 <u>삭월세</u>로 방을 얻어 신접살림을 시작했다.
④ 그가 된장을 손에다 한 <u>웅큼</u> 쥐고 온다.
⑤ 그녀가 해가 <u>뉘엿뉘엿</u> 질 무렵에 들어왔다.

15 밑줄 친 부분이 맞춤법이나 표준어 규정에 맞는 것은?

① 예전에는 남자가 미용실에서 이발하는 일을 <u>남사스럽게</u> 여겼다.
② 갑자기 웅성대며 <u>지꺼리는</u> 소리가 들려왔다.
③ 해질녘 툇마루에 앉아 있던 어머니는 제게 <u>넌지시</u> 말씀하셨습니다.
④ 비록 글이 띄어쓰기에 맞게 <u>씌여진</u> 것은 아니지만 잘 썼다.
⑤ 어찌나 미안하던지 <u>멋적게</u> 머리를 긁적이고 서 있었다.

16 밑줄 친 부분이 맞춤법이나 표준어 규정에 맞는 것은?

① 그는 잘 알지도 못하는 친척 때문에 <u>덤터기</u>를 쓰고 싶지는 않다고 했다.
② 이 건물은 금연 구역이므로 흡연을 <u>삼가해</u> 주시기 바랍니다.
③ 그는 노조 탄압을 <u>서슴치</u> 않는 악덕 자본가로 악명을 날렸다.
④ 내일부터는 날씨가 <u>개이고</u> 하늘에는 구름 한 점 없을 것이다.
⑤ 그대 앞에만 서면 <u>설레이는</u> 마음, 이것이 무엇일까?

17 밑줄 친 음절의 소리 길이가 같은 것끼리 묶인 것은?

① 부자(父子)가 대를 이어 같은 일을 한다.
　부자(富者)는 돈을 쓸 줄 알아야 한다.
② 시계(時計)를 지하철에서 분실했다.
　시계(視界)가 나빠 앞을 볼 수 없었다.
③ 방화(防火)는 불을 막는 행위를 말한다.
　방화(放火)는 불을 지르는 행위를 말한다.
④ 사과(沙果)가 먹음직스럽다.
　사과(謝過)를 바라지는 않는다.
⑤ 여권(旅券)을 발급 받기 위해 구청에 갔다.
　여권(女權)이 지나치게 강조되는 현실이다.

18 〈보기〉를 참조할 때, 밑줄 친 부분의 발음이 표준 발음법에 맞지 않는 것은?

> **보기**
>
> 제10항 겹받침 'ㄳ', 'ㄵ', 'ㄼ', 'ㄽ', 'ㄾ', 'ㅄ'은 어말 또는 자음 앞에서 각각 [ㄱ, ㄴ, ㄹ, ㅂ]으로 발음한다.
> 　다만, '밟-'은 자음 앞에서 [밥]으로 발음하고, '넓-'은 '넓-죽하다'와 '넓-둥글다'의 경우에 [넙]으로 발음한다.
> 제11항 겹받침 'ㄺ', 'ㄻ', 'ㄿ'은 어말 또는 자음 앞에서 각각 [ㄱ, ㅁ, ㅂ]으로 발음한다.
> 　다만, 용언의 어간 말음 'ㄺ'은 'ㄱ' 앞에서 [ㄹ]로 발음한다.

① 호수가 참으로 넓다[널따]
② 커피가 생각보다 묽고[묵꼬] 맛이 진하다.
③ 밝기[발끼]를 조절했다.
④ 가을 날씨가 맑다[막따]
⑤ 시인이 시를 읊고[읍꼬] 있다.

19 다음 중 발음이 올바른 것은?

① 시장 간 사이에 부엌을[부어글] 깨끗이 정리해 놓아라.
② 무릎이[무르비] 너무 아파서 무릎을[무르블] 움직일 수가 없어.
③ 꽃밭을[꼳바슬] 가꾸어 놓았더니 밭이[바시] 더 넓어 보이는군.
④ 당신이 내 곁을[겨틀] 떠난 뒤에 내 곁이[겨치] 너무 허전했어.
⑤ 오늘은 끝을[끄츨] 보고야 말거라고 했지만, 정작 끝이[끄치] 보이지 않더구나.

20 표준 발음법에 대한 설명 중 맞지 않는 것은?

① '강의의 목표'에서 조사 '의'는 '에'로 발음해야 한다.
② '늴리리, 닁큼' 등의 '늴, 닁'은 [닐, 닝]으로 발음한다.
③ '가지어(가져), 찌어(쪄), 다치어(다쳐)' 등의 '져, 쪄, 쳐'는 [저, 쩌, 처]로 발음한다.
④ '계집, 시계' 등의 '계'는 [게]로 발음할 수도 있다.
⑤ 'ㅚ, ㅟ'는 단모음(單母音)이지만 이중모음으로 발음할 수도 있다.

유형 3 외래어 표기법 / 로마자 표기법

▶▶ 외래어의 발음에 대한 설명으로 바른 것은?
▶▶ 보기는 한 회사원의 영문 명함이다. 국어의 로마자 표기법과 관련하여 밑줄 친 부분에 대한 설명 중 바르지 않은 것은?

---

21 〈보기〉를 참고하여 외래어 표기법에 어긋나는 것은?

> **보기**
> 따로 설 수 있는 말이 합해져 만들어진 복합어는 그것을 구성하고 있는 말이 단독으로 쓰일 때의 표기대로 적는다.

① flashgun 플래시건
② outlet 아울렛
③ bookend 북엔드
④ headlight 헤드라이트
⑤ bookmaker 북메이커

22 외래어 표기가 옳은 것으로만 묶인 것은?

① 환타지, 초코렛, 토쿄
② 비젼, 게임, 몽골
③ 모짜르트, 도너츠, 베이징
④ 주스, 달러, 파리
⑤ 매스콤, 슈퍼마켓, 커피샾

23 밑줄 친 단어 중 외래어 표기법에 맞게 표기된 것은?

① 구조 대원들이 생존자를 급히 앰뷸런스로 옮겼다.
② 내가 지은 꽁트는 매우 재미있다.
③ 이번에 '국민 의식 개혁'에 관한 심포지움을 개최하고자 한다.
④ 어제 실험을 하기 위하여 알콜 램프를 샀다.
⑤ 정말 다이나믹한 기술이었습니다.

24 외래어 표기가 바르게 된 문장은?

① 그는 벤쳐기업에 자신의 인생을 걸었다.
② 요즘 어린이들은 소시지를 매우 좋아한다.
③ 정보는 컴퓨터에 화일로 저장시킨다.
④ 오무라이스 위에 케첩을 뿌려 먹으면 더욱 맛있다.
⑤ 난 악세사리에 관심이 많아.

25 로마자 표기인 'Jeollabuk-do'에 적용된 규정으로 생략해도 좋은 것은?

① 발음상 혼동의 우려가 있을 때에는 음절 사이에 붙임표(-)를 쓸 수 있다.
② 국어의 로마자 표기는 국어의 표준 발음법에 따라 적는 것을 원칙으로 한다.
③ 'ㄱ, ㄷ, ㅂ'은 모음 앞에서는 'g, d, b'로 자음 앞이나 어말에서는 'k, t, p'로 적는다.
④ 'ㄹ'은 모음 앞에서는 'r'로, 자음 앞이나 어말에서는 'l'로 적는다. 단, 'ㄹㄹ'은 'll'로 적는다.
⑤ '도, 시…' 등의 행정 구역 단위와 '가'는 각각 'do, si…ga' 등으로 적고, 그 앞에는 붙임표(-)를 넣는다.

26 국어의 로마자 표기법의 원칙에 어긋나는 것은?

① 인명은 이름과 성(姓)의 순서로 띄어 쓴다.
　송나리 Nari Song　　민영호 Yeongho Min
② 된소리되기는 표기에 반영하지 않는다.
　합정 Hapjeong　　팔당 Paldang
③ 국어의 글자를 기준으로 하지 않고 발음을 기준으로 한다.
　백마[뱅마] Baengma　　신문로[신문노] Sinmunno
④ 체언에서 'ㄱ, ㄷ, ㅂ' 뒤에 'ㅎ'이 따를 때에는 'ㅎ'을 밝혀 적는다.
　묵호 Mukho　　집현전 Jiphyeonjeon
⑤ 인명, 회사명, 단체명 등은 그동안 써 온 표기를 쓸 수 있다.
　이 Lee　　현대 Hyundai

27. 〈보기〉의 로마자 표기 규정을 참조하였을 때 로마자 표기법에 맞지 <u>않는</u> 것은?

> **보기**
> 로마자를 표기할 때, 발음 시 음운 변화가 일어날 때에는 변화의 결과를 반영하여 적는다. 다만, 된소리 되기는 표기에 반영하지 않는다.

① 신라 Silla, 신림 sillim, 난로 nallo
② 종로 Jongno, 예삿일 yesatnil, 꽃마을 kkonmaeul
③ 합정 Hapjeong, 석굴암 Seokguram, 백석 baekseok
④ 백마 Baengma, 국민 gungmin, 수백 리 subaengni
⑤ 솔직하다 soljikada, 놓치다 nochida, 좋다 jota

28. 〈보기〉를 참고하여 로마자 표기법에 <u>어긋나는</u> 것은?

> **보기**
> '도, 시, 군, 구, 읍, 면, 리, 동'의 행정 구열 단위와 '가'는 각각 'do, si, gun, gu, eup, myeon, ri, dong, ga'로 적고, 그 앞에는 붙임표(-)를 넣는다. 붙임표(-) 앞뒤에서 일어나는 음운 변화는 표기에 반영하지 않는다.

① 경기도 kyeonggi-do, 여의도 Yeouido
② 부천시 bucheon-si, 청주시 Cheongju
③ 충정로 chungjeong-ro, 을지로 Euljiro
④ 필운동 Pirun-dong, 당산동 Dangsan-dong
⑤ 밀양시 Milyang-si, 의정부시 Uijeongbu-si

유형 4 생략

▶▶ 다음은 광고 문구이다. 필요한 문장 성분을 모두 갖추어 내용과 어법상 자연스러운 것은?
▶▶ 어법이나 표현에 문제가 없는 것은?

29. 어법이나 표현에 문제가 <u>없는</u> 것은?

① 영수는 문화 산업사의 기술자로 있으면서 카메라로 기계 시설 전부를 촬영, 기술을 습득한 후 서울에서 같은 종목의 공장을 차린 데서 발단되었다.
② 주목할 만한 사실은 그렇게 약간 냉소적으로 말하는 그 억양들 속에는 하나같이 지나간 세월의 상흔이 담겨져 있다.

③ 우리 대학교는 안타 수에서 7 대 5로 앞서고서도 수비수의 실책과 투수, 포수의 호흡이 맞지 않아 끝내 역전의 기회에서 패하고 말았다.
④ 재해 대책 본부는 이번 중부 지방 홍수로 현재까지 재산 피해가 5백 89억 원으로 집계되고 있으나 앞으로 더욱 증가할 것으로 보인다.
⑤ 이즈베티야는 1975년 스웨덴 해상에서의 반란 사건이 핵 잠수함에서가 아니라 잠수함 공격용 전함에서 일어났다고 밝혔다.

30 필요한 문장 성분을 제대로 갖춘 문장을 고르시오.
① 우물에 빠진 여우가 골똘히 궁리하고 있었습니다.
② 아침에 물을 마시려고 우물을 찾아왔습니다.
③ 학문은 의심스럽게 보고 다시 검토하는 데서 출발해야 한다.
④ 상우가 시험에 합격한 것은 기쁨이 되었다.
⑤ 장마에 몰래 폐수를 방류한 군부대에 환경 시민 단체가 강력히 항의하였다.

유형 5 　 중복

▶▶ 불필요한 요소가 중복되지 않고 어법에 맞는 것은?
▶▶ 불필요한 성분이 중복되어 있지 않은 문장은?

31 불필요한 성분이 중복되어 있지 <u>않은</u> 문장은?
① 언제 어디서 문제가 발생할지 모르므로 늘 미리 예상하고 대비해야 한다.
② 많은 사람들이 몸보신 음식으로 삼계탕을 최고로 꼽는다.
③ 세금을 올려서는 절대로 안 된다는 주장은 다시 재고할 필요가 있다.
④ 금융 위기를 타개하기 위한 각종 묘안이 쏟아졌다.
⑤ 흡연은 옥상 위에서만 가능합니다.

32 중복되는 부분이나 불필요한 부분이 없이 가장 자연스러운 문장은?
① 요즘은 초등학생들도 학교를 마치면 곧바로 학원으로 직행하는 경우가 많다.
② 주말이 되면 평소 때보다 갑절이나 많은 행락객들이 설악산으로 몰려든다.
③ 아시아에 불어 닥친 한류 열풍은 이제 바다 건너 미국까지 불고 있다.
④ 피서객들이 빠져나간 해변가에는 온갖 쓰레기들이 나뒹굴고 있다.
⑤ 불쌍한 북녘 어린이들을 위해 따뜻한 온정을 베풀어 주시길 바랍니다.

유형 6 호응

▶▶ 주어와 서술어의 호응이 바르지 않은 문장은?
▶▶ 밑줄 친 동사를 수정한 것으로 적절하지 않은 것은?
▶▶ 다음 중 표현을 교정한 것으로 적절하지 않은 것은?

33 주어와 서술어의 호응이 바르지 <u>않은</u> 문장은?

① 학문의 자유가 침해되는 주요 원인으로는 주로 통치권의 부당한 간섭과 통제가 심하다.
② 우리는 자유로운 학문 연구가 역사 발전 과정에서 중요한 역할을 해 왔음을 안다.
③ 건강하지 못한 놀이 문화란 놀이의 뒤끝이 언제나 황량한 결과로 끝난다는 데 있다.
④ 일반인에겐 이제 고스톱으로 추석을 보내는 일이 너무나 당연하게 받아들이고 있다.
⑤ 행복이란 어떤 외부적 조건에 있는 것이 아니라, 내적인 자세, 즉 꾸며 나가는 마음을 가져야 한다.

34 다음 중, 어법이 바르고 자연스러운 문장은?

① 길에서 놀았던 아이의 머리 위에 화분이 떨어졌다.
② 곧 남북한 사이에 화해의 물꼬가 트였으니, 이제 서로 만날 날이 올 것이라 생각합니다.
③ 한결같이 경제적으로 어려운 이웃을 돕는 사람들이 많다.
④ 개성은 문화를 흡수하여 자신에게 숨어 있는 모든 능력을 계발하고 발달시킬 때 비로소 형성된다.
⑤ 이 타이어는 특수한 기법으로 개발되어 소음과 제동력을 높인 뛰어난 제품으로서 소비자에게 호평을 받고 있다.

35 문장을 이루는 각 성분의 호응이 바른 문장은?

① 자신에게 기적이 일어나리라는 믿음은 불가능을 절대로 가능하게 해 준다.
② 여러 악기의 독특한 음색이 조화를 이룰 때에 비로소 훌륭한 연주가 이루어진다.
③ 자기의 생이 보람을 못 느낄 때, 허무의 감정과 공허의 의식이 우리의 마음을 사로잡게 된다.
④ 한 나라 사람들의 사고 방식에서 얼마나 발달되었나 하는 것은 그 나라의 언어를 볼 때에 알 수 있다.
⑤ 과학자들의 연구는 자연 현상을 대상으로 이루어지고, 그 결과를 모든 학자에게 발표해야 한다.

유형 7 　 중의성

▶▶ 문장이 두 가지 의미 이상으로 풀이될 가능성이 가장 적은 것은?

36 〈보기〉에 제시된 '불명확한 의미 관계'에 대해 설명한 내용으로 적절하지 않은 것은?

보기

㉠ 어떻게 보면 그가 웃는 것이 이상하다.
㉡ 그는 숨겨 두었던 밤과 호두 두 알을 몰래 먹었다.
㉢ 친절한 그의 누나는 내게 손수건을 말없이 건넸다.
㉣ 그는 나보다 부산에서 온 그 여학생을 더 좋아한다.
㉤ 그는 울면서 돌아온 자신의 아이를 꼭 껴안아 주었다.

① ㉠은 '웃는 모습'이 이상한 것인지 '웃는 행위 자체'가 이상한 것인지 명확하지 않다.
② ㉡은 '밤'과 '호두'를 각각 두 알씩 먹은 것인지, 두 가지를 합하여 두 알을 먹은 것인지, '밤' 한 알과 '호두' 두 알을 먹은 것인지 명확하지 않다.
③ ㉢은 '그'가 친절한 것인지 '그의 누나'가 친절한 것인지 명확하게 알 수 없다.
④ ㉣은 '그'와 '나'를 비교하는 것인지 '그'와 '그 여학생'을 비교하는 것인지 명확하지 않다.
⑤ ㉤은 '그'가 울고 있는 것인지 '자신의 아이'가 울면서 돌아온 것인지 명확하지 않다.

37 〈보기〉는 문장의 의미가 모호해지는 경우에 대한 설명이다. 다음 중 〈보기〉의 내용과 관계가 없는 것은?

보기

- 수식의 모호성 : 수식 관계가 분명하지 않으면 문장의 의미가 모호해진다.
- 비교 구문의 모호성 : 비교 대상이 분명하지 않으면 전체 문장의 의미가 명료하지 않다.
- 병렬 구문의 모호성 : 우리말의 '-와/과' 구문은 중의적 해석이 가능하다.
- 의존 명사 구문의 모호성 : 의존 명사 '-것'을 사용한 구문은 두 가지 의미로 해석할 수 있다.
- 부정문의 모호성 : 부정문에 수량을 나타내는 부사가 함께 있으면 두 가지 의미로 해석할 수 있다.

① 아내는 나보다 영화를 더 좋아한다.
② 움직이는 사람들의 눈동자를 보라.
③ 철수와 영희가 이번 주말에 결혼한다니 놀랍다.
④ 내가 사랑하는 사람이 이야기하는 것이 의미가 있다.
⑤ 영희네 고양이가 여기 있던 생선들을 다 먹지는 않았다.

| 유형 8 | 기타 |

▶▶ 어법상 틀린 곳이 없는 문장은?
▶▶ 높임법 사용이 바른 것은?
▶▶ 밑줄 친 호칭과 지칭이 바르게 사용된 것은?

38 어법상 틀린 곳이 <u>없는</u> 문장은?

① 아직도 그의 생생한 목소리가 나에 귓전에 울린다.
② 통신 수단의 발달로 우리는 여러 곳에서 정보를 얻을 수 있다.
③ 그도 인간이기에 감정이 이끌렸지만, 이성적으로 행동해야 했다.
④ 정부는 무역 수지 개선에 미온적인 일본 정부에게 강력히 항의했다.
⑤ 이 작품은 비록 서술의 형식을 취하고 있지만 은유로서 이루어져 있다.

39 높임법 사용이 바른 것은?

① 아버님께 드릴 말이 있습니다.
② 할머니, 아버지가 퇴근했어요.
③ 할아버지는 요즘도 산에 다니시나요?
④ 회장님, 오늘 저녁에 시간이 계십니까?
⑤ 선생님, 선배님이 가 보라고 하셔서 왔습니다.

40 호칭, 지칭에 대한 설명으로 올바른 것은?

① 남편의 누나를 '언니'라 부른다.
② 남편의 여동생을 '올케'라 부른다.
③ 남편의 누나를 친정 식구나 타인에게 지칭할 경우 '시누이'라 말한다.
④ 남편의 누나를 친정 식구나 타인에게 지칭할 경우 '고모'라 말한다.
⑤ 남편의 여동생을 친정 식구나 타인에게 지칭할 경우 '고모'라 말한다.

홈페이지 클릭

자료 6 : 한글 맞춤법 통일안
자료 7 : 표준어 사정 원칙
자료 8 : 표준 발음법
자료 9 : 규범과 관련하여 혼동하기 쉬운 예들
자료 10 : 비슷하지만 뜻이 다른 말

제2장
언어 기능 영역

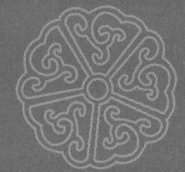

제 1 절 읽기

❋ 출제 방향

문항 수(주관식)		평가 내용
40(1)	기존	• 글을 읽고 논리적, 비판적, 창조적으로 이해하는 능력을 평가 • 읽기 자료는 정보 텍스트, 설교 텍스트, 친교 텍스트, 정서적 테스트를 포함 • 글의 길이, 내용, 형식면에서 다양한 자료를 활용
	변경	• 다양한 매체 환경을 반영할 수 있는 지문 영역 확대 • 읽기 영역에 적합한 주관식 문항 유형 도입

❋ 학습 길잡이

1. 글의 독해 능력은 남보다 빠르고 정확하게 읽고 판단하는 능력이다. 속독과 정독 그 자체도 중요한 능력이지만, 속독해야 할 때 천천히 읽고 정독해야 할 때 빨리 읽으면 안 된다. 속독할 때와 정독할 때를 알아야 한다. 즉 빠르고 느리고, 긴장과 이완의 흐름을 탈 줄 알아야 한다. 이런 독해 능력은 폭넓은 독서를 통해 배경 지식을 확대하는 길밖에 없다. 다양한 독서를 통해 형성된 배경 지식이 있어야 지문의 내용을 빨리 이해하고, 문제를 다 풀 때까지 집중력을 유지할 수 있다.

2. 글은 어떤 '내용'이 어떤 '구조(틀)'에서 어떤 '방식'으로 쓰였는지 파악하는 것이 독해의 기본이다. 핵심 화제를 중심으로 어떤 내용들을 담고 있는지를 단락 및 글의 구성 원리를 바탕으로 파악해 나가면서 아울러 그 내용들이 어떤 방식을 사용하여 효과적으로 전개되고 있는지 파악하는 것이 독해의 시작이다.

❋ 문제 풀이 3원칙

- 지문부터 읽지 말고 문제에서 묻고자 하는 바가 무엇인가를 정확히 파악한 다음 지문을 읽어야 한다. 즉 읽기의 방향을 잡아야 한다.

- 지문은 문제를 만들기 위해 고도로 조직된 것이다. 지문을 이해하는 데는 배경 지식이 필요하지만 정작 문제를 풀 때는 철저하게 지문에 충실한 태도로 풀어야 한다. 즉 내 생각을 버리고 풀어야 한다.

- 지문을 읽을 때는 문제 해결과 관련된 정보를 중심으로 다양한 낙서를 하면서 읽어야 한다. 즉 이해의 흔적을 반드시 남겨야 한다.

I. 사실적 이해

사실적 이해를 묻는 문제란 문제 해결에 필요한 정보가 지문에 명시된 문제이다. 즉 답이 지문 안에 있어 찾으면 된다. 지문에 나타난 정보를 확인하고, 내용을 요약하며, 글의 연결과 전개 방법 및 구조 등을 파악하는 가장 일차적인 이해 능력이다. 사실적 이해는 독서의 가장 기본적인 단계로, 추론적 이해나 비판적 이해를 거쳐 창의적 이해에 도달하기 위해 반드시 필요하다.

문제에 따라 어디까지가 명시된 정보이고 어디부터가 암시된 정보인지 구별하는 것이 모호할 수도 있다. 그러나 대체적으로 '지문 조회와 어휘력 및 일반적인 언어 구사력'만으로 해결 가능한 문제를 가리킨다.

전체 문항에서 50% 정도 출제 예상되는 영역으로 준비생들이 가장 중요시해야 하는 단원이다.

> 사실적 이해 능력은 독해 또는 청해 과정에서 중심 내용을 확인하고 글 또는 말의 구조를 파악하는 능력으로 대별(大別)할 수 있다. 예컨대, 글의 중심 내용과 직결되는 주요 단어를 파악하거나, 문장을 구성하는 단어, 문장, 문단들 사이의 문법적 관계를 파악하는 능력 등이다. 이때 텍스트 구조 표지에 유의하여 글 전체의 조직 및 전개 방식을 파악할 수 있다.
> — (재) 한국언어문화연구원 발표 '시험 준비 안내서'에서

테마 1 정보의 문맥 파악하기

단어의 의미 관계

배경 지식

어휘 간의 관계

유의 관계 : 서로 소리는 다르지만 의미가 같거나 비슷한 경우.
- 중복 관계 : 동일한 대상을 지칭하는 유의어. 예 밥-진지-메
- 인접 관계 : 대상에 따라 다르게 사용되는 유의어. 예 늙다(사람)-낡다(사물), 명태-북어(마른 명태)

반의 관계 : 서로 반대되는 의미를 가지고 있는 경우.
- 양분적 대립(모순 대립) : 두 개념 사이에 중간항이 존재하지 않는 대립. 예 남-여, 삶-죽음
- 다분적 대립 : 둘 이상의 대립 항을 갖는 대립. 예 봄-여름-가을-겨울
- 극성 대립(양극 대립) : 양극 사이에 중간항을 갖는 대립. 예 대-(중)-소
- 상대적 대립(관계 대립) : 양분적 대립의 일종으로 방향이 서로 엇갈려 일어나는 대립. 특정한 관계로 성립하는 대립. 예 스승-제자, 부모-자식

상하의 관계 : 한 단어가 다른 단어의 의미를 포함할 경우. 다른 단어의 의미를 포함하는 단어를 '상의어', 다른 단어의 의미에 포함되는 단어를 '하의어'라고 함. 예 나무-소나무

01 다음 글의 '매스컬처-포퓰러 컬처'의 관계와 가장 유사한 것은?

> 대중문화의 문제점들을 인정하면서도 대중문화가 갖고 있는 장점에 더 주목하고자 하는 사람들도 있었다. 그런 사람들은 이념의 좌우를 막론하고 대중문화를 '매스 컬처(mass culture)'가 아닌 '포퓰러 컬처(popular culture)'로 이해하고자 했다. 우리말로는 둘 다 '대중문화'로 번역되지만 그 숨은 뜻에는 큰 차이가 있다. '매스 컬처'에서 '매스'는 한 집단의 구성원이나 개인을 나타내기보다는 무차별한 집합체를 의미하는 것으로 경멸적인 성격을 띠고 있다. '매스 컬처'엔 상업주의, 획일성, 지속성 등의 부정적 의미가 내포되어 있다. 그 반면에, '일반적으로 넓게 확산되어 있으며 동의되고 있는'이라고 정의될 수 있는 '포퓰러'라는 단어는 '인기가 있다'와 '민족적이다'는 두 가지 뜻을 갖고 있다. 요컨대, '포퓰러 컬처'라는 단어엔 대중문화의 민주적 성격에 대한 기대와 희망이 담겨 있는 것이다.

① <u>인생</u>은 짧고, <u>예술</u>은 길다.
② <u>낮</u> 말은 새가 듣고, <u>밤</u> 말은 쥐가 듣는다.
③ <u>산행(山行)</u>에는 <u>운동화</u>보다는 <u>등산화</u>가 어울린다.
④ 남이 하면 <u>불륜</u>이지만, 내가 하면 <u>낭만적 사랑</u>이다.
⑤ 우리나라의 <u>계절</u> 중, 오곡 백과가 익는 <u>가을</u>이 가장 풍요롭다.

02 다음 글의 내용으로 볼 때 ⓐ : ⓑ의 관계를 맺고 있는 것은?

> 진보와 보수란 상대적 개념이다. 한때의 사회 변혁의 기수들도 시간의 경과와 함께 현상 유지 세력으로 안주하는 경향은 역사적 사실로 미루어 알 수 있다. 예컨대 르네상스 초기의 도시민은 일반적으로 저항적이고 비판적이었으며 진취적인 혁신 세력이었으나, 후기에 이르러서는 대체로 기득권을 지키려는 보수적 성격이 강한 계층으로 변하고 말았다. 이와 같이 볼 때 혁신과 보수는 시대적 상황과 현실적 이해 관계에 따라 좌우되는 '위상적(位相的, positional)' 개념이라 단정할 수 있을 것이다.
> 다음으로 사회 변혁 추구의 방법이 어떠한가에 따라서 과격파와 온건파가 구분될 수 있다. 일반적으로 말해서 만일 ⓐ <u>혁신주의자</u>가 폭력적이며 파괴적인 변혁 수단을 택한다면 ⓑ <u>과격파</u>라 할 수 있다. 반면에 비록 추구하고자 하는 목표 그 자체의 혁신적 성격에도 불구하고 그 수단이 점진적이고 평화적인 것이라 한다면 온건파로 분류되는 것이 마땅하겠다. 이와 같이 볼 때 재세례파(再洗禮派) 운동, 농민 전쟁, 러다이트 운동은 과격한 혁명 운동인 반면, 클루니 운동 이래의 계속된 카톨릭 교회의 개혁 시도는 온건한 보수적 운동이었다고 할 수 있겠고, 19세기 후반의 사회민주주의는 점진적인 변력을 목표로 한 온건파 운동이라 해도 무방할 것이다.
> 어떤 사회나 종교 또는 문화든지 차원 높은 발전을 위해서는 반드시 도전적 요소들을 수용할 필요가 있다. 서양 근대사의 여러 단계에서 혁신적이며 진보적 요소들을 두려워한 정치 지도자들은 위기를 소극적 태도로 대처함으로 인하여 궁극적으로 더 큰 위기와 파국을 초래했음을 우리는 알 수 있다. 그 적절한 예는 프랑스 혁명 직전의 루이 16세와 당시의 집권 세력에서 찾을 수 있다. 모든 사회, 모든 문화, 모든 사상, 모든 종교, 모든 인간 활

동 분야는 새로운 요소와 혁신적인 변화를 받아들일 수 있는 신축성을 지니고 있을 때 진정한 발전이 기대될 수 있다.

    그러나 인간은 본성상(本性上) 일상적으로 익숙해진 생활 방식을 선호하는 타성 때문에 습관과 전통을 깨는 새로운 변화를 가능한 한 피하려고 한다. 보수주의는 이러한 인간 본성에 바탕을 두고 있기 때문에 현대 사회에까지 지속적 영향력을 발휘하고 있다고 볼 수 있다.

— 차하순, '역사에서의 혁신과 보수의 대립'

① 동물 : 식물　　② 성인 : 장신　　③ 서점 : 책방
④ 연극 : 영화　　⑤ 국어 : 한자어

03 다음 글에서 ⊙과 ⓒ의 관계를 바르게 이해한 것은?

    누가 과학자인가? 간단하게 대학에서 과학을 전공한 사람을 과학자라 정의할 수 있다. 이 경우 연구소의 연구원, 학생 교육과 연구를 같이 수행하는 대학 교수뿐만 아니라 과학적 배경을 가지고 관리 업무에 종사하는 사람도 과학자이다. 과학자 가운데는 ⊙ <u>대중 과학자</u>가 있다. 그들은 컴퓨터, 유전 공학, 환경 파괴, 의학의 진보 등등의 과학 지식을 일반 사람들에게 알기 쉽게 설명해 주는 사람이다.

    물론, 진정한 과학자는 실험실에서 연구하는 ⓒ <u>연구 과학자</u>이다. 이들의 활동 무대는 연구실이다.

    그들은 무엇을 위하여 밤에도 불을 밝혀 놓고 연구 행위를 하는가. 이들 중에는 자연·물질·생명의 내재적 본질을 파악하기 위하여 일생을 건 사람도 있고, 파악하여 드러난 바 오묘한 질서의 원리를 활용하여 인간의 삶을 향상시킬 수단을 찾기 위한 사람도 있다.

— 강건일, '즐거운 과학 산책'

① ⊙을 바탕으로 하여 ⓒ이 존재한다.
② ⓒ은 ⊙이 존재하게 하는 데 기여한다.
③ ⊙과 ⓒ은 상호 배타적 관계에 있다.
④ ⊙은 ⓒ보다 가치적인 면에서 우위에 있다.
⑤ ⓒ은 ⊙에 종속되어 있다.

04 다음 글의 내용을 바탕으로 단어들의 의미 관계를 도식화한 것 중, 적절하지 <u>않은</u> 것은?

> 지조에는 다음과 같은 세 가지 요소가 포함되어 있어야 한다.
> 〈이념(理念)〉 - 〈입지(立志)〉 - 〈실천(實踐)〉
> 인생의 목표가 이상에 있다면〈이념〉, 그것을 추구하는 결심이 필요하다〈입지〉. 또, 이 결심은 결심 그것만으로는 아무 가치도 없다. 일단 결심한 이상 결심한 그대로 실현하려는 노력이 경주되어야 할 것이다〈실천〉. 그리하여 이 세 가지 요소가 구비되지 않으면, 지조는 도저히 성립될 수 없는 것이다. 말을 바꾸어 설명하면, 지조에 선행하는 것은 가치 판단이다. 우선 모든 사물의 가치를 정확하게 판단하여야 한다. 그리고 무엇보다도 '인생의 진정한 가치'를 분명히 인식할 수 있어야 할 것이다. 최고의 가치관이 이루어질 때에 비로소 거기에 신념이 확고히 굳어진다면 자연 그 신념대로 실행하지 않을 수 없게 될 것이다. 그런데 이러한 가치 판단의 능력을 기르기 위하여 무엇보다도 지식과 수양이 필요하다. 지식은 배워서 얻는 것이요, 수양은 인격의 도야로부터 이루어지는 것이니, 사람은 모름지기 박학 다문으로 풍부한 지식을 축적하여야 할 것이요, 이와 같이 하여 얻은 지식으로 사리를 궁구하여, 항상 내성(內省)함으로써 수양은 그 도를 높이게 되는 것이다. 즉, 지식은 외부로부터 섭취하는 것이요, 수양은 내부에서 행하는 정신적 연마로 이루어지는 것이다. 그리하여 이 양자를 겸하여 한 마디의 말로 표현할 때에 그것은 교양이라 이를 수 있는 것이다. 지조는 결국 교양에서 우러나오는 것이니, 고도의 교양을 쌓아올릴 때에 고결한 지조가 현현(顯現)하게 되는 것이다.
>
> — 이희승, '지조'

① 교양 = 지식 + 수양
② (이념 + 입지) = 실천
③ 가치 판단 → 신념 → 지조
④ 지조 = 이념 + 입지 + 실천
⑤ (지식 + 수양) → 가치 판단

단어의 문맥적 의미 파악하기

어휘의 의미

우리가 사용하는 어휘의 의미는 하나의 뜻으로만 고정되어 있지는 않다. 같은 어휘라 하더라도 쓰임에 따라 여러 가지 의미를 지닐 수 있다. 즉, 사전적 의미가 같은 단어라 할지라도 그것이 쓰인 전후 상황으로 보아 의미가 새롭게 확장되는 것이다.

- **사전적 의미** : 사전에서 정의하고 있는 어휘의 의미로 어휘의 기본적인 의미에 해당하며, 어휘의 문맥적, 전의적, 비유적, 관용적 의미를 구성하는 밑바탕이 된다.
- **중심적 의미** : 다의어가 갖는 여러 의미 중, 가장 기본적이고 핵심적인 의미를 말한다.
- **주변적 의미** : 다의어의 중심적 의미를 제외한 나머지 의미를 말한다.
- **문맥적 의미** : 어휘는 문맥 속에서 사전적 의미와는 다르게 사용되는 경우가 많은데, 이처럼 문맥 속에서 새롭게 갖게 된 의미를 말한다.
- **비유적 의미** : 어떤 어휘가 비유적으로 사용됨으로써 갖게 된 의미로 그것이 비유하는 대상(원관념)이 무엇인가에 따라 의미가 결정된다.
- **관용적 의미** : 어휘가 관습적으로 사용됨으로써 갖게 된 의미를 말한다.

05 다음 글에서 밑줄 친 '한글의 역할'로 문맥상 적절한 것은?

사대부들이 훈민정음의 사용을 반대했던 내면적인 이유는, 문자 체계에 대한 그들의 독점 체제를 유지하려는 데에 있었다. 사대부들은 문자 체계의 독점으로 인한 상대적인 이득을 유지하고 싶었던 것이다. 문자는 일시적으로 사라지는 말과는 달리 원거리 의사소통을 가능하게 하고, 기록으로 남겨 권리의 증거로 삼을 수 있으며, 대대로 지식을 전할 수 있다는 장점이 있다. 한자를 모르던 일반 백성들은 행정 절차나 법률, 경제 활동 등에 제약을 받을 수밖에 없었다. 조선 후기에, 신분 체계에 유동성이 생기고 상업이나 공업 등 근대적 산업에 대한 인식이 서서히 바뀌기 시작한 것과 – 비록 문학 작품을 중심으로 보급되기는 했으나 – 한글의 보급 현상과는 무관하지 않다.

현대를 일컬어 흔히 '정보화 시대'라고 한다. 정보화 시대란 지식이 곧 권력을 낳는 시대라는 말과 같다. 그러한 의미에서 우리나라 민주주의에도 한글이 공헌한 바가 크다. 한글은 우리나라의 문맹률을 낮추었고, 결과적으로 지식과 정보를 공유하는 데에 결정적인 기여를 했기 때문이다. 권력을 형성하는 지식, 그리고 그 지식을 공유시켜 민주주의에 이바지하기 위한 문자의 보급은 불가분의 관계에 있다. 특히 오늘날, 인터넷을 중심으로 개별적이면서도 대량의 정보가 유통되는 컴퓨터 통신은 기존의 신문이나 방송과 달리 쌍방향 의사소통 체계로 보다 진보적인 민주주의적 의사소통 수단이다. 컴퓨터 통신 시대에는 <u>한글의 역할</u>도 그만큼 증대될 것으로 기대된다.

① 문맹률을 낮추는 역할
② 근대 산업에 대한 인식을 바꾸는 역할
③ 지식과 정보를 공유할 수 있게 만드는 역할
④ 쌍방향 의사소통을 가능하게 하는 역할
⑤ 개별적이면서도 대량의 정보를 유통시키는 역할

06 다음 글에서 ㉠과 ㉡에 알맞은 것은?

> 　구조주의의 융성에 이바지한 유럽의 한 문필가는 일본의 번지(番地) 체계에 흥미를 보이며 그것이 유럽의 (㉠)성(性)에 대립하는 (㉡)성(性)의 표징이라고 지적한 적이 있다. 유럽에 살아본 사람들은 잘 알겠지만, 그곳에서는 주소를 가지고 집을 찾기가 매우 쉽다. 좁다란 골목길까지 포함해서 모든 거리에 고유한 이름이 붙어 있고, 번지수는 좌우 홀짝 순으로 일련번호를 이루고 있기 때문이다. 예컨대 어느 건물에 매겨진 주소가 파리 라스파유 거리 222번지라면, 그 건물은 같은 거리 220번지와 224번지 사이에 있고, 그 건물 맞은편에는 221번지나 223번지가 있을 것이라고 비교적 안전하게 말할 수 있다.
> 　그러나 일본은 그렇지 않은 모양이다. 그것은 일본의 주소 체계를 본뜬 우리 경우를 생각해 보면 쉽게 알 수 있다. 모든 거리에 이름이 주어지지도 않았을 뿐더러, 번지수가 기하학적 질서에 바탕을 두지도 않았다. 222번지의 옆이나 건너편에 반드시 223번지가 있으리라는 보장이 없다. 실제로 그 두 건물은 아주 멀리 떨어져 있는 일이 흔하다. 일본이나 한국에서 222번지가 뜻하는 것은 그 번지의 건물이 223번지 건물에 (㉠)적으로 인접해 있다는 사실이 아니라 (㉡)적으로 인접해 있다는 사실이다. 다시 말해 222번지라는 숫자는 그 건물이 221번지 건물이 들어선 이후에 그리고 223번지 건물이 들어서기 이전에 세워졌다는 것을 드러낸다.

	㉠	㉡		㉠	㉡
①	과학	일상	②	이성	감성
③	공간	시간	④	구조	해체
⑤	물질	정신			

07 다음 글에서 ㉠~㉢에 들어갈 말을 순서대로 바르게 짝지은 것은?

> 　근대 과학의 가장 중요한 특징은 자연 현상을 설명하는 수단(언어)으로 수학을 사용하는 것이었다. 케플러와 갈릴레이가 자연을 설명하는 도구로 수학을 사용한 이래 서구의 자연 과학은 (㉠) 발전을 해 왔으며, 특히 수학이 많이 적용되는 물리학은 엄청난 성공을 거두었다. 물리학에서의 이러한 성공은 다른 과학들에도 모범이 되어서 물리학 이외의 과학 분야에서도 수학이 점점 더 많이 적용되어 오고 있다. 거기에 비해서 전통 중국에서는 자연 현상이 체계적인 수학에 의해 설명된 것이 아니라 주로 음양오행의 이론으로 설명

되었다. 자연 현상을 설명하는 수단뿐만이 아니라 이와 관련하여 자연을 보는 눈, 즉 자연관 내지 우주관에서도 두 문명은 차이가 있었다. 전통 중국의 세계관에서 자연은 서구 근대적 세계관의 자연과 같은 기계적이고 물리적인 대상으로서의 자연이 아니었다. 전통 중국인들의 사유를 지배했던 우주론에 의하면 우주는 전체로서 하나의 커다란 (㉡)인데, 이 속에서 인간은 자연 및 우주의 다른 모든 것들과 함께 조화로운 상호 작용을 한다고 믿었다. 그러므로 인간으로부터 독립하여 존재하는 (㉢) 대상으로서의 물리적 자연이란 개념은 거의 존재하지 않았다.

① 점진적(漸進的) - 유기체(有機體) - 초월적(超越的)
② 비약적(飛躍的) - 생명체(生命體) - 주관적(主觀的)
③ 점진적(漸進的) - 유기체(有機體) - 객관적(客觀的)
④ 혁명적(革命的) - 생명체(生命體) - 주관적(主觀的)
⑤ 비약적(飛躍的) - 유기체(有機體) - 객관적(客觀的)

08 다음 글에서 ㉠~㉤ 중, 의미 하는 바가 다른 하나는?

인간 복제의 가능성을 바로 눈앞에 두고 있는 인류는 과연 무엇을 선택하고 무엇을 준비해야 하는지 심각한 상황에 직면해 있다. 인류에게 미래가 있느냐는 질문은 어쩌면 대답을 기다릴 시간의 여유도 없는 ㉠인류의 마지막 의문문으로 기록될지도 모를 일이다.

인간은 대략 60조 개 정도의 세포로 구성되어 있지만 수정란이라는 1개의 세포가 수없이 많은 분열을 계속하여 이루어진 존재이다. 그러므로 인간의 몸속에 있는 모든 세포는 한 세포에서 기원되었고 따라서 동일한 유전자를 가지고 있다. 인간의 모든 생명 현상은 생명의 설계도인 유전자가 정해 주는 대로 이루어진다. 어떤 사람의 머리 색깔이 까맣다면 그것은 유전자에 그렇게 설계되어 있기 때문이다. 세포 분열을 통해서 결국 세포 복제가 이루어지며, 그것은 유전자를 구성하고 있는 물질인 DNA의 복제를 전제로 한다. 다시 말해서 DNA복제가 이루어지면 이어서 세포 복제가 이루어지는데 이것은 궁극적으로 인간 복제를 가능케 하는 생명의 기본 원리가 되는 셈이다.

여기에서 중요한 점은 이 세상에서 복제의 능력을 가진 유일한 물질은 DNA밖에 없으며 생명체가 생명을 유지하기 위해서는 DNA복제가 필수적인 대전제라는 것이다. 따라서 DNA 복제, 나아가서 인간 복제는 생명의 필연적인 현상이며 이를 부정하거나 무시할 수 없다. 또 관점의 각도를 조금만 달리 하여 생각한다면 인간의 생식자체도 넓은 의미의 인간 복제이며, 일란성 쌍생아의 출산은 흔히 발생하고 있는 인간 복제의 구체적인 실례가 되는 것이다.

따라서 제기 되고 있는 문제의 핵심은 현대 생명 과학이 인위적으로 생명 현상을 조절하려는데 대한 위기감의 확산이며 많은 사람들이 이를 ㉡신에 대한 도전이라든지, 신의 영역을 침범하는 것으로 혹은 신의 손에서 비밀을 훔친 것으로 인식하여 결국 ㉢현대 생명과학의 결실은 제2의 선악과(善惡果)가 될 위기에 처해 있다.

그러나 그 정도의 차이는 있지만 인간은 이미 질병의 치료, 불임 시술 등의 건강 문제와 기타 식량 문제, 환경 문제를 풀기 위해 인위적으로 생명 현상을 조절 하는 데 익숙해 있다는 점은 간과할 수 없는 사실이다. ㉣ 생명의 연금술이 벌써 현실적으로 많은 사람들의 고통을 덜어 주고 있다는 항변에도 귀를 기울일 필요가 있을 것이다.
　　인간 복제는 그저 ㉤ 금지된 장난쯤으로 예사롭게 보아 넘길 일이 아니다. 인간 복제가 인류의 복지를 위해 필요하다든가 윤리적으로 용납하기 어려우니 금지해야 한다든가 하는 단순 논리만으로 해결될 문제가 아니다. 인간 복제를 허용할 것인가 금지할 것인가를 정하는 것이 중요한 것이 아니라 근원적인 해법이 필요하다. 역설적으로 들릴지 모르지만, 인간성의 과학을 확립함으로써 신과의 평화를 추구하는 노력에 의해서만 해결의 실마리를 찾을 수 있을 것이다.

― 송진웅, 양재섭 의 '과학의 역사적 이해'

① ㉠　② ㉡　③ ㉢　④ ㉣　⑤ ㉤

09 다음 시에서 ⓐ~ⓔ 중, 가장 이질적인 의미를 함축하고 있는 것은?

당신이 가신 뒤로 나는 당신을 잊을 수가 없습니다.
까닭은 당신을 위하느니보다 나를 위함이 많습니다.

나는 갈고 심을 땅이 없으므로 추수(秋收)가 없습니다.
저녁거리가 없어서 조나 감자를 꾸러 이웃집에 갔더니, ⓐ 주인(主人)은 "ⓑ 거지는 인격(人格)이 없다. 인격이 없는 사람은 생명(生命)이 없다. 너를 도와주는 것은 죄악(罪惡)이다"고 말하였습니다.
그 말을 듣고 돌아 나올 때에, 쏟아지는 눈물 속에서 당신을 보았습니다.

나는 집도 없고 다른 까닭을 겸하여 민적(民籍)이 없습니다.
"민적 없는 자(者)는 인권(人權)이 없다. 인권이 없는 너에게 무슨 정조(貞操)냐." 하고 능욕하려는 ⓒ 장군(將軍)이 있었습니다.
그를 항거한 뒤에 남에게 대한 격분이 스스로의 슬픔으로 화(化)하는 찰나에 당신을 보았습니다.

아아 온갖 ⓓ 윤리(倫理), 도덕(道德), 법률(法律)은 ⓔ 칼과 황금을 제사지내는 연기인 줄을 알았습니다.
영원(永遠)의 사랑을 받을까, 인간 역사(人間歷史)의 첫 페이지에 잉크칠을 할까, 술을 마실까 망설일 때에 당신을 보았습니다.

― 한용운, '당신을 보았습니다'

① ⓐ　② ⓑ　③ ⓒ　④ ⓓ　⑤ ⓔ

접속어 넣기

배경 지식

접속어의 종류

순접 : 그리고
원인 : 왜냐하면, 그 이유는
전환 : 그런데, 그러면, 다음으로
예시 : 가령, 예컨대, 이를테면, 예를 들어
기타 : 또한, 그런 면에서, 그럼에도 불구하고

역접 : 그러나, 그렇지만, 하지만
결과 : 그러므로, 따라서, 그러니
요약 : 요컨대, 결국
비유 : 비유컨대, 마치

10 다음 글에서 ㉠, ㉡에 들어갈 접속어가 차례대로 바르게 짝지어진 것은?

노자(老子)는 도덕경(道德經)에서 "성(聖)을 절(絶)하고 지(智)를 버리면 민리(民利)가 백 배(百倍)하리라."고 하여, 지식이니 학문이니 하는 것의 불필요함을 말하였다.
(㉠) 딱한 것은 지식이 불필요하다고 아는 것도 하나의 '앎'이요, 후세 사람들이 도덕경이라는 책을 읽음으로써 이 노자의 사상을 알 수 있게 마련이니, 노자의 말은 오히려 지(知) 자체를 반성한 지의 지라고 하겠다. 소크라테스는 자기의 무지(無知)를 아는 사람은 그 무지조차 알지 못하는 다른 사람과 다름직도 하다고 하였거니와, 노자는 지의 불필요를 아는 지를 가지고 있었던 것이다. 진리는 말로 표현할 수 없다는 것을 말로 표현하였듯이, 지가 불필요함을 지로써 전하는 것이라 하겠다. 결국 지(知) 이상의 것도 지를 통함으로써만 알 수 있는 것이다.
공자는 15세 때에 학문할 뜻을 세웠고, 그 후 계속적인 정진(精進)을 한 나머지 "하루 종일 식사도 하지 않고, 밤이 새도록 잠도 안 자고 생각하여 보기도 하였으나, 무익한지라 배움만 같지 못하더라."고 하였다. (㉡) 그처럼 배워서 무엇을 하려고 한 것인가? 유교에서는 '수신제가(修身齊家) 치국 평천하(治國 平天下)'를 학문의 궁극적 목표로 한다지만, 공자 자신의 수양 과정을 보면 "50에 천명을 알고, 60에 귀가 순(順)하여지고, 70에 마음이 하고자 하는 대로 하여도 법도(法度)를 넘지 않았다."고 하였다. 결국 천리(天理) 그대로 힘들이지 않고도 저절로 도리에 맞는 생활 태도에 이른 것이니, 천리와 인욕(人欲)이 혼융 일체(渾融一體)가 된 경지(境地)라고 하겠다. 이것이 다름 아닌 성인(聖人)인 것으로, 유학(儒學)에 있어서 학문의 궁극적인 목적은 성인이 되는 데 있다고 해도 틀림없다.

① 그리고, 그러나
② 따라서, 그리고
③ 그리고, 그러므로
④ 그러나, 그러나
⑤ 그러나, 그러므로

11. 다음 글의 연결 관계를 고려할 때 ⓐ, ⓑ, ⓒ에 들어갈 말이 차례대로 바르게 배열된 것은?

한국인과 희랍인은 현실을 중히 여기고, 저승을 결코 미화하지 않았다. 희랍의 신은 속세의 인간과 똑같이, 때로는 미모에 유혹당하고, 사랑에 빠지는가 하면, 또 때로는 시샘을 하고 서로 싸우기도 한다. 한국인의 신은 늘 자손들을 주변에서 염려하고, 그 행복을 보살피는 '조상'이다. 이 조상은 현실적으로 삶의 양식을 제공하는 땅이기도 하다. (ⓐ) 한국인이 섬기는 것은 저승이 아니라 이승과 밀접한 관계가 있는 것들이다. 한국인은 수많은 고난을 겪어 왔고, 가까이에는 비극적 소재가 얼마든지 있다.

호머의 서사시는 이승에서의 삶의 즐거움을 노래한다. 아켈로스 망령은 말한다. "영광스러운 오디세우스여, 죽음을 쓸데없이 미화하지는 말아 다오. 죽은 세상에서 왕이 되는 것보다, 살아서 먹을 것도 땅도 별로 없는 노예가 되는 것이 낫다." (ⓑ) 확실히 희랍인은 한국인과 같이 이승의 삶에 더 가치를 둔다. 가엾고 하찮은 이 세상이기는 하지만, 살아 있는 이승의 인간에게만 의미가 주어진 것이다.

한국인은 창조 신화를 갖지 않은 유별난 민족이다. (ⓒ) 한국인은 같은 알타이 계통 중에서도 매우 특이하다. 단군이 나라를 다스린 기간은 1천5백 년이고, 그 후 절대자를 신격화하는 데서도 현실의 시간 감각을 벗어나지 않은 것이다. 2천 년이 되건 2만 년이 되건 유한의 세계는 이승의 일이며, 초월자의 시간은 아니다. 한국인은 무한이나 저승을 그려 놓지 않을 만큼 현세 중심적이었다. 저승을 의식 못 하니, 이승과 저승의 한계가 막연하여, 결국 이승의 일을 철저하게 관조하지 않는다.

① 이렇게 – 그리하여 – 그럼에도 불구하고
② 이처럼 – 이 점에서 – 이 점에 관한 한
③ 이 점에서 – 그렇지만 – 그것으로써
④ 무엇보다도 – 이런 점으로 미루어 – 이렇게도
⑤ 하지만 – 그럼으로써 – 그리고

문장의 흐름 파악하기

12. 다음 글의 ( )에 들어갈 말로 가장 적절한 것은?

콘트라디에프 주기에 따르면, 2020년경에 세계는 컴퓨터, 정보 통신, 생명 과학 등의 산업이 주도하는 새로운 경제 도약기를 맞게 된다고 한다. 이들 산업이 철강 산업처럼 많은 에너지를 필요로 하지는 않겠지만 과학 기술의 혜택으로 풍요롭고 편안한 삶을 영위하기 위해서는 에너지의 사용이 계속 증가할 수밖에 없다. 에너지 사용의 증가에도 불구하고 탄산가스나 핵폐기물이 생기지 않도록 하는 방법은 없을까? 늘어나는 에너지 사용을 충족하면서도 환경을 파괴하지 않는 에너지에는 어떤 것이 있을까?

불행하게도 아직까지 대가를 치르지 않아도 되는 에너지원은 발견되지 않았다. 태양 에너지, 광합성에 의한 생물학적 에너지, 바람과 지열을 이용하는 에너지 등에 대한 연구와 실용화가 이루어지고 있으나 이들을 에너지원으로 사용함에 따라 생기는 생태계의 변화까지 생각한다면 아직도 많은 연구가 이루어져야 한다. 〈중략〉

　가까운 시일 안에 핵에너지를 대체할 수 있을 만큼 효율적인 에너지의 발견을 기대하기는 어려울 것 같다. 그리고 200~300년 내에 닥칠 에너지 위기도 극복해야 한다. 따라서 핵에너지의 부정적인 점으로 꼽히는 핵폐기물 처리에 대한 연구를 장려해서라도 미래를 준비해야 한다. 결국 앞으로 50년 동안에는 석탄과 우라늄이 기초적인 에너지원으로 주요한 위치를 차지할 것이다. 이를 위해서는 핵폐기물 처리에서 중요한 과제인 폐기물의 양을 줄이는 것, 방사성 반감기를 줄이는 것 등의 연구에 물리학과 같은 기초 과학이 주도적인 역할을 수행해야 한다.

　아인슈타인은 핵에너지를 찾으려다가 상대성 이론을 이해한 것이 아니라 물질의 기본 원리를 이해하려다가 상대성 이론을 깨닫고, 이를 응용하여 핵에너지를 찾아냈다. 물론 기본 원리를 연구하다가 산업과 실제 생활에 필요한 것을 항상 발견할 수 있는 것은 아니다. 그러나 현대로 오면서 기초적인 자연 과학의 연구가 실제 응용으로 발전하는 경우가 많아지고 있다. 그러나 우연히 무엇을 발견하거나 발명하는 것은 아니다. 연구에는 창의력이 요구된다. 창의력은 모방하려는 정신에서 나오는 것이 아니라 확실한 이해에서 나온다. (　　　　　　　) 아직은 이상적인 에너지원을 발견하지 못했으나 창의적인 생각이 모인다면 가까운 장래에 반드시 발견할 수 있을 것이다.

· 콘트라디에프 주기 : 소련의 콘트라디에프가 발견한 경기의 장기 파동으로서 48~60년을 주기로 경기가 순환한다는 이론이다.

－ 민동필, '핵 에너지와 미래의 에너지'

① 꿈은 꿈에 불과하고 현실은 엄연한 현실이지 않은가?
② 인간은 새를 보고 하늘을 날려는 꿈을 꾸어 왔지 않은가?
③ 별을 눈으로 잘 관측하면 결국 우주의 비밀을 풀지 않겠는가?
④ 촛불을 개량한다고 해서 전등이 만들어지는 것은 아니지 않은가?
⑤ 냇물이 모여 강물이 되고, 강물이 모여 바닷물이 되는 것과 같은 이치 아닌가?

13 다음 글의 괄호에 들어갈 문장으로 가장 적절한 것은?

　예술적 측면에서 보면 글씨는 사회적 약속이나 실용적 요구와 관계없이 자유로운 정신으로 표현되어야 한다. 따라서 읽기 쉬우냐 아니냐를 가릴 필요가 없으며, 철저하게 아름다움과 개성을 추구하여 읽는 것보다 보는 것을 목표로 삼아야 한다. 곧, 문자를 조형적 대상으로 삼아 점획의 형태와 필선의 질량 등을 생각해야 비로소 글씨의 예술성이 성립되는 것이다. 그런 점에서 우선 글씨의 특성을 이해할 필요가 있다.

글씨는 먹으로 표현된 필선(筆線)과 이를 둘러싸고 있는 바탕의 여백(餘白)으로 구성된다. 곧, 종이나 천 등의 바탕에 붓으로 먹물을 어떻게 처리하였느냐와 점획·짜임·행 등을 어떻게 구성하여 여백을 처리하였느냐가 글씨의 기본 틀인 것이다.

　그런데 바탕에 밴 먹물은 단순한 무채색의 검정이 아니라 다채로운 검은색을 띤다. 먹은 산소의 공급을 제한하는 상태에서 나무를 불완전 연소시켜 얻은 검댕으로 만들어지기 때문에 기본적으로는 검다. 하지만 나무의 종류나 연소 방법의 차이 또는 물과의 조합 비율에 따라 미미하게 흑자색이나 암청색 등의 다양한 색깔을 띠기도 한다. (　　　　　　　　) 또한 여백은 단지 글씨를 쓰고 난 뒤에 남은 것이 아니라 글씨를 쓰기 전에 전체적인 구성과 글자의 짜임 등을 고려하여 제작자의 심미안에 의해 처리되는 것이다. 곧, 먹색이 글자를 나타내는 주연이라면 여백은 그것을 지탱해 주고 감싸 주며 먹색의 효과를 한층 높여 주는 조연인 셈이다. 따라서 이 양자를 잘 조화시킨 글씨야말로 감상자의 눈을 이끄는 성공작이 된다.

　이와 같이 글씨는 흑과 백의 조화이며, 그 표현 효과는 마치 근대 미술에서 말하는 단색조(單色調)의 색채미와 유사하다. 그림에서는 먹물의 농담과 채색의 양을 다양하게 조절함으로써 감상의 영역을 확대시키기도 하지만, 이에 비해 글씨에서는 전통적으로 그런 방법을 허용하지 않는다. 따라서 단색조의 먹색을 어떻게 내느냐 하는 용묵법은 서예가들의 주된 관심거리이며, 그런 점에서 먹색은 글씨 감상에 있어 매우 중요한 부분이 된다.

① 이러한 특성 때문에 서예가들은 흑자색과 암청색을 얻기 위해 늘 먹을 시험해 본다.
② 이러한 특성 때문에 서예가들은 많은 습작을 통해 여백의 효과를 관찰하고 시험한다.
③ 이러한 특성 때문에 서예가들은 먹을 만들 때 검댕의 상태와 특성을 섬세하게 관찰한다.
④ 이러한 특성 때문에 서예가들은 먹물의 농담과 채색의 양을 다양하게 조절함으로써 감상의 영역을 확대시키려 한다.
⑤ 이러한 특성 때문에 서예가들은 먹색을 단순히 검정으로만 받아들이지 않고 여러 가지 색깔을 지닌 진귀한 것으로 여긴다.

문단의 적절한 위치 파악하기

단락의 종류와 특성

- **중심 단락** : 글의 주제와 직접적인 관련이 있는 문단으로서, 주제문이 직접 표현되어 있거나 글의 핵심적 제재가 직접 언급되어 있다.

① **주지 중심 단락** : 주제나 논제가 제시된 단락으로 각 단락의 소주제문 가운데 핵심적인 정보를 갖고 있는 단락을 말한다. 추상적이고 일반적이며 포괄적 성격을 띠고 있다.

② **결말 단락** : 내용을 마무리하는 단락으로 주제를 요약·강조하고, 의견 및 비판 등이 제시되는 단락을 말한다. 글의 마지막 부분에 나오는 경우가 많다.

- **보조 단락** : 중심 단락을 뒷받침하는 문단으로 주제 전달의 보조적 역할을 수행하는데, 그 기능에 따라 다음과 같이 유형화할 수 있다.

① **도입 단락** : 글을 쓰는 동기나 목적, 과제 등을 제시하여 독자의 흥미와 관심을 유발하는 단락을 말한다. 화제를 제시하거나 문제를 제기하는 단락으로 처음 부분에 나오는 단락이다.

② **상술 단락** : 추상적, 일반적 주제를 구체화하는 단락으로, 자세한 설명을 목적으로 하거나 논리적 근거를 드는 단락으로 예시 단락과 함께 가장 중요한 보조 단락이다.

③ **예시(예증) 단락** : 구체화시키는 방법으로 주제를 뒷받침하는 예를 들어 설명하거나 논증하는 단락이다.

④ **부연(보충) 단락** : 앞 단락의 내용을 보충하거나, 반복하는 단락으로 앞 단락과 항상 하나로 묶이고 생략이 가능한 단락이다. 보다 상세한 설명을 덧붙여 주제를 표현하는 데 이바지하는 문단이다.

⑤ **발전(전개) 단락** : 앞의 내용을 순서대로 전개해 나가거나, 의미를 심화시키는 단락으로 '본문'의 단락이 되며, 열거식이나 점층식 구성에서 주로 나타난다.

⑥ **강조 단락** : 내용을 특히 강조하기 위해 의도적으로 나누어 놓은 단락으로 글의 단조로움을 해소한다.

14 다음 글 ㉠~㉤ 중, 〈보기〉의 글이 들어가기에 가장 적절한 곳은?

앎이란 무엇인가? 우리가 무엇을 알았다고 할 때 그것은 무엇을 의미하는가? '안다'는 말은 문맥에 따라 다양한 의미로 사용되지만, 이 말의 가장 일반적인 의미는 "어떤 종류의 정보를 갖고 있다."거나, "상황을 파악하고 있다."는 의미로 규정될 수 있을 것이다. ㉠ 물론, 앎은 전쟁하고만 연결된 것은 아니다. 우리가 생활해 가기 위해서는 ㉡ 우리가 살고 있는 환경 세계에 대해 알고 있지 않으면 안 된다. 무지는 공포의 원인이며, 파멸을 가져오는 재앙이 된다. 예컨대, 고대인들은 달과 지구의 공전 운동에 의해 일어나는 일식이나 월식을 알지 못했다. 또, 천둥 번개나 폭우에 관한 지식도 없었다. 그러므로 그들은 ㉢ 이런 현상을 어떤 신들의 노여움이나 하늘의 형벌로 해석하고, 재물을 바쳐 이를 정상화시키고자 했다. 그렇지만 과학적 지식으로서 이런 현상들을 설명할 수 있게 된 오늘날의 관점에서 보면 고대인들의 해석과 행위는 한낱 웃음거리에 지나지 않는다. ㉣ 우리가 만물의 영장이 되고, 오늘날과 같은 문명 세계를 이룩할 수 있었던 것도 따지고 보면 지식의 진보에 힘입고 있는 것이다. 이런 의미에서 17세기 영국의 철학자 프란시스 베이컨은 "앎은 곧 힘이다."라고 말했던 것이다. ㉤

– 이한구, '앎이란 무엇인가'

> **보기**
>
> 예컨대, "나는 인간이 이성적인 존재임을 안다."는 주장은 인간의 속성에 관한 어떤 정보를 내가 갖고 있다는 의미이며, "싸울 수 있는 경우와 싸워서는 안 될 경우를 안다."는 것은 싸움이 전개될 상황을 파악하고 있다는 의미이다.

① ㉠   ② ㉡   ③ ㉢   ④ ㉣   ⑤ ㉤

문단 나누기

15 다음 글을 두 개의 문단으로 나눌 때, ㉠~㉤ 중, 적당한 곳은?

> 주인 색시를 생각하면 공중에 있는 달보다도 더 곱고 별들보다도 더 깨끗하였다. 주인 색시를 생각하면 달이 보이고 별이 보이었다. 삼라 만상을 씻어 내는 은빛보다도 더 흰 달이나 별의 광채보다도 그의 마음이 아름답고 부드러운 듯하였다. 마치 달이나 별이 땅에 떨어져 주인 새아씨가 된 것도 같고, 주인 새아씨가 하늘에 올라가면 달이 되고 별이 될 것 같았다. ㉠ 더구나 자기를 어린 주인이 때리고 꼬집을 때 감히 입 벌려 말을 하지 못하나 측은하고 불쌍히 여기는 정이 그의 두 눈에 나타나는 것을 다시 생각할 때 그는 부들부들한 개 등을 어루만지면서 감격을 느끼었다. ㉡ 개는 꼬리를 치며 자기를 귀여워하는 줄 알고 벙어리의 손을 핥았다. ㉢ 삼룡이의 마음은 주인 아씨를 동정하는 마음으로 가득 찼다. 또는, 그를 위하여서는 자기의 목숨이라도 아끼지 않겠다는 의분에 넘치었다. 그것은 마치 살구를 보면 입 속에 침이 도는 것같이 본능적으로 느끼어지는 감정이었다. ㉣ 새 댁이 온 뒤에 다른 사람들은 자유로운 안 출입을 금하였으나 벙어리는 마치 개가 맘대로 안에 출입할 수 있는 것같이 아무 의심 없이 출입할 수가 있었다. ㉤ 하루는 어린 주인이 먹지 않던 술이 잔뜩 취하여 무지한 놈에게 맞아서 길에 자빠진 것을 업어다가 안으로 들여다 눕힌 일이 있었다. 그때에 아무도 안에 있지 않고 다만 새색시 혼자서 방에서 바느질을 하고 있다가 이 꼴을 보고서 벙어리의 충성된 마음이 고마워서, 그 후에 쓰던 비단 헝겊 조각으로 부시 쌈지를 만들어 준 일이 있었다. 이것이 새서방의 눈에 띄었다. 그래서 색시는 어떤 날 밤 자던 몸으로 마당 복판에 머리를 푼 채 내동댕이가 처졌다. 그리고 온몸에 피가 맺히도록 얻어맞았다.
>
> – 나도향, '벙어리 삼룡이'

① ㉠   ② ㉡   ③ ㉢   ④ ㉣   ⑤ ㉤

16 다음 글을 내용에 따라 세 개의 문단으로 나눌 때, 두 번째 문단의 처음과 끝 부분에 해당하는 것은?

> 장끼의 깃은 매우 아름다워 겉으로 잘 드러나는 반면 까투리의 깃은 칙칙하여 숲 속의 낙엽과 잘 구별되지 않습니다. 그것은 까투리가 적의 눈에 발견되지 않고 알을 낳아 무사히 새끼를 기를 수 있도록 진화해 왔기 때문입니다. 즉, 까투리의 깃털이 처음부터 칙칙했기 때문에 알 낳고 새끼 기르는 임무를 떠맡게 된 것은 아니라는 뜻입니다. 마찬가지로, 모든 여자의 천성이 내향적이고 온순했기 때문에 육아의 임무가 맡겨진 게 아니라, 여성에게 주로 주어져 온 일이 살림과 아이 기르기와 남편 뒷바라지였기에 그에 맞게 점점 변화된 것이고, 그런 특징들이 마치 여성의 미덕인 양 칭송되어 왔을 뿐입니다. 그러니 '똑똑한 여자'들은 여자의 천성을 타고나지 못해 사서 고생하는 사나운 팔자라고 으레 생각되기도 했습니다. 그러면 팔자 사나운 예를 한번 들어 볼까요. 조선 시대에 사대부 딸로 태어났던 허초희의 남편은 아내가 자신보다 못나야 아내답다고 생각했기 때문에 총명한 허초희에게 사랑을 주지 않았습니다. 허초희는 멀리 떨어져 있는 남편에게 그리움의 시를 써 보내기도 했지만, 오히려 비난만 받았습니다. 자연히 시어머니의 구박도 심해진 데다가 자신감마저 잃게 된 허초희는 200여 편의 시를 남겨 둔 채 스물일곱의 나이로 세상을 떠나고 말았습니다.
>
> – 유소림, '즐거운 나의 집에서의 딸 대접'

① 즉, 까투리의 ~ 왔을 뿐입니다.
② 마찬가지로, 모든 ~ 왔을 뿐입니다.
③ 마찬가지로, 모든 ~ 생각되기도 했습니다.
④ 그러니 '똑똑한 여자'들은 ~ 주지 않았습니다.
⑤ 그러면 팔자 ~ 비난만 받았습니다.

테마 2   핵심 정보 파악하기

제목 및 화제 파악하기

제목 찾기

① 제목은 핵심어를 중심으로 정리해야 한다.
  - 예 하나의 글이 '판소리'에 대해서 언급하고 있는 글이라면, 그 글의 제목도 역시 '판소리'라는 어휘를 바탕으로 정리되어야 한다.

② 제목은 핵심어의 어떤 측면에 관해서 언급하고 있는 글인지를 파악하는 것이다.
  - 예 하나의 글이 '판소리'에 대해서 언급한 글이라면, 제목은 '판소리의 무엇'이라는 식으로 정리되어야 한다. 즉, '판소리의 성격'이 제목이 되는 것이다.

③ 제목의 구체적인 내용을 정리한 것이 주제문이라고 할 수 있다.
  - 예 '판소리의 성격은 서민적이다.'라는 문장이 어떤 글의 주제라고 하면, 이것은 '판소리의 성격'이 어떠하다는 것을 구체적으로 정리한 것이라고 할 수 있다.

④ 주제는 주제문을 간략하게 정리한 것이라고 할 수 있다.
  - 예 제목이 '판소리의 성격'이고, 주제문이 '판소리의 성격은 서민적이다.'면, 주제는 '판소리의 서민성'이 되는 것이다.

---

01 다음 글의 제목으로 적절한 것은?

　우리들은 실제로 꽃을 보고 직접 아름답다고 느끼기보다 오히려 한 줄의 시구(詩句)에서나 한 폭의 그림에서 "꽃은 아름답다."는 관념을 먼저 익힌다. 파스칼이, 모든 사람은 진짜 사과보다 그림 속의 사과를 더 좋아한다고 빈정거렸을 때, 이미 우리들의 눈은 그림 속의 사과를 통해서 실제의 사과를 쳐다보게 굳어져 버렸던 것이 아닌가. 동물원의 사자를 뒤늦게 보고서 그림에서 본 사자와 똑같다고 감탄하는 어린이와는 달리, 미개의 인디언은 실제의 호랑이보다 종이 위의 호랑이를 더 무서워한다는 사실을 알게 된 미술사가(美術史家) 곰브리치는, 그 연유를 인디언 추장에게 물었던 일화를 소개한 것으로 대신한 적이 있었다. 이때 추장의 대답은 이런 것이었다.

　"실제 호랑이는 매일 보기 때문에 무섭지 않지만 종이에 그려진 호랑이는 우리들이 보지도 못한 호랑이니까 무서울 수밖에 없지요."

　'꽃' 하면 아름답다는 고정된 관념밖에 결부시키지 못하는 굳어 버린 우리들의 눈에 생생한 실재(實在)를 보여 주기 위해, 상점에서 구입한 남자용 변기를 바로 그대로 '샘'이란 제목을 붙여 전람회에 출품했다가 전시를 거부당한 화가 마르셀 뒤샹의 항변은 이런 의미에서 보면 무서울 정도로 날카롭다.

> 음악가 존 케이지는 '4분 30초'란 그의 작품을 연주하는 피아니스트에게 4분 30초 동안 피아노 앞에 그냥 앉아 있기만을 주문하고, 그 시간 동안 연주실 내에서 있었던 침묵과, 이에 따른 약간의 기침 소리를 포함한 소음 그것이 바로 '4분 30초'란 작품의 내용이라 못 박지 않았던가.
> – 김해성, '현대 미술을 보는 눈'

① 보는 것의 의미
② 마음으로 보는 눈
③ 생각으로 읽는 눈
④ 꿈과 환상을 보는 눈
⑤ 열린 눈과 굳어 버린 눈

02 다음 글은 어떤 화제에 대한 대답이라고 볼 수 있는가?

> 세계 경제는 제2차 세계 대전을 기점으로 큰 전환이 이루어졌다. 기업이 그 존속과 성장을 위해 소비 시장을 놓고 치열한 경쟁을 벌이게 된 것이다. 그 결과 시장은 생산자 중심에서 구매자 중심으로 성격이 바뀌었다. 따라서 모든 기업은 생산된 제품을 판매한다는 태도를 바꾸어, 소비자의 잠재적 욕구를 파악하고 이러한 욕구를 충족시키는 전략을 채택해야만 했다. 그들은 어디까지나 소비자의 관점에서 유용한 제품을 생산하고, 서비스를 제공하고, 가격을 책정하게 되었다. 이는 일단 상품을 생산해 놓고 나서 그것을 소비자에게 판매하는 전략이 아니다. 오히려 판매될 수 있는 상품이 무엇인지 파악하여 그것을 생산하고, 제품과 서비스가 시장(소비자)으로 스며들도록 하는 전략이라고 할 수 있다.
> 자본주의 경제 체제에서는 대체로 가격 수준에 따라서 수요와 공급의 양이 조절된다. 그러나 시장 상황에 따라 가격 요인과 비가격 요인의 비중이 달라질 수 있다. 구매자 중심의 시장에서 가격의 역할은 점차 축소되고 있다. 가격 이외의 판매점, 상표, 디자인, 신속한 배달과 수리, 광고 등과 같은 것들이 더 강조되고 있는 것이다. 이러한 요인들은 모두 소비자의 선택과 관련을 맺고 있다. 그러므로 현대 기업은 기업과 소비자와의 호혜적 관계를 무시할 수 없는 처지에 놓여 있다. 현대 기업은 단기적으로 이윤만을 추가하겠다는 태도를 버리고 소비자의 생활 수준과 문화를 향상시키는 방향으로 기업 활동을 전개하게 된 것이다.

① 생산과 서비스의 관계는 어떠한가?
② 기업은 왜 시장을 지배하려 하는가?
③ 현대 기업의 광고 전략은 무엇인가?
④ 국가의 기업 정책은 어떻게 변하였는가?
⑤ 기업 활동의 성격은 어떻게 변하였는가?

문단의 요지 파악하기

핵심어 찾기

① 가장 많이 언급되고 있는 어휘가 무엇인지 확인한다.
→ 핵심어를 파악할 때에는 가장 많이 쓰인 어휘를 확인해야 한다. 많이 쓰였다는 것은 한 문단에 많이 나왔다는 것이 아니라 각 문단에 골고루 사용된 것을 말한다.

② 끝까지 언급되고 있는 어휘가 무엇인지 확인한다.
→ 처음에는 많이 언급되다가 뒷부분에 가면서 언급되지 않는 어휘는 핵심어라고 할 수 없다. 끝까지 언급되고 있는 어휘가 핵심어라고 할 수 있다.

③ 각 문단의 핵심어를 먼저 파악한다.
→ 글 전체의 핵심어를 파악하기 전에 먼저 각 문단에 언급되어 있는 핵심어를 파악해야 한다. 이러한 핵심어 중에서 글 전체를 통해서 가장 많이 언급되어 있는 것이 그 글의 핵심어라고 할 수 있기 때문이다.

④ 핵심어를 중심으로 필자가 초점을 맞추고 있는 부분을 확인한다.
→ 글 전체의 핵심 내용을 파악할 때에는 필자가 초점을 맞추고 있는 내용이 무엇인가를 핵심어를 바탕으로 정리해야 한다. 또 필자가 가장 강조하는 내용이라든지 또는 제목으로 적절한 것도 모두 핵심 내용이라는 것을 알아야 한다.

03 다음 글 (가)~(마)의 중심 내용으로 적절하지 않은 것은?

(가) 흔히 대중음악이라고 하면 모두 싸잡아서 한 통속으로 보는 경향이 강하다. 사실 대부분의 대중음악은 상업성을 추구하고, 머리로 생각하는 음악이라기보다는 즉각적인 신체의 반응을 목표로 한다는 점에서 별로 차이가 없다. 또한 대중음악에도 여러 장르가 있지만 장르 간의 구분이 엄격하지도 않다. 그래서 대중음악은 모두가 그렇고 그런 식의 상품이라는 것이다.

(나) 그러나 좀 더 자세히 살펴보면 그리 간단하게 대중음악을 평가하고 무시할 수 없다는 사실을 깨닫게 된다. 대중음악을 모두 한 통속으로 몰아붙이는 것 속에는, 고급 예술이 갖는 문화적 우월주의가 숨어 있음을 알아야 한다. 가령, 음악 대학, 음악 잡지, 작곡가, 연주가, 평론가, 음악회장, 음악 콩쿠르 등과 같은 기존의 음악 제도는 서양 예술 음악의 전통을 보존하는 데에는 큰 역할을 해 온 반면에, 대중음악에 대한 편견과 무시를 정당화해 왔던 것이다.

(다) 대중음악을 모두 그렇고 그런 것으로 단정하는 사람들은 음악의 장르와 음악의 질을 혼동하는 경향이 있다. 뿐만 아니라 서양의 예술 음악을 평가하는 기준이나 방법을 가지고 대중음악을 평가하려 든다. 그러나 예술 음악을 평가하고 분석하는 기준으로

대중음악을 보는 것은, 마치 서양 음악에 맞는 분석 방법을 인도 음악에 적용시키는 것이나 별반 다를 것이 없다고 생각한다.

(라) 대중음악으로 분류되는 것이 모두가 한결같이 대중적이고 상업적이라고 생각하는 것도 잘못이다. 60년대와 70년대에 세계의 젊은이들 사이에서 하나의 문화적 상징성을 부여받았던 록 음악의 고전들은 음악 방송에서 사실상 소외되어 왔다. 그러나 생연주를 즐겨하고 청중과의 동질감을 회복시키며 작곡자·연주자·청중 사이의 벽을 허물어 버림으로써 독특성을 부여받는 록 음악은 훨씬 진지하고 자발적이다.

(마) 예술 음악에도 훌륭한 작품과 열악한 작품이 있다. 하이든이 무수한 교향곡을 작곡했지만 오늘날까지 고전으로 남아 있는 작품은 그리 많지 않다. 마찬가지로 대중음악에도 훌륭한 음악과 저질의 음악이 있다. 이 기준은 이미 말했듯이 예술 음악을 평가하는 기준과는 다르다. 훌륭한 대중음악이라면 받아들이고 감상할 가치가 충분한 것이다. 대중음악이라면 무조건 폄하함으로써 얻는 이득은 아무것도 없다. 받아들일 것은 과감하게 받아들이는 자세가 필요하다.

― 이장직, '음악과 사회'

① (가) : 대중음악에 대한 통념
② (나) : 대중음악의 비제도적 성격
③ (다) : 대중음악에 대한 통념의 허구성
④ (라) : 대중음악의 긍정적 측면
⑤ (마) : 대중음악을 대하는 올바른 자세

04 다음 글 각 문단의 중심 내용과 거리가 <u>먼</u> 것은?

(가) 사회 복지는 "누구든지 인간의 존엄성과 가치를 훼손당하지 않으면서 인간답게 살수 있어야 한다."라는 이념을 전제로 한다. 사회 복지 실천을 위한 방법론은 바로 이 이념을 실현하기 위해서 발달하였다. 사회 복지 방법론은 도움을 필요로 하는 개인에 초점을 맞추고 문제를 개별화하여 그 해결 방안을 찾는 미시적 방법론과, 문제를 집합적으로 보면서 전체적인 사회 차원에서 그 해결 대책을 강구하는 거시적 방법론으로 나뉜다.

(나) 이러한 두 가지 방법론은 사회 체제와의 관계에서도 차이가 있다. 미시적 방법론을 활용하는 사회 복지 전문가들은 사회 체제 자체에 별 관심을 보이지 않고, 따라서 사회 정책을 입안하고 집행하는 데에도 그다지 관여하려 하지 않는다. 반면에 거시적 방법론을 주장하는 전문가들은 개인의 생활에 영향을 미치는 정부의 정책이나 사회 체제 자체를 매우 중요시한다.

(다) 역사적으로 볼 때, 사회 복지 방법론은 미시적 방법론을 중심으로 발전하였다. 그 결과 사회 복지 방법론은 개별적인 차원에서 문제들을 다루거나, 복지 서비스를 효과적으로 전달하는 데 필요한 전문적인 지식과 기술을 갖추는 데에는 일단 성공을 하였다. 그러나 도움을 받는 사람과 사회 체제의 관계, 사회적 약자의 욕구가 정책에 반영되는 과정, 그리고 사회 체제에 내재해 있는 편향성 등의 문제에 대해서는 간과하는 경향이 있다.

> (라) 이처럼 한쪽으로 치우쳐 발전된 사회 복지 방법론은 단지 사회 복지 서비스를 전달하는 일 자체에만 관심을 집중함으로써 인간의 존엄성과 가치의 유지 및 보존이라는 사회 복지 본래의 목표 달성을 어렵게 만들었다.
>
> (마) 사회 복지 문제를 해결하기 위해서는 임상적 지식이 필요한 것은 물론, 사회 정책을 입안하거나 개선하기 위한 활동도 역시 필요하기 때문이다. 결국 미시적 방법론과 거시적 방법론을 양 축으로 하는 사회 복지 방법론을 발전시키는 것만이 사회 복지의 이념을 효과적으로 앞당겨 달성할 수 있게 해 줄 것이다.

① (가) 사회 복지 방법론의 개념과 유형
② (나) 미시적 방법론과 거시적 방법론의 차이점
③ (다) 사회 복지 방법론과 인접 학문의 관계
④ (라) 사회 복지 방법론의 현재 상황
⑤ (마) 사회 복지 방법론의 바람직한 방향

05 다음 글 각 단락의 주제문을 정리한 것으로 바르지 <u>않은</u> 것은?

> (가) 정부가 증권 관련 집단 소송제를 추진하고 최근 법무부의 법제정위원회안이 공개됨에 따라 이에 대한 논의가 활발히 이루어지고 있다. 재계를 중심으로 집단 소송제의 부작용을 크게 우려하여 도입 자체를 유보해야 한다는 의견과 시민 단체 등을 중심으로 하루속히 집단 소송제를 도입해야 한다는 의견 등 다양한 의견이 제시되고 있다.
>
> (나) 정부는 집단 소송 제도가 기업, 시장, 우리 경제 모두에 장기적으로 도움이 될 수 있을 것으로 기대한다. 우리 기업이 주식 시장에서 저평가 되고 있는 원인 중 하나는 기업 경영의 투명성이 제대로 갖추어지지 않은 데 있다. 수 차례의 기업 지배 구조 개선으로 제도적으로는 어느 정도 체제를 갖추었으나, 실제 경영 관행은 미흡한 실정이고 아직까지 시장의 기대에 미치지 못하고 외부의 평가도 긍정적이지 못하다. 2000년 6월 멕켄지 조사 결과 한국 기업의 지배 구조가 개선될 경우 대내외 투자자가 지불할 용의가 있는 주가 프리미엄이 24%에 달한다. 2001년 1년 미국계 회계 법인이 35개국을 대상으로 조사한 결과 한국의 투명성 정도가 31위이다.
>
> (다) 소액주주의 권익을 보호하고, 기업 경영의 투명성을 높여 궁극적으로 자본 시장에서 기업의 자금 조달을 원활히 함으로써 기업의 중장기적인 가치를 제고해 나가기 위해서도 집단 소송제 도입이 필요하다. 즉, 집단 소송제의 도입은 국민 경제뿐만 아니라 기업 스스로의 가치 제고를 위해서도 바람직한 것이다. 현재 집단 소송제를 시행하고 있는 미국의 경우 전 세계적으로 자본시장이 가장 발달되었으며 시장의 투명성과 공정성이 높아 기업들이 높은 투자 가치를 인정받고 있다.
>
> (라) 일부에서는 제도 도입의 부작용을 우려하고 있으나, 미국의 경험과 사례가 있어 시행 상의 부작용은 방지해 나갈 수 있을 것이다. 특히, 제도 도입 시 가장 큰 문제로 제기되고 있는 소송을 남용하는 남소 문제도 외국의 운용 사례 등을 충분히 감안하여 방

> 지 장치를 마련함으로써 정상적이고 투명한 경영을 하는 기업에 결코 부담이 되지 않도록 할 것이다. 다만, 남소 방지 장치가 집단 소송 제기 자체를 어렵게 하는 등 지나치게 엄격해서도 안 되므로 남소의 우려와 소송 제기의 가능성 간의 균형도 고려되어야 할 것이다. 미국의 경우 그동안 시행 과정에서의 문제점을 개선하기 위한 제도 개혁이 있었지만, 이는 집단 소송제를 보다 합리적으로 운영하여 장점을 살려나가는 것이지 제도 자체를 포기하자는 논의는 아니다.
>
> (마) 그동안 사외 이사 제도 도입 등 기업 지배 구조 개선을 통해 우리 기업도 이제 선진화 된 지배 구조의 기본틀은 어느 정도 갖춘 상황이다. 앞으로의 지배 구조 개선은 정부의 사전적 규제보다는 시장에 의한 감시·감독이 이루어지도록 전환되어야 하며, 이러한 관점에서 집단 소송제는 시장에 의한 기업 재배 구조 개선을 가능하게 하는 효과적인 제도라고 생각된다.

① (가) 정부의 집단 소송제 추진에 따라 여러 가지 의견이 제기되고 있다.
② (나) 경제 회복의 주요 과제 중의 하나는 기업 경영의 투명성을 높이는 것이다.
③ (다) 집단 소송제를 도입할 경우 경영의 투명성을 높여 결국 기업에 이득이 된다.
④ (라) 남소의 부작용은 충분한 방지책을 마련한다면 큰 문제가 되지 않을 것이다.
⑤ (마) 집단 소송제는 시장에 의한 기업 지배 구조 개선을 가능하게 할 것이다.

요약 및 주제 파악하기

주제 찾기

① 여러 번 반복되는 말은 주제와 밀접한 관계를 갖고 있다.
→ 가장 많이 언급되는 말이 핵심어이고, 이는 주제와 밀접한 관련이 있다.
② 주제는 원칙적으로 문장의 처음에 들어 있는 경우가 많다.
→ 두괄식으로 이루어진 글이나 단락은 주제가 처음 문장에 들어 있다.
③ 결론으로 생각되는 중심 단락에 주제가 들어 있는 경우가 많다.
→ 미괄식의 글은 결론이 제일 뒤에 있고, 여기에 주제가 들어 있다.
④ 주제는 원칙적으로 그 문장의 용어로 나타내는 것이 좋다.
→ 예술문이 아닌 경우에는 주제는 그 글 속에 나오는 어휘로 나타내는 것이 원칙이다.
⑤ 구체적인 진술과 일반적 진술에서는 일반적 진술에 주제가 들어 있다.
→ 주제는 일반적 진술로 이루어져 있고, 뒷받침 문장은 구체적 진술로 이루어져 있다.

06 다음 글을 가장 잘 요약한 것은?

> 언뜻 생각하면 단순한 생명체일수록 욕망도 단순하고, 복잡하게 진화한 생명체일수록 욕망도 그에 따라 복잡해지는 것으로 보인다. 그러나 이것은 겉으로만 그렇게 보일 뿐이다. 특히 지구 위에 살아남은 가장 진화한 생명체로 볼 수 있는 사람의 경우에 이 도식은 자칫 잘못하면 인간 본성에 관한 그릇된 결론을 이끌어 내기 쉽다. 그래서 원시인의 욕망은 단순하고 현대인의 욕망은 크고 복잡하다고 쉽게 결론내리는 경향이 있는데, 이러한 결론에는 무리가 따른다. 기본적으로 현대인을 지배하는 욕망이나 고대인을 지배했던 욕망은 뿌리가 같다. 또 더 크게 보면, 식물을 지배하는 욕망이나 동물을 지배하는 욕망은 같은 뿌리에서 자라난 것이라고 볼 수 있다. 다른 것이 있다면 그 욕망이 드러나는 모습이다.

① 모든 생명체가 지닌 욕망은 진화의 정도가 클수록 더욱 크고 복잡하다.
② 모든 생명체들은 그 욕망의 근원은 같다 하더라도, 진화의 정도는 각각 다르다.
③ 인간은 가장 진화한 생명체이므로, 그 욕망도 다른 생명체에 비해 가장 크고 복잡하다.
④ 인간의 본성은 인간이 지닌 욕망의 크기와 복잡한 정도에 의해 결정되는 것은 아니다.
⑤ 모든 생명체가 지닌 욕망의 근원은 같으며, 그 욕망이 드러나는 모습만 다를 뿐이다.

07 다음의 내용을 하나의 문장으로 가장 잘 요약한 것은?

> 자유 민주주의 사회의 이상은 개인들이 각각 윤리 규범을 자율적으로 지킴으로써 타인의 권익과 자유를 침범하지 않는 도덕적 수준에 도달하는 일이다. 그러나 모든 사람들이 그와 같은 도덕적 수준에 도달한다는 것은 기대하기 어려우므로, 필요할 경우에는 공권력(公權力)을 발동하여 방종한 사람의 반사회적 행위를 방지해야 한다. 그 공권력에 의한 질서 유지의 장치가 바로 법제(法制)에 해당한다.
> 그러나 비록 법치 국가의 외형을 갖추었다 하더라도 법규의 내용이 불공정하거나 법을 지키지 않는 사람이 많을 경우에는, 개인들이 안심하고 삶을 설계하고 실천함에 어려움을 겪는다. 따라서, 공정한 입법(立法)과 일반적 준수는 자유 민주주의 국가의 성패를 좌우하는 중요한 조건의 하나이다. 법규가 공정하지 못하고 일부 계층에게만 유리하도록 제정된다면 그 법은 일반적으로 지켜지기 어려울 것이며, 비록 법의 제정은 공정하다 하더라도 그 법을 어기는 특권층이 있거나 일반 국민의 의식 수준이 낮을 경우에는 그것을 위반하는 사례가 빈번하게 일어날 것이다.

① 자유 민주주의 사회의 이상은 개인들이 타인의 권익과 자유를 존중하는 것인데, 때로는 공권력과 법이 필요하나, 외형만으로는 안 되므로 공정한 입법과 법의 준수가 요구된다.
② 자유 민주주의 사회는 반사회적 행위를 방지할 공권력을 발동하기 위하여 법제가 필요하나, 개인들이 안심하고 살기 위해서는 입법의 공정성 확보와 일반적인 법의 준수가 요구된다.
③ 자유 민주주의 사회에는 반사회적 행위를 방지하기 위한 공권력과 그에 의한 법제가 있으나, 자유민주주의가 성공하기 위해서는 공정한 입법과 함께 법의 일반적 준수가 필수적이다.
④ 자유 민주주의 사회에서는 윤리 규범을 자율적으로 지키는 것이 이상인데, 모든 이에게 기

대할 수는 없어서 공권력이나 법제가 필요하나, 법규 내용이 공정하지 않거나 사람들이 법을 지키지 않으면 안심할 수 없다.
⑤ 자유 민주주의 사회에서 방종과 반사회적 행위를 방지하기 위해서는 공권력을 발동해야 하고, 공권력에 의한 질서 유지를 위해 법제가 있는데 개인들이 안심하고 사는 데 어렵지 않게 하기 위해서는 법이 공정하게 제정되어야 하고, 또한 사람들이 법을 준수해야 한다.

08 다음 글의 요지로 가장 적절한 것은?

> 인간의 경우 덧없는 인생을 보람찬 인생으로 창조해 갈 수 있는 길은 오직 자기 성찰에 의한 지성의 활용 능력 여하에 달렸다. 그러므로 지성인은 아무리 인생살이가 번거롭고 이겨 내기 힘든 고난의 연속으로 느껴지더라도, 경솔히 자기 능력을 과소 평가하거나 자포자기하여서는 아니 된다. 정확한 자기 발견을 통해 자기 능력 개발의 용기를 가져야 한다. 그리하여 자기 능력의 확인으로부터 우러나오는 자존(自尊), 자부(自負), 자긍(自矜)의 마음을 가져야겠다.
>
> 일찍이 소크라테스가 '너 자신을 알라'고 역설한 것이라든지 디오게네스가 밝은 대낮에 촛불을 켜 들고 사람[賢人]을 찾아 나섰던 것도 지성인의 자기 각성을 촉구하기 위해서 했던 일이다. 그 사실들을 말하자면 인간 자신의 무지(無知)에서 자각과 양심 회복에의 필요성을 절감한데서 나온 인간 지성에 대한 절규였다.
>
> 학문 역시 이렇듯 자기 자신을 살펴서 인격 형성을 선행시킨 토대 위에서 이루어질 때, 그것이 인류의 복지와 올바른 문화 창달에 공헌할 수 있음은 물론이다. 건전한 인격 형성을 바탕으로 하지 않은 학문과 같이 천박하고 위태로운 것도 없다고 본다. 끝없는 자기 각성과 지적 통찰에 의하여 인류의 이상을 제시하고 문화 창조의 향방을 지시하는 것은 곧 지성인의 본분이다. 그 본분에 대한 충실이 결국 지성의 냉엄한 '윤리적 자책(自責)'에서 비롯됨을 우리는 여기서 강조하고 싶다.
> ― 윤사순, '지성인과 인간 지성'

① 지성인의 자기 능력에 대한 평가
② 지성인의 덧없는 인생과 보람찬 인생
③ 윤리적 모범을 보인 옛 지성인들의 삶
④ 지성인에게 윤리적 자성이 필요한 까닭
⑤ 인류의 복지와 올바른 문화 창달에의 공헌

09 다음 글의 중심 내용으로 가장 적절한 것은?

> (가) 외국인의 피상적 인식과는 달리 유교 문화의 본질 속에는 사물 표현에서 구체성을 중요시하는 특징이 있다. 이것은 추상적 사유나 표현법의 미개발을 초래하기도 했다. 그래서 어려운 형이상학적 이론은 극히 제한된 고급 지식인 세계에 한정되었고, 반면에 일상생활에서의 언어적 표현은 매우 구체적이다. 따라서 사물의 개념도 구상적(具象的)이다. 예컨대, 말[馬]을 표현하는 말이 23개나 되고 강(江)을 표현하는 말도 여러 가지가 쓰여진다.

(나) 사물의 구상성(具象性)을 강조하는 사유의 사회적 결과는 보수주의적 성향을 정착시키게 된다는 데 있다. 그러나 그것은 곧 현실주의인 것이다. 그래서 그 현실주의는 언제나 인식론의 변화를 억제하기 때문에 방향을 과거에로 돌리게 된다. 유교의 특유한 상고주의(尙古主義)는 이와 같이 해서 발생하는 것이다. 말하자면 동일 사고방식의 연속성을 존중하게 된다는 뜻이다. 따라서 개체의 전통으로부터의 해방이란 유교적 논리에서는 개념적으로 성립될 수도 없었고, 따라서 학문도 매우 전승적(傳乘的) 성격이 강했던 것이다.

(다) 동양 사상 속에는 인간 존중 사상은 풍부하지만 개인주의 사상은 체계화되지 못했다. 그러나 이론 체계로서의 개인주의는 성립되지 않았다 할지라도 일상생활에서의 개인 중심주의적 생활 태도가 처세술로서는 이상 발달을 했다고 해도 과언이 아닐 것이다. 이것은 오히려 이기주의의 발달이라고 해도 좋다. 그러나 이러한 이기주의는 동양사회가 일반적으로 공동체적 차원에서의 사회적 규범이 법제적(法制的) 형태로서 형성되지 못한 탓이다.

(라) 동양 사상이 비종교적인 특징을 가진다는 사실은 자주 지적되어 왔다. 그 이유는 동양 사상에서는 종말론이 없기 때문이다. 말하자면 동양적 사유는 그 시작에서부터 매우 현실적이고 구상적(具象的)이었다. 즉, 현세적이었다는 말이다. 동양적 종교관에서는 죄의식이나 절대자의 귀의 의식(歸依意識)이 없었기 때문에 궁극적으로 개인의 건강과 행복을 얻기 위한 수단으로서의 주술(呪術)이 민간 신앙의 내용이 되고 있다.

— 황성모 '합리주의와 동양적 가치관'

① 동양 사상의 근원과 발전 과정
② 유교와 종교의 상호 관련 양상
③ 동양 철학과 서양 철학의 대조
④ 유교 문화에 나타난 미래 지향성
⑤ 동양적 사고(思考)의 합리주의적 요소

10 다음 글의 논지로 가장 적절한 것은?

우리는 역사상의 모든 인간 사회들이 물질적 풍요라는 가치를 추구했을 것으로 생각한다. 그러나 이러한 상식은 공동체적 유대와 평화로움을 중시하는 칼라하리 사막의 수렵 채집민인 쿵 족에게는 적용되지 않는다. 이들은 최소한의 식욕을 해결하면 각종 놀이와 의례 행위를 통해 정신적인 즐거움과 화목한 사회 관계를 유지하고자 노력한다. 이러한 쿵 족의 태도는 사바나 생태계에서 경험적으로 체득한 지혜에서 나온 것이다. 즉 이들은 건기와 우기의 생태적 변화 과정이나 먹이감의 이동 경로, 식용 식물에 대한 지식 등에 기초하여 노동을 배분한다. 또한 자신이 속한 씨족 집단의 구성원들과 생산물·사냥 도구를 공유함으로써 궁핍을 최소화할 수 있는 적응 체계를 발전시켰다. 인간은 생존하기 위하여 우선 먹어야 하지만, 얼마나 먹을 것인가 하는 것은 문화에 따라 다르다.

이와는 대조적으로 무분별한 부의 추구가 한 문화를 완전히 파괴시킨 경우를 아프리카의 유목민인 새흘 족에서 발견할 수 있다. 1920년대부터 인구 증가로 고통받던 이 부족은 1960년대 중반 평균 강수량보다 많은 비가 내려 목초가 풍부해지자 경쟁적으로 가축의 수를 크게 늘려 개인적인 이익을 취하기 시작하였다. 그 후 날씨가 건조해지자 그들은 삶의 질을 유지하기 위하여 더 많은 가축들을 방목하는 것으로 대응하였다. 그 결과 그들의 삶의 터전인 목초지는 서서히 사막으로 변하여 생존이 불가능하게 되었다. 전통적인 문화적 적응 방식에 담겨있는 생태 체계와의 조화라는 원리가 개인적인 욕구 추구로 대체됨으로써 나타난 결과라고 하겠다.

부의 축적이 물질적인 안락함과 편리함을 얻기 위해서가 아니라 다른 목적을 달성하기 위한 수단으로 이용되는 사례를 많은 인류학자들이 보고하고 있다. 북아메리카의 콰큐틀 인디언은 20세기 초까지 낭비적 소비가 이루어지는 포틀라치라는 축제를 행하고 있었다. 이들은 더 높은 위신과 권위를 얻기 위해 경쟁적으로 손님을 초대하여 많은 선물을 주고, 많은 사람들 앞에서 귀중한 재화를 파괴하며, 심지어는 자신의 집을 불태우기도 하였다. 현대인의 눈에 낭만적이고 파괴적으로 보이는 이 축제는 자연 자원이 풍부하고 사회적 신분이 고정되어 있지 않다는 조건을 배경으로 한 것이었다. 또한 정치적 위신과 권위를 얻는 것을 최고의 가치로 여기는 문화를 통해 부의 분배가 자연스럽게 이루어지는 부수적 효과도 얻을 수 있었다.

이상의 사례들은 물질적 풍요의 추구가 한 문화의 중심적 가치가 아닐 수 있고 다른 목적을 달성하기 위한 수단으로 활용될 수 있다는 것을 보여 준다. 이처럼 문화의 다양성이 나타나는 이유는 각 문화의 제도나 관습들이 나름의 역사적·경제적·생태적 조건 등에 기초하여 발달하기 때문이다. 따라서, 하나의 기준으로 문화의 우열을 정한다든지, 어떤 문화 요소의 좋고 나쁨을 논하기는 어렵다.

① 정신 문화의 중요성 강조
② 다양한 문화와 가치의 인정
③ 우리 문화의 고유성에 대한 재인식
④ 물질적 풍요의 개념에 대한 재해석
⑤ 서구적 가치의 지속적 추구에 대한 재평가

11 다음 글의 주제문으로 가장 적절한 것은?

도덕적 관행은 각 개인의 경우에 있어서 일관성을 가지고 발전되어 통일적인 전체를 이루게 된다. 그러한 전체의 일관성 혹은 통일성을 부당하게 여기는 것은 개인 그 자신에게 자기 자신이 인격적 통일성을 스스로 파괴하는 일로 생각되며, 따라서 도덕적으로 그릇된 행위로 여겨지게 된다. 그러나 도덕 생활의 복잡성은 때때로 우리로 하여금 보다 나은 결과를 위해 원칙의 위반이 불가피한, 따라서 원칙에 대한 예외적인 경우가 있다는 점에 대해서도 주목하게 한다. 또한 그것이 정당한 예외일 경우, 이로 인해 우리의 삶과 인격이 통일성을 잃게 되거나 비일관적인 것이 되지 않는다는 감각을 갖게 되는 것이다.

자신의 인격적 통일성을 귀중하게 여기고 이러한 통일성의 일관된 부분으로서 정직을 실행하는 어린이는 거짓말을 하는 것을 자신의 파괴로 여기고 열렬히 그것을 피하고자 한 것이다. 그리고 논리적 추론이 무엇인가를 배워서 타당한 추론과 그릇된 추론을 구분할 수 있게 된 어린이는 그들 자신의 인격적 통일성이나 사람의 기본 방향과 양립할 수 있는

> 것과 없는 것들을 혼동하지 않게 된다. 바로 이러한 이유 때문에 논리학을 배우는 것은 도덕에 있어서 본질적으로 중요한 일이다. 추론을 공부한 어린이는 그들 상호 간이나 부모와의 언쟁을 해결하기 위해 그들의 논리적 기술을 이용하는 일도 더러 있기는 하나, 그보다 그런 어린이는 자신의 이해 관심에 있어 적절하고 부적절한 것을 평가하는 기준을 갖게 되고, 그들의 삶의 전체 체계와 조화하는 것이 무엇인가를 평가할 수 있게 되는 것이다.
>
> — 황경식, '윤리 속에 깃든 논리'

① 정당한 예외일 경우 우리의 삶과 인격은 통일성을 잃지 않는다.
② 논리학을 배우는 일은 도덕 생활에 있어서 본질적으로 중요하다.
③ 인격의 통일성을 일관되게 유지하려는 사람은 거짓말을 하지 않는다.
④ 우리는 도덕 생활에 있어서 원칙의 위배가 불가피한 경우를 만나게 된다.
⑤ 이해 관계가 걸린 문제를 논리적 추론을 통해 자신에게 유리하게 이끌 수 있다.

12 다음 글의 핵심 주장으로 보기에 가장 적절한 것은?

> 지금 우리나라에는 소인배가 없으며, 또한 군자도 없다. 소인이 없다는 거야 나라에 다행이거니와, 군자가 없으면 나라를 어찌 능히 다스리겠는가? 아니다. 그렇지 않다. 군자가 없는 까닭에, 소인도 따로 없다고 한 것이다.
>
> 만약 나라에 군자가 있으면, 소인이 그 형적을 감히 숨길 수 없다. 군자와 소인의 관계는 음, 양 또는 밤, 낮과도 같다. 음이 있으면 반드시 양이 있고, 낮이 있으면 반드시 밤이 있다. 군자가 있으면 반드시 소인도 있다. 요즘 말들 하는 군자와 소인이란 것은 그 차이가 크지 않다. 자기와 같은즉 모두 군자요, 다른즉 모두 소인이다. 저 사람이 자기와 다르면 간사하다고 배척하고, 이 사람이 자기와 같으면 공정하다고 치켜세운다.
>
> 이러한 현상을 바로잡으려면, 학행과 재주가 한 시대를 이끌 만한 대인 군자가 나와서 높은 벼슬에 있도록 하여, 모든 관료들을 권면케 해야 한다. 고관들로 하여금 모두 정대함을 지켜서 공정케 하여 옳고 그름을 밝게 분간토록 한다면, 한때의 심한 붕당(朋黨)들도 장차 면목을 바꾸기에 겨를이 없을 것이다. 그러니 어찌 네 갈래로 갈라지고 다섯 쪽으로 찢어져서 함부로 날뛰는 것이 요즘 같겠는가. 그런즉 붕당의 해로움이 소인의 전횡보다도 더 심한 것이 분명하다.
>
> 나라에서 소인을 미워하는 까닭은 그들이 나라를 병들게 하고 백성을 해롭게 하는 것을 미워하기 때문이다. 요즘 권간(權奸: 권력을 잡은 간사한 신하)이 정권을 잡지 않았는데도 이토록 심하게 나라가 해를 입고 백성들이 병든 까닭은 사사로운 뜻이 크게 행해져서 기강이 무너져서 다시는 일으킬 수 없게 되었기 때문이다. 권한이 여러 곳에서 나오고, 자기를 이롭게 하면서 자기와 다른 자들을 배척하는 것은 사람마다 모두 그렇다. 이런 자들을 물리치려 해도 이루 다 물리칠 수 없고, 나라의 기강도 끝내는 수습할 수 없게 되었다.
>
> 아아, 어찌하면 소인이 국정을 휘두르게 했다가도, 그 세력을 채 펼치기 전에 쳐서 물리칠 수 있을까. 또, 어찌하면 대인 군자가 나와서 붕당을 흩어지게 할 수 있을까. 그래서 지금 우리나라에는 소인도 없고 또한 군자도 없다고 말한 것이다.

① 우리나라에는 소인도 없고 군자도 없다.
② 붕당 정치의 폐해를 없앨 수 있는 대인 군자가 필요하다.
③ 권간이 정권을 잡음으로 인해 나라의 기강이 무너지고 있다.
④ 간사한 소인배를 물리칠 수 있도록 임금은 덕을 쌓아야 한다.
⑤ 진정한 군자상의 확립에 따라 올바른 도덕 정치가 실현되어야 한다.

13 다음 글의 궁극적 논지가 가장 잘 제시된 것은?

현재 우리가 사회과학을 하면서 쓰는 언어는 궁극적으로 서구 사회의 변화를 알아 가는 과정에서 만들어진 것이다. 물론 서양의 학자들은 보편적 진리를 이야기하려고 노력을 하며 그들은 오랫동안 스스로가 세계의 중심임을 믿어 의심치 않았기 때문에 더욱 보편적인 논의를 하고자 한다. 그러나 그것을 이루기에는 한계가 있으며 따라서 그들이 만든 이론이나 개념들이 곧바로 우리 사회를 설명하는 것을 기대한다는 것은 무리일 수밖에 없다.

내가 늘 부딪히는 문화적 상대주의라는 개념을 예로 들어보자. 이 개념은 이방 문화와의 접촉에 있어서 긴 역사를 가졌고 문화 간의 교류가 실제적 효과를 거두어 온 서양의 역사 – 제국주의적 팽창이 그 주요한 시대를 장식하는 – 속에서 탄생한 개념이다. 이방 사회가 지배와 호기심의 대상이었던 서양 사회의 경우에 비하여 그런 접촉 자체가 별로 없었던 우리의 경우, 학생들에게 그 뜻을 전달하기란 매우 어렵다.

서양에서 하는 식으로 부족 사회의 문화기술지를 읽히면 그들은 "사람 사는 것이 어디나 다 다른 것을 누가 모르냐? 달라서 어쨌다는 거냐?"라는 극히 마땅한 질문을 던져 온다. 그래서 차라리 로버트 벨라의 〈마음의 습관 Habits of the Heart〉과 같이 학생들이 '선망'하는 미국 사회에 관한 문화기술지를 읽히면 세부적인 것을 이해하려다 시간을 다 보내고 만다. 여러 가지 시도를 해 보다가 결국 우리 자신들의 삶으로 돌아와, 현재 우리 사회의 부모와 자식 세대 사이를 가로막고 있는 문화적 단절을 극복하기 위한 하나의 방법론적 태도로 문화적 상대주의 개념을 부각시키니까 학생들은 비로소 감을 잡기 시작하였다.

여기서 나는 문화적 상대주의의 개념이 서양에서 나왔으므로 불필요하다거나 부적절하다는 말을 하려는 것이 아니다. 이미 전 지구적 자본주의 체제 속에 깊숙이 들어가 있는 우리 사회에서 그 개념을 내면화시키는 것은 매우 중요한 일이다. 문제는 무수한 수입된 이론과 개념들을 익히는 것에 우리가 너무나 많은 시간을 쏟고 있는 것은 아닌지 가늠해 보고 또 필요한 개념인 경우 그것을 제대로 전달하기 위해 – 우리의 일상적 체험과 맞닿은 부분을 알아내기 위해 – 남다른 노력을 해야 한다는 것이다.

① 서구의 이론은 서구인들의 삶을 토대로 하여 생산된 것이므로 우리 문화를 이해하는 데에는 적용하기 어렵다.
② 서구의 이론을 받아들이기만 하는 수동적 자세를 지양하고 우리 나름의 주체적 이론을 창안하여 이를 세계화하는 노력이 필요하다.
③ 제3세계에 관한 문화기술지들보다는 학생들이 선망하는 선진국들에 관한 문화기술지가 학습 동기를 유발하는 데 보다 더 효과적이다.
④ 외국의 이론과 개념들을 수용하는 과정에는 진지한 성찰이 필요하며, 그것의 이해와 적용에는 반드시 우리의 일상적 체험을 토대로 삼는 내면화 과정이 수반되어야 한다.

⑤ 서구에서 수입된 무수한 이론과 개념들을 무분별하게 주입하는 식의 교육 과정으로는 우리 사회의 세대 간 단절을 극복할 수 없으므로 보다 더 대화를 강조하는 식의 주체적 수업이 이루어져야 한다.

14 다음 글의 주제를 가장 잘 반영하고 있는 시조는?

> 검(儉)이란 무얼까? 의복이란 몸을 가리기만 하는 것인데 고운 비단으로 된 옷이야 조금이라도 해지면 세상에서 볼품없는 것이 되어 버리지만, 텁텁하고 값싼 옷감으로 된 옷은 약간 해진다 해도 볼품이 없어지지 않는다. 한 벌의 옷을 만들 때 앞으로 계속 오래 입을 수 있을지 없을지를 생각해서 만들어야 하며, 곱고 아름답게만 만들어 빨리 해지게 해서는 안 된다. 이런 생각으로 옷을 만들게 되면, 당연히 곱고 아름다운 옷을 만들지 않고 투박하고 질긴 것을 고르지 않을 사람이 없게 된다.
>
> 음식이란 목숨만 이어가면 되는 것이다. 아무리 맛있는 고기나 생선이라도 입 안으로 들어가면 더러운 물건이 되어 버린다. 삼키기 전에 벌써 사람들은 싫어한다.
>
> 인간이 이 세상에서 귀하다고 하는 것은 정성 때문이니, 전혀 속임이 있어서는 안 된다. 하늘을 속이면 제일 나쁜 일이고, 임금이나 어버이를 속이거나 농부가 같은 농부를 속이고 상인이 동업자를 속이면 모두 죄를 짓게 되는 것이다. 단 한 가지 속일 수 있는 일이 있다면 그건 자기의 입과 입술이다. 아무리 맛없는 음식도 맛있게 생각하여 입과 입술을 속여서 잠깐 동안만 지내고 보면 배고픔은 가셔서 주림을 면할 수 있을 것이니, 이러해야만 가난을 이기는 방법이 된다.
>
> 〈중략〉
>
> 근과 검, 이 두 글자 아니고는 손을 댈 곳 없는 것이니 너희들은 절대로 명심하도록 하라.
>
> — 정약용, '유배지에서 보낸 편지'

① 오늘도 다 새거다 호미 메고 가자스라.
　내 논 다 매거든 네 논 매어 주마.
　올 길헤 뽕 따다가 누에 먹여 보자스라.　— 정철, '훈민가'

② 이런들 어떠하며 저런들 어떠하료.
　초야우생(草野愚生)이 이렇다 어떠하료.
　하물며 천석고황(泉石膏肓)이야 고쳐 무엇하료.　— 이황, '도산십이곡'

③ 고울사 저 꽃이여 반만 여읜 저 꽃이여
　더도 덜도 말고 매양 그만 하여 있어
　춘풍(春風)에 향기 좇는 나뷔를 웃고 맞어 하노라.　— 안민영

④ 매아미 맵다 울고 쓰르라미 쓰다 우니
　산채(山菜)를 맵다는가 박주(薄酒)를 쓰다는가.
　우리는 초야(草野)에 묻혔으니 맵고 쓴 줄 몰라라.　— 이정신

⑤ 십 년을 경영하여 초려삼간(草廬三間) 지여 내니,
　나 한 간 달 한 간에 청풍 한 간 맡겨 두고,
　강산(江山)은 들일 데 없으니 둘러 두고 보리라.　— 송순

테마 3 개괄적 정보 및 세부 정보 파악하기

개괄적 정보 파악하기

개괄적 정보의 확인 요령

- 선택지의 내용은 대개 지문 전반에 걸쳐 분산되어 있으므로, 각 단락별로 중심 내용을 정리하며 읽는다.
- 약간의 추리가 필요한 경우도 있으므로, 사실적 정보로부터 추리하여 내용을 재구성해 본다.

핵심 정보의 파악 요령

- 핵심적인 정보를 정확하게 이해했는지 여부를 묻는 경우가 많으므로, 특히 중요하게 다루어지는 정보들에 대해서는 세밀하게 이해하는 읽기 연습이 요구된다.
- 지문에서 주로 설명하거나 논의하는 대상에 대해 집중적으로 정독하여 그 의미를 분명히 파악한다.
- 핵심 정보들 간의 관계가 인과, 선후, 대립, 대등 상하 관계 등에서 어느 것에 속하는지 파악한다.

01 다음 글의 내용을 '사실'과 '의견'으로 구분할 때 이질적인 하나는?

　시와 노래, 시성과 음악성은 차츰 분리되어 온 것이 최근의 사정인 것 같고 그에 따라 노래되거나 읊어지지 않는 시가 점점 더 많아져 왔다. 설사 읊어진다 하더라도 옛날의 시들처럼 음악적으로 만들어져 있다기보다는 시의 구성 원리를 따르고 있되 외적·내적으로 다소의 음악성을 내포하고 있는 정도의 시들이 대부분이다. 그러한 시들에서는 음악적 원리를 발견할 수 있는 것도 사실이고, 또한 하려고만 한다면 이러한 시를 노래화하는 일도 그렇게 어려운 것은 아니다. 그러나 시들 중에는 노래와 음악의 성격을 매우 심하게 잃어 버린 것도 있다. 현재 우리나라의 시들은 다소의 차이는 있다 하더라도 대부분 노래의 성격을 잃고 있다.

　한편 노래의 사정은 그와 다르게 진행되어 왔다. 외형적으로는 노래의 모습을 따르지 않는다 하더라도 내적으로 충분한 음악성을 가지고 있어서 음악화될 수 있는 시들은 예술 가곡에서 소화해 낼 수 있었다. 그러나 80년대를 거쳐오면서 자라난 노래에 대한 욕구는 기존의 대중 가요의 상투적·말초적 정서가 아닌 보다 친숙하고 쉬운 노래 틀에 담아내고 싶어하는 것이다. 이에 따라 예술 가곡보다는 한결 간단하고 쉬운 노래 형식이 필요했기 때문에 대중 가요 정도의 소박한 노래 형식을 취하지 않을 수 없었다. 그런데 소박한 노래 형식은 사실 매우 닫힌 틀이 되지 않을 수 없고 그 닫힌 틀에 맞추기 위해서는 노랫말도 또한 일정한 틀에 맞춰지지 않을 수 없었던 것이다.

　그러나 대부분의 시인들은 노래와 같은 닫힌 형식의 시는 별로 쓰지 않는 형편이어서

> 노래를 작곡하는 사람들은 스스로 시를 쓰든가, 시인의 시를 골라 이를 손수 노랫말로 고치든가, 시를 놓아둔 채 어색한 대로 이를 간단한 노래 형식에 맞추든가 하지 않을 수 없었다. 이처럼 작곡가가 시인들의 시를 노랫말로 고쳐 사용하는 경우가 매우 많았는데 정작 이에 관한 이렇다 할 논의가 없었던 것은 그러한 작업들이 실제적 음악가들의 손에서 개별적으로 수행되고 터득되고 말았기 때문이었을 것이다.
>
> — 이건용, '시, 노래, 노랫말'

① 현재 우리나라의 시는 대부분 노래의 성격을 잃고 있다.
② 대부분의 시인들은 노래와 같은 닫힌 형식의 시는 쓰지 않으려 한다.
③ 소박한 노래는 상대적으로 닫힌 틀일 수밖에 없으므로 노랫말도 닫힌 틀에 맞춰질 수밖에 없다.
④ 80년대 이후 기존 대중 가요의 말초적 정서가 아닌 친숙하고 쉬운 노래를 만들려는 욕구가 생겨나고 있다.
⑤ 작곡가는 적당한 노랫말을 찾지 못하여 시인의 시를 골라 손수 노랫말로 고치거나 시에 맞춰 어색하게 작곡한다.

02 다음 글로 미루어 알 수 <u>없는</u> 사실은?

쿠바의 수도 아바나는 아메리카 대륙에서도 가장 긴 역사를 지닌 도시다. 1514년에 건설이 시작되었고, 1607년에 수도가 되었다. 이는 뉴욕이나 워싱턴보다 훨씬 오래된 것이다. 현재는 쿠바 국민의 20%에 가까운 220만 명이 아바나에 거주하고 있다. 카리브해 최대의 근대 도시이자 정치, 상공업, 문화의 중심인 이곳에는 여러 정부 기관과 화력 발전소, 석유 정제소, 화학 공장, 제지 공장, 방적공장, 담배 공장 등의 공업 지대가 들어서 있다. 뿐만 아니라 아바나에는 1992년에 유네스코로부터 세계 문화유산으로 지정받은 바 있는 식민지 시대의 오랜 주택가도 남아 있다.

지금 아메리카 대륙에서 가장 오래된 도시 아바나에 다시 '도시 농업'이라는 새로운 경관이 추가되고 있다. 더불어 새롭게 탄생한 도시 농업을 중심으로 도시 한복판에 700헥타르나 되는 새로운 녹지 공원을 만드는 '수도 공원 프로젝트'와, 1700만 그루의 나무를 심어 도시 전체를 푸르게 만들려는 '나의 녹화 계획'도 추진되고 있다. 이제 아바나에서는 석유가 부족해 움직이지 않았던 차 대신 자전거가 거리를 누비고, 수입할 수 없게 된 의약품을 대신해서 도시의 채소 농장에서 허브가 자라고 있으며, 태양 전지와 바이오 가스 같은 자연 에너지가 시민의 생활을 뒷받침하고 있다.

특히 도시 농업과 유기 농업은 학교 교육에서도 다뤄진다. 초등학교에는 어린이들이 자연과 농업을 배우는 통합 학습 시간이 마련되어 있으며, 2001년 가을부터 새로 시작된 프로그램에 따라 초등학교 급식에 쓰일 유기농 채소가 도시 농가에서 공급되고 있다. 수입 식료품에 의존했던 육식 중심의 음식 문화를 채식 중심으로 바꾸는 캠페인도 진행되고 있다.

오늘날 우리가 살고 있는 지구는 이른바 세계화와 신자유주의 경제에 따른 국제 분업 체제에 지배되고 있다. 그런데 이 지구는 생태학적으로 보면 사실 '폐쇄계'나 다름없다. 석유와 같은 지하 자원도 언젠가는 고갈될 것이라는 사실을 생각하면 아바나 시민이 경험한 위기는 세계의 모든 도시가 머지않아 직면하게 될 사태의 예고편이라 할 수 있다. 다시 말해 쿠바는 특수한 정치 상황 때문에 지구의 미래를 좀 더 일찍 경험하게 된 것이다.

① 쿠바는 식민지 시기를 겪었으나 지금은 독립했다.
② 쿠바의 어린이들은 어릴 때부터 농업 교육을 받는다.
③ '도시 농업'은 대도시 안에서 이루어지는 농업 형태를 말한다.
④ 아바나는 도시 농업의 발생과 진행상을 전형적으로 보여 준다.
⑤ 쿠바는 도시 농업을 통해 도시마다 자급자족할 수 있는 여건을 갖췄다.

03 다음 글로부터 알 수 없는 것은?

마키아벨리는 영광에 대한 욕망 형태로 나타나는 '우월욕망'을 군주의 야망 배후에 있는 원동력으로 생각했다. 국가는 자위 수단으로 혹은 자원 확보를 위해 인접 국가를 정복한다. 하지만 이러한 이유 이면에는 타인으로부터 인정받고 싶다는 욕망이 있다. 그렇기 때문에 승리를 거둔 로마 장군은 적장을 쇠사슬에 묶어 민중의 환호에 발 맞추어 걷게 하면서 환희를 느꼈던 것이다. 마키아벨리에게 영광에 대한 욕망은 군주 정치와 귀족 정치에만 한정되는 것은 아니었다. 이 욕망은 아테네나 로마제국 등의 공화정 체제에도 영향을 발휘하였다. 민중의 정치 참여는 국가의 야망을 부추겼고, 그 결과 이 국가들은 군비 증강을 도모하게 되었다.

마키아벨리는 영광에 대한 욕망이 인간의 보편적 특징이지만 그것이 야심적인 인간을 폭군으로 바꾸고 다른 사람들을 노예로 만들어버린다는 점에서 중대한 문제를 야기한다는 것을 알고 있었다. 마키아벨리는 그 문제를 플라톤과는 다른 방법으로 해결하려 하였고, 이 방법은 이후 공화제 입헌정치의 특징으로 받아들여졌다. 플라톤은 우월욕망으로 가득 찬 군주나 수호자 계급의 교육을 통해 문제를 해결하려 했지만, 마키아벨리는 이와 달리 우월욕망을 통해 우월욕망을 제어하려 했다. 그리고 그는 군주와 소수 귀족의 우월욕망에서 비롯된 야망과 인민의 우월 욕망에서 비롯된 자립 욕구, 이 둘이 균형을 이루는 혼합 공화제에서라면 일정한 자유가 보장되리라고 생각하였다. 이 혼합공화제는 미합중국헌법에서 볼 수 있는 삼권 분립 체제의 출발점이 되었다.

① 정복 전쟁의 배후에는 우월욕망이 있다.
② 마키아벨리는 우월욕망을 인간의 보편적 특징이라고 보았다.
③ 플라톤은 교육을 통해 우월욕망을 제어할 수 있다고 믿었다.
④ 아테네 공화제는 개인의 우월욕망을 제어함으로써 일정한 자유를 보장했다.
⑤ 마키아벨리가 우월욕망의 문제를 해결하는 방법으로 제시한 혼합공화제는 근대 입헌정치의 특징이 되었다.

04 다음 글의 내용에 부합하지 <u>않는</u> 것은?

(가) 경제력이란 한 경제 주체가 자신이 소유, 지배하는 경제적 자원(資源)이나 수단(手段)을 바탕으로 다른 경제 주체의 자유 의사에 따른 경제적 선택에 영향을 줄 수 있는 힘을 의미한다.
따라서 경제력 집중은 이러한 경제력이 소수의 경제 주체에게 편재(偏在)됨으로써 그것을 갖지 못하거나 극히 미약한 경제 주체의 자유로운 경제 활동이 크게 제약되는 상황을 나타낸다.

(나) 이러한 경제력 집중이 문제로 되는 이유는, 이로 인해 시장 기능이 왜곡되어 경제의 효율성과 공평성이 침해될 뿐만 아니라, 분권주의에 입각하는 민주주의의 원리와도 배치됨으로써 정치적으로도 비민주적 결과를 초래할 수 있기 때문이다.

(다) 이를 시장 집중과 총괄 집중으로 구분하여 보다 구체적으로 살펴보기로 하자.
우선 시장 집중은 우리나라의 고대 소설 '허생전'을 아는 사람이라면 누구나 쉽게 인식할 수 있다. 이와 마찬가지로 독점 기업은 높은 가격으로 판매함으로써 막대한 돈을 벌 수 있는데, 이것은 결국 그 물건을 소비하는 사람으로부터 독점 기업에게로 소득이 부당하게 이전되는 것으로 공평성을 침해한다.

(라) 다음으로 총괄 집중의 문제점은 주로 정치적인 이유에서 찾을 수 있다. 즉, 경제적 자원의 많은 부분을 차지하는 소수의 대기업이 이것을 정치적 로비에 활용하게 되면 정부의 의사 결정이 대다수 국민의 뜻과는 위배되는 방향으로 이루어짐으로써 정치 과정도 소수의 손에 장악되는 결과를 초래한다.

① 경제력 집중은 정상적인 시장의 기능을 침해한다.
② 경제력 집중은 비민주적인 정치를 초래할 수 있다.
③ 공평성의 침해란 독점 기업의 정상적 이윤의 보장을 일컫는 말이다.
④ 소수의 대기업에 경제력이 총괄 집중되면 정치 과정도 그 영향을 받는다.
⑤ '허생'의 예는 당시 사회의 시장 집중이 가져온 문제점을 잘 보여 준다.

05 다음 글에 언급되어 있는 사항이 <u>아닌</u> 것은?

역사적 고찰을 통해서 볼 때, 주거의 건물과 공간은 단일 건물의 단일 공간으로부터 점차 새로운 기능이 추가되거나, 기존의 기능이 분화됨으로써 여러 건물이나 공간으로 분리되었음을 알 수 있다. 다만 고대 국가의 고분 벽화에서 보여지는 것처럼 공간의 분리보다 건물의 분리가 앞섰을 것으로 추측된다. 그것은 건물 내부에 보이는 고분 벽화에서 동일한 공간이 휘장 등으로 구획되어 있거나 건물 내에 고정된 칸막이가 사용되었다는 증거를 찾아볼 수 없기 때문이다.

그러나 온돌의 발달과 더불어 매연을 피할 수 있고, 깨끗한 주거 공간이 요구됨에 따라 점차 고정된 칸막이로서 내부 벽체가 생겼을 것으로 믿어진다. 특히 많은 생활 행위를 수용해야 하는 주거의 내부에서 연료의 효율성을 위해서는 난방이 필요한 공간과 그렇지 않은 공간을 구획할 필요가 있었다.

계층이나 지역에 따라서는 건물과 공간의 분화 양상이 다르게 발전되어 나타났다. 경제력이 미약한 서민들은 큰 규모의 건물이나 여러 건물을 건립할 능력이 없었기 때문이다. 지역에 따라서도 지형적·기후적 요인에 의해 공간이나 건물을 분리하는 방식에 차이를 보여 왔다. 겨울이 길고 산이 많은 지역에서는 보온과 방어가 중요시되었기 때문에 하나의 건물에 모든 주거 공간을 수용하는 집중형 주거가 발달하였다. 반면에 여름이 길고 평야가 많은 지역에서는 통풍과 환기가 중요시되어 여러 개의 건물로 주거 공간을 분리하는 분리형 주거가 발달하였다.

건물과 공간은 시대성이나 계층성, 지역상 등을 반영하게 된다. 사당이나 사랑채가 있는 집이 상류 계층의 것이거나 최소한 경제력이 있었던 사람의 집이라고 할 수 있다. 소규모의 살림채만이 있는 집은 오래된 양식의 집이거나 경제력이 미약한 서민 계층의 집으로 간주될 수 있다.

이렇게 공간과 건물이 기능에 따라 분화하는 가운데 각 공간이나 건물은 그 기능이나 상징성에 따라 의미가 부여되고, 그 의미에 따라 위치나 규모, 형태 등이 결정되었으리라고 보여진다. 민간 신앙에 등장하는 여러 가택신들은 특정한 건물이나 공간을 주관하고 있는 것으로 보아 아마도 공간이 분화된 이후에 신앙화되었을 것으로 생각된다.

– 강영환, '집의 사회'

① 주거 공간 분화의 원인
② 주거 공간 분화의 과정
③ 주거 공간 분화의 지역적 양상
④ 주거 공간의 구조와 사회 계층의 관계
⑤ 주거 공간에 따른 민족 의식의 변화 양상

06 다음 글의 내용과 일치하지 않는 것은?

(가) 신·구 정치 세력 사이의 알력, 왕족의 복제 문제를 명분으로 한 정쟁과 왕위 계승권을 둘러싼 파쟁 등으로 지루하게 이어져 온 당쟁은 폐쇄적 중세 사회의 정치사에서 흔히 있을 수 있는 권력 투쟁이었다. 하지만 병자호란 이후 조선은 청나라에 대한 적개심 때문에 선진 문화의 유일한 수입로이던 중국과의 문화 교류가 거의 막히다시피 했다. 정치적 탄력성을 잃어버린 집권 양반 사회는 새로운 문화의 도입을 차단한 채 유교주의적 명분을 정권 쟁탈과 그 유지의 수단으로 삼았다. 이런 경우, 왕족의 복제 문제나 왕위 계승에서의 적서(嫡庶) 문제 등이 중요한 정치적 쟁점이 되고, 그것 때문에 정권이 교체되는 일은 있을 법한 일이었다.

(나) 그러나 당쟁이란 어디까지나 당파의 이익을 앞세운 권력 투쟁이었다. 당파 사이의 대립은 대부분 지방색이나 문벌적·개인적 이해(利害) 문제를 바탕으로 한 정권 쟁탈전이었을 뿐 공익성 있는 정책적 대립이 원인이 된 것은 아니었다. 당쟁으로 정권이 바뀔 때 가혹한 정치적 보복은 따랐을지언정 외교 정책이나 무역 정책에 변화가 있을 리 없었고, 토지 정책이나 조세 제도 혹은 도로 사정 하나에도 변화가 올 리 없었다. 남인당이 집권하건 서인당이 집권하건 현실적 정책에는 아무런 변화가 없었으며 특히 지배받는 민중들의 생활에 보탬이 될 일은 아무것도 없었다. 당쟁은 양반사회, 그것도 극소수의 집권권(執權圈) 안에 있는 양반 사회에 한정된 정권 쟁탈전이요 파쟁에 불과했을 뿐 민중 세계와는 무관한 일이었다.

(다) 조선 왕조 시대를 통해 당쟁권 안에 있었던 양반 인구가 전체 인구 중 얼마나 되었는지 정확하게 계산해 내기는 어렵다. 또 시기에 따라 양반 인구의 비율이 크게 달라졌다. 대체로 왕조의 전기보다 후기로 내려올수록 양반 인구의 비율이 높아졌다. 특히 임진왜란과 같은 큰 전쟁을 겪으면서 양반 신분으로 상승한 평민과 노비들이 많아져서 왕조후기에는 양반 신분을 가진 인구가 급격히 늘어났다.

(라) 시기에 따라 또 지역에 따라 양반 인구 비율에 차이가 있었으나 평민이나 노비 신분에서 양반 신분으로 상승하고도 당쟁권(黨爭圈)에는 전혀 들어갈 수 없었던 양반, 서북 지방과 같이 지역적 차별 대우 때문에 전혀 권력권에 들어갈 수 없었던 일부 지방의 양반, 시골 양반인 향반(鄕班)으로 전락하여 중앙 권력에서 격리된 양반 등을 제외하고 나면 당쟁권 안의 양반은 극소수에 지나지 않았다. 중앙의 권력 쟁탈전에 참여할 수 없으면서도 양반 신분을 인정받기 위한 방법의 하나로 당쟁권의 언저리에서 맴돌던 몰락 양반이나 향반 등을 포함한다 해도 당쟁권 안의 양반은 전체 인구의 극히 적은 부분에 지나지 않았다. 나머지 대부분의 백성은 당쟁권 밖에 있었다.

(마) 전체 인구의 극히 일부분인 양반층이 전에 없던 큰 전쟁을 겪고도 비생산적인 당쟁의 소용돌이에 빠져있을 때, 민중 세계는 정책적 혜택을 거의 받을 수 없는 조건 아래서도 일정하게 농업 생산력을 높이고 상공업을 발전시키면서 생활 조건을 스스로 개선해 나갔다. 또 기회 있을 때마다 반란·민란 등을 통해 지배 권력에 대항해 나갔다. 그러나 이와 같은 민중 세계의 움직임이 조선 왕조의 지배 구조 자체를 근본적으로 부정하는 데까지 나아가지 못했음도 또한 사실이었다.

― 강만길, '당쟁(黨爭)과 민중(民衆)'

① 당쟁이 정책적 대립의 양상을 띠었다면 일정한 사회 발전을 이룩했을 것이다.
② 당쟁은 선진 문화와의 교류를 단절시키는 역작용을 초래하기도 했다.
③ 전체 양반 중에 당쟁에 참여했던 사람들은 일부분에 지나지 않는다.
④ 전쟁은 새로운 문화의 수입과 함께 사회 발전을 가속화시켰다.
⑤ 조선 후기로 내려올수록 양반의 숫자는 더욱 증가하였다.

07 다음 글의 내용과 일치하지 않는 것은?

생명의 구조를 이용하여 인간 생활에 도움을 주고자 하는 기술을 생명 공학 기술이라 한다. 이중 최근에 가장 주목을 받고 있는 것은 분자 생물학의 주된 방법인 유전자 재조합 기술을 이용하여 새로운 유전자 조성(組成)을 가진 생물, 즉 유전자 변형 생물을 인공적으로 만들어 내는 유전 공학 기술이다.

유전자를 재조합하기 위해서는 DNA를 절단하는 가위와 이를 접착하는 풀이 필요하다. 가위의 구실을 하는 것은 '제한 효소'라는 단백질인데, 이것은 DNA의 각기 다른 위치에서 작용한다. 풀 구실을 하는 것은 '리가아제'라고 부르는 효소인데, 이것은 절단된 DNA를 결합시키는 역할을 맡고 있다. 그리고 일단 시험관 내에서 제한 효소와 리가아제에 의해 재조합된 DNA는 다른 생물체 내로 이식되어 유전자 변형 생물을 만들어 내는데, 이를 위해서는 '벡터'라고 불리는 운반체가 이용된다. 〈중략〉

유전자 변형 생물을 이용하는 방법은 크게 세 가지로 나누어 볼 수 있다. 첫째는 유전자 변형 생물 그 자체를 이용하는 경우이다. 둘째는 유전자 변형 생물이 만들어 내는 부산물을 이용하는 경우이다. 셋째는 유전자의 기능 및 발현 패턴을 연구하기 위한 수단으로 유전자 변형 생물을 이용하는 경우이다. 가령 최근에 인간 게놈 프로젝트에 의해 알려진 수많은 유전자의 기능을 연구하고자 할 때, 바로 유전자 변형 생물이 이용될 수 있는 것이다.

① 유전자 변형 생물을 만드는 기술은 생명 공학의 한 분야이다.
② 유전자 재조합은 DNA를 대상으로 한다.
③ 유전자 재조합에는 제한 효소와 리가아제가 필수적이다.
④ 벡터는 재조합된 DNA의 운반체로 사용된다.
⑤ 인간 게놈 프로젝트의 목적은 유전자 변형 생물을 만드는 것이다.

08 다음 글의 내용과 일치하는 것은?

그런데 지난날 우리말과 글은 반드시 순조롭게 발전해 왔던 것만은 아니다. 그 원인의 하나로 우선 지리적으로 인접해 있던 중국 문화의 영향을 들 수 있다. 2세기 무렵 우리나라에 한사군(漢四郡)이 설치되면서 중국의 한자 문명이 막강한 영향력을 끼치기 시작한 이래 우리나라 안에서 한자가 정착되어 광범위하게 통용된 결과, 우리말이 점점 한자어에 밀려났으며 결국 고유한 우리말은 발전보다는 점차 위축되는 길을 걷게 되었다. 한글이 창제된 이후에도 예부터 사용되어 오던 정다운 우리말들이 한자어에 밀려 자취를 감춘 것이 한둘이 아니다. '뫼, 가람' 같은 우리말 대신에 한자어 '산(山), 강(江)'이 그 자리를 차지한 것을 대표적인 예로 흔히 들거니와, 이밖에도 다음과 같은 예를 더 들 수 있다.

장모(丈母) < 가싀엄, 행랑(行廊) < 기슭집, 대고모(大姑母) < 넛할미, 농사(農事) < 녀

> 름지시, 광대(廣大) < 노릇바치, 계모(繼母) < 다솜어미, 과부(寡婦) < 호올겨집, 용변(用便) < 뒷보기
>
> 또, 일제 침략과 함께 우리말에는 상당수의 일본어가 그대로 들어와 우리말을 오염시켰다. 광복 후 한참 동안 일본말은 일상 언어생활에서 예사로 우리의 입에 오르내렸다. 일제 35년 동안에 뚫고 들어온 일본어를 한꺼번에 우리말로 바꾸기란 여간 힘드는 일이 아니었다. '우리말 도로 찾기' 운동이라든가 '국어 순화 운동'이 지속적으로 전개되어 지금은 특수 전문 분야를 제외하고는 일본어의 찌꺼기가 많이 사라졌다.

① 고유한 우리말은 한자어 때문에 발전하였다.
② 한자어는 기원전 2세기경부터 유입되었다.
③ 특수 전문 분야는 거의 우리말을 사용한다.
④ 일본말은 광복이 된 뒤에도 쉽게 없어지지 않았다.
⑤ '용변'이 '뒷보기'로 바뀐 것은 국어 순화 운동의 결과이다.

09 다음 글의 내용과 일치하는 것은?

> 고대의 조각품을 바람직하게 감상하기 위해서는 일차적으로 그 조각이 상징하는 그 무엇에 대한 숭배심이 전제되어야 한다. 그럴 때 그것은 단순히 돌로 만들어진 물질의 의미를 훨씬 능가하는 것이 된다. 우리가 고대의 조각품을 볼 때, 미적 정서가 직감적으로 촉발(觸發)되는 것은 사실이다. 그러나 미적 정서를 중심으로 작품을 감상하게 된 것은 훨씬 후대에 와서야 가능해진 것이다.
>
> 19세기 초 지중해 연안의 한 동굴에서 발견된 '미로의 비너스' 상이 좋은 사례가 된다. 발견 당시 이것은 굴안의 북쪽 벽 앞에 서 있었고, 그 앞에는 제단으로 보이는 큰 돌 주위에 토기(土器)들이 여기저기 흩어져 있었다. 이로 미루어 그리스 시대의 인체 조각상은 동양의 불상처럼 신전에 모셔졌으며, 당시 사람들의 종교적 숭배의 대상이었음을 알 수 있다. 이러한 사실은 현대의 조각품을 감상하는 방법으로 그리스의 조각품을 바라보아서는 안 된다는 점을 시사한다.
>
> 이 조각상에 나타난 그들의 인체 탐구 정신은 지극히 사실적(寫實的)이면서도 이상화(理想化)된 것이었다. 이런 정신은 서구 미술의 근본 정신이 되었다. 동양에서는 자연물이 표현의 주된 대상이었던 데 반하여, 서구에서는 자연물보다는 주로 인체를 표현의 대상으로 삼았던 것이다. 그런데 서구인들은 그 많은 소재 중에서 하필이면 인간만을 주된 대상으로 삼았을까? 그것은 인간이 만물의 척도라는 그들의 독특한 사상에서 비롯된다. 즉, 인간의 몸에는 다른 어떤 피조물에서도 찾아볼 수 없는 황금 비례가 있는데, 이 비례가 만물을 재는 기준이 된 것이다. 다시 말해, 인체를 탐구하는 것은 그 속에 신이 인간을 창조한 모든 비밀이 숨어 있다고 보았기 때문이다. 이런 맥락에서 아리스토텔레스는 예술은 인간을 모방하는 것이라고 주장한다. 이것이 바로 서구의 미술가들이 누드를 평생의 소재로 삼게 한 불후의 사상인 것이다.

한편, 동양의 화가들은 유구한 세월 동안 산·물·나무·동물·곤충·꽃 등과 같은 자연의 물상을 단골 소재로 삼았다. 동양에서는 그림을 그리는 일을 사생(寫生)이라고 일컬어 왔다. 사생은 산수나 화조처럼 자연을 그리는 일을 말한다. 이것은 자연물을 있는 그대로 모방한다는 의미와는 다르다. 그들이 그리고자 하는 목적은 단순히 자연물의 외형을 재현하는 데 있는 것이 아니었다. 그 대상이 어떻게 스스로 살아서 움직이는가를 탐구하고 또 이러한 자연의 비밀이 무엇인지를 파악함으로써 인간의 본성을 탐구했던 것이다.

동양 미술이 자연의 탐구를 통하여 인간의 본성을 확인하고 있을 때, 서구 미술은 인체의 탐구를 통하여 자연의 절대적인 법칙을 확인하려 했던 것이다. 이렇듯 서구와 동양의 미술은 얼핏 보아 서로 대립적인 것 같지만, 궁극적인 정신의 지향점은 일치한다. 자연은 인간과 별개의 것이 아니라, 자연이 곧 인간이고 인간이 또한 자연이기 때문이다.

① 동양의 화가들은 자연물의 움직임을 재현하는 데 궁극적인 목적을 두었다.
② 고대의 조각품은 미적 정서를 표현하기 위해 만들어진 것이다.
③ 동서양의 미술은 표현 방법과 표현 대상이 동일하다.
④ 서구의 미술가들은 인체 탐구를 통하여 신이 인간을 창조한 비밀을 찾으려 했다.
⑤ 서구의 미술가들은 인간의 욕망을 승화시키기 위해 누드를 평생의 소재로 삼았다.

10 다음 중 이 글의 내용과 거리가 먼 것은?

소주 제조는 고려 시대에 비롯하여 조선을 거치는 동안 조금 변천되었으나 양조 과정이나 방법은 별다른 변화 발전이 없었다. 가정에서 만들 때는 솥과 시루, 그리고 솥뚜껑 따위가 이용되었다. 즉, 가장 원시적인 제조법으로 다 익은 술이나 술지게미를 솥에 담고 솥뚜껑을 뒤집어 놓는다. 뒤집어 덮은 솥뚜껑의 손잡이 밑에는 주발을 놓아둔다.

솥에 불을 때면서 솥뚜껑에는 바가지로 냉수를 부어 둔다. 열을 받으면서 솥이나 지게미 속의 '알콜' 성분이 휘발하는데 도망갈 데가 없어 솥뚜껑에 닿게 된다. 기체 상태로 올라온 알콜은 솥뚜껑 밖에 있는 찬물 때문에 다시 액체가 되면서 솥뚜껑의 경사를 따라 흐르다가 마침내 손잡이에서 뚝뚝 떨어지게 된다. 그러면 손잡이 밑에 있던 주발에 고이게 되는데 이것이 원시적인 소주인 것이다. 그래서 우리나라에서는 소주 만드는 것을 '소주 내린다'고도 말하게 되었다.

이에서 조금 발전한 것이 '고리'라는 것인데 이 증류 장치는 아래 위의 두 부분으로 되어 있다. 밑의 것은 아래가 넓고 위가 좁으며, 위의 것은 반대로 밑이 좁고 위쪽이 넓게 벌어져 있다. 이 고리는 흙으로 만든 것과 구리나 쇠로 만든 것이 있는데 흙으로 만든 것을 토고리, 구리로 만든 것을 동고리, 쇠로 만든 것을 쇠고리라고 한다. 충북, 전남, 강원 지방에서는 토고리나 동고리, 충남, 전북, 경남북은 토고리, 개성은 쇠고리, 황해, 평남북은 동고리, 함남북은 토고리를 쓰다가 나중에 동고리로 바뀌었으며 서울 지방은 동고리가 주로 쓰였다.

– 유태종, '한국의 명주(名酒)'

① 우리나라에서 소주 제조는 고려 시대에 시작되었다.
② 소주를 만드는 방법은 시대나 지역에 따라 대동소이(大同小異)하다.
③ 소주는 기화(氣化)와 액화(液化)의 원리를 이용한 증류주에 속한다.
④ '소주를 내린다'는 말은 소주 제조의 원리와 밀접한 관련이 있다.
⑤ 소주를 만드는 고리의 모양은 지역에 따라 다양하게 분포되어 있다.

세부 정보 파악하기

11 다음 글을 바탕으로 '일탈 행동'의 개념을 가장 잘 정리한 것은?

> 일탈 행동에 대한 심리학적 이론에서도 인간의 심리 상태를 통해 일탈의 원인을 분석하고 있다. 심리학적 이론은 아주 다양하지만 가장 대표적인 것으로는 프로이트의 이론과 그로부터 발전한 '좌절-공격' 이론을 꼽을 수 있다.
> 　프로이트의 이론은 매우 복잡하지만 그 핵심을 간추리면 결국 일탈 행동이 일어나는 것은 충동적이고 동물적인 이드(id)와 사회적 요구의 사이에서 갈등이 벌어지기 때문이라는 것이다. 자아(ego)나 초자아(superego)가 적절히 발달하지 못하여 이드의 충동을 통제하지 못할 때 일탈이 일어나는 것이다.
> 　한편 '좌절-공격' 이론에 따르면 개인의 욕구가 충족되지 않을 때는 거의 본능적으로 그것을 방해하는 것에 공격적인 행동으로 반응이 나타난다. 그리고 억압된 욕구의 강도가 크면 클수록 좌절감의 정도도 깊어지며, 좌절감의 정도가 깊을수록 공격의 강도가 증가한다.
> 　대부분의 사람들은 보통 공격적인 감정을 운동과 같은 다른 방법으로 풀거나 상상 속에서 해소해 버린다. 그러나 자신의 충동을 도저히 감당할 수 없는 사람들은 공격적 행동을 통하여 자신의 감정을 표출시킨다. 특히 구체적인 개인이나 집단에 의해 좌절을 경험한 것이 아닌 경우에는 막연히 사회 전체를 겨냥하여 불특정 다수에 대한 공격적 행동도 서슴지 않는다. 몇 해 전 신체적 결함 때문에 취직이 안 되자 사회에 원망을 품고, 자신의 눈을 가린 채 여의도 광장 한복판으로 차를 몰고 질주해 들어갔던 한 청년의 사건이 바로 불특정 다수를 향한 공격적 행동의 예이다.

① 불특정 다수를 향한 공격적 행동
② 공격적인 감정을 가진 사람의 행동
③ 이드와 사회적 요구 사이의 갈등에 기인하는 행동
④ 신체적인 결함에 대해서 불만을 가진 사람들의 행동
⑤ 억압된 욕구의 충족을 방해하는 것을 공격하는 행동

12 다음 글에서 밑줄 친 '핵융합 반응'과 관계 없는 것은?

일찍이 고려 시대에는 노인성을 수성(壽星)으로 보았으며, 따라서 이 별이 나타나면 장수한다는 믿음이 널리 퍼져 있었다. 『고려사』에 의하면 의종 24년 (1170년) 2월에 낭성(狼星)이 남극에 나타났는데, 이를 서해도 안찰사 박순가가 노인성으로 알고 역마를 달려 보고하게 했다. 의종은 이 노인성의 출현을 기꺼워하여 잔치를 거듭하다가 그 해 9월 정중부에 의해 왕위에서 쫓겨나고 말았다. 그 후 낭성을 노인성으로 잘못 보고한 박순가에게는, 그 자손까지 금고에 처해지는 벌이 내려졌다.

이렇게 인간의 삶과 연관지어 파악되던 별들도 그 나름의 삶을 가지고 있다. 대부분의 별은 우주 공간의 삶과 연관지어 파악되던 별들도 그 나름의 삶을 가지고 있다. 대부분의 별은 우주 공간에 퍼져 있는 수소가 중력에 의하여 뭉쳐지면서 탄생한다. 별의 중심부는 그 외부에서 가해지는 압력을 받아 수축하면서 내부 온도가 높아진다. 태양의 경우도 중력에 의한 압력 때문에 중심부의 온도는 수천만 도가 되어 핵융합 반응이 일어나게 된다. 핵융합 반응은 핵들이 서로 합쳐지는 과정을 말한다. 이 과정에서 많은 에너지가 방출되며, 이 에너지는 태양이 붉게 타는 원천이 되고 있다. 그러나 별이나 태양의 중심부에 있는 핵연료는 언젠가는 소진될 것이다. 그렇게 되면 별은 짓누르는 중력의 압력을 감당하지 못하여 수축할 수밖에 없다. 수축이 한계에 다다르게 되면 별의 중심부는 마치 억눌린 거대한 용수철처럼 그 위에 떨어지는 물질들을 튕겨내고, 그 때 생기는 거대한 충격파가 별을 폭파시켜 최후를 맞이한다.

① 별의 크기를 변화시킨다.
② 압력이 매우 높은 상태에서 이루어진다.
③ 수소 핵들이 있어야 한다.
④ 별이 온도가 높아야 한다.
⑤ 에너지를 방출하여 별이 빛나게 한다.

13 다음 글을 통해 볼 때, '결손 가정'의 개념은 어떤 관점에서 출발하는 것인가?

새로운 시대의 가정은 자본주의와 가부장제가 만든 가족의 형태를 유일한 형태로 인정하지 않아야 한다. 물론 이 말은 그것이 가족의 형태가 되어서는 안 된다는 것은 아니다. 단지, 부부 중심의 가족 형태는 가정을 규정지을 수 있는 중요한 형태지만 유일한 형태는 아니라는 것일 뿐이다.

그런 의미에서 나는 결손 가정이라는 말을 쓰지 말아야 한다고 생각한다. 그 말은 어머니와 자녀가 사는 가정이나, 아버지와 자녀가 사는 가정에 단지 그 이유 하나만으로 눈에 보이지 않는 돌을 던짐으로써 이제는 건강하게 살게 되기를 기원하면서 새로운 삶을 향해 한 발짝 내디디려는 사람들을 빠져나오기 힘든 치욕의 늪으로 몰아넣는 것이다.

사실, 부부만이 가정의 적극적인 주체가 될 선험적인 이유는 없다. 부부 중심의 가정이 가정이라면 부자 중심, 부녀 중심, 모자 중심, 모녀 중심 등의 가정들도 서로를 아껴 주고

> 사랑해 주는 소중한 가족의 형태에서 배제될 이유가 없다. 가정이란 때로는 미워하더라도 서로의 정서가 소중한 사람들이 함께 건강한 삶을 꾸려 보고자 하는 곳에 존재하는 곳이기 때문이다.

① 가정을 경제적 관점에서 접근했을 때
② 가정을 생물학적 관점에서 접근했을 때
③ 사회가 도덕과 윤리를 상실했다고 전제했을 때
④ 가정이 모든 사회 갈등의 출발점이라고 전제했을 때
⑤ 가정을 가부장제를 바탕으로 부부 중심으로만 접근할 때

14 다음 글의 ㉠에 대한 설명으로 적절하지 <u>않은</u> 것은?

> 서양 철학의 대칭으로 불려지는 동양 철학은 처음부터 지역적인 파악을 선행시킨 용어이다. 한국, 중국, 일본 등의 극동과 인도, 태국, 월남 등의 남아시아 및 이라크, 이란 등 서아시아의 철학을 포괄하는 것이 동양 철학이다. 다만 한국 전통 철학을 중심적 시각에 두고 생각할 때에는, 이것은 내용적 의미에 입각한 불가(佛家)와 유가(儒家)의 철학으로 대표된다.
> 석가의 명상에서 비롯된 ㉠ <u>불가의 철학</u>은 무엇보다도 인생에서 겪어야 하는 고통과 고뇌에 대한 문제 의식으로부터 출발한 것이다. 특히 고뇌의 원인과 그 극복의 길을 찾는 이론이 불가의 철학이다. 석가에 의하면 모든 현상은 한 순간의 멈춤도 없이 변하여 가고, 그런 까닭에 '나'라고 할 고정된 실체조차 없다. 그럼에도 사람들은 마치 고정적으로 영생하는 내가 있는 듯이 착각, 오해하는 무지 속에서 아집(我執)에 사로잡히고, 그 아집을 바탕으로 숱한 야욕(野慾)을 일으키며, 그것의 성취 실패로 마침내 고뇌를 겪는다. 고뇌의 원인은 만족시키지 못할 야욕과 아집에 사로잡힌 무지에 있다. 그런 만큼 야욕과 아집의 얽매임으로부터 벗어날 때 고뇌는 사라지게 된다는 것이다.
> 헛된 야욕과 무지한 아집으로부터의 해방이 곧 해탈(解脫)이고 열반(涅槃)이다. 이 경지는 그릇된 아집과 허망한 야욕을 잊어 버린다는 점에서, 평소의 나의 모든 것을 송두리째 버리고 정신적으로 새롭게 태어나는 것이기도 하다. 그리하여 자신의 인생을 이 세상에서 한때 살아가는 과정으로 파악하고, 그 기간 자신의 존재에 가치를 부여할 수 있는 삶을 스스로 설계하며 실천할 지혜를 갖도록 하는 것이다. 힘겨운 수양과 높은 인격 형성이 이런 맥락에서 요구됨을 알 수 있다.

① 석가의 명상으로부터 비롯된 철학 사상이다.
② '나'의 고정된 실체를 찾고자 끊임없이 노력한다.
③ 고뇌의 원인을 야욕과 아집에 사로잡힌 무지라고 본다.
④ 야욕과 아집으로부터의 해방이 해탈이고 열반이라고 본다.
⑤ 인생 고뇌의 근본적 원인과 그 극복의 길을 찾고자 노력한다.

15 다음 글 내용에 비추어 남아공 도시 빈민 문제의 원인으로 볼 수 <u>없는</u> 것은?

> 남아공을 여행하면 엄청난 혼란에 빠진다. 그곳에는 서유럽의 풍요로움과 아프리카의 비극이 동시에 존재하는 충격의 현장이기 때문이다. 케이프타운은 아프리카 대륙에서 제일 아름다운 항구다. 온화한 기후, 아름다운 산과 해변, 정돈된 도시 기반 시설과 쾌적한 주택가, 화려한 쇼핑몰, 거리를 달려가는 유럽의 고급 자동차 행렬이 그대로 서구 선진산업 사회의 모습이다. 그러나 이 도시는 또 다른 얼굴을 갖고 있다. 공항에서 고속도로를 따라 거대한 빈민촌이 들어서 있다.
>
> 케이프타운의 인구 350만 명 중 100만 명이 생계 수단이 없는 빈민이다. 도시 빈민에게 일자리를 전혀 줄 수 없는 구조다. 요하네스버그를 비롯한 다른 대도시도 무작정 몰려드는 빈민들로 가득 채워지고 있다.
>
> 1994년 만델라 혁명으로 남아공의 악명 높은 흑백 분리 정책(apartheid)이 철폐된 후 생기는 후유증이다. 흑인의 자유로운 거주 이전을 막았던 족쇄가 풀리자, 도시 빈민 인구가 폭발적으로 증가하고 있다. 그러나 흑인 정권 출현 후 투자는 줄어들었다. 일자리는 줄어드는데 도시 빈민이 폭발적으로 늘어나는 것은 실업과 빈곤의 악순환을 의미한다.
>
> 하나의 국가 단위로 볼 때 남아공의 신상명세는 대단하다. 남한의 12배나 되는 국토는 사막도 있지만, 4,500만이 먹고살기에 아무 것도 부족한 것이 없어 보인다. 석유를 뺀 모든 지하 자원이 풍부하다. 의료, 원자력, 석탄화학 기술은 세계 첨단을 달린다. 그런데 남아공 인구 1,500만 명이 빈곤 속에 허덕이고 있는 것은 아직도 남아공 경제가 500만 유럽계에 의해 돌아가고 있기 때문일 것이다. 그러나 남아공 사회는 유럽계를 내쫓을 수도 없다. 여러 대에 걸쳐 그들은 남아공 원주민이 되었던 것이다.

① 제조업의 취약성
② 흑백 분리 구조의 잔존
③ 흑백 분리 철폐의 후유증
④ 투자의 감소와 실업의 증가
⑤ 넓은 국토와 과도한 인구 증가

 **테마 4** 정보 간의 관계 파악하기

논리적 순서 파악하기

정보 간의 관계

글 속에 들어 있는 정보들은 개별적으로 흩어져 있는 것이 아니라 서로 밀접한 관계를 맺으면서 한 편의 글을 이루고 있다. 따라서 글의 주제를 파악하기 위해서는 우선 주어진 각 정보들을 개별적으로 확인한 뒤에, 그 상호 관계를 파악해 나가야 한다. 정보 간의 관계를 파악하는 것은 복잡다단하게 얽힌 정보들을 정리하여 정보에 대한 이해를 확고히 함으로써 궁극적으로는 주제를 이해하는 데에 목적이 있다. 정보 간의 관계에는 인과, 선후, 대립, 대등, 상하 관계 등이 있다.

- **인과 관계** : 현상이 일어나게 된 원인과 결과의 관계로 형성된 정보 관계
- **선후 관계** : 시간적인 순서에 따라 발생되는 사건이나 행위 등의 정보 관계
- **대립 관계** : 속성, 견해, 입장 등이 서로 달라 반대되는 정보의 관계
- **대등 관계** : 서로 같거나 비슷한 위상에 있는 정보 간의 관계. 의미상으로 같거나 비슷한 정보들의 경우에는 유사 관계로 따로 분류하기도 한다.
- **상하 관계** : 하나의 정보가 다른 정보를 포함하는 관계로, 상위의 정보와 하위의 정보로 구성된다.

01 다음 예문을 읽고, 내용의 일관성과 응집성을 고려하여 다듬을 경우 글의 순서로 가장 알맞은 것을 고르시오

> ㉠ 그것은 사실이었다. 나는 언제나 사막을 사랑해 왔다. 모래 언덕에 앉아 있으면 아무 것도 안 보이고 아무런 소리도 들리지 않는다.
> ㉡ "사막이 아름다운 것은, 그것이 어딘가에 우물을 감추고 있기 때문이야……." 어린 왕자가 다시 말했다.
> ㉢ 그러나 침묵을 뚫고 무엇인가 빛나는 것이 있다.
> ㉣ "사막은 아름다워." 어린 왕자가 말했다.
> ㉤ 나는 모래 속의 그 신비로운 빛남이 무엇인지를 갑자기 깨달은 데 대해 놀랐다.

① ㉠-㉡-㉢-㉣-㉤ ② ㉠-㉢-㉤-㉣-㉡ ③ ㉣-㉡-㉠-㉢-㉤
④ ㉣-㉡-㉤-㉠-㉢ ⑤ ㉠-㉡-㉢-㉤-㉣

02. 다음 글을 순서대로 배치할 때 적절한 것은?

㉠ 적응의 과정은 북쪽의 문헌이나 신문을 본다든지 텔레비전, 라디오를 시청함으로써 이루어질 수 있는 극복의 원초적인 단계이다.

㉡ 이질성의 극복을 위해서는 이질화의 원인을 밝히고 이를 바탕으로 해서 그것을 극복하는 단계로 나아가야 한다. 극복의 문제도 단계를 밟아야 한다. 일차적으로는 적응의 과정이 필요하다.

㉢ 남북의 언어가 이질화되었다고 하지만 사실은 그 분화의 연대가 아직 반세기에도 미치지 않았고 맞춤법과 같은 표기법은 원래 하나의 뿌리에서 갈라진 만큼 우리의 노력 여하에 따라서는 동질성의 회복이 생각 밖으로 쉬워질 수 있다.

㉣ 문제는 어휘의 이질화를 어떻게 극복할 것인가에 귀착된다. 우리가 먼저 밟아야 할 절차는 이질성과 동질성을 확인하는 일이다.

① ㉠ → ㉢ → ㉣ → ㉡
② ㉡ → ㉠ → ㉢ → ㉣
③ ㉢ → ㉣ → ㉡ → ㉠
④ ㉣ → ㉡ → ㉢ → ㉠
⑤ ㉣ → ㉢ → ㉡ → ㉠

03. 다음 중 ㉠~㉤을 문맥에 맞게 배열한 것은?

㉠ 왜냐하면 탈춤은 어디까지나 제한된 유희적 공간과 유희적 시간 안에서만 벌어지는 제의적 반란이기 때문이다.

㉡ 이 당시 엄격한 사회적 신분 질서로 보면 하급 중이나 하인의 이러한 행동은 곧, 신분 제도를 부정하는 무정부주의와 크게 다르지 않다.

㉢ 사실 탈춤에서는 상좌나 먹중과 같은 하급 중들이 상급 중인 노장을 조롱하고 말뚝이나 쇠뚝이와 같은 하인들이 양반들을 모멸하는 장면이 자주 연희된다.

㉣ 그러나 탈춤의 무정부 상태는 그렇게 염려할 만한 것이 못 된다.

㉤ 모든 계급 질서가 전도되고 도착되는 탈춤은 상당히 무정부적이고 파괴적인 것처럼 보일지 모른다.

① ㉤-㉣-㉡-㉢-㉠
② ㉤-㉢-㉡-㉣-㉠
③ ㉢-㉡-㉣-㉤-㉠
④ ㉡-㉣-㉠-㉢-㉤
⑤ ㉡-㉣-㉢-㉤-㉠

04 (가)~(마)를 글의 흐름이 자연스럽도록 알맞게 재배열한 것은?

(가) 서로 상반되는 문화는 어떤 것이 옳고 어떤 것이 틀렸다 하는 결정적 판정이 불가능하다. 그러나 진위, 선악, 그리고 미추에 대한 결정적 절대적 기준이 발견되지 않았다는 사실이 모든 믿음 그리고 윤리적 및 미학적 가치가 다 똑같음을 의미하지는 않는다. 예술 작품의 평가에는 수학과 과학의 경우와는 달리 보편적으로 적용할 수 있는 절대적 평가 기준은 없으나 상대적으로 가치의 우월성이 어느 정도 가려질 수 있다.

(나) 개방 시대에 들어서고 있다. 최근 들리는 세계화 혹은 국제화라는 구호는 우리가 개방 세계에 살게 됐음을 새삼스레 알려 주는 말이다. 개방된 대양에서 서로 다른 파도와 물결이 해일처럼 격렬하게 부딪치고 밀려온다. 이러한 바다에서 우리의 파도와 물결이 다른 선진국, 서양의 파도와 물결 밑으로 깔리고 옆으로 밀릴 위험을 안고 있다. 『서편제』보다는 서부 활극을 더 좋아하고, 『아리랑』보다는 서태지와 아이들이 압도적 갈채를 받고, 곰탕 간판이 햄버거 간판으로 대치되고 있다.

(다) 한 문화의 진보 발전은 다른 문화에 열려 있어야 이루어진다. 다른 문화의 자극을 받고 그 문화가 갖고 있는 새로운 자양을 자신의 것으로 소화해야만 진보·발전이 가능하다. 문화 전통의 성장은 기존 전통에 대한 투명하고 투철한 주체성이라는 토양을 지속적으로 일굴 때만 가능하다. 폐쇄적 배척이나 거부가 아니라 개방적 수용에 의한 주체적 소화가 필요하다. 중요한 것은 우리 자신의 개성 있는 보편적 가치를 창조하는 작업이다.

(라) 이런 가운데 외래 문화로 인한 우리 전통 문화의 오염을 경고하는 목소리가 들리는 것은 당연하다. 전통 문화를 고수하기 위해서 외래 문화를 배척해야 하는가, 아니면 전통 문화에 대한 오염을 무릅쓰고 외래 문화를 개방해야 하는가. 이제 어느 문화도 폐쇄적으로 고립할 수 없고 생존을 위해서라도 다른 세계에 개방되어야만 한다. 그렇다면 문제는 문화의 개방에 있지 않고 다른 문화의 수용 방식에 있다. 여기서 문화의 상대성·전통성과 보편성·세계성의 관계가 검토되어야 한다.

(마) 문화는 인간 집단의 지적·윤리적·미학적 표현이다. 무엇을 진리로 생각하고 어떤 행위를 옳다고 여기며 어떤 모양을 좋아하느냐에 따라 한 집단의 문화적 특징이 드러난다. 세계관, 인생관을 집약적으로 나타내는 것은 종교와 철학이다. 그런데 서로 양립할 수 없는 종교와 철학적 체계가 공존하고 있다. 이는 감각이나 미학적 기호뿐만 아니라 선악에 대한 윤리관이나 자연 현상의 본질에 대한 믿음도 주관적일 수밖에 없음을 간접적으로 증명한다.

① (나) - (라) - (마) - (다) - (가)
② (나) - (라) - (마) - (가) - (다)
③ (마) - (가) - (다) - (라) - (나)
④ (가) - (마) - (다) - (라) - (나)
⑤ (가) - (나) - (다) - (라) - (마)

05 다음 글을 논리적인 순서대로 가장 적절히 배열한 것은?

(가) 일반적으로 기업이 임금 체계를 성과 지향적으로 전환하기 위해서는 제일 먼저 제도의 틀과 운용 기준을 설계하여야 한다. 성과 지향적 임금 체계의 틀은 기업의 도입 목적, 성과에 대한 조직 구성원의 철학, 적용 대상의 지위, 임금 구조에 따라 달라진다.

(나) 기업에서 연봉제와 같은 성과 지향적 임금 체계를 도입하는 경우 엄정한 운용 관리를 위해 대상층에 대해 업적에 대한 인센티브가 유효하게 기능하도록 시스템화하여야 한다. 또한 성과 지향적 임금 체계를 통해 관리직과 전문직 종사자에 대해 의식개혁과 도전 의식을 함양하고 이들의 능력 개발 및 핵심 역량 강화를 추진해야 하는 것이 중요한 과제다.

(다) 따라서 새로운 발상과 합리성을 중시하는 성과 지향적 임금 체계의 틀을 구축할 때는 제도 운영의 엔진이 되는 공정한 평가 제도에 기초하여 보상이 인상 또는 삭감되는 틀을 설계하고 엄정하게 운용하는 것이 성과 지향적 임금 체계를 도입하는 목적을 달성하는 지름길이 된다.

(라) 근로 시간 단축의 핵심은 기존의 임금 수준은 보전하면서 근로량을 줄이는 것이기 때문에 기업의 입장에서는 결과적으로 임금 수준의 상승과 동일한 효과를 가져 오게 된다. 따라서 기업의 성과에 대한 관심을 이제는 근로 시간의 양에서 질로 옮겨야 한다.

(마) 단순한 종래의 연공형 임금 체계의 연장선을 그대로 유지한 상태에서 무늬만 생색내기식의 임금 체계 변동은 필요 이상의 재원만 추가로 소요된다는 점에서 오히려 무익하다 할 것이다.

(바) 기업이 근로 시간 단축 과정에서 경쟁력을 유지하기 위해서는 높아진 임금 수준에 상응하는 생산성 향상을 유도해야 한다. 생산성 향상의 한 방안으로 임금 체계를 성과 지향형으로 바꾸는 것은 이미 다양한 방법으로 시도된 사항이고 이는 많은 기업에서 소기의 성과를 얻은 검증된 방법이다.

① (가) - (라) - (바) - (나) - (마) - (다)
② (라) - (바) - (가) - (다) - (마) - (나)
③ (라) - (바) - (가) - (마) - (다) - (나)
④ (바) - (가) - (라) - (마) - (다) - (나)
⑤ (바) - (라) - (가) - (마) - (나) - (다)

논리적 관계 파악하기

06 다음 논증의 짜임새를 옳게 분석한 것은?

> ㉠ 식민 사관은 일제의 어용 사학자들이 고안한 것으로, 우리 민족으로 하여금 사대주의와 민족적 패배주의에 젖도록 유도하는 데 그 목적을 두었다. ㉡ 이를 위해 식민 사관은 한국 민족의 창의성과 능동성을 부정할 뿐 아니라, 한 걸음 더 나아가, 한국 민족이 역사 발전을 담당할 능력을 지니지 못하였고, 따라서 한국은 전근대적 사회에 정체되어 있었다고 주장하였다. ㉢ 이러한 주장은 명백히 역사를 왜곡한 것으로, 조선 후기에 자생적으로 이루어진 전근대적 체제의 극복, 즉 근대적 토대의 형성을 고려하지 않은 것이다. ㉣ 예컨대, 경제적 토대의 측면에서는 생산력의 증대와 상업 자본의 축적 등이 이루어져 자본주의적 관계가 내재적으로 형성되었으며, 사상적인 측면에서는 전근대적 이념인 성리학에서 실학 사상이 대두했고, 다시 이것은 개화 사상으로 전환되었던 것이다. ㉤ 따라서, 한국사가 정체성을 띠고 있었다는 주장은, 한국을 식민지로 획득함으로써 제국주의 대열에 들게 된 일본 제국주의 쪽의 허구적 조작에 지나지 않는다.

① ㉠은 ㉡의 근거이다.
② ㉢은 ㉠의 제재에 대한 반론이다.
③ ㉤은 ㉠의 근거이다.
④ ㉣은 ㉤의 예증이다.
⑤ ㉡과 ㉢은 ㉣의 구체적 진술이다.

07 다음 글의 구조를 바르게 분석한 것은?

> ㉠ 세계적으로 30년대는 역사의 흐름에 역행하는 반동적 움직임이 도처에 활개를 치던 시대이다. ㉡ 세계 자본주의의 모순이 파쇼적으로 폭발된 대공황 이후 이탈리아에서 파쇼 정권이 강화되었고, 독일에서 나찌가 집권하였으며, 스페인에서 민주주의가 패배했고, 일본에서도 이른바 '다이쇼오 데모크라시'가 붕괴되었으며, 그 밖의 여러 나라에서도 자유는 후퇴하고 반동적 민중 탄압이 거세어졌다.
> ㉢ 이와 같은 세계사적 상황 속에서 우리나라는 일제 식민지라는 기본적으로 동일한 조건이 한 걸음 더 악화되었다. ㉣ 만주 사변(1931)에서 중일 전쟁(1937)을 거쳐 태평양 전쟁(1941)으로 확대된 일제 군국주의의 전쟁광적 에스컬레이션 속에서 우리 국토와 민중은 그들에게 노동과 자원을 약탈당하고, 병참 기지와 상품 시장으로 제공되는, 보다 가혹한 희생을 노골적으로 강요받았다.
> ㉤ 한 마디로, 우리의 30년대는 형식적으로나마 일부 주어졌던 자유와 여유가 하나씩 하나씩 유린되고, 모든 것이 일본의 제국주의의 침략을 위한 무자비한 전쟁 체제에 동원되어 가던 시기라고 할 수 있다.

① ㉠은 소주제문으로서 글 전체의 요점을 제시해 주고 있다.
② ㉡은 ㉢의 부연으로서 내용을 상세히 설명해 주고 있다.
③ ㉢은 앞의 포괄적인 내용에서 구체적 화제로 전환되는 문장이다.
④ ㉣은 ㉢의 내용을 추상화하여 간추려 주고 있다.
⑤ ㉤은 문제를 제기하여 다른 화제를 유도해 주고 있다.

배경 지식

단락의 관계 파악

① **원인과 결과 관계**: 원인을 먼저 제시하고 결과를 보여 주거나, 결과를 먼저 제시하고 원인을 밝히는 관계에 있는 것을 말한다.
② **제시와 근거 관계**: 주장이나 제안을 한 뒤에 그 주장과 제안에 대한 근거와 이유를 보여 주는 관계에 있는 것을 말한다.
③ **과제와 해결 관계**: 과제와 문제를 제시하고 나서 이에 대한 해답이나 해결책을 제시하는 관계로 이루어져 있는 것을 말한다.
④ **원리와 적용 관계**: 원리와 법칙을 먼저 보여 주고 나서 구체적인 상황에 적응하거나, 구체적 사실을 먼저 보여 주고 나서 그것의 원리와 법칙을 밝히는 관계에 있는 것을 말한다.
⑤ **전체와 부분 관계**: 전체적인 문제를 먼저 제시하고 나서 부분적인 문제를 다루거나, 부분적인 문제를 다룬 뒤에 전체적인 문제로 옮겨가는 관계에 있는 것을 말한다.
⑥ **일반과 특수 관계**: 일반적 사실을 먼저 보여 준 뒤에 이에 대한 특수한 사례를 제시하거나, 특수한 사례를 먼저 밝힌 뒤에 이에 대한 일반적 사실을 보여 주는 관계에 있는 것을 말한다.
⑦ **핵심과 비핵심 관계**: 주요한 문제를 먼저 다룬 뒤에 주변적인 문제를 다루거나, 사소한 문제를 먼저 다룬 뒤에 본격적인 문제를 다루는 관계에 있는 것을 말한다.

08 다음 글 (가), (나) 두 문단의 관계를 가장 잘 설명한 것은?

(가) 나는 여러 학교에 나간다고 하여 행상인이라는 말을 종종 듣는데 조금도 불명예스럽게 생각하지는 않는다. 하기야 좌상격(坐商格)으로 한 학교에만 터전을 잡는 것이 버젓한 줄을 알지만 행상은 행상대로 또한 버리기 아까운 점도 많다.

(나) 좌상 노릇을 하려면 여러 가지 물건의 구색을 갖출 필요가 있으나 행상 노릇 하는 때에는 한두 가지 물건이라도 족하다. 밑천이 짧은 나로서는 여러 가지 물건을 벌여 놓기보다 한두 가지 물건을 가지고 가가호호를 방문하는 것이 훨씬 수월하다. 행상의 재미는 여러 단골집이 생기는 것이다. 한 군데 앉아 있는 것보다 여러 집을 자유자재로 쑥쑥 드나든다는 것은 유쾌한 일이다. 집집마다 가풍이 다르고 후박(厚薄)도 다르지만 정들긴 마찬가지다. 그러나 행상의 최대 묘미는 전광석화적인 이동의 신속성에

> 있다. 조금 전에 동대문 밖에서 야단 법석을 했는가 하면, 지금은 어느 틈에 왔는지 서대문 밖에서 천연스럽게 지껄인다. 제한된 시간 내에서 자리를 옮기는 것은 실로 결사적이요, 무아의 경지이다. 이를테면 장사는 장사대로 하고, 그 중간에 수양까지도 하는 셈이니 행상도 노상 해로운 직업은 아니다.

① (가)에서 밝힌 생각을 (나)에서 예를 통하여 설명하였다.
② (가)에서 밝힌 주장을 (나)에서 유추를 통하여 증명하였다.
③ (가)에서 밝힌 생각을 (나)에서 이유를 들어서 설명하였다.
④ (가)에서 밝힌 사실을 (나)에서 근거를 들어서 부정하였다.
⑤ (가)에서 밝힌 사실을 (나)에서 다른 국면에 적용하여 입증하였다.

09 다음 글에 나타난 문단 간의 관계를 가장 잘 설명한 것은?

> (가) 어느 신문의 한 달치 문화면의 내용을 분석해 본 결과, 이른바 '여성과 생활'이라는 특집을 8회나 엮어 내고 있음이 드러났다. 이는 한 달 문화면의 거의 1/3을 차지하는 분량이요, 평균 1주일에 두 번씩 '여성과 생활'의 특집을 짠 꼴이었다. 그러나 이것은 어디까지나 문화면의 전 지면이 온전히 '여성과 생활' 관계의 기사로 메워진 경우만을 추린 것이다. 따라서, 특집으로 다루어지지 않는 2단이나 1단짜리 작은 기사까지도 두루 계산에 넣는다면 신문 문화면에서 차지하는 '주부용 기사'의 비율은 더욱 높아지게 될 것이다.
>
> (나) 우리나라 잡지 시장에서 가장 큰 비중을 차지하고 있는 것이 여성 잡지요, 주부 잡지이다. 현재 여성 잡지는 일반 잡지보다 몇 곱절이나 더 많은 부수를 발행하면서 재미를 보고 있는 것으로 알려지고 있다. 월간 잡지 시장에서 여성 잡지의 패권이 확립되었다는 사실은 그대로 서서히 일간 신문의 문화면 제작 방향에도, 나아가서는 일간 신문 전체의 제작 방향에도 영향을 끼쳤다. 요컨대, 신문은 '사랑방의 읽을거리'보다 '안방의 읽을거리'로 여성화 내지는 내향화해 간 것이다.
>
> (다) 그러나 한국 신문의 지면에서 단순히 여성과 가정 관계 기사의 분량이 많다는 사실보다도 더 깊게 생각해 보아야 할 점이 있다. 그것은 본래는 가정 밖에서 사회적으로, '공적(公的)'으로 논의가 되고, 그렇게 함으로써만이 참된 해결의 실마리를 잡을 수 있는 문제조차 이제는 점점 '사회의 문제'에서 '가정의 문제'로, 모든 사람의 공통된 문제에서 나 혼자만의 사사로운 문제로 변질되어 왔다는 사실이다.
>
> (라) 이처럼 두드러진 한국 신문의 안방 지향성은 단순히 문화부나 편집국의 뜻이라기보다는 업무국 또는 그 위의 보다 높은 경영진의 입김이 강하게 작용했기 때문이라고 보아야 할 것이다. 현저하게 눈에 띄는 한국 신문의 이러한 경향들은 더 궁극적으로 따져 본다면 그 근원이 신문사 자체의 내부에 있지 않고 신문사 밖에 있었다고 해야 될지도 모른다. 안방 밖으로 뛰쳐나가자니 바깥바람이 너무 거셌던 지난 시대 한국의 정치 풍토가 신문의 안방 지향성이 보다 근원적인 원인이었다고 보아야 될 것이다.
>
> (마) 전통적인 가부장적 대가족 제도의 몰락과 함께 진행된 핵가족 제도는 가정에서의 여성의 역할 비중을 크게 해 주고 있다. 직장 생활과 직장 동료들과의 교제에 대부분의

시간을 잃고 있는 '아빠 부재'의 많은 가정에서, 예전에 가장(家長)된 남성의 책임이었던 아이들의 '수신(修身)'과 집안 살림을 다스리는 '제가(齊家)'의 일이 이젠 고스란히 주부의 손으로 넘어오게 된 것이다. '훌륭한 사회'를 만들 자신을 체념한 듯한 지난 시대의 한국 신문 저널리즘이 '훌륭한 가정'을 만들어 드리겠다고 나팔을 불고 있을 때, 그 가정을 주관하는 자가 남성이 아니라 여성이었던 셈이다.

① (가)는 (나)의 전제이다.
② (나)는 (가)의 원인이다.
③ (다)는 (나)의 결과이다.
④ (라)는 (다)의 구체적 예시이다.
⑤ (마)는 (가)~(라)의 결론이다.

정보 구조 파악하기

10 다음 글의 논리적 구조를 바르게 분석한 것은?

㉠ 일반적으로 말해서, 생리적 욕구를 충족시키는 일보다도 생리 외적 욕구를 충족시키기가 더 어렵다고 볼 수 있다.
㉡ 한 개인이 가지고 있는 생리 외적 욕구 하나하나가 포만감에 이르기 어렵고, 욕심이 또 욕심을 낳기 때문이다.
㉢ 재능과 노력, 그리고 환경적 여건에 따라서 한 개인이 충족시킬 수 있는 생리 외적 욕구의 종류와 정도에는 차이가 많지만, 아무리 모든 조건이 잘 구비된 사람이라 하더라도 그가 하고 싶은 모든 일을 다 할 수 있는 것은 아니다.
㉣ 이런 점에서 우리는 각자가 느끼는 생리 외적 욕구들 가운데서 자기가 실제로 충족시킬 가능성이 있는 것들을 우선 순위에 따라서 가려 뽑고 나머지는 버릴 수밖에 없다.
㉤ 그러므로 생리 외적 욕구의 취사 선택을 얼마나 슬기롭게 하느냐에 따라서 각자의 삶의 질과 생애의 성패가 좌우된다 하여도 과언이 아닐 것이다.

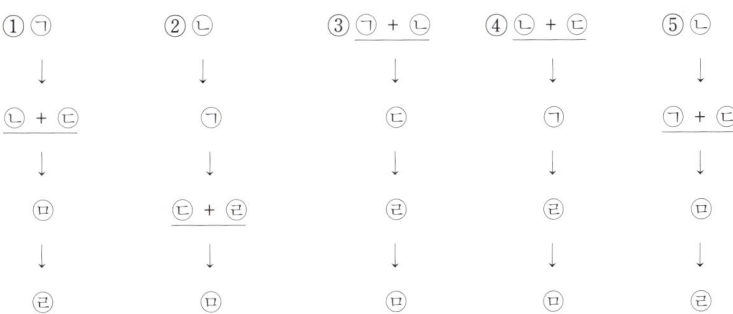

11. 다음 글의 구조를 바르게 분석한 것은?

㉠ 전통은 물론 과거로부터 이어 온 것을 말한다.
㉡ 이 전통은 대체로 그 사회 및 그 사회의 구성원인 개인의 몸에 배어 있는 것이다.
㉢ 그러므로 스스로 깨닫지 못하는 사이에 전통은 우리의 현실에 작용하는 경우가 있다.
㉣ 그러나 과거에서 이어 온 것을 무턱대고 모두 전통이라고 한다면, 인습이라는 것과의 구별이 서지 않을 것이다.
㉤ 우리는 인습을 버려야 할 것이라고는 생각하지만, 계승해야 할 것이라고는 생각하지 않는다.
㉥ 여기서 우리는, 과거에서 이어 온 것을 객관화하고, 이를 비판하는 입장에 서야 할 필요를 느끼게 된다.
㉦ 그 비판을 통해서 현재의 문화 창조에 이바지할 수 있다고 생각되는 것만을 우리의 전통이라고 불러야 할 것이다.

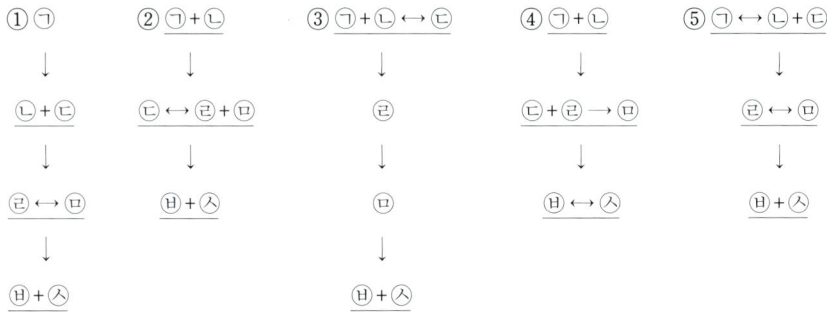

12. 다음 글의 구조를 가장 잘 나타낸 것은?

(가) 붕당(朋黨)은 싸움에서 생기고, 그 싸움은 이해(利害)에서 생긴다. 이해가 절실할수록 당파는 심해지고, 이해가 오랠수록 당파는 굳어진다. 이것은 형세가 그렇게 만드는 것이다. 어떻게 하면 이것을 밝힐 수 있을까?

(나) 이제 열 사람이 모두 굶주리다가 한 사발의 밥을 함께 먹게 되었다고 하자. 그릇을 채 비우기도 전에 싸움이 일어난다. 말이 불손하다고 꾸짖는 것을 보고 사람들은 모두 싸움이 말 때문에 일어났다고 믿는다. 다른 날에 또 한 사발의 밥을 함께 먹다 그릇을 채 비우기도 전에 싸움이 일어난다. 태도가 공손치 못하다고 꾸짖는 것을 보고 사람들은 모두 싸움이 태도 때문에 일어났다고 믿는다. 다른 날에 또다시 같은 상황이 벌어지면 이제 행동이 거칠다고 힐난하다가, 마침내 어떤 사람이 울화통을 터뜨리고 여럿이 이에 시끌벅적하게 가세한다. 시작은 대수롭지 않으나 마지막에는 크게 된다.

(다) 이것을 또 길에서 살펴보면 이러하다. 오던 자가 어깨를 건드리면 가던 자가 싸움을 건다. 말이 불손하고, 태도가 사나우며, 행동이 거칠다 하여 그 하는 말은 끝이 없으나 떳떳하게 성내는 것이 아닌 것은 한 사발의 밥을 함께 먹다 싸울 때와 똑같다.

(라) 이로써 보면 싸움이 밥 때문이지, 말이나 태도나 행동 때문에 일어나는 것이 아님을

알 수 있다. 이해의 연원이 있음을 알지 못하고는, 그 잘못됨을 장차 고칠 수가 없는 법이다. 가령 오늘은 한 사발의 밥을 함께 먹다 싸웠으되 내일에는 각기 밥상을 차지하고 배불리 먹게 하여 싸우게 되었던 원인을 없앤다면, 한때 헐뜯고 꾸짖던 앙금이 저절로 가라앉아 다시는 싸우는 일이 없게 될 것이다.

(마) 나라의 붕당도 이와 다를 게 무엇인가. 처음에는 한 사람의 선하고 악한 것, 또는 한 가지의 일의 경중(輕重)에 대해서 마음으로 좋지 않게 생각하고 입으로 비방하는 데 지나지 않는다. 이런 것은 얼마나 하찮은 일인가. 그러나 조정에서는 서로 피튀기며 싸우고, 조정 밖에서는 으르렁거리는 것이 마치 군령(軍令)도 없이 사람마다 싸움터에서 후퇴할 줄 모르는 것과 같이 하니 도대체 왜 그러한가?

– 이익, '붕당론'

① (가)―(나)―(다)―[(라)/(마)]

② (가)―[(나)/(다)]―(라)―(마)

③ (가)―(나)―[(다)/(라)/(마)]

④ (가)―[(나)/(다)]―[(라)/(마)]

⑤ [(가)/(나)]―(다)―(라)―(마)

13. 다음 글의 구조를 도식화한 것으로 적절한 것은?

(가) 인도인들은 심한 기근으로 굶는 경우에도 암소를 잡아먹지는 않는다. 인도인들의 정신세계를 지배하고 있는 힌두교에서 암소를 생명의 상징으로 여기기 때문이다. 이슬람 신앙을 가진 사람들이 돼지고기를 먹지 않는 것은 역시 이를 금지하는 종교적 규율 때문이다. 이는 인간의 정신세계가 그 사회의 문화를 형성하는 데에 적지 않은 영향을 미친다는 점을 보여 준다.

(나) 이러한 인간의 정신세계에 주목하여 문화 현상을 바라보는 관점을 관념론적 관점이라 한다. 이 관점에 의하면 문화 현상은 인간의 내면적인 정신 활동에 의한 산물이 된다. 인류학자 제임스 프레이저(James Frazer)는 특정 동물에 대한 금기가 그 동물을 숭배하던 전통 때문에 생긴 것이라고 설명한다. 결국 관념론적 관점은 문화 현상 속에 담긴 인간의 정신세계를 이해하는 데에 적합한 방법이다.

(다) 이와 달리 유물론적 관점에서는 문화 현상을 만들어 내는 인간의 정신 활동이 자연 환경에 적응하기 위한 특정한 생존 방식이나 노동 방식의 영향을 받는다고 본다. 즉

정신이 사물을 만들어 내는 것이 아니라 사물이 정신을 만들어 낸다는 견해를 기본적인 출발점으로 삼는다. 이런 점에서 관념론적 관점과는 차이가 있다.

(라) 인류학자 마빈 해리스(Marvin Harris)는 특정 부류의 사람들이 특정 동물의 고기를 금기시하는 현상에 대해 유물론적 관점으로 접근한다. 해리스의 견해에 따르면 인도인들이 암소 고기를 먹는 것은 그들의 생활 방식에 맞지 않다. 수소를 이용하여 농사를 짓는 인도에서는 암소의 존재가 매우 중요하다. 농사에 필요한 수소를 생산하기 위해서는 반드시 암소가 있어야 한다. 뿐만 아니라 암소는 추수하고 남은 농작물 찌꺼기나 시장터의 쓰레기를 먹어 치우는가 하면 인간에게 유용한 우유를 제공해 주기도 한다. 암소의 고기를 먹는다는 것은 이러한 암소의 유용성을 포기하는 것이 된다. 중동 지역에서 돼지를 사육하지 않는 것도 그들의 생활방식 때문이다. 돼지는 되새김질을 하지 않기 때문에 섬유소가 적은 사료를 먹어야 한다. 따라서 먹이를 놓고 인간과 경쟁 관계에 있게 된다. 농사보다는 유목을 통해 생존을 유지하던 중동 지역의 사람들에게 돼지를 기르는 것은 매우 사치스러운 일이다.

(마) 이상에서 살펴본 것처럼 관념론적 관점과 유물론적 관점은 동일한 문화 현상에 대하여 다른 시각에서 접근하기 때문에 이에 대한 해석도 서로 다르다. 두 관점은 표면적으로 볼 때 서로 배치되어 보이지만, 실제로는 인간의 문화 현상을 좀 더 심층적으로 이해할 수 있게 해 준다는 점에서 상호 보완적인 관계라고 할 수 있다.

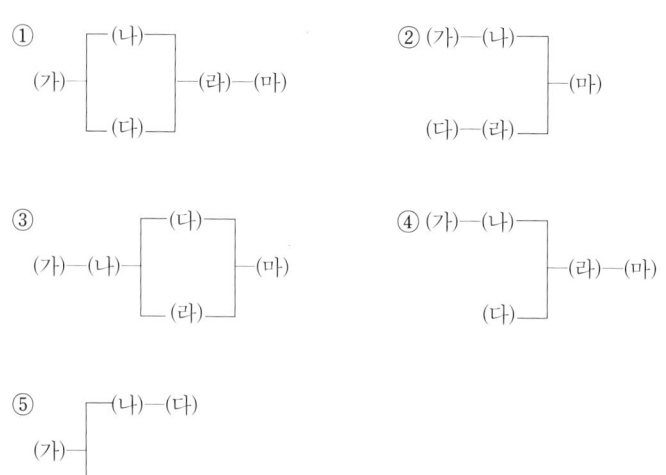

테마 5   표현 방식 파악하기

진술 방식

논증	명백하지 않은 사실, 문제에 대하여 그 진실 여부를 논리적 추론에 의해 입증하는 이지적·설득적 태도의 진술 방법이다.
설명	필자가 알고 있는 사실을 알기 쉽게 풀어서 객관적으로 전달하는 방법. 묘사, 서사 등의 진술 방법이 원용되어 효과를 높일 수 있다.
묘사	어떤 대상에서 받은 인상을 구체적이며 개성적으로 그려내어 독자의 감각과 상상력에 호소하는 진술로 인상 전달 및 정서 환기를 목적으로 한다.
서사	어떤 한 시점에서 다른 한 시점까지의 어떤 대상의 움직임과 그 움직임의 의미를 진술하는 방식으로 사건의 경과 전달을 목적으로 한다.

설명과 논증은 이해력에 호소하고, 묘사와 서사는 상상력에 호소한다.
묘사는 한 순간의 모습이나 인상을 보여 주는 데 비해 서사는 움직임을 보여 준다.

01 다음 글의 서술상의 특징을 바르게 설명한 것은?

> 인간이 지식을 얻는다는 것은 그 본원적인 현상에 있어서는 삶의 위기와 관련된 것이다. 아무 문제도 없이 자동적으로 돌아가는 삶에 있어서는 인간의 사유는 잠자고, 지성은 시들고, 아무 반성도, 아무 비판도 있을 수 없다. 참다운 삶, 참다운 깨달음은 언제나 인간을 그의 무거운 타성과 대결하게 만들고, 다시 고쳐 배우게 하고, 종래의 안일한 생각들이나 의견들을 지양하게 한다. 우리의 삶의 가장 내적인 핵심에 부딪치지 않는 인식, 우리의 삶에 대해서 구체적인 영향을 주지 않는 인식은 다만 외부적인 인식이다. 인간은 위기의 강압을 통해서만 참다운 앎과, 깨달음에 이르게 된다. 그리고 깨달음은 언제나 넓은 의미에서의 자기 비판을 통한 자아 인식이다. 인간의 모든 참다운 앎과 깨달음, 그리고 인간의 자아 인식은 그의 삶의 자연스러운 흐름과의 대결에서 나타나는 것이다. 위기의 성격을 띤 이러한 대결을 통해서만 인간은 책임 있는 명확성에 있어서 자기 자신에게 돌아간다. 따라서, 앎의 문제는 단순한 인식의 문제만이 아니고, 그것은 실존적, 윤리적인 문제이다.
>   - 이규호, '반성과 비판'

① 대상의 속성을 사실적으로 기술한다.
② 대상에서 받은 인상을 정감 있게 기술한다.
③ 시간적 순서에 맞추어 체계적으로 기술한다.
④ 주관적 판단을 논리적으로 밝히면서 기술한다.
⑤ 시선을 이동시키면서 대상의 움직임을 기술한다.

02 다음 글의 진술 방식을 바르게 설명한 것은?

> 舊時代(구시대)의 遺物(유물)인 侵略主義(침략주의), 強權主義(강권주의)의 犧牲(희생)을 作(작)하야 有史以來(유사 이래) 累千年(누천 년)에 처음으로 異民族(이민족) 箝制(겸제)의 痛苦(통고)를 嘗(상)한 지 今(금)에 十年(십 년)을 過(과)한지라. 我(아) 生存權(생존권)의 剝喪(박상)됨이 무릇 幾何(기하) | 며, 心靈上(심령상) 發展(발전)의 障礙(장애)됨이 무릇 幾何(기하) | 며, 民族的(민족적) 尊榮(존영)의 毀損(훼손)됨이 무릇 幾何(기하) | 며, 新銳(신예)와 獨創(독창)으로써 世界文化(세계 문화)의 大潮流(대조류)에 寄與補裨(기여 보비)할 奇緣(기연)을 遺失(유실)함이 무릇 幾何(기하) | 뇨.

① 사건을 일어난 순서에 따라 기록하였다.
② 자신의 의견을 제시하고 이를 논증하였다.
③ 구체적 사례를 나열한 후 이를 일반화하였다.
④ 두 가지 현상을 비교하여 그 공통점을 밝혔다.
⑤ 개략적으로 진술한 후 구체적 진술로 보충하였다.

03 다음 글에 대한 설명으로 적절하지 <u>않은</u> 것은?

> (가) 폭포수와 분수는 동양과 서양의 각기 다른 두 문화의 원천이 되었다고 해도 지나친 말은 아니다. 대체 그것은 어떻게 다른가를 보자. 무엇보다도 폭포수는 자연이 만든 물줄기이며, 분수는 인공적인 힘으로 만든 물줄기이다. 그래서 폭포수는 심산 유곡에 들어가야 볼 수 있다. 하나는 숨어 있고, 하나는 겉으로 드러나 있다. 폭포수는 자연의 물이요, 분수는 도시의 물, 문명의 물인 것이다. 장소만이 그런 것은 아니다. 물줄기가 정반대이다. 폭포수도 분수도 그 물줄기는 시원하다. 힘차고 우렁차다. 소리도 그렇고 물보라도 그렇다.
>
> (나) 폭포수의 물줄기는 높은 데서 낮은 곳으로 낙하한다. 만유 인력, 그 중력의 거대한 자연의 힘 그대로 폭포수는 하늘에서 땅으로 떨어지는 물이다. 물의 본성은 높은 데서 낮은 데로 흐르는 것이다. 하늘에서 빗방울이 대지를 향해 떨어지는 것과 같다. 아주 작은 도랑물이나 도도히 흐르는 강물이나 모든 물의 그 움직임에는 다를 것이 없다. 폭포수도 마찬가지이다. 아무리 거센 폭포라 해도 높은 데에서 낮은 곳으로 흐르고 떨어지는 중력에의 순응이다. 폭포수는 우리에게 물의 천성을 최대한으로 표현해 준다.
>
> (다) 그러나 분수는 그렇지가 않다. 서구의 도시에서 볼 수 있는 분수는 대개가 다 하늘을 향해 솟구치는 분수들이다. 화산이 불을 뿜듯이, 혹은 로켓이 치솟아 오르듯이, 땅에서 하늘로 뻗쳐 올라가는 힘이다. 분수는 대지의 중력을 거슬러 역류하는 물이다. 자연의 질서를 거역하고 부정하며 제 스스로의 힘으로 중력과 투쟁하는 운동이다. 물의 본성에 도전하는 물줄기이다.
>
> — 이어령, '폭포와 분수'

① 대상의 속성을 통해서 다른 대상에 유추시키고 있다.
② 대상을 재정의 방식을 통해서 논리를 전개시키고 있다.

③ (가)에서 제시된 차이점을 (나)와 (다)에서 구체화하고 있다.
④ 전체적으로 두 대상이 지니는 특징을 분석적으로 제시하고 있다.
⑤ 단순한 대비를 통해서 도식적 결론을 내릴 수 있는 위험성이 있다.

04 다음 글에서 글쓴이의 서술 태도로 적절하지 않은 것은?

> 맹자는 감각적·생리적인 것도 인간의 본성으로 삼았다. 그러나 동시에 그 속엔 인간의 힘으로 어쩔 수 없는 것이 있기 때문에 본성이 아니라고도 하였다. 맹자가 이렇듯 긍정하면서도 부정한 감각·생리적 본성이란 배고픔, 목마름, 피곤함 같은 것이었다. 배고픔을 의지로 참을 수는 있다. 그렇지만 그 감각 자체를 없앨 수는 없다. 맹자가 말한 '마음대로 할 수 없는 것'이란 배고프다고 느끼는 것 자체가 내 의지 밖에 있기 때문에 그렇다는 것이다. 맹자에 의하면 진정한 본성이란 오직 군자(君子)에게서만 찾아볼 수 있다.
>
> 그렇다면 군자의 그 본성이란 무엇인가? 그는 그것을 인의예지(仁義禮智)라 불렀다. 인의예지는 감각이나 생리적 욕구가 아닌 마음속의 도덕 의지에서 나온다. 따라서 맹자는 감각 기관이 하고자 하는 대로 따라가는 사람은 소인(小人)이고 마음이 하고자 하는 옳은 방향대로 따라가는 사람은 군자이며, 감각 기관은 천한 것이고 마음은 귀한 것이라고 주장한다.
>
> 맹자에 따르면 소인은 일정한 생활 근거가 있을 때는 변치 않는 마음이 있지만, 일정한 생활 근거가 없어지면 마음도 변한다고 한다. 이와 달리 군자는 일정한 생활 근거가 없을 때에도 마음이 변치 않는 사람이다. 즉 소인은 자기 밖의 변화에 따라 안이 달라지는 사람이지만, 군자는 밖의 변화로부터 아무런 영향도 받지 않는 사람인 것이다. 이런 이유로 그는 군자를 선비, 대인이라는 말로도 부른다.
>
> 그러면 맹자가 말하는 군자·선비·대인은 사회 속에서 구체적으로 어떤 지위에 있고 어떠한 역할을 하는 사람인가? 맹자는 소인과 대인이 사회에서 하는 역할을 명확하게 나눈다. 대인은 마음고생을 하면서 남을 다스리고, 그 대가로 남이 생산한 식량을 먹는 사람이다. 반면에 소인은 몸 고생을 하면서 남에게 다스림을 받고, 자기를 다스리는 사람을 먹여 살리는 사람이다.
>
> 맹자가 본 본성이 착한 사람은 사실상 통치 지위에 있거나 아니면 통치 지위에 오를 가능성이 있는 사람들로 국한되어 있다. 맹자는 현실적으로 강한 힘을 가진 지배 계층의 존재를 인정하면서, 그들의 내면에 본질적으로 들어 있는 선(善)의 요소를 완전히 발휘하여 현실의 혼란을 종식시켜 줄 것을 바랐던 것이다. 이는 당대의 시대적 요청에 따른 것으로 볼 수도 있을 것이다. 따라서 맹자는 우리가 흔히 알듯이 민주적인 사상가가 아니라 지배 계층의 이익에 봉사한 사상가였던 것이다.

① 맹자가 살았던 시대의 특성을 고려하고 있다.
② 맹자의 본성론에 담긴 의도를 밝히고자 하였다.
③ 현재의 관점에서 맹자에 대한 평가를 시도하였다.
④ 맹자에게서 현대를 살아가는 삶의 덕목을 이끌어 내고 있다.
⑤ 맹자의 본성론을 설명하기 위해 군자와 소인의 개념에 주목하였다.

05 다음 글의 논지 전개 방식을 바르게 설명한 것은?

　무속에서 죽음은 단순히 '무(無)'로 끝나는 것이거나 죽음의 연속으로만 있는 것이 아니고, 죽은 다음에 일정한 기간이 지나면 새로운 생명으로 변해 간다고 생각한다. 이는 기독교에서 말하는 '부활'과 비슷한 것으로, 영생이나 재생의 모티프는 고등 종교에서만 보이는 현상이 아니고 무속 신앙에서도 뚜렷하게 보이는 것이다.

　무속에서는, 사람의 영혼은 죽음과 별 관계 없이 일관된 자기 정체성을 가진다고 믿는다. 즉 인간의 육체는 변하고, 병들고, 상처 나고, 죽는 등 심한 변화를 일으키지만 영혼은 그렇게 변하지 않는다는 것이다. 이런 점에서 영혼은 일관성을 잃지 않는다고 할 수 있다. 하지만 이는 불교에서처럼 전생의 연속이라는 영혼관과 같은 것은 아니다. 태어난 생명은 살아 생전은 말할 것도 없고 죽은 다음에도 영혼의 일관성으로 가진다는 것이다. 그러나 이 말은 영혼이 절대로 변하지 않는다는 말은 아니다. 죽음이라는 불행한 사건으로 말미암아 영혼이 부정(不淨)해진다고 생각하고, 또 일정한 기간이 지나면 이 부정을 씻고 새로운 능력을 가진다고 생각한다.

　어느 민족의 종교에도 사람이 죽은 다음 일정한 기간 동안 상복(喪服)을 입는 기간이 있다. 그러나 죽은 자의 변화에 대한 영혼관이 모두 일치하는 것은 아니다. 유교에서는 죽은 자는 일정한 과정을 거치면서 자손들로부터 제사를 받는다고 본다. 조상은 죽은 시점에서 멀리 갈수록 친족들로 구성된 제사 집단에서 높은 지위로 상승하는 것이다. 그러나 죽은 자의 본질에는 아무런 변화도 없다. 이에 비해 무속에서는 죽은 사람의 영혼이 산 사람과 밀착된 관계를 유지한다고 생각하다. 죽은 지 얼마 안 되는 영혼은 가족이나 이웃 사람에게 붙어 탈이 나게 하는 존재이다. 따라서, 산 사람들은 죽은 사람의 영혼을 위하여 굿을 하고, 이러한 굿이라는 의례를 행함으로써 탈 나기 쉬운 부정적인 관계가, 덕을 입고 입히는 관계로 전환이 가능하다고 믿는다.

　유교의 조상이나 살아 생전의 모습 그대로 사후에도 지속되는 것이라면, 무속에서의 죽은 사람은 부정하면 탈이 나기 쉬운 존재이지만, 그 부정을 정(淨)하게 하면 덕을 주는 좋은 관계로 되는 것이다.

　　　　　　　　　　　　　　　　　　　　　　　　　　　　　　　　　　- 최길성, '한국인의 울음'

① 보편적 원리를 바탕으로 대상의 특성을 분석하고 있다.
② 다양한 사례를 들어 대상에 대한 인식을 바로잡고 있다.
③ 대상의 특성을 분석한 후, 문제 의식을 이끌어 내고 있다.
④ 다른 대상과의 비교를 통해 대상의 특성을 설명하고 있다.
⑤ 대상이 지니고 있는 가치를 중심으로 논의를 전개하고 있다.

06 다음 글의 논지 전개 방식을 바르게 묶은 것은?

뉴욕 타임스와 워싱턴 포스트를 비롯한 미국의 많은 신문은 선거 과정에서 특정 후보에 대한 지지를 표명한다. 전통적으로 이 신문들은 후보의 정치적 신념, 소속 정당, 정책을 분석하여 자신의 입장과 같거나 그것에 근접한 후보를 선택하여 지지해 왔다. 그러나 근래 들어 이 전통은 적잖은 논란거리가 되고 있다. 신문이 특정 후보를 지지하는 것이 실제로 영향력이 있는지, 또는 공정한 보도를 사명으로 하는 신문이 특정 후보를 지지하는 행위가 과연 바람직한지 등과 관련하여 근본적인 의문이 제기되고 있는 것이다.

신문의 특정 후보 지지가 유권자의 표심(票心)에 미치는 영향은 생각보다 강하지 않다는 것이 학계의 일반적인 시각이다. 1958년 뉴욕 주지사 선거에서 뉴욕 포스트가 록펠러 후보를 지지해 그의 당선에 기여한 유명한 일화가 있긴 하지만, 지지 선언의 영향력은 해가 갈수록 줄어들고 있다. 이 현상은 '선별 효과 이론'과 '보강 효과 이론'으로 설명할 수 있다.

선별 효과 이론에 따르면, 개인은 미디어 메시지에 선택적으로 노출되고, 그것을 선택적으로 인지하며, 선택적으로 기억한다. 예를 들면, '가' 후보를 싫어하는 사람은 '가' 후보의 메시지에 노출되는 것을 꺼려할 뿐만 아니라, 그것을 부정적으로 인지하고, 그것의 부정적인 면만을 기억하는 경향이 있다. 한편 보강 효과 이론에 따르면, 미디어 메시지는 개인의 태도나 의견의 변화로 이어지지 못하고, 기존의 태도와 의견을 보강하는 차원에 머무른다. 가령 '가' 후보의 정치 메시지는 '가' 후보를 좋아하는 사람에게는 긍정적인 태도를 강화시키지만, 그를 싫어하는 사람에게는 부정적인 태도를 강화시킨다. 이 두 이론을 종합해 보면, 신문의 후보 지지 선언이 유권자의 후보 선택에 크게 영향을 미치지 못한다는 것을 알 수 있다.

신문의 후보 지지 선언이 과연 바람직한가에 대한 논쟁도 계속되고 있다. 후보 지지 선언이 언론의 공정성을 훼손할 수 있다는 것이 이 논쟁의 핵심 내용이다. 이런 논쟁이 일어나는 이유는 신문의 특정 후보 지지가 언론의 권력을 강화하는 도구로 이용될 뿐만 아니라, 수많은 쟁점들이 복잡하게 얽혀 있는 선거에서는 후보에 대한 독자의 판단을 선점하려는 비민주적인 행위가 될 수 있기 때문이다. 일부 정치 세력이 신문의 후보 지지 선언을 정치 선전에 이용하는 문제점 또한 이에 대한 비판의 근거로 제시되고 있다.

신문이 특정 후보를 공개적으로 지지하는 것은 사회적 가치에 대한 신문의 입장을 분명히 드러내는 행위이다. 하지만 그로 인해 보도의 공정성을 담보하는 데에 어려움이 따를 수도 있다. 따라서 신문은 지지 후보의 표명이 보도의 공정성을 해치지 않는지 신중하게 따져 보아야 하며, 독자 역시 지지 선언의 함의를 분별할 수 있는 혜안을 길러야 할 것이다.

보기

ㄱ. 사례를 든 후 문제 제기를 하고 있다.
ㄴ. 이론을 활용하여 주장을 뒷받침하고 있다.
ㄷ. 상반된 두 주장을 비판하고 대안을 모색하고 있다.
ㄹ. 통념의 문제점을 지적하고 새로운 이론을 주장하고 있다.

① ㄱ, ㄴ ② ㄱ, ㄷ ③ ㄴ, ㄷ ④ ㄴ, ㄹ ⑤ ㄷ, ㄹ

07 다음 글 각 문단에 대한 설명으로 알맞은 것은?

(가) 신생 제국(諸國)의 정치에서 잘못 인식되고 있는 중대한 문제의 하나는 근대화의 추진 방법에 관한 것이다. 효율적인 근대화를 추진하기 위해서는 민주주의를 어느 정도 생략하고 강력한 힘을 통해서 산업화를 밀고 나가야 한다는 것이다. 바로 산업화를 근대화와 동일시하는 데서 우선 오해가 빚어지고 있다. 실상 올바른 근대화는 산업화와 민주화가 함께 달성될 때 이룩될 수 있다는 사실을 간과하고 있다. 구소련 공산주의 체제처럼 산업화는 성취되어도 민주화가 달성되지 못함으로써 허다한 모순을 안고 있는 나라가 있는가 하면, 인도처럼 민주화는 어느 정도 달성되었어도 산업화가 성취되지 못했기에 낙후성을 면할 수 없는 나라도 있다. 따라서, 올바른 근대화는 산업화와 민주화가 함께 달성되었을 때, 비로소 이룩될 수 있음을 알 수 있다.

(나) 한편 역사를 돌이켜 보면 근대화 과정에서 산업화와 민주화를 어떻게 달성했는가에 대한 대조적인 모델이 있다. 그 하나는 선민주화 후산업화 모델이고, 다른 하나는 산업화를 우선시한 모델이다. 선민주화 후산업화의 전형적인 예로는 영국을 들 수 있고, 산업화만을 우선시한 나라의 예로는 독일과 일본을 들 수 있다.

(다) 영국 경우를 보면, 이른바 1689년의 명예 혁명을 거쳐 민주화의 기틀을 잡은 후, 그리고 대체로 민주적 절차가 정치적 관행으로 다져진 후에 산업화를 이룩했다. 물론 영국에서도 18~19 세기에 산업화를 달성하는 과정에서 나타난 사회적 이동과 새로운 사회 계층의 대두로 참정권의 요구가 제기됨으로써 사회적 긴장이 뒤따라서 이른바 근대화 과정에 부수되는 불안정의 요소들은 있었다. 그러나 이러한 불안정의 요소들은 이미 다져진 민주적인 절차를 통해서 조절·타협지음으로써 쉽사리 해결될 수 있었다. 이러한 과정을 통해 통치 계층은 국가의 권위를 손상시킴 없이 새로운 계층에서 제기하는 제요구들에 응답할 수 있었고 이러한 제요구에 대한 스무드한 응답은 모든 사회 계층들 사이에 융화를 이룸으로써 국가 발전에 박차를 가할 수 있었다.

(라) 이렇게 볼 때 신생 국가가 지향해야 할 근대화의 좌표는 자명해진다. 국민들을 빈곤의 구렁텅이로부터 끌어 내야 할 시급한 처지를 생각할 때 민주화를 위해서 산업화를 뒤로 미룰 수는 도저히 없다. 그렇다고 산업화를 서둘러야 한다는 조바심에서 민주화를 도외시하거나 뒤로 미룰 수도 결코 없다. 그렇다면 산업화와 민주화를 동시 추진하는 길만이 신생 제국이 선택해야 할 오직 하나의 길이다.

(마) 그런데 여기서 또 하나의 오해가 빚어지고 있다. 그것은 바로 민주화가 효율적인 산업화를 추진하는 데 장애 요인이 된다는 엄청난 오해이다. 루시언 파이의 말대로 "아직도 국가의 발전을 촉진하고 국제적인 격차를 줄이기 위해서는 민주적인 방법보다는 독재적인 방법이 그 나름의 이점을 갖는다고 주장하는 사람들이 있고, 국가 개발의 잘못된 책임을 그 나라의 민주주의에 대한 집착 탓으로 돌리는 사람도 있다. 더욱 비뚤어진 사람들은 정부의 비능률과 때로는 부패까지도 민주주의 탓이라고 지적한다."는 것이다.

― 장을병, '삶을 위한 정치학'

① (가) - 유사한 상황을 제시하여 관심을 모으고 있다.
② (나) - 논지를 뒷받침하기 위해 사례들을 제시하고 있다.
③ (다) - 일반적인 원리를 기술하면서 논지를 강화하고 있다.

④ (라) - 반대 사례들을 제시하면서 논지를 전환하고 있다.
⑤ (마) - 논거를 보강하면서 결론을 내리고 있다.

08 다음 글의 서술상 특징과 효과를 정리한 것으로 적절하지 않은 것은?

> 그 날의 첫 모험은 우리들 가슴 속에 깊이 남아 있는 하나의 신비한 꿈이었다. 사실상 내가 수병으로 입대한 것도 그 신비로운 꿈을 실현시켜 보려는 하나의 방법이었을지도 모른다.
> 파도는 높고 하늘은 흐렸지만 그 속에 솟구막치면서 흐르는 나의 머릿속을 스치고 지나가는 영상은 푸르고 맑은 희망이었다.
> 나는 어떻게 누구의 손에 의해서 구원됐는지도 모른다. 병원에서 내가 의식이 회복되었을 땐 다만 한 쪽 다리에 관통상을 입었다는 것을 알았을 뿐이다.
> 대개 병원에 입원했던 부상병이 퇴원할 즈음이 되면 곧잘 모여 앉은 자리에서 자기가 산 것을 기적같이 말하곤 했다. 그러나 나는 이런 말을 듣고 있으면서도 한 번도 나 자신이 살아난 것을 기적이라고 생각해 본 적이 없었다.
> 물론 그 날의 일은 모두가 과거요, 추억이지만 그날 내가 본 신기한 꿈은 과거의 것이 아니라 그때까지는 미래에 속하여 있었다. 내가 나의 생환을 기적이라고 생각지 않은 원인도 이런 데 있었는지도 모른다. 어떤 절망에 빠졌어도 꿈을 갖는다는 것은 소중한 일이다.
> 파도에 떠 흐르는 동안 내가 의식을 잃기 전까지는 이런 소중한 꿈을 갖고 있었던 까닭에 나는 기적적으로 살아난 것 같지가 않았다. 〈중략〉
>
> 바다의 아침이란 우리가 일찍이 느껴 보지 못한 장엄한 풍경이다. 그러나 제 아무리 장엄한 풍경이라 해도 우리를 매혹시키지는 못했다. 주림과 피곤에 지친 우리들은 이러한 풍경을 바라다 볼 기력도 없이 주저앉아 있게 마련이었다. 우리 세 동갑 중 가장 치밀하고 슬기 있는 것이 상운이다. 치밀이라고 할까 또는 슬기라고나 할까 어떻든 그날 아침 불안과 절망에 묻혀 있는 우리들에게 새로운 희망을 가져다 준 것은 상운이었다.
> "됐어 됐어! 자, 이것 봐……. 이것만 있으면 문제는 해결될 수 있지 않아……."
> "아! 살았다 살았어……."
> 순복이가 이런 소리를 칠 때야 겨우 나는 그것이 무엇인지를 알 수 있었다.
> 그물이다…….
> 그물……. 내 마음 속에서도 그물 모양 생기가 꿈틀거렸다. 〈중략〉
> "그물도 중요하지만 우리가 살아야 한다는 것은 더 절박한 일이야."
> 나는 이 말에 이상한 감동을 느꼈다.
> — 정한숙, 'IYEU(이어)도'

① 회상을 통해 과거의 두 체험을 관련지어 작품의 주제를 효과적으로 표현했다.
② 한 인물이 사건을 자기 나름으로 해석하여 사건이 지닌 다양한 의미를 잘 드러냈다.
③ 인물이 처한 상황과 심리를 상징적 사물을 통해 그림으로써 전달 효과를 높이고 있다.
④ 사건을 체험한 사람이 직접 서술하는 방식을 취해 작품 내용을 보다 신빙성 있게 하였다.
⑤ 서술자가 인물을 객관적으로 묘사하여 독자가 직접 바라보고 있는 것 같은 느낌이 들게 하였다.

09 다음 시의 표현상 특징에 관한 설명으로 바르지 않은 것은?

> 내 마음을 아실 이
> 내 혼자 마음 날 같이 아실 이
> 그래도 어데나 계실 것이면
>
> 내 마음에 때때로 어리우는 티끌과
> 속임 없는 눈물의 간곡한 방울방울,
> 푸른 밤 고이 맺는 이슬 같은 보람을
> 보밴 듯 감추었다 내어 드리지.
>
> 아! 그립다
> 내 혼자 마음 날 같이 아실 이
> 꿈에나 아득히 보이는가.
>
> 향 맑은 옥돌에 불이 달아
> 사랑은 타기도 하오련만
> 불빛에 연긴 듯 희미론 마음은
> 사랑도 모르리, 내 혼자 마음은.
>
> — 김영랑, '내 마음을 아실 이'

① 여리고 섬세한 여성적 어조로 표현되어 있다.
② 고운 가락으로 음악성을 잘 살려 표현하고 있다.
③ 감정을 절제하여 역설적으로 그리움의 정서를 강조하고 있다.
④ 각 연을 3행과 4행의 교차로 구성하여 형태미와 균형미를 조성하고 있다.
⑤ 도치법을 사용하여 표현에 변화를 줌과 동시에 시상 강조의 효과를 거두고 있다.

Ⅱ 추론적 이해

추론적 이해 능력은 지문에 제시된 정보나 사실을 파악하는 분석적 이해 능력보다 한 걸음 더 나아가 주어진 것들을 근거로 하여 지문 속에 명시되지 않은 정보를 이용하여 문제를 해결해야 하는 능력이다. 지문에 나타난 정보나 사실의 이해를 바탕으로 이어질 내용을 짐작하거나 그 이상의 정보나 숨은 의도를 파악해야 한다. 여기서 개입되는 추론은 연역 추론이거나 개연성이 높은 귀납 추론이 중심이 된다. 그러나 귀납 추론의 경우에는 개연성의 정도 때문에 문항의 성립 여부가 논란이 되는 경우가 있을 수 있다. 그래서 이러한 모호함이 없는 문제들이 중심이 되어 출제될 것이다.

추론적 이해 능력은 문장 및 문단의 연결 관계 및 자신의 배경 지식을 활용하여 생략된 정보를 추론하는 것으로, 글에 제시되어 있는 내용을 바탕으로 하여 글 속에 분명히 드러나 있지 않은 중심 내용이나 주제를 파악하는 것이다. 또한 필자의 입장이 되어서 글 속에 숨겨진 가정이나 전제 또는 필자가 글을 쓰게 된 동기나 목적을 파악한다. 한편으로 일반적 원리나 법칙에 대한 설명을 정확히 이해하여 구체적 사례나 상황에 추리, 적용하는 능력도 포함된다.

― (재) 한국언어문화연구원 발표 '시험 준비 안내서'에서

테마 6   추론의 방법

추론의 방법

연역법
'대전제 → 소전제 → 구체적 결론'의 전개 방법
일반적 원리(논거) → 특수한 사실(논지)
논거와 논지를 비교 했을 때 논거가 포괄적이고 일반적이다.
논거와 논지의 관계가 필연적 발생이다.

귀납법
'구체적 → 일반적 결론'의 전개 방법
개별적 사실(논거) → 일반적 원리(논지)
논거와 논지를 비교 했을 때 논거가 구체적이고 추상적이다.
논거와 논지의 관계가 임의적 발생이다.

변증법
正과 反의 대립된 의견을 통합하여 合의 결론을 도출하는 방법

01 다음 중 결론에 이르는 근거 제시 방법이 <u>다른</u> 하나는?

① 생물은 무엇이든지 어차피 죽기 마련이다. 사람도 생물이므로, 언젠가는 죽을 수밖에 없다.
② 근거 없이는 아무 일도 일어나지 않는다. 3·1 운동도 하나의 사건이니, 그것이 일어날 만한 근거가 있었다고 보아야 한다.
③ 사랑해 보지 않은 사람은 사랑을 모른다. 목석(木石) 같은 그 친구는 사랑을 모른다. 따라서, 그 친구는 틀림없이 사랑의 경험이 없을 것이다.
④ 의지의 자유가 없는 사람에게는 책임을 물을 수 없다. 그런데 인간에게는 책임을 물을 수 있다. 그러므로 인간의 의지는 자유롭다고 보아야 한다.
⑤ 여름에 들에서 일하면 몸이 더워지고 땀이 난다. 그런데 겨울에도 산비탈을 오르면 몸이 더워지고 땀이 난다. 그러므로 몸이 더워지면, 땀이 난다고 보아야 한다.

02 다음 중 논리적 추리의 방법이 <u>다른</u> 하나는?

① 많은 수의 A가 다양한 조건에서 관찰되었고, 그리고 관찰된 A가 모두 예외 없이 B라는 성질을 가지고 있으면, '모든' A는 B라는 성질을 가진다.
② 이 코르크 마개는 나무이고 그것은 물 위에 뜬다. 육면체로 된 이 물체는 나무이고 그것은 물 위에 뜬다. 그러므로 나무로 된 모든 물체는 물 위에 뜬다.
③ 소금암 광산으로부터 얻은 소금이나, 바닷물로부터 얻은 소금이나, 그 소금(NaCl) 안의 염소(Cl) 질량을 조사하니 60.66%였다. 따라서 모든 소금에는 염소의 질량이 60.66% 존재한다.
④ 케플러는 화성의 상대적 위치를 관찰하여 화성의 궤도를 알아내려 하였다. 그래서 그는 우선 화성의 궤도가 타원이라고 가정하고 이 가설 아래서 화성의 위치를 수학적으로 계산한 뒤, 계산 결과를 이미 있던 관찰 자료에 맞추어 보았다. 다행하게도 관찰 자료와 수학적으로 계산한 위치는 서로 잘 맞아 떨어졌다.
⑤ 멘델은 완두콩의 대립형질교배 실험 결과 잡종 2세대에서 다음과 같은 결과를 얻었다. 첫 번째 실험에서 둥근 것(5,474개) 대 주름진 것(1,850개)=2.96:1, 두 번째 실험에서는 초록색(428개) 대 노란색(152개)=2.82:1이라는 결과를 얻었고, 그것으로부터 제2세대에서는 우성형질과 열성형질의 비율이 약 3:1이라는 결론을 얻었다.

03 다음 중 단락 전개의 유형이 <u>다른</u> 것은?

① 사대주의란 중국의 힘을 이용하는 우리의 외교 정책이었다. 신라는 당군의 힘을 빌려 백제, 고구려를 치고, 그 후 한반도를 병합하려는 당나라의 야심에 실력으로 대항하여 당군을 몰아냈던 것이다. 고려의 공민왕의 반원 친명책(反元親明策)은 당시 요동을 지배하는 원나라 세력을 축출함에 있어서는 멀리 명과 손잡는다는 목적을 위한 수단이었다.
② 자본주의적 생산은 전인류의 생활 향상을 위한 물적 토대를 만들어 냈다. 자본주의 사회는 인류 사회에 창조적이고 발전적인 힘을 제공한 것이다. 폭발적인 공업의 발전, 도시의 발달, 새로운 상품과 시장의 개발, 기술 혁신 등을 낳게 한 자본주의적 생산 양식의 힘이 없었다면 자본주의 사회는 역사적 의의를 갖지 못했을 것이고, 따라서 몰락하고 말았을 것이다.
③ 대기는 공장의 굴뚝에서 나오는 매연, 난방용 원료의 연소 결과 생기는 각종 물질, 자동차에서 나오는 각종 기체 또는 원촉, 수촉 실험에 따르는 방사성 물질 등으로 말미암아 오염

된다. 수질은 공장 폐수, 가정의 하수에 들어 있는 납, 세척제, 황산, 불화수소산, 페놀, 에테르, 벤젠, 암모니아 등으로 말미암아 오염된다. 이러한 원인들로 현대 사회의 오염 현상은 날로 심각해지고 있다.

④ 비평이 지니는 본질적인 행위는 문학에 대한 통제이다. 즉 문학 작품의 가치, 능력, 정당성, 타당성 등에 대한 판단과 아울러 창작 방법에 대한 규준을 제시하고 우열의 서열을 가리고 특정 인간형의 창조를 요구하는 등 비평은 문학 창작에 대하여 지도성을 발휘해야 한다.

⑤ 우리나라에는 훌륭한 민족 문화가 존재하였다. 우리들의 조상은 남부럽지 않게 찬란하고 슬기로운 문화유산을 남겨 주었다. 역사의 흐름에 따라 민족 문화는 발전해 왔으며, 그러는 사이에 귀족 문화와 백성 문화, 조선조 시대에 들어와서는 양반 문화와 서민 문화가 형성되었다.

04 개발주의자와 환경 보호론자가 토론을 할 경우, 다음 내용을 결론으로 제시할 때 추론의 방식으로 옳은 것은?

> 이러한 지구 환경의 위기에 대비하여 1992년 6월, 브라질 리우에서 개최된 환경과 개발에 관한 유엔 회의에서는, '환경적으로 건전하고 지속 가능한 발달(ESSD : Environmentally Sound and Sustainable Development)'만이 인류가 나아가야 할 방향임을 천명하게 되었다. 앞으로 성장 위주의 개발 정책은 국제 사회에서 용납되지 않을 것이며, '환경 보전과 조화를 이루는 개발', 즉 환경을 보전하면서 발달을 계속하는 것이 21세기에 인류가 추구해야 할 과제인 것이다.

① 변증법　　② 귀납법　　③ 연역법
④ 삼단 논법　　⑤ 유비 추론

05 다음 글에서 다윈이 이론을 수립하는 데 적용한 추리와 유사한 것은?

> 치열한 생존 경쟁에서 이기고 환경에 잘 적응하는 인간만이 살아 남는다는 맬서스의 이야기는 다윈으로 하여금 '적응'과 '경쟁'의 중요성을 인식하도록 해 주었다. 곧, 이 같은 '경쟁'이 어떤 종의 여러 개체 중에서 환경에 잘 적응되는 성질을 가진 것만이 살아 남을 수 있도록 하는 선택의 수단으로 작용할 것이며 오랜 세월이 지나면 그 같은 성질을 가진 개체들만이 살아 남아서 종의 성질이 그 같은 방향으로 변화하도록 '선택'할 것이다. 다윈은 '인구론'에서 이야기하는 인간이라는 하나의 종 안에서의 이 같은 '경쟁'을 같은 지역 내의 여러 종들 간의 경쟁으로 확장해서, 적응의 대상이 되는 환경에 한 종과 경쟁하고 있는 주위의 다른 종들도 포함되도록 했다. 이렇게 해서 '자연 선택'이 진화의 메커니즘이라는 다윈의 이론적 핵심이 형성되었다.
> — 김영식 외, '다윈과 진화론'

① 어떤 동물이든 죽게 마련이다. 사람은 모두 동물에 속하니까 모든 사람은 죽게 마련이다.
② 모든 자유주의자는 이상주의자이다. 그러므로 이상주의자 중에는 자유주의자도 있다.
③ 각 도(道)의 조림 지역을 골고루 표본 추출하여 조사해 본 결과 우리나라 산림 녹화 정책은 매우 성공적인 것으로 나타났다.

④ 금을 얇게 펴서 열을 가하거나 덩어리째로 가하거나 간에 똑같이 부피가 늘어났다. 이로 보아 금의 부피를 늘어나게 한 것은 열임을 알 수 있다.
⑤ 식물과 동물은 닮은 점이 매우 많다. 이렇게 볼 때 동물이 감각 기관에 의해 아픔을 감지하듯이 식물도 아픔을 감지하는 기관이 있지 않을까 생각된다.

06 다음 글의 논리 전개 방식과 가장 유사한 것은?

> 역사란 무엇인가 하는 대단히 어려운 물음에 아주 쉽게 답한다면, 그것은 인간 사회의 지난날에 일어난 사실(事實)들 자체를 가리키기도 하고, 또 그 사실들에 관해 적어 놓은 기록들을 가리키기도 한다고 흔히 말할 수 있다.
> 그러나 지난날의 인간 사회에서 일어난 사실이 모두 역사가 되는 것은 아니다. 쉬운 예를 들면, 김 총각과 박 처녀가 결혼한 사실은 역사가 될 수 없고, 한글이 만들어진 사실, 임진왜란이 일어난 사실 등은 역사가 되는 것이다. 이렇게 보면 사소한 일, 일상적으로 반복되는 일은 역사가 될 수 없고, 거대한 사실, 한 번만 일어나는 사실만이 역사가 될 것 같지만, 반드시 그런 것도 아니다.
> 고려 시대의 경우를 예로 들면, 주기적으로 일어나는 자연 현상인 일식(日蝕)과 월식(月蝕)은 모두 역사로 기록되었으면서도 금속 활자가 세계에서 가장 먼저 발명된 사실은 역사로 기록되지 않았고, 이 때문에 우리는 지금 세계 최고(最古)의 금속 활자를 누가 몇 년에 처음으로 만들었는지 모르고 있다. 일식과 월식은 자연 현상이면서도 하늘이 인간 세계의 부조리를 경고하는 것이라 생각했기 때문에 역사가 되었고, 목판본(木版本)이나 목활자 인쇄술이 금속 활자로 넘어가는 중요성이 인식되지 않았기 때문에 그것은 역사로 될 수 없었다.
> 이렇게 보면 또 역사라는 것은 지난날의 인간 세계에서 일어난 사실 중에서 누군가에 의해 중요한 일이라고 인정되어 뽑혀진 것이라 할 수 있다. 이 경우 그것을 뽑은 사람은 기록을 담당한 사람 곧 역사가라 할 수 있으며, 뽑혀진 사실이란 곧 역사책을 비롯한 각종 기록에 남은 사실들이다. 다시 말하면, 역사란 결국 기록에 남은 것이며, 기록에 남지 않은 것은 역사가 아니라 할 수 있다.
> — 강만길, '역사를 어떻게 볼 것인가'

① 모든 민족은 저마다의 독특한 민족성을 지닌다. 한국인에게도 은근과 끈기라는 민족적 특성이 있다.
② 결혼 적령기에 든 사람은 모두 결혼하고 싶어한다. 혼기에 들어선 우리 형이 요즈음 신부감을 찾기 위해 안달하고 있는 것은 지극히 당연한 일이다.
③ 일본에서는 국민 소득이 5,000불을 돌파할 때, 자동차의 수요가 폭발적으로 늘었다. 우리나라의 경우도 비슷하였다. 따라서, 중국도 국민 소득 5,000불이 되면 자가용 수요가 늘어날 것이다.
④ 대부분의 나라에서 금리를 인하한 후에 심각한 인플레이션을 겪었다. 우리나라도 금리를 인하한 후에 인플레이션이 심화되었다. 그러므로 금리를 인하하면 인플레이션이 심화된다고 볼 수 있다.
⑤ 소박한 개방화가 곧 국제화의 지름길이라고 생각하는 사고나, 국제화는 곧 종속을 의미한다는 경직된 사고를 넘어서서 국제주의와 민족주의를 함께 품을 수 있는 지구적 민족주의의 실천 전략이 마련되어야 할 것이다.

테마 7 전체 및 세부 정보 추론하기

전체 정보 추론하기

01 다음 글에서 유추할 수 없는 것은?

> 스포츠와 춤이 추구하는 목표도 동일한 테두리 안에 있음을 알 수 있다. 빨리 뛰기, 멀리뛰기, 높이뛰기 등의 모든 육상 경기는 중력의 한계에 대한 도전에서 비롯된다. 중력의 한계에 도전하는 운동 경기는 포환이나 창을 던지는 행위, 역기를 드는 행위처럼 대상물의 중력을 도전의 수단으로 삼는 경우에까지 진전된다. 춤의 경우는 또 어떠한가. 중력의 한계에서 자유롭고자 하는 인간의 꿈이 반영된 대부분의 춤은 신체의 무거움을 극복하여 가벼워진 상태를 지향한다. 춤에서는 중력의 한계를 극복한 것처럼 보이게 하려고 여러 가지 방법을 사용하는데, 예를 들어 발레에서는 빠르고 가볍게 움직이는 동작을 통해 새의 모습을 표현한다.

① 연극 배우의 동작에는 언어 표현의 한계를 극복하려는 의지가 담겨 있다.
② 그네타기와 널뛰기는 지상의 속박에서 벗어나고자 하는 인간 욕망의 표현이다.
③ 행글라이딩이라는 스포츠에는 하늘을 날고자 하는 인간의 꿈이 반영되어 있다.
④ 교통 수단의 발달은 빠르고 자유로운 공간 이동을 추구해 온 노력의 결과이다.
⑤ 관중들이 홈런을 기대하는 것은 자유로워지려는 자신의 욕망을 야구공에 전이시켰기 때문이다.

02 다음 글을 통해 추리할 수 있는 내용으로 잘못된 것은?

> 우리는 전세계에 걸쳐 사회들 간의 다양한 문화적인 차이에 대해 보아 왔다. 그러나 같은 사회 내에서도 중요한 문화적 차이를 발견할 수 있다. 확실히 모든 사람들이 복종하는 많은 규범이 있으며, 그러한 보편적 규범은 우리 생활의 많은 부분을 지배하고 있다. 그러나 또한 개인이 선택할 수 있는 부분들도 많이 있다. 일련의 선택적 규범들은 개인적 취향에 따르게 된다. 머리를 길게 기를 것인가 짧게 할 것인가, 옷을 전통적인 스타일로 입을 것인가 새로운 스타일로 입을 것인가, 아이 많은 사람과 결혼할 것인가 젊은 사람과 결혼할 것인가 등의 경우이다. 우리는 이러한 문화적 차이를 하위 문화라 부른다.
> 하위 문화의 발생에는 많은 이유가 있다. 다른 직업을 갖는 사람들은 직업에 있어서의 하위 그룹을 형성하며 다른 인종 집단은 그들 간에 강한 하위 문화적 일체감을 갖는다. 각 사회 계급들은 흔히 그들 자신만의 하위 세계를 형성하며 종교 집단들은 때때로 다른 가치 체계를 갖고 있다. 그리고 젊은이의 하위 문화는 성인들의 하위 문화와 병존하기도 한다. 어떤 의미에서 이러한 집단들은 지배적인 문화적 신념과는 다른 가치관을 가지고 있다. 그들은 지배적인 문화에 도전하지 않는다. 다만 그것의 어떤 부분을 무시하거나 자신의 것을 첨가시킬 뿐이다. 이렇게 해서 하위 문화는 지배적인 문화 내에 선택의 여지를 마련한다.
> — J.빅터 볼드릿지, '사회학'

① 하위 문화는 한 사회 내의 유연성을 증가시킨다.
② 하위 문화가 지나치게 발달하면 사회가 분열될 수도 있다.
③ 하위 문화를 공유하고 있는 사람들끼리는 소속감이 높아진다.
④ 하위 문화는 그 사회의 지배적인 문화를 해치므로 단속해야 한다.
⑤ 하위 문화는 자연스럽게 발생하며 어떤 사회든 존재하게 마련이다.

03 다음 글로부터 추론한 것 중 옳지 <u>않은</u> 것은?

> 사회 조직이나 살아 있는 유기체는 여러 단계의 계층 구조로 이루어져 있다. 이러한 계층 구조의 각 구성 요소들을 홀론이라 부르는데, 이들은 상위 단계를 구성하는 부분인 동시에 하위 단계를 통합하고 있는 전체다. 즉, 부분이면서 전체이고, 전체이면서 부분인 야누스적 실체다.
> 이것은 모든 홀론이 두 가지 성향, 즉 자율적 경향과 예속적 경향을 갖는다는 것을 의미한다. 자율적 경향은 독립의 형태로 나타나는데 이를 홀론의 전체성이라 하고, 홀론의 부분성을 의미하는 예속적 경향은 복종의 형태로 나타난다. 홀론이 갖는 이러한 양면성이 역동적 평형 상태를 이룰 때 계층 구조는 안정을 유지할 수 있다. 그렇지 않고 어느 한쪽이 일방적으로 강해지면 균형은 무너진다. 홀론의 자율적 경향이 강하면 강할수록 그것은 전체의 구속을 벗어나게 된다. 반면에 예속적 경향이 강하게 나타나면 그것은 전체의 노예가 된다.
> 홀론의 활동은 고정된 법칙에 의해서 제약을 받지만, 동시에 다양한 선택적 전략을 구사할 수 있는 여지도 주어져 있다. 생명체들은 이러한 법칙과 전략에 따라서 일관성과 통일성을 유지하면서도 다양한 환경 변화에 유연하게 대처해 나간다. 꿀벌의 집짓기와 같은 본능적 행위들은 유전자의 청사진이라는 고정된 법칙을 따르면서도 상황에 유연하게 적응할 수 있다는 점에서 이중적 특성을 지니고 있다. 인간의 행위도 마찬가지다. 개인이나 가족, 사회, 국가도 일종의 사회적 홀론이기 때문에 법률이나 전통, 관습, 규칙 등 여러 가지 지배 법칙 아래서 행동을 선택한다.

① 자율성이 예속성을 지배할 때 홀론의 자기 희생적 행동이 나타날 수 있다.
② 법률가는 법률의 제약을 받지만 해석과 적용의 융통성을 발휘한다.
③ 운동 경기의 경우, 선수들은 경기 규칙 아래서 적절한 행동을 자유롭게 선택할 수 있다.
④ 질병은 인체를 구성하고 있는 홀론적 계층 구조의 평형이 깨어진 결과라고 볼 수 있었다.
⑤ 꿀벌의 집짓기는 본능의 제약을 받지만 집의 위치는 환경에 따라 달라질 수 있다.

04 다음 글의 내용을 바탕으로 상상해 낸 것으로 적절하지 <u>않은</u> 것은?

> 김 약국의 고종 사촌 형인 이중구는 마누라인 윤씨와 단 둘이서 동문 밖의 조그마한 기와집에 살고 있었다. 큰아들 정윤은 지난 봄에 대구 의전을 졸업하였다. 〈중략〉
> 한 일 합방 전부터 세상은 어지럽고 매관 매직이 횡행하는 풍조 속에서 꼿꼿하고 오만한 중구 영감은 그만 책을 덮어 버렸다. 그때는 영락한 선비의 자손들이 어려운 살림을 위하

여 남 몰래 소목일, 제모 짓는 일을 하고 있었다. 중구도 소목일을 배웠다.

외가에서 도움을 받지 않은 것도 아니었으나 워낙 성미가 강직하고 남에게 굴하기를 싫어한 중구는 외가의 도움도 달갑잖게 여겼다. 그러나 아들 형제를 가르치는 데 있어서 아무리 밤잠을 못 자고 일을 하여도 역시 김 약국이 알게 모르게 주는 도움에 힘입은 바가 컸다.

중구 영감은 이를 테면 예술가 기질 혹은 명장(名匠)의 기질이 농후한 사람이었다. 비록 어쭙잖은 소목장이었으나 단순한 장인바치는 아니었다. 그가 만들어 낸 자개장이나 귀목장은 그 의장(意匠)이 특출하였고 견고하기로는 이를 데가 없었다. 족히 자손에 물릴 만한 귀물이었다. 그러나 성미가 까다로워서 뒷일꾼 하나 두지 않고 혼자 일방에 들어 박혀 하는 것이니 한 가지를 끝내는 데도 아주 오랜 시간이 걸렸다. — 박경리, '김 약국의 딸들'

① 외가에서 도움을 받을 때 중구 영감이 불편해 하는 모습
② 정윤이 대구 의전을 다닐 때 김 약국이 도움을 주는 장면
③ 중구 영감이 자개장을 시장에 가지고 나가 흥정하는 모습
④ 중구 영감이 일방에서 성실하고 꼼꼼하게 소목일을 하는 모습
⑤ 중구 영감이 소목일을 배우기로 작정하고 목수를 찾아가는 장면

세부 정보 추론하기

05 〈보기〉 중 다음 글의 ㉠과 다른 관점을 취하고 있는 주장은?

보통 사람들이 성에 대해서 갖고 있는 태도는 '성이란 본래 이러저러한 것이다.' 또는 '성이란 뻔한 것, 누구나 다 알고 있는 그렇고 그런 것이다.' 등등의 고정 관념에 의해 지배된다. 이런 태도를 철학에서는 본질주의라고 한다. 본질주의란, 어떤 대상의 고정된 본질이 미리 정해져 있다고 보는 태도이다. 성에 대한 본질주의는 그 자체가 여러 종류로 나뉘어질 수 있지만, 사람들에게 가장 큰 영향을 미치는 태도는 ㉠ 생물학적 본질주의이므로 여기서는 이를 검토해 보기로 하자.

생물학적 본질주의란, 인간의 성이 생물학적 토대에서 비롯된 것이므로 결국 생물학을 통해서 설명될 수 있다는 입장을 가리킨다. 이 입장에 따르면 인간의 성욕, 남녀의 차이, 성의 의미와 가치, 개인의 성 의식, 성과 관련된 관습, 제도, 이데올로기 등이 궁극적으로는 모두 다 생물학을 통해 설명될 수 있다는 것이다. 사실 우리는 성이라는 것은 본래 '본능적이고 원초적이며 동물적인 어떤 것'이라는 시각에 아주 익숙해져 있는데, 문제는 바로 여기에 있다. 긍정적 의미에서든 부정적 의미에서든 성이 '본능적·원초적·동물적'이라는 말은 한마디로 '생물학적'이라는 뜻이다. 그런데 생물학적으로 규정된다는 것은 과학적으로 이야기하면, 유전 인자 속의 DNA구조에 의해 규정된다는 뜻이므로 우리는 그 힘에 저항할 수 없다. 어떤 숭고한 의지로도 DNA에 맞서 싸울 수는 없기 때문이다. 오늘날 '사회 생물학'이라는 학파는 이 점을 강조하면서 인간 사회의 모든 문제들, 예컨대 인종 간의 갈등이나 성 차별 문제 등을 전적으로 생물학적 요인, 좀 더 정확히 말하면 유전 인자의 차이로 환원하여 설명하려 한다. 그런 설명은 예컨대 흑인은 백인보다, 여성은 남성보다 생물학적으로 열등하기 때문에 사회적 차별은 불가피하다는 결론을 낳기 쉽다. 그들의 주장이

전부 사실이라면 우리는 DNA에 맞서는 허망한 싸움을 포기하여야 할 것이다. 수십억 년에 걸쳐 이루어진 진화의 역사를 부정하는 것은 어리석기 짝이 없는 일이기 때문이다. 또 이렇게 되면 성에 관한 탐구의 열쇠 또한 오로지 생물학적인 차원에서만 찾을 수밖에 없고, 인간이 수천 년에 걸쳐 쌓아 올린 성 문화도 사상누각이 되고 말 것이다.

– 김재기, '섹슈얼리티의 철학적 의미'

보기

a. 우리가 원하는 인간형을 얼마든지 길러 낼 수 있다.
b. 인간의 이타심도 자연 선택 과정 속에 생존을 위해 유리한 요소로 진화된 것이다.
c. 태아는 인격체가 아니기 때문에 인간으로 볼 수 없고 따라서 낙태는 살인이 아니다.
d. 평균적으로 남성의 뇌가 여성의 뇌보다 더 무겁기 때문에 남성이 여성보다 머리가 좋은 것이다.

① a, b ② a, c ③ b, c ④ b, d ⑤ c, d

06 다음 밑줄 친 부분에 내제되어 있는 전제로 가장 적절한 것은?

고고학자인 글루크만(Max Glucman)은 다음과 같이 말한 적이 있다. "<u>과학은 지금 세대의 바보가 이전 세대의 천재보다 더 우수해질 수 있는 분야이다.</u>" 현재 열역학 제1법칙과 제2법칙은 일반 물리나 일반 화학 등의 초보 강의에서 교수되고 있다. 이 법칙들이 제시하는 내용은 일견 간단하고 상식적으로 보인다. 그러나 현재와 같은 문맥의 내용에 이르렀던 과학사적 과정은 우여곡절을 거친 험난한 것이었고, 당대 석학들의 복잡한 이론과 심사 숙고와 추론으로 점철된 것이었다.

듣기에는 열역학이라 하면 매우 난해한 개념 같다. 그러나 실상 열역학은 가장 단순하고 동시에 가장 매력적인 과학의 개념이다. 이 법칙은 다음의 한 문장으로 나타낼 수 있다.

'우주의 전체 에너지 양은 일정하고, 전체 엔트로피는 항상 증가하려고 한다.'

이것이 뜻하는 의미는 에너지를 생성시키거나 소멸시킬 수 없다는 것이다. 우주의 에너지 총량은 우주에서의 시간의 시작으로부터 종말에까지 일정하게 고정되어 있다. 제1법칙은 에너지의 보존 법칙이다. 에너지는 형태가 변할 수 있을 뿐이지 만들어지거나 없어지거나 할 수는 없다. 우리가 할 수 있는 유일한 가능성은 에너지를 한 형태로부터 다른 형태로 변환시키는 일이다.

– 제레미 리프킨, '엔트로피 법칙'

① 과학은 보편성을 추구하는 학문이다.
② 과학 분야에서의 성공은 노력이 요구된다.
③ 과학은 누구나 쉽게 접근할 수 있는 학문이다.
④ 현대로 올수록 과학을 배우는 사람이 많아졌다.
⑤ 과학 지식은 빠른 속도로 누적되면서 발전해 왔다.

07 다음 밑줄 친 부분이 의미하는 바와 거리가 가장 먼 것은?

한국인의 전통적 명분관은 기본적으로 신분 질서나 상하 의식에 따라 각각의 분수를 지키도록 규정하여 사회적 역할을 제한하는 계층적 명분론의 성격을 지니며, 동시에 개인이나 사회가 당면하는 문제에 대응하는 판단이나 행위에 대하여 그 정당성을 부여하는 도덕적 명분론의 성격을 지니고 있다.

계층적 명분관은 사회 내에 엄격한 계층 구조를 형성함으로써 안정된 사회의 질서를 유지할 수 있게 하는 기능을 하였다. 가령, 부모와 자녀, 부부, 형제, 고부(姑婦) 등 가족 구성원 사이에서 나타나는 계층적 성격에 따라 각자에게 명분을 부여함으로써 가족적인 질서를 지탱해 주었던 것이 그 예이다. 이러한 명분관에 따라 부모의 도리나 자식의 도리, 또는 임금의 도리나 신하의 도리 등, 각자가 지켜야 할 도리가 명분으로 주어지게 되면, 이 명분은 위아래의 어느 쪽에 대해서도 지켜야 할 규범으로 작용하게 된다.

이 경우 명분이 계층적이라 하여, 이것이 윗사람에게는 관대하고 아랫사람에게는 억압적이었다는 것은 아니다. <u>우리는 어떤 공동체 안에서 흔히 일어나는 억압적인 형상은 힘 있는 강자가 명분을 경시하거나 무시하는 데서 기인하는 것으로 볼 필요가 있다.</u> 크게 보아 전통 사회에서는 오히려 위아래의 구성원이 각각 그 역할에 따라 명분의 제약을 받음으로써 공동체의 질서와 결속을 확보해 왔던 것이다. 그러나 실제 전통 사회에서는 신분에 따른 구속에서 벗어나고 싶어하는 인간의 자연적 욕구를, 명분을 앞세워 억제한 측면도 없지 않았다. 또한 명분론은 기존의 안정적인 질서를 깨뜨리고 역동적인 변화를 추구하고자 하는 인간의 진보적 요구를 억누르는 보수적 성격도 띠고 있었다. 이같은 계층적 명분관은 근대로 내려 오면서 신분 제도가 동요하고 붕괴함에 따라 점차 타당성을 잃게 되었다. 그러나 아직도 우리 사회에는 자신의 분수를 지키는 것을 미덕으로 여기면서, 도전과 모험의 진취적 태도를 부정하는 의식의 흔적이 도처에 남아 있음을 볼 수 있다.

① 힘 있는 강자도 명분의 제약을 받아야 한다.
② 억압적인 현상은 일상의 현실에서 드물지 않다.
③ 명분을 지키기 위해서는 개인이 희생될 수도 있다.
④ 공동체의 조화를 위해서는 명분이 존중되어야 한다.
⑤ 강자의 억압적인 행위는 명분을 짓밟는 경우가 많다.

08 다음 글 (나), (다)와 〈보기〉의 정보를 종합하여 추론한 내용으로 옳지 않은 것은?

(가) 인간은 자음과 모음으로 분절되는 다양한 말소리를 발음할 수 있는 능력이 있다. 이것은 인간의 발음 기관이 특유의 구조와 운용 방식을 가졌기 때문이다. 언어마다 말소리의 종류와 수는 다르지만, 말소리를 내는 데 참여하는 신체 기관과 그 기본적인 작동 원리는 같다.

(나) 말소리는 생존에 필수적인 여러 신체 기관의 협력 작용에 의해 만들어진다. 입안의 여러 기관들과 코, 후두, 기관(氣管), 허파 등이 그것들인데, 이 중 후두는 발성 작용과 관련하여 특히 주목할 만하다. 후두의 일차적 기능은 공기 외의 이물질이 기도로

넘어가는 것을 막는 일이기 때문에 목구멍 정도의 높이에 있는 것이 가장 효율적이다. 그런데 인간의 후두는 갓난아이 시기에는 목구멍과 비슷한 높이에 있다가, 자라면서 서서히 하강하여 더 아래쪽에 자리 잡는다. 흥미로운 사실은, 같은 영장류인 침팬지나 오랑우탄의 후두는 목구멍 정도의 높이에 있다는 점이다.

(다) 후두의 위치는 모음의 발음 및 분화와 직접 관계된다. 모음은 후두의 안쪽에 있는 목청이 떨리면서 소리 나게 되는데, 이것이 여러 종류로 분화되는 것은 후두 위쪽의 두 공간, 즉 목안과 입안을 울림통으로 사용하기 때문이다. 즉, 혀의 앞부분을 센입천장에 최대한 가깝게 함으로써 입안을 최소화하고 목안을 최대화하면 'ㅣ'가 발음되고, 혀를 바짝 낮춤으로써 입안을 최대화하고 목안을 최소화하면 'ㅏ'가 발음되며, 혀의 뒷부분을 여린입천장에 가깝게 함으로써 두 공간의 크기를 비슷하게 하면 'ㅜ'가 발음된다. 이러한 과정을 거쳐 모음은 전설 모음-후설 모음, 고모음-중모음-저모음 등으로 분화된다. 한편, 입술도 모음의 분화에 관여하는데, 입술을 오므리고 폄에 따라 원순 모음과 평순 모음이 나누어진다.

(라) 자음은 대개 입술과 입안의 여러 기관의 작용에 의해 분화된다. 이 기관들은 후두를 통과해 올라온 공기의 흐름을 특정 위치에서 방해하는 작용을 통해 자음의 다양한 소릿값을 만들어 낸다. 예를 들어, 'ㄷ'은 혀끝을 윗잇몸 근처에 대어 공기의 흐름을 일단 막았다가 터뜨리듯 엶으로써 내는 파열음이다. 여기서 '혀끝-윗잇몸'은 이 자음의 조음 위치가 되고 '공기의 흐름을 막았다가 터뜨리듯 엶'은 조음 방법이 된다. 'ㄱ'은 혀의 뒷부분을 여린입천장에 대고, 'ㅂ'은 두 입술을 닫는다는 점에서 조음 위치는 'ㄷ'과 다르지만 조음 방법은 같다. 그 밖에도 짝을 이루는 아래위의 두 기관 사이를 최대한 좁히고 그 사이로 공기를 마찰시켜 내는 마찰음이 있고, 공기를 코로 내보내면서 코안을 울려서 내는 비음과, 혀끝을 잇몸에 가볍게 대었다가 떼거나 혀끝을 윗잇몸에 댄 채 공기를 그 양옆으로 흘려보내는 방법으로 내는 유음도 있다.

> **보기**
>
> - 갓난아이의 울음소리에서는 다양한 모음이 발견되지 않는다.
> - 침팬지를 대상으로 실험한 결과 침팬지는 기본 모음인 [i], [a], [u]를 구별하여 발음하지 못했다.
> - 화석 인류의 발성 기관을 재구하여 실험한 결과, 불과 몇 개의 모음만이 발성되었다고 한다.

① 후두가 목구멍보다 아래쪽에 있는 것은 모음이 다양하게 분화되는 데 유리한 조건으로 작용했을 것이다.
② 갓난아이와 침팬지가 다양한 모음을 발음하지 못하는 이유는 같을 것이다.
③ 침팬지나 오랑우탄과 같은 유인원이 다양한 모음을 발성할 수 없는 것은 후천적인 요인에 기인할 것이다.
④ 화석 인류의 후두는 현대인에 비해 높은 곳에 자리 잡고 있었을 것이다.
⑤ 인간이 지금과 같은 다양한 말소리를 낼 수 있게 된 것은 생물학적 진화 과정과 관련이 있을 것이다.

 **생략된 정보 추론하기**

배경 지식

생략된 내용의 추리

생략된 내용

생략된 내용의 추리란, 완결된 글의 어느 한 부분을 생략해 놓고 그 부분에 들어갈 내용을 추리하게 하는 문제 유형이다. 이러한 유형의 문제는 대개 논리 전개상 중요한 어휘, 어구, 문장을 글의 논리적인 흐름을 통해 추리해 내도록 요구하는 것이 보통이다. 이렇게 하는 이유는 읽는 이가 문맥의 흐름을 알고 글에서 중요한 정보나 핵심적인 요소를 논리적으로 추론해 낼 수 있는가를 평가하기 위해서이다.

생략된 내용의 추리 요령

1단계 : 앞뒤에 제시된 글을 자세히 읽고 분석하여 문맥의 흐름을 파악한다.
2단계 : 논리적인 관점에서 글을 재구성하여 빠진 내용을 추리한다.
3단계 : 추리한 내용이 들어갔을 때 문맥의 흐름이 어색하지 않은지 확인한다.

01 다음 글 (가)와 (나)의 공통적인 전제로 가장 적절한 것은?

(가) 골동품은 보석이나 금괴 이상으로 부피당 가치가 높을 뿐 아니라, 세월이 흐르면 값이 오르기 때문에 재산 증식의 효과가 있어 보석과 함께 도둑들에게 가장 인기 있는 품목이다. 얼마 전 한 절도범이 잡혔는데, 그가 훔친 골동품의 주인이 나서지 않는 기현상이 나타났다. 이것은 골동품이 문화적 향유의 대상이 아니라 재산 증식의 수단으로 암시장을 전전하는 한국 문화계의 현실을 여실히 보여 준다. 골동품은 새로 생산되지 않기 때문에 골동품 시장에 나와 있는 것은 대체로 도굴이나 밀수 등의 부정한 방법으로 취득된 경우가 많다. 골동품의 지하 거래는 우리 사회의 문화적 성숙을 가로막는 걸림돌이다. 무엇보다도 암시장에서 구입한 골동품은 소장자가 그 소장 여부를 떳떳이 밝힐 수 없다. 따라서 사적으로 몰래 소장할 뿐 일반인과 그 문화적 가치를 공유하지 못한다.

(나) 당국의 정책과 제도가 골동품과 같은 문화유산의 혜택을 모든 사람이 함께 누리는 길을 가로막고 있다는 데 문제가 있다. 문화재보호법의 경우 문화재 보호의 구실을 제대로 하고 있지 못하다. 이 법에 따르면 국가 지정 문화재를 소유한 사람은 그 문화재를 관리하고 보호해야 한다. 그리고 집을 짓거나 공사를 할 때 매장 문화재가 나왔을 경우에는 반드시 신고를 해야 하고 허가를 얻어 문화재를 발굴한 다음에 공사를 진행할 수 있다. 이때 발굴에 소요되는 경비는 대개 그 공사의 시행자가 부담하도록 되어 있다. 이와 같이 국가가 매장 문화재의 발견자나 국가 지정 문화재의 소유자에 대해 편익을 제공하지 않으므로 문화재를 발견한 경우 신고하지 않은 채 무시하고 공사를 진행하거나 암시장으로 유통시키는 편이 낫다고 생각할 수 있다.

① 골동품은 경제성이 있어 재산 증식의 수단이 된다.
② 문화재보호법은 유명무실한 법이므로 폐지해야 한다.
③ 문화재는 그 문화적 가치를 공유할 때 의미가 있다.
④ 강력한 법적 제재로 문화재의 음성적 유통을 근절해야 한다.
⑤ 국가는 국가 지정 문화재를 소유한 사람에게 편익을 제공할 필요가 있다.

02 다음 글의 전제로 가장 타당한 것은?

> 일찍이 켈젠은 법을 오로지 당위의 순수한 규범으로만 파악하고 일체의 존재적인 사실과는 무관한 것으로 설명하였다. 다시 말하면, 당위는 당위에서만 도출될 수 있다고 하여 존재와 당위를 엄격하게 구별하는 방법 이원주의를 수립하고, 법이 법으로서의 효력을 갖는 것은 보다 상위의 법으로부터의 효력을 위임받기 때문이며, 최상위 실정법인 헌법은 근본으로부터 효력을 위임받는다는 법단계설을 전개하였다.
>
> 그러나 근본 규범이란 무엇인가? 그것은 어떤 무엇에서부터도 연역되지 않는, 스스로 규범으로서의 효력을 갖고 있는 무엇일 수밖에 없는데, 그렇다면 켈젠이 그렇게 주장하는 것은 당위로서의 근본 규범이 아니라 이미 존재인 것이다. 켈젠의 법단계설은 근본 규범이라는 개념 때문에 자기 모순에 빠진다는 결론에 이른다. 이러한 자기 모순은 법을 존재와는 상관 없는 순수한 당위의 규범 체계로만 이해하려고 했던 데에서 비롯된다고 하겠다. 그러기보다는 오히려 법을 존재와 당위 사이에 있는 사물의 본성 내지 질서라 보는 것이 타당하겠다.
>
> 모든 당위적 규범은 존재적으로 적합한 것이기 때문에 당위적으로 그렇게 요청할 수 있다고 보는 것이 타당하다. 여기에서 우리는 법의 이해에 있어서 엄격한 방법 이원주의를 취하기보다는 방법 일원주의, 즉 존재와 당위의 연결의 방향을 취하는 것이 온당하겠다.
>
> – 최종고, '현대 법학의 이해'

① 법은 당위와는 관계 없는 존재의 규범이다.
② 법은 존재와 당위를 확연하게 구별하는 규범이다.
③ 법은 사물의 존재와는 상관 없는 순수한 규범이다.
④ 법은 당위로서 존재하면서 사물의 본성을 억제한다.
⑤ 법은 존재와 당위 사이의 사물의 본성으로서의 규범이다.

03 다음 글의 필자가 전제하고 있는 것으로 가장 적절한 것은?

> 대중문화가 만연되어 있는 사회는 허위 의식이 지배하는 사회이다. 인간들은 평소에는 자기 환경 속의 심연을 들여다 보려고 하지 않는다. 설령 눈에 뜨여도, 하도 어마어마한 덩어리여서 자기의 힘으로는 해결 불가능한 것으로 생각하고 자기 상실감에 빠지기 일쑤다. 그리하여 그들은 안일을 평화로 착각하고 저속한 오락을 문화로 받아들인다. 그러나 이와 같은 현실 도피적 경향은 사회 전체를 불합리와 혼란으로 몰아놓고 그 속의 인간들도 불안과 초조 속에 빠지게 한다.

그러나 이러한 벽에 부딪힌 인간들은 다시 한 번 이성적이고 창조적인 존재로서의 자기 회복을 꾀한다. 이러한 이성적이고 창조적인 인간형이 늘어날 때, 그 사회는 새로운 역사를 시작하는 것이다. 인간은 자기를 둘러싸고 있는 환경을 올바로 인식하지 못한다면, 결코 올바른 행동을 할 수 없으며 창조적 능력을 발휘할 수도 없다. 왜곡된 인식에서 우러나온 행동은 역사적 안목에서 바라볼 때, 역행과 퇴영에 지나지 않는 것이다. 따라서, '가짜 문화'가 가져다 주는 허위의식이나 왜곡된 상황을 올바로 지적하고, 폭로하는 작업은 창조적 행동의 출발점이 되는 것이다.

외래적인 대중문화가 만연해 있는 후진 사회는 상대적으로 불합리와 혼란, 불안과 초조, 그리고 긴장 상태가 팽배해 있는 사회이기도 하다. 그렇기 때문에 오히려 그러한 사회에 살고 있는 인간들은 모순과 비인간성을 타개하려는 노력을 전개할 수밖에 없는 상황에 처하게 되는 것이다. 인간은 궁극적으로 행동하는 실천적 동물이며 문화나 역사 창조의 주인공인 동시에, 그것을 자기에게 알맞은 것으로 개조해 나가는 존재이기 때문이다.

① 우리나라는 외래적 대중문화가 만연되어 있는 후진 사회이다.
② 새로운 문화와 역사 창조를 창조하기 위해서는 먼저 환경을 바르게 인식해야 한다.
③ 대중문화는 역사 진행 과정에 따라 발전적으로 성행한다.
④ 언제나 인간은 새로운 문화 창조를 위해 노력한다.
⑤ 외래적 문화 수용 과정에서 대중문화는 발전한다.

숨은 내용 추론하기

숨겨진 정보의 추리

숨겨진 정보

어떤 글이든 표면에 나타나지 않은 채 숨어 있는 정보가 있기 마련이다. 글의 표면적 의미는 밑바탕에 깔려 있는 숨은 정보의 뒷받침을 받아 성립되기 때문이다. 따라서 독자는 글 속에 숨어 있는 정보를 추리하면서 글을 읽어 내야 한다. 숨은 정보를 추리하는 사고 과정은 명시되어 있는 정보를 사실적으로 이해한 다음 그것을 바탕으로 이루어진다. 그러므로 글의 주제나 요지, 문맥을 정확하게 파악하는 일이 중요하다.

숨겨진 정보의 추리 요령

1단계 : 제시된 글의 내용을 분석하여 글의 요지와 주제를 정확하게 파악해야 한다.
2단계 : 찾고자 하는 정보와 관련 있는 부분을 정독하여 문맥의 흐름을 짚어 낸다.
3단계 : 표면에 나타난 정보를 문맥의 흐름에 맞게 재구성하여 그 이면에 담긴 정보나 의미를 추리한다.

04 다음 글의 앞에 반드시 있어야 할 내용은?

> 상기의 홍보 목표를 달성하기 위해서는 세계 각국의 여론 형성층을 대상으로 한 홍보 노력이 필수인 바, 외교통상부는 주변 4국 등 선진국 및 개도국 언론인의 방한 초청 사업을 적극 시행하여 왔으며, 세미나를 개최하는 등 해외 여론 형성층이 우리나라와 한반도 문제 해결에 대한 균형적인 시각을 갖도록 노력하여 왔다.
>
> 외교통상부는 해외홍보원, 한국언론재단 등과 협조하여 세계 각지의 유력 언론인들을 매년 초청해 오고 있다. 특히 개발도상국 언론인들은 선진국 언론의 일부 편향된 정보에 의존함으로써 우리나라에 대한 정확한 인식이 부족한 경우가 있는 바, 개도국 언론인들을 방한 초청하여 우리의 정치, 경제, 문화를 직접 살펴볼 수 있는 기회를 제공하고 있다.
>
> 또한, 외교통상부는 우리 언론사와 외국의 언론사 간 뉴스 및 프로그램 교환 협정 체결을 주선하는 등 언론사 간 교류를 적극 지원하고 있다. 이러한 언론사 간 협정 체결을 통해 뉴스 및 프로그램 등의 교환이 가능하게 되어, 양국 국민들이 정확한 자료를 바탕으로 서로를 이해하는 데 크게 기여한 것으로 평가된다.
>
> 우리나라를 취재하는 외국 언론 매체들에게 외교 정책 설명회 및 각계 주요 인사 면담 주선 등을 통하여 우리의 상황을 정확히 전달하는 일 또한 중요하다. 외교통상부는 주한 외신 기자단 등 외국 언론인들이 우리의 실상을 정확히 파악하여 보도할 수 있도록 우리나라의 주요 외교 정책을 설명하고 각종 취재 자료를 제공하는 등 적극 지원하고 있다.
>
> 한편, 세계 각국에 주재하는 125개 재외공관은 우리 정치, 경제의 발전상과 고유 문화를 외국에 홍보하는 데 핵심적 역할을 담당하고 있다. 재외공관은 현지 언론인 대상 언론 설명회 개최, 보도 자료 등 간행물 제작 배포 및 대학 등 학술 기관과의 세미나 개최 및 주재국 주요 인사 면담 등을 통해 우리나라를 적극 홍보하고 있다.

① 우리 상품의 수출 증진을 위한 분위기 조성을 위해 문화 국가 및 평화 국가로서의 한국의 이미지를 대외적으로 부각시키기 위해 노력하고 있다.
② 우리나라에 대한 긍정적인 인식을 확산시키고, 이러한 인식이 우리 상품에 대한 선호로 자연스럽게 이어질 수 있도록 체계적인 대외 홍보 업무를 수행하고 있다.
③ 우리의 대북 포용 정책이 한반도 평화와 동북아 안정을 위한 유일한 대안임을 적극 홍보함으로써 미·중·러·일 등 주변 4강은 물론 국제사회의 지지를 확보하기 위해 노력하였다.
④ 2000년도 외교통상부의 대외 홍보 활동은 우리나라 경제 상황에 대한 국제사회의 호의적인 여론을 조성하고, 우리나라에 대한 국제사회의 신인도를 향상시킴으로써 세계 각국과의 통상 투자 증진을 위한 주변 환경을 조성하는 데 초점을 두었다.
⑤ 관광 산업은 21세기 고부가가치 산업이자 굴뚝 없는 공장이라고 불리는 대표적 환경 친화 산업이며, 우리 전통문화와 아름다운 자연환경을 세계에 알리는 국가 이미지 선양 사업이므로 외교통상부는 이를 국가 전략 산업화하려는 정부 시책에 부응하여 다각적인 노력을 하고 있다.

05 다음 글의 빈 칸에 들어가야 할 내용으로 적절치 못한 것은?

> 세계 시장에서 크게 환영받아, 세계인의 생활 향상을 위해 적극 기여할 수 있는 우리 상품이 무엇인가를 찾아 내는 것은 우리의 긴요한 과제이다. 나는 조상 대대로 축적하고 세련시켜온 우리의 맛과 우리의 멋을 바탕으로 개발되는 상품이 바로 그것이라고 생각한다.
>
> 　
>
> '무거운 산업'이 '기술 상품'을 내놓는다면, '가벼운 산업'은 '문화 상품' 개발을 사명으로 한다고 할 수 있다. '기술 상품'은 대량 생산과 더불어 가격이 낮아지고, '문화 상품'은 하나하나 독특한 가치를 생명으로 해서 가격이 올라간다. 우리의 개성적인 특성을 드러낸 상품이 바로 그런 '문화 상품'이다.

① 값싼 기술 제품들을 적절한 한 사례로 든다.
② 세계인의 생활 향상에 기여할 수 있는 문화적 상품들의 경우를 열거한다.
③ 미적 안목에서 보아 독특하다고 인정될 만한 상품을 든다.
④ 창의적인 디자인을 갖춘 문화적 상품의 예로 든다.
⑤ 한복이나 전통 음식과 같은 것을 예로 든다.

06 다음 글에 이어서 쓸 논지의 성격과 내용으로 가장 적절한 것은?

> 과도적인 문화 속에는 한국 사회에 적합성을 가지지 못하는 차용된 외래 문화가 많다. 그와 같은 차용 문화는 사회 구조의 변화에 따른 전통 문화의 해체(解體)에 의해서 일어나는 문화적 공백을 메우기 위해 도입된 외래 문화이기 때문에, 충분히 선택적으로, 비판적으로, 주체적으로 수용되었다기보다는 모방과 도입에만 급급하면서 받아들인 문화이다. 그러므로 어느 정도의 모방과 도입기를 거쳐 외래적인 행위 양식이 상당히 널리 확산되는 단계에 이르면 외래 문화는 문화적 전통의 정체(正體)를 위협하게 된다.
>
> 이처럼 정체의 위기에 당면한 사회에서는 문화적 전통과 전통 문화에 대한 관심이 고조된다. 그러나 문화적 정체의 회복이 전통 사회 문화로의 복귀나 외래 문화의 배격과 같은 문화적 복고주의(復古主義)나 문화적 폐쇄주의로 성취될 수 없음은 물론이다. 문화적 복고주의나 문화적 폐쇄주의는 정체를 회복시키는 데에는 효과적일지 모르지만, 적합성의 위기를 더욱 고조시키게 될 것이기 때문이다. 그러므로 정체의 회복과 문화적 전통의 확립은 문화의 적합성을 희생시키지 않는 범위 내에서, 즉 현대 사회와 적합성을 유지할 수 있는 '문화적 전통'의 재발견과 그와 같은 문화적 전통과 잘 통합되는 외래 문화의 선별적 수용을 통해서만 가능한 것이다.
>
> 앞에서 말한 바와 같이 과도적인 문화는 많은 혼란과 갈등을 내포하고 있다. 전통 사회의 유형과 외래적인 유형이 혼재(混在)하며, 세대 간, 계층 간, 지역 간의 문화적 격차가 일어나고, 명확한 규범의 부재에서 일어나는 아노미가 발생하는 등 과도적인 문화는 그 통합성의 위기에 봉착하게 된다. 　　　　　　　　　　　　 - 임희섭, '사회 변동과 문화 변동'

① 논지의 전환 : 문화 통합의 정치·경제·사회적 조건 고찰
② 문제 사태의 사례 나열 : 전통과 외래 문화의 갈등 사례 제시
③ 문제 사태의 원인 분석 : 문화 통합 위기의 미시적·거시적 원인
④ 논의의 완결 : 전통과 적합성을 바탕으로 한 문화의 통합 강조
⑤ 문제를 보는 새로운 관점 소개 : 문화의 가변성을 전제로 문화 자체가 과도적임을 주장

07 다음 글 바로 다음에 이어질 내용을 가장 잘 요약한 것은?

> 쩨액--- 기차 소리였다. 멀리 산모퉁이를 돌아오는가 보다. 만도는 앉았던 자리를 털고 벌떡 일어서며, 옆에 놓아 두었던 고등어를 집어 들었다. 기적 소리가 가까워질수록 가슴이 울렁거렸다. 대합실 밖으로 뛰어나가 홈이 잘 보이는 울타리 쪽으로 가서 발돋움을 하였다. 째랑째랑 하고 종이 울자, 한참 만에 차는 소리를 지르면서 달려들었다. 기관차의 옆구리에서는 김이 픽픽 풍겨 나왔다. 만도의 얼굴은 바짝 긴장되었다. 시커먼 열차 속에서 꾸역꾸역 사람들이 밀려 나왔다. 꽤 많은 손님이 쏟아져 내리는 것이었다. 만도의 두 눈은 곧장 이리저리 굴렀다. 그러나 아들의 모습은 쉽사리 눈에 띄지 않았다. 저쪽 출찰구로 밀려가는 사람의 물결 속에 두 개의 지팡이를 의지하고 절룩거리면서 걸어 나가는 상이 군인이 있었으나, 만도는 그 사람에게 주의를 기울이지 않았다. 기차에서 내릴 사람은 모두 내렸는가 보다. 이제 미처 차에 오르지 못한 사람들이 홈을 이리저리 서성거리고 있을 뿐인 것이다.
> '그놈이 거짓으로 편지를 띄웠을 리는 없을 건데!'
> 그는 자꾸 가슴이 떨렸다.
> '이상한 일이다.'
> 하고 있을 때였다. 분명히 뒤에서,
> "아부지!"
> 부르는 소리가 들렸다. 만도는 깜짝 놀라며, 얼른 뒤를 돌아보았다. 그 순간, 만도의 두 눈은 무섭도록 크게 떠지고, 입은 딱 벌어졌다.
> 틀림없는 아들이었으나, 옛날과 같은 진수는 아니었다. 양쪽 겨드랑이에 지팡이를 끼고 서 있는데, 스쳐 가는 바람결에 한쪽 바지가랑이가 펄럭거리는 것이 아닌가?

① 변한 고향의 모습에 의아해하는 진수의 모습
② 무질서하게 열차에서 내리는 사람들의 혼란한 모습
③ 상이 군인을 맞이하기 위해 기다리는 사람들의 모습
④ 그동안 지낸 일을 장황하게 설명하는 진수의 모습
⑤ 불구가 되어 돌아온 진수의 모습에 비통해하는 만도의 모습

결론 추론하기

08 다음 글에서 내릴 결론으로 가장 타당한 것은?

공동체의 모듬살이 감정의 상실은 급기야 과대 학급, 과밀 학급 문제 같은 비교육적인 현상을 초래하여 교육의 질을 저하시켜왔다.

또한, 사회 계층적 불평등 현상이 학교 교육 과정 속에 침투됨으로써, 같은 도시에 있는 학교라도 지역에 따라 교육의 내용과 교육의 질이 양극화·차등화 되었다. 산업화와 인구 집중의 물리적 힘에 의해 누적된 교육적 공해는 아직까지도 해결되고 있지 못하다.

산업화와 도시화에 의해 바람직하지 않은 방향으로 전개되는 비교육적인 현상 중 또 다른 현상으로 농촌 교육의 황폐화를 들 수 있다. 특히, 농촌 청소년들에게 자기 문화를 멸시하고 전도된 가치관을 갖도록 만들어 놓는 비교육적인 일을 지적해 볼 수 있다. 이 역시 국가 발전의 저력과 학교 교육의 효과를 무효화시키는 역기능을 발휘하는 교육적 공해 현상이다.

이런 일들은 산업화와 도시화의 과정 속에서 배태된 비교육적 현상이다. 이런 비교육적인 것을 교육화시키기 위해서는 엄청난 재정적 보조와 일대 사회 혁신이 필요하다. 그럼에도 불구하고 비교육적 현실을 교정하기 위해 한국의 실정으로 보아 막대한 재정적 투자를 당장에 증가시키거나, 그런 것을 보장받을 수 없다는 현실도 무시할 수는 없다. 현실적으로 교육에 대한 국가의 경제적 투자가 한계에 도달해 있다는 느낌을 가질 만큼 해방 이래 몇 십 년 동안 교육 재정의 규모도 엄청나게 커졌음을 고려할 때, 일방적인 비판은 어느 정도 자제해야 될지도 모른다.

① 과밀 학급 문제를 해소하여 교육의 질을 높여야 한다.
② 학교 간의 격차를 해소하기 위한 교육적 투자가 필요하다.
③ 사회를 교육장으로 만드는 작업이 필요하다.
④ 농촌 교육을 활성화하기 위한 재정적 지원을 해야 한다.
⑤ 교육적 문제점은 산업화가 계속되는 한 해결할 수 없다.

09 다음 글의 논지를 일반화시킬 수 있는 결론을 뒤에 제시한다고 할 때, 가장 알맞은 것은?

문화란 축적되는 것이며, 여기에 창조적 공헌이 첨가되기 때문에 어느 정도의 문화 발전은 필연적이다. 그러나 시대와 지역에 따라서 문화 발전의 속도가 다른 것은 사실이고, 어떤 때는 문화가 오랫동안 침체하는 현상이 일어나는 것도 부인할 수 없다. 이것은 불가항력적인 자연 조건이나 정치 상황과도 관계가 있지만, 그 시대, 그 지역의 문화에 대한 태도가 매우 중요한 역할을 했음을 역사상 많이 찾아볼 수 있다. 예를 들어, 대개의 동양 종교는 순환적 시간관을 가져 근본적으로 새로운 것이 나타난다는 가능성을 무시했고, 복고적 역사관을 가져서 가장 바람직한 상태가 과거에 있었다고 믿었기 때문에 창조성을 고취하지 못했다.

우리나라의 경우, 실학 사상이 오랫동안 우리 사회를 지배했던 복고주의를 비판하고 미래에 대한 태도를 보였으며, 개화기에 와서는 그것이 보다 적극적이 되었고, 오늘에 와서는 거의 완전히 우리의 태도가 미래 지향적이 되었다.

— 손봉호, '문화의 본질'

① 문화는 궁극적으로 개인 의식에서 출발하는 것이지만, 공동체의 문화가 개인에게 끼치는 영향은 지대하다.
② 문화는 과거로부터 인간과 밀접한 관계를 맺고 있기 때문에 인간은 문화를 떠나서는 살 수 없다.
③ 문화는 인간의 산물이기 때문에 문화에 대한 인간의 태도는 문화 발전에 중대한 역할을 한다.
④ 문화는 정보 통신의 발달로 인해 국가적인 문화에서 세계적인 문화로 변모해 가고 있다고 할 수 있다.
⑤ 문화는 항상 공동체 의식의 집적체로서 전승되어 온 것이기 때문에 개인에 의해 바뀌지 않는다.

10 다음 글에서 추론할 수 있는 결론으로 가장 적절한 것은?

> 과학에서 혁명적 변화는 정상적 변화와 다르다. 혁명적 변화는 그것이 일어나기 전에 사용되던 개념들로는 수용할 수 없는 새로운 발견들을 동반한다. 과학자가 새로운 발견을 하고 이를 수용하기 위해서는 어떤 영역의 자연 현상들에 대해 생각하는 방식과 기술하는 방식 자체를 바꾸어야 한다. 뉴턴의 제2 운동 법칙의 발견이 이러한 변화에 해당한다. 이 법칙이 채택하고 있는 힘과 질량의 개념은 이 법칙이 도입되기 전까지 사용되던 개념들과는 다른 것이었고, 이 새로운 개념들의 정의를 위해서는 뉴턴의 법칙 자체가 필수적이었다. 좀 더 포괄적이면서도 비교적 단순한 또 하나의 사례는 프톨레마이오스 천문학에서 코페르니쿠스 천문학으로의 전이 과정에서 찾을 수 있다. 이 전이가 이루어지기 전까지 태양과 달은 행성이었고 지구는 행성이 아니었다. 전이 이후에 지구는 화성이나 목성과 마찬가지로 행성이 되었고, 태양은 항성이, 그리고 달은 새로운 종류의 천체인 위성이 되었다. 이와 같은 변화는 단지 프톨레마이오스 체계 내의 개별적인 오류를 교정한 것이 아니다. 이 변화는 뉴턴 운동 법칙으로의 전이에서와 마찬가지로 자연 법칙 자체의 변화였다. 그리고 그 변화된 자연 법칙 속의 몇몇 용어들이 자연에 적용되는 방식도 변하였다.

① 과학은 혁명을 통해 진보한다.
② 과학 용어의 의미와 지시 대상은 가변적이다.
③ 과학의 목적은 영원한 진리를 발견하는 것이다.
④ 정상적 변화 과정에서 과학자들은 반대 사례를 무시한다.
⑤ 코페르니쿠스 이론은 프톨레마이오스 이론보다 우월하다.

| 테마 9 | 필자의 관점(태도) 및 독자의 반응 추론하기 |

필자의 의도 추론하기

관점, 태도, 의도의 추리

글쓴이의 관점을 추리하는 요령
- 주제를 확인하고 그 주제에 대해 글쓴이가 보이는 반응을 판단하는 데 도움이 되는 정보를 찾아본다.
- 글쓴이의 인생관, 세계관, 가치관 등을 드러내는 정보를 찾는다.

글쓴이의 태도를 파악하는 요령
- 글쓴이가 주목하고 있는 대상이 무엇이며, 대상에 대해 어떤 입장을 지니고 있는지 파악한다. 여기에서 '대상'이란, 주로 설명적인 글에서는 '화제(話題 topic)'가 되고, 논증적인 글에서는 '논점(論點, 논쟁거리)'이 된다.
- 대상에 대한 글쓴이의 태도를 이분법적으로 파악해 본다. 우호적 – 비판적, 긍정적 – 부정적, 객관적 – 주관적, 점진적 – 급진적, 보수적 – 진보적

글쓴이의 의도를 파악하는 요령
- 글쓴이가 글을 쓴 목적은 무엇이며 글을 통해 기대한 효과는 무엇인지 추리해 본다.
- 글쓴이가 궁극적으로 말하고자 하는 바가 무엇인지 파악한다.

01 다음 글의 집필 의도를 바르게 제시한 것은?

흥미로운 것은 확실함과 아는 것을 일체 무(無)로 돌리고 모든 것을 새롭게 상상해서 재미있고 의미 있게 보려는 화가의 눈이다. 이 '화가의 눈'은 '우리의 눈'과는 다른 사물의 본질에 접근해 있는 눈이다.

우리들이 흔히 보는 책상과 걸상은 '아는 것'만을 믿으려는 보통 사람들이 '우리의 눈'으로 보면 교실에만 있어야 하는 책상과 걸상에 불과하다. 하지만 새롭게 상상해서 자유롭게 보는 어린이와 같이 '화가의 눈'으로 보면 그것은 훌륭한 목마(木馬)일 뿐만 아니라 날아 다니는 우주 비행기도 될 수 있는 것이다. 만약에 우리들이 확실하고 아는 것만 보려고 해서 그 이상의 것을 보지 못한다면, 끝내 '우리의 눈'은 이미 아는 것만을 좋아하게 되는 하나의 눈만 갖게 되는 것이다.

사과의 맛보다 사과의 구조적 형체와 색깔에 관심을 걸었던 세잔느는 이러한 점을 간파하여 당대의 화가에게 새로운 이미지의 부여를 끊임없이 주문하였다. 아인슈타인이 저 놀라운 상대성의 이론을 펼 수 있게 된 것도 알고 보면 세잔느의 이러한 주문과 뜻을 같이했기 때문이다. 사람들이 돌에 걸려 넘어지고, 나뭇잎이 바람에 흔들리며, 달이 떠서 지는데도 모든 사람들은 하등 놀라지도 않는다. 이러한 간단한 사실을 항시 이상하게 생각한 어린 시절의 아인슈타인의 눈이 어른이 되어서 상대성 이론을 펼 수 있게 한 원인이 되었던 것이다.

① 사물을 바라보는 미술가들의 태도에 대해 소개하고 있다.
② 일상 생활에서 미술 감상이 왜 필요한지를 주장하고 있다.
③ 미술 감상이란 무엇이고 어떻게 해야 하는지를 제시하고 있다.
④ 미술의 대중화를 위해 미술가들이 해야 할 일을 강조하고 있다.
⑤ 사람들이 미술 감상을 통해 얻을 수 있는 이점을 보여 주고 있다.

02 다음 글에서 글쓴이가 주장하려는 의도로 알맞은 것은?

(가) 색채 이미지의 대응 관계에 있어서도 문화에 따른 다른 양상을 자아내고 있다. 교통 신호는 문화 체계라기보다 문명적인 보편성을 기초로 삼고 있는 것인데도 고(go), 스톱(stop)의 신호등 색깔에 대한 인식이 다르다. 구미에서는 초록색과 붉은색으로 식별되는데, 우리는 초록색 신호등을 푸른색으로 인식한다. 말하자면 색채의 대응 체계가 다르다.

(나) 이러한 차이는 정서와 관념의 상징으로까지 확대되어 간다. 푸른색이 우리에게는 청운의 꿈이요, 청년의 상징이지만 구미 문화권에서는 침울하고 슬픈 세계를 나타낸다. 그래서 그들은 피곤하고 맥빠진 월요일을 '블루 먼데이(blue monday)'라고 부른다. 고도한 예술 상징도 예외가 아니어서, 가난과 슬픔의 세계를 많이 그렸던 피카소의 초기 예술을 청색 시대라고 부르는 데서도 짐작이 간다. 이렇게 색채의 문화 단위 속에서 분절되고 의미화될 때, 자연계와는 다른 문화의 숲, 상징의 숲이 나타나게 된다.

(다) 상징의 숲에서 살고 있는 박쥐는, 서양의 우화에서는 기회주의자가 되고, 그 신화에서는 얼음 나라를 지키는 마왕과 같은 존재이지만, 우리나라를 비롯한 한자 문화권에서는 복과 다산(多産)의 상징이 된다. 한자로 박쥐를 뜻하는 편복(蝙蝠)의 '복'은 같은 음의 '福' 자와 비슷하기 때문에, 가구나 부채 등 생활용품에 박쥐 문양이 많이 그려졌다. 그런데 오늘날 아이들이 영화나 텔레비전을 즐겨 보는 배트맨 시리즈는 헐리우드가 창출해 낸 새로운 박쥐의 상징이다.

(라) 실재하는 생물이 아닌 상징적인 생물 역시 예외는 아닐 수 없다. 동양의 용은 상서롭고 풍요한 것의 상징이지만, 서양의 용은 영웅이 나타나 퇴치해야 하는 악의 상징물이다. 그리고 우리의 용은 물 또는 하늘과 관계가 깊지만, 서양의 용은 불 또는 어둠과 밀접한 관계를 맺고 있다. 그래서 동양의 용이 사는 곳이 못인데 비하여, 서양의 용이 사는 곳은 바위의 깊은 동굴 속이다.

(마) 많은 사람들이 인지하다시피 지금 외래 문화의 범람으로 민족 고유의 체계가 근본적으로 뒤흔들리고 있다. 그 결과, 이른바 미니족의 동질성(同質性)이 위태롭게 되어 세대 간의 의사 소통이 막히고, 변질된 가치관은 같은 민족 내에서도 마찰을 일으키고 있다. 이 같은 문화의 카오스 상태에서 벗어나기 위해서는, 표층적인 뜻만 풀이해 놓은 국어 사전만으로 그 역할을 다할 수 없음을 절감하게 된다.

① 민족 문화의 기본은 상징에서 찾아야 한다.
② 민족에 따라 색채의 대응 체계가 다를 수 있다.
③ 국어 사전의 한계를 뛰어넘는 새 국어 사전이 필요하다.
④ 외래 문화의 범람은 민족 고유의 상징 체계를 근본적으로 흔들고 있다.
⑤ 문화의 카오스 상태를 벗어나기 위해서 문화 상징 사전의 등장은 불가피하다.

필자의 태도(관점) 추론하기

03 다음 글에서 글쓴이가 대중음악에 대하여 가지는 태도를 바르게 설명하지 못한 것은?

> 음악의 대중화란 말은 우리 것만을 대상으로 하지 않는다. 서양 예술 음악까지를 대상으로 한 말이다. 순수 음악은 대중에게 쉬이 다가오지 않기에 이 말이 오고 가며, 지지를 받고 있다. 특히, 앞서 언급한 여러 가지의 연장선에서 우리 음악을 향해서 이것이 강조되는 경향이 있다. 현대화된 우리 음악은 대중화를 마땅히 이루어야 한다는 생각이다.
>
> 우리 음악의 대중화 역시 절실하고 화급한 문제이다. 거스를 명분이 없는 흐름이다. 그러나 이 역시도 선결되어야 할 전제를 가진다. 즉, 현대화의 경우와 마찬가지로 대중화도 그 내용과 지향점이 설정되어 어떤 대중화이어야 하는가를 고려해야 한다.
>
> 현재의 대중적 방법은 지양되어야 한다. 진정한 가치의 대중화는 그 길이 험하더라도 정악 모습 그대로, 산조 모습 그대로 널리 울려 퍼지는 상향 대중화로 나타나야 한다.

① 고답적 내용을 전파하기를 주문하고 있다.
② 음악의 대중화에 서양 음악도 포함시키고 있다.
③ 현재의 대중음악에는 비판적 시각을 보이고 있다.
④ 가급적 쉽고 듣기 편한 것을 대중화로 간주하고 있다.
⑤ 음악의 대중화는 음악이 나아갈 최종 목적으로 여긴다.

04 다음 글에 나타난 디자인에 대한 글쓴이의 관점으로 적절하지 않은 것은?

> 디자인이란 본래 인간의 원초적인 필요에서 출발하여, 보다 높은 상징 가치의 획득을 향해 자연 발생적으로 진화해 온 활동이다. 그래서 모든 디자인은 그것을 창안해 낸 사람의 본성과 그가 속한 문화권의 속성을 여실히 드러낸다. 디자인이란 용어를 쓸 때, 우리는 알게 모르게 '근대성'의 개념 위에서 그 말을 사용하는 경향이 있다. 그러나 디자인이 인간의 근원적인 요구와 욕구에 대한 문제 해결의 수단이었다면, 그것이 인류 문화사와 그 궤(軌)를 같이하는 활동임에 이의가 없을 것이다. 디자인이라는, 이 쉽고도 즐거우며, 자생적이면서도 본능적인 활동이 일반 대중의 편에서 설명된 적이 거의 없으며, 많은 디자인 이론가들에 의해 현학적으로 설명되어 왔을 뿐이다.
>
> 지난 20세기는 전체주의와 전쟁이 문화를 황폐화시켰다. 시장 경제주의와 과잉주의자의 남성적 비전이 테크놀로지의 오용과 환경 파괴를 몰고 왔으며, 그 결과 인간은 자신이 만든 환경으로부터 스스로 소외를 맛보게 되었다. 오늘날 경제 성장과 과학 기술의 발전에 힘입어 정보 사회가 열리면서 대다수 인류는 인간됨의 의미를 성찰하고 예술의 대중화에 박차를 가하고 있다.
>
> 지금 대중문화 생산 활동의 중핵인 디자인의 가치, 그리고 문화 창조자로서의 디자이너의 중요성이 그 어느 때보다도 높게 인식되고 있다. 산업의 생산 물량만으로 경제 발전을 설명하는 시대는 지나갔으며, 문화 산업의 수준에서 문화 경제의 차원으로 확대되어 문화의 생산적 기능이 연구되고 있고, 세계 각국은 저마다 문화 증산 계획을 수립하고 있다. 잉여적인 장식물로만 치부되던 디자인이 이제는 경제 사회의 기관차, 경제 발전의 핵심 수단이 되었다.

① 과거에는 디자인을 쉽게 설명하지 못했다고 보고 있다.
② 대중문화에서 디자인이 차지하는 위치를 강조하고 있다.
③ 경제 사회에서 디자인의 위상이 강화될 것으로 보고 있다.
④ 이전에는 디자인의 중요성을 인정하지 않았다고 보고 있다.
⑤ 디자인은 개인이 아닌 집단의 취향을 드러낸다고 보고 있다.

05 다음 중 글쓴이의 관점과 가장 유사한 것은?

> 어떤 것이 아름다운지 아닌지를 판단하려 할 때, 우리는 그 대상의 현존이 우리 자신에게나 다른 사람에게 무슨 상관이 있는지 문제 삼지 않는다. 만약 어떤 사람이 나에게 눈앞에 있는 궁전이 아름다운지를 묻는다면, "단지 사람을 놀라게 하기 위해 만들어진 이런 종류의 것을 좋아하지 않는다."고 말할 것이다. 또는 아예 루소 식으로 그렇게 불필요한 것을 위해 민중의 고혈을 짜내는 왕들의 허영심을 비난할 수도 있다. 더 나아가 나는 그 궁전에 대해 이렇게까지 말할 수 있다. 즉, 내가 다시는 사람들 사이로 되돌아갈 수 있으리라는 희망 없이 어느 무인도에 살게 되었다고 할 때, 내가 원하기만 하면 그 화려한 궁전을 마술 부리듯이 손쉽게 만들 수 있다 하더라도, 편안하게 지낼 수 있는 오두막을 하나 가지고 있다면 그런 궁전을 짓기 위해 단 한 번이라도 그런 수고를 하지 않을 것이다.
> 그러나 중요한 것은, 내가 궁전의 현존에 대해 아무리 무관심한 상태에 있다 하더라도, 궁전의 표상 자체가 나에게 만족감을 불러일으키는가 아닌가 하는 것이다. 누구라도 쉽게 알 수 있는 일이지만, 어떤 대상이 아름답다고 말할 때, 그리하여 나름의 심미안을 가지고 있다는 것을 증명하려 할 때, 중요한 것은 이 표상으로부터 나 자신 속에서 만들어 내는 미적인 느낌이지, 나로 하여금 그 대상의 현존에 관심을 가질 수밖에 없도록 만드는 어떤 요인이 아니다. 아름다움에 대한 판단에 조금이라도 관심이 섞이게 되면, 그 판단은 당파적인 것이 되며, 결코 순수한 취미 판단일 수가 없다. 우리가 취미의 문제에서 재판관의 노릇을 하기 위해서는 대상의 현존에 조금이라도 현혹되어서는 안 되며, 그에 대해서는 전적으로 무관심하지 않으면 안 된다.

① 예술 작품은 현실의 다양한 관심사를 대상 속에 추상화하여 미적 형상으로 재창조한 것이다.
② 오직 아름다움만이 눈에 가장 분명하고 대상을 향유하려는 욕망을 불러일으킬 수 있는 성질을 갖는다.
③ 예술 작품의 아름다움을 감상하려면 세속의 모든 욕구와 이해 관계를 초탈하여 예술 작품을 관조해야 한다.
④ 위대한 예술의 경우 작품은 오래 기억되지만 예술가는 무관심 속에 잊혀져서 작품 창작을 위해 이루어진 모든 과정은 소멸된다.
⑤ 예술 작품에 대한 미적 평가는 그 작품이 제작된 배경이나 과정, 또는 그것이 표현하는 내용의 도덕성으로부터 자유로울 수 없으며 자유로워서도 안 된다.

독자의 반응 추론하기

06 다음 글을 읽은 학생들의 반응으로 핵심에 가장 가까운 것은?

> 위대한 행동가는 대개 심오한 사상가가 되기 어렵다. 반면에 사색적인 인간은 상반(相反)되는 사상들이 마음 속에서 서로 정당성을 주장하기 때문에 끝내 결론을 내리지 못하고 만다. 이러한 사색가들은 대체로 회의주의(懷疑主義) 쪽으로 기울어지는 경향이 있다. 이들은 행동의 지침이 될 수 있는 근거를 여러 곳에서 찾으려 하기 때문에 도리어 행동의 신속성 또는 행동 자체가 지장을 받게 된다. 따라서, 사색가는 대개 행동가가 되기 어렵다. 이들에게는 결단성 있는 행동을 취하지 못하는 결함이 있는 반면에, 그릇된 판단을 피할 수 있는 장점이 있다.
>
> 사상의 가치는 하나의 사리(事理)를 여러 면에서 고찰함으로써 그것을 더 넓고 깊게 이해하도록 해 주는 데 있다. 더 깊이 숙려(熟慮)된 사상을 근거로 한 행동일수록 더 나은 성과를 거둘 수 있기 때문이다. 인간은 궁극의 선(善)으로 인도할 수 있는 절대적인 사상은 생각할 수 없다. 사상이란 결국 시대에 따라서 상대적인 것이다. 사람들은 대개 시대적 상황이나 자신의 입장을 기준으로 옳고 그른 것을 판단하며, 또 그것이 인간의 보편적인 사상이 되기를 기대한다. 반면에 다른 사람이 자기와 같은 생각을 가져 주기를 바라면서도, 그의 생각이 자기의 것보다 나아 보일 때에는 슬그머니 그의 생각을 자신의 것으로 삼기도 한다. 이러한 추종성(追從性)은 인간의 주체성과 배치(背馳)되는 것처럼 보이지만, 한편으로는 상호 간의 이해를 통하여 보편적인 사상이 성립하도록 해 주는 바탕이기도 하다. 주관의 독창성과 객관적 수용 가능성이 조화를 이룰 때 사상의 가치는 빛을 발한다.

① 결단력이 부족한 사색적인 인간보다는 위대한 행동가가 역사를 창조한다.
② 제 아무리 뛰어난 사상이라고 해도 결국 사회의 모든 사람들의 생각을 바탕으로 한 것이다.
③ 행동가는 신중함을, 사색가는 결단력을 갖추도록 해야겠다.
④ 하나의 문제를 여러 각도에서 볼 수 있는 안목과 사상을 갖추는 데 힘써야 하겠다.
⑤ 독창적인 생각도 중요하지만 다른 사람의 생각을 받아들이는 것도 또한 중요하다.

07 다음 글을 읽고 난 후의 반응으로 적절한 것은?

> 한국화라는 명분 아래 그리는 그림 가운데에는 과거의 동양화, 이른바 중국적인 영향의 그림과 구분할 수 없는 그림들이 많다. 그런가 하면 과거의 양식에서 탈피하면서 의욕적으로 오늘의 한국화를 지향하고 있는 화가들의 그림 가운데에도 현대 서양화의 양식과 구별할 수 없는 그림들이 많다. 그래서 어떤 사람들은 한국인이 그린 그림은 모두 '한국화'라고 서슴없이 말하기도 한다. 천에다 유화 물감으로 그리건, 종이에다 먹으로 그림을 그리건, 그런 것은 단순한 수단에 불과한 것이지 그 자체에는 아무런 의미가 없다는 것이다.
>
> 그렇지만 '한국화'의 특수성이나 주체성을 강조하는 입장에 있는 사람들은 그런 주장에 쉽사리 동의하지 않는다. 예컨대 그림 그리는 재료가 단순히 그림을 그리기 위한 물질적인 수단일 수만은 없다는 것이다. 말하자면 캔버스와 화선지 또한 유화 물감과 먹은 서로 같은 값일 수가 없다는 생각이다. 캔버스나 유화 물감은 그림을 그리기 위한 단순한 물질적 수단일 수 있겠으나 화선지와 먹의 경우 그렇게만 볼 수 없다는 것이 그들의 입장이다.

화선지와 먹은 과거의 동양 문화권에서는 하나의 물질인 동시에 정신적인 어떤 것이었다. 즉 물질과 정신이 결합되어 있는 제3의 어떤 것, 그것이 수묵 사상(水墨思想)이고 동양 사상이었다. 불과 물이 혼재(混在)되어 있는 것이 술이고 그것을 마실 때 취하듯이, 수묵도 그것에 익숙해 있는 사람들에게는 취하게 만드는 어떤 신비한 힘이 있다고 믿는 것이다. 수묵에 대한 이런 신념을 가진 사람들이 서양화와 자신들이 그린 그림을 동일한 범주 속에 넣으려 하지 않는다는 것은 당연하다. 하지만 이러한 신념만으로 '한국화'의 독자성이 정당화될 수는 없다. 화선지와 먹으로 그리는 그림은 중국이나 일본은 물론 동남아 여러 국가에서도 계승해 가고 있기 때문이다.
　　그렇다면 '한국화'란 무엇인가. 한국화는 일차적으로 동양화의 범주 안에 있으면서 중국, 일본을 비롯한 다른 이웃 나라의 그림과 같지 않은 어떤 것이라야 한다. 그러나 동양화가 먹으로만 그리는 것이 아니라, 비단과 같은 천에 채색으로 그림을 그리는 이른바 진채화(眞彩畵)가 있다는 점에 주목한다면 결코 '한국화'의 정의가 간단하지 않음을 알 수 있다.

― 박용숙, '한국화 감상법'

① 채색화의 존재로 보아 동양화에 정신 세계만 표현된 것은 아니겠군.
② 한국화의 독자성을 주장하려면 객관적 근거가 충분히 있어야 하겠군.
③ 예술의 독자성을 결정짓는 요소는 결국 창작의 주체가 누구냐 하는 점이군.
④ 동양 문화권에서는 물질적 수단과 정신적 세계를 분리하려는 경향이 있었군.
⑤ 요즘 같은 국제화 시대에 굳이 특수성을 강조한다는 것은 의미가 없는 일이군.

08 다음 글을 읽고 독자들이 생각할 수 있는 내용과 거리가 먼 것은?

(가) 나의 거처(居處)는 산중(山中)에 있었는데, 바로 문 앞에 큰 시내가 있었다. 해마다 여름철이 되어 큰비가 한 번 지나가면, 시냇물이 갑자기 불어서 마냥 전차(戰車)와 기마(騎馬), 대포(大砲)와 북 소리를 듣게 되어, 그것이 이미 귀에 젖어 버렸다.
　　나는 옛날에, 문을 닫고 누운 채 그 소리들을 구분해 본 적이 있었다. 깊은 소나무에서 나오는 바람 같은 소리, 이것은 듣는 사람이 청아(淸雅)한 까닭이며, 산이 찢어지고 언덕이 무너져 내리는 듯한 소리, 이것은 듣는 사람이 분노(憤怒)한 까닭이며, 뭇 개구리들이 다투어 우는 듯한 소리, 이것은 듣는 사람이 교만(驕慢)한 까닭이며, 수많은 대피리가 슬피 우는 듯한 소리, 이것은 듣는 사람이 노한 까닭이다. 그리고, 우르릉 쾅쾅 하는 천둥과 벼락 같은 소리는 듣는 사람이 놀란 까닭이고, 찻물이 보글보글 끓는 듯한 소리는 듣는 사람이 운치(韻致) 있는 성격(性格)인 까닭이고, 거문고가 궁우(宮羽)에 맞는 듯한 소리는 듣는 사람이 슬픈 까닭이고, 종이창에 바람이 우는 듯한 소리는 듣는 사람이 의심(疑心)하고 있기 때문인 것이다. 따라서, 이러한 모든 소리는, 올바른 소리가 아니라 다만 자기 흉중(胸中)에 품고 있는 뜻대로 귀에 들리는 소리를 받아들인 것에 지나지 않는다.
(나) 옛적에 우(禹)가 장을 건너는데, 누런 용(龍)이 배를 등으로 쳐서 지극(至極)히 위험(危險)했다 한다. 그러나, 생사(生死)의 판단(判斷)이 일단 마음 속에 정해지자, 용이

거나 지렁이거나, 혹은 그것이 크거나 작거나 간에 아무런 관계(關係)도 될 바가 없었다 한다. 소리와 빛은 모두 외물이다. 이 외물이 항상 사람의 이목(耳目)에 누(累)가 되어, 보고 듣는 기능(機能)을 마비(痲痺)시켜 버린다. 그것이 이와 같은데, 하물며 강물보다 훨씬 더 험하고 위태(危殆)한 인생(人生)의 길을 건너갈 적에 보고 듣는 것이야말로 얼마나 치명적(致命的)인 병이 될 것인가?

나는 또 나의 산중으로 돌아가 앞내의 물 소리를 다시 들으면서 이것을 경험(經驗)해 볼 것이려니와, 몸 가지는 데 교묘(巧妙)하고 스스로 총명(聰明)한 것을 자신(自信)하는 자에게 이를 경계(警戒)하고자 하는 것이다.

① 일반적으로 사람들은 쉽게 편견에 빠지기도 한다.
② 글쓴이는 자신의 주장을 적절한 예시를 통하여 뚜렷이 나타내고 있다.
③ 강물 소리는 그 소리를 듣는 각각의 사람이 어떤 마음가짐이냐에 따라 다르게 들릴 수 있다.
④ 치밀한 관찰력과 사색으로 사물의 본질을 파악해 낸 이지적이고 교훈적인 글이다.
⑤ 결코 평범하지 않은 소재에서 오묘한 삶의 진리를 깨닫고자 하고 있으며, 구체적 체험을 바탕으로 객관성을 유지하면서 결론을 유도하고 있다.

09 다음 글의 내용으로 미루어 볼 때, 글에 대한 독자들의 반응으로 적절하지 않은 것은?

화수분이 시골 간 후에, 형 거부는 꼼짝 못하고 누워 있기 때문에, 형 대신 두 사람의 일을 하다가 몸이 지쳐 몸살이 나서 넘어졌다. 열이 몹시 나서 정신 없이 앓으면서도 귀동이(서울서 강화 사람에게 준 큰계집애)를 부르고 늘 울었다.
"귀동아, 귀동아, 어델 갔니? 잘 있니······."
그러다가는 흑득흑득 느끼면서,
"그렇게 먹고 싶어하는 사탕 한 알도 못 사 주고 연시 한 개 못 사 주고······."
하고 소리를 내어 어이어이 운다.
그럴 때에 어멈의 편지가 왔다. 뒷집 기와집 진사댁 서방님이 읽어 주는 편지 사연을 듣고,
"아이고, 옥분아(작은계집애 이름), 옥분이 에미!"
하고 또 어이어이 운다. 울다가 펄떡 일어나서 서울서 넝마전에서 사 입고 간 새 옷을 입고 갓을 썼다. 집안 사람들이 굳이 말리는 것을 뿌리치고 화수분은 서울을 향하여 어멈을 데리러 떠났다. 싸리문 밖에를 나가 화수분은 나는 듯이 달아났다.
화수분은 양평서 오정이 거의 되어서 떠나서 해져 갈 즈음에 백 리를 거의 와서 어떤 높은 고개에 올라섰다. 칼날 같은 바람이 뺨을 친다. 그는 고개를 숙여 앞을 내려다보다가 소나무 밑에 희끄무레한 사람의 모양을 보았다. 그것에 곧 달려가 보았다. 가 본즉 그것은 옥분과 그의 어머니다. 나무 밑 눈 위에 나뭇가지를 깔고, 어린것 업은 헌 누더기를 쓰고 한끝으로 어린것을 꼭 안아 가지고 웅크리고 떨고 있다. 〈중략〉
이튿날 아침에 나무장사가 지나다가 그 고개에 젊은 남녀의 껴안은 시체와, 그 가운데 아직 막 자다 깨인 어린애가 등에 따뜻한 햇볕을 받고 앉아서 시체를 툭툭 치고 있는 것을 발견하여 어린것만 소에 싣고 갔다.
— 전영택, '화수분'

① 화수분 부부가 얼어 죽어 가면서도 어린아이를 감싸안은 것에서 작가의 인도주의적 정신을 엿볼 수 있었어.
② 화수분 가족의 비극은 개인의 비정상적인 성격에 원인이 있는 것이 아니라, 외적인 환경에 그 원인이 있다고 생각해.
③ 화수분 가족의 비극적인 결말을 주관적인 태도로 묘사한 것은 독자들의 심리적 충격을 이끌어 내기 위한 의도일 거야.
④ 화수분의 말과 행동을 대체로 장면 묘사하듯이 그려 나가니 당대 하층민들의 비참상이 더욱 생생하게 와 닿는 느낌이 들어.
⑤ '화수분'이란 재물이 계속 나오는 보물 단지를 말하는 것인데, 주인공 화수분의 실상은 정반대인 것을 보니, 비극적인 느낌이 더 절절하게 다가와.

10 다음 시에 대한 독자들의 반응으로 적절하지 <u>않은</u> 것은?

> 태양을 의논하는 거룩한 이야기는
> 항상 태양을 등진 곳에서만 비롯하였다.
>
> 달빛이 흡사 비 오듯 쏟아지는 밤에도
> 우리는 헐어진 성터를 헤매이면서
> 언제 참으로 그 언제 우리 하늘에
> 오롯한 태양을 모시겠느냐고
> 가슴을 쥐어뜯으며 이야기하며 이야기하며
> 가슴을 쥐어뜯지 않았느냐?
>
> 그러는 동안에 영영 잃어버린 벗도 있다.
> 그러는 동안에 멀리 떠나 버린 벗도 있다.
> 그러는 동안에 몸을 팔아 버린 벗도 있다.
> 그러는 동안에 맘을 팔아 버린 벗도 있다.
>
> 그러는 동안에 드디어 서른여섯 해가 지나갔다.
>
> 다시 우러러보는 이 하늘에
> 겨울밤 달이 아직도 차거니
> 오는 봄엔 분수처럼 쏟아지는 태양을 안고
> 그 어느 언덕 꽃덤불에 아늑히 안겨 보리라.
>   - 신석정, '꽃덤불'

① 일제 치하 식민지에서 벗어난 광복의 기쁨을 노래한 것이다.
② 어두운 시절의 괴로웠던 삶을 공감각적으로 형상화하고 있다.
③ 식민지 상황과 광복이라는 대립된 이미지가 선명하게 드러나 있다.
④ 완전한 국가의 수립이라는 과제가 남아 있다는 현실 인식이 드러나 있다.
⑤ 시인의 다른 작품에서 보이는 명상적인 경향에서 벗어나 격정을 드러내고 있다.

비판과 창의적 이해

비판적 이해는 지문에 대하여 그 옳고 그름과 잘 되고 못됨에 대해 평가, 판정하는 이해 과정을 말한다. 글의 흠을 찾는 부정적인 비판이 아니라 여러 가지 기준에 비추어 의미와 가치를 폭넓게 이해하는 적극적인 독서 과정이다. 텍스트 밖에서 글쓴이의 관점이나 태도를 짚어 본다거나, 지문의 중심 논지를 반박 비판하는 등의 일을 요구하는 문제가 이에 해당할 것이다.

국어능력인증시험이 종합적 사고력의 측정에 있음을 감안할 때, 비판적 이해 능력을 묻는 문제의 비중은 높을 것으로 생각할 수 있으나 문제의 객관성 확보를 생각해 보면 출제의 한계가 있을 것으로 예상된다.

> 단순히 주어진 정보를 이해하고 분석하는 학습 과정을 넘어서서, 새로운 연구를 위한 전 단계로 선행 연구 작업에 대한 비교, 분석의 작업은 필수적이다. 이는 단지 학술 활동에만 관계된 것이 아니라 직업 활동이나 일상생활 속에서도 다양하게 활용되고 있다. 이렇듯 유사한 정보들을 종합적으로 분석하고 분류하는 활동은 비판적 이해 능력에 따른 것으로 본다. 또한 자신의 가치관이나 신념에 비추어 글 전체에 대한 평가를 내리는 과정으로, 내용, 조직, 표현상의 정확성, 적절성, 타당성과 효용성을 판단하는 능력 역시 비판적 이해 능력의 주요한 부분이라 할 수 있다. 한편 국어능력인증시험에서는 문학 작품을 공감하고 적절하게 감상할 수 있는 능력 역시도 비판적 이해 능력의 하나로 둔다. 이는 특히 텍스트의 미적 구조와 글에 드러난 사회문화적 양상을 이해하며 읽는 것을 요구한다.
>
> – (재) 한국언어문화연구원 발표 '시험 준비 안내서'에서

테마 10 오류의 발견과 비판하기

오류의 유형

1. 자료적 오류

① **성급한 일반화의 오류** : 제한된 정보, 불충분한 자료, 대표성이 결여된 사례 등 특수한 경우를 근거로 하여 성급하게 일반화하는 오류.

② **우연의 오류(원칙 혼동의 오류)** : 일반적으로 그렇다고 해서 특수한 경우에도 그러할 것이라고 잘못 생각하는 오류. 즉 상황에 따라 적용해야 할 원칙이 다른데도 이를 혼동하여 생기는 오류.

③ **무지에의 호소** : 어떤 주장이 반증된 적이 없다는 이유로 받아들여져야 한다고 주장하거나, 결론이 증명된 것이 없다는 이유로 거절되어야 한다고 주장하는 오류.

④ **잘못된 유추의 오류** : 부당하게 적용된 유추에 의해 잘못된 결론을 이끌어 내는 오류. 즉 일부분이 비슷하다고 해서 나머지도 비슷할 것이라고 생각하는 오류.

⑤ **순환 논증의 오류(선결 문제 요구의 오류)** : 결론에서 주장하는 바를 논거로 제시하는 오류.

⑥ **흑백 논리의 오류** : 어떤 주장에 대해 선택 가능성이 두 가지밖에 없다고 생각함으로써 발생하는 오류, 즉 중간 항이 허용됨에도 불구하고 서로 모순된 주장으로 생각함으로써 발생하는 오류.

⑦ **원인 오판의 오류** : 어떤 사건의 원인과 결과를 혼동하거나, 단순한 선후 관계를 인과 관계로 혼동함으로써 발생하는 오류.

⑧ **복합 질문의 오류** : 두 가지 이상의 질문이 하나의 대답을 요구할 때 발생하는 오류. 어떻게 대답하든, 대답하는 사람이 수긍할 수 없거나 수긍하고 싶지 않은 점을 수긍하는 결과를 가져오는 질문 때문에 발생하는 오류.

⑨ **분할·합성의 오류** : 전체 또는 집합이 어떤 성질을 가지고 있기 때문에 그 부분이나 원소들도 그와 같은 성질을 가지고 있다고 추론하는 오류(분할의 오류). 그와는 반대로 부분이나 원소의 성질을 전체의 속성으로 보는 오류(합성의 오류).

⑩ **발생학적 오류** : 어떤 대상의 기원이 갖는 속성을 그 대상도 그대로 가지고 있다고 추리하는 오류.

⑪ **의도 확대의 오류** : 의도하지 않은 결과를 원래 의도가 있었다고 판단하여 생기는 오류.

⑫ **논점 일탈의 오류** : 어떤 논점을 뒷받침하기 위해 제시한 논거가 실제로는 다른 논점을 뒷받침하는 오류.

2. 심리적 오류

① **동정(연민)에 호소** : 상대방의 동정심이나 연민에 호소하여 자신의 논지를 받아들이게 하는 오류.

② **공포(협박)에의 호소** : 상대방에게 유형, 무형의 강압적인 수단을 동원하여 자신의 주장을 받아들이게 하는 오류.

③ **대중(여론)에의 호소** : 어떤 주장에 대한 타당한 근거를 제시하지 않고, 대중의 감정, 군중심리, 열광 등에 호소하거나 여러 사람이 동의한다는 점을 내세워 자신의 주장에 대해 동의를 얻어 내고자 하는 오류.

④ **부적합한 권위에의 호소** : 논지와는 직접적인 관련이 없는 권위자의 견해를 근거로 하여 자신의 주장을 받아들이도록 하는 오류.

⑤ **우물에 독 뿌리기(원천 봉쇄의 오류)** : 반론이 일어날 수 있는 원천을 비판하거나 봉쇄함으로써 반론의 제기를 불가능하게 하여 자신의 논지를 옹호하는 오류.

⑥ **인신공격의 오류** : 주장하는 사람의 인품이나 성격, 직업, 과거의 정황 등을 비난함으로써 그 사람의 주장이 잘못되었다고 비판하는 오류.

⑦ **정황에의 호소** : 상대방이 처한 정황을 비난하거나 논리적 근거로 내세워 논지로 수용할 것을 요구하는 오류.

⑧ **역공격의 오류(피장파장의 오류)** : 비판받는 내용이 상대방에게도 적용될 수 있음을 근거로 비판을 모면하고자 하는 오류.

3. 언어적 오류

① **애매어의 오류** : 두 가지 이상의 의미로 사용될 수 있는 단어의 의미를 명백히 분리하여 파악하지 않고 혼동함으로써 생기는 오류.

② **부당한 강조의 오류** : 문장의 한 부분을 불필요하게 강조함으로써 발생하는 오류.

③ **은밀한 재정의의 오류** : 용어가 갖는 사전적 의미에 자의적(恣意的)인 의미를 은밀하게 덧붙임으로써 생기는 오류.

01 다음에서 영수의 말과 관계 깊은 속담은?

> 철수 : 넌 수학 시간만 되면 왜 그렇게 힘이 없니? 수학은 모든 응용 과학의 밑바탕이 되는 기초 학문일 뿐 아니라 대입 시험에도 필수 과목이잖아. 넌 수학을 싫어해서 대학 입시를 통과하는 데 어려움이 있을 거야.
> 영수 : 야, 넌 누구 얘기를 하고 있는 거냐? 그럼, 넌 영어 시간이면 왜 맨 뒷자리로 꽁무니를 빼니? 아직 영어 문장 하나 제대로 외지도 못하면서 대학 입시를 보겠다니 너야 말로 어려움이 있을 거다.

① 내가 검정이면 넌 숯이잖아.
② 귀신 씨나락 까먹는 소리하네
③ 자유가 아니면 죽음을 달라.
④ 까마귀 날자 배 떨어지는 격이군
⑤ 한두 가지만 보고 싸잡아 말하지 마.

02 다음과 동일한 오류를 보이는 것은?

> 모든 사람에게 표현의 자유를 무제한 허용하는 것은 언제나 국가 전체에 이익이 된다. 왜냐하면 개개인이 자신의 감정과 의사를 표현할 자유를 완전하게 누리는 것은 공동체의 이익을 증진시키기 때문이다.

① 베토벤의 음악은 종교 음악이래. 아인슈타인 박사도 그것을 인정했어.
② 얘, 영희야! 너 모범생이 외제 학용품 써도 되는 거니. 철수야, 너희집 건축은 외제더라.
③ 이 책은 아주 가치 있는 내용을 담고 있음에 틀림없다. 이 책을 사서 읽지 않은 이가 없을 정도니까.
④ 귀신이 있긴 있다. 귀신이 없다는 것을 증명하려는 시도가 많았으나 아직 아무도 증명하지 못한 것을 보니까.
⑤ 그 정치인은 우리의 좋은 친구임에 틀림없다. 그가 우리에게 직접 그렇게 말했으니까. 그리고 그 좋은 친구가 우리에게 거짓말을 할 리 없을 테니까.

03 다음 글의 밑줄과 같은 형태의 오류를 범하고 있는 것은?

> 대단히 공격적이고 뻐기기 잘하는 성격을 가진 과격적인 거북이 한 마리가 토끼한테 달리기 경주를 하자고 도전장을 냈다. 거북이가 토끼의 자존심까지 건드려 가면서 집요하게 붙들고 늘어지자 마침내 토끼도 달리기 시합에 동의하고 말았다.
> 달리기 시합은 우리가 알다시피 토끼가 낮잠을 자는 동안 쉬지 않고 기어간 거북이가 먼저 결승선을 통과했다. 모든 관중 앞에서 거북이는 공식적인 승자로 인정되었다.

> 한껏 승리감에 도취된 거북이는 모여 있는 동물들한테 토끼 대신 자기를 전령으로 뽑아 달라고 했다. 하지만, 동물들의 대답은 한결같았다. "너 혹시 어떻게 된 거 아니니? 평소에도 게으른 성격을 가진 네가 어떻게 토끼를 이길 수 있니? 마음만 먹으면 언제든 토끼가 너보다 훨씬 빨리 달릴 수 있다는 건 너만 빼놓고 다 아는 사실이냐. 알겠니?"

① 아빠, 산타 할아버지는 정말 있어요? 응, 산타 할아버지는 믿는 사람에게만 선물을 주신대.
② 미국은 경제적 부국이다. 그러므로 미국 사람들은 모두 부자들이다.
③ 소크라테스의 철학은 믿을 수 없다. 왜냐하면, 그는 공처가였으니까.
④ 거짓말을 하는 것은 나쁘다. 그 의사는 환자를 안정시키기 위해 거짓말을 했다. 따라서, 그 의사는 나쁘다.
⑤ 우리 주위에는 우리보다 가난하고 어렵데 사는 사람들이 너무나 많습니다. 우리는 그들을 못 본 체 공부만 할 것이 아니라 그들의 어려움을 우리의 어려움으로 생각하고 도와주어야 합니다. 언제 우리도 어려운 처지에 빠질지 누가 압니까? 더불어 인간답게 사는 것이 중요하지 않겠습니까?

04 다음 글이 지닌 논리적 결함과 가장 유사한 결함을 지닌 것은?

> 귀납은 과학에서 개별적인 관찰 사례들로부터 보편적인 법칙을 이끌어내는 데 매우 유용한 추론이다. 그런데 여기서 귀납적으로 도출된 보편적인 법칙이 옳다는 것을 보이려면 귀납추론 자체의 정당성이 입증되어야 한다. 우리는 다음과 같은 방법으로 귀납 추론을 정당화할 수 있다. 많은 과학 활동의 사례들에서 귀납의 원리가 매우 성공적으로 작동되는 것이 관찰되었다. 가령 행성의 위치에 대한 관찰로부터 귀납적으로 도출된 행성 운동의 법칙은 일식과 월식 등의 현상을 매우 성공적으로 설명·예측하였다. 그리고 몇몇 금속의 열팽창에 관한 관찰로부터 귀납 추론을 통해 도출된 금속의 열팽창 법칙 역시 다른 금속의 열팽창 현상을 정확히 설명·예측하였다. 그 외에도 귀납 추론을 통해 도출된 많은 법칙이 관련 현상들을 매우 성공적으로 설명·예측한다는 것이 확인되었다. 결국 귀납 추론이 대부분의 법칙의 추론 과정에서 매우 성공적으로 작동하고 있음이 경험을 통해 확인되었다. 따라서 귀납 추론은 정당하다.

① 미인박명이라고 한다. 유관순은 젊어서 죽었으니까 미인일 것이다.
② 프랑스 팀은 우승할 거야. 왜냐하면 실력 있는 선수들이 많이 있거든.
③ 성경 말씀은 하느님의 말씀으로서 진리이다. 왜냐하면 성경에 그렇게 쓰여 있기 때문이다.
④ 담배는 암을 유발시키지 않는다. 왜냐하면 담배가 발암 물질이라는 결정적 증거가 없기 때문이다.
⑤ 무릇 인간은 마음이 건강하지 못하면 몸도 건강하지 못하다. 왜냐하면 많은 의사들과 심리학자들이 그렇게 주장하기 때문이다.

05 다음 글에서 말하고 있는 오류와 관련이 깊은 것은?

아테네의 서북쪽 코린트 만으로부터 약 10km 안으로 들어가 파르나소스 산 언덕에 델피 신전이 자리잡았던 옛터에는 지난날들을 상상하기에 충분한 유적들이 남아 있다고 한다. 고대 그리스 인들은 그 델피 아폴로 신전의 지성소를 지구의 중심지로 생각해 왔다. 기원전 600년 경부터 약 200년간은 여러 도시 국가들이 그들의 중요한 국가 문제를 결정함에 있어서 델피 신탁의 충고를 고려하지 않은 일이 거의 없을 정도였다고 하니, 그 신비하고 성스러운 권위가 어떠했는지 짐작이 간다. 오이디푸스 왕이 그의 아버지를 죽이고 어머니와 결혼할 운명이라는 것을 예언한 것도 바로 그 델피의 신탁이었다고 한다.

여기 아폴로 신전 저 안쪽 지성소에는 아폴로의 왕좌인 삼각형의 청동제 제단이 있었는데, 그 위에는 50세가 넘은 농부 여인으로 여사제를 삼아 앉혔다고 한다. 신탁받을 우선권을 얻으려는 자들은 양이나 염소, 그 밖의 동물을 제물로 바치고, 길조이면 지성소 가까이에 있는 방에서 자기 차례를 기다렸다는 것이다. 그들은 납판대에 자기들의 문제를 써서 제출하기로 되어 있었는데, 그 당시 사용했던 그런 납판대가 많이 발견됐다고 한다. 여사제는 앉기 전에 카스타리아 샘에서 목욕을 하고 카소티스의 샘물을 마신 뒤 월계수 잎을 씹고 나서 틈 사이로 뿜어 나오는 연기에 도취되어, 말의 연결이 잘 안 되는 어구들을 중얼거리면 기다리고 있던 승려가 이를 번역하는데, 이 글이 애매하기로 유명하였다.

그 대표적인 예가 리디아의 왕 크로이소스가 600파운드나 되는 황금 사자를 제물로 드리고 받았다는 신탁이다. 왕은 페르시아와 전쟁을 해야 할지 말아야 할지를 결정하려고 신탁을 구하게 되었다. 그런데 "만일, 그가 페르시아와의 전쟁을 한다면, 그는 대국(大國)을 멸망시킬 것이다."라는 신탁이 내려졌다고 한다.

그리하여 크로이소스는 페르시아를 섬멸시키려는 전쟁을 일으켰으나 패했다. 그 후, 고생 끝에 그곳을 다시 찾아와 그 신탁에 대하여 항의하게 되었다. 그랬더니 그 항의를 받은 승려는 위의 신탁을 곰곰이 생각하고 나서, 그 신탁은 틀림없이 맞았다는 것이다. 즉, "크로이소스는 분명히 대국을 멸했다. 그의 왕국 리디아는 대국이었으며, 그 대국을 멸했으니 말이다.

— 이초식, '논리학 교과서'

① 피고는 어머니 없는 일곱 어린이의 아버지이며 더욱이 병환 중에 있는 늙으신 부모님까지 모시고 있는 형편입니다. 그가 하루라도 벌지 못하면 그의 일곱 어린이는 굶주려야 하고 늙은 부모는 약도 써 보지 못하고 죽을 수밖에 없습니다. 철없는 어린이들이 무슨 죄가 있습니까? 병든 부모를 돌보지 못하게 하는 것이 인간의 도리입니까? 피고는 마땅히 석방되어야 합니다.
② 어느 날 기차 안에서 나는 책가방을 옆자리에 놓고 앉아 있었는데 어떤 한 사람이 내 옆자리를 눈여겨 보며 "자리 있습니까?" 하는 것이었다. 그래서 나는 "예" 하고 대답했다. 그런데 그는 앉으려 하지 않고 그대로 지나가는 것이었다. 나는 그가 혹시 다른 쪽에 놓아 둔 짐을 가지러 갔나 보다 하고 기다렸으나 그는 돌아오지 않았다.
③ 성서의 글은 모두 하나님의 말씀이다. 성서가 하나님의 말씀인 것은 성서에 쓰여 있다. 고로 성서가 하나님의 말씀인 것은 틀림없다.
④ 우리 학교의 야구단은 춘계 리그에서 우승하였다. 그러므로 선수 하나 하나의 개인기도 뛰어나다.
⑤ 당신은 훔친 물건을 헐값으로 남대문 시장에서 팔아넘겼지요?

테마 11 내용의 통일성 비판하기

01 다음 글의 논지와 상치되어 논리 전개상 필요 없는 부분은?

(가) 수출 둔화와 국제 수지 악화, 소비재 수입 증대, 그리고 과소비 등으로 고전하고 있는 우리 경제는 기업들의 설비 투자 둔화에 따른 제조업의 경기 하강이 예상됨에 따라 새로운 걱정거리를 안게 되었다. 이것은 특히 비제조업 분야에서의 호황과 대비되어 우리 경제의 불균형 성장을 야기하고 경제의 내실화를 저해하는 요인으로 지적되는 것이다.

(나) 한국은행이 최근 내놓은 기업 경기 전망 조사에 의하면, 1990년 이후 설비 투자 증가율이 계속 줄어들어 1992년 상반기에는 한 자리 수(7~8%)까지 주저앉을 것으로 예견되고 있다.

(다) 기업의 설비 투자가 줄어들고 있는 것은 지난해 석유 화학을 중심으로 대규모 설비 투자가 끝났기 때문이다. 또 정권 교체기의 불안감도 문제이다. 그러나 더 중요한 요인은 자금 조달의 어려움이라 할 것이다. 증권 시장은 침체되어 증시에는 자금을 조달하기도 어려운 상황이다. 자동차와 철강, 반도체, 가전업체 등의 분야는 투자 소요액을 상업 차관의 도입으로 메우려고 하나 국내 물가를 자극한다는 이유로 실행하지 못하고 있다.

(라) 지금 우리의 경제 사정을 보면 긴축이 필요하다. 뛰는 물가를 잡고 과열된 경기를 진정시키려면 금융 긴축이 불가피하다. 따라서, 정부는 긴축을 최우선 정책으로 삼고 올해 통화량 증가율을 18.5%로 묶어 엄격하게 운영해야 할 것이다.

(마) 정부는 설비 투자를 적극 유도하기 위해 각종 지원 대책을 총수요 관리 정책과 관련시키지 않도록 해야 할 것이다. 기업에 대한 신규 대출 심사와 회사채 및 외화 증권 발행 확대 등이 안정 기조의 유지라는 고삐에 물려 실기(失期)하지 않도록 배려해야 한다.

① (가)　② (나)　③ (다)　④ (라)　⑤ (마)

02 다음 글 (가)~(마) 중 글 전체의 통일성을 해치는 단락은?

(가) 시인이나 소설가가 우리 삶을 새에 비유한 작품들을 흔히 볼 수 있다. 새에 대한 화가의 관심 또한 각별해 보인다. 이는 새가 고요함이나 평화로움에 다가가고 싶은 소망을 이끌어 내는 대상이기 때문이 아닌가 한다. 꾸미지 않아도 윤기 있는 깃털에서 배어 나온 정갈함이나 드넓은 늪지에 낮게 날아다니는 평화로움, 기이하게 틀어진 소나무 가지에 걸터앉는 여유로움이 화가들의 붓끝에 먹을 적시게 하였다.

(나) 예나 지금이나, 동양이나 서양이나 새의 삶은 인간의 동경 대상인 듯하다. 새처럼 날 수 있다면, 새처럼 멀리 볼 수만 있다면, 새처럼 평화롭기만 하다면, 새처럼 아름답다면, 새처럼 착하기만 하다면…….
사람들이 동경심을 표현할 때 '새처럼'이란 말을 붙이기를 좋아한다. 새에서 오는 이미지를 거저 얻으려는 속마음과 우리가 새들보다 모자란 구석이 많다는 점을 인정하고 있는 셈이다.
(다) 우리나라는 철새들이 많이 찾아오는 곳이다. 주변에 정착하여 살고 있는 새들이나 잠시 머물다 가는 철새들이나 우리 하늘 위에 있으면 모두 정겨운 가족들이다. 표정 없는 허수아비의 노여움에 아랑곳하지 않는 참새는 영락없는 말썽꾸러기 개구쟁이이고, 논두렁에 슬며시 내려앉아 주변을 살피는 기러기 한 쌍은 동료들 사이에서 빠져 나와 몰래 데이트를 즐기는 젊음으로 보인다. 사람이 다가가면 신경질적으로 쫑알대는 꾀꼬리는 거울 앞에서 머리 빗는 사춘기 소녀처럼 보이고, 경계심이 없는 집비둘기는 의젓한 큰딸처럼 대견해 보인다.
(라) 우리는 날개가 있어도 날지 못한다. 등에 진 근심과 걱정이 천근만근인 까닭에 몸이 무거워 비상을 하지 못한다. 새들은 우리보다 더 넓은 시각과 세상을 살고 있는 것만은 분명하다. 그렇지 않으면 그렇게 평화롭기만 할 수는 없을 것이다. 우리가 꿈꾸는 세상이 새들이 가지고 있는 평화로움과 질서정연한 아름다움이다. 강조하지 않아도 되는 일을 목청 돋우며 살아야 하는 우리 모습이 부끄러울 뿐이다.
(마) 찡그린 얼굴을 펴고 하늘을 올려보자. 꾸미지 않아도 아름답고, 정렬하지 않아도 질서가 잡혀 있는 새떼가 지나간다. 오랜 풍파에 시달려 아무렇게나 뻗어 올라간 늙은 나무 가지를 살펴보면, 오똑하게 앉아 있는 왜가리 한 마리가 있다. 새에게 한 여름 가마솥 더위를 팔고 때가 묻은 몸을 씻어낼 시원한 물 한 동이를 사오자. 그리고 덤으로 평화로운 마음을 얻을 수 있는 여유를 가져 보자.

① (가) ② (나) ③ (다) ④ (라) ⑤ (마)

03 다음 글 (가)~(마) 중, '무당'이 되는 요건이 확연히 구별되는 하나는?

(가) 무당이 되는 길은 무당의 자식으로 태어나는 것이 가장 중요하다. 부모 가운데 어느 한쪽이 무당인 경우에는 자식들은 모두 무당이 되며, 부모 가운데 어느 쪽이 무당이냐 아니냐라든가 그 우열에 관계 없이 무당이 된다. 그것이 축복이든, 저주 든 그들은 무당 교육을 받아서, 무당으로 살아가게 되는 운명을 가지고 태어나는 것이다.
(나) 무당은 신분과 직업에 대한 자격을 가지고 태어난다. 자격만 가졌을 뿐 능력은 학습을 통하여 성취되는 것이다. 그러므로 무당이기는 하여도 그 능력에 따라 굿을 할 줄 모르는 무당도 있고, 반대로 굿을 잘 하는 무당도 있다. 따라서, 그들은 무당이라는 신분과 함께 직업에 대한 우선권을 가지고 태어나기는 하지만, 무당으로서의 능력은 학습의 결과에 의해 상당히 차이가 있다.
(다) 물론 어떤 무당은 학습이라는 요소를 배제할 수 없지만, 학습보다는 신에 대한 것이 보다 강조되기도 한다. 이들에게 어디서 굿을 배웠느냐고 물으면, 이들은 대개 누구로부터 배웠다는 것을 부정하려 든다. 신이 내려 무당이 되었고, 굿은 저절로 할 줄 알게 되었다는 것이다.
(라) 무당이 되는 길의 또 하나는 무당과 결혼하는 길이 있지만, 결혼하는 것만으로 무당이 되는 충분 조건이 되지는 못한다. 무녀가 일반인의 첩이나 정실이 된다 해도, 그 남편 또는 동거인이 반드시 무당이 되는 것은 아니다. 왜냐하면, 남자들은 대체로 무

업(巫業)에 종사하지 않기 때문이며, 그러므로 무당과 결혼한다 해도 굿을 배워 무업에 종사하지 않으면 무당이 되지 않는다.

(마) 일반인도 무당을 따라다니면서 배워 굿을 하게 되면 무당이 될 수도 있다. 무당과 결혼했다고 해서 반드시 무당이 될 수 없으며, 일반인도 학습을 통해서 무당이 될 수 있다는 점으로 볼 때, 무당이 되는 데는 학습이 얼마나 중요한 요소인가를 알 수 있다.

— 최길성, '한국의 무당'

① (가) ② (나) ③ (다) ④ (라) ⑤ (마)

04 다음 각 문단의 중심 내용이 다른 것과 관련이 가장 적은 것은?

(가) 국민 소득의 통계에는 환경의 가치가 포함되지 않기 때문에 실제의 경제적 복지와 차이를 보일 수 있다. 산업화는 생산을 증대시켜 국민 소득을 더 크게 만들지만, 다른 한편으로 환경의 파괴를 가져와 경제적 복지에 나쁜 영향을 준다. 환경의 파괴가 우리의 강산을 보기 싫게 만들고 건강을 해친다면, 이 부분은 경제 성장의 부정적인 측면으로 반영되어야 한다.

(나) 어떤 상품이 지하 경제에서 생산되었다고 해서 그것을 소비할 때 느끼는 만족감이 더 작아질 리는 없다. 그러므로 공식적인 국민 소득 통계는 실제의 생활 수준을 지하 경제에서 생산된 상품의 가치만큼 과소평가해서 보여 주게 된다. 국민 경제에서 지하 경제가 차지하는 비중은 나라마다 다르고, 이에 따라 1인당 국민 소득의 크기가 실질적인 국민들의 생활 수준과 비례하지 않을 수 있다. 예를 들어, 이탈리아는 지하 경제의 비중이 매우 높은 것으로 알려져 있는데, 이것이 사실이라면 이탈리아 사람들은 겉으로 드러난 것보다 훨씬 풍족한 경제 생활을 누리고 있을 것이다.

(다) 선진국과 후진국을 구별하는 경제 지표는 여러 가지가 있는데, 그 중 대표적인 것이 1인당 국민 소득이다. 세계은행에서 나온 통계표는 세계 여러 나라를 1인당 국민 소득을 기준으로 하여 고소득국, 중소득국, 저소득국으로 분류하고 있다. 겉으로는 고소득국이나 저소득국이라는 표현을 썼지만, 실제로는 선진국이나 후진국이라는 의미로 보아도 무방하다. 왜냐하면 다른 측면에서는 선진적인데 유독 1인당 국민 소득만 무척 낮은 나라는 없기 때문이다.

(라) 국민 소득에는 경제적 복지의 중요한 결정 요인이 되는 여가(餘暇)의 가치가 포함되지 않기 때문에 실제의 복지 수준을 잘 반영하지 못하는 측면도 있다. 우리나라나 대만의 근로자들은 유럽의 근로자들에 비해 훨씬 노동 시간이 길고 따라서 여가 시간이 더 짧다. 예를 들어, 스페인의 근로자가 우리나라의 근로자와 똑같은 소득을 얻더라도 더 많은 여가를 즐길 수 있다면 그만큼 더 높은 경제적 복지를 누리는 셈이다.

(마) 이를테면 이발 요금의 경우, 우리나라에서는 5천 원인데 일본에서는 원화로 3만 원이 되어 우리나라보다 무려 여섯 배나 높은 셈이다. 그러므로 일본의 이발사가 한 사람의 머리를 깎으면 같은 경제 행위를 하고도 우리나라보다 여섯 배 큰 소득으로 국민 소득 통계에 포함되는 결과가 나타난다. 국민 소득의 수치에는 이와 같은 숫자의 마술이 숨겨져 있는 경우가 많다.

① 가 ② 나 ③ 다 ④ 라 ⑤ 마

05 다음 중 내용상 다른 것과 가장 연관성이 적은 단락은?

(가) 디지털 기술을 응용한 각종 분야 중 컴퓨터가 가장 중심에 있다. 1943년 12월 영국의 튜링이 만든 세계 최초의 컴퓨터 콜로서스(1946년 미국의 존 폰 노이만이 만든 에니악(ENIAC)이 세계 최초의 컴퓨터로 잘못 알려져 있음.)가 등장한 이래 컴퓨터는 디지털 혁명을 이끄는 원동력이었다. 계산 능력의 급속한 신장과 네트워크 기술의 발전을 통해 인간이 상상하는 모든 것을 하나씩 실현시켜 주고 있다.

(나) 컴퓨터로 대표되는 디지털의 꽃은 누가 뭐래도 인터넷이다. 1969년 인터넷의 원조인 알파넷(ARPAnet)이 만들어졌을 때에는, 30년 후 그것이 세상을 이토록 뒤바꾸어 놓을 지에 대하여 상상하지 못했을 것이다. 디지털은 컴퓨터로 컴퓨터가 다시 네트워크를 통하여 인터넷으로, 인터넷은 시장·정치·언론·기업 ·교육·광고 문화예술 등 사회의 곳곳으로 스며들어 급기야는 담을 넘고 이념을 넘고 국경을 넘어 전 세계를 하나의 정보권과 공동사회로 만들어 가는 대변혁을 이끌고 있다. 인터넷은 바로 디지털이 만들어 낸 신대륙이다. 이 모든 것을 가능케 하는 가장 큰 요소는 모든 정보를 0과 1로 구성된 비트(bit)로 환원하여 처리할 수 있는 디지털 기술이다.

(다) 디지털(digital)이란 아날로그(analog)와 대조되는 말이다. 원래 디지털은, 손가락, 발가락 또는 아라비아 숫자를 의미하는 'digit'에서 기원한 말이며, 컴퓨터나 데이터 통신 등에서 소리나 빛, 진동 등의 정보를 0(No)과 1(Yes)의 방식으로 전환하여 전달하거나 저장하는 것을 일컫는다. 반면에, 아날로그(analog)란, 아날로기아(analogia; 닮음)라는 그리스 어에서 유래된 말이며, 수치나 물리적인 양을 자의 길이, 바늘의 회전각 등 연속적인 수치로 나타낸 것을 말한다

(라) 휴대폰, 전자 상거래, 인공 지능, 컴퓨터, 전자 카드, CD, DVD, 사이버 화폐, 각종 신용 카드, 디지털 카메라, 디지털 도서관, 디지털 시계, 디지털 텔레비전, 인터넷 무역(e-trade), 인터넷 정치(e-politics), 인터넷 민주주의(web-democracy) 등 디지털 기술은 가전 제품, 통신 기기, 영상 장비, 제조 장비 등 각종 기기에 파고들고 있다.

(마) 디지털이 만들어 내고 있는 혁명의 줄기 중 하나는 각기 다른 여러 가지 장치와 기능의 융합이다. 팩스, 전화, TV와 PC 등의 기능이 디지털 기술에 의해 급속히 하나로 융합되고 있다는 것이다. 디지털 전화기, 디지털 복사기, 디지털 텔레비전, 디지털 혁명이 낳은 1세대 융합 작품들이다.

① (가)　② (나)　③ (다)　④ (라)　⑤ (마)

테마 12   논거의 적절성 비판하기

논거의 파악

논거의 파악은 논리적 관점에서 상대방의 주장의 논리적 근거를 파악하는 것이다. 이를 위해서는 글 쓴이의 주장과 그 근거를 파악하고, 논리적 관점에서 근거가 적절한지, 근거와 주장의 관계가 적절한 지를 판단해야 한다.

- **사실 논거** : 모든 사람이 상식으로 알고 있는 일반화된 지식, 정보, 역사적으로 널리 알려진 사실, 객관적 실험 결과, 자연 법칙에 따른 사실, 정확한 통계 수치 등.
- **소견 논거** : 전문가나 권위자의 주관적 생각이나 판단으로 대부분 인용문 형태로 나타남.

논거 파악의 효과적 방법

논거를 잘 파악하려면 먼저 글쓴이의 주장을 파악하고, 이러한 주장에 따른 이유나 근거를 확인할 수 있어야만 한다. 이유나 근거에 대한 정보를 문맥을 통해서 신속하고 정확하게 파악하는 것이 관건이며, 이러한 과정에서 근거로 사용한 논거가 보편적으로 통념화된 일반적인 상식에 속한 것인지, 글쓴이 자신의 논리적 판단에 따른 특수한 예에 속한 것인지를 확인하는 것도 중요하다.

01   다음 글의 논지를 뒷받침하는 예로서 적절치 <u>않은</u> 것은?

> 언어와 사고의 관계를 연구한 사피어(E. Sapir)에 의하면, 흔히 생각하듯이 우리는 객관적인 세계에 살고 있는 것이 아니다. 우리는 언어를 매개로 하여 살고 있으며, 언어가 노출시키고 분절(分節)시켜 놓은 세계를 보고 듣고 경험한다. 워프(B. Whorf) 역시 사피어와 같은 관점에서 언어는 우리의 행동과 사고의 양식을 결정하고 주조(鑄造)한다고 말한다. 사피어와 워프의 말에 비추어 우리말의 경우를 생각해 보자. 우리말에서는 초록, 청색, 남색을 '푸르다'고 한다. '푸른 숲, 푸른 바다, 푸른 하늘' 등의 표현이 그러한 경우로, 우리는 이 다른 색들에 대해 한 가지 말을 쓰고 있다. 사피어와 워프에 따른다면 이러한 현상 때문에 우리는 숲, 바다, 하늘을 한 가지 색깔로 생각하게 된다. 언어가 사고를 결정하는 것이다.
> - 남기심, '우리말과 민족 문화'

① 실제로는 잘 구분되지 않는 물줄기들이지만 '개천', '시내', '강'이라는 말이 있어서 사람들이 이 물줄기들을 그 말에 따라 구별한다.

② 우리가 직계 1세대 위 남자를 '아버지', 2세대 위 남자를 '할아버지'라 하는 것처럼 서구에서도 그러한 관계를 같은 방식으로 표현한다.

③ 현대인은 보통 몇 시간, 몇 분, 몇 초라는 용어를 쓰지만, 옛날 사람들은 '한 나절', '두어 참' 등의 말을 즐겨 사용했다. 그러므로 두 시대 사람들의 시간 개념이 서로 다르다고 할 수 있다.

④ 우리가 무지개 색깔을 일곱 가지라고 생각하는 것은 무지개 현상에 대한 색깔 용어가 일곱 가지이기 때문이다.

⑤ 영어에는 '뜨겁다'는 말과 '맵다'는 말이 같은 단어[hot]로 되어 있기에 영어를 쓰는 사람들은 뜨거운 것과 매운 것을 구별하지 않는다.

02 다음 글 밑줄 친 ㉠의 주장에 대해 반박을 제기한다고 할 때 논거로 적절하지 않은 것은?

> 1984년에 남극에서 연구를 하고 있던 과학자들은 놀라운 발견으로 세계의 이목을 오존층에 집중시켰다. 남극에서의 봄인 9월과 10월 동안 남극 상공의 오존 농도가 50%나 줄어들었던 것이다. 그 후로 매년 정도의 차이는 있지만 그 유명한 오존 구멍이 나타났다. 이 구멍을 만든 오존의 대량 파괴는 남극의 특수 상황과 관계가 있는 것 같다. 겨울의 남극 대기는 남극 상공에 고정되어 있고, 태양이 비추지 않는 동안은 얼음 구름이 생기는 것이 그것이다. 과학자들은 현재 남극에서 일어나는 일이 인구가 조밀한 지역에서도 일어난 것인가는 예측하지 못한다. 하지만 몇몇 과학자들은 오존층의 파괴가 거의 지구 전체에서 일어나고 있다는 사례를 발표한 바 있다.
>
> 사람들은 오존층 파괴를 걱정하기 시작했고 그 결과 CFC 사용을 줄이는 조치들이 취해졌다. 화학업계는 이 명백한 위험에 대해 즉각 반응을 보였다. 예를 들어, 뒤퐁사는 CFC 생산을 단계적으로 줄여 나중에는 중단하겠다고 발표했다. 선진국들은 2000년까지 CFC 생산을 50% 줄이기로 합의했다. 현재 전 세계의 CFC 생산량은 급격히 줄고 있으며 더 안전한 대체 화학 물질을 찾는 연구가 활발히 진행되고 있다.
>
> ㉠ 어떤 비평가들은 오존층 문제에 대한 반응이 너무 성급한 것이 아니냐는 주장을 한다. 예를 들어, 오존의 양은 줄었지만 동시에 실제 지표에 도달하는 자외선은 증가하지 않았다는 것이다. 또, 남극이 봄일 때 일광욕을 하는 사람은 거의 없다는 것이다. 그렇다 하더라도 사용의 규제나 금지가 현상황에 대처하는 가장 현명한 방법일 것이다.

① 현재 심각하지 않다고 미래에도 안전하다는 보장은 없다.
② 남극은 추운 지역이라 사람이 생활하기에 부적당한 곳이다.
③ 환경 파괴의 심각성을 고려할 때 미리 대비해서 나쁠 것은 없다.
④ 남극의 오존 파괴가 다른 지역에 어떤 영향을 줄지 아무도 모른다.
⑤ 남극이 아닌 다른 지역에서도 오존층의 대량 파괴가 일어날 수 있다.

03 다음 중 ㉠의 주장의 논거를 사용하기에 타당하지 않은 것은?

> '하나밖에 없는 지구를 구하자'라는 구호에 반박할 사람이 없다는 의미에서 우리는 모두 환경 보호론자이다. 그러나 리우 환경 회담에 앞서 노벨상 수상자를 포함한 전 세계 264명의 학자들은 ㉠ '비과학적이고 맹목적인 환경 보전 정책을 반대한다'는 입장을 밝혀 주목을 끌었다. 이들은 모든 생태계의 보존은 '과학적 근거와 인류의 발전'이라는 거시적 안목에서 다루어져야 할 것이라고 하면서 생태계 보호에만 치중한 나머지 과학과 산업

> 발전을 도외시하는 것을 우려하고 있다. 이들은 환경 우선론자들의 가장 큰 잘못을 경제 발전에 대한 왜곡된 시각이라고 보고, 가난한 나라가 보편적으로 안고 있는 문제를 해결할 수 있는 방안을 균형적인 경제 개발에서 찾는다. 하나뿐인 지구를 구한다는 명목으로 경제 개발을 도외시하게 되었을 때, 저개발의 상태가 인류에게 미치는 치명적인 피해가 도사리고 있음을 간과해서는 안 된다는 주장이다. 결론적으로, 과학과 산업의 발전을 축으로 하지 않는 환경 보호는 대안 없는 비판이라는 것이다.

① 인구 1억 5천에 GNP 2천 달러 미만인 브라질이 어찌 아마존을 개발하지 않을 수 있겠는가?
② 이제 막 산업의 본 궤도에 오른 중국이 오존층 파괴의 우려 때문에 프레온 가스를 안 쓸 수 있겠는가?
③ 뉴욕의 쓰레기를 싣고 버릴 곳을 찾아 출항한 배를 개발 도상국이라고 해서 입항을 허가하겠는가?
④ 세계 은행의 보고에 따르면 상수도 시설의 미비로 한해 3백만 명의 아동들이 수인성 전염병으로 사망하고 있다.
⑤ 지구의 온난화로 인한 피해는 수십 년 뒤에 일어나지만 기아(飢餓)로 인한 사망은 지금 현재 일어나고 있다.

04 다음 중, ㉠의 주장을 뒷받침할 논거로 사용하기에 타당하지 <u>못한</u> 것은?

> 자유 민주주의의 길을 택한 이상 우리 목적의 윤곽은 이미 정해져 있다고 보는 것이 옳지 않으냐는 의견도 있을지 모르나, 필자는 바로 이 목적의 문제를 다시 고찰하는 일이 매우 중요하다고 생각한다. 자유 민주주의를 표방하고 있는 나라에서 일반적으로 추구되는 목적이 있고, 한국인 가운데에도 그러한 추세를 따르는 사람들이 많으나, 바로 이 ㉠ <u>일반적으로 추구되는 목적</u>에 문제가 있다고 보기 때문이다.
> 오늘날, 자유 민주주의의 나라 사람들이 가장 흔히 추구하는 목적은 돈과 쾌락이며, 한국과 같이 관존 민비의 전통을 가진 나라에서는 외면적 가치에 속하는 권력과 지위가 여기에 추가된다. 외면적 가치를 내면적 가치보다도 선호하는 가치 풍토에는 중대한 문제점이 있다. 외면적 가치의 실현을 개인의 최고선(最高善)으로 보기 어려울 뿐만 아니라, 경쟁이 치열한 외면적 가치를 삶의 궁극적인 목적처럼 추구하는 사람들이 다수를 차지하는 사회에서는 사회적 협동이 이루어지기 어려우므로, 외면적 가치를 획득하지 못하는 사람들이 많이 나타나게 마련이다.

① 국졸 학력이 전부인 K 씨는 아들이 명문대 입시에 실패하자, 없는 살림에도 불구하고 명문대에 합격할 때까지 재수를 시키겠다며 아들을 학원에 보냈다.
② 신도시 건설로 벼락 부자가 된 K 씨는 고향에 내려가서 국회 의원 선거에 입후보한 뒤 재력을 바탕으로 선물 공세를 펴 유권자들의 표를 사다시피한 끝에 당선되었다.
③ 부모로부터 단칸 셋방을 물려받은 K 씨는 오직 넓은 집에서 살아보겠다는 일념으로 버는 돈을 전부 저축하며 사는데, 지난 가을에는 절친한 친구 아버지의 장례식에도 가지 않았다.

④ 사법 고시에 세 번 도전하고도 낙방한 K 씨는 친지들의 만류에도 불구하고, 판검사가 되어야만 자신의 형들처럼 사회적으로 인정받으며 살 수 있다는 생각에 10년 직장을 버리고 고시원에 들어갔다.

⑤ 유전자 연구에 관심이 많은 K 씨는 모 기업에서 연구원을 모집하며 스카우트의 손길을 뻗쳤을 때 교수직을 두말 없이 버리더니, 그 후 회사에서 관리직에 임명되자 연구를 계속하겠다며 후배가 학과장인 대학의 평교수로 되돌아왔다.

05 다음 글 밑줄 ㉠에 대해 반대의 논거로 제기할 수 있는 것은?

> 「음악 통론」 책에 흔히 음악의 3대 요소를 리듬, 멜로디, 하모니라고 규정하고 있다. 그러나 이 3대 요소라는 것은 사실 무근이다. 아무 반주도 없이 애국가를 독창해도 분명한 음악인데, 여기에 어떠한 하모니, 즉 화성(和聲)은 없는 것이다. 화성에 대하여 멜로디, 즉 선율은 음악의 좀 더 본질적인 것으로 생각된다. 선율은 성악곡은 말할 것도 없고, 기악곡이라도 그 악곡을 대표한다. 가령 베토벤의 교향곡 제5번이 어떻게 시작되느냐고 물을 때에, 그 선율을 불러 주면 대답이 충분히 되는 것이다. 따라서, ㉠ 선율이야말로 음악에서 필수 불가결하며, 선율이 없이는 음악이 이루어지지 않을 것 같기도 하다.
>
> 그러나 어떠한 선율이라도 리듬의 요소를 제거하면 음악 이전의 무미 건조한 음고선(音高線)에 불과하게 되고 만다. 성탄절에 많이 부르는 찬송가 85장은 처음 네 마디만 불러 보아도 벌써 원작자 헨델의 숭고한 음악 세계를 접하게 된다. 그러나 이 네마디 즉 "아 기뻐라 구주 오셨다."에서 그 리듬의 요소를 제거하면, 헨델의 음악 세계와는 무관하게 장음계의 음들을 높이 순으로 나열한 '도 시 라 솔 파 미 레 도'에 불과한 음고선이 되고 만다.
>
> 사전에서 정의하기를, 리듬은 음악의 '시간적인 움직임'이라 한다. 음악에 있어서 리듬의 가장 넓고 근본적인 실체는 시간 그 자체라 할 수밖에 없을 것 같다. 리듬은 음악적 시간의 내용이며 형식이다. 따라서 음악이 시간을 떠날 수 없기에, 모든 음악에 리듬은 존재한다.

① 여러 음이 동시에 울리는 화음의 결합을 느낄 수 없는 음악
② 기타, 하프, 바이올린과 같은 현악기에 의해 이루어지는 음악
③ 오보에, 클라리넷, 플루트, 하모니카와 같은 목관 악기에 의한 음악
④ 소리를 전혀 사용하지 않고 몸짓만으로 이루어지는 바디 랭귀지의 음악
⑤ 그랜드 피아노, 파이프 오르간, 전자 오르간과 같은 건반 악기에 의한 음악

테마 13   논지의 타당성 비판하기

01   다음 글의 밑줄 ㉠에 대한 비판적 의문으로 가장 적절한 것은?

민족 문화에 대해서 논할 때 잊어서는 안 되는 두 가지 전제가 있다. 우선, 민족 문화가 문화의 가장 높은 가치는 아니라는 것이다. 문화는, 그것이 어느 민족에 의해 창출된 것이든 인간적인 위대성을 가지고 있는 한, 인류 공통의 보편성을 지니고 있다. 이 같은 범주에서 문화의 가치는 말한다면, 인류 문화라는 개념이 가장 높은 가치일 수 있을 것이다. 따라서, 우리는 우리의 전통적인 민족 문화도 궁극적으로는 인류 문화의 공통된 재산으로 편입되는 것임을 잊어서는 안 된다. 이렇게 본다면 민족 문화에 대한 강조가 어떠한 차원에서 이루어져야 하는 것인가를 쉽게 짐작할 수 있을 것이다. 인류 문화의 보편성이 거대한 추상 개념이라면 민족 문화는 구체적인 실천 개념이라 할 수 있다. 따라서, 민족 문화에 대한 정직하고도 겸허한 접근이 없다면, 인류 문화의 보편성에 대한 논의는 자칫 허상이 되기 쉽다. 따라서, 이 두 전제를 정확하게 받아들일 때라야만, 민족 문화에 대한 건강한 인식이 이루어질 수 있을 것이다.

㉠ 그렇다면 민족 문화에 대한 우리의 인식과 태도는 과연 어떠한가? 우리 주변에는 '민족 문화는 우리 고유의 것이며 우리 고유의 것은 무조건 좋은 것'이라는 생각을 가진 사람들이나 집단이 많다. 이러한 문화 의식에 근거하여 그 밖의 일체의 것을 배격하고 스스로 문을 걸어 잠금으로써, 민족 문화가 인류 문화로 편입되고 발전되는 길을 막아 왔다. 이와는 반대로 '민족 문화는 보잘것없고 외래 문화, 특히 바람직한 서구 문화를 적극적으로 수용해야 한다'는 생각을 가진 이들도 있다. 이러한 생각에는 그 내용만 다를 뿐 민족 문화만을 중시하는 사람들의 그것과 마찬가지의 오류를 담고 있다.

또한, 민족 문화의 중요성에 대해 거론만 할 뿐, 실제로 이를 정리하고 지켜 가는 작업이 미미하다는 사실이다. 한때 민족 문화에 대한 각성이 일어나서 전통 문화재를 정리하고 주변 환경을 개선하는 등의 노력을 보인 것이 있었다. 물론, 유명 사찰을 보수하고 위대한 조상들의 묘역을 단장하는 일은 민족 문화를 가꾸는 일에 속하기는 한다. 그러나 이와 같은 '문화재 단장주의'는 소수의 전문가들에게만 만족감을 주는 행위일 뿐, 이 시대를 살아가는 모든 사람들에게 민족 문화의 귀중함을 일깨워 주는 살아 있는 힘이 되기에는 불충분하다. 진정으로 문제가 되는 것은 이 시대를 살아가는 우리 모두가 민족 문화를 구현하고 전개시켜 나가는, 한 사람의 창조적인 구성원이라는 사실을 터득하게 하고, 자부심을 갖게 하는 것이다.

— 김주연, '해체되는 문화'

① 지나치게 극단적인 경우만을 들어 비판하고 있는 것은 아닌가?
② 문제점을 비판하기보다는 문제 해결 방안을 제시해야 하지 않는가?
③ 두 대상의 차이점보다는 유사점에 주목하는 것이 효과적이지 않은가?
④ 현실을 무시하고 너무 이상적 차원에서 논의를 전개하는 것은 아닌가?
⑤ 일반 독자의 이해를 돕기 위해 좀 더 구체적인 예를 들어야 하지 않는가?

02 다음 글 밑줄 ㉠에 제시된 교육 방법에 대해 반박하는 내용으로 가장 적절한 것은?

루소의 사상은 인간이 자연 상태에서는 선하고 자유롭고 행복했으나, 사회와 문명이 들어서면서 악해지고 자유를 상실하고 불행해졌다는 전제에서 출발한다.

루소에 의하면, 자연 상태에서 인간은 필요한 만큼의 욕구가 충족되면 그 이상 아무것도 취하지 않았으며, 타인에게 해악을 끼치지도 않았다. 심지어 타인에게 도움을 주려는 본능적인 심성까지 지니고 있었다. 그러나 인지(認知)가 깨어나면서 인간의 욕망은 필요로 하는 것 이상으로 확대되었다. 이 이기적인 욕망 때문에 사유 재산 제도가 형성되고, 그 결과 불평등한 사회가 등장하게 되었다. 즉 이기적 욕망으로 인해 인간은 타락하게 되었고, 사회는 인간 사이의 대립과 갈등으로 가득 차게 되었다.

이러한 인간과 사회의 병폐에 대한 처방을 내리기 위해 쓰여진 것이 〈에밀〉로서, 그 처방은 한 마디로 인간에게 잃어버린 자연을 되찾아 주는 것이다. 즉 인간에게 자연 상태의 원초의 무구(無垢)함을 되돌려 주어, 선하고 자유롭고 행복하게 살 수 있는 사회를 만들게 하는 것이다. 루소는 이것이 교육을 통해서 가능하다고 보았다.

그 교육의 실체는 가공(架空)의 어린이 '에밀'이 루소가 기획한 교육 프로그램에 따라 이상적인 인간으로 성장해 가는 과정을 통해 엿볼 수 있다. ㉠ <u>이 교육은 자연 상태의 인간이 본래의 천진무구함을 유지하면서 정신적·육체적으로 스스로를 도야해 가는 과정을 따르는 것을 원리로 삼는다. 그래서 지식은 실제 생활에 필요한 정도만 배우게 하고, 심신의 발달 과정에 따라 어린이가 직접 관찰하거나 자유롭게 능동적인 경험을 하도록 하는 것이다. 그럼으로써 자유로우면서도 정직과 미덕을 가진 도덕적 인간으로 성장해 나갈 수 있게 된다.</u> 이것은 자연 상태의 인간을 중시하는 그의 인간관이 그대로 반영된 것이다.

루소의 자연으로 돌아가자는 주장은 공허한 외침으로 들리기도 한다. 루소가 말하는 자연으로 돌아가기에 이미 인류의 역사는 너무 많이 진행되었기 때문이다. 그러나 인간이 본래 무구한 존재라고 본 그의 인간관과 인간 사이의 유대를 도모하고 평등을 실천할 수 있는 인간상을 추구했던 그의 이상은 인간을 탐욕의 노예로 몰고 가는 오늘날에 더욱 빛을 발한다.

① 아는 것이 병이라는 말처럼, 쓸데없는 것을 너무 많이 알게 되면 해롭다.
② 매를 아끼면 아이를 버린다는 말도 있듯이, 아이들을 제멋대로 내버려 두면 버릇이 나빠진다.
③ 세 살 버릇 여든까지 간다는 말도 있듯이, 어려서 이루어진 성격은 평생을 좌우하게 된다.
④ 서당개 삼 년이면 풍월을 읊는다는 말처럼, 아이들에게는 무엇보다 교육 환경이 중요한 것이다.
⑤ 하나를 배우면 열을 안다는 말도 있듯이, 뛰어난 아이들에 대해서는 별도의 교육을 시켜야 한다.

03 다음 글의 내용에 대해 제기할 수 있는 반론은?

윷놀이는 앞에 가는 말을 잡아먹는 놀음이다. 적의 말을 잡아먹는 맛에 윷을 노는지도 모른다. 피나는 노력으로 출구 직전까지 간 말의 뒷덜미를 쳐 잡아먹을 때 한 편에서는 박수가 터져 나오고, 한 편에서는 애석하고 억울한 탄성이 흘러나온다. 앞서 가는 말이 언제나 불리한 것이 윷놀이 말판의 현실이다. 거기에는 언제나 불안이 따른다. 따라서, 잡은 놈이 다음에는 거꾸로 또 먹혀야 한다. 달면 잡혀 먹히고 잡히면 또 단다. 먹고 먹히는 줄기찬 윷놀이의 생리에는 지긋지긋한 윷판[政爭]에서 빨리 도망쳐 나가는 것이 유일한 승리자로 되어 있다. 그것뿐이랴. 상대편과의 싸움은 그렇게 야박스럽고 치사스러워도 자기 편끼리 업어 가고 업혀 가는 따스한 규칙이 있다. 넉동무니를 함께 업어 가지고 나가는 것이 윷놀이의 가장 큰 행운이요, 기쁨이다. 〈중략〉 이 편승, 이 작당, 거기 윷판에 유자광이가, 김종직 일파가, 피를 토하며 쓰러져 가는 조광조가, 그리고 정송강이가 주어진 운명 밑에서 쫓고 쫓긴다.

이 윷놀이 판의 게임과 같은 정쟁의 현실이 바로 또 하나 슬프디 슬픈 우리의 울음을 자아내게 했던 것이다.
— 이어령, '이것이 한국이다'

① 윷놀이를 우리 민족의 대표적인 놀이라고 할 수 있는가?
② 윷놀이의 규칙을 제대로 이해하지 못하고 있는 것 아닌가?
③ 놀이와 현실을 직접 연결시키고 있는 것은 무리가 아닌가?
④ 윷놀이에만 현실의 모습이 반영되어 있다고 할 수 있는가?
⑤ 승부와 관련된 놀이는 어차피 이김으로써 즐겁지 않겠는가?

04 다음 글을 쓴 필자의 태도에 대한 바른 비판은?

창조적인 소수의 사람들이 스스로의 창조력을 상실하는 순간 그들이 속한 사회나 문명은 몰락을 향해 치닫게 된다. 또한 그들의 창조적 능력을 역사와 문명의 발전을 위해 쓰지 않고 자기 만족에 안주하여 하나의 '지배적 소수'로 변질될 때, 그 사회는 어쩔 수 없이 몰락을 향해 간다. 지도층이 타락하여 쾌락주의와 안일주의에 빠지면 창조적 영감과 도전의 자세는 사라지고 만다. 그렇게 하여 몰락의 과정이 전개되는 것이다.

한 사회나 역사가 흥하는 것도 창조적 소수의 책임이며, 망하는 것 또한 그들 창조적 소수의 책임이다. 지도자가 책임을 절실히 느끼고 역사와 사회 앞에 겸허하게 헌신한다면 결코 그 사회는 퇴보하지 않는다. 그러므로 발전과 성장을 위하여 우리 사회는 책임 있는 창조적 인물들을 강력하게 요청한다.

창조적인 사람이 되어야 한다. 역사와 사회의 수레바퀴를 발전과 진보와 행복을 위해 굴릴 수 있는, 창조적인 일꾼이 되어야 한다. '창조적 소수'는 어떠해야 하는가? 창조적 인물이 되기 위해 우리는 어떻게 살아야 하는가? 창조적인 사람은 기회주의나 방관주의에 물들어선 안 된다. 더욱이 패배주의 따위에 빠져 있어서도 안 된다. 제 몸 하나밖에 생각할 줄 모르는 졸장부 또한 창조적 소수의 자격이 없다. 적어도 이 나라와 민족의 역사를 위해 그리고 더 나아가 인류의 역사를 위해 무엇을 하며 어떻게 이바지할 것인가를 진지하게 설계하는 넓은 시야를 가져야 한다.
— 김우중, '창조적 소수의 책임'

① 인간의 삶의 목적을 단순화하여 설명하고 있다.
② 사회 구조의 견실성에 대한 믿음이 결여되어 있다.
③ 역사적 사실을 현실에 그대로 적용하는 오류를 범하고 있다.
④ 사회 구조의 힘과 개인적 힘의 관계에 대해 비합리적인 주장을 하고 있다.
⑤ 특정 사람들에 의해 사회의 운명이 결정된다는 주관적인 주장을 펴고 있다.

05 다음 논증을 비판하는 방안으로 적절하지 않은 것은?

> 사이버 공간은 관계의 네트워크이다. 사이버 공간은 광섬유와 통신위성 등에 의해 서로 연결된 컴퓨터들의 물리적인 네트워크로 구성되어 있다. 그러나 사이버 공간이 물리적인 연결만으로 이루어지는 것은 아니다. 사이버공간을 구성하는 많은 관계들은 오직 소프트웨어를 통해서만 실현되는 순전히 논리적인 연결이기 때문이다. 양쪽 차원 모두에서 사이버 공간의 본질은 관계적이다.
>
> 인간 공동체 역시 관계의 네트워크에 의해 결정된다. 가족끼리의 혈연적인 네트워크, 친구들 간의 사교적인 네트워크, 직장 동료들 간의 직업적인 네트워크 등과 같이 인간 공동체는 여러 관계들에 의해 중첩적으로 연결되어 있다.
>
> 사이버 공간과 마찬가지로 인간의 네트워크도 물리적인 요소와 소프트웨어적 요소를 모두 가지고 있다. 예컨대 건강 관리 네트워크는 병원 건물들의 물리적인 집합으로 구성되어 있지만, 동시에 환자를 추천해 주는 전문가와 의사들 간의 비물질적인 네트워크에 크게 의존한다.
>
> 사이버 공간을 유지하려면 네트워크 간의 믿을 만한 연결을 유지하는 것이 결정적으로 중요하다. 다시 말해, 사이버 공간 전체의 힘은 다양한 접속점들 간의 연결을 얼마나 잘 유지하느냐에 달려 있다. 이것은 인간 공동체의 힘 역시 접속점, 즉 개인과 개인, 다양한 집단과 집단 간의 견고한 관계 유지에 달려 있다는 점을 보여 준다. 사이버 공간과 마찬가지로 인간의 사회 공간도 공동체를 구성하는 네트워크의 힘과 신뢰도에 결정적으로 의존한다.

① 사이버 공간의 익명성이 인간 공동체에 위협이 될 수도 있음을 지적한다.
② 유의미한 비교를 하기에는 양자 간의 차이가 너무 크다는 것을 보여 준다.
③ '네트워크'의 개념이 양자의 비교 근거가 될 만큼 명확하지 않다는 것을 보여 준다.
④ 사이버 공간과 인간 공동체 간에 있다고 주장된 유사성이 실제로는 없음을 보인다.
⑤ 사이버 공간과 인간 공동체의 공통점으로 거론된 네트워크라는 속성이 유비 추리를 뒷받침할 만한 적합성을 갖추지 못했음을 보인다.

테마 14 　 창의적 이해

　창의적이란 말에 부담을 느낄 필요는 없다. 하늘 아래 전혀 없던 것을 만들어 내는 것이 창의가 아니다. 창의적 이해는 주어진 지문과 나의 생각을 함께 비추어보며, 거기에 나만의 새로운 깨달음을 더하는 과정이다. 분석적 이해가 독서의 시작이고, 추론적 이해와 비판적 이해가 독서의 과정이라면 창의적 이해는 독서의 궁극적인 목적을 완성해 가는 과정이라 할 수 있다.
　지문에서 문제 해결을 위한 방안을 찾아본다거나, 대안 가설을 제시하는 문제 등을 가리킨다.
　출제자의 입장에서 볼 때, 선다형 문제의 경우 진정으로 창의적 사고를 측정하는 문제가 가능한가 하는 의문은 언제나 떨치기 어렵다. 그러나 창의적 사고의 중요성을 고려하고 출제의 절대적 필요성을 감안한다면 최소한으로라도 출제할 것이다.

> 　정보의 평가 능력과 글쓴이의 의도를 파악하고 이에 대해 능동적으로 반응하고, 적절한 대안을 찾는 활동은 독해 또는 청해 상황 속에서 궁극적인 목표를 갖는다. 이와 더불어 처한 상황과 주제에 대한 유연하고 폭넓은 사고 활동을 통해 보다 효율적이고 창조적인 발화와 쓰기 능력을 신장하는 것은 언어 능력 평가의 궁극적인 목표라 할 수 있다.
> 　　　　　　　　　　　　　　　－ (재) 한국언어문화연구원 발표 '시험 준비 안내서'에서

내용의 재구성과 조합하기

01 정부의 시장 개입과 관련하여 스크린쿼터에 대한 찬반 논쟁이 진행되고 있다. 같은 입장끼리 묶인 것은?

> A : 영화 상영을 목적으로 하는 공연장의 영업을 하면서 어떠한 종류의 영화를 상영할 것인가를 자율적으로 결정하지 못하도록 제한하는 것은 헌법상의 권리인 직업 선택의 자유에 대한 침해이다.
> B : 지금 세계적인 한국 영화가 제작되고 외국으로 수출이 되고는 있으나 일시적인 현상에 그칠 우려가 있다.
> C : 스크린쿼터 관련 규정들은 개인과 기업의 경제상의 자유와 창의를 존중하고 행복 추구권을 보장하는 헌법에 위배된다.
> D : 스크린쿼터를 실시하는 것은 영화 산업의 경쟁력을 오히려 저해할 수 있다.
> E : 영화는 그 나라의 정서를 반영하므로 특별한 보호를 받을 필요가 있다.

① A, C / B, D, E　　② A, D / B, C, E
③ A, B, C / D, E　　④ A, B, E / C, D
⑤ A, C, D / B, E

02 사회복지사가 〈보기〉를 토대로 수도권 빈민 지역 결식아동의 상황 개선을 위한 〈보고서〉를 작성하였다. 다음 〈보고서〉의 빈칸에 들어갈 내용으로 적절한 것은?

보기

수도권 빈민 지역 결식아동에게 밥을 제공하는 '사랑의 밥집'을 후원하는 '부스러기 선교회'에서 해마다 여는 글잔치에 응모한 글의 심사를 맡았다가 한 아이의 글을 읽게 되었다.

> 옌날옌 화라아버지랑 도라가서서 아빠 엄마언니 박에 엄써다 그런대 점심시간이 다돼다 그런데 밥이업써다 그래서 엽집에서밥을 먹엇다 그래도 배가 고파다 밥을 아무리 먹어도 배가 고판다 병원에가도 문이 잠겨저 잇엇다 그래서 집에 간는 게 아무도 업썼다. (권○○, 7세)

보고서

Ⅰ. 현황 : 문제 제기
Ⅱ. 추진 단계 : 대책 마련을 위한 사전 조사
　〈1단계〉 아동이 처한 환경 조사
　〈2단계〉 아동이 도움 받을 수 있는 자원 조사 : 구체적 조사 항목

　〈3단계〉 아동에게 시급히 지원해야 할 문제 조사
Ⅲ. 해결 방안 및 대안

① 빈민 지역 결식아동의 상황 개선을 위해 담당 부서의 인원과 예산을 확보한다.
② 아이의 주변 이웃을 통해 도움과 후원이 가능한지 조사한다. 주변 이웃의 후원이 가능하다면 이웃의 후원을 자치 단체를 통해 관리하도록 해당 부처에 협조를 요청한다.
③ 아이의 부모가 처한 경제적 문제를 해결하기 위한 근본 대책을 세우는 것이 시급하다. 이를 위해 결식아동 부모의 안정된 직업을 위한 취업 교육 프로그램을 활성화한다.
④ 어린이집 등 아이의 생활 공간을 조사한다. 이를 통해 미취학 아동을 위한 해당 지역 사설 교육 시설에서 결식 문제에 대한 지원이나 후원이 어떻게 이루어지고 있는지 조사한다.
⑤ 아이가 거주하는 지역 내에 미취학 아동의 결식 문제를 해결하기 위한 시민 단체가 있는지 조사하고, 이와 관련하여 이 시민 단체와 아이를 연결시킬 수 있는 방안들의 우선 순위를 정한다.

03 다음 강연자에게 질문을 하고자 할 때, 〈보기〉의 조건을 가장 잘 만족시키는 것은?

> 여러분! 주변에서 의사들이 불친절하다고 불평하는 소리, 한 번쯤 들어 보셨죠? 그런 소리 들으면 우선 사정을 모르고 하는 소리라고 항변하고 싶은 생각이 들 겁니다. 저도 잘 알고 있습니다. 사실 날마다 수많은 환자들을 상대하다 보면 친절한 말씨에 신경 쓸 여력이 없죠? 예, 맞습니다. 당연히 의사는 환자의 병을 치료하는 것이 가장 중요합니다. 그렇지만 치료 과정에서 여러 사람들과의 관계도 고려하지 않을 수 없습니다. 환자만이 아니지요. 환자의 보호자들, 간호사나 동료 의사들, 기기를 다루는 기사들……. 환자의 병을 다루는 의사라면, 어디서든 이들과 이야기하고 협력해야 하는데, 이것은 결코 저절로 이뤄지는 것이 아닙니다. 환자와 그 가족들에게는 환자의 병만 정확히 설명하면 될까요? 간호사에게는 지시만 하면 될까요? 그건 아닐 겁니다. 사람을 상대로 말을 하다 보면, 자신이 말한 내용이 다른 뜻으로 전해지거나 의도하지 않았던 반감을 불러일으킨 경험, 여러분도 가지고 있을 겁니다. 그러한 오해나 반감 때문에 순조로울 수 있었던 환자의 치료가 어려워지거나, 진료에 필요한 최선의 준비가 마련되지 않을 수 있습니다. 의사소통 교육의 중요성이 여기에 있습니다. 따라서 의사라면 누구나 의사소통에 대한 훈련과 연수가 필요합니다. 이제부터라도 의사로서의 지식과 전문적 조언이 무신경한 말투에 가려지지 않도록 함께 노력할 일입니다.

보기
- 강연의 요점을 정리하고 질문한다.
- 질문의 초점을 분명히 한다.
- 공격적이거나 논점에서 벗어나는 질문을 삼간다.

① 의사소통 교육이 중요하다는 데 저도 전적으로 동의합니다. 사실 의료 행위도 서비스업의 일종이죠. 그렇다면 선생님께서는 질 높은 서비스를 제공하는 데 의사소통보다 더 중요한 점은 무엇이라고 생각하십니까?

② 선생님 말씀은 잘 알겠습니다. 그런데 최근 상황이 많이 달라져서 선생님께서 생각하시는 것과 조금 다른 것 같습니다. 이미 많은 의사들이 환자와 간호사에게 정중하게 대하고 있다고 생각하는데, 어떻게 생각하시는지요?

③ 선생님께서는 결국 의사소통에 대한 훈련과 연수를 강조하셨는데, 이에 대한 구체적인 프로그램이 마련되지 않으면 공허한 주장일 수 있다고 생각합니다. 구체적인 교육 내용이 마련되어 있다면 좀 더 자세히 안내해 주실 수 있습니까?

④ 오늘 강연을 듣고 반성이 되는 점도 있지만, 사실 평소의 마음가짐이 중요하지 한두 번의 연수를 받는다고 해결될 일도 아니지 않습니까? 의사에게 화려하고 친절한 말솜씨만이 전부는 아니라고 생각하는데, 도대체 의사에게 중요한 덕목은 뭡니까?

⑤ 말씀 잘 들었습니다. 의사소통은 그야말로 두 사람 이상의 상호 작용을 말하는 것입니다. 그래서 의사들의 일방적인 노력으로 해결될 수 없는 부분이 있습니다. 왜 의사만 일방적으로 의사소통의 책임을 져야 합니까? 그에 대한 선생님의 견해를 듣고 싶습니다.

04 새로 시판되는 자가용 승용차의 라디오 광고문을 작성하고자 한다. 〈보기〉의 의도를 잘 반영하여 표현한 것은?

> **보기**
> ㉮ 웃음을 유발하여 청자의 호기심을 끌고자 한다.
> ㉯ 인간에 비유하여 제품의 특성을 전달하고자 한다.
> ㉰ 품질의 우수성을 암시적으로 전달하고자 한다.

① 탈수록 돈을 버는 차
　한 푼의 달러가 아쉬운 우리 경제, 휘발유는 곧 달러입니다. 그렇다고 차를 세워만 둘 순 없죠. 적게 먹고 많이 달리는 차. 이제 '야무진'을 타십시오. 국가 경제를 걱정하는 애국자는 이제 '야무진'을 탑니다.

② 가장 많이 타는 차가 가장 좋은 차
　3년 연속 국내 판매량 1위, 소비자 여러분의 성원에 감사 드립니다. 국내 1위에 만족하지 않고 세계로 뻗어나가겠습니다. 이제 품질로 앞서가는 우리 차 '야무진'이 전 세계인의 동반자로 새롭게 태어납니다.

③ 편안한 아내 같은 차
　하마터면 졸 뻔했습니다. 조용하고 안락한 분위기 안방을 옮겨 놓은 줄 알았습니다. 아내의 감촉이 느껴지는 부드러운 차, 잔소리를 하지 않는 아내가 좋은 아내입니다. '야무진'은 부드럽게 여러분을 모십니다.

④ 특별한 분만 모십니다.
　좋은 차는 품격으로 말합니다. 세계 정상급 인사들의 동반자, 이제 여러분도 '야무진'과 함께 정상의 품격을 경험하십시오. 인생의 품격을 생각하는 특별한 분만 모십니다. 지금 계약하십시오.

⑤ 질주 본능
　거북이가 토끼를 이기던 시대는 지났습니다. 눈이 와도 좋다. 비가 와도 좋다. 쾌속 질주. '야무진'은 때와 장소를 가리지 않습니다. 최고 속도 무제한. 신세대가 원하던 바로 그 차. '야무진'은 속도계가 없습니다.

05 〈보기〉의 '조건'이 모두 충족된 표현은?

> **보기**
> - **상대방의 의견** : 가(家)를 계승하고 신분 관계를 명확히 공시하는 호주제를 폐지하면 성(性)과 집안이 소멸되어 피붙이 간의 유대를 핵심으로 하는 우리의 전통 가족 문화가 총체적으로 파괴된다. 따라서 호주제를 폐지하는 것은 바람직하지 않다.
>
> - **조건**
>   – 상대방의 의견을 부분적으로 인정하면서 반론을 시작한다.
>   – 상대방의 의견에 반대하는 이유를 밝힌다.
>   – 주장에 어울리는 관용적 표현을 활용한다.

① 호주제는 구시대의 잔재일 뿐 우리 고유의 가족 문화를 찾아볼 수 없다. 남녀가 평등한 세상에서 호주제는 시대착오적인 제도이다. 판소리보다 팝송이 친근한 사람들에게 호주제는 구시대적인 인습일 따름이다.

② 호주제는 전통적인 가족 문화를 지켜 주지만 여성을 남성의 예속적인 존재로 만들기도 한다. 아직도 일부 가정에는 봉건적인 권위 의식이 남아 있다. 따라서 여성을 차별하는 걸림돌인 호주제는 폐지되어야 한다.

③ 호주제는 신분 관계를 명확하게 하며 피붙이 사이의 유대 관계 유지에도 도움이 된다. 하지만 남아 선호 의식을 조장하여 심각한 성비 불균등 문제를 초래한다. 따라서 사회 문제를 유발하는 호주제는 폐지되어야 한다.

④ 호주제로 인하여 확대 재생산되는 가부장적 사고가 부부 사이의 갈등을 유발한다. 이로 인하여 우리나라의 이혼율은 계속 증가하는 추세이다. 따라서 평등한 가족 문화를 꽃피게 하는 지름길은 호주제를 폐지하는 것이다.

⑤ 호주제는 가(家)를 계승하고 신분 관계를 명확히 하지만 가부장적 권위주의를 부추긴다. 이러한 의식은 남성 우월주의를 유발하여 남녀 차별 의식을 조장한다. 이제는 여자라는 이유로 호주가 될 수 없다는 멍에를 벗어야 한다.

원리의 적용과 창의적 해석하기

06 다음 글에 제시된 한국 친족 지칭어의 구성 원리를 통해 볼 때, 자신이 진외종숙(陳外從叔)과 증대고모(曾大姑母)라고 지칭하는 친족원이 누구인지 바르게 짝지어진 것은?

한국의 친족 지칭어는 거의 한자어로 이루어져 있다. 그중 단일 한자로 구성된 친족 지칭어는 부(父), 형(兄), 처(妻) 등과 같이 소수에 불과하며, 대다수는 형수(兄嫂), 제수(弟嫂), 고모부(姑母夫)와 같이 2개 이상의 개별 한자들의 결합으로 구성되어 있다.

복수의 한자어로 구성된 친족 지칭어는 '친족 관계를 지시하는 유의미한 최소단위'인 친족 형태소가 결합된 형태를 취하는데, 친족 형태소는 크게 두 부류로 나뉠 수 있다. 하나는 독립적으로 개별 친족용어의 구성요소가 될 수 있는 부(父), 형(兄), 수(嫂)와 같은 명사적 형태소이다. 다른 하나는 특정 친족 관계의 지시와는 무관하고 독립적으로 친족 용어의 구성 요소가 될 수 없는 대(大), 고(高), 종(從)과 같은 관형사적 형태소이다.

관형사적 형태소는 크게 세 부류로 나뉠 수 있다. 첫 번째는 자신과 친족원과의 세대 차이를 표현하는 것으로서, 대(大)는 자신으로부터 2세대 높거나 낮은 친족원을, 증(曾)이나 증대(曾大)는 3세대 높거나 낮은 친족원을, 고(高)는 4세대 높은 친족원을 지시한다. 두 번째는 방계의 정도를 지시하는 것으로서, 종(從)은 한 세대 위에서 방계로 나뉜 친족원임을, 재종(再從)은 두 세대 위에서 방계로 나뉜 친족원임을 지시한다. 세 번째는 출계 집단을 구별하는 형태소로서, 외(外)는 어머니쪽 친족원을, 진외(陳外)는 아버지의 어머니쪽 친족원을 지시한다.

관형사적 형태소는 명사적 형태소와 결합하여 친족 지칭어를 구성한다. 아버지의 남자 동생(형제)을 지시하는 형태소 숙(叔)을 예로 들면, 종숙(從叔)은 아버지보다 한 세대 위에서 방계화된 친족원임을 보여 주는 형태소 종(從)과 숙(叔)의 결합형으로서, 조부(祖父)의 남자 형제의 아들을 지시하며, 외숙(外叔)은 외(外)와 숙(叔)의 결합을 통해 어머니의 남자 형제를 지시한다.

	진외종숙(陳外從叔)	증대고모(曾大姑母)
①	친할머니의 남자 형제의 아들	고조부의 여자 형제
②	외할머니의 남자 형제의 아들	고조부의 여자 형제의 딸
③	외할머니의 남자 형제의 아들	증조부의 여자 형제
④	친할머니의 남자 형제의 아들	증조부의 여자 형제
⑤	친할머니의 남자 형제의 손자	고조부의 여자 형제

07 다음 중 밑줄이 잘 드러나는 작품은?

화가나 조각가, 그리고 건축가들도 때로 완벽한 조화와 균형을 창조하기 위해서 사물을 분석하고 해부한다. 그리스 시대의 황금 분할은 최대의 미적 효과를 나타낼 수 있는 수학적 비례의 법칙을 치밀(緻密)하게 분석한 것이고, 아름다운 음악도 엄밀하게 계산된 소리의 배열과 공명 현상을 바탕으로 한 것이다. 예술가들의 분석적 시각은 "자연의 모든 현상은 구, 원통, 원추로 구성되어 있다."라는 세잔의 말에서 더욱 두드러지게 드러난다. 그런가 하면 울려 퍼지는 종소리에서 동심원을 그리며 퍼져 나가는 물결을 연상했던 시인은 소리에 대한 <u>과학적 지식을 시적 상상력 속에 용해시킨</u> 것으로 볼 수 있다.

① 풀이 눕는다.
　바람보다도 더 빨리 눕는다.
　바람보다도 더 빨리 울고
　바람보다도 먼저 일어난다. – 김수영, '풀'

② 순이(順伊) 벌레 우는 고풍(古風)한 뜰에
　달빛이 밀물처럼 밀려 왔구나. //
　달은 나의 뜰에 고요히 앉아 있다.
　달은 과일보다 향그럽다. – 장만영, '달·포도·잎사귀'

③ 마지막으로 한번 더 별을 돌아보고
　늦은 밤의 창문을 나는 닫는다.
　어디선가 지구의 저쪽 켠에서
　말 없이 문을 여는 사람이 있다.

④ 꿈을 아느냐 네게 물으면,
　플라타너스,
　너의 머리는 어느덧 파아란 하늘에 젖어 있다. – 김현승, '플라타너스'

⑤ 나 하늘로 돌아가리라.
　노을빛 함께 단 둘이서
　기슭에서 놀다가 구름 손짓하면은 – 천상병, '귀천'

08 다음 글 (가)~(마) 중, 보기와 같은 상황과 가장 관련이 깊은 것은?

(가) 얼마 전부터 동네마다 빨래방이라는 것이 늘어나기 시작했다. 거기에서는 세탁기에 동전을 넣고 스스로 빨래를 한다. 그런데 중요한 것은 여러 사람들이 '한 곳에 모여' 빨래한다는 것이다. 이것은 좀 생소한 듯하면서도 노인들의 기억 속에 남아 있는 어떤 체험을 반추시킨다. 인류가 물을 끼고 정착한 이래 수천 년 동안 이어져 오다가 산업화와 함께 사라진 우물터가 그것이다. 실제 빨래방 가운데에도 이미 '우물터'라는 이름이 있다.

(나) 그러한 우물터가 산업화와 그에 따른 농촌 공동체의 해체와 함께 사라졌다. 이제 상수도원에서 걸러지고 처리된 물이 수로(水路)를 통해 각 가정마다 배달되어 대량으로 소비된다. 더 이상 누구도 우물터에 가려 하지 않는다. 여기서 '수로'가 갖는 의미는 크다. 그것은 자본주의 상품 유통에서 생산의 중심과 소비자를 잇는 '시장'과 같은 의미를 지닌다. 단지 물이라는 상품의 속성상 장기 계약에 의해 '수로'라는 특수한 도구를 이용할 뿐이다. 상수 처리원에서 각 가정까지 뻗어 나가는 수로의 길이 또한 그 도시의 크기에 비례한다. 그 길이만큼 도시는 크다. 우물터에서 수로로의 이러한 이행은 도시화의 결과이기도 하지만 그것이 사회 변동의 독립 변수가 되는 경우도 있다. 영국인들이 인도에 상수도를 놓아 주면서 그 토속 공동체는 급격하게 파괴되었다고 한다. 이처럼 수도는 여러 차원에서 이해되어야 하겠지만 일단 '빨래'라는 행위에 국한시켜 보기로 한다.

(다) 그것은 무엇보다도 엄청난 편리함을 가져다준다. 겨울에도 매일 우물터에 가서 얼음을 깨고 빨래를 해야 했던 옛 아낙네들의 고통을 생각해 보라. 이웃집 아줌마와 수다 떨 수 있는 시간이 없어져 안타깝게 느껴질 수도 있지만 오히려 그로 인해 자유를 느낄 수도 있다는 점을 잊지 말자. 말이 좋아서 공동체지 그 안에서는 얼마나 얼키고 설킨 패짓기와 편 가르기 그리고 숙덕대는 험담들이 있었을까. 거기에서 상처받은 사람들, 익명의 공간을 찾아 마을을 떠나고 싶지만 별수 없이 살아야 했던 그들에게 도시는 매력적인 해방구가 아니었을까. 아무에게도 노출되지 않는 이 오롯한 프라이버시의 세계! 성서에 나오는 사마리아 여인, 타인의 시선을 피해 햇볕 뜨거운 대낮에만 우물물을 긷던 그녀에게 그것은 꿈같은 이야기였을 것이다.

(라) 바로 이런 욕구를 충족시키며 마을 구석구석에 세탁소가 생겨났는데 이는 빨래만이 거래되는 작은 빨래 시장이다. 이제 이들은 옆집의 개똥이 엄마보다 세탁소 아저씨를 훨씬 자주 보게 된 것이다. 또 한편에선 대량 생산되는 세탁기가 시장을 통해 각 가정마다 보급되었다. 세탁기는 그 기능과 세련미를 더해 가며 날로 혁신을 거듭한다. 세탁소와 세탁기는 여전히 각 개인을 떼어 둔다는 면에서 '수로'가 지니고 있는 사회적 함의와 별로 다르진 않다. 그러나 최근에 등장하고 있는 빨래방은 반세기 전만 해도 우리나라 어디에서나 볼 수 있었던 우물터와 아주 다른 것 같으면서도 실상은 다른 게 없다. 말하자면 빨래방은 돌아온 우물터다.

(마) '가슴이 따뜻한 사람과 만나고 싶다.' 저마다 마음 문을 굳게 걸어 잠근 자물쇠의 금속성 내음만 맡으면서 살아 온 지난 30년, 만나고 어우러지고자 하는 욕구가 부추기는가, 일부 지역에서 빨래방은 사람들을 다시 불러 모으고 있다. 그들을 중심으로 당신의 모든 상상력을 동원해 무대 배경을 그려 보라! 그곳엔 뭔지 모르지만 자기 욕실에서 각자 빨래하는 무대와는 배경이 좀 달라져야 할 것 같지 않은가?

- 김찬호, '빨래방의 경제 사회학'

보기

　이제 주부나 노총각들, 자취하는 학생들은 자기 집 가까이 있는 빨래방을 3, 4일이나 주말에 한 번 찾아가 자기가 직접 빨래 기구 속에 빨래감을 넣고 시간도 조절해 가며 커피를 마시면서 이웃 아줌마와 세상 돌아가는 일을 이야기한다. 새로운 중세인가! 옛 아낙네들도 이웃 아줌마들과 집안과 동네 이야기, 새로 부임한 사또에 관한 소식을 나누었다. 이제 수천 년을 오가며, 아니 4, 50년을 오가며 우물터와 빨래방이 오버랩된다.

① (가)　　② (나)　　③ (다)　　④ (라)　　⑤ (마)

내용 영역별 이해

테마 15 인문

　인문 분야의 글이란 전인적인 인간의 가치 체계를 다룬 글이다. 이런 인문 분야의 글에는 인간과 인간의 문화에 관심을 갖는 학문 분야, 인간과 인류 문화에 관한 내용을 다룬 분야가 포함된다.
　인문 분야의 글은 주로 인간의 정신 활동을 다룬 것이며, 이러한 분야의 글에서는 글의 일관된 의미는 물론 글을 구성하는 각각의 낱말이나 문장들의 의미가 언제나 가변적이고 역동적이다. 또한 인문 분야의 글은 대개 특정한 관점을 강조하는 경우가 많은데, 이는 가치관이나 사상에 관한 내용, 학문의 성격, 역사를 바라보는 관점 등을 즐겨 다루고 있기 때문이다.
　이러한 분야의 글에는 문학, 철학, 윤리학, 역사학, 언어학, 종교학, 사상 등에 관한 글이 포함된다.
　인문 분야의 글을 바르게 파악하기 위해서는 먼저 글의 전체적인 내용이나 중심 내용을 파악하는 일이 중요하다. 그 다음에는 글의 내용을 바탕으로 다른 측면이나 상황에 적용해 보는 노력을 하는 것이 좋다.
　글의 전체적인 내용이나 중심 내용을 파악한 다음, 글의 내용을 바탕으로 다른 측면이나 상황에 적용해 보는 노력까지 해 보았다면 이제 그 글을 거의 다 읽은 것과 다름없다. 이와 함께 글의 내용 및 전개 방식에 대하여 비판하거나 필자의 의도나 태도를 추리해 보면서 읽는 자세를 갖추어야 한다. 이러한 읽기 방법은 그 글의 내용과 특징을 더 잘 파악하고 이해할 수 있는 이점이 있다.

※ 다음 글을 읽고 물음에 답하시오.

　현대인은 두 가지 시계를 가지고 있다. 하나는 문자판 위를 바늘이 돌아가며 시간을 알리는 아날로그형이며, 또 하나는 직접 숫자가 나타나서 시간을 표시하는 디지털형이다.
　아날로그형은 하루의 시간을 문자판에 공간화한 것이고, 그 위를 시침, 분침, 그리고 초침이 돌아가도록 한 것이기 때문에, 시간을 총체적이고 영속적인 것으로 파악할 수가 있다. 우리는 전체를 통해 한 부분의 시간을 본다. 시침이나 분침을 보고 시간을 알아낸다는 것은 마치 하늘에 떠 있는 태양이나 달의 위치를 보고 그 시각을 알아내는 것과 같은 것이다. 그래서 바늘이 숫자로 바뀌어 버린 디지털형의 시계는, 보는 시간이 읽는 시간으로 바뀐 것이기도 하다.
　디지털 시계는 오직 지금의 시간만을 알려 줄 뿐, 바늘이 시시각각으로 연출해 내는 기하학적인 구조는 이미 존재하지 않는다. 따라서 그 시간은 단절적이고 점멸적(點滅的)인 것이다.
　그렇다. 디지털 시계에서는 시간은 강물처럼 흘러가는 것이 아니다. 단지 깜박이고 있을 뿐이다. 그 대신 디지털 시계는 초까지도 분명하게, 그리고 엄격하게 나타내서 보여 준다.
　아날로그형의 시계에서는, 시간은 대충 있는 것이다. 초침은 있어도 그것은 단지 시간이 고여 있지 않고 흘러가고 있음을, 말하자면 지금 시간이 움직이고 있음을 알려 주는 신호일 뿐이다. 그리고 분침 역시 구름 사이를 지나가는 달처럼 어렴풋하게 5분 단위의 숫자를 지나간다.
 그러나 디지털은 시간을 보는 그 애매성을 추방한다. 맞든 틀리든 거기에서의 시간은 초 단위로 존재한다. 분명히, 그리고 에누리 없이.
 옛날의 전통 문화는 아날로그적인 것이요, 현대 문명은 디지털적인 것이다. 시인의 언어는 아날로그적인 것이요, 법률이나 과학의 그것은 디지털적인 것이다. 시골의 자연 풍경이나 꾸불꾸불한 논밭 길은 아날로그적인 것이요, 도시의 네모난 스카이라인과 직선적인 가로는 디지털적인 것이요, 이름으로 사람을 부르는 것은 아날로그적인 것이요, 죄수처럼 번호를 호명되는 것은 디지털적인 것이다. 사랑하는 사람의 얼굴은 아날로그적인 것이요, 창구를 사이에 두고 만나는 관리의 얼굴은 디지털적인 것이다.
 아니다. 그런 것만이 아니다. 그것이 아날로그이든 디지털이든 전자 시계는 시계의 주검인 것이다. 작은 심장과도 같은 태엽과 치차(齒車=톱니바퀴)를 가진 옛날의 그 시계들은 우리들의 곁에서 살아 있는 것처럼, 정말 살아 있는 벌레들이 숨을 쉬듯이 재깍거리며 시각을 새겨 가고 있다. 그 시계들이 아무 소리도 없이 시간의 변화만을 알려 주는 전자 시계로 바뀌어 가면서, 시간은 생명적인 것으로부터 오로지 정확한 것만으로 그 의미가 바뀌어져 버린 것이다. 생명적인 모든 것을 까뭉개 버리고 그 위에 정확성만이 탑처럼 쌓아 올려진 현대 문명의 그 모습처럼…….
 아날로그형의 인간들이 죽어 가고 있다. 디지털형의 인간들만이 살아남는 시간들이 오고 있는 것인가.

— 이어령, '아날로그형(型)과 디지털형(型)'

01 위 글의 서술 방법에 대한 설명으로 적절하지 못한 것은?

① 유추적 사고를 통해 결론을 이끌어 내고 있다.
② 특정 대상의 특징을 인간사에 확대 적용하고 있다.
③ 구체적 사례를 제시하여 자신의 논지를 강화하고 있다.
④ 대상에 대한 판단을 유보하고 독자의 판단에 맡기고 있다.
⑤ 두 대상의 상반된 속성을 부각시켜 논지를 분명히 하고 있다.

02 아날로그형(型)과 디지털형(型)의 특징을 잘못 짝지은 것은?

	아날로그형	디지털형
①	총체적	단절적
②	영속적	점멸적
③	애매함	분명함
④	전통적	현대적
⑤	기계적	인간적

※ 다음 글을 읽고 물음에 답하시오.

　자연은 점진적인 변화 과정을 거치면서 오늘날의 상태에 이르렀다. 어디서 와서 어디로 가는지, 처음도 끝도 없이 끊임없는 변화를 지속해 왔다. 이를 운회(運會)라고 한다. 운(運)이라는 것은 변화의 흐름을 말하며, 회(會)라는 것은 변화의 도중에서 우연히 마주치는 상황을 말한다. 이러한 이치는 동양의 ⓘ 옛사람들도 알고 있었다. 다만 그들은 이것을 대운(大運)의 순환으로 보아, 현재는 과거의 반복이며 미래는 현재의 반복이라고 생각했다. 이제 말하고자 하는 것은 옛사람들의 생각과는 매우 다르다.

　오랜 옛적부터 오늘날까지의 변화는 점진적이어서, 생각이 얕은 사람들은 그 변화를 제대로 살피지 못해 천지는 불변한다고 말한다. 그런데 서양의 지학자(地學者)들은 화석의 조사를 통해 동식물이 점진적으로 변화해 왔음을 알게 되었다. 천도(天道)가 고정되어 있지 않고 변화한다는 것은 의심할 수 없는 사실이다. 다만 그 변화가 지극히 은밀하고 완만하기 때문에, 수백 년을 살았다고 하는 팽조도 장구한 시간의 짧은 순간만을 본 것이어서 감추어진 변화를 알 수 없었다. 여름날의 매미가 어찌 봄과 가을을 알겠으며, 하루살이가 어찌 그믐과 보름을 알겠는가? 그런데도 불변이라 말한다면 참으로 눈먼 사람의 이야기이다. 천운(天運)은 결코 불변의 것이 아니다.

　그러나 비록 천운이 변한다고는 하지만, 그 가운데에도 변하지 않는 것이 있다. 천연(天演)이 그것이다. 천연에는 물경(物競)과 천택(天擇)이라는 두 가지 원리가 있다. 이는 만물에 모두 적용되지만, 특히 생물에서 두드러진다. 물경이란 만물이 생존을 위해 싸우는 것이며, 그 과정 속에서 살아남기도 하고 죽기도 한다는 말이다. 그 결과는 천택으로 나타난다. 천택이란 경쟁 끝에 홀로 살아남는 것이다. 자연에서의 선택이지만, 누가 선택하는 것은 아니다.

　하늘이 사람을 낳음에 그 몸을 둘러싸고 있는 것을 힘[力]이라 하며, 그 마음에 깃들어 있는 것을 지(智)라 한다. 사람은 지와 힘으로 만물을 이합(離合)시키면서 하늘이 스스로 하지 못하는 일을 이루어 낸다. 사람이 이룬 일을 공(功)이요, 업(業)이라 하고, 이를 통틀어 인사(人事)라 한다. 사람이 꽃을 가꾸고 다리를 만드는 일 모두가 인사이다. 인사는 천공(天工)이 못 다한 것을 도와 주는 일이다.

　하늘은 사람의 힘을 빌려 일을 이루고, 사람은 하늘이 준 것에 기대어 일을 이룬다. 일단 각자의 일이 이루어지면 하늘과 사람은 서로 간섭하지 않는 것처럼 보인다. 그런데 사람이 가꾸어 놓은 꽃이나 만들어 놓은 다리를 돌보지 않으면, 하늘은 이런 것들을 그렇게 만들어지기 이전의 원래 상태로 되돌아가게 한다. 꽃을 가꾸거나 다리를 만드는 것과 같은 작은 일에서 수신, 제가, 치국, 평천하라는 큰 일에 이르기까지, 하늘과 사람이 서로 다투지 않는 곳이 없다.

　그렇지만 그 근본을 말하자면 저 들판에서 스스로 피고 지는 것만이 하늘에서 나온 것이겠는가? 사람이 가꾼 꽃과 나무, 만들어 놓은 다리라 한들, 상제(上帝)의 힘에서 말미암지 않은 것이 하나라도 있겠는가? 사람이 천공을 빼앗을 수 있다고는 하지만, 손으로 들고 발로 걷는 이 몸 또한 하늘이 내린 것이다. 어찌 다만 몸뿐이겠는가? 사려를 운용하는 재능과 행위를 제어하는 덕이 있기 때문에 초목이나 금수와 달라졌지만, 사람이 천명(天命)에서 벗어나 홀로 존귀한 것은 아니다. 이렇게 말한다면, 미증유의 사업을 이룬 위대한 성인(聖人)이라 할지라도 본성과 재능을 하늘로부터 받았다는 점에서는 곤충이나 초목과 다를 바 없다. 귀천은 다를지라도, 천연에서 벗어나지 못한다.

― 옌푸(嚴復), '천연론'

03 위 글에 대한 평가로 타당하지 않은 것은?

① 상제의 개념과 천연의 개념이 양립 가능하게 논의를 이끌고 있다.
② 진화론의 주요 내용을 동양의 전통적 개념을 통해 설명하고 있다.
③ 자연과 인간의 관계에 대해 상생과 상극이라는 두 측면을 인정하고 있다.
④ 자연의 변화를 강조하면서도 자연에 내재하는 불변의 원리를 상정하고 있다.
⑤ 인간과 동물의 귀하고 천한 차이를 인간이 지닌 선천적 도덕성에서 찾고 있다.

04 ⊙의 관점에 가장 부합하는 것은?

① 요임금, 순임금이 죽자 성인의 도가 쇠퇴하고 이상적인 정치가 무너졌으며 이후 역사는 쇠퇴의 길을 걸어 왔다.
② 성인은 백성의 마음을 비워 주되 배를 채워 주고, 백성의 심지를 약화시키되 신체를 강건하게 해 주어, 항상 무지와 무욕에 처하도록 한다.
③ 탕왕이 하(夏)나라 걸왕의 폭정을 평정하고, 주공이 무왕을 도와 은(殷)나라의 폭군 주왕을 토벌하였듯이, 안정과 혼란, 즉 치란(治亂)이 되풀이되었다.
④ 군주에게 인심(仁心)이 있고 또 그렇다는 명성이 있음에도 백성에게 은택이 미치지 못하고 후세의 모범이 되지 못하는 것은 선왕(先王)의 도를 실행하지 않았기 때문이다.
⑤ 성왕(聖王)의 업적을 보려면 분명한 데에서 찾아야 할 것인데 후왕(後王)이 바로 그 사람이다. 오늘의 후왕을 버리고 옛날을 말한다면, 자기의 군주를 버리고 남의 군주를 섬기는 것과 같다.

※ 다음 글을 읽고 물음에 답하시오.

여러 사회학자들은 파시즘이 단지 우연적인 사건에 불과한 것이 아니라 특정 사회의 성격에 내재한 항구적인 것이며 히틀러나 무솔리니는 단지 그 극단적 형태에 불과하다고 경고하고 있다. 그들에 따르면 파시즘은 우리의 일상적인 삶 속에 침투해 있어 그것이 파시즘인지 아닌지조차 모를 정도로 생명력을 과시하고 있다는 것이다. 이러한 요소 중에는 성(性)과 가족, 그리고 국가와 민족이라는 범주들이 있다.

언뜻 보기에 자연스럽고 당연해 보이는 이러한 범주들 속에는 남자와 여자의 역할을 명확히 가르고 국가와 민족이라는 전체에 개인의 자율적인 삶을 종속시키려는 경향이 작용하고 있다. 파시즘은 이러한 경향을 매우 자연스러운 현상으로 받아들이고 있다. 히틀러에 따르면, "남녀 각자가 자연이 부여한 임무를 충실히 지키는 한, 남녀 간 갈등은 (……) 불가능하다."고 한다. 여기서 '자연이 부여한 임무'란 남녀의 성적 특징이 생물학적으로 분명한 차이를 갖고 있기에 나온 말이다. 이러한 전제에서 출발하여 파시즘은 "전쟁이 남자의 것이라면, 어머니다움은 여자의 것이다."라고 주장한다. 파시즘이 이러한 남녀의 자연성이 나타났던 과거를 황금시대로 여기는 이유는 여기에 있다.

전쟁을 미화하는 파시즘에 있어서는 호전성과 불굴의 의지, 그리고 강한 책임감을 지닌 남자가 국가의 주체가 된다. 이 주체는 부드러움과 가정의 수호천사, 자녀 양육의 책임 등을 지닌 여성의 보호자가 되지 않으면 안 된다. 따라서 국가 또는 권력은 남자의 영역이며, 가정 또는 사적인 생활은 여자의 영역이 되고 만다. "어머니가 없는 민족, 요람이 없는 민족은 (……) 도덕적으로, 정치적으로, 경제적으로 몰락할 운명에 처해 있으며, 결국은 노예 상태에 빠질 것"이라는 주장은 성별 구분이 뚜렷한 가족주의적 국가·민족관을 분명하게 보여 주고 있다.

문제는 이러한 주장이 여성의 모성성(母性性)을 신화화(神話化)하는 동시에 여성을 가정에 국한시키고 여성의 사회 진출을 억제한다는 데 있다. 뿐만 아니라 독신자나 이혼녀, 그리고 자녀를 안 낳으려는 부부 등을 비정상으로 보게 한다는 데 있다. 여기에 자율적인 개인적 삶이 들어설 공간은 애초부터 존재하지 않게 되는 것이다. 따라서 자율적인 개인적 삶을 강조하는 자유주의자들과 파시즘이 충돌할 수밖에 없었던 것은 불가피한 일이었다 할 것이다.

이와 같이 남녀를 구분하고 남성을 공적 영역에, 여성을 사적 영역에 국한시켜 여성의 사회적 정체성을 고정시키는 경향은 우리 사회에도 만연해 있는 실정이다. 우리는 이러한 경향을 너무나 당연한 듯이 여기고 있기 때문에 여성의 위상 변화와 관련한 논쟁이 끊이지 않고 있는 실정이다. 그 쟁점의 중심에 가정이 있다. 가정의 소중함은 중요하다. 나아가 국가와 민족 또한 소중하기는 마찬가지다. 그러나 그러한 소중함 못지않게 주체적이고 자유로운 삶의 방식을 선택하는 것도 역시 소중하다. 거기서 민주적 사회는 비로소 출발할 수 있다.

05 위 글의 글쓰기 전략으로 보기 어려운 것은?

① 분석적 접근을 통해 파시즘의 성격을 규명한다.
② 학자들의 견해를 인용하여 파시즘의 위험성을 경고한다.
③ 미래의 예상되는 문제점을 추론하여 파시즘의 생명력을 강조한다.
④ 반대론자와 충돌하는 이유를 밝혀 파시즘의 비민주성을 보여 준다.
⑤ 파시즘의 요소를 우리 현실에서 찾아 파시즘에 대한 경계심을 갖게 한다.

06 위 글의 중심 화제로 가장 적절한 것은?

① 파시즘의 형성과 가족의 기원, 어떤 관계가 있는가?
② 일상적 삶에 침투한 파시즘의 실체, 무엇이 문제인가?
③ 남성과 여성의 관계에서 발견되는 파시즘적 요소는 무엇인가?
④ 파시즘적 구조를 이해하기 위해서는 어떤 자세를 가져야 하는가?
⑤ 여성의 사회적 정체성 형성을 가로막는 파시즘의 장벽을 어떻게 넘어야 하는가?

07 위 글을 잘못 이해한 것은?

① 파시즘은 자유주의자들의 삶의 태도를 긍정하지 않는다.
② 파시즘은 전쟁을 예찬하면서 모든 국민을 국가에 종속시키려 한다.
③ 파시즘은 과거의 황금시대에 나타나서 히틀러와 무솔리니에 의해 널리 확산되었다.
④ 파시즘은 남녀의 성 역할의 차이를 생물학적 차이에서 비롯된 자명한 것으로 간주한다.
⑤ 참다운 민주적 사회를 건설하기 위해서는 개인의 주체적이고 자율적인 삶을 존중해야 한다.

※ 다음 글을 읽고 물음에 답하시오.

　대부분의 단어는 둘 이상의 의미 요소가 복합된 언어 단위이다. 특히 이러한 의미 요소가 복합된 모습을 잘 보여 주는 것이 합성어나 파생어와 같은 복합어이다. 복합어가 형성될 때는, 어근들끼리 결합하거나(합성어) 어근에 접사가 결합하는(파생어) 등, 형태 요소들의 결합도 함께 이루어진다.

　그러므로 복합어의 경우 단어의 형성과 관련된 연구는 두 가지 방향에서 가능한데, 하나는 형태에서 출발하여 의미를 설명하는 형태 중심의 연구이고, 다른 하나는 의미에서 출발하여 형태를 설명하는 의미 중심의 연구이다. '산사람'을 예로 들어 볼 때, 형태 중심의 연구에서는 '산'과 '사람'이라는 형태가 결합하면서 어떻게 〈산에서 사는 사람〉이라는 의미를 나타내게 되는가의 과정을 추론해 내는 데 초점을 두는 반면, 의미 중심의 연구에서는 〈산에서 사는 사람〉이라는 의미를 나타내기 위해 '산'과 '사람'이 선택되어 일정한 순서로 결합하는 과정을 설명하는 데 초점을 둔다.

　그런데 단어의 형태가 그 단어의 의미를 항상 충분히 반영하는 것은 아니다. ⓐ '총잡이'는 〈총을 잡는 사람〉을 의미한다기보다는 〈총을 잘 쏘는 사람〉을 의미하고, ⓑ '구두닦이'는 단순히 〈구두를 닦는 사람〉을 의미한다기보다는 〈구두를 닦는 일을 직업적으로 하는 사람〉을 의미한다. 여기에서 주목해야 하는 것은 〈잘 쏘는〉, 〈직업적으로〉 등의 의미가 해당 단어를 구성하는 형태 중 그 어느 것에도 반영되어 있지 않다는 점이다.

　그렇다고 하여 〈잘 쏘는〉, 〈직업적으로〉 등의 의미가 단어 형성 과정에서 특별하게 주어졌다거나, 단어 형성이 이루어진 이후에 주어진 결과라고 보기도 어렵다. 왜냐하면, 단어 형성의 관점에서 볼 때 단어는 새로운 형태를 먼저 만들고 여기에 의미를 부여함으로써 만들어지는 것이 아니라, 새로운 의미가 먼저 만들어지고 이를 표현할 형태가 나중에 선택된다고 보는 것이 자연스럽기 때문이다.

　이는 새로운 개념이나 의미를 언어로 표현할 필요성이 있을 때 특정 형태의 단어가 만들어짐을 의미한다. 예를 들어 ⓒ '때밀이'라는 말은 〈때를 미는 일을 직업적으로 하는 사람〉이 존재하기 때문에 이를 지칭하기 위해 '때, 밀-, -이'라는 형태들을 선택하고 결합하여 만들어진 것이다. 결국, 〈때를 미는 일을 직업적으로 하는 사람〉이라는 의미는 '때밀이'라는 단어를 형성하기 이전에 이미 정해져 있던 것이며, 그래서 '때밀이'의 형태만으로는 그 의미를 정확하게 추론할 수 없는 것이다.

　이처럼 단어의 형태가 그 의미를 충분히 반영하지 못한다는 것은 단어의 형태를 토대로 단어의 의미를 설명하는 데에는 한계가 있음을 뜻한다. 즉, 단어의 의미에서 출발하여 형태를 설명하는 연구를 지향할 때 단어의 형태적 속성과 의미적 속성을 적절하게 설명할 수 있다는 것이다.

– 황화상, '단어 형성과 의미'

08 위 글의 내용과 일치하지 <u>않는</u> 것은?

① 어근과 어근, 혹은 어근과 접사가 결합되어 있는 단어는 복합어이다.
② 의미 중심의 연구의 한계를 극복하기 위해 형태 중심의 연구가 필요하다.
③ 형태 중심의 연구는 형태가 결합하면서 의미를 나타내게 되는 과정을 추론하는 데 초점을 둔다.
④ 의미 중심의 연구는 새로운 의미가 만들어진 후에 이를 표현할 형태가 선택된다는 것을 전제로 한다.
⑤ 단어의 형태적 속성과 의미적 속성을 모두 적절하게 설명하기 위해서는 의미 중심의 연구를 지향할 필요가 있다.

09 위 글을 바탕으로 할 때, 〈보기〉의 '사과접시'에 대한 설명으로 적절하지 <u>않은</u> 것은?

> **보기**
> 만약 어떤 대상을 나타내기 위해 '사과'와 '접시'라는 형태를 결합하여 '사과접시'라는 형태의 단어를 만들었다고 할 때, 이 단어가 나타낼 가능성이 있는 의미들은 다음과 같이 매우 다양하다.
> ㄱ. 사과를 깎아 놓는 데 쓰는 접시
> ㄴ. 사과 모양의 접시
> ㄷ. 사과로 만든 접시
> ㄹ. 사과를 먹을 때 쓰는 접시
> ㅁ. 사과를 보관할 때 쓰는 접시

① 단어가 형성된 후 새로운 의미 요소가 추가된 것이다.
② 두 어근의 결합으로 만들어졌으므로 합성어에 해당한다.
③ 의미 요소만이 아니라 형태 요소들의 결합도 함께 이루어졌다.
④ 각 형태 요소들의 의미만으로는 이 단어의 의미를 정확히 설명할 수 없다.
⑤ 단어의 형태가 그 단어의 의미를 충분히 반영하지 못함을 보여 주는 사례이다.

10 밑줄 친 부분의 의미가, ⓐ~ⓒ의 '-이'가 공통적으로 담고 있는 의미와 동일한 것은?
① 손잡이 ② 품앗이 ③ 글쓴이 ④ 한해살이 ⑤ 철판구이

※ 다음 글을 읽고 물음에 답하시오.

　소외가 문제가 되는 것은 사람이 주위 환경에 대하여 당연히 지녀야 할 삶의 목표를 가지고 있지 않다는 데 있다. 이런 생활은 개인이 외적 세계를 인지한 방식이나 외부로부터 얻는 정보를 이해하고 처리하는 방식에서 비롯된다. 이러한 의미에서 소외의 문제에 대해서는 인지 양식과 관련된 개인의 심리에 대한 미시적 접근이 반드시 필요하다.
　그런데 지금까지 사회심리학에서 개인의 심리학적 측면을 제외하고 소외를 대중 현상으로 취급하는 거시적 접근 방법만을 사용해 왔다. 그래서 개인의 사회적인 행동과 내면의 심리 현상이 서로 다른 원리에 의해 설명되고, 양자를 총체적으로 설명하는 원리나 개념이 보이지 않았던 것이다. 개인의 행동을 최종적으로 결정하는 것은 '주어진 자극'이 아니라 '수용된 자극'이다. 따라서 환경이나 상황 측면의 일반론만으로는 개인의 행동을 적절하게 설명할 수 없다. 심리적 측면에서의 접근이 있을 때에만 비로소 개인적 행동과 사회적 행동을 일원적으로 설명해 낼 수가 있는 것이다.
　흡연자들은 담배가 떨어져 가고 있다는 것을 알고 나면 갑자기 담배를 피우고 싶다는 충동에 빠지게 된다. 그러나 담배를 충분히 사 둔 경우에는 그 정도로 흡연 충동을 느끼지 않는다. 이 현상은 단지 니코틴의 결핍이 일으킨 생체 반응 때문이 아니라, '담배가 떨어져 간다'라고 하는 인식의 결과가 불안을 발생시켜 확보의 충동을 강화하는 것이다. 따라서 담배가 '거기에 있다'는 것을 인식하고 나면 불안은 해소되고 담배를 피우려는 욕구는 점차 소멸된다.

소외의 경우에도 마찬가지이다. 자기 통제하에 있는 일에 대해서는, 즉 자신의 책임과 권한으로 언제라도 주도적으로 처리할 수 있는 일에 대해서는 자신감이 생겨 안심을 할 뿐만 아니라 반응이 건설적이고 인내력이 강해지면 과제의 수행에 최선을 다하게 되는 것이다.

로터(Rotter)는, 동일한 사태의 결과를 자기의 능력이나 노력으로 통제할 수 있다는 신념이 강한 사람을 '내적 통제형' 인간으로, 이와는 반대로 결과에 아무런 영향력을 행사할 수 없다고 믿고 우연이나 행운, 운명 등 타자의 힘에 의지하려는 경향이 강한 사람을 '외적 통제형' 인간이라고 구별하여, 소외와 인간의 내면적 특성을 연관지어 설명하고 있다. 그는 기본적으로 인간의 행동은 그것이 강화를 받을 것이라는 개인의 기대에 의해서, 그리고 그러한 강화가 가지는 가치에 따라서 결정된다고 본다. 기대의 정도와 강화의 가치는 그 개인이 예측하고자 하는 사태의 성질에 의해서 조건화된다. 즉 인간 행동의 발생은 어떤 특정 상황에서 특정 행동을 하면 결과를 성공적으로 유도할 수 있을 것이라고 예상하는 기대 정도와 그 결과로 얻게 되는 가치에 대한 심리적 판단 사이의 상호 작용에 의해 이루어진다는 것이다.

어떤 행동을 하는 사람이 기대하는 성공 가능성이나 강화에 대하여 사회의 기술 문명이나 경제 구조, 사회 구조 등의 외적 요인이 영향을 미치는 것은 분명하다. 따라서 그것들을 소외의 근원 중 하나로 간주하고 이 요인들이 개인 심리에 미치는 영향의 측면을 분석하는 일도 또한 당연하다. 하지만 이것만으로는 부족하다. 거기에 더하여, 소외 상태에 있는 인간이 지니고 있는 의식 내용―무력감, 무의미감, 규범 상실, 사회적 고립감, 자기 유리 등―에 대한 연구가 함께 이루어질 때, 우리는 비로소 소외 상태에서 벗어나기 위한 사회적·개인적 처방을 제대로 얻을 수 있게 될 것이다.

― 신기명, '소외의 심리학적 접근'

11 위 글의 내용과 거리가 먼 것은?

① 소외는 환경적 요인과 심리적 요인이 종합적으로 작용하여 발생한다.
② 환경에 대한 인내력이 강한 사람일수록 소외 상태에 빠질 가능성이 높다.
③ 사람은 얻을 수 있는 가치가 크다고 생각할 경우 더 적극적으로 행동한다.
④ 동일한 상황에 처해 있더라도 소외 상태에 빠지는가의 여부는 사람에 따라 다르다.
⑤ 무력감이나 사회적 고립감을 느끼는 사람은 소외 상태에 빠져 있을 가능성이 높다.

12 위 글에 사용된 논지 전개 방식과 거리가 먼 것은?

① 유사한 예를 들어 현상의 원인을 분석하고 있다.
② 전문가의 견해를 인용하여 논의의 내용을 보강하고 있다.
③ 일반적인 통념의 모순된 측면을 지적하며 인식의 전환을 요구하고 있다.
④ 기존 연구의 한계를 지적하면서 새로운 연구 방법의 필요성을 제기하고 있다.
⑤ 두 가지 방법의 정당성을 모두 인정하며 통합적 적용이 필요함을 강조하고 있다.

13 〈보기1〉은 『』의 '흡연자'의 상황을 구체화한 후 '로터(Rotter)'의 설명에 따라 그 심리 상태를 예측해 본 것이다. 〈보기 2〉에 제시된 심리들 중, (A)와 (B)에 들어갈 내용들을 바르게 짝지은 것은?

---보기 1---

1. 문제 상황 : 담배가 떨어져 가고 있는데, 담배를 살 수 있는 곳은 매우 멀리 있음을 인식했다.
2. 흡연자의 심리 상황
   가. 흡연자가 내적 통제형 인간일 때 : (A)
   나. 흡연자가 외적 통제형 인간일 때 : (B)

---보기 2---

ㄱ. '멀더라도 담배를 사 오면 된다.'
ㄴ. '어딘가에 예전에 사 둔 담배가 있을지도 모른다.'
ㄷ. '담배를 지닌 누군가가 방문해 주지 않을까?'
ㄹ. '옆 사무실에 가면 담배를 얻어 올 수 있겠지.'

	A	B		A	B
①	ㄱ, ㄹ	ㄴ, ㄷ	②	ㄴ, ㄷ	ㄱ, ㄹ
③	ㄱ, ㄴ	ㄷ, ㄹ	④	ㄴ, ㄹ	ㄱ, ㄷ
⑤	ㄷ, ㄹ	ㄱ, ㄷ			

14 〈보기〉의 상황에 처한 사람을 대상으로, 위 글의 논지에 따라 내린 처방으로 가장 적절한 것은?

---보기 1---

어떤 사람이 매우 심한 소음 속에서 작업을 하고 있다. 소음은 그가 다루는 기계 장치에서 발생하는 것으로, 정상적인 작동인 경우에는 소음이 거의 나지 않지만 그가 아직 미숙하여 기계를 잘못 조작하기 때문에 발생하고 있었다. 그는, 처음에는 그런대로 참고 버텼지만 소음에 노출되는 시간이 점차 많아지면서 이제는 정신적으로 매우 큰 스트레스를 받고 있다. 어떻게 하면 이 사람이 스트레스에서 벗어나게 해 줄 수 있을까?

① 스스로 해결할 수 없는 일임을 인식하고 빨리 포기하게 하는 것이 좋습니다.
② 우선, 자신의 행동에 의해 소음을 정지시킬 수 있다는 믿음을 갖게 해야 합니다.
③ 일정한 기간이 지난 후에는 소음에 적응하게 될 것이라는 사실을 알려 주어야 합니다.
④ 소음의 원인을 알려 주어, 참고 견딜 수밖에 없다는 사실을 인식하도록 해 주어야 합니다.
⑤ 소리는 단지 외부의 현상일 뿐이므로 모든 것이 받아들이는 사람의 마음에 달려 있음을 알게 해야 합니다.

| 테마 16 | 사회 |

　사회 분야의 글에서는 인간 사회의 복잡한 여러 현상의 원인, 영향 관계 등을 과학적·체계적으로 다루고 있다. 구체적으로 말해 국가 체제와 이념, 도시의 발달과 인구 증가, 부의 분배와 경제적 불평등, 계급적 갈등과 계층의 심화, 인간 소외, 환경오염으로 인한 생태계 파괴 등과 같이 인간의 사회생활을 통하여 일어나는 제반 현상을 주로 다루고 있다.

　이러한 사회 분야의 글에는 사회 과학에 속하는 광범위한 제반 영역, 즉 정치학, 경제학, 도시 및 지역 사회학, 여성학, 언론학, 법률학, 문화학, 국제 관계학, 교육학 등에 관한 글이 포함된다.

　사회 분야의 글을 효과적으로 읽기 위해서는 현실 생활과 밀착한 사회 현상을 다룬 글을 우리 주변의 경우와 비교하면서 읽어야 한다. 대개 이 분야의 글들은 시사성이 강하고, 논리적, 비판적 성격이 강조된다. 따라서 필자의 견해를 객관적으로 이해하는 노력과 비판적인 시각으로 재조명하는 접근 태도가 요구된다.

　또한 글의 의미와 결론이 필자에 따라 다르기 때문에 유연성을 가지고 읽어야 하며, 복잡한 사회 현상을 다루고 있기 때문에 글의 방향을 잃어버리지 않도록 목적을 분명하게 인식하면서 읽어야 한다.

※ 다음 글을 읽고 물음에 답하시오.

(가) 조선 시대 전통 사회에서 농민을 주축으로 한 평민들은 농업과 가내 수공업에 의존하면서 주어진 환경에 문화적으로 적응하며 생활을 영위해 왔다. 그들은 대부분 농업 이외의 다른 생업의 선택 가능성을 가지지 못했기 때문에 토지에 고착되어 있었으며 비이동성(非移動性)을 특징으로 했다. 그러나 그들이 생산한 농작물과 기본 생활용품은 생산자인 평민들 자신뿐만 아니라 소비자인 양반들의 생활을 가능케 한 물질적 기초였다.

(나) 유교를 기반으로 한 지배층의 이데올로기는 본질적으로 불평등한 신분 체제를 정당화하는 것이었기 때문에, 평민들은 그들의 생활권 밖에서 형성된 이데올로기에 반응하지도 못하고 관심을 가질 수도 없었다. 양반들은 수대에 걸친 대가족을 이상으로 하고 혈통과 가계 계승을 중요시하는 조상 숭배 의례를 행했지만, 평민들의 가족은 부부 중심의 소가족이었고 그것이 그들의 농업 생산의 단위였다. 그래서 평민들은 양반의 조상 숭배 의례의 흉내만 내었을 뿐, 권력을 행사하기 위한 동족의 결합에는 무관심하였다.

(다) 평민들에게는 양반의 신분에 도달할 수 있는 기회가 주어져 있지 않았기 때문에, 그들은 대부분 양반의 신분을 얻으려고 노력하지도 않았다. 그들은 스스로 권리를 덜 행사하거나 혜택을 덜 받는다고 생각하지 않았고, 자기들에게는 권리가 없거나 그 이상의 혜택을 받지 못하도록 태어난 사람이라고 생각했다. 양반의 위치는 하늘의 별처럼 멀리 떨어져 있는 것으로 느껴졌고, 신분의 상승이란 꿈도 꿀 수 없는 딴 세상의 것이었다.

(라) 항상 수탈의 대상이 되어 왔던 평민들은 불리한 생활 조건에서 가난에 찌들리고 심리적으로 불안과 두려움에 사로잡혀 있었을 뿐만 아니라, 그들에게는 뚜렷하게 내세울 만한 조상도 없었고

동족 간의 긴밀한 연대감도 없었다. 따라서 평민들에게는 집안의 터주와 조왕과 같은 가신(家神)과 마을의 서낭이나 산신과 같은 동신(洞神)을 위하고 받드는 집 단위의 무속 의례와 마을 단위의 동제(洞祭) 등 민간 신앙과 의례가 발달함으로써, 양반의 조상 숭배 의례와 뚜렷한 대조를 이루었다.

(마) 평민들은 항상 불리한 생활의 처지에서 살아왔기 때문에 무엇이든지 노력하면 이룰 수 있다는 성취적인 인생관을 형성하기 어려웠다. 대신 일이 되어 가는 대로 자기에게 주어진 운명에 맡긴다는 일종의 숙명적인 태도를 널리 갖게 되었다.

01 위 글로부터 이끌어 낼 수 있는 적절한 가설이 아닌 것은?

① 이데올로기와 사회 계층은 상호 관련된다.
② 혈연 의식과 경제적 분업은 상호 관련된다.
③ 생태적 적응과 생활의 이동성은 상호 관련된다.
④ 전체적인 생활 조건과 인생관은 상호 관련된다.
⑤ 사회적, 심리적 조건과 종교적 신앙은 상호 관련된다.

02 위 글 각 문단에서 다루고 있는 사항으로 적당하지 않은 것은?

① (가) - 생태와 경제   ② (나) - 사회 통제
③ (다) - 사회 계층   ④ (라) - 신앙과 의례
⑤ (마) - 인생관

※ 다음 글을 읽고 물음에 답하시오.

(가) 우리나라 학풍의 종주(宗主)는 정주학(程朱學)이며, 불교는 있어도 도교는 없다. 그런고로 바른 학문이 성(盛)하고, 빛나서 이단(異端)은 거의 없다. 오직 풍수설(風水說)이 심해서 사대부(士大夫)들도 휩쓸리어 하나의 풍속을 이루었다. 개장(改葬)을, 호도로 삼고 산소 다스리는 것을 일삼으니 백성들이 본받게 되고, 자오침(子午針=指南針)을 찬 사람은 천 리 길을 나서도 양식을 갖고 다니지 않는다. 전라도는 더욱 이런 나쁜 버릇에 물들어서 열 집에 아홉 집이 지관(地官) 노릇을 한다.

(나) 무릇 이미 죽은 어버이의 뼈로써 자기의 길흉(吉凶)을 점치려고 하니 그 마음이 좋지 못하다. 더구나 남의 산을 빼앗고, 남의 상여(喪輿)를 부수는 것은 의리가 아니며, 묘제(墓祭)를 시제(時祭)보다 극성스럽게 하는 것은 예(禮)가 아니다. 재산을 탕진하고 유해(遺骸)를 침노하며 불법의 일을 바라니 일일이 예(禮)를 들지 않아도 족하고 백성의 생업을 불안케 하고 옥송(獄訟)을 번거롭게 일으키는 것은 지관의 죄다.

(다) 지금 사람들은 개장(改葬)하지 않는 자가 없는데, 물의 흔적이 있다느니, 곡식의 껍질이 있다느니, 관(棺)이 뒤집혀졌다느니, 시체가 없어졌다느니 하는 일로서 영험(靈驗)이라 하나, 자못 속에 당연히 있는 일이며 화복(禍福)과는 조금도 관계없다는 것을 모른다. 무릇 천

양(壤壤)의 어둡고 막막한 가운데 떠도는 기운이 끊어지기도 하고 생성되기도 하며 물질이 변해서 무리지어 이루니 어느 지경엔들 이르지 않겠는가? 수장(水葬), 화장(火葬), 조장(鳥葬)을 하는 나라에도 또한 백성과 군신이 있다. 때문에 오래 살고 일찍 죽음과 궁하고 넉넉함과 흥하고 망하는 것과 가난하고 부유한 것은 천도(天道)의 자연스러운 일이고 사람의 행동에 관계되는 것이지, 장지(葬地)에 관계되는 것은 아니다.

(라) 요동(遼東)의 들에는 모두 밭에 장사를 지내는데 평평한 들이 한없이 넓어 봉긋봉긋한 것이 서로 비슷하여, 처음부터 청룡(青龍), 백호(白虎)며 진혈(眞穴)이 다르고 같음이 없다. 우리나라의 지관에게 시험 삼아 묘터를 잡게 한다면 망망해서 고수하던 방법을 바꾸어야 할 것이다. 장사 지내는 데 한 가지 방법의 불가함이 이와 같다. 지금 운명을 이야기하는 사람은 천하의 일을 들어서 운명에 돌리고, 관상을 이야기하는 사람은 천하의 일을 들어서 관상에 돌리고, 무당은 무속에 돌리고 지관은 장사에 돌리니, 과연 누구의 말을 들어야 할까? 좌도(左道=邪道)는 족히 믿을 만한 것이 못 된다는 것을 이것으로써 알 수 있다.

(마) 지식 있는 사람이 벼슬길에 오르면 곧 그런 책을 불태우고 그 사람들을 금지시켜 백성들로 하여금 길흉화복(吉凶禍福)이 장사(葬事)에 달려 있지 않다는 것을 알게 해야 한다. 그렇게 한 후 고을마다 각기 하나의 산을 잡도록 하고 그 씨족을 밝혀 족장(族葬)하도록 하는 것을 북망산(北邙山) 제도와 같게 한다. 본 고을에 모을 곳이 없으면 가까운 고을 백 리 안에 정하도록 한다. 장례 일을 가리지 말고, 회칠을 하여 굳게 쌓아 하관(下官)할 땅에 삼가 비석과 지석(誌石)을 세운다. 이와 같이 한다면 사대부(士大夫)의 다툼과 빼앗음도 스스로 없어질 것이고, 부호(富豪)들이 묘지를 넓게 차지하는 것도 쉽게 금할 수 있을 것이다.

— 박제가, '장론(葬論)'

03 위 글의 내용과 일치하지 <u>않는</u> 것은?

① 정주학은 우리나라 학풍의 근본이었다.
② 많은 사람들이 개장을 하여 복을 받았다.
③ 우리나라 풍수설은 요동에서는 필요가 없다.
④ 풍수설을 따르다가 가산을 탕진하는 경우가 있었다.
⑤ 벼슬아치는 장사(葬事)에 대한 백성들의 인식을 바르게 고쳐 주어야 한다.

04 풍수설의 부당성을 논리적으로 비판할 때, 근거로 사용하기에 알맞지 <u>않은</u> 것은?

① 풍수설로 인한 폐단이 심하다.
② 요동(遼東)에서는 모두 평평한 들에 무덤을 쓴다.
③ 풍수설은 좌도(左道)로서, 믿을 만한 것이 못 된다.
④ 인간의 화복(禍福)은 사람의 행동에 관계된 것이다.
⑤ 수장(水葬), 화장(火葬), 조장(鳥葬)을 하는 나라도 있다.

※ 다음을 읽고 물음에 답하시오.

　　광종께서는 빼어난 풍모와 영특한 자질을 가져 태조의 치우친 사랑을 받았습니다. 친히 정종의 유명(遺命)을 받아 왕위를 형제 간에 계승하여 왕좌의 화미(華美)함을 전했습니다. 예(禮)는 아랫사람을 접함에 도탑고 관찰력은 사람을 아는 데 실수가 없었으며, 근친 왕족에게 아부하지 않고 항상 호강(豪强)한 자들을 억눌렀습니다. 소원하고 미천한 자를 버리지 않고 홀아비나 과부에게 혜택이 빛나니, 즉위한 해로부터 8년에 이르기까지 정치와 교화가 맑고 공평하며 형벌과 은상(恩賞)이 넘치지 않았습니다.

　　쌍기(雙冀)가 등용된 이래로 임금께서는 문사(文士)를 받들고 중히 여겨 은혜로운 예(禮)가 지나치게 풍성하였습니다. 이로 말미암아 문사들이 적재(適才)가 아닌데도 분에 넘치게 진출하였고 차례를 뛰어 승진하였으며, 심지어는 한 해를 채우지 않고 고관이 되기조차 했습니다. 임금께서 밤마다 이들을 불러 접견하고 날마다 태도를 부드럽게 하여 즐기니, 군국(軍國)의 중요한 임무가 막혀서 통하지 않게 되었습니다. 그리고 주식(酒食)과 연유(宴遊)가 잇달아 끊어지지 않았습니다. 이에 남북의 용렬(庸劣)한 자들이 기대 오기를 원하나, 그 지혜와 재주는 논하지 않고 모두 특별한 은혜와 예절로 대하였습니다. 이 때문에 후생(後生)이 다투어 진출하고 구덕(舊德)은 점차 쇠퇴하게 되었습니다.

　　비록 중국의 풍속을 소중히 한다 하면서도 좋은 제도는 취하지 않았고, 중국의 선비를 예우한다 하면서도 어진 인재는 얻지 못했습니다. 백성들의 피땀 어린 재물을 더욱 짜내었지만 오히려 사방에서는 헛된 명예만을 얻었습니다. 이로 인하여 다시는 정사를 걱정하며 힘쓰지 않고 빈료(賓僚)를 접견하지 않았습니다. 그리하여 시기하는 마음이 깊어 가고 군신의 의논이 날로 막혀 마침내 감히 시정(時政)의 득실을 말하는 자가 없어지고 말았습니다.

　　게다가 불교를 깊이 믿고 과중하게 여겨, 상시로 치르는 행사가 이미 많은데도 따로 기원하여 향불을 피우고 불법을 닦음이 적지 않았습니다. 오로지 복과 장수를 구하여 기원할 뿐이었고 한정된 재력을 다 써서 무한한 인연을 지으려 했습니다. 스스로 지존의 자리를 가벼이 여기고 작은 공덕 짓기를 좋아하였습니다. 또 출입과 연유에 사치를 극도로 하였으나, 그 눈앞에 큰 일이 없음을 법력이 그렇게 해 준 것이라 하여 스스로 하는 바를 바르게 고치려 하지 않았습니다. 궁실은 법도를 넘었고, 의복과 음식은 진귀하고 고운 것을 사용했으며, 토목 사업은 때를 가리지 않았고, 공예품의 제작은 쉴 날이 없었으니, 대략 계산해도 보통 때 1년의 경비가 족히 태조 때 10년의 경비가 되었을 것입니다.

　　또 말년에 이르러 무고한 사람을 많이 죽였으니, 만약 광종께서 처음처럼 공검(恭儉)과 절용(節用)을 생각하고 정사에 부지런하였다면 어찌 그 녹(祿)과 수명이 겨우 향년 50으로 그쳤겠습니까? 그 끝마침을 처음과 같이 하지 못했으니 참으로 애석한 일입니다. 경신년부터 을해년 사이에는 간악한 자들이 다투어 나아와 참소와 중상이 크게 일어나니, 군자는 용납되지 못하고 소인이 그 뜻을 얻게 되었습니다. 마침내 아들이 부모를 거역하고 노비가 그 주인을 논하기에 이르렀으니, 상하의 마음이 서로 헤어지고 군신이 한 몸같이 되지 못했으며, 구신(舊臣)과 숙장(宿將)이 잇달아 살해되고 그들의 골육과 인척이 또한 다 도륙되었습니다.

　　게다가 혜종께서 형제를 아끼고 정종께서 국가를 잘 보전한 것은 은의(恩義)로 논한다면 중하게 여겨야 할 것입니다. 두 임금이 모두 외아들이 있을 뿐이었는데 또한 그 생명을 보전하지 못하게 하였으니, 비단 그 덕을 갚지 않았을 뿐 아니라 다시 원한을 깊이 맺는 결과가 되고 말았습니다. 말년에 이르러서는 자기의 외아들에게조차 의혹과 시기하는 마음을 내었으므로, 경종께서 동궁에 계실 때 매일 불안해하다가 요행히 그 왕위를 잇게 되었던 것입니다. 아, 어찌하여 처음에는 선정을 베풀고 일찍부터 아름다운 이름을 얻었다가 이 지경에 이르게 되었습니까! 깊이 통탄할 일입니다.

　　　- '고려사 최승로전'

05 광종대의 상황에 대한 글쓴이의 인식과 거리가 먼 것은?

① 쌍기의 등용 후부터 경신년 전까지는 정치적으로 큰 사건이 일어나지 않았다.
② 광종은 즉위 8년까지는 검소하게 생활하였고, 처벌과 포상도 적절하게 시행하였다.
③ 광종에게 억압받았던 세력이 쌍기의 등용 후 '문사', '후생'으로 일컬어지는 부류로 등장하였다.
④ 현실을 호도하는 무리가 있었으며, 이들로 인해 광종의 마음이 정사로부터 더욱 멀어지게 되었다.
⑤ '구신', '숙장'으로 일컬어지던 부류의 사람들은 지혜와 재주를 갖추었으나 점차 이를 발휘할 수 없게 되었다.

06 위 글에 지적된 문제들에 대해 글쓴이가 광종에게 대책을 제시한다고 할 때, 가장 적절한 것은?

① 무사의 관직 제수에 원칙을 세워 외침에 대비토록 하십시오.
② 불교를 신앙 생활에 국한하고 현실적 통치 이념을 바르게 세우십시오.
③ 주인이 노비를 함부로 형벌에 처하는 것을 금하여 노비의 처우를 개선하십시오.
④ 대대로 부를 축적한 호강한 이들에게 무거운 세금을 부과하여 국고를 충실히 하십시오.
⑤ 중국의 제도보다 우리의 고유한 풍속과 문물을 소중히 하여 시대 상황에 맞게 활용하십시오.

07 글쓴이가 광종을 평가하는 데 고려한 요소를 찾을 수 없는 진술은?

① 학문을 닦지 않고서 좋은 정치를 베풀려고 하는 것은 참으로 어리석은 일이다.
② 신료들이 불만을 품지 않게 하고 백성들에게 선악의 잣대를 보여 주는 데는 상벌을 공평히 하는 것만 한 것이 없다.
③ 밝은 임금은 측근의 신하가 왕명에 순종만 하는 것과, 직언을 마다하지 않는 선비가 물러나 자취를 감추는 것을 두려워한다.
④ 올바른 정치는 목수가 재목을 그 성질에 맞게 제자리에 올려놓아 큰 집을 짓는 것과 마찬가지로 사람을 가려 쓰는 데서 출발한다.
⑤ 백성들은 지극히 약하지만 힘으로 위협할 수 없고 지극히 어리석지만 꾀로써 속일 수도 없으니, 그들의 마음을 얻어 복종케 하려면 인정(仁政)을 베풀어야 한다.

※ 다음 글을 읽고 물음에 답하시오

지난 10월, 가을이 깊어가는 어느 날 오후 8시의 서울 강남 코엑스몰. 늘 혼잡스러운 거대한 복합 쇼핑거리에 갑자기 수십 명의 젊은이가 '붉은 악마' 차림으로 나타났다. 축구공 대신 풍선을 터뜨리는 것이 달랐을 뿐, 그들의 복장과 구호는 월드컵 열기를 고스란히 재연한 것이었다. 어리둥절한 행인들과 긴급 사태에 놀란 경비원들이 마땅한 대응을 하기도 전에 그들은 나타났을 때, 그러했듯이 누군가의 호루라기 소리에 맞춰 일제히 사라지고 말았다. 이른바 '플래시몹(flashmob)'이 펼쳐진 것이다.

플래시몹은 '갑자기 사용자가 증가하는 현상'을 뜻하는 '플래시크라우드(flash crowd)'와 '의견이 일치하는 대중'을 뜻하는 스마트몹(smart mob)이 하나로 붙은 합성어다. 요컨대 뜻을 같이하는 대중들이 갑자기 한 덩어리가 된다는 것인데, 얼굴도 모르는 불특정 다수의 대중이 인터넷과 이메일을 통해 시간과 장소를 정해 미리 약속한 행동을 하고 감쪽같이 사라지는 것을 뜻한다.

플래시몹의 시작은 뉴욕이었고 이후 파리, 베를린으로 확산됐으며, 최근에 서울의 명동, 강남역, 코엑스 등에서도 펼쳐졌다. 가히 '비동시성의 동시성'이라는 문화의 세계화(글로벌리즘) 현상을 잘 보여 주고 있다. 이제는 꽤 중량감 있는 인터넷 카페들에서는 물론이고 상업적인 의도까지 엿보이는 행사들을 비롯해 방송가에까지 이런 의도를 살린 코너가 마련되고 있다. 짧은 시간에 플래시몹이 낯설지 않은 문화로 자리 잡고 있는 것이다.

플래시몹은 그 동기와 목적성, 찰나에 지나지 않지만 재미있게 구성한 표현 방식 등으로 인해 일종의 예술 행위와 흡사하다. 하지만 그것을 주도하는 측에선 '과도한 의미 부여보다는 재미있는 즉흥 놀이'로 봐달라고 말한다. 플래시몹은 집단적 행위 예술이라기보다는 젊은 세대의 경쾌한 놀이의 성격이 짙다.

그렇다면 플래시몹은 온라인 문화가 오프라인을 겨냥하며 만들어 낸 행위인가? 어떤 학자들은 월드컵 열기와 촛불시위 양상을 보면서 인터넷을 거점으로 하는 온라인 세대가 오프라인으로 영향력을 확대한 사건이라고 평했지만, 이런 해석을 플래시몹에까지 적용하는 건 무리이다. ㉠ 오히려 일과성(一過性) 해프닝에 더 가깝다고 할 수 있다. 또한 행위 자체가 오프라인에서 집단적으로 이뤄지지만 그들이 실질적으로 오프라인을 지향하는가도 의문이다. 그렇다면 플래시몹은 상업화될 가능성이 있는가? 현재로서는 부정적이다. 상업적이라고 한다면 그렇게 모인 젊은 세대를 겨냥한 마케팅 전략이 설정되거나, 주최 측이 행사 자체를 상업적 등가물로 치환해야 하는데 그러한 사례를 발견하기 어렵다.

플래시몹은 하나의 놀이다. 놀이는 복합적인 텍스트를 기반으로 하는 예술처럼 필요 이상으로 긴장하거나 강박적이지 않다. 놀이는 즐거울 수 있는 권리의 구체적인 표현이다. 그러므로 때에 따라서는 즐겁지 않게 만드는 이 세상에 대한 저항의 몸짓을 담을 수도 있다. 하지만 그것 때문에 플래시몹이 정치적으로 '발전'해야 하는 것은 아니다. 이는 플래시몹이 하나의 기발한 마케팅 방법으로 변질되는 것을 우려하는 것과 같은 맥락이다. 무엇보다도, 경쾌하고 즐거운 놀이 문화의 한 양상이라는 점, 그것이 인터넷과 모바일을 기반으로 신선하게 전개된다는 점에 주목해야 할 뿐이다.

- 정윤수, '새로운 세대의 집단 놀이 플래시몹'

08 위 글로 미루어 알 수 있는 필자의 견해로 가장 적절한 것은?

① 다양한 문화 현상이 혼재하는 상황이므로 문화에 대한 안목을 길러야 한다.
② 문화의 세계화 추세 속에서 민족 문화의 주체성을 잃지 않도록 노력해야 한다.

③ 소수의 욕구를 만족시키기 위한 행동도 사회적 규범의 틀 안에서 행해져야 한다.
④ 문화의 상업화 경향도 일종의 사회 현상이므로 가치 중립적 관점에서 보아야 한다.
⑤ 문화 현상을 해석하기 위해서는 현상을 주의 깊게 관찰하고 참여자들의 의도를 고려해야 한다.

09 〈보기〉와 위 글을 읽고 난 독자의 반응으로 적절하지 <u>않은</u> 것은?

> **보기**
>
> 선거를 앞두고 인터넷으로 시간과 장소를 정해 몇 분간 특정 후보를 비난하는 집회와 시위를 가진 뒤 재빨리 사라지는 플래시몹이 잇달아 열려 선관위와 경찰이 골머리를 앓고 있다. 플래시몹은 메일과 휴대폰 문자 메시지 등으로 장소와 시간을 통지 받은 100여 명의 신청자들이 '부정부패 추방'이라는 피켓을 들고 있는 사람을 기준으로 한곳에 모이면서 시작된다. 이처럼 젊은층을 중심으로 플래시몹이 새로운 변칙 선거 운동 방식으로 확산되고 있지만, 선관위는 행사가 워낙 게릴라식으로 이뤄져 단속이 쉽지 않은데다 전례도 없고 이를 단속할 명확한 법적 근거도 부족해 고심 중이다.

① 〈보기〉는 하나의 문화 현상이 상황에 맞게 변용된 사례로 볼 수 있다.
② 플래시몹과 같은 새로운 문화의 등장은 사회 규범의 변화를 요구할 수도 있다.
③ 〈보기〉는 플래시몹이 기획 의도에 따라 성격을 달리할 수 있음을 보여 주고 있다.
④ 〈보기〉는 무겁고 복잡한 정치적 사안도 가볍고 쉽게 판단하는 젊은층에게는 즉흥적인 놀이의 성격을 가질 수 있다는 것을 보여 주고 있다.
⑤ 〈보기〉는 마케팅 전략과는 관계없는 상황을 보여 주므로 플래시몹이 상업화될 가능성이 적다는 필자의 생각에는 별다른 영향을 주지 않겠다.

10 〈보기〉를 참고할 때 ㉠에 나타난 문장의 오류 유형과 가장 유사한 것은?

> **보기**
>
> '해프닝'은 일반적으로 '우발적 사건'의 의미로 쓰이지만, 예술 용어로서는 1950년대 후반부터 1960년대에 주로 행해졌던 비연극적, 탈영역적(脫領域的)인 연극 형식을 의미한다. 이는 현대 예술의 각 분야에서 시도되고 있는 표현 운동의 한 가지로, 주제, 소재, 액션의 변화에 따라 여러 가지 형식으로 전개하여 이른바 예술과 일상 생활과의 경계를 없애려 한다는 점에서 특징적인 예술 형식이다.

① 고등 학교 시절 그 친구는 곰이었지.
② 외할머니께서는 어젯밤에 돌아가셨다.
③ 진수와 경희는 이번 일요일에 결혼한다.
④ 내가 좋아하는 선배의 친구는 나를 싫어한다.
⑤ 아버지께서는 나보다 어머니를 더 사랑하신다.

※ 다음 글을 읽고 물음에 답하시오.

(가) 마르크스 경제학의 기본 전제는 노동가치설이다. 노동가치설에 따르면 경제적 가치는 노동에 의하여 창출되며, 시장 판매를 위한 생산물(마르크스의 표현에 따르면, 상품)의 가치는 그 생산물이 체현(體現 : 형태로써 나타냄)하고 있는 사회적 필요 노동량에 비례하게 된다. 한편, 마르크스는 자본주의에서는 인간의 노동력도 하나의 상품이 되므로, 임금 또한 다른 상품의 가치와 마찬가지로 노동을 ㉠ 재생산(再生産)하는 데 필요한 수준에서 결정된다고 주장하였다. 그런데 자본주의에서는 생산력이 고도로 발달하여 노동자는 그 자신과 가족의 생존에 필요한 수준 이상의 가치를 생산할 수 있는데, 이 초과분을 잉여가치(剩餘價値)라고 한다. 이 잉여가치는 자본가와 지주에게 각각 이윤은 지대(地代)로 분배되는데, 특히 자본가가 수취하는 잉여가치인 이윤은 자본가의 생활 수단이 되기도 하지만, 더욱 중요하게는, 지속적인 자본 축적(資本蓄積)을 위한 ㉡ 원천(源泉)으로 사용된다.

(나) 이와 같은 마르크스의 이론은 리카도의 잉여원리를 자본주의 경제 전체의 운행에 응용한 것이라고 볼 수 있다. 그러나 리카도와 마르크스의 분석 사이에는 뚜렷한 차이점이 존재하는데, 중요한 몇 가지 사항을 정리하면 다음과 같다. 첫째 리카도뿐만 아니라 고전학파 이론 전체와 달리, 마르크스는 수확 체감(收穫遞減)의 법칙을 상정하지 않았다. 따라서, 지대와 이윤은 본질적으로 다른 것이 아니며, 오히려 노동이 생산한 잉여가치를 수취한다는 점에서는 동일한 것이라고 보았다.

(다) 둘째, 임금이 생존 수준에서 결정되는 원인도 양자에 있어서 ㉢ 상보(相補)하다. 고전학파(古典學派)는 인구의 동태적 변화에 주목하고 있는 반면, 마르크스는 그 원인을 산업 예비군(産業豫備軍 : reserve army of industry)에 돌리고 있다. 즉, 자본주의의 발달 과정에서 전(前)자본주의 부문(특히, 농업(農業) 부문)이 끊임없이 해체됨으로써 새로운 노동이 계속 ㉣ 공급(供給)되어 임금은 최저 수준 이상으로 상승할 수 없다는 것이다. 또한, 자본 축적이 계속 진행되어 노동 수요가 노동 공급을 앞지르게 되는 경우일지라도 임금 상승은 이윤 압박을 가져와 경제는 ㉤ 공황(恐慌)에 빠지고 실업이 대량으로 발생함으로써 산업 예비군은 계속 유지된다는 것이다.

(라) 셋째, 마르크스는 자본 축적의 동기에서도 리카도와 다른 설명을 제시한다. 리카도는 높은 이윤에의 유인이 자본 축적을 가져온다고 하여 자본가의 자발성을 중요시하고 있는 반면, 마르크스는 자본 축적이 자본가들 간의 경쟁에 의해 필연적으로 행해진다고 설명한다. 즉, 규모(規模)의 경제가 존재하는 상황에서 자본가는 상호 간의 경쟁에서 뒤지지 않기 위해 자본을 계속 축적할 수밖에 없으며, 이는 결국 경쟁이 배제된 독점의 일반화를 야기한다고 주장하였다.

(마) 넷째, 마르크스는 자본 축적에 따라 이윤율이 저하한다는 사고를 고전학파(古典學派)로부터 계승하였으나, 그 원인이 수확 체감(收穫遞減)의 법칙에 있는 것이 아니라, 자본주의의 발달에 따라 자본의 유기적(有機的) 구성(構成)이 고도화(高度化)되는 데서 기인한다고 보았다. 그러나 그 이후 여러 논자들이 지적했듯이, 자본의 유기적 구성의 고도화가 이윤율 저하를 초래한다는 마르크스의 주장은 이론적으로나 경험적으로나 많은 문제를 안고 있다.

― 조순, '경제학원론'

11 위 글을 읽고 오고간 대화 중 마르크스의 주장을 제대로 이해하지 못한 것은?

① "잉여가치란, 상품 생산을 위해 동원된 노동력을 재생산하는 데 필요한 수준 이상의 가치를 생산했을 때 발생하는 것으로 이해 할 수 있겠어."

② "자본가들이 계속해서 자본을 축적하려는 이유는 다름 아닌 생존을 위해서라고 할 수 있지. 축적된 자본이 없으며 대규모 자본이 필요한 산업 체제에서 뒤질 것이 뻔하잖아."

③ "1만 원을 투자해서 1천원을 벌 수 있다고 해서, 10만 원을 투자하면 1만 원을 벌게 될까? 결코 그렇지 않을 거야. 그 이유는 다름 아닌 수확 체감의 법칙에서 찾을 수 있지."
④ "자본 축적으로 인해 거대 자본이 형성되고, 이들은 자본주의 체제에서 절대 우위를 점유하게 될 것은 분명한 일이야. 물론 이러한 경제적 우위는 곧 시장 독점으로 이어지지."
⑤ "자본주의 체제에서 일반 노동자들은 결코 많은 임금을 받아 많은 재산을 축적할 수는 없을 거야. 왜냐하면 노동 생산성이 향상된다 하더라도 자본가들은 그 잉여가치를 자신들이 축적하려 할 것이기 때문이지."

12 위 글의 내용을 정리한 것 중, 다음 〈보기〉와 같은 맥락에서 이해할 수 있는 것은?

> **보기**
>
> 금융 자본(金融資本)은 금융 기관이 가지고 있는 자본이라는 의미가 아니다. 철강 회사와 같은 대규모 산업 독점 자본(産業獨占資本)과 자금을 융통해 주는 거대한 은행 자본이 서로 결합한 대자본을 뜻한다. 이를 통해 생산에 필요한 대규모 자금을 집중적으로 융통할 수 있는 자본을 금융 자본이라 한다. 또한, 당시에 발전한 주식회사 제도 또한 독점 은행뿐만이 아니라 대기업의 장기 자금 융통을 원활히 해 줌으로써 이것의 발전에 기여하였다.

① 가치를 창출하는 핵심 수단인 노동을 통해 생산된 잉여 가치의 분배는 다양한 방식으로 이루어진다.
② 마르크스는 수확 체감의 법칙을 상정하지 않았기에 지대(地代)와 이윤(利潤)을 동일한 것으로 간주했다.
③ 자본 축적을 통해 강력한 경쟁력을 기르면 경쟁이 배제된 형태의 시장을 형성하여 더욱 많은 이윤을 남길 수 있다.
④ 노동자들이 많은 임금을 받을 수 없는 이유를 '산업 예비군'들이 언제나 예비되어 있는 사회 구조에서 찾을 수 있다.
⑤ 자본의 유기적인 구성의 고도화로 인하여 회사의 이윤은 점점 줄어들 수밖에 없는데, 이 또한 자본주의 체제의 특징이다.

13 위 글을 통해 내릴 수 있는 결론으로 가장 적절한 것은?
① 잉여가치를 자본 축적을 위해 사용하지 않고 노동자의 임금 향상을 위해 써야 한다.
② 인간의 정신적·육체적 활동을 포함하여, 가치 있는 모든 것을 자본화할 수 있다.
③ 초기 자본주의의 단계와는 달리 점차로 자본가와 노동자 사이의 소득 격차는 줄어들 것이다.
④ 자본주의의 발달에 따라 생산 규모가 거대해지고 독점화가 진행된다는 마르크스의 예측은 정확했다.
⑤ 노동자가 더욱 궁핍화된다는 마르크스의 이론은 자본주의의 역사적 경험에 비추어 볼 때 매우 강한 설득력을 갖는다.

14 ㉠~㉤ 중, 그 쓰임이 잘못된 것은?
① ㉠   ② ㉡   ③ ㉢   ④ ㉣   ⑤ ㉤

 과학·기술

배경 지식

과학 분야의 글은 자연이나 물리적 세계를 대상으로 하기 때문에 서술하는 사람의 주관을 통제하면 매우 객관적일 수 있다. 그런 전제 아래 과학 분야의 글은 대개 도덕적 가치 판단과는 별개의 내용을 다루며, 어떤 현상에 대한 법칙은 모든 사례에 예외 없이 적용 가능한 것이어야 하므로, 정확성과 신빙성을 지니고 있어야 한다. 또한 과학 분야의 글은 대부분 설명적인 글로서, 그 구성이 체계적이고 내용은 분석적인 경우가 많다.

이러한 과학 분야의 글에는 자연 과학 분야의 제반 영역, 즉 수학, 물리학, 화학, 생물학, 천문학, 지구 과학, 컴퓨터 공학, 유전 공학 등이 있다.

과학 분야의 관한 글을 읽을 때에는 용어나 개념을 정확히 정리하는 것이 가장 중요하다. 개념을 정확히 파악하지 못하면 글의 내용을 이해하기가 쉽지 않다. 따라서 평소에 일상생활에서 쉽게 접할 수 있는 과학적 문제들을 깊이 생각해 보고, 그 바탕에 깔려 있는 개념이나 원리를 정확히 정리해 두거나 신문이나 잡지 등에서 시사적인 과학 문제를 다룬 글을 눈여겨 보면서 과학 상식을 넓혀 나가는 것이 필요하다.

그 다음에는 글의 중심 내용을 파악하는 데에 초점을 맞추어야 한다. 설명 대상이나 논제가 무엇인지 파악하고, 설명 방법이나 주장의 근거가 과학적으로 타당한지를 따져 보면서 글의 가치를 평가하고, 글의 내용을 수용할지의 여부를 스스로 판단하는 것이 중요하다.

※ 다음 글을 읽고 물음에 답하시오

한국의 대표적인 자연 생태계는 삼림이다. 기온과 강수량이 나무가 자라기에 적합하기 때문에 삼림이 무성하다. 지구상의 모든 지역이 한반도처럼 삼림이 울창하지는 않다. 강수량이 적은 사막과 초원 지대에는 삼림이 형성되지 못하고, 기온이 낮은 극지에도 삼림이 형성되지 못한다.

지구상에는 한국과 같은 삼림 지대보다 사막과 초원의 면적이 더 넓게 펼쳐져 있다. 삼림이 형성됨으로써 경관이 수려한데, 특히 한반도는 온대에 속하므로 사계절의 경관이 뚜렷하게 변한다.

이처럼 수려한 경관의 삼림 면적이 지난 30년간 매년 5,000헥타르씩 감소하고 있다.

삼림의 면적이 좁아질 뿐만 아니라 도시와 공업단지 주변의 나무들은 생장하지 못하거나 죽어가고 있다. 그 원인은 대기 오염과 산성비에 있다. 대기 오염은 공기중의 황산화물, 질소산화물, 오존 등에 그 원인이 있다.

산성비는 대기중의 황산화물, 질소산화물 및 염소가 빗물에 녹아들어 산성을 띠게 되는 것인데, 서울 주변에서는 이미 10년 전부터 내리고 있다. 장기간에 걸쳐 내린 산성비는 식물을 직접 고사시킬 뿐 아니라 토양을 산성화시켜 영양염류를 용탈시키고 알루미늄을 용출시켜서 간접적으로 식물과 수중 생물에 해를 끼친다. 정상 빗물은 pH5.6인데 서울 빗물은 지난 10년간(1980~89) pH 4.17~4.68이었다. 서울의 빗물의 pH 값은 유럽에서 산성비에 의해 삼림이 죽는 지역의 pH 값과 비슷하다. 그곳의 연구자들은 삼림의 고사가 일어나기 30~35년 전부터 산성비가 내렸을 것으로 추정하고 있다.

서울 주변 소나무의 나이테를 조사한 결과, 1988년부터 자라지 못하고 있다. 따라서 유럽의 연구자의 추정을 받아들여 서울에 산성비가 내리기 시작한 시기를 역으로 계산하면 1950년대 중반 내지 1960년대 초반인 것으로 추정된다. 이 시기는 마침 연료를 장작 대신 무연탄으로 바꾸던 때였다. 앞으로 산성비가 계속해서 내리면 삼림이 큰 피해를 입어 유럽의 일부 지역처럼 삼림이 사막화할 것이다.

01 위 글의 내용과 일치하는 것은?

① 한국은 삼림이 무성한 삼림 지대에 속한다.
② 초원 지대는 기온이 낮아 삼림이 형성되지 못한다.
③ 유럽은 지금부터 30~50년 전에 삼림의 고사가 일어났다.
④ 연료를 무연탄으로 바꾸면서 산성비가 줄어들기 시작했다.
⑤ 한국은 기온이 적절하여 삼림 면적이 점점 늘어난다.

02 위 글의 내용으로부터 추리할 수 <u>없는</u> 것은?

① 자동차의 증가는 물고기에 해를 입힐 수 있다.
② 무연탄을 연료로 한 결과 대기 오염이 심해졌다.
③ 공장의 대기 오염은 토양을 산성화시킨다.
④ 장작을 연료로 하면 삼림이 사막화할 것이다.
⑤ 황산화물이 삼림 고사의 원인이 될 수 있다.

※ 다음 글을 읽고 물음에 답하시오.

고대부터 기술은 인간과 자연을 매개하는 인간의 고유한 능력으로 인식되어 왔다. 가축을 부려 쟁기를 끌게 하여 땅을 파헤치고, 고기를 잡기 위해 사나운 파도와 강한 바람을 헤치고 바다를 누벼 왔다. 그러나 근대 이전의 사회에서는 기술을 가진 인간이라도 자연에 비하면 여전히 왜소(矮小)한 존재였다. 인간이 아무리 쟁기로 땅을 갈더라도 땅은 결코 늙거나 지치지 않았으며, 항상 인간에게 새로운 결실을 보장해 주었다. 그리고 인간이 제 아무리 바다의 보고(寶庫)를 강탈해도 바다의 생산력은 고갈(枯渴)되지 않았다. 자연 전체는 인간으로서는 감히 어지럽힐 수 없는 절대적인 균형을 유지하고 있었다.

인간이 도시를 건설하였을 때, 도시는 자연에 둘러싸인 인간의 영역으로서 자연이라는 균형잡힌 전체의 질서 안에 자리잡은 또 다른 작은 질서였다. 도시가 건설됨으로써 세계는 인간의 영역과 자연의 영역으로 양분되었다. 이때부터 인간과, 인간이 영향을 주고 받는 도시만이 도덕적인 책임의 영역이 되었고, 자연은 책임의 대상이 아니라 유용하게 사용할 재료가 되었다.

근대 이후의 상황은 자연과학의 발전으로 인해 전혀 다르게 전개된다. 자연과학의 발전과 응용은 기술의 현저한 발전을 가능하게 하였고, 인간은 자신의 경제적 이익을 위해 과학 기술을 무기로 하여 자연을 변경시키고 잠식(蠶食)해 갔다. 그 결과 자연의 영역은 점차 인간의 영역으로 변해 갔다. 기술 공학은 지구 전체를 제조와 가공의 대상으로 삼아 끊임없이 발전하였다. 결국 인간의 기술이 미치지 않고, 인간의 이해와 무관한 자연의 영역은 거의 존재하지 않게 되었다.

인간이 기술 공학에 의해 자연을 지배하는 방식은 자연으로부터 당장 이용할 수 있는 것이면 무엇이든 이용하고, 필요한 것은 무엇이든 캐내는 특성이 있다. 인간은 지금 여기서 바라는 것이면 무조건 자연에게 요구하며, 그 요구가 미칠 미래의 영향을 고려하지 않는다. 결과적으로 자연은 황폐(荒廢)하게 되며 자원 고갈, 환경 오염 현상이 만연하게 되었다.

기술 공학의 발전은 자연을 황폐하게 할 뿐 아니라 인간도 왜곡시킨다. 인간은 도구를 제작하고 사용하는 존재일 뿐만 아니라 사고하고 반성하는 존재이기도 하다. 하지만 오늘날 제작하는 인간은 지성적 인간에 대해 승리하고 있다. 기술 공학이야말로 인간의 진보에 대한 무한한 충동의 실현 수단이라고 간주되어, 제작하는 자로서 인간이 지니는 특징이 인간의 다른 모든 기능을 위축시켰다. 나아가 기술 공학은 자연만이 아니라 인간 자신도 기술로 통제할 대상으로 여기도록 만들었다. 과거에 인간에게서 변경할 수 없는 것으로 생각했던 자유 의지와 유전자적 자질도 실험으로 조작하기에 이르렀다. 이리하여 인격적 존재로서 인간이 지니는 존엄성은 상실되고 기술적으로 계획된 비인격적인 기계 장치의 부속품으로 전락할 위험에 처하게 되었다. 인간으로 하여금 자극에 기계처럼 반응하도록 하는 조종이 만연하고 있고, 인간의 수명이 후손의 출생까지 인위적으로 조작하는 일이 시작되고 있다.

기술 공학의 무분별한 권력 행사에 의해 사상 유례없는 위험에 직면한 인류와 세계의 미래는 이제 우리의 책임이 되었다. 인류와 세계의 미래에 대해 우리가 도덕적 책임을 지지 않는다면 인류와 세계의 미래는 절대로 보장될 수 없다.

03 위 글을 읽고 〈보기〉와 같이 추론하였다고 하자. 이와 같은 오류가 나타나 있는 것은?

> **보기**
>
> 인간은 본질적으로 탐욕스런 존재라 하지 않을 수 없다. 자신의 이익에만 눈이 멀어 자연을 마구 황폐화시키고 있으니 말이야…….

① 그는 살인자다. 그의 무단 횡단으로 그를 피하려던 자동차가 교통 사고를 내어 다른 두 사람을 치어 죽게 했으니.

② 넌 앞으로 야구를 시청하지 않는 것이 좋겠어. 네가 시청할 때마다 우리가 응원하는 팀이 이긴 적이 있었니?

③ 어찌 저런 학생을 우등생이라 하겠니? 모름지기 단정한 용모야말로 우등생이 지녀야 할 기본이 아니겠니?

④ 생각해 봐. 네가 아무리 우겨도 세상 사람 누구도 네 주장에 호응할 사람은 없을 테니…….

⑤ 여러분은 저의 이론에 동의하지 않을지 모르지만, 여러분들 가운데 누가 이 문제에 관하여 더 나은 이론을 제시할 수 있으십니까?

04 위 글로 미루어 알 수 없는 것은?

① 기술 공학은 전형적으로 인간 중심의 태도를 보여 준다.
② 윤택한 삶을 위해 자연에 대한 인식의 전환이 필요하다.
③ 자연의 황폐화를 막을 수 있는 기술의 개발이 필요하다.
④ 근대 이전의 자연에 대한 인간의 간섭은 자연의 평형을 교란할 만큼 심각한 것은 아니었다.
⑤ 기술 공학의 발달은 인간 소외를 유발할 수 있다.

※ 다음 글을 읽고 물음에 답하시오.

기원전 3세기경 이탈리아 시칠리 섬의 시라쿠사에는 아르키메데스라는 유명한 학자가 살았는데, 그는 임금인 '히에론'에게 수학을 가르치곤 했다. 그런데 하루는 임금님이 그에게 "수학을 배워서 어디에다 쓰는가?"라고 물었는데, 이에 그는 지렛대와 도르래로 무거운 물체를 들 수 있는 것 등이 모두 수학적인 원리를 이용한 것이라고 설명했다고 한다. 하지만 아르키메데스 자신은 수학의 쓰임보다 수학을 통해 자연에 숨어 있는 섭리(攝理)를 발견하는 것이 더 큰 즐거움이었다.

수학은 물건을 헤아리거나 측정하는 것에서 시작되는 수(數)·양(量)에 관한 학문으로, 철학·천문학·약학 등과 함께 인류의 역사상 가장 옛날부터 발달해 내려왔고 현재도 활발하게 연구되고 있으며, 그 발전 양상은 눈부시다.

수학은 인간의 사유(思惟)에 의하여 구성된 추상적인 과학으로, 추론(推論)의 전제(前提)로 삼는 공리(公理)*라 일컫는 일군의 명제(命題)를 가정하여 올바른 결론을 이끌어낸다. 그러므로 채택하는 공리를 달리 선택하면 결론도 달라진다. 수학은 그 본질적인 추상성(抽象性) 때문에 전제로 삼은 공리에 보다 적합한 구체적인 현상을 적용시키면, 이 공리에서 이끌어 낸 결론이 그 구체적인 현상을 선명하게 해명해 주는 것이다. 이러한 점에서 수학을 '과학의 언어'라고 말하기도 하며, 자연과학이나 기술의 발전에는 물론, 사회·인문·군사 등 모든 분야의 발전에 공헌하고 있다.

더욱이 수학은 이러한 실용성 측면뿐만 아니라, 숫자를 일정한 순서대로 결합하다 보면 수학이 원천적으로 지니고 있었으나, 우리가 미처 알지 못했던 새로운 면을 보고 또 다른 묘미를 느낄 수 있게 하기도 한다.

현대 사회에서 수학은 경제 분야를 비롯한 일상 생활 전반에 깊게 관여하고 있다. 미분방정식과 같은 수학은 국가 경제에도 큰 영향을 미친다. 1973년 블랙과 숄츠 같은 수학자들은 미분방정식 이론이 금융 시장에도 잘 적용된다는 점을 발견했다. 즉 미분방정식을 통해 금융 시장의 흐름을 알 수 있다는 것이다. 이후로 뉴욕의 금융 시장에서는 수천 명의 수학자들이 새로운 금융 상품을 만들어 내게 되었고, 국민 연금이나, 퇴직금, 의료보험금 등 경제 활동에서 파생되는 경영 문제와 기업에 대한 평가 기법도 수학자들의 손에서 이루어지게 되었다. 수학자들이 세계 경제의 흐름을 이끌어 간다고 해도 과언이 아니다.

이런 점에서 수학을 이공계로 갈 사람들만 공부하면 되는 학문이라는 생각은 크게 잘못된 것이다. 수학은 단순히 과학을 배우기 위한 도구가 아니다. 이는 바르게 생각하고 표현하는 방법을 제공하는 언어이며 인간의 마음을 종합적으로 훈련시키는 학문이다.

하지만 이처럼 수학이 비록 실생활에 많은 도움을 준다하더라도, ㉠ 눈에 보이는 쓰임에만 주목하는 것은 옳지 않다. 이는 돈은 쓰임이 많아도 그 자체가 목적이 아닌 것과 마찬가지이다. 사람의 몸과 마음이 둘이 아니듯이 실용과 이론도 둘이 아니다. ─ 김홍종, '수학은 배워서 어디에 쓰는가'

* 공리(公理) : 수학이나 물리학에서 증명이 없이 인정되며 다른 명제를 증명하는데 전제가 되는 원리.

05 위 글의 서술 방식에 대한 설명으로 적절한 것은?
① 대조의 방식을 통해 대상의 이해를 돕고 있다.
② 구체적 사례를 제시하여 설득력을 높이고 있다.
③ 용어의 개념을 정의하여 논의의 범위를 한정하고 있다.
④ 추상적인 이론을 구체적인 사물에 비유하여 표현하고 있다.
⑤ 대상을 통시적으로 서술한 후 학문적 성격을 정리하고 있다.

06 위 글에 대한 심화 학습 활동으로 적절하지 않은 것은?
① 수학자들이 최근 기업에 대한 평가 기법을 개발한 자료를 조사해 본다.
② 아르키메데스가 수학을 통해 발견한 자연의 섭리가 무엇인지에 대해 알아본다.
③ 블랙과 숄츠의 미분방정식 이론이 금융시장을 활성화시킨 원인을 조사해 본다.
④ 수학이 경제 분야를 비롯한 일상 생활 전반에 미치는 영향 여부에 대해 알아본다.
⑤ 수학자들이 만든 금융 상품이 전 세계에 유통된 계기를 분석한 자료를 조사해 본다.

07 ㉠의 예로 적절하지 않은 것은?
① 복권에 당첨되기 위해서 확률에 대해 학습한다.
② 비논리적인 사고를 교정하기 위해 수학을 공부한다.
③ 컴퓨터 보안 프로그램을 개발하기 위해 수학 이론을 배운다.
④ 바이러스에 대해 공부하다보니 백신 프로그램을 개발하게 되었다.
⑤ 수학을 싫어하는 학생에게 도움을 주기 위해 '재미있는 수학이야기'라는 책을 학습 자료로 활용한다.

※ 다음 글을 읽고 물음에 답하시오.

　자연 환경과 인간의 관계를 깊이 인식하기 위해서는 생태계 속에 처한 인간의 위치를 알아야 한다. 1927년 영국의 탄줄리라는 학자가 생물 사회에 환경도 포함시킬 것을 표현하는 말로써 '생태계'라는 용어를 사용하였다. 생태계 중에서 무생물적인 것과 생물적인 것 양자는 매우 다양하게 상호 관계를 맺고 있을 뿐 아니라, 시간적·공간적으로 매우 복잡하게 엉켜 있다. 인간 역시 생태계의 한 구성원일 뿐이며 자연과 함께 생성, 공존, 소멸한다. 다시 말해 자연과 한 몸인 것이다.
　생태계의 구조를 가장 단순하게 도식화해 보면, 생산자, 소비자, 분해 및 환원자 셋으로 나눌 수 있다. 생산자란 생물 사회 안에서 엽록소를 지니며 살고 있는 녹색 식물인데, 이것이 생물권에 있어서 유일한 생산자이다. 동물이나 인간은 녹색 식물이 만들어낸 산소나 유기물에 의해서 생활을 지속하고 있으므로 소비자의 입장에 서 있다. 이에 대해 분해 및 환원자의 역할을 하고 있는 것은 토양, 공기, 물 속에 있는 곰팡이나 박테리아 등 많은 미생물이다. 이것들은 생산자인 식물이 소비자인 동물 및 인간의 폐기물이나 시체를 분해 및 환원시켜 다시 생산자가 이용할 수 있도록 원점으로 돌려놓는다. 이처럼 생산 → 소비 → 분해 및 환원의 순환이 생태계라고 하는 시스템을 형성하고 있다.
　이 도식은 지극히 단순화한 것으로 생태계의 기본적인 구조를 나타내고 있다. 그러나 사실상 각 부분 사이에는 현재로서는 알지 못하는 부분도 포함하는 지극히 정교한 상호 관련 시스템으로 존재한다. 따라서 이들 중 여러 기능 속의 어느 일부가 과부족하거나 완전할 경우, 이 시스템 전체에 치명적인 결과를 낳게 된다.

생태계에 있어서 소비자 집단에 속하는 낮은 차원의 소비자로부터 높은 차원의 소비자에 이르기까지 다양한 공존 관계가 성립되어 있다. 그러나 그 사이에는 여러 가지 문제가 놓여져 있다. 그 중에 생물 농축이라는 현상이 있다. 일단 생물의 체내에 모인 중금속 기타 새로운 물질은 대부분의 경우, 그 생물의 지방이나 단백질과 결합하여 다시 체외로 배출되는 일이 드물다. 이것이 생체에 갖추어진 생물 농축이라는 특이한 기능이다.

유기 수은과 카드뮴이 시냇물에 배출되었다고 가정하자. 먹이 연쇄에 의하면 단세포의 식물성 플랑크톤을 물벼룩이 먹고, 물벼룩은 물속에 살고 있는 곤충이나 작은 물고기, 그리고 작은 새우가 먹는다. 그리고 작은 고기들은 큰 고기가 먹고, 큰 고기를 큰 새나 사람이 먹게 된다. 그러므로 중금속 등이 냇가에 배출되었을 때 미량으로 희석되어 있지만 그것이 큰 새나 인체에 들어올 때는 수만 배혹은 수십만 배로 농축된다.

생태계의 또 하나의 특징은 생물권 중에 없었거나, 아니면 거의 한정된 지역에만 있었던 새로운 종류의 산업 폐기물 혹은 유기 중금속 등이 환경을 오염시키고 있다는 점이다. 왜냐하면 생물권 중에는 새로운 종류의 물질을 곧바로 분해하거나 환원시키는 새로운 생물의 종이 없기 때문이다.

새로운 종류의 물질을 분해해 주는 새로운 생물의 종이 나타나는 데는 50만 년 단위의 시간이 걸린다는 사실을 생물의 역사가 증명해 주고 있다. 그런데도 불구하고 현재 새로운 종류의 산업 폐기물 혹은 새로운 화학 물질이 점차 증가하고 있다. 1979년 1년 사이에 미국에서만 500종류가 새로이 나왔지만, 그 중에는 인간이나 생물 집단에 어떤 영향을 끼치고 있는가를 알아낸 것은 카드뮴을 포함해서 30~50종류뿐이었다. 나머지 400여 종류에 관해서는 그 영향을 아직 예측할 수 없다. 더욱이 이런 종류의 물질이 주는 두려움은 그 자체가 분해되거나 환원되지 않고 생태계나 생물권에 점점 축적되어 가고 있다는 데 문제의 심각성이 있다.

– 오진곤, '생태계와 그 특징'

08 위 글의 내용과 일치하지 <u>않는</u> 것은?

① 인간은 생태계 속에서 소비자의 입장에 있다.
② 생태계의 상호 관련 기능 중 어느 일부에 문제가 있을 경우 생태계 전반에 치명적인 영향을 미친다.
③ 산업 폐기물과 유기 중금속 등이 문제가 되는 것은 그것을 분해시키는 생물의 종이 없기 때문이다.
④ 생태계 구조 속에서 생산자란 엽록소를 지니고 살고 있는 녹색 식물을 말한다.
⑤ 곰팡이나 박테리아는 생태계 구조 속에서 생산과 분해의 동시적 역할을 수행하고 있다.

09 위 글로 보아 같은 범주에 속할 수 없는 것은?

① 보리   ② 아카시아   ③ 복숭아   ④ 물푸레나무   ⑤ 푸른곰팡이

10 위 글의 제목으로 가장 적절한 것은?

① 환경 오염의 심각성   ② 환경 오염의 극복 방안
③ 생태계 속에서 인간의 역할   ④ 중금속의 종류와 오염 실상
⑤ 생태계의 특성과 오염의 폐해

※ 다음 글을 읽고 물음에 답하시오.

다윈은 맬더스가 '인구론'에서 이야기하는 인간이라는 하나의 종 안에서 '경쟁'을 같은 지역 내의 여러 종들 간의 경쟁으로 확장해서, 적응의 대상이 되는 환경에 한 종과 경쟁하고 있는 주위의 다른 종들도 포함되도록 했다. 이렇게 해서 '자연 선택'이 진화의 메커니즘이라는 다윈의 이론의 핵심이 형성되었다.

그러나 대략 1873년 말까지는 이미 이 같은 생각을 하고 있었던 다윈은 후커를 포함한 주위 몇몇 사람들에게만 그것을 알렸을 뿐, 20년이 지나도록 발표하지 않았다. 1858년 월러스로부터 자신의 생각과 거의 같은 내용을 담은 논문이 도착한 후에야 그동안의 연구 결과를 정리해서 이듬해에 〈종의 기원〉을 출판했던 것이다. 월러스는 일찍부터 주로 지질학적 증거들에 바탕해서 진화를 받아들이고 있었으나, 역시 남아메리카를 여행하게 된 1848년부터 그것을 더욱 더 강력히 믿게 되었다. 그리고 1858년에는 다윈과 독자적인 과정을 통해 자연 선택을 진화의 메커니즘으로 제시한 논문을 썼고, 그것을 다윈에게 보냈던 것이다. 다윈은 좌절감에 빠졌으나 다행히 다윈의 연구 내용을 알고 있던 측근들이 개입하여 ㉠ 이 논문은 다윈과 월러스의 공동 명의로 발표되었다.

과학 사회학자 머튼은 과학사의 발견에서 동시 발견이 단독 발견보다 더 보편적이고 통상적인 형태라고까지 말한다. 동시 발견이 과학사상 잦을 뿐만 아니라, 단독 발견보다도 더 보편적인 형태로 볼 수 있다는 사실은 우리로 하여금 ㉡ 과학적 발견의 성격에 대해 새로운 방향에서 생각해 볼 것을 요구한다. 흔히 어떤 역사적 사실을 두고 '시기가 무르익었다'는 말을 하는데, 이것이 과학상의 발견에도 적용될 수가 있다는 점이다. 다시 말해서, 과학적 발견이 과학자 개인의 천재적 능력에 의해서나 행운에 의해서만 이루어지는 것이 아니라, 그 시기에 이르기까지의 과학의 개념, 이론, 방법 등의 발전에 힘입게 되고, 사회, 경제, 사상 등의 과학 외적 요건에도 좌우된다는 것이다. 어떤 과학적 발견을 위해 이런 조건들이 갖추어졌을 경우에는 그 발견은 이루어질 수가 있다. 과학사상의 무수한 발견들이 동시 발견이었다는 사실이 이를 증명해 준다.

한편, 다윈과 월러스에 의한 동시 발견은 다른 동시 발견들과 비교했을 때 아주 이례적인 면을 보였는데, 그것은 이 동시 발견이 논쟁을 유발하지 않았다는 점이다. 앞에서 말한 뉴턴과 라이프니츠, 켈빈과 클라우지우스의 경우를 포함해서 대부분의 복수 발견의 예들에서 이에 개입된 과학자들은 서로 자신이 상대방보다 먼저 발견했음을 주장했고, 경우에 따라서는 상대방이 자신의 생각을 표절했다고 비난까지 했다. 심한 경우는 이 논쟁이 당사자들만이 아니라 그들의 추종자들, 그리고 그들의 국가 간으로까지 파급되기도 했다. 다윈과 월러스의 경우에 그러한 일이 없었던 것은 이들이 같은 사회에 속해 있었다는 사실 외에, 두 사람의 겸손함, 그리고 이들과 공동의 동료 관계에 있었던 몇몇 과학자들의 지혜로운 중간 역할 때문이었다.

이 같은 우선 논쟁(優先論爭)이 잦고, 격렬하다는 사실로부터 우리는 과학자들이 남보다 먼저 어떤 과학적 발견을 해내는 일을 얼마만큼 중요시하는지를 알 수 있다. 그리고 그 이유는 과학적 발견을 이루어 낸 과학자가 그 발견으로부터 얻어 낼 수 있는 이익은 자신이 그것을 발견했음을 다른 사람이, 특히 동료 과학자가 인정해 주는 것뿐이라는 점이다. 과학적 발견은 동시에 모든 과학자의 공유물이 되며, 기술상의 발명처럼 이를 특허에 의해 보호하거나 매매하거나 할 수 있는 방법이 없기 때문이다. 따라서 과학자들은 남보다 먼저 과학적 발견을 해내고 그것을 다른 과학자들로부터 인정받기 위해 큰 노력을 경주하는 것이며, 그러한 노력이 과학 발전의 중요한 원동력이 되는 것이다.

— 김영식 외, '다윈과 진화론'

11 위 글의 내용과 일치하지 않는 것은?

① 다윈의 연구는 맬더스의 인구론의 영향을 많이 받았다.
② 월러스는 다윈과는 관계 없이 독자적으로 자연 선택설을 깨닫게 되었다.
③ 다윈의 느긋한 태도는 '종의 기원'의 이론을 정밀화하는 데 도움을 주었다.
④ 동시 발견이 단독 발견보다 더 보편적이며 통상적인 형태라는 견해도 있다.
⑤ 동시 발견에서는 발견의 우선권을 차지하기 위한 논쟁이 벌어지는 경우가 많다.

12 〈보기〉의 과학자의 행위에 대한 이 글 필자의 의견으로 적절한 것은?

> **보기**
>
> 뉴턴과 라이프니츠는 미적분을 먼저 발견하기 위해 서로 미묘한 신경전을 벌였다. 또 갈릴레이는 금성의 위치 변화를 처음으로 발견하고 그러한 사실을 인정받기 위해 노심초사했다.

① 과학적 발견의 예외적 현상이다.
② 과학의 발전에 기여한다.
③ 과학의 발전을 저해한다.
④ 과학의 발전과 무관하다.
⑤ 과학적 연구의 대상이다.

13 ㉠이 가능하게 된 이유가 아닌 것은?

① 동시에 발견한 것이 사실이기 때문이다.
② 두 사람이 같은 사회에 속해 있었기 때문이다.
③ 두 사람 모두 겸손한 인품을 가졌기 때문이다.
④ 논문 발표에는 많은 경비가 필요했기 때문이다.
⑤ 동료 과학자들이 조정 역할을 잘 했기 때문이다.

14 ㉡의 구체적인 내용은?

① 필요한 조건이 갖추어지면 과학적 발견은 저절로 이루어질 수 있다는 것.
② 과학적 발견은 과학 내부의 발전보다 과학 외적 요건에 더 좌우된다는 것.
③ 과학자 개인의 천부적인 능력은 과학적 발견에 별로 필요하지 않다는 것.
④ 역사상 이루어진 동시 발견은 단지 우연성의 산물에 지나지 않는다는 것.
⑤ 과학적 발견은 필연적 현상이므로 특별한 의미 부여를 할 필요가 없다는 것.

테마 18 문학·예술

배경 지식

　예술 분야의 글은 각각의 예술 장르와 관련된 여러 가지 정보와 새로운 조류를 소개하거나 예술 작품을 감상하고 비평하는 글이다. 예술 분야의 글은 예술 작품의 이해와 감상, 그리고 이를 통하여 예술적 소양을 기르는 데 그 목적을 두고 읽게 된다. 작품의 감상과 이해는 그 자체만으로도 정서적 고양을 가능케 하고, 즐거움과 행복을 준다. 더 나아가 이를 통하여 인간과 사회의 다양성도 이해하게 된다. 이러한 예술 분야의 글로는 음악, 미술, 연극, 영화, 사진, 공예 등을 다룬 글이 속한다.

　예술 분야의 글 읽기는 각 예술 장르에 대한 기초적인 이해를 바탕으로 글의 내용을 이해하여야 한다. 이를 위해서는 평소에 여러 가지 예술 작품을 감상할 수 있는 많은 경험을 쌓고, 관련 비평이나 대담 등에 관심을 가져야 한다.

　예술 분야의 글 읽기는 기본적으로 예술 작품의 감상을 병행할 때 생명력이 있다. 물론 작품 감상이 전제되지 않고 글 읽기만으로도 즐거움을 얻을 수 있지만, 이때 이해를 바탕으로 작품을 대하면 작품의 깊고 넓은 세계에 대한 이해의 폭이 커진다.

※ 다음 글을 읽고 물음에 답하시오.

(가) 회화(繪畵)의 세계는 정의하기 어려운 세계이다. 회화의 세계를 수정처럼 맑게 할 수 있는 방법은 없다. 사태를 지시하려는 모든 낱말은 힘을 상실한다. 언제나 회의(懷疑)의 여지를 남겨 두지 않을 수 없는 것이다. 어떠한 해설을 들어도 우리는 머뭇거리고 회의하게 될 것이다. 모든 의미를 남의 도움 없이 스스로 찾아내려고 결심하는 것이 좋을 듯하다.

(나) 회화의 목적은 현실을 드러내는 데 있다. 그러나 현실의 의미는 바라보는 시선(視線)에 따라 다르게 드러난다. 시대에 따라 그리고 문화에 따라 각각 독특한 관점이 서게 된다. 어떤 시대의 회화는 그 시대의 이해력에 의하여 한정되어 있다. 좀 더 나아가서 말하면, 현실을 지각(知覺)하는 방식이 그림 그리는 방법을 결정하므로, 한 사람 한 사람의 화가가 그 나름이 독특한 시선을 지니고 있다고 할 수 있다.

(다) 화가는 손쉬운 현상을 넘어서 깊은 현실을 볼 수 있는 사람이다. 심신을 피로하게 하고 정력을 고갈(枯渴)시키는 작업에 헌신하는 용기가 화가의 특징이다. 평범한 사람들은 있는지조차도 모르는 것에서 화가는 기쁨을 발견할 수 있다. 그는 대중의 가치 체계와 다른 가치 계열에 반응한다. 레오나르도 다빈치는 '볼 줄 아는 것'이 미술가의 임무라고 하였다. 화가는 보는 사람이다.

(라) 대부분의 화가들은 두 가지 길 가운데 어느 하나를 따르고 있다. 하나는 '인식(認識)한 것'을 그리는 방법이고, 다른 하나는 '지각(知覺)한 것'을 그리는 방법이다. '인식한 것'을 그리는 화가는 자연이 제시하는 현상보다 더 많은 의미를 표현하려고 노력한다. 옆에서 보면 말의 다리는 둘로 보인다. 어떤 어린이 하나가 자기 눈에 보이는 현상이 잘못된 것으로 생각하고, 온전하게 말을 그리기 위하여 야릇한 위치에 다리를 두 개 더 만들어 붙였다고 하자. 이 어린이는 잘못을 저지른 것일까? 결코 그렇지 않다. 이러한 시도는 어느 모로 보아서 해 봄직한 일이다. 진

지하고 분별 있는 목적을 나타내고 있기 때문이다. '지각한 것'을 그리는 화가는 어디까지나 자연이 제시하는 현상에 충실하게 집착한다. 평범한 사람들이 무시하는 현상까지도 세밀하게 관찰함으로써 상식적 판단을 제거한다.

(마) 회화는 창조적(創造的)이어야 한다. 창조적이 아닌 것은 예술이 아니다. 화가는 자신의 사상과 정서를 대중의 수준으로 억제하려고 하지 않는다. 과거의 모든 경험과 현재 보고 느낀 지각과 미래에 대한 모든 기대를 화가는 폐쇄된 공간에 집약시킨다. 그 공간은 폐쇄되어 있지만, 한없이 두터운 밀도를 지니고 있다. 체험의 전체를 함축하고 있는 공간이기 때문이다. 창조와 억압은 양립할 수 없다. 인간은 자기표현의 욕구를 지니고 있다. 어린이들은 조롱받을 것을 염려하지 않고 자연스럽게 자기를 표현한다. 나이를 먹으면서 인간은 감정을 숨기게 되고 자신의 내면에는 표현의 욕구가 존재하지 않는 체하게 된다. 위장술을 너무나 잘 배웠기 때문에 드디어 모든 창조성이 고갈되어 버린다.

― R.C. 니이스, '삶을 위한 미술'

01 위 글에서 추리할 수 있는 내용으로 잘못된 것은?

① 화가는 평범한 사람들보다 가치관이 뛰어나다.
② 그림을 반드시 사실적으로 표현할 필요는 없다.
③ 회화를 언어로 정의하려는 것은 무리한 시도이다.
④ 표현의 욕구는 창조적 능력과 밀접한 관계에 있다.
⑤ 문화적 특징이 현실을 파악하는 내용에도 영향을 준다.

02 (가)의 표현상의 문제점을 비판하는 말로 가장 적절한 것은?

① 문장들의 길이가 짧아 졸렬한 느낌을 준다.
② 접속어의 사용이 너무 적어 논리성이 부족하다.
③ 화제가 복합적이어서 통일성이 결여된 문단이다.
④ 화제는 제시되지 않고 뒷받침 문장으로만 되어 있다.
⑤ 의견에 대한 논거가 제시되지 않아서 완결된 문단이라고 말할 수 없다.

※ 다음 글을 읽고 물음에 답하시오.

춤, 그것은 바로 몸으로 말하는 예술이다. 보잘것없는 작은 몸에서 나오는 작은 몸짓 하나가 어떻게 해서 우리들에게 소름끼치도록 짜릿한 감동을 불러일으키는 것일까? 과연 그 비밀은 무엇일까?

손마디 하나가 움직여졌을 때 거기서 나온 힘은 모든 공간을 출렁이게 한다. 그것은 살아 움직이는 우주의 율동이며 몰아쳐 오는 파도와 같은 것이다. 물론 움직임이지만 어떤 물리적인 것만을 보는 것은 아니고 눈에 보이는 이상의 어떤 것, 즉 내재적인 리듬에 찬 생명력을 보게 된다. 다시 말해, 보이지 않는 생명력이 움직이는데 우리 눈에 보이는 것은 육체의 움직임이다.

그러면 그러한 움직임은 어떻게 해서 일어나는 것일까? 무엇이 사람의 팔다리를 움직이게 하는 것일까? 즉, 무엇이 춤을 추게 만드는 것일까? 모든 움직임은 사람의 마음에서부터 생기는 것이라고 본다. 사람의 마음은 외물(外物)에 접촉하여 하나의 몸짓이 되어 가시적인 것으로 나타나는 것이다. 즉, 마음으로 인하여 천지간의 형태를 깨달아 모든 체험과 경험이 합쳐지면 팔다리가 움직여지는 것이다.

춤을 잘 추고 못 추는 것은 손마디 하나의 차이에 불과하다. 하지만, 팔 하나 들어 올리는 것, 발 하나 들어 올리는 것은 만 가지 형상의 근본이 되는 동시에 그 작은 움직임은 우주 전체를 집약시키는 하나의 표적이 된다. 다시 말해, 하나를 올바로 꿰뚫으면 모든 것을 꿰뚫을 수 있듯이 하나의 움직임은 만 가지의 움직임에 통하고, 또 만 가지의 움직임은 하나의 움직임으로 통하는 것이다. 그것이 바로 움직임의 도(道)이며 춤의 도(道)인 것이다.

우리가 춤을 볼 때, 그것은 수많은 굴곡으로 매우 복잡하게 얼크러져 있는 것으로 보인다. 그러나 그 내면에는 변하지 않는 간단한 법칙이 있으며, 지극한 조화와 완벽한 질서 속에서 모든 몸짓이 움직여지고 있다. 그것은 한마디로 '맺고 풀고', '맺음(맺힘)과 풂(풀림)'이라는 말로 나타낼 수 있다. 이것은 태어나고, 성장하고, 결실을 맺고, 죽어 가는 천지자연의 대법(大法)으로서 천지간에 어느 것 하나 이 일정한 법도를 따르지 않는 것은 없다. ㉠ 이러한 '맺힘과 풀림'은 여러 가지로 풀이될 수 있다. 개개인의 가슴에 억눌러 응어리진 것, 가난과 핍박의 억눌림에서 비롯된 절망, 불만, 복수심, 증오심 등이 '맺음' 즉 '맺힘'인데, 이것은 터뜨려지지 않으면 안 되는 것으로 이러한 것들이 자연스럽게 터뜨려지고 풀리어 우리의 마음이 자유로운 상황으로 전환되는 과정이 바로 '풀림'인 것이다.

다른 관점에서 본다면 '맺힘'은 어떤 무엇이 이루어지는 것, 만들어지는 것으로 춤가락에서는 결정으로 몰아간 상태, 이루어진 상태라 할 수 있다. 풀어 버리는 것은 그대로 끝나 버리는 것이 아닌 새로운 성숙을 위한 일대 도약으로, 춤에서는 그 다음 가락을 하기 위한 준비 과정으로 볼 수 있다.

우리 춤은 기본적인 토대의 움직임을 계속 반복하면서 각양각색의 춤사위를 만들어 내고 무한히 변화시켜 나간다. 기본적인 틀이란 변할 수 없는 것이며 그것은 '전통성'과도 통한다. 우리의 옛 춤, 전통 춤은 민족이 걸어온 삶과 의식을 한꺼번에 표현할 뿐만 아니라 그것을 확장시킬 수 있는 총체적인 민중, 대중의 춤인 것이다. 춤의 명인들이 다리 하나, 팔 하나 들어 올리는 것에는 그 분명한 이유가 있다. 그렇다고 그 춤들이 전통적 법도의 틀에 속박되어 있는 것은 아니고 그 틀을 초월하여 자신을 자유자재로 변신시키며 넘나들고 있다. 만일 그 춤이 일정한 법도 속에 갇혀 있고 그 자체에 집착해 있다면 그것은 이미 춤의 생명력을 놓쳐 버리게 된다. 그네들 자신이 알든 모르든 간에 그 움직임은 삶으로서의 몸짓이고 그들 나름대로의 몸에 밴 체질적이고 숙명적인 삶의 철학인 것이다.

— 이애주, '움직이는 도(道)'

03 위 글을 통하여 알 수 있는 사실로 적절하지 않은 것은?

① 춤에는 춤꾼의 삶의 철학이 담겨 있다.
② 춤은 '맺힘'과 '풀림'의 원리로 구성되어 있다.
③ 수많은 춤사위는 기본 춤사위를 변형시킨 것이다.
④ 춤에서 '맺힘'은 절정 부분까지이며, '풀림'은 결말 부분이다.
⑤ 춤이 감동을 주는 이유는 춤사위의 이면에 숨어 있는 생명력 때문이다.

04 ㉠의 사례로 제시하기에 적절하지 않은 것은?

① 굿판에서 무당은 서러운 푸넘과 넋두리로 울음바다를 만들다가도 이내 익살과 육담으로 구경꾼들의 허리를 꺾어 놓기도 한다.
② 강릉 안인진 해낭당은 상사병에 걸린 처녀가 한을 품고 죽어 마을에 재앙을 내리자, 그 넋을 위로하기 위해 지었다는 이야기가 전해 내려온다.
③ 전통 사회의 우리 여성들은 자신의 존재를 부정하면서 살도록 길들여져 왔고, 이러한 타의에 의한 자기 부정으로 인해 한을 품고 살아갈 수밖에 없었다.
④ 영화 '서편제'에서 아버지는 수양딸의 눈을 멀게 만드는데, 그 이유는 판소리 자체가 한을 표출하는 것이어서 스스로 한을 겪어 보지 않고서는 제대로 그 정서를 표현할 수 없다는 생각 때문이었다.
⑤ 중국 춘추 시대, 오왕 부차는 아버지 원수를 갚기 위해 장작더미 위에서 잠을 자며 월왕 구천에 대한 복수의 일념을 불태웠고, 그에게 패배한 월왕 구천은 쓸개를 핥으며 보복을 다짐한 끝에 다시 부차를 패배시켰다.

※ 다음 글을 읽고 물음에 답하시오.

현대 연극은 현실의 재현을 의도했던 예전의 연극과는 다른 세계를 창조한다. 눈에 보이는 것, 언어로 지시된 것만이 객관적 사실이라는 믿음 위에 서 있었던 리얼리즘의 시각에서 보면, 그 세계는 새롭고 낯설다. 현대 연극의 텍스트는 고정된 의미를 제시하기보다 관객 스스로 텍스트의 의미를 적극적으로 찾아나갈 것을 요구한다. 물론 관객의 해석이 작가의 의도와 반드시 일치하는 것은 아니다. 중요한 것은 해석의 가능성이며, 현대 연극 텍스트는 관객이 부여하는 의미로 그 두께를 더해 가게 된다.

현대 연극에서는 오브제도 이러한 해석 행위의 좋은 대상이 된다. 예전의 연극에서 오브제는 극중 인물의 형상화와 상황의 전개를 돕는 소품으로, 단지 리얼리티의 재현 도구로 사용되었을 따름이다. 그러나 현대 연극에 이르러 오브제는 극적 상상력을 확대하는 중요한 기표가 되었다. 이런 의미에서 현대 연극은 '오브제와의 유희'라고 할 만하다. 무대 공간을 자신의 창조력이 집중되는 터전으로 삼게 된 연출가는 오브제의 다양한 활용을 통해 무대 공간의 물리적 제약을 뛰어넘을 수 있었다. 오브제를 배치하고 활용하는 총 책임자로서 연출가는 새로운 의미 창조의 중심에 선다. 예전의 연극이 극작가 중심이었다면, 현대 연극은 연출가 중심이라 할 수 있는 것이다.

폴란드 태생의 극작가 칸토르가 직접 쓰고 연출한 ㉠〈죽음의 교실〉은 아우슈비츠 수용소에서 돌아오지 못한 자신의 아버지를 회상하면서 죽은 자들을 추모하는 '죽음의 연극'이자, 죽은 자들과 산 자가 '교실'에서 만나는 '제의(祭儀)'의 연극이다. 나이가 든 모습의 연기자들은 아이 크기만 한 인형을 안거나 업고 무대인 교실에 등장한다. 교실 의자에 앉혀진 아이 인형들은 노인들의 어린 시절의 모습 또는 전쟁터에서 죽은 이들을 상징한다. 무대 한편에 놓인 긴 의자에 앉아 있는 노인들은 군인들에 의해 학살되는 인형을 지켜보기도 하고, 그 인형들이 재현하는 행복한 어린 시절을 관망하기도 한다. 이들은 과거에는 그 사건을 직접 체험했지만, 지금은 무대 위에서 연기자이자 사건의 관망자가 된다. 인형들에게 벌어진 사건은 무대 위에서는 연기자들이, 객석에서는 관객들이 바라보고 있는 사건들이기도 하다. 행복한 유년 시절에 대한 기억, 잔인한 전쟁의 참상, 그리고 살아남은 자들의 죄의식과 피해 의식이 여러 시선을 통해 해석되기를 기다리는 것이다.

이 연극에서는 인형들이나 연기자들에 섞여 무대 위에 선 연출가의 존재가 특이하다. 무대 위의 연출가는 관객들에게 자신의 몸을 하나의 오브제로 제공한다. 이러한 행동은 '왜 나는 무대 위에 올랐는가? 연극 속에서 나는 과연 누구인가?'라는 연출가 자신의 반성적 성찰도 드러내고 있다. 아마도 그는 자기 자신인 동시에 자기를 비추는 거울일지 모른다.

이와 같은 연극을 접한 관객들은 과연 어떤 태도를 지녀야 할까? 작품의 다층적이고 복합적인 성격 중에서 오브제가 지닌 이미지를 적극적으로 수용하는 것이 한 방법이 된다. 오브제는 이제 관객들의 해석을 기다리는 기호, 곧 관객과 무대를 이어 주는 가교가 된다. 관객은 오브제를 통해 작품의 의미를 해석해 내거나 자신의 삶과 연관시켜 새로운 의미를 생산해 내는 경험을 하게 된다. 오브제는 공연의 영역에 속해 있는 동시에 관객들의 삶에 속해 있는 것이다.

05 위 글의 내용과 일치하는 것은?

① 현대 연극은 극작가에서 연출가로 중심이 변함에 따라 텍스트보다 오브제가 더 중요하게 되었다.
② 현대 연극은 작가, 연출가, 관객이 공동으로 협력하여 오브제의 심층적 의미를 확정하는 것을 지향한다.
③ 현대 연극에서는 관객의 자유로운 의미 해석을 위해 작품 속에 작가와 연출가의 주관이 개입되는 것을 삼간다.
④ 현대 연극에서 오브제는 무대와 관객이 공유하는 기호이지만 그 기호의 의미는 해석자의 관점에 따라 달라진다.
⑤ 현대 연극에서 관객은 오브제 덕택에 자신의 이해 관계를 초월하여 무대 공간에 몰입함으로써 객관적 의미에 도달하게 된다.

06 ㉠에 대한 이해로 적절하지 않은 것은?

① '교실'은 관객이 과거의 사건을 반추하면서 새로운 의미를 생성하게 하는 장(場)이 된다.
② 인물들의 분신인 인형들이 중요한 오브제로 활용될 때, 배우와 오브제의 전통적인 위계질서는 바뀐다.

③ 작가이자 연출가인 칸토르가 무대 위에 등장할 때, 그는 연기자로서 작품의 다층적인 해석을 한 몸에 통합시켜 전달하는 해설자 역할을 한다.

④ 연출가는 회상하는 자아와 회상되는 자아 사이의 만남의 계기를 제공한다. 연출가 자신도 과거의 인물이자 회상하는 주체로 간주될 수 있다.

⑤ '제의'는 죽은 이들의 사연을 담되 살아남은 자들에 의해 주관된다는 점에서 현재적이다. 관객과 배우, 연출가는 모두 이 제의의 참여자가 된다.

07 위 글의 '아이 인형'과 〈보기〉의 '아이 인형' 사이의 공통점을 바르게 진술한 것은?

보기

소 무 : (해산하려고 진통을 시작한다.)
취바리 : (해산모를 부른다.)
해산모 : (해산 제구와 아이 인형을 싸 가지고 깨끼춤으로 입장한다. 소무의 배를 문질러 주고 아이를 받는다.)
취바리 : (까치걸음으로 마당을 돌면서) 이것아, 어서 빨리 해산시켜라. (아이 난 것을 보고 깜짝 놀라며) 허! 이거 봐라. 삼신님이 나 어려운 줄 알고 한 벌 옷을 다 해 보냈구나. (노래조로) 거지 거지 거지야, 굴레, 저고리, 행전, 토시, 고무신꺼정 몽조리 신었구나.
취바리 : (아이 소리로) 아버지~.
취바리 : 왜?
취바리 : (아이 소리로) 나 좀 업어 주~.

① 해학을 유발하는 오브제로서 연극의 유희성을 확대하는 기능을 한다.
② 경험적 시간 질서를 초월해 무대의 물리적 제약을 뛰어넘게 해 준다.
③ 삶과 죽음의 경계를 표현함으로써 제의적 공간을 만드는 데 기여한다.
④ 인물의 특성을 상징적으로 재현하여 다의적인 의미 해석을 유도한다.
⑤ 연기자의 분신으로서 유년 시절을 회상하게 하는 매개체 역할을 한다.

※ 다음 글을 읽고 물음에 답하시오.

(가) 스포츠가 인간의 신체를 매개로 행해지는 문화 활동이라는 측면에서 스포츠에서 신체는 다른 어떤 문화 활동에서보다 중요한 가치를 지닌다. 신체미는 인간의 생리적·심리적·정신적 측면의 종합체로서 드러나는 미로써 이는 운동 과정과 같은 단련을 통해서 얻을 수 있다. 또한 현 사회에서 경쟁 스포츠를 즐기는 경향은 스포츠의 관상성과 오락성을 더욱 풍부하게 하였으며, 그에 따라 신체미에 대한 관심이 보다 높아지게 되었다. 이 같은 경향은 사람들로 하여금 스포츠를 통해 신체를 건강하고 아름답게 가꾸고자 노력하게 하였다. 그러나 신체의 아름다움에 대한 인식이 현대에 오면서 새로이 제시된 것은 아니다. 신체미에 대한 인식은 원시 사회에서부터 시작되었으며, 그 사회의 시대적 흐름에 따라 미에 대한 관점이 변화되어 왔다.

(나) 모계 사회였던 원시 사회에서는 여성의 나체상이 존재하였으며, 계급 사회가 되면서부터는 남성의 나체상이 증가된 예를 보더라도 예술의 주제가 곧 그 사회의 주요 관심과 밀접한 관계를 맺고 있음을 알 수 있다. 한편 고대 그리스와 같이 체력 단련을 중시한 사회에서는 경기 활동과 신체미에 대한 예술적 표현이 큰 발전을 이루었으며, 신체와 정신 건강에 대한 관심도 높아 "건강한 신체에 건강한 정신이 깃든다."는 유명한 모토를 낳기도 하였다. 이처럼 신체미는 단지 인간의 외적인 면만을 표현하는 것이라기보다 인간의 정신적·신체적 건강의 발로로서 사회적인 미의식이나 그 시대의 사회 문화상의 흐름까지도 반영하는 것이라 하겠다.

(다) 또한 신체미는 몸의 양호한 생리와 심리가 종합되어 인류의 건강한 신체에서 드러나는 미로서 이는 스포츠 활동을 하는 운동 중에 표출되어지며, 단련을 통해서만 얻을 수 있다. 신체미의 연구는 인체 표면의 형태적 미에만 국한되는 것이 아니라 골격, 근육, 피부, 모발 등을 포함하여 성대와 용모, 복장, 장식물 등 그와 유관한 일체의 것을 포함한다. 신체의 꾸밈, 미용 등도 신체미와 관계된다. 그러나 신체미가 단지 외부적인 관점만을 인식하는 것은 아니다. 이러한 신체미에 대한 연구는 스포츠 경기 수준을 향상시키는 데 그 가치가 있다. 스포츠 경기 수준의 향상이 행해지며, 가무를 연출하기도 하고, 스포츠를 소재로 하는 미술 작품과 영상 작품 등이 전시되어 신체 운동의 미를 표현하고 있다. 이처럼 스포츠가 예술과 얼마나 잘 결합되었는가는 그 나라의 스포츠가 얼마나 발달되었는가를 측정할 수 있는 지표가 된다.

(라) 이 같은 신체적 심미의 판단 기준으로는 먼저 사회·문화적 성향을 들 수 있다. 노동력이 경제권을 좌우하는 농경 사회의 경우 여성미의 기준은 노동에 능하고 건강한 후세를 낳을 수 있는 신체 조건을 갖출수록 가치를 높게 평가받았던 반면, 계급 사회가 되면서부터 상류층의 지배 계급이 선호하는 경향으로 여성미에 대한 기준이 결정되었다. 따라서 노동에 능한 신체 조건을 갖춘 여성보다는 가늘고 부드러운 선을 가진 신체를 이상화하여 자연미를 중시한 반면, 동양에서는 외적인 형상보다는 내적인 미나 사회미를 강조한 것 또한 이 같은 영향을 받은 것이라 하겠다. 또한 여성이나 남성은 모두 각자 타고난 성향을 충실히 갖추었을 때 아름다움을 소유할 수 있다. 인간이 자연의 산물이라 보면 신체미의 기준 또한 타고난 그 나름대로의 특성을 얼마나 잘 나타내고 있는가가 평가의 기준이 된다 하겠다.

(마) 신체미는 비디오 문화가 발달되고 선호되고 있는 현대 사회에서 매우 의미 있는 가치를 갖는다. 스포츠를 통한 신체미의 발달은 대중들로 하여금 스포츠를 긍정적으로 받아들이게 하여 여가나 건강을 위한 활동으로서 스포츠 활동에 직접 참여할 수 있는 동기를 마련해 줄 수 있다. 스포츠를 대중적으로 활성화하는 다른 요소들과 마찬가지로 신체미에 대한 인식은 스포츠의 보급과 발달에 커다란 영향력을 미칠 수 있는 것이다. 그러나 신체미에 대한 지나친 집착은 오히려 부정적인 결과를 낳을 수도 있으므로 신체미에 대한 홍보를 위해서는 스포츠에 대한 정확한 인식이 선행되어져야 할 것이다.

— 이천희, '스포츠의 철학적 탐구'

08 위 글의 내용과 일치하지 않는 것은?

① 신체적 심미의 판단 기준은 시대와 개인에 따라 다르다.
② 스포츠를 활성화하는 가장 좋은 방법은 신체미를 강조하는 일이다.
③ 승부를 겨루는 스포츠의 본질이 신체미에 대한 관심을 높이고 있다.
④ 한 개인의 신체미에는 그 사회의 미의식과 문화상이 반영되어 있다.
⑤ 신체미에는 외형적인 아름다움뿐만 아니라 내면적인 미도 포함된다.

09 위 글을 통해 미루어 짐작할 수 없는 것은?

① 스포츠는 현대인의 정신 치료에 효과적으로 이용되고 있다.
② 여인을 그린 원시 시대의 그림에는 둔부를 강조한 경우가 많다.
③ 계급 사회에서의 여성미는 남성들의 관점과 기준에 의해 평가되었다.
④ 영상 매체의 발달이 외모의 아름다움만을 강조하는 경향을 심화시켰다.
⑤ 성형 수술을 받은 여인은 아름다운 신체미를 가진 여인으로 볼 수 없다.

10 각 문단에 대한 설명으로 적절하지 않은 것은?

① (가) - 정의의 설명 방식을 통해 논지를 펼치고 있다.
② (나) - 구체적인 사례를 들어 논지를 뒷받침하고 있다.
③ (다) - 신체미에 대한 잘못된 인식을 해명하고 있다.
④ (라) - 대등한 내용을 병렬적으로 연결하고 있다.
⑤ (마) - 주제문을 제시한 후 이를 구체화하는 구조로 짜여져 있다.

※ 다음 소설을 읽고 물음에 답하시오.

　　그런데 고약한 그 꼴을 하고 가더니 그 뒤로는 나를 보면 잡아먹으려고 기를 복복 쓰는 것이다. 설혹 주는 감자를 안 받아 먹은 것이 실례라 하면 주면 그냥 주었지 ㉠"느 집엔 이거 없지?"는 다 뭐냐, 그렇잖아도 저희는 마름이고 우리는 그 손에서 배재를 얻어 땅을 부치므로 일상 굽실거린다. 우리가 이 마을에 처음 들어와 집이 없어서 곤란으로 지낼 제, 집터를 빌리고 그 위에 집을 짓도록 마련해 준 것도 점순네의 호의였다. 그리고 우리 어머니 아버지도 농사 때 양식이 딸리면 점순네한테 가서 부지런히 꾸다 먹으면서, 인품 그런 집은 다시 없으리라고 침이 마르도록 칭찬하곤 하는 것이다. 그러면서도 열일곱씩이나 된 것들이 수군수군하고 붙어 다니면 동리에 소문이 사납다고 주의를 시켜 준 것도 또 어머니였다. 왜냐하면, 내가 점순이하고 일을 저질렀다가는 점순네가 노할 것이고, 그러면 우리는 땅도 떨어지고 집도 내쫓기고 하지 않으면 안 되는 까닭이었다.
　　그런데 이놈의 계집애가 까닭 없이 기를 복복 쓰며 나를 말려 죽이려고 드는 것이다.
　　눈물을 흘리고 간 담날 저녁 나절이었다. 나무를 한짐 잔뜩 지고 산을 내려오니까 어디서 닭이 죽는 소리를 친다. 이거 뉘 집에서 닭을 잡나 하고 점순네 울 뒤로 돌아오다가 나는 고만 두 눈이 뚱그래졌다. 점순이가 저희 집 봉당에 홀로 걸터앉았는데, 아 이게 치마 앞에다 우리 씨암탉을 꼭 붙들어 놓고는
　　"이놈의 닭! 죽어라, 죽어라."
　　요렇게 암팡스레 패 주는 것이 아닌가. 그것도 대가리나 치면 모른다마는 아주 알도 못 낳으라고 그 볼기짝을 주먹으로 콕콕 쥐어박는 것이다.
　　나는 눈에 쌍심지가 오르고 사지가 부르르 떨렸으나, 사방을 휘둘러보고야 그제서 점순이 집에 아무도 없음을 알았다. 잡은 참 지게막대기를 들어 울타리의 중턱을 후리치며
　　"이놈의 계집애! 남의 닭 알 못 낳으라구 그러니?"
하고 소리를 빽 질렀다.
　　그러나 점순이는 조금도 놀라는 기색이 없고, ㉡ 그대로 의젓이 앉아서 제 닭 가지고 하듯이 또 죽어라, 죽어라 하고 패는 것이다. 이걸 보면 내가 산에서 내려올 때를 겨냥해 가지고 미리부터 닭을 잡아 가지고 있다가 너 보란 듯이 내 앞에 쥐지르고 있음이 확실하다.
　　그러나 나는 그렇다고 남의 집에 튀어들어가 계집애하고 싸울 수도 없는 노릇이고, 형편이 썩 불리함을 알았다. 왜냐하면, 울타리를 치면 칠수록 울섶이 물러앉으며 뼈대만 남기 때문이다. 허나, 아무리 생각하여도 나만 밑지는 노릇이다.
　　"아, 이년아! 남의 닭 아주 죽일 터이냐?"
　　내가 도끼눈을 뜨고 다시 꽥 호령을 하니까, 그제서야 울타리께로 쪼르르 오더니 울 밖에 섰는 나의 머리를 겨누고 닭을 내팽개친다.
　　"에이 더럽다! 더럽다!"
　　"더러운 걸 널더러 입대 끼고 있으랬니? 망할 계집애년 같으니."
하고 나도 더럽단 듯이 울타리께를 힁하게 돌아내리며 약이 오를 대로 다 올랐다라고 하는 것은, 암탉이 풍기는 서슬에 나의 이마빼기에다 물찌똥을 찍 깔겼는데, 그걸 본다면 알집만 터졌을 뿐 아니라 골병은 단단히 든 듯싶다.

11 위 글에 대한 설명으로 적절하지 <u>못한</u> 것은?

① 당시의 궁핍한 농촌 현실을 고발하였다.
② 일인칭 시점으로 전개되어 사실성을 높였다.
③ 당시 농촌 사회의 계층적 관계를 엿볼 수 있다.
④ 대화와 행동을 통하여 인물의 성격을 제시하였다.
⑤ 상식적 기대를 깨뜨림으로써 해학미를 창출하였다.

12 작중 인물 '나'에 대한 설명으로 알맞은 것은?

① 운명론적 인생관을 지니고 있다.
② 물질 지향적 가치관을 지니고 있다.
③ 상황의 변화에 그리 능동적이지 못하다.
④ 상황을 극복하려는 의지를 보이고 있다.
⑤ 이상과 현실 사이에서 갈등하고 있다.

13 작중 인물 '나'의 입장에서 ㉠에 대해 비판할 때 가장 적절한 것은?

① 한 치 앞도 못 내다본다더니.
② '아' 다르고 '어' 다르다더니.
③ 달면 삼키고 쓰면 뱉는다더니.
④ 천리 길도 한 걸음부터라더니.
⑤ 될성부른 나무는 떡잎부터 알아본다더니.

14 ㉡에 대한 설명으로 적절한 것은?

① 나의 굳은 결심을 흔들어 보려는 행동이다.
② 닭이 병들었는데 내가 점순이를 오해한 행동이다.
③ 나의 관심을 끌기 위한 점순이의 의도된 행동이다.
④ 나무를 해 온 수고에 대한 감사를 표시하는 행동이다.
⑤ 점순이가 신분적 우월성을 나에게 확인시키는 행동이다.

실전 다지기

기출 문제 유형 파악과 실전 문제

1. 사실적 이해

유형 1 세부 정보의 파악

▶▶ 위 글의 내용과 일치하지 않는 것은?
▶▶ ㉠의 의미로 가장 적절한 것은?
▶▶ ㉠에 대한 설명으로 적절하지 않은 것은?

01 다음 글의 내용과 일치하지 <u>않는</u> 것은?

> 연주 활동의 핵심은 재현(再現)을 통한 창조이다. 작곡가는 악보를 창조하고, 연주가는 그 악보를 자기 나름대로 해석하여 소리를 창조한다. 그러므로 연주 행위는 곧 재현이다. 즉, 작곡가에 의해서 악보로 일차 표현된 것이 연주가에 의해서 음으로 재차 표현된다는 의미에서 재현이라는 말을 쓰게 되는 것이다. 연주가는 이 재현을 통해 자신의 개성을 창조한다. 그러기에 동일한 곡을 열 사람이 연주하면 열 가지의 음악이 나오는 것이다. 개성적인 창조가 따르지 않은 연주 행위는 죽은 연주이다. 따라서, 연주 활동은 재현을 통한 창조가 얼마나 훌륭하게 이루어졌는가를 기준으로 평가된다.
>
> 이러한 재현을 완전하게 하기 위해서 연주가는 완벽한 연주 기술을 갖지 않으면 안 된다. 기술을 갖지 않은 연주가, 혹은 기술이 불충분한 연주가가 아무리 훌륭한 해석을 한다고 하더라도 좋은 연주가 될 수는 없다. 요컨대, 악보에 대한 자신의 해석을 충분히 표현하기 위해서는 기술이 매우 중요한 역할을 한다는 말이다. 그러나 이 때문에 기술만 있으면 연주의 모든 것이 해결된다고 생각한다면, 그것은 명백히 잘못이라고 아니 할 수 없다. 기술은 훌륭한 연주를 위한 하나의 수단이요, 기본 조건에 불과하기 때문이다. 수단이 훌륭하고 기본 조건이 갖추어져 있다고 해서 곧바로 훌륭한 연주가 이루어지는 것은 아니다. 악보에 대한 해석이 평범하거나 옳지 않다면 아무리 좋은 기술로 연주를 하더라도 훌륭한 연주로 인정받지 못한다. 악보를 개성적으로 해석할 수 있는 힘, 그것은 연주가의 창조성을 보장해 주는 든든한 밑천인 것이다.
>
> — 백병동, '교양의 음악'

① 같은 곡이라도 연주가에 따라 달리 해석될 수 있다.
② 연주에 대한 평가에서는 개성적인 악보 해석이 중요하게 취급된다.
③ 연주가에게 있어서 연주 기술은 기본적으로 갖추어야 할 조건이다.
④ 작곡가의 작곡 행위와 연주가의 연주 행위는 다같이 창조에 속한다.
⑤ 작곡가의 창작 의도에 따라 연주해야 훌륭한 연주라고 할 수 있다.

02 ㉠의 의미로 가장 적절한 것은?

20세기 대량 생산 형태에서 경쟁은 1차원적이고 가격 중심으로 이루어져 왔다. 그러나 현재의 경쟁 형태는 다차원적이다. 가격뿐만 아니라 제품에 대한 정보와 서비스가 결합되어 있어 각종 지식과 노하우가 필요하며 이를 위해서는 경쟁 기업의 협력도 불가피하게 되었다. 이러한 경제 환경에서 나온 것이 ㉠ 아웃소싱(Outsourcing)이라는 개념이다.

아웃소싱은 기업 내부의 프로젝트나 사업 등을 기업 외부의 제3자에게 맡겨 처리하는 것으로 인소싱(Insourcing)의 반대 개념이다. 아웃소싱은 미국 기업이 제조업 분야에서 활용하기 시작해 이제는 경리, 인사, 신제품 개발, 영업 등 모든 분야로 확대되고 있다.

아웃소싱은 우선 회사 업무의 일부를 밖으로 빼내는 '초다이어트'를 통해 인원 절감과 생산성 향상이라는 이중 효과를 노리고 있다. 급속한 시장 변화와 치열한 경쟁에서 살아남기 위해 기업의 핵심 사업에 집중, 나머지 부수적인 업무는 외주에 의존하는 것이다. 그리고 어떤 분야에서 자사보다 탁월한 능력을 보유하고 있는 기업과 팀을 이뤄 업무를 추진함으로써 업무의 효율화에 급진전을 이룰 수 있다.

① 아웃소싱은 산업 혁명과 역사를 같이 하고 있다.
② 아웃소싱은 기업이 어려울 때 국가가 대신 경영해 주는 것이다.
③ 아웃소싱은 신기술 개발과 시장 개척을 대신 맡아 해주는 기업 형태를 말한다.
④ 아웃소싱은 기업의 프로젝트나 활동을 제3자의 기업에 맡겨 생기는 경영 이익을 말한다.
⑤ 아웃소싱은 기업의 프로젝트나 활동을 제3자에게 위탁해 처리함으로써 업무의 효율을 높이는 경영 방법이다.

03 ㉠에 대한 설명으로 적절하지 않은 것은?

쇼윈도는 소비 사회의 대표적인 문화적 표상 중의 하나이다. 책을 읽기 전에 표지나 목차를 먼저 읽듯이 우리는 쇼윈도를 통해 소비 사회의 공간 텍스트에 입문할 수 있다. '텍스트'는 특정한 의도를 가지고 소통할 목적으로 생산한 모든 인공물을 이르는 용어이다. 쇼윈도는 '소비 행위'를 목적으로 하는 일종의 공간 텍스트이다. 기호학 이론에 따르면 '소비 행위'는 이런 ㉠ 공간 텍스트를 매개로 하여 생산자와 소비자가 의사소통하는 과정으로 이해할 수 있다.

옷 가게의 쇼윈도에는 마네킹이 멋진 목걸이를 한 채 붉은 색 스커트를 날씬한 허리에 감고 있다. 환한 조명 때문에 마네킹은 더욱 선명해 보인다. 길을 걷다가 환한 불빛에 이끌려 마네킹을 하나씩 살펴본다. 마네킹의 예쁜 모습을 보면서 나도 모르게 이야기를 시작한다. '참 날씬하고 예쁘기도 하네. 저 비싸 보이는 목걸이는 어디서 났을까. 짧은 스커트가 눈부시네……. 나도 저 마네킹처럼 되고 싶다.'라는 생각에 곧 옷 가게로 들어간다.

이와 같은 일련의 과정은 소비자가 쇼윈도라는 공간 텍스트를 읽는 행위로 이해할 수 있다. 공간 텍스트는 세 개의 층위(표층, 심층, 서사)로 존재한다. 표층 층위는 쇼윈도의 장식, 조명, 마네킹의 모습 등과 같은 감각적인 층위이다. 심층 층위는 쇼윈도의 가치와 의미가 내재되어 있는 층위이다. 서사 층위는 표층 층위와 심층 층위를 연결하는 층위로서 이야기 형태로 존재한다.

서사 층위에서 생산자와 소비자는 상호 작용을 한다. 생산자는 텍스트에 의미와 가치를 부여하고 이를 이야기 형태로 소비자에게 전달한다. 소비자는 이야기를 통해 텍스트의 의미와 가치를 해독한다. 이런 소비의 의사소통 과정은 소비자의 '서사 행로'로 설명될 수 있다. 이 서사 행로는 다음과 같은 네 가지 과정을 거쳐 진행된다.

첫 번째는 소비자가 제품에 관심을 갖기 시작하는 과정이다. 이때 소비자는 쇼윈도 앞에 멈추어 공간 텍스트를 읽을 준비를 한다. 두 번째는 소비자가 상품을 꼼꼼히 관찰하는 과정이다. 이 과정에서 소비자는 쇼윈도와 쇼윈도의 구성물들을 감상한다. 세 번째는 소비자가 상품에 부여된 가치를 해독하는 과정이다. 이 과정에서 소비자는 쇼윈도 텍스트에 내재된 가치들을 읽어 내게 된다. 네 번째는 소비자가 상품에 대한 최종적인 평가를 내리는 과정이다.

이 네 과정을 거치면서 소비자는 구매 여부를 결정하게 된다. 서사 행로는 소비자의 측면에서 보면 이 상품이 꼭 필요한지, 자기가 그 상품을 살 능력을 갖고 있는지 등을 면밀히 검토하는 과정이라고 할 수 있다.

① 메시지를 담고 있다.
② 판매를 촉진할 수 있다.
③ 소비자와 생산자를 연결한다.
④ 특정한 장소를 점유하고 있다.
⑤ 공연 예술의 특성을 가지고 있다.

유형 2 핵심 정보의 파악

▶▶ 위 글의 제목으로 가장 적절한 것은?
▶▶ 각 단락의 중심내용을 요약한 것으로 적절하지 않은 것은?

04 다음 글의 제목으로 가장 적절한 것은?

동양 사상과 비교해 볼 때 서양 사상의 특질은 사고의 틀을 만들어 가는 데 있다고 하겠다. 그리고 그 만들어진 틀 속에서 모든 것을 해결해 나가고 있는 데서 그 특징을 찾을 수 있다. 이 틀만들기 작업이 멀리는 유클리드 기하학에까지 거슬러 올라가고 있지만 일반적 학문에서 틀만들기는 아리스토텔레스에서 시작했고, 근세 초기의 철학자인 데카르트와 거의 동시대의 인물인 베이컨에게서 만들어진 틀이 오늘의 합리주의적 사고 내지는 과학주의적 세계관을 가져오게 했다고 할 수 있다.

여기서 틀이란 법칙이요, 원리요, 그것에 적용되어 나가는 일정한 사고의 논리 체계를 의미한다. 이 틀에서 이탈하지 않고 엄격하게 지켜 나가는 사고 진행을 지식 체계 또는 학문 체계라고 한다. 그러면 오늘의 지식 체계 또는 과학주의적 세계관을 가져오게 한 사고의 틀은 무엇인가? 우선 데카르트에서 보는 바와 같이 인간을 자연 세계로부터 분리하여 이원화시키는 일이었다. 사고하는 인간, 사고함으로 자기 존재의 확실성을 증명해 들어간 그는 사고와 존재자를 분리해 놓고 그 사고라는 투망을 던져 본다. 그리고 그 투망 속에 들어오는 것만이 참존재자의 세계라고 선언한다. 그 세계야말로 사고에 의해 존재 증명이 가능한, 사고 앞에 마주 선 참대상일 수가 있는 것이다. 마치 중세에서 신의 의사에 의해, 신의 피조물로서만 모든 존재자의 존재 의미를 갖는 것과 같이 이제 사고하는 인간이 그 신의 자리를 대신한 셈이었다. 그러므로 신이 세계 밖에서 세계를 보고 있는 것처럼, 자연계 밖에서 자연을 바라보며 세계를 마음대로 통제·지배할 수 있는 대상으로, 즉 세계를 파악 대상으로 가지는 특별한 존재로서의 독립된 인간임을 이해함으로써 그 오만은 한껏 키워진 셈이었다. 그리하여 인간과 자연, 말하자면 정신과 물체의 세계를 분리시켜 보는 사고의 틀을 마련한 것이다. 이와 같이 자연과 인간, 물체와 정신, 다시 말해서 객체(object)와 주체(subject)로 나누려는 이원론적 사고의 틀은, '나'의 존재의 확실성을 기반으로 하는 데서 인간의 자기 이해의 길을 마련해 주기도 하였다. 그러나 그 이해라는 것이 결국은 인간이 세계의 지배자요, 경영자라는, 대상에 대한 주체자로서의 오만을 키워 가는 데 있었다. 그리고 인간의 모든 관심의 초점은 그 지배 원리를 찾아 정복의 길을 실제로 터 나가는 지식의 구축에 있었으니, 이것이 곧 주체와 마주선 대상 세계에 대한 지식 체계의 틀인 과학주의적 세계관이다. 이 두 틀 속에서 이루어지고 있는 것이 오늘의 서양 사상이다.

그러므로 서양 사상은 데카르트나 베이컨 이후 합리적 사고와 과학 지식이라는 두 틀 속에서 세계의 모든 문제를 해결하고자 하였고, 또 실제로 많은 것을 해결해 왔다고 볼 수 있다. 초기에는 거의 모든 문제를 그 틀 속에 집어넣어 해결되지 않는 것이 없는 것 같았다. 현대의 기계 문명과 컴퓨터와 같은 첨단 기술이, 그리고 상품의 대량 생산을 이룩한 물질적 풍요와 편리한 생활이 모두 그 틀 속에서 이루어진 것이다. 실로 그 틀 속에서 인간이 목적하는 바는 거의 이루어지지 않는 것이 없었다. 그리고 그것이 오늘 현대인이 가지는 합리주의나 과학주의 세계관의 일반화를 이루어 모든 생활을 그 틀 속에서 해결해 가도록 하고 있는 것이다.

그러나 인간의 삶은 그렇게 단순한 것이 아니어서 실로 예기치 않았던 일들을 현실 속에서 당하게 되자 점차 그 틀 속에서 해결되지 않는 것이 있음을 알게 되었고, 애당초 그 틀에 갇혀 있지 않는 문제도 있을 뿐 아니라 그 해결 자체가 전에는 없었던 또 다른 새로운 문제들을 동시에 몰고 온다는 사실을 알게 되었다.

― 송항룡, '과학주의적 세계관과 도가 사상(道家思想)'

① 서양 사상과 동양 사상의 차이점
② 인간의 삶과 다양한 사고 유형 탐구
③ 과학주의적 사고의 형성과 발전 가능성
④ 서양 사상의 특징과 그 한계에 대한 발견
⑤ 합리적 사고의 장점과 활용 가능성의 탐구

05 각 단락의 중심 내용을 요약한 것으로 적절하지 않은 것은?

(가) 사람들이 당장의 이익을 위해 지능적으로 산의 나무들을 남벌(濫伐)하게 되면, 산을 헐벗게 하여 가물면 수원(水源)을 고갈(枯渴)시키고 장마가 지면 산사태에 홍수라는 자연 재해를 불러와, 우리 인간에게 막심한 피해를 주게 된다. 이와 같이 인위적으로 자연 환경을 파괴함으로써 인간의 생존을 직접, 간접으로 위협하는 것을 공해(公害)라고 한다. 그러나 송충이가 본능적으로, 숲을 이루는 소나무의 잎을 먹어서 해를 주어도 이를 공해라고는 하지 않는다.

(나) 인간은 생존하기 위하여 의식주에 필요한 자원을 자연에서 얻어왔기 때문에, 엄밀하게 따진다면 인간은 예로부터 자연 환경을 파괴해 왔다. 따라서, 공해는 퍽 오래 전부터 비롯된 것이라고 말할 수 있다. 그러나 한 세기 전까지만 해도 이러한 인간의 자연 파괴가 자연 환경의 생태학적 평형(平衡)을 깨뜨릴 정도는 아니어서 크게 문제되지 않았다. 그러던 것이 인간들이 물질 문명을 급속도로 발달시킴에 따라, 특히 제2차 세계대전 후에 자원의 개발, 대규모 공업의 급진적 발달, 새로운 여러 가지 일용품과 약품의 발명, 교통 수단의 확대, 인구의 증가 등으로 말미암아 선진 공업국에서는 환경 오염에 따르는 공해가 이미 심각한 문제로 부각(浮刻)되어 왔고, 우리나라에서도 산업화의 과정이 진행되면서 차츰 공해 문제를 거론하게 되었다.

(다) 공해의 주요 원인이 되는 환경의 오염은 그 자체가 자연의 파괴를 의미할 뿐만 아니라, 정도에 따라서는 생태계의 평형을 심하게 깨뜨려 자연 환경을 변모시킨다. 도(度)를 넘으면 식물이나 동물, 나아가 인간 자체에도 치명적(致命的)인 해를 끼치게 된다. 이와 같은 예는 우리 주위에서 흔히 볼 수 있다. 남산 기슭의 초가집 굴뚝에서 나무를 때는 연기가 나던 옛날에는 '남산 위에 저 소나무 철갑을 두른 듯' 하였으나, 철도가 생겨서 서울역을 지나는 수많은 기차들이 내뿜는 석탄 연기가 남산의 공기를 더럽히더니 그 소나무들은 말라 버리게 되었다. 20년 전에는 청계천 생활 하수가 한강으로 흘러들어갔어도 한강 대교 근처에서 마음놓고 수영을 할 수 있었다. 그러던 것이 이제는 수질 오염이 심하게 되어 자정 작용(自淨作用)의 한계를 넘어 마침내 수영을 할 수 없게 되어 버렸다.

(라) 조금만 냉정하게 생각하면 공해가 얼마나 가공(可恐)할 만한 것인지를 짐작할 수 있을 것이다. 이와 같은 물질적 공해를 가속화시키는 또 하나의 오염은 정신적인 오염이다. 자연을 무시하고 인간의 사리 사욕만을 추구하는 생각이 인간의 정신을 오염시킨 것이다. 생태계의 한 구성원인 인간이 생태계의 조화에 이바지함이 없이 불로 소득(不勞所得)을 얻으려는 생각이, 특히 우리나라 사람들의 정신을 흐리게 하고 있다. 이러한 생각이 사회악의 근원인 부정 부패를 낳게 되었으며, 이로 인해서 각종 기업체들은 공해 방지를 외면한 채 이윤 추구에만 급급해 왔던 게 사실이다.

(마) 이제 남은 문제는 공해를 어떻게 감소시키며 또 방지하느냐 하는 것이다. 우선 우리는 모두 공해의 요소들을 제거하도록 노력하는 것이 자연을 보존하는 일이 되고, 자연 보존이 바로 인간 자신을 보호하는 길임을 자각해야 한다. 인간 우선이란 잘못된 생각을 버리고 자연 우선이란 사상을 확립하고 존중해야 한다.

— 김춘수, '공해와 자연 보존'

① (가) - 공해의 개념 ② (나) - 공해의 발생 원인
③ (다) - 환경 오염의 실상 ④ (라) - 생태계의 보존 방법
⑤ (마) - 공해 방지를 위한 노력

유형 3 **논지 전개 양상의 파악 / 문단 구조의 파악**

▶▶ 위 글의 논지 전개 방식으로 가장 적절한 것은?
▶▶ (가)~(라)의 순서를 배열한 것으로 가장 적절한 것은?

---

06 다음 글의 논지 전개 방식으로 가장 적절한 것은?

　　범죄가 언론 보도의 주요 소재가 되고 있다. 그 이유는 언론이 범죄를 취잿감으로 찾아내기가 쉽고 편의에 따라 기사화할 수 있을 뿐만 아니라, 범죄 보도를 통하여 시청자의 관심을 끌 수 있기 때문이다. 이러한 보도는 범죄에 대한 국민의 알 권리를 충족시키는 공적 기능을 수행하기 때문에 사회적으로 용인되는 경향이 있다. 그러나 지나친 범죄 보도는 범죄자나 범죄 피의자의 초상권을 침해하여 법적·윤리적 문제를 일으키기도 한다.

　　일반적으로 초상권은 얼굴 및 기타 사회 통념상 특정인임을 식별할 수 있는 신체적 특징을 타인이 함부로 촬영하여 공표할 수 없다는 인격권과 이를 광고 등에 영리적으로 이용할 수 없다는 재산권을 포괄한다. 언론에 의한 초상권 침해의 유형으로는 본인의 동의를 구하지 않은 무단 촬영·보도, 승낙의 범위를 벗어난 촬영·보도, 몰래 카메라를 동원한 촬영·보도 등을 들 수 있다.

　　법원의 판결로 이어진 대표적인 사례로는 교내에서 불법으로 개인 지도를 하던 대학 교수를 현행범으로 체포하려는 현장을 방송 기자가 경찰과 동행하여 취재하던 중 초상권을 침해한 경우를 들 수 있다. 법원은 '원고의 동의를 구하지 않고, 연습실을 무단으로 출입하여 취재한 것은 원고의 사생활과 초상권을 침해하는 행위'라고 판시했다. 더불어 취재의 자유를 포함하는 언론의 자유는 다른 법익을 침해하지 않는 범위 내에서 인정되며, 비록 취재 당시 원고가 현행범으로 체포되는 상황이라 하더라도, 원고의 연습실과 같은 사적인 장소는 수사 관계자의 동의 없이는 출입이 금지되고, 이를 무시한 취재는 원칙적으로 불법이라고 판결했다.

　　이 사례는 법원이 언론의 자유와 초상권 침해의 갈등을 어떤 기준으로 판단하는지 보여 주고 있다. 또한 이 판결은 사적 공간에서의 취재 활동이 어디까지 허용되는가에 대한 법적 근거를 제시하고 있다.

　　언론 보도에 노출된 범죄 피의자는 경제적, 직업적, 가정적 불이익을 당할 뿐만 아니라, 인격이 심하게 훼손되거나 심지어는 생명을 버리기까지도 한다. 따라서 사회적 공기(公器)인 언론은 개인의 초상권을 존중하고 언론 윤리에 부합하는 범죄 보도가 될 수 있도록 신중을 기해야 한다. 범죄 보도가 초래하는 법적·윤리적 논란은 언론계 전체의 신뢰도에 치명적인 손상을 가져올 수도 있다. 이는 범죄가 언론에는 매혹적인 보도 소재이지만, 자칫 부메랑이 될 수도 있음을 의미한다.

① 사례를 열거하여 공통적인 논지를 도출하고 있다.
② 개념 정의와 사례 분석을 토대로 주장을 펴고 있다.
③ 대립되는 주장을 소개하고 합의점을 도출하고 있다.
④ 새로운 이론을 통해서 기존의 주장을 반박하고 있다.
⑤ 여러 주장의 문제점을 분석한 후 대안을 제시하고 있다.

07 (가)~(라)의 순서를 배열한 것으로 가장 적절한 것은?

(가) 학문을 한다면서 논리를 불신하거나 논리에 대해서 의심을 가지는 것은 용납할 수 없다. 논리를 불신하면 학문을 하지 않는 것이 적절한 선택이다. 학문이란 그리 대단한 것이 아닐 수 있다. 학문보다 더 좋은 활동이 얼마든지 있어 학문을 낮추어 보겠다고 하면 반대할 이유가 없다.

(나) 학문에서 진실을 탐구하는 행위는 논리로 이루어진다. 진실을 탐구하는 행위라 하더라도 논리화되지 않은 체험에 의지하거나 논리적 타당성이 입증되지 않은 사사로운 확신을 근거로 한다면 학문이 아니다. 예술도 진실을 탐구하는 행위의 하나라고 할 수 있으나 논리를 필수적인 방법으로 사용하지는 않으므로 학문이 아니다.

(다) 교수이기는 해도 학자가 아닌 사람들이 학문을 와해시키기 위해 애쓰는 것을 흔히 볼 수 있다. 편하게 지내기 좋은 직업인 것 같아 교수가 되었는데 교수는 누구나 논문을 써야 한다는 악법에 걸려 본의 아니게 학문을 하는 흉내는 내야 하니 논리를 무시하고 논문을 쓰는 편법을 마련하고 논리 자체에 대한 악담으로 자기 행위를 정당화하게 된다. 그래서 생기는 혼란을 방지하려면 교수라는 직업이 아무 매력도 없게 하거나 아니면 학문을 하지 않으려는 사람이 교수가 되는 길을 원천 봉쇄해야 한다.

(라) 논리를 어느 정도 신뢰할 수 있는가 의심스러울 수 있다. 논리에 대한 불신을 아예 없애는 것은 불가능하고 무익하다. 논리를 신뢰할 것인가는 개개인이 자유롭게 선택할 수 있는 기본권의 하나라고 해도 무방하다. 그러나 학문에서 진실을 탐구하는 행위는 논리로 이루어진다. 학문은 논리에 대한 신뢰를 자기 인생관으로 삼은 사람들이 독점해서 하는 행위이다.

① (가)-(나)-(다)-(라)
② (가)-(다)-(나)-(라)
③ (나)-(라)-(가)-(다)
④ (다)-(가)-(라)-(나)
⑤ (라)-(가)-(나)-(다)

2. 추론

유형 4　세부 정보의 추리

▶▶ 다음 글에서 추정할 수 있는 ㉠의 특징으로 가장 알맞은 것은?
▶▶ 다음 진술에서 이끌어 낼 수 있는 내용으로 가장 적절한 것은?

08　다음 글에서 추정할 수 있는 ㉠의 특징으로 가장 알맞은 것은?

　　인간의 특성은 유전자와 환경에 의해 결정된다. 이 두 가지 가운데 어느 쪽의 영향을 더 많이 받느냐 하는 것은 생물학계의 오랜 논쟁거리가 되어 왔다. ㉠ 복제 인간의 경우 유전자에 관심이 집중될 수밖에 없다. 그렇다면 복제 인간은 체세포 제공자를 어느 정도나 닮게 될까? 우리는 그 실마리를 일종의 '복제 인간'이라 할 만한 일란성 쌍둥이에서 찾을 수 있다. 쌍둥이를 연구하는 과학자들에 따르면, 일란성 쌍둥이의 경우 키나 몸무게 같은 생물학적 특징뿐 아니라 심지어 이혼 패턴과 같은 비생물학적 행동까지도 유사하다고 한다.

　　그렇다면 아인슈타인을 복제하면 복제 인간도 아인슈타인과 똑같은 천재가 될까? 과학자들은 이 같은 질문에 대부분 '아니다'라고 말한다. 일란성 쌍둥이는 비슷한 환경에 놓이는 반면 복제 인간과 체세포 제공자는 완전히 다른 환경에 놓일 수 있기 때문에, 복제 인간의 경우 환경의 영향이 일란성 쌍둥이에 비해 훨씬 크게 작용할 것이다. 물론 그 경우에도 복제 인간은 다른 사람보다는 체세포 제공자를 많이 닮을 것이다. 그러나 과학자들은 환경이 동일하더라도 복제 인간이 체세포 제공자와 똑같지는 않을 것이라고 예상한다.

　　어쩌면 복제 인간은 외모마저 체세포 제공자와 다를지 모른다. 최근 국내 연구팀은 복제 동물이 체세포 제공자와 다른 외모를 보일 수 있다는 사례를 보고하였다. 흑갈색 돼지를 체세포 복제방식으로 복제한 돼지 다섯 마리 가운데 한 마리가 흰색으로 태어난 것이다. 연구팀은 미토콘드리아 유전자의 차이 때문에 복제 돼지가 흰색이 되었다고 추정하고 있다.

　　유전자에는 핵 속의 DNA에 있는 것 말고도 미토콘드리아 DNA에 있는 것이 있고, 이 '미토콘드리아 유전자'는 전체 유전자의 약 1%를 차지한다. 연구팀이 미토콘드리아 유전자를 원인으로 지목하는 이유는 이 유전자가 세포질 속에만 존재하는 것으로서 수정 과정에서 난자를 통해 어미로부터만 유전되기 때문이다. 다섯 마리의 복제 돼지는 각각 다른 난자를 이용해 복제됐고, 따라서 다른 미토콘드리아의 영향을 받았을 것으로 추측하고 있다.

　　흔히 복제 인간이 DNA 제공자와 100% 같은 유전정보를 갖는다는 말을 하는데 이는 엄밀히 말하면 잘못된 표현이다. 과학자들은 '복제 인간도 복제 동물처럼 체세포 제공자와는 다른 사람의 난자, 즉 다른 미토콘드리아 유전자를 물려 받기 때문에 유전정보가 100% 같지는 않고 외모도 체세포 제공자와는 차이가 날 가능성이 크다'라고 말한다.

① DNA 구조만을 고려한다고 할 때, 일란성 쌍둥이는 복제 인간과 같다.
② 복제 인간과 난자 제공자는 동일한 미토콘드리아 DNA를 가지고 있다.
③ 체세포 제공자와 복제 인간의 유전자는 항상 일란성 쌍둥이 간의 유전자보다 서로 더 유사하다.
④ 체세포와 난자를 한 사람으로부터 제공 받더라도, 복제 인간은 체세포 제공자와 다른 DNA를 갖는다.
⑤ 복제 인간이 환경의 영향으로 체세포 제공자와 여러 가지 면에서 다른 특성을 보이며 성장할 가능성은 없다.

09 다음 진술에서 이끌어 낼 수 있는 내용으로 가장 적절한 것은?

> 노동의 윤리는 전통이나 습속이 아니라 합리성에 의거한 개인주의적 윤리이므로, 여기에서는 비합리적인 심정의 윤리가 통용되지 않는다. 인간은 합리적으로 행동할 자유, 즉 자신의 목적에 필요한 수단을 선택할 자유가 있으며, 이는 동시에 결과에 대한 책임을 수반한다. 개인주의적인 자본주의 사회에서는 경제적인 자기 책임의 원칙이 확립되며, 이로 인해서 시민 사회의 윤리는 또한 책임의 윤리가 된다.
> 　각자가 이기심에 의해 영리를 추구할 경우 자신의 목적에 도달하기 위해서 각자는 또한 상호 결합이 불가피하게 된다. 이기심은 원래 비사교적인 것이나 그러한 비사교성은 타인과 결합할 경우 '비사교적인 사교성'으로 나타나게 된다. 이러한 비사교적 사교성은 감정이나 정서로부터 분리된 냉정한 합리적 이해 타산에 입각한 것이다. 시민 사회를 지배하는 윤리는 자애나 인정보다 합리적 타산에 의거해서 자기의 이기심과 타인의 이기심을 조정하는 것이다. 이기심을 실현하기 위해 타인과 결합한다는 것은 이기심의 자기 한정을 의미하는 것이다. 자본주의 사회에 있어서 상품 교환은 대등한 가치를 갖는다고 생각하는 것들 간의 교환, 즉 등가 교환의 원리에 의거하며, 그러한 등가 교환을 통해 시민은 다른 시민을 자기와 동등한 이기심을 갖는 주체로 인정하게 된다. 이는 자신의 이기심을 보장하기 위해서는 타인과의 관계에 있어서 이기심의 억제가 불가피함을 나타내고, 바로 이 점에 있어서 시민으로서의 덕성이 강조된다. 이러한 시민적 덕성은 타인들 간에 계약이 이루어질 경우 그 계약을 준수하는 페어플레이의 정신을 뜻한다.
> ─ 황경식, '시민 사회의 원리와 시민 윤리'

① 시민 사회는 전통적 윤리가 지배하는 사회이다.
② 시민 사회는 개인주의적 이해 관계를 바탕으로 한다.
③ 시민 사회의 구성원은 이기심을 최대한 발휘할 수 있다.
④ 시민 사회는 개인적 가치보다 사회적 가치를 더 중시한다.
⑤ 시민 사회는 도덕적으로 완성된 인격체를 양성하고 있다.

유형 5   생략된 정보의 추리

▶▶ 문맥상 빈칸에 들어갈 문장 및 어구로 가장 적절한 것은?
▶▶ 다음 문단의 내용으로 가장 적절한 것은?

10 문맥상 빈칸에 들어갈 어구로 가장 적절한 것은?

> 연은 언제부터 하늘을 날게 됐을까? 기록에 따르면 기원전 200년경 진(秦)나라와 항우의 초(楚)나라를 무너뜨리고 전한(前漢)을 세운 유방의 장수 한신이 적의 성을 공략할 때 연을 사용했다고 한다. 이유는 확실치 않다. 성을 관통하는 굴을 파기 위해 거리를 재는 데 이용했다는 설명도 있고, 한신이 직접 연을 타고 올라가 적병에게 투항을 권유했다는 얘기도 전해진다. 중국에는

연의 재료인 대나무와 비단실이 풍부했기 때문에 일찍부터 연이 등장한 것으로 추측된다.

우리나라에서는 신라 진덕여왕 원년(647년) 비담과 염종이 반란을 일으킬 때 이를 진압하기 위해 김유신 장군이 연을 사용했다는 기록이 있다. 이후 고려 말엽(1374년) 최영 장군이 탐라국을 평정할 때 군사를 연에 매달아 병선(兵船)에서 띄워 절벽 위에 상륙시켰으며, 불덩이를 매단 연을 적의 성안으로 날려보냈다는 기록이 남아 있다. 또 조선조에는 세종대왕(1455년) 때 남이 장군이 강화도에서 연을 즐겨 날렸다는 기록과 임진왜란 당시 충무공 이순신 장군이 섬과 육지를 연결하는 통신 수단으로 색과 문양을 달리한 다양한 암호용 연을 이용했다는 기록이 전해진다. 특히 영조 대왕은 연날리기를 즐겨 구경하고 장려해 1725~76년 무렵에는 우리나라에 연날리기가 널리 보급됐다고 한다.

우리나라를 통해 연을 전해 받은 일본에서는 정월에 부, 행운, 다산 등을 의미하는 학, 용, 물고기, 거북 모양의 연을 날리며, 크리스마스 선물처럼 설날에 어린이들에게 연을 선물한다. 이처럼 동양에서는 연을 (   ) 목적으로 많이 활용했다.

① 심미적·교훈적 ② 대중적·실용적 ③ 군사적·주술적
④ 군사적·실용적 ⑤ 심미적·주술적

11 다음 문단의 내용으로 가장 적절한 것은?

'머리'는 하나의 언어 기호인데 여기에는 두 가지 면이 있다. 하나는 알기 쉽게 말해서 [məri]라는 소리의 면이고 또 하나는 '頭'라는 의미의 면이다. 전자를 표현, 후자를 내용이라고 한다. 스위스의 유명한 언어학자 소쉬르는 전자를 시니피앙, 후자를 시니피에라고 불렀다. 그러므로 언어 기호는 표현(혹은 시니피앙)과 내용(혹은 시니피에)이 결합한 것이다. 그런데 여기서 문제가 되는 것은 언어 기호의 표현과 내용의 관계이다. '頭'를 한국 사람은 [məri](머리), 영국 사람은 [hed](head), 프랑스 사람은 [tet](tête)라고 한다. 이렇게 동일한 내용에 대해서 표현이 각각 다른 것은 무엇을 의미하는가? 그것은 한마디로 말해서 '頭'를 부르는 언어 습관이 각기 다르기 때문이다. 만일 인간이 '頭'를 이러이러하게 불러야 한다는 필연성이 있다면, 그 표현은 모든 언어에서 동일해야 할 것이다. 그러나 사실은 정반대이다. 이와 같이 언어 기호의 내용과 표현 사이에는 자연적이고 필연적인 관계가 있는 것이 아니라, 관습에 의해서 내용과 표현이 결합된 것임을 알 수 있다.

① '머리가 아프다'라는 문장은 '머리, 아프-'의 어휘 요소와, '가, -다'의 문법 요소로 분석된다.
② '마루가 넓은 집'과 '해가 서산마루에 걸려 있다'의 마루는 같은 소리인데도 그 의미가 전혀 다르다.
③ 인간들은 새로운 사물이 생기면 새 단어를 만들고 새로운 상황이 생기면 지금까지 없던 문장을 만들어 쓴다.
④ 코를 '코'라고 부르도록 정해졌으면 '코'라고 해야지 혼자 유별나게 '귀'라고 한다든가 '발가락'이라고 해서는 안 된다.
⑤ '한양'이라고 하던 것을 '서울'이라고 할 수도 있고, '그름'이라고 하던 것을 '강'이라고 할 수도 있다.

유형 6	핵심 정보의 관계 추리

▶▶ 다음 중 ㉠과 ㉡의 관계와 유사한 것은?
▶▶ ㉠과 ㉡의 관계를 바르게 이해한 것은?

12 다음 중 ㉠과 ㉡의 관계와 유사한 것은?

> 키케로가 이미 갈파했듯이, 철학자의 책 속에서 찾을 수 있는 것은 오직 어리석음뿐이다. 확실히 철학자들은 상식을 거부하고 온갖 지혜를 추구한다. 그리고 대부분의 철학적 비상(飛翔)은 희박한 공기의 상승력에 의존하고 있다. 그래서 과학은 항상 진보하고 있는 것처럼 보이는 반면에, 철학은 언제나 근거를 잃고 있는 것처럼 보인다. 그러나 이와 같이 보이는 것은 철학이 과학적 방법으로는 해결하지 못하는 선과 악, 아름다움과 추함, 질서와 자유, 삶과 죽음 등과 같은 어렵고 위험한 문제들을 다루고 있기 때문이다.
>
> 어떤 탐구 분야든지 정확한 공식화가 가능한 지식을 산출하면 곧 과학이라고 일컫는다. 과학은 철학에서 시작하여 기술(技術)로 끝나고, 또한 과학은 가설의 ㉠샘에서 발원(發源)하여 성취의 ㉡바다로 흘러간다. 철학은 미지의 것 또는 부정확한 것에 대한 가설적 해석이다. 철학이 진리의 세계를 탐구하는 최전선이고 과학이 점령 지대라고 한다면, 우리의 삶은 지식과 기술로 건설된 후방의 안전 지대라고 할 수 있다. 철학은 어쩔 줄 몰라 우두커니 서 있는 것 같다. 그러나 철학은 승리의 열매를 과학에게 넘겨 주고 나서, 거룩한 불만을 간직한 채 아직도 탐구되지 않은 불확실한 지역으로 나아가고 있다.

① 싹 : 열매 ② 빛 : 그림자 ③ 비 : 구름
④ 휘발유 : 자동차 ⑤ 바위 : 이끼

13 ㉠, ㉡의 관계를 바르게 이해한 것은?

> 우리는 매일같이 알게 모르게 갖가지 도덕적 선택 문제에 마주치게 된다. 그럴 경우 우리는 의식적이고 자율적인 선택을 통해서이건, 무의식적이건 ㉠관행이나 습관에 의거해서 도덕적으로 옳은 행위를 선택하고 실천하게 된다. 그런데 왜 그런 행위를 선택했는가라는 질문을 받거나 스스로 자문을 하게 될 경우 우리는 자신의 행위와 선택에 대해 나름의 근거를 대게 된다.
>
> 어떤 행위가 옳고 그르다고 생각하는 우리의 견해에 대해 정당한 이유를 물어올 경우 일반적으로 우리는 ㉡어떤 도덕 규칙에 의거해서 자신의 입장을 변호한다. 그래서 어떤 사람이 다른 사람 소유의 돈을 취하는 일이 나쁘다는 견해는 그러한 행위는 도둑질이며, 도둑질은 나쁘다고 말함으로써 옹호할 수 있다. 여기에 관련된 도덕 규칙은 도둑질을 금지한다는 규칙이다. 하지만, 다른 경우 우리는 어떤 행위가 옳거나 그르다는 우리의 견해를, 문제의 행위가 좋거나 나쁜 결과를 가져온다는 사실을 지적함으로써 옹호하고자 한다.
>
> – 황경식, '도덕적 상황과 윤리적 사고'

㉠	㉡
① 옳은 의식의 근거	정당한 행위의 근거
② 옳은 선택의 근거	정당한 논변의 근거
③ 옳은 실천의 근거	정당한 결론의 근거
④ 옳은 행위의 근거	정당한 판단의 근거
⑤ 옳은 입장의 근거	정당한 소유의 근거

유형 7 사례와 구체적 상황 추리

▶▶ 다음 글에서 설명하고 있는 원리와 관계있는 사례는?
▶▶ 다음 글의 주장에 부합하는 가장 적절한 예는?

14 다음 글에서 설명하고 있는 원리와 관계 <u>없는</u> 사례는?

> 서양 문화가 실증주의를 강조할 때 동양 문화는 간결하게 본질을 꿰뚫는 것을 추구한다. 실증주의·과학주의 사고는 객관적 증거를 중요시하고 주관적인 심증적 판단을 억누름으로써 자연과학과 기술 문명의 발전에는 크게 기여하였지만, 주(主)와 객(客)을 분리하게 되었고, 개념에 입각한 논리 구조를 실체에 의한 진리보다 더 중요하게 보고, 무엇보다 과학 물질 문명의 발전 속에서 사회와 환경으로부터 인간의 가치를 괴리시키고 실존의 불안을 야기시켰다.
>
> 반면, 동양의 무(無)의 사고는 주와 객 사이의 인위적 구분을 거부하고 주객 구분이 없는 상태에서 실체적 진리를 경험하는 데 초점을 두었다. 따라서 실체를 관념화하고 말로 논리를 전개하는 것에 대해 회의적이다. 무의 사상은 주와 객, 감성과 이성의 불가분적 음양 관계를 전제로 한 것이다. 따라서, 서양 문화가 시간과 공간을 이분법적으로 개념화하여 각자를 선형화(線形化)하고 정적인 것으로 여긴 반면, 동양에서는 시간과 공간보다 그 사이에 있는 생태를 먼저 중요시하였다.
>
> 동양의 공간은 '공간으로 이루어진 시간'이고 시간은 '시간으로 이루어진 공간'인 것이다. 동양의 미술과 건축은 외부적 형태가 그 속의 빈자리를 아름답게 하는 것이고, 동양 음악은 침묵을 듣게 하는 것이다. 한국 건축은 '사이[間]'의 개념을 중시한다. 서양의 과학적 사고가 물체를 부분들로 구성되어 있다고 보고, 불변하는 요소들을 분석함으로써 본질의 파악을 추구하였다면, 동양은 사이, 즉 요소들 간의 관련성에 초점을 두고 거기에서 가치와 의미의 원천을 찾았던 것이다. 서양의 건축이 내적 구성, 폐쇄적 조직을 강조한 객체의 형태를 추구했다면, 동양의 건축은 그보다 객체의 형태와 그것이 놓이는 상황 및 자연 환경과의 어울림을 통해 미를 추구하였던 것이다.

① 우리의 정원은 소재들을 인공적으로 짜맞추기보다는 대부분 자연적인 소재들이 서로 어울리도록 하는 데 주안점을 두고 있다.
② 우리의 경복궁은 그 위치 선정에서부터 멀리 그 뒤를 감싸고 있는 북한산과의 관계를 고려하였음은 물론이고, 그 지붕의 선도 이를 닮았다.

③ 서양의 미술이 데생을 바탕으로 하여 대상을 일정한 비율에 따라 사실적으로 그리려는 데 비하여, 우리의 미술은 일필휘지의 붓놀림으로 대상의 운치를 그려 내고자 한다.
④ 우리의 판소리가 관객들의 적극적인 호응을 바탕으로 이루어지는 개방성을 지니고 있다면, 서양의 교향악은 정해진 악보의 연주를 관객이 경청하는 폐쇄성을 띠고 있다.
⑤ 서양의 연극이 주로 인간성의 고양에 중점을 둔 데 비하여, 우리의 탈춤은 주로 현실에 대한 비판과 풍자 의식을 다루고 있다.

15 다음 글의 주장에 부합하는 가장 적절한 예는?

> 인간의 순간적인 행동, 그리고 나아가 자아 형성은 다른 사람들이 나를 부르는 호칭과 이름에 영향을 받는다. 예를 들어, 처음으로 어린아이를 가지는 사나이가 '아버지'라고 불리었을 때, 이 '아버지'라는 말은 그의 행동과 삶에 크게 작용하며, 그의 자아 형성에 영향을 주게 된다. 다른 사람들이 나를 '선생님'이라고 부를 때, 이 말은 나의 행동과 삶을 선생님이라는 틀 속에 몰아 넣는다. 이것은 단순히 사회적인 지위나 직업이 인간의 자아 의식에 미치는 심리적인 규제에서 오는 것만이 아니다. 직업이나 지위에 대한 의식보다 오히려 '선생님' 혹은 '아버지'라고 불렀을 때, 그 말들은 순간적으로 나의 행동과 삶에 작용하여 유동적인 행동이나 삶을 늘 일정한 길을 따라 발전해 가게 한다.
> 사람이 가지고 있는 이름, 곧 다른 사람들이 나를 부르는 이름도 우리의 사람됨을 위해서 중요한 의미를 가진다. 우리는 한 사람을 하나의 이름으로 부름으로써 그를 동일성(同一性)에 있어서 붙들 수 있게 된다. 그러므로 자기의 이름이 아닌 가명으로 행세하는 사람은 자기의 동일성을 부인하는 것이다. 사람들이 과거에 대한 책임을 회피하기 위해서 흔히 이름을 버려서 과거의 자기와 현재의 자기의 동일성을 없애 버리려고 하는 것은 이 때문이다. 이름을 가지지 않은 사람은 자아의 동일성이 없는 사람으로서, 몸도, 마음도, 환경도 떠도는 구름처럼 흘러가는 사람이다. 그는 참다운 의미의 '존재'하는 사람이 아니다. 왜냐하면, 그는 사라져서 흔적도 남기지 않을 것이기 때문이다. 이름이 곧 존재와 동일시되는 관계로, 우리는 때때로 우리의 이름을 거추장스러워할 때가 있다. 간혹 아무도 우리의 이름을 알지 못하는 곳에서 오히려 자유와 해방을 느낄 때가 있다. 이름이 주는 자아의 동일성과 사람됨의 관계는 역시 우리 인간에게는 무거운 과제라고 할 수 있다.
> — 이규호, '말과 사람됨'

① 그는 평소에 그의 가문에 대해서 대단한 자부심을 가지고 있다. 그래서 사람들은 그가 광산 김씨라는 것은 알아도 정작 그의 이름은 모르는 경우가 많다.
② 그는 여러 개의 이름을 가지고 다닌다. 명함을 주는 것도 어떤 때는 김철수라는 이름이 박힌 것을 주다가도, 다음에 만날 때는 김가람이라는 이름이 박힌 명함을 준다.
③ 그는 자기의 이름이 불리는 것을 매우 싫어한다. 그는 다만 자기의 직책으로 불러 주기를 원한다. 그 앞에서 어쩌다가 잘못해서 그의 이름을 부르면 그는 다시는 그 사람하고 말도 하려 하지 않는다.
④ 그는 사람을 만날 때마다 자기의 이름을 밝힌다. 웬만큼 익숙한 사람을 만나도 마찬가지로 자기의 이름을 밝힌다. 남들은 안녕하세요 하고 인사를 할 때, 그는 저는 누굽니다라고 인사를 하는 것이다.
⑤ 그는 자기의 이름을 절대로 밝히지 않는다. 이렇게 하는 것이 그로서는 편한 일인가 보다. 이름을 밝히지 않음으로써 그가 하는 행동에 제약이 없는 듯이 매우 자유스럽게 행동한다.

| 유형 8 | 필자의 태도, 관점, 의도 추리 |

▶▶ ㉠에 담겨 있는 필자의 관점으로 가장 알맞은 것은?

▶▶ 밑줄 친 부분을 통해 필자가 의도한 것은?

16 ㉠에 담겨 있는 필자의 관점으로 가장 알맞은 것은?

㉠ '역사'에 '‒적(的)'이라는 접미사를 붙인 '역사적'이라는 말이 객관적이 아닌, ' 역사적 사명', '역사적 사건'에서처럼 '아주 중대한', '아주 심각한'의 가치가 부여된 [평가적 의미]로 사용되어 그 말을 하는 이나 듣는 이에게 어떤 선동의 기능을 할 때가 있다.

'역사'라는 말이 그러한 뜻으로 사용되는 데에는 인류의 역사는 어떤 궁극적 목적을 실현하기 위해 이미 결정된 어떤 법칙에 따라 진행되고 있다는 인식이 전제되어 있다. 이러한 인식에 비추어 볼 때 '역사적 사건' 또는 '역사적 사명' 등의 말이 전달하는 것은 그러한 역사에 참여함으로써 역사의 정해진 목적 달성에 참여할 수 있다는 것이다. 과연 이러한 인식은 타당한 것인가?

역사는 학문의 한 영역이다. 모든 학문은 각기 자신의 고유한 분야에 속하는 탐구 대상을 갖고 있으며, 그 대상에 관련된 진리를 추구한다. 그러면 학문으로서의 역사, 즉 역사학의 대상은 무엇인가? 홉스봄의 말대로 "역사학은 가장 넓은 의미에서 인간이 구석기 시대에서 원자력 시대까지 나아간 방법과 이유를 밝히는" 학문이라면 역사적 대상은 인류가 오늘날의 문명과 문화를 일구기까지의 통시적 과정이며, 그 과정을 일관성 있게 기록하고, 설명하는 것이 역사라 할 수 있다.

그러나 다른 학문이 객관적 진리를 추구하는 것과는 달리 역사 서술의 대상을 규정하는 과정에서 인간의 선택이 개입하게 된다. 오늘에 이르기까지 몇 만 년의 역사에 영향을 미친 사건, 사실, 사태들은 매우 많다. 실제 역사에서는 그것들 가운데에 극히 소수의 사건, 사실, 사태만이 선택적으로 기록될 뿐, 그 밖의 것들은 제외된다. 콜링우드의 말대로 역사가의 핵심적 작업은 수많은 사건, 사실, 사태들 중 무엇을 선택할 것인가 하는 평가이지 주어진 객관적 사실의 기록이 아니다.

그런데 역사적 사건, 사실, 사태들의 선택이 전제하는 것은 서술하고자 하는 일정 기간 동안 한 사회 집단이 거쳐 온 과정에 대한 전반적인 의미 해석이다. 그리고 그러한 의미 해석에는 역사에 대한 총체적 그림으로서의 역사적 서술, 즉 관점이 전제된다. 역사적 서술이 역사적 사실을 전제하고 그러한 역사적 사실들을 기초로 하여 기록되고 서술되는 것이 자명한 사실같이 보였던 것과는 정반대로, 역사적 서술을 이미 전제하지 않고는 역설적 결론이 나온다. 결국 '객관적'으로 존재한다고 전제된 '역사적 사실'들은 총체적 이야기로서의 역사관에 의해 결정된다고 볼 수 있다. 그것은 마치 소설의 전체적 의미를 파악했을 때에만 소설을 구성하는 부분들의 개별적 의미를 이해할 수 있는 것과 같다. 오크쇼트의 말대로 "역사를 쓰는 유일한 방법은 역사를 만드는 데 있다."

이러한 점을 고려한다면 역사는 이미 객관적으로 존재함으로써 인간에 의한 발견과 인식의 대상이 될 수 있는 것이 아니다. 역사는 인식 주체로서의 인간이 자신의 주위에 일어나는 모든 현상과 자신 스스로를 인식하고 그러한 현상과 자기 자신에게 어떤 의미를 부여하기 시작하기 전까지는 존재하지 않았다. 따라서 역사는 자연의 일부가 아니라 문화적 현상이며, 발견의 대상이 아니라 인간의 의도와 선택에 의해 만들어진 것이다. 역사적 인물, 사건, 사실, 사태 등의 중요성은 특정한 인간 혹은 특정한 인간 집단이 그러한 것들을 중요한 것으로 선택했음을 말하는 것에 지나지 않는다. 어떠한 것도 그 자체로서는 '역사적 중요성'을 갖지 않을 뿐만 아니라 '역사성'조차 가질 수 없다. 역사성이나 역사적 중요성은 한 인간 혹은 한 인간 집단의 실존적 선택의 산물이다.

— 박이문, '역사의 실상과 허상'

① 역사는 통시적으로 인간의 삶을 고찰하는 것이므로 역사적 의미는 통시적 관점에서 파악되어야 한다.
② 역사적 의미는 개인이 아닌 한 집단 전체와 관련되는 것이므로 집단 내에서 의견을 수렴하는 과정이 필요하다.
③ 역사는 문화적 현상이므로 역사의 기능은 사람들을 선동하는 것이 아니라 문화를 발전시키는 것임을 알아야 한다.
④ 역사적 의미는 객관적으로 존재하는 것이 아니므로 그러한 말을 사용하는 사람들의 의도가 무엇인지 꿰뚫어 보는 안목이 필요하다.
⑤ 역사적으로 의미를 부여할 수 있는 사건들은 다양하게 존재하므로 어느 한 가지 특정한 사건에만 주목하는 태도는 바람직하지 않다.

17 밑줄 친 부분을 통해 필자가 의도한 것은?

우리나라 금속 공예 역사의 시작은 청동기가 사용되기 시작한 기원전 약 10세기 즈음으로 보고 있다. 그 후 철기 시대를 거쳐 삼국 시대로 들어오면서 기술이 절정에 이르게 되는데, 특히 금으로 된 신라의 장신구들은 문양이 정밀하게 새겨져 예술적 가치를 지닌 것으로 평가된다.

일본서기에는 신라를 '눈부신 황금의 나라'로 표현하고 있다. 이 표현에 딱 맞는 유물이 바로 금으로 만든 허리띠이다.

원래 허리띠에 물건을 주렁주렁 매달고 생활하는 방식은 북방 유목 민족의 풍습이었다. 그들은 손칼이나 약통 등 평소 즐겨 사용하던 물건을 매달고 다녔는데, 중국의 남북조 시대부터 우리나라에 전래되었다. 그 후 원래 가지고 있던 실용성은 사라지고 비실용품으로 전환되면서 여러 가지 상징적인 의미를 지닌 장식품들이 부착된다.

많은 장식품들이 부착된 허리띠는 평소에 사용할 수 없을 정도로 구조적으로 약하다. 이들 허리띠를 의식용이나 장례용품으로 간주하는 이유도 여기에 있다. 실제로 금으로 만든 허리띠의 경우 신라 고분에서 발견될 때는 왕이나 왕비의 허리춤에서 마치 황금빛 스커트를 입은 것처럼 화려하게 착장된 채 출토된다. 이 금제 허리띠는 얇게 금판을 오리고, 좌우 대칭으로 문양을 꾸미거나 풀잎 무늬를 뚫어 장식하여 매우 정교하고 화려하다. 이는 현세의 삶이 내세까지 이어진다는 사실을 굳게 믿고 사후의 안식처인 무덤 속으로 자신의 권세와 부를 그대로 가져가려 한 신라인들의 모습을 잘 보여 준다.

삼국사기에 따르면 신라인들은 신분에 따라 각기 다른 재질의 허리띠를 착용했다고 한다. 주로 가죽이나 천으로 만들었는데, 고분에서 출토될 때에는 천과 가죽 부분은 모두 썩어 없어지고, 표면에 부착하였던 금속품인 허리띠 장식들만 출토된다. 허리띠 장식을 금속으로 꾸며 사용한 시기는 내물왕 때부터인데, 북쪽의 고구려나 선비족의 영향을 받은 것으로 알려져 있다. 처음 시작은 고구려나 선비족의 디자인을 모방하는 수준이었지만 차츰 신라화 되어 매우 화려해진다. 5세기에는 주로 인동초를 간략화한 풀잎 무늬를 표현하였고, 이 장식은 약 100여 년간 널리 유행하다가 6세기 초 신라의 사회 변화와 함께 점차 소멸되어 간다. 율령 반포를 계기로, 국가 제도와 관리들의 의복 제도가 정비되면서 복잡하고 화려한 장식이 대거 생략되고, 실용적이면서 간소한 구조의 허리띠 장식만 남게 된다. 그 후, 허리띠 장식은 왕족의 전유물로만 쓰이지 않고, 관리들까지로 그 범위가 확대되는 경향을 보인다.

이렇듯 금제 허리띠 하나에서도 신라인들의 화려한 문화를 읽을 수 있다. 따라서 금제 허리띠는 신라 고분군에서 출토되는 다른 황금 유물들과 함께 신라의 찬란한 문화의 실상을 유감없이 보여 주는 사료라고 할 수 있다.

― 이영훈 외, '고분미술 Ⅱ'

① 권세와 부에 초연한 신라인들의 독특한 정신 세계를 보여 주려고 함.
② 금제 허리띠를 만든 신라인들의 자부심이 비교적 컸음을 보여 주려고 함.
③ 신라인들의 금제 허리띠가 문화 예술적인 의의를 지니고 있음을 보여 주려고 함.
④ 허리띠 장식의 화려한 풀잎 무늬를 통해 신라인들의 자연 친화 사상을 보여 주려고 함.
⑤ 신라인들의 디자인 장식은 고구려나 선비족의 수준을 모방하는 정도였음을 보여 주려고 함.

유형 9 전제와 결론의 추리

▶▶ 다음 글에서 이끌어 낼 수 있는 필자의 주장으로 가장 알맞은 것은?
▶▶ 다음 글에 나타난 A의 주장이 설득력을 갖기 위해서 보충되어야 할 전제는?

18 다음 글에서 이끌어 낼 수 있는 필자의 주장으로 가장 알맞은 것은?

지금 대두되고 있는 이 문명에는 낡은 전통적 산업 문명과 모순되는 것이 많다. 그것은 고도로 기술적이고 동시에 반(反)산업적인 성격을 띠고 있다. '제3물결'은 전연 새로운 생활 방식을 수반한다. 이 생활 방식은 다양하고 재생 가능한 에너지 자원, 대부분의 조립 라인을 구식으로 만드는 새로운 생산 방식, 새로운 비핵가족 제도, '가내(家內) 전자 근무 체제'라고나 부를 수 있는 새로운 제도, 그리고 근본적으로 달라진 미래의 학교와 기업체 등에 기반을 둔 것이다. 새로이 출현한 이러한 문명은 우리에게 새로운 행동 규범을 제시해 준다. 또한 그것은 우리가 표준화 · 동시화 · 중앙 집권화를 뛰어넘고 에너지 · 통화 및 권력의 집중화를 극복하도록 해 준다.

이 새로운 문명은 낡은 것에 도전하는 과정에서 관료 체제를 무너뜨리고 국민 국가의 역할을 축소시키며 또한 제국주의 이후의 세계에 반(半)자립적 경제권을 등장시키게 된다. 이 문명은 오늘날 우리가 알고 있는 그 어떤 정부보다도 더욱 간소하고 보다 효율적이고 그러면서도 한층 민주적인 정부를 요구한다. 이 문명은 그 자체의 독특한 세계관을 가지고 있으며, 또한 시간 · 공간 · 논리 · 인과 관계를 처리하는 그 자체의 방식을 지니고 있다.

특히 '제3물결'의 문명은 생산자와 소비자 간의 역사적 불화를 해소하고 장차 '생산 소비자 (prosumer)' 경제학이 형성될 길을 열어 줄 것이다. 바로 이 이유만으로도 이 문명은 우리가 조금만 현명하게 협력한다면 역사상 최초의, 진실로 인간적인 것이 될 것이다. ― 앨빈 토플러, '제3물결'

① 가치관의 혼란 속에서 전통이 갖는 의의
② 다가오는 미래 세계에서 지식인의 역할에 관한 강조
③ 문명의 전환기를 맞이한 인류 공동의 협력에 관한 필요성
④ 새로운 문명의 이질적 성격에 대한 학문적 탐구의 중요성
⑤ 오늘날의 변화를 정확하게 인식하기 위해 과거를 탐구할 필요성

19 다음 글에 나타난 [A]의 주장이 설득력을 갖기 위해서 보충되어야 할 전제는?

음악이 춤과 함께 시작되었다는 사실은 춤의 역사와 음악의 역사가 함께 증명하는 바이다. 춤의 역사에서 보자면 리듬 없이는 춤이 시작될 수 없기 때문에 춤은 처음부터 음악과 함께 시작되었다고 말한다. 한편 음악의 역사에서 보자면 모든 음악은 처음부터 신체 운동과 연관되기 때문에 음악은 춤과 뗄 수 없는 관계에 있다고 설명된다. 어느 나라에서나 춤이 있는 곳에 음악이 따라다니고 또한 음악이 있는 곳에 춤이 따라다니게 마련이다. 이러한 사실들은 우리가 듣고 있는 음악 안에 춤이 들어 있음을 뜻하는 것이다.

음악은 이미 우리의 신체성으로 표현될 수 있는 공간을 가지고 있다 춤과 음악을 분리함으로써 기악의 음악을 출발시켰던 서양의 관현악 음악은 역설적이게도 그 춤을 지휘자를 통해 불려주고 있다. 관현악과 합창을 지휘하는 지휘자의 몸짓 역시 이러한 관점에서 보자면 엄격한 규칙을 가지고 있는 춤이라고 말할 수 있다. 다르게 말하면 음악의 속성에 철저하게 종속된 춤이다. [A] 지휘자를 어떻게 무용수라고 부를 수 있느냐고 반론을 제기하는 사람이 있을지 모르지만 그럼에도 불구하고 지휘자는 춤이라고 말할 수 있다. 지휘는 관현악이 반주하는 춤이다.

중력으로부터의 자유로움이라는 관점에서 보면 춤이 지향하는 바와 스포츠가 추구하는 바가 같은 테두리 안에 있음을 알 수 있다. 빨리뛰기, 멀리뛰기, 높이뛰기 등의 모든 육상 경기는 신체가 지니는 중력으로부터 자유로움을 향한 꿈이다. 운동경기가 추구하는 바의 중력으로부터 자유로움은 포환과 창을 던지거나 역기를 드는 경에서처럼 자신의 중력을 대상의 중력으로 옮긴 경우까지 적용된다.

중력으로부터 자유라는 점에서 스포츠와 춤과 음악은 일맥 상통한다. 이런 점에서 보면 지휘는 보다 엄격히 제한된 체조다. 지휘는 발레처럼 날렵하지 않고 한국의 춤처럼 바람에 흔들리듯 수동적으로 움직이지 않는다. 지휘의 모습은 소리가 마치 지휘자의 팔과 손끝을 통해 몸 속에서 바깥으로 분출하듯 신체를 뒤흔든다. 힘찬 물줄기가 고무호스의 끝을 용솟음치며 나오듯이 음악은 지휘자의 손끝에서 나오는 것이다. 그러나 지휘자의 춤에는 금기가 있다. 그것은 발이 바닥으로부터 떨어져서 안 된다는 것이다. 아마 이점이 지휘와 발레의 차이이리라

관현악단 앞에서의 지휘자의 보습은 19세기 이후에는 규범화되는 것이지만 자신이 연주하는 음악에 대한 연주자 자신의 신체적 반응은 모든 연주자에게 공통적인 욕망이다. 다만 음악에 대한 그러한 신체 반응의 운동이 형식화되거나 관습화되지 않기 때문에 연주자들에게 금지되고 있을 따름이다. 관현악단 단원들은 자신의 음악을 반주로 춤추는 지휘자의 몸짓을 감상하는 것으로 스스로 춤추고 싶은 욕망을 달래는 것인지도 모른다.   — 서우석, '말과 음악 그리고 그 숨결'

① 춤은 신체적 아름다움을 창조하고자 하는 인간의 표현 활동이다.
② 춤은 무거움을 극복하여 가벼워진 상태를 지향하는 신체 활동이다.
③ 춤은 인간이 욕망을 신체적 움직임을 통해 드러내고자 하는 표현하는 행위이다.

④ 춤은 현실로부터 자유로워지고 싶은 인간의 내면 심리를 표현하는 행위이다.
⑤ 춤은 인간의 마음 속에서 느껴지는 음악의 움직임을 신체적 움직임으로 표현하는 행위이다.

유형 10   논증의 타당성(논증 과정) 분석

▶▶ 다음 글에 나타난 논증에 대한 설명으로 가장 알맞은 것은?
▶▶ 다음 글의 논지를 강화하는/약화하는 주장은? (신규 유형)

20 다음 글에 나타난 논증에 대한 설명으로 가장 알맞은 것은?

인간과 환경과의 관계는 19세기 말부터 1930년경까지 지리학자들의 가장 중요한 연구 주제였다. 이 시기의 관점은 매우 다르지만 크게는 인간과 자연과의 관계에 대해 연구하는 두 가지 사조 – 환경 결정론과 환경 가능론이 대두되었다. 환경 결정론을 간단히 정의하면 모든 인간의 행동, 노동과 창조 등은 환경 내의 자연적 요소들에 의해 미리 결정되거나 통제되어진다는 것이다. 환경 가능론은 이에 대하여 자연 환경은 단지 인간이 반응할 수 있는 다양한 가능성의 기회를 제공할 뿐이며, 인간은 환경을 변화시킬 수 있는 능동적인 힘을 가지고 있다고 반박한다.

환경 결정론 사조 형성에 영향을 준 사상은 1859년에 발표된 다윈의 진화론이다. 다윈의 진화 사상과 생물체가 환경에 적응한다는 개념은 인간도 특정 환경에 적응해야 한다는 것으로 수용되었다. 이러한 철학적 배경 하에서 형성되기 시작한 환경 결정론의 발달에 공헌한 사람으로서는 라첼, 드모랭, 샘플 등이 있다. 라첼은 인간도 자연 법칙 하에서 살고 있다고 보았으며, 따라서 문화의 형태도 자연적 조건에 의해 결정되어지고 또한 적응되어진 결과라고 간주하였다. 드모랭은 보다 극단적으로 사회 유형은 환경적 힘의 산물이라고 보고 초원 지대의 유목 사회, 지중해 연안의 상업 사회를 환경 결정론적 사고에 입각하여 해석하였다.

20세기 초 기술의 진보에 의해 자연을 극복할 수 있는 인간 능력이 부각되면서 환경 가능론이 전개되기 시작하였다. 가능론자들은 자연은 사람을 하나의 특정한 길로 이르게 하는 것이 아니며, 단지 인간이 자유롭게 선택할 수 있는 많은 길을 제공하고 있다고 보았다. 환경이 사회 발전의 속도를 가속시키거나 지연시킬지 모르나 환경은 결정적인 영향을 미치는 것이 아니라는 것이다. 결정론이 인간 활동에 미치는 자연 환경의 영향력에 초점을 맞추었다면 가능론은 자연이 제한하고 있는 한계 내에서의 인간 활동을 강조한다고 할 수 있다.

환경 결정론이 인간의 의지와 선택의 자유를 인정하지 않는다는 점이 문제라면 환경 가능론은 환경이 제공한 많은 가능성 중 왜 어떤 가능성이 선택되어져야 하는가를 설명하기 힘들다. 과학 기술의 발달에 의해 인간이 자연의 많은 장애물을 극복하게 된 것은 사실이지만 실패로 인해 고통받는 사례도 많다. 사실 결정론이냐 가능론이냐 결론을 내리는 것은 그리 중요하지 않다. 인간과 환경과의 관계는 매우 복잡하며 지표상의 경관은 자연적인 힘과 문화적인 힘에 의해 이루어지기 때문에 어떤 한 가지 결정 인자를 과소 평가하거나 과장하면 안 된다. 인간 활동의 결과로 인한 총체적인 환경 파괴 문제가 현대 문명 전반의 위기로까지 심화되는 오늘날 인간과 자연의 진정한 상호 관계는 어떠해야 할지 생각해 보아야 할 것이다. 이제 자연이 부여한 여러 가지 가능성 중에서 자연 환경과 조화를 이룰 수 있는 가능성을 선택해야 할 때이다.

① 대립되는 명제를 통합하여 새로운 명제를 이끌어 내고 있다.
② 구체적 사실을 근거로 하여 일반적 원리를 추출하고 있다.
③ 일반적 원리를 근거로 특수한 사실을 지적하고 있다.
④ 근거를 통해 주장을 하고 주장이 다시 근거로 작용하고 있다.
⑤ 두 현상 사이의 일련의 요소가 동일하다는 사실을 바탕으로 나머지 요소를 추리하고 있다.

21 다음 글의 논지를 강화하는 진술은?

한국 사람들은 웬만큼 친한 사이에 서로 만나면 우선 첫 마디로 익살스러운 농을 걸어서 서로의 오가는 정을 돋운다. 물론 다른 민족이라고 해서 익살이나 농이 적다는 말은 아니지만 외국 사람들의 눈에 비친 우리네의 농은 그 감정의 차원이 다르고 또 그 빈도가 높다는 말을 듣게 된다. 이것은 그 가난과 역경 속에서도 해학의 아름다움으로 마음을 달래고 그 익살과 농담 속에는 풍자와 체관의 멋이 스며 있는 경우가 많다는 의미인지도 모른다.

우리 속담에도 '울다가도 웃을 일이다'라는 말이 있듯이 슬픔의 아름다움과 해학의 아름다움이 함께 존재한다면 이것은 우리네의 곡절 많은 역사 속에서 밴 미덕의 하나라고 할 만하다. 울다가도 웃을 일이라는 말은 물론 어처구니가 없을 때 하는 말이기도 하지만 애수가 아름다울 수 있고 또 익살이 세련되어 아름다울 수 있다면 그 사회의 서정과 조형미에 나타나는 표현에도 의당 이러한 것이 반영되어 있어야 한다.

이러한 고요의 아름다움과 슬픔의 아름다움이 조형 작품 위에 옮겨질 수 있다면 이것은 바로 예술에서 말하는 적조미의 세계이며 익살의 아름다움이 조형 위에 구현된다면 물론 이것은 해학미의 세계일 것이다.

단원 김홍도의 풍속도에 나오는 인물들의 구수한 얼굴들과 동작 그리고 익살스러운 상황과 장면 속에서 느껴지는 해학의 아름다움 속에는 오히려 지체할 수 없는 일말의 엷은 애수 같은 것을 느낄 수 있고 석굴암 십일면 관음보살의 맑고 깔끔한 얼굴에서는 간절한 비원과 그 슬픔이 지닌 아름다움이 지극히 담담한 미소로서 나타나고 있다.

만약에 이러한 아름다움들을 '고요한 익살의 아름다움'이라고 이름 불러 본다면 우리의 미술 작품에는 여기에 예를 들 만한 것이 적지 않다. 여러 그림들에 나타나는 익살스러운 표현과 호리호리한 고려 청자들이 지닌 가늘고 긴 곡선 그리고 담담한 푸른 빛이 보여 주는 조용한 아름다움도 좋은 대조의 하나가 될 것이다.

물론 이러한 '고요한 익살의 아름다움'은 한국 미술이 지니는 아름다움의 전부를 말하는 것은 아니다. 다만 우리네의 조형 작품의 일품 속에서 우리는 스스로 마음이 조용해지거나 또는 홀로 실소를 자아나게 해 주는 내재적인 아름다움에 자주 부딪치게 된다는 말이다.

말하자면 우리 미술에 나타난 이러한 '익살과 고요의 아름다움'을 정리해 보면 이것은 '한국미'가 지니는 두드러진 특색의 일면이 될 수 있을 것이라는 생각을 해 보는 것이다.

① 한국의 미술은 언제나 담담하다. 그리고 욕심이 없어서 좋다. 없으면 없는 대로의 재료, 있으면 있는 대로의 솜씨가 별로 꾸밈없이 드러난 것, 다채롭지도 수다스럽지도 않고 그다지 슬플 것도 즐거울 것도 없는 덤덤한 매무새가 한국 미술의 마음씨이다.

② 어떻게 보면 못생긴 벌레, 지네 같기도 하지만 자세히 뜯어보면 드문드문 날리는 구름장과 여의

주가 있어 하늘을 달리는 용임을 알 수 있다. 어쨌든 영검스러운 용을 우스꽝스럽게 주물러서 벌레처럼 만든 조선 도공의 구수한 심성이 한층 고맙다고 해야 옳을지도 모른다.

③ 이미 수많은 젊은 세대의 뇌리에서 장독대의 멋은 사라져가도 나는 이 다정한 장독들의 아름다움, 그리고 장독대에 서린 훈훈한 정서를 잊을 수가 없다. 그리고 어머니가 손수 달이시던 간장의 맛과 함께 어린 날의 장독 그늘을 연연히 추억하고 있다.

④ 귀족과 상류사회의 유장하고도 풍아한 생활, 이것은 고려 사람들이 스스로 이름지어 부른 비색 청자의 푸른 빛깔과 길고도 연연하고 또 부드러운 몸체 곡선의 아름다움 속에 촉촉히 스며져 있어서 고려 청자를 예찬하는 많은 감상가들의 사화(詞華)를 장식해 주고 있다.

⑤ 대궐이나 절간 그리고 성문이나 문묘 같은 큰 건물에는 한국의 아름다움이 스며 있다. 그러나 우리가 먹고 쉬고 하는 살림집처럼 일상 생활에서보다 우리 한국의 고유한 체취를 강하게 발산하는 곳은 없다. 이 요람 속에서 한국의 멋과 미가 오랫동안 자라 나온 것이다.

3. 비판

유형 11   주제, 관점, 구조의 유사성 분석

▶▶ (가)와 (나)를 비교한 것으로 적절하지 않은 것은?

▶▶ (가), (나)에 대한 설명으로 적절하지 않은 것은?

22   (가)와 (나)를 비교한 것으로 적절하지 <u>않은</u> 것은?

(가)

두터비 파리를 물고 두험 우희 치다라 안자

것넌 산(山) 바라보니 백송골(白松骨)이 떠잇거늘, 가슴이 금즉ᄒ여 풀덕 뛰여 내 닷다가 두험 아래 잣바지거고.

모쳐라 늘낸 낼식만정 에헐질 번ᄒ괘라.

(나)

정나라 어느 고을에 벼슬하는 것을 떳떳지 않게 여기는 북곽 선생이란 선비가 있었다. 나이 40에 손수 교서한 책이 만여 권이고 구경의 뜻을 해석하여 저술한 책이 1만 5천 권이나 되었다. 그래서 천자는 그 의기를 가상히 여기고, 제후들은 그의 명성을 흠모하였다. 〈중략〉

북곽 선생은 크게 당황하여 도망쳤다. 사람들이 자기를 알아볼까 겁이 나서 모자지를 두 다리 사이로 들이박고 귀신처럼 춤추고 낄낄거리며 문을 나가서 내닫다가 그만 들판의 구덩이 속에 빠져 버렸다. 그 구덩이에는 똥이 가득 차 있었다. 간신히 기어올라 머리를 들고 바라보니 뜻밖에 범이 길목에 앉아 있는 것이 아닌가. 범은 북곽 선생을 보고 오만상을 찌푸리고 구역질을 하며 코를 싸쥐고 외면을 했다.

"어허, 유자(儒者)여! 더럽다."

> 북곽 선생은 머리를 조아리고 범 앞으로 기어 가서 세 번 절하고 꿇어앉아 우러러 아뢴다.
> "호랑님의 덕은 지극하시지요. 대인(大人)은 그 변화를 본받고, 제왕(帝王)은 그 걸음을 배우며, 자식된 자는 그 효성을 본받고, 장수는 그 위엄을 취하며, 거룩하신 이름은 신령스런 용(龍)의 짝이 되는지라, 풍운의 조화를 부리시매 하토(下土)의 천신(賤臣)은 감히 아랫바람에 서옵나이다."

① (가)의 '두터비'는 백성을 수탈하는 관리를 의미하고, (나)의 '북곽 선생'은 관리의 횡포를 지혜롭게 극복하는 선비를 의미한다.
② (가)의 '두터비'는 허장성세(虛張聲勢)의 태도를, (나)의 '북곽 선생'은 교언영색(巧言令色)의 태도를 각각 보이고 있다.
③ (가)의 '두터비'는 자기보다 힘 있는 자가 무서워 도망가지만, (나)에는 대상을 희화화하여 풍자하는 장면이 나타난다.
④ (가)와 (나)에는 대상을 희화화하여 풍자하는 장면이 나타난다.
⑤ (가)와 (나)는 인물의 말과 행동을 통해 부정적인 면을 강조하고 있다.

23 (가), (나)에 대한 설명으로 적절하지 않은 것은?

> (가) 신(臣) 부식은 아룁니다. 옛날 열국들도 각각 사관을 두어 일을 적었기에, 『맹자』에 "진의 승, 초의 도올, 노의 춘추는 한 가지이다."라고 하였습니다. 우리 해동 삼국은 역사가 오래되어 그 사실이 응당 책에 밝혀져야 되겠기에, 늙은 신에게 명하여 이를 편집토록 하셨으나, 스스로 돌아봐도 부족할 따름이라 어찌할 바를 몰랐습니다. 삼가 생각건대 성상 폐하께서는 (…중략…) "오늘날 학사·대부들이 오경·제자의 글 및 진한·역대의 사서(史書)에 대하여는 간혹 환하게 알아 상세히 말하는 자가 있지만, 우리나라의 일에 이르러서는 도리어 아득하여 그 전말을 알지 못하니, 매우 개탄할 노릇이다."라고 여기셨습니다. 더군다나 신라, 고구려, 백제가 나라를 열어 솥발처럼 맞서면서도 능히 예의로써 중국과 통하였기에, 한서와 당서에 모두 그 열전이 있기는 하나, 국내는 상세히 하고 외국은 간략히 하는 바람에 그 일이 자세히 실리지 않았습니다. 또 그 고기(古記)란 것도 문자는 거칠고 불합리하며 사적(史蹟)은 빠지고 없어져서, 임금의 선함과 악함, 신하의 충성스러움과 간사함, 나라의 평안함과 위태로움, 백성의 다스려짐과 어지러움을 모두 드러내어 이로써 후세에 권장하거나 경계할 수가 없습니다. 마땅히 뛰어난 인재를 얻어 훌륭한 사서를 이룸으로써, 이를 만세토록 남기어 해와 별처럼 빛나게 해야 할 것입니다. 신과 같은 자는 본래 뛰어난 인재도 아니고 깊은 지식도 없을 뿐더러, 황혼의 나이에 이르러 날로 혼미해져서, 글을 부지런히 읽어도 책을 덮으면 바로 잊어버리고 붓을 잡아도 힘이 없어 종이를 대하면 내려가지 않습니다. 신의 학술은 이렇게 짧고 얕은데 옛 사적은 저렇게 깊고 아득합니다. 이 때문에 온 정력을 쏟아 겨우 책을 엮었으나, 끝내 보잘 것이 없어 스스로 부끄러울 뿐입니다. 삼가 바라옵건대 성상 폐하께서는 두서 없이 간추린 솜씨를 양해하시고 되는 대로 만든 죄를 용서하옵소서. 비록 명산에 간직할 거리는 못 될지라도, 장독 덮개로 쓰이는 일은 없기를 바랍니다. 구구히 망령된 뜻은 밝은 해가 굽어 비출 것입니다.
>
> — 김부식, '진삼국사기표'

(나) 세상에서 동명왕의 신이한 일을 많이 말한다. 어리석은 남녀도 흔히들 말한다. 내 일찍이 그 얘기를 듣고 웃으며, "우리 스승 공자께서 괴력난신(怪力亂神)*을 말씀하지 않았다. 동명왕의 일은 황당하고 기괴하여 우리들이 얘기할 것이 못 된다."라고 말하였다. 나중에 위서와 통전을 보매 역시 그 일이 자세하지 못하니, 국내는 자세히 하고 외국은 소략히 하려는 뜻인지도 모르겠다. 지난번에 구삼국사의 「동명왕본기」를 보니 신이한 사적이 세상에서 얘기하는 것보다 더했다. 처음에는 믿지 못하고 귀(鬼)나 환(幻)으로만 생각하였는데, 세 번 되풀이 읽어 점점 근원에 들어가니, 환이 아니고 성(聖)이며 귀가 아니고 신(神)이었다. 하물며 국사는 사실 그대로 쓰는 글이니 어찌 허탄한 것을 전하랴. 김부식 공이 국사를 중찬하면서 그 일을 자못 생략하였으니, 국사는 세상을 바로잡는 글이므로 크게 이상한 일은 후세에 보일 것이 아니라고 생각하여 생략한 것이 아닌가? 「당현종본기」와 「양귀비전」에는 방사(方士)*가 하늘에 오르고 땅에 들어갔다는 일이 없는데, 오직 시인 백낙천이 그 일이 인멸될까 두려워 노래로 기록하였다. 저것은 실로 황당하고 음란하고 기괴하고 허탄한데도 읊어서 후세에 보였다. 하물며 동명왕의 일은 변화의 신이함으로 여러 사람의 눈을 현혹한 것이 아니고 나라를 창시한 신성한 사적이니, 이를 기술하지 않으면 후인들이 장차 어떻게 보겠는가. 이에 시로써 기록하여 우리나라가 본래 성인의 나라임을 천하에 알리고자 한다.
— 이규보, '동명왕편 서(序)'

* 괴력난신(怪力亂神) : 이성적으로 설명하기 어려운 존재나 현상.
* 방사(方士) : 신선의 도술을 익히는 사람.

① (가), (나)는 글을 쓰게 된 경위를 설명하고 있다.
② (가), (나)는 옛일을 끌어들여 논지를 보강하고 있다.
③ (가)는 왕을, (나)는 불특정 다수를 독자로 상정하고 있다.
④ (가), (나)는 대화를 인용하여 자신의 주장을 강화하고 있다.
⑤ (가)는 공순(恭順)한 태도를, (나)는 자신감 있는 태도를 보여 주고 있다.

유형 12 문학 작품의 감상

▶▶ 〈보기〉는 주어진 시에 대한 시인의 해설이다. 〈보기〉를 참조하여 시에 나타난 정경을 표현한 사자성어로 적절한 것은?

24 다음 시에 나타난 시적 화자의 자세를 표현한 사자성어로 적절한 것은?

언제부턴가 갈대는 속으로
조용히 울고 있었다.

그런 어느 밤이었을 것이다. 갈대는
그의 온몸이 흔들리고 있는 것을 알았다.

> 바람도 달빛도 아닌 것,
> 갈대는 저를 흔드는 것이 제 조용한 울음인 것을
> 까맣게 몰랐다.
>
> 산다는 것은 속으로 이렇게
> 조용히 울고 있는 것이란 것을 그는 몰랐다.
>
> — 신경림, '갈대'

① 殺身成仁　　② 安貧樂道　　③ 安分知足　　④ 浩然之氣　　⑤ 自我省察

유형 13　비판의 적절성 평가

▶▶ 위 글에 대한 비판으로 적절한 것을 〈보기〉에서 모두 고르면?
▶▶ 위 글에 동의할 수 없는 사람의 의견으로 적절한 것을 〈보기〉에서 모두 고르면?

25 다음 글에 나타난 벤야민의 주된 논지에 대한 비판으로 가장 적절한 것은?

오늘날 영화 한 편에 천만 명의 관객이 몰릴 정도로 영화는 우리 시대의 대표적인 예술 장르로 인정받고 있다. 그런데 영화 초창기인 1930년대에 발터 벤야민(W. Benjamin)이 영화를 비판적으로 조망하고 있어 흥미롭다. 그에 따르면 영화는 전통적인 예술 작품이 지니는 아우라(Aura)를 상실하고 있다는 것이다.

아우라는 비인간화되고 사물화된 의식과 태도를 버리고, 영혼의 시선으로 대상과 교감할 때 경험할 수 있는 아름다운 향기 내지 살아 숨 쉬는 듯한 생명력과 같은 것이다. 그것은 우리들 가까이 있으면서도 저 멀리 있는데, 대상과 영혼의 교감을 통해 몰입할 때, 그때 어느 한 순간 일회적으로 나타난다. 예술 작품은 심연에 있는 아우라를 불러내는 것이고, 수용자는 그런 예술 작품과의 교감을 통해 아우라를 경험한다. 그런데 사진이나 카메라 등과 같은 기계적, 기술적 장치들이 예술의 영역에 침투하면서 예술 작품의 아우라는 파괴되는데, 벤야민은 그 대표적인 예로 영화를 든다.

벤야민은 영화의 가장 중요한 특징으로 관객의 자리에 카메라가 대신 들어선다는 점을 지적하고 있다. 연극의 경우 배우와 관객은 직접적으로 교감하면서, 배우는 자기 자신이 아닌 다른 인물을 연출해 보이고 관중의 호흡에 맞추어 연기를 할 수 있다. 관객은 연극의 주인공을 둘러싸고 있는 아우라를 그 주인공 역할을 하는 배우를 통해 경험할 수 있다. 그러나 영화의 경우 배우와 관객 사이에 카메라가 개입된다. 배우는 카메라 앞에서 연기를 하지만, 카메라라는 기계가 갖는 비인간적 요소로 인해 시선의 교감을 나눌 수 없게 된다. 관객은 스크린에 비친 영상만을 접하기 때문에 배우와 교감할 수 없고, 다만 카메라와 일치감을 느낄 때만 배우와 일치감을 느낄 수 있다. 이로 인해, 관객은 카메라처럼 배우를 시각적으로 시험하고 비평하는 태도를 취한다. 그 결과 배우는 모든 교감의 관계가 차단된 유배지 같은 곳에서 카메라를 앞에 두고 재주를 부리는 것으로 만족해야 한다. 배우를 감싸고 있는 아우라도, 배우가 그려내는 인물의 아우라도 사라질 수밖에 없다.

영화 배우의 연기는 하나의 통일된 작업이 아니라 여러 개의 개별적 작업이 합쳐져서 이루어진다. 이는 연기자의 연기를 일련의 조립할 수 있는 에피소드로 쪼개어 놓는 카메라의 특성에서 비롯된다. 카메라에 의해 여러 측면에서 촬영되고 편집된 한 편의 완성된 영화에 담긴 동작의 순간들은 카메라 자체의 그것일 뿐이다. 영화 배우는 각 동작의 순간순간에 선별적으로 배치된 여러 소도구 중의 하나에 불과하다. 따라서 카메라에 의해 조립된 영상들에 아우라가 개입할 여지는 없다.

이런 점들을 들어, 벤야민은 전통적인 예술이 피어날 수 있는 유일한 영역으로 간주되어 온 아름다운 가상(假像)의 왕국으로부터 예술과 그 수용층이 멀어지고 있음을 영화가 가장 극명하게 보여 준다고 비판한다. 영화 초창기에 대두된 벤야민의 이러한 비판이 오늘날 문화의 총아로 각광받는 영화에 전면적으로 적용될 수 있을지는 미지수이다.

① 요즘 좋은 영화가 얼마나 많은데. 화려하면서도 눈부신 영상미는 영화만이 갖는 큰 강점이지.
② 벤야민이 살던 시대의 영화 배우들은 연기를 못했나 봐. 요즘 영화 배우들은 연기를 정말 잘하잖아.
③ 우리나라 영화 규모가 얼마나 커졌는데. 제작비만 하더라도 몇 십 억이 들잖아? 그리고 영화관에 몰리는 관객 수도 엄청나.
④ 요즘 카메라 촬영 기법이 아주 좋아졌어. 배우들의 섬세한 표정은 물론이고 세밀한 행동 하나하나를 그대로 화면으로 옮겨 놓잖아.
⑤ 영화를 두고 예술인지 아닌지를 가르는 기준이 하나만 있는 것은 아니지. 사람에 따라 여러 가지가 있을 수 있어. 그리고 시대가 변하면 기준도 변하잖아.

26 다음 글에 나타난 니체의 주장에 대한 근거로 적절한 것을 〈보기〉에서 모두 고르면?

니체의 사상은 다양한 요소를 지니고 있다. 그럼에도 불구하고 그의 사상에서 일관되게 나타나는 것은 기존의 모든 철학이 이루어 놓은 것─진리, 도덕, 자유주의, 민주주의, 사회주의 등등 그는 이들을 우상이라 부른다.─에 대한 철저한 부정이다. 부정의 결과는 자유로운 정신이다. 물론 대부분의 근대 철학가들이 자유로운 정신 혹은 해방을 추구한다. 그런데 이들의 해방은 이성에 대한 믿음에 근거하고 있다. 니체는 이것조차도 우상이라고 부정한다.

니체에 의하면 이성과 삶은 서로 모순적이다. 그렇기 때문에 삶의 왜곡은 이성의 지배로부터 연유한다. 즉, 삶의 진리는 이성으로 찾을 수 없다는 것이다. 그리하여 니체는 지금까지의 철학이 진리에 접근한 방법을 한 마디로 오류라고 단정한다. 그리고 그 원인을 '순수한 정신과 선 그 자체'를 발명한 소크라테스주의에 돌리고 있다. 이 소크라테스주의를 니체는 '독선적 오류'라고 부르면서 이의 극복을 위해 우리는 모든 삶의 근본 전제인 관점주의를 정립해야 한다고 주장한다. 그가 말하는 관점주의란 객관적이고 보편적인 진리가 존재하지 않고 이 세계는 개인이 각자 해석하기 나름이라는 것이다. 즉, 지금까지 철학자들에 의해 주장되어 온 진리는 단지 그들의 개인적인, 더욱 구체적으로 말하면 본능적인 믿음에 불과하다는 것이다. 이런 의미에서 니체는 진리를 '철학자들의 편견'에 불과하다고 주장한다.

본능을 넘어선 객관적인 진리가 존재한다고 믿는 '철학자들의 편견'을 니체는 그의 초기 저작에서 소크라테스주의라고 부르면서, 그 본질을 '자연을 구명할 수 있다는 믿음과 지식의 보편적인 치유력에 대한 믿음'이라고 규정한다. 이러한 믿음에 근거하여 소크라테스주의자들은 객관적인 진리는 존재하고 또한 인간은 객관적인 진리에 도달할 수 있다고 생각하게 된다. 그리고 객관적인 진리는 인간의 모든 행위를 가늠하고 평가하는 유일한 기준으로 작용한다. 즉, 객관적인 진리에 상응하는 것은 옳고, 선한 것이며 그것에 반하는 것은 그르고, 악한 것으로 간주되는 것이다. 그러면서 니체는 소크라테스가 플라톤을 위시한 당시의 아테네의 젊은이들을 진정으로 타락시켰으며, 그가 받은 독배는 그의 죄에 대한 정당한 대가였다고 주장한다. 그는 한 걸음 더 나아가 소크라테스를 인류 전체를 타락시킨 원흉으로 지목하고 있다.

니체에게 타락, 권태, 질병 등은 바로 소크라테스로부터 출발하여 오늘날까지 지속적으로 전개되어 온 인류의 고질적인 병폐로 인식된다. 그렇다면 소크라테스주의자들의 타락의 구체적인 양상은 무엇인가? 그것은 모든 현실적인 것, 감각적인 것에 대한 거부감이다. 그들은 현실적이고 감각적인 것들을 저급한 것으로 간주하고 이를 넘어서는 비현실적이고 초감각적인 세계를 발명하게 되었다. 그리하여 그들은 최고의 가치인 진리는 결코 저급한 감각 세계에 발견될 수 없고, 오직 초감각적인 세계에서만 발견될 수 있다는 미신에 빠지게 된 것이다.

따라서 철학자들은 그것을 어떻게 부르든 간에 초감각적인 세계의 존재를 자명한 것으로 여기고, 이 세계와 감각 세계를 대립된 영역으로 설정하는 형이상학적 태도를 취하게 된다. 니체에 의하면 형이상학자들은 이러한 편견을 감각 세계에서 증명할 수 없기 때문에 우회적인 방법을 통해 증명할 수밖에 없는데, 그것은 바로 이성을 통해서이다. 니체는 우리 감각의 증거들을 위조하는 원인은 이성이라고 하며, 더 나아가 그들이 말하는 허위적인 감각의 세계가 유일한 세계라고 한다. 형이상학자들의 참된 세계는 이성이 만들어 낸 거짓에 불과하다. 즉, 참됨, 참존재 같은 형이상학적 개념들은 인간이 이성의 존재를 믿고 난 뒤부터 가능한 것들인데, 이성의 존재 자체가 하나의 미신에 불과하다면 참됨, 참존재와 같은 개념은 설 자리를 잃어버린다는 것이다.

─ 송호근, 서병훈, '시원으로의 회귀 – 이성과 삶의 억압'

보기

A. 서로 만날 수 없다고 생각하는 평행선도 둥근 공간에서는 만날 수 있다.
B. 물체의 분자를 볼 수 없어도 우리는 모든 사물에 분자가 들어 있음을 안다.
C. 개미의 눈에는 사람이 거대하게 보이지만, 코끼리의 눈에는 왜소하게 보인다.
D. 삼각형의 내각이 180°라고 믿지만 세상에 정확히 내각이 180°인 삼각형은 존재하지 않는다.

① A, B   ② B, C   ③ C, D
④ A, C, D   ⑤ A, B, C, D

4. 창의

유형 14   반응의 적절성(주관성)

▶▶ 다음 글을 읽고 글쓴이의 주장에 찬성 혹은 반대하는 이유를 100자 내외로 쓰시오.(신규 유형)

27. 다음 글을 읽고 찬성 혹은 반대하는 이유를 100자 내외로 쓰시오.

> 제목 : 안락사에 대한 입법 문제
>
>   2001년 4월 11일 네덜란드는 세계 최초로 안락사를 합법화하였다. 네덜란드의 안락사법은 치유 불가능한 병에 걸려 견딜 수 없는 고통을 겪고 있는 환자가 정신이 건강한 상태에서 안락사를 꾸준히 요청하고, 그 환자를 오랫동안 진료한 의사와 적어도 다른 의사 1명의 동의가 있어야 하고, 지역보건위원회의 승인을 받아야 한다는 식으로 시행 조건을 달고 있다.
>
>   우리나라에서도 고통 속의 말기 환자에게 치료를 중단하거나 약물투여 등으로 의사가 자살을 돕는 '안락사'에 대한 지지가 높은 것으로 나타났다. 한국 갤럽은 전국 성인 1075명을 상대로 '안락사'에 대해 전화 조사를 실시하였다. 이 조사에서 '회생이 불가능한 불치병 환자가 고통을 덜고 빨리 죽을 수 있도록 생명 연장을 위한 치료를 중단해 달라고 요구하는 경우에 의사가 퇴원시킬 수 있도록 법으로 허용하는 것', 즉 '소극적 안락사'에 대해 응답자의 72%가 '찬성'했으며 '반대'는 27%에 그쳤다. '회생이 불가능한 불치병 환자가 고통을 덜고 빨리 죽을 수 있도록 의사에게 안락사를 요구할 경우에 의사는 약물 투여 등으로 안락사를 시킬 수 있도록 법으로 허용하는 것', 즉 '적극적 안락사'에 대해서는 응답자의 60%가 '찬성'했으며, '반대'는 38%였다. 적극적 안락사도 연령이 낮을수록, 학력이 높을수록 찬성이 더 높았다.

28. 다음 글을 통하여 알 수 있는 당시 사회의 모습을 세 가지 이상 나열하시오

>   나라를 다스리는 사람은 임금과 더불어 하늘이 준 직분을 행하는 것이니 재능이 없어서는 안된다. 하늘이 인재를 내는 것은 본디 한 시대의 쓰임을 위해서이다. 그래서 하늘이 사람을 낼 때에 귀한 집 자식이라고 하여 풍부하게 주고 천한 집 자식이라 하여 인색하게 주지는 않는다. 그래서 옛날의 어진 임금은 이런 것을 알고 인재를 더러 초야(草野)에서도 구하고 더러 항복한 오랑캐 장수 중에서도 뽑았으며 더러 도둑 중에서도 끌어올리고 더러 창고지기를 등용키도 했다. 이들은 다 알맞은 자리에 등용되어 재능을 한껏 펼쳤다. 나라가 복을 받고 치적(治積)이 날로 융성케 된 것은 이 방법을 썼기 때문이다.
>
>   중국같이 큰 나라도 인재를 빠뜨릴까 걱정하여 늘 그 일을 생각한다. 잠자리에서도 생각하고 밥먹을 때에도 탄식(歎息)한다.
>
>   어찌하여 숲속과 연못가에서 살면서 큰 보배를 품고도 팔지 못하는 자가 수두룩하고 영걸찬 인재가 하급 구실아치 속에 파묻혀서 끝내 그 포부를 펴지 못하는가? 정말 인재를 모두 얻기도 어렵거니와 모두 거두어 쓰기도 또한 어렵다.

우리나라는 땅덩이가 좁고 인재가 드물게 나서 예부터 걱정거리였다. 더구나 조선 시대에 들어와서는 인재 등용의 길이 더 좁아져서 대대로 명망 있는 집 자식이 아니면 좋은 벼슬자리를 얻지 못하고 바위 구멍과 띠풀 지붕 밑에 사는 선비는 비록 뛰어난 재주가 있어도 억울하게도 등용되지 못한다. 과거에 합격하지 않으면 높은 지위를 얻지 못하고 비록 덕이 훌륭해도 과거를 보지 않으면 재상(宰相) 자리에 오르지 못한다.
　　하늘은 재주를 고르게 주는데 이것을 명문의 집과 과거(科擧)로서 제한하니 인재가 늘 모자라 걱정하는 것은 당연하다. 동서고금에 첩이 낳은 아들의 재주를 쓰지 않는다는 말은 듣지 못했다. 우리나라만이 천한 어미를 가진 자손이나 두 번 시집 간 자의 자손을 벼슬길에 끼지 못하게 한다. 조막만하고 더욱이 양쪽 오랑캐 사이에 끼어 있는 이 나라에서 인재를 제대로 쓰지 못할까 두려워해도 더러 나랏일이 제대로 될지 점칠 수 없는데 도리어 그 길을 스스로 막고서 우리나라에는 인재가 없다고 탄식한다. 이것은 남쪽 나라를 치러 가면서 수레를 북쪽으로 내달리는 것과 무엇이 다르겠느냐. 참으로 이웃 나라가 알까 두렵다.
　　한낱 여인네가 원한을 품어도 하늘이 마음이 언짢아 오뉴월에 서리를 내리는데 하물며 원망을 품은 사내와 원한에 찬 홀어미가 나라의 반을 차지하니 화평한 기운을 불러오기는 어려우리라.
　　옛날에 어진 인재는 보잘것없는 집안에서 많이 나왔었다. 그때에도 지금 우리나라와 같은 법을 썼다면, 범중엄(範仲淹)이 재상 때에 이룬 공업(功業)이 없었을 것이요, 진관(陳瓘)과 반양귀(潘良貴)는 곧은 신하라는 이름을 얻지 못하였을 것이며 사마양저(司馬穰苴) 위청(衛靑)과 같은 장수와 왕부(王符)의 문장도 끝내 세상에서 쓰이지 못했을 것이다. 하늘이 냈는데도 사람이 버리는 것은 하늘을 거스르는 것이다. 하늘을 거스르고도 하늘에 나라를 유지하게 해 달라고 비는 것은 있을 수 없는 일이다. 나라를 다스리는 자가 하늘의 순리를 받들어 행하면 나라의 명맥(命脈)을 훌륭히 계속시킬 수 있을 것이다.

— 허균, '유재론'

29

다음 글의 내용을 〈보기〉와 같은 구조로 이해하고자 한다. 각 단계의 핵심 내용을 쓰시오.

　　예술의 개념과 범주는 불변의 것이 아니다. 그것은 고대로부터 현재까지 스타일이나 장르의 변화와 함께 시대에 따라 끊임없이 변화해 왔다. 개념에 있어서 'Art' 또는 예(藝)로 표현된 예술은 동서양을 막론하고 우리가 학문이나 기술로 분류하고 있는 것들까지 포함하는 것으로, 현재 우리가 사용하고 있는 개념이나 범주와는 크게 달랐다. 그리스 시대로부터 적어도 르네상스에 이르기까지 'Art'는 '일정한 목적에 유용한 보편타당한 법식의 체계'로 이해되었다. 그 범주도 시대마다 달라서 중세에는 현재 우리가 학문으로 여기는 '수학, 기하학, 천문학, 음악'이 모두 포함되었으며, '시'는 포함되지 않았다. 시가 예술의 범주에 포함될 수 없었던 것은 그것이 법칙을 가지고 있지 않다는 점과 유용성이 희박하다는 점 때문이었다. 그래서 시는 철학이나 예언의 일종으로 간주되었을 뿐이다.
　　사실 근대적 의미의 예술 개념이나 범주가 정착된 것은 18세기 이후의 일이다. 물론 그 이후에도 사진이나 영화 등을 예술의 범주에 포함시키느냐 마느냐의 문제는 미학의 중요한 논쟁거리였다. 그 까닭은 그것이 기계적인 산물이기도 하다는 점 때문이었다. 그러나 점차 현대에 이르면서 예술과 명백하게 선을 그었던 미디어나 기술이 일정 정도 예술적 특성을 인정받기 시작했고, 이로 인해 점차 예술의 영역이 확대되고 있다는 점을 알 수 있다.

현대 미술이 보여 주는 변화 과정을 살펴보면 예술의 변화는 기술적 요소를 강화해 온 역사라는 점이 잘 드러난다. 최근 미술은 빛에 대한 관심이 깊어지고 있어서 색소에 대한 관심을 넘어 화소에 대한 관심이 높아지고 있고, 나아가 영사막, 모니터, 홀로그램의 활용이 늘어나고 있다. 이는 현대 미술이 매체적 요소나 기술적 요소를 점차 확대하고 있다는 사실을 말해 준다. 음악 등 여타 예술의 경우에도 이 점은 크게 다르지 않다. 최근 대중의 관심이 높은 팝페라는 대중음악인 팝과 클래식 음악인 오페라가 결합한 것으로 크로스오버의 전형을 보여 주고 있다. 또한, 우리는 전자 신디사이저를 이용하여 놀랄 만하게 달라진 사운드로 연주되는 바흐의 음악을 들을 수도 있고 모차르트나 베토벤의 음악을 자연의 소리와 혼합할 수도 있게 되었다.

이러한 기술의 발전으로 컴퓨터가 예술 창작과 향유에 사용되면서 예술 분야에서 가장 두드러지게 나타나고 있는 현상 중의 하나는 상호 작용성이라 할 수 있다. 컴퓨터 예술은 고정되고 불변하는 물질적 대상이 아닌 행위 예술에 가깝다. 이것은 상호 작용적인 특성 때문에 다양한 방식의 향유 가능성을 열어 놓았다는 점에서 새로운 의의를 갖는다. 따라서 컴퓨터 예술의 향유자는 자신의 선택에 따라 다양하게 작품들을 감상하고 즐길 수 있는 것이다. 이러한 의미에서 보면 컴퓨터 예술을 창작하는 예술가는 프로그래머의 역할을 하고 있는 셈이다. 컴퓨터 예술에서는 이러한 창작자의 역할이 크게 바뀌고 있다. 즉 디지털 기술이 예술 창작 방식에 관여하면서부터 예술가의 정체성, 작품의 정체성에 심각한 문제가 제기되고 있고 이로써 기존의 예술에 관한 개념이나 범주로는 그 가치를 잴 수가 없게 되었다.

이처럼 새로운 테크놀로지는 여러 다양한 예술 형식을 새롭게 탄생시키고, 기존의 예술품을 보여 주고 경험하는 방법도 변화시키고 있다. 이에 따라 이제 예술에 대한 개념 정의와 범주의 설정이 변화되어야 할 중대한 계기를 맞이하고 있다. 이는 현재 우리가 설정하고 있는 예술의 범주나 일반적으로 이해하고 있는 예술의 개념이 절대적인 것은 결코 아니라는 것을 의미한다. 예술은 그 개념과 범주가 절대적일 수는 없고 그것은 결국 시대적이고 제도적인 산물에 불과하다는 사실을 알 수 있다. 예술의 개념과 범주를 불변의 것으로 상정하게 되면 세계 문명사적인 변화를 쉽게 수용하지 못하고 과거의 기준을 가지고 현재를 재단하는 오류를 범할 수 있다. 따라서 우리의 예술에 대한 관심의 초점은 지난 시대의 개념과 범주가 아니라 시대와 사회에 따른 변화의 가능성에 맞춰져야 한다.

— 박상천, '예술의 변화와 문화 콘텐츠'

보기

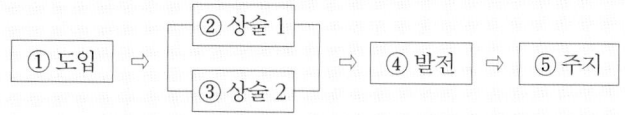

홈페이지 클릭

자료 11 : 인문 지문 독해 연습
자료 12 : 사회 지문 독해 연습
자료 13 : 과학 지문 독해 연습
자료 14 : 예술 지문 독해 연습
자료 15 : 문학 지문 독해 연습

제2절 쓰기

❋ 출제 방향

문항 수(주관식)		평가 내용
10(5)	기존	• 아이디어 생성과 조직, 자료 해석, 표현, 고쳐 쓰기 등의 과정을 바르게 수행할 수 있는 능력을 평가 • 주관식 5문항을 통해 실질적인 쓰기 능력을 평가
	변경	• 문장 생성 능력, 단락 전개 능력 등 실질적 글쓰기 능력 중심으로 평가 • 실용적·창의적 글쓰기 유형 도입

❋ 학습 길잡이

1. 쓰기는 언어 발달 과정에서 마지막 단계로 국어 실력을 종합적으로 측정할 수 있다. 듣고 읽은 것이 있어야 쓸거리도 있다는 간단한 말이다. 영역의 이러한 특성 때문에 쓰기에서는 다양하고 광범위한 데이터와 그래프, 시각 정보 등을 〈보기〉 형태로 제시하여 복합적이고 고차원적 사고를 요구하는 문제가 출제될 수 있다. 그러나 국어능력인증시험에서는 계획하기-표현하기-고쳐 쓰기 단계에 따른 글쓰기의 기본 원리를 반영한 문제들이 중심이 되어 출제되기 때문에 기본에 충실해야 한다.

2. 많은 수험생들이 논(論)할 거리는 있어도 술(述)하지를 못한다. "구슬이 서 말이라도 꿰어야 보배다"라는 말이 있다. 아무리 좋은 글감이 있어도 생각 속에서 머물면 소용없다. 일상에서 쓰는 습관을 생활화하는 것이 쓰기에서 가장 중요하다.

❋ 문제 풀이 3원칙

- 객관식 문제 : 쓰기는 그 자체가 쓰는 반복 훈련 과정이기 때문에 객관식 문제로 쓰기 능력을 정확히 측정하는 데에는 한계가 있다. 다시 말해 객관식으로 물을 수 있는 문제가 정해져 있다. 그러므로 쓰기에서 객관식 문제는 각 과정별 객관식 문제화 할 수 있는 영역을 중심으로 문제 유형별 접근이 필요하다.

- 주관식 문제 : 주관식 쓰기 문제는 평가의 객관성을 확보하기 어려운 점도 있지만 무엇보다 국어능력인증시험에서는 고차원적이고 창의적인 사고를 요구하는 논술 형태가 아니라 자신의 의견을 체계적이고 설득력 있게 진술할 수 있는 정도의 쓰기 능력을 측정한다. 따라서 맞춤법, 띄어쓰기 등 기본에 어긋나지 않으면서 주어진 시간 안에 자신의 생각을 드러낼 수 있는 일반적인 쓰기 연습이 필요하다.

I 계획하기

테마 1 주제 설정 및 주제문 작성하기

주제문 작성 원칙
① 주어 및 서술어가 갖추어진 완전한 문장으로 서술한다.
② 의문문의 형태를 피하고 청유문이나 긍정문 형태를 취한다.
③ 막연하고 넓은 범위를 피하고 구체적인 내용을 쓴다.
④ 한 주제문에는 하나의 내용을 담는다.
⑤ 명료하지 못하고 모호한 표현을 피한다.
⑥ 비유적인 표현은 피한다.

01 다음 표는 주제문을 결정하는 과정을 도식화한 것이다. 빈칸을 채워 넣으려 할 때 적당하지 못한 것은?

가주제	참주제	주제문
㉠	상품 포장 용기 공해	상품의 포장 용기들은 잘 썩지 않아 쓰레기를 늘리는 공해 요인이 되고 있다.
여성 문제	㉡	같은 지역 주부들이 지역 봉사 모임을 만들어 그 지역 주민들에게 큰 도움을 주고 있다.
우정	㉢	참다운 우정이란, 친구를 의롭게 돕는 데서 싹튼다.
㉣	한글 맞춤법 원리	한글 맞춤법은 표준말을 그 소리대로 적되, 어법에 맞게 함을 원칙으로 삼는다.
독서	독서의 생활화	㉤

① ㉠ : 쓰레기 공해
② ㉡ : 주부들의 지역 봉사 활동
③ ㉢ : 우정의 종류
④ ㉣ : 한글
⑤ ㉤ : 독서를 생활화하여 교양 있는 문화인이 되자.

02 다음 중 주제문으로 가장 적절한 것은?

① 농촌의 생활에는 여러 가지 어려움이 뒤따른다.
② 핵전쟁으로 말미암아 세계는 절망의 늪에 빠질 것이다.
③ 학생들을 위한 건전한 놀이 공간의 조성은 과연 불가능한 것인가?
④ 상품의 포장 용기들은 버려도 잘 썩지 않아 쓰레기를 늘리는 공해 요인이 되고 있다.
⑤ 오늘의 현실을 근본적으로 개선하기 위해서는 우리의 소비 생활 양식을 혁신시켜야 한다.

03 일의 수단으로서와 목적으로서의 두 가지 측면과 오늘날의 사회상을 염두에 두고 '현대인의 일과 보람'이란 제목으로 자신의 견해를 밝히는 글을 쓰려고 할 때, 그 주제문으로 가장 알맞은 것은?

① 일은 생활의 수단일 수만은 없으므로 현대인은 마땅히 일을 목적으로 하여야 한다.
② 현대인들은 일을 생활의 수단으로만 삼으려고 한다. 그러나 일 자체를 목적으로 삼아 보람 있는 삶을 살아가는 자세가 더 중요하다고 본다.
③ 일에는 수단으로서의 측면과 목적으로서의 측면 두 가지가 있다. 일의 보람을 얻기 위해서는 이 가운데 목적으로서의 측면이 중시되어야 한다.
④ 현대인들은 일을 생활의 수단으로만 삼는 경우가 많으나, 보다 알찬 삶을 위해서는 일 자체를 목적으로 삼고 이를 성취하는 데서 보람을 찾는 자세를 가져야 한다.
⑤ 현대인들 가운데 일의 수단으로서의 측면을 중시하는 사람과 일의 목적으로서의 측면을 중시하는 사람 중에서 일의 보람을 누가 더 많이 느끼게 될 것인가는 불문가지이다.

04 다음은 '만화'를 소재로 한 글을 쓰기 위해 수집한 내용이다. 이 내용을 토대로 글을 쓰려고 할 때 가장 적절한 제목은?

> **보기**
> - 만화에 대한 미학적 연구 보고서
> - 만화를 말과 이미지가 결합된 예술로 인정하는 서양인들의 자세
> - 사람들의 꿈과 환상을 자극하여 생활의 활력소 구실을 하는 만화의 기능
> - 만화를 단순히 아이들의 볼거리로 인식하는 우리 성인들의 의식 조사 결과

① 만화 산업의 전망은 매우 밝다.
② 만화는 다양한 표현 기법을 지닌 예술이다.
③ 만화에 대한 그릇된 인식을 바꾸어야 한다.
④ 만화는 자라나는 청소년에게 많은 영향을 미친다.
⑤ 만화는 다른 예술 장르와 구별되는 특수성이 있다.

05 다음 〈보기〉에 제시된 문제점을 해결하기 위한 한 편의 글을 쓰고자 할 때, 글의 주제문으로 가장 적절한 것은?

> 보기
> - 전통적인 남아 선호 사상이 여전히 위력을 발휘하고 있다.
> - 첨단 의료 기술로 성을 인위적으로 선택 출산하는 경우가 많다.
> - 불법적인 낙태가 지속될 경우 생명을 경시하는 풍조가 심화될 것이다.
> - 성비 불균형으로 조만간에 정년기 남성들의 결혼 문제가 대두될 것이다.
> - 인위적으로 성(性)을 선택하여 출산하는 것은 윤리적·종교적으로 많은 문제가 있다.

① 불법 낙태를 엄격히 처벌해야 하며, 생명에 대한 경외심을 높이는 교육을 지속적으로 시행해야 한다.
② 성 감별을 제도적으로 막는 동시에 남아 선호 사상을 극복하기 위한 사회적 노력이 이루어져야 한다.
③ 성비 불균형을 해소하기 위한 범정부적 대책이 요구되며, 여성에게 많은 혜택을 주는 정책의 개발이 요구된다.
④ 첨단 의료 기술의 활용을 엄격히 통제해야 하며, 성비 불균형 해소를 위한 의식 전환 운동을 국가가 앞장서 전개해야 한다.
⑤ 남아 선호 사상을 극복하기 위한 전통 사상의 재해석이 이루어져야 하며, 불법 낙태를 근절할 수 있는 제도적 장치가 마련되어야 한다.

테마 2   자료의 수집과 선택

- 내용이나 성격이 비슷한 것끼리 묶는다.
- 중요한 것과 종속적인 것을 구별하여 중요한 것을 앞에 내세운다.
- 개요를 작성하면서 소재가 한쪽으로 치우치지 않도록 한다.

01 '직업과 자아 실현'이라는 주제로 글을 쓰려고 할 때, 주제를 뒷받침하기에 적절하지 못한 진술은?

① 개인에게 직업은 살아가는 데 필요한 물질적 자원을 정당하게 취득할 수 있게 하는 수단이기도 하고, 그 개인의 사회적 지위를 결정해 주기도 하면서, 동시에 개인의 자아를 실현하는 기회를 마련해 주는 것이기도 하다.

② 사실상 일이란 그 자체가 목적이 되고 보람이 될 경우가 많다. 어떤 사람들은 아무런 경제적 소득을 바라지 않으면서 일하는 것 자체를 즐기거나 그것을 보람 있게 생각하면서 일하기를 원하기도 한다.

③ 일을 한다는 것, 그리고 직업을 가진다는 것은 우리들에게 매우 소중한 경험이며, 일 자체에서 얻는 보람은 매우 귀중한 것이다. 일하는 것 자체가 큰 보람으로 느껴지는 것은 우리가 일을 통해서 자아를 실현할 수 있기 때문이다.

④ 전문적 지식과 기술이 비윤리적으로 사용되었을 때 일어날 수 있는 사회적 결과와 해독은 더욱 큰 것이기 때문에, 전문직 종사자들은 높은 윤리 의식을 가지고 자신의 직업 활동에 임해야 한다는 것이 사회적 요청인 것이다.

⑤ 돈이나 권력이나 명예보다도 더 소중한 내면적 가치와 사회적 공동선을 추구하는 직업 정신과 그에 기초한 성실, 정직, 신용, 근면, 검약 등과 같이 몸에 밴 직업 윤리를 내면화하지 않으면 안 되는 것이다.

02 '국가 시험에서 제대 군인에게 가산점을 주는 제도는 유지되어야 한다.'라는 주제로 글을 쓰고자 할 때, 근거로 삼을 수 있는 것을 〈보기〉에서 고르면?

보기

ⓐ 각종 시험에서 제대 군인에게 응시 연령의 연장 등의 조치가 필요함.
ⓑ 현재 실시 중인 징병제 아래에서 남성만의 병역 의무도 평등권 침해임.
ⓒ 군복무로 인한 수학이나 취업 기회 박탈에 대한 평등권 보장 차원임.
ⓓ 장애인 등 신체적 특성으로 의무를 마치지 못한 사람에 대한 평등권 침해임.
ⓔ 군복무는 남북 분단의 상황에서 평등의 원리를 뛰어넘는 안보 문제임.
ⓕ 제대 군인에게 특혜를 줌으로써 다른 사람의 취업 기회를 없애는 제도임.
ⓖ 군복무 보상을 위해서는 세금 감면 등 다른 방법을 강구해야 함.
ⓗ 가산점 제도는 장기간에 걸친 국가 봉사에 대한 경력 인정과 보상임.

① ⓐ, ⓑ, ⓒ, ⓗ   ② ⓐ, ⓓ, ⓕ, ⓖ   ③ ⓑ, ⓒ, ⓔ, ⓗ   ④ ⓑ, ⓓ, ⓖ, ⓗ   ⑤ ⓒ, ⓓ, ⓔ, ⓕ

03 '유전자 복제에 반대한다'는 제목으로 글을 쓰려고 한다. 〈보기〉의 글감을 가장 잘 정리한 것은?

보기
- ㉠ 생명 존중 사상의 소멸
- ㉡ 유전자 복제에 대한 논란이 벌어짐
- ㉢ 유전자 복제 기술의 현황
- ㉣ 과학자의 사회적 책임 필요
- ㉤ 복제양 돌리의 탄생
- ㉥ 사회 윤리적 혼란의 발생

① ㉡을 서론으로 한다.
  ㉠과 ㉥을 문제점으로 제시한다.
  ㉤을 통해 ㉢의 사례를 제시한다.
  ㉣을 통해 유전자 복제 기술의 발전을 중단할 것을 촉구한다.

② ㉤을 서론으로 한다.
  ㉠과 ㉥을 통해 유전자 복제의 문제점을 제기한다.
  문제점의 해결 방안으로 ㉢과 ㉣을 제시한다.
  ㉡을 통해 결론을 내린다

③ ㉡을 서론으로 한다.
  ㉤을 사례로 하여 ㉢을 설명한다.
  유전자 복제로 인한 문제점으로 ㉠과 ㉥을 제시한다.
  ㉣을 결론으로 한다.

④ ㉠과 ㉥으로 서론을 삼는다.
  ㉤을 통해 ㉡이 발생했음을 제시한다.
  ㉣을 통해 과학자의 태도를 강조한다.
  ㉢을 통해 아직 우려할 만한 단계가 아님을 결론으로 내린다.

⑤ ㉡을 서론으로 한다.
  ㉥의 이유로 ㉤을 제시한다.
  ㉢의 예로 ㉣을 제시한다.
  ㉠을 결론으로 한다.

04 〈보기〉는 설문 조사의 결과를 정리한 것이다. 이를 바탕으로 보고서를 작성한다고 할 때, 논지를 구체화할 수 있는 방안으로 적절하지 않은 것은?

보기
- 질문 : 현행 장묘(葬墓) 문화의 문제점은 무엇이라고 생각하십니까?
- 주요 답변 :
  – 장례 비용이 많이 들어간다.
  – 과시적인 형식주의를 조장한다.
  – 자연 환경을 파괴하는 원인이 된다.
  – 묘지로 인한 국토의 잠식이 심각하다.

① 현재 우리나라에 분포되어 있는 전체 분묘 중 40%가 연고가 없는 상태라는 점을 들어 경로효친 사상의 퇴색이 심각한 사회 문제로 부각될 수 있음을 지적한다.

② 묘지를 명당 자리에 호화롭게 꾸며야 체면이 선다는 허례허식의 사고가 물질 만능주의의 결과임을 들어, 전 국민적인 의식 개혁 운동을 전개해 나갈 것을 제안한다.
③ 매장을 위한 장례 용품 구입 비용과 인건비 등의 과다 지출은 병원 영안실 등의 횡포 때문임을 들어, 이에 대한 정부 차원의 규제 방안이 마련되어야 할 것임을 요청한다.
④ 현재의 추세라면 수도권은 3년 이내, 전국은 10년 이내로 집단 묘지의 공급이 한계에 이를 것이라는 전망을 들어, 매장 문화의 심각성을 알리는 적극적인 홍보의 필요성을 역설한다.
⑤ 대부분의 분묘를 산에 조성하기 때문에 산림이 지속적으로 훼손되고 있고, 이것이 산림 구조를 변형시켜 생태계 파괴의 원인으로 작용하고 있음을 들어, 관계 기관에 대책 수립을 촉구한다.

05 다음 자료를 활용하여 글을 쓰기 위해 〈보기〉와 같은 메모를 작성하였다. 적절한 자료 활용 방안이 아닌 것은?

〈자료 1〉 정부 통계 자료 〈한국 여성 1인당 출산 자녀 수〉

연도	1970	1980	1990	2002
평균 출생아 수	4.53	2.83	1.59	1.17

〈자료 2〉 신문 기사

우리나라의 출산율이 2002년 현재 1.17명으로 선진국 1.6명보다 낮은 수준이라고 한다. 현재의 추세라면 2023년에는 전체 인구 수가 줄어들면서 인구 감소가 시작될 전망이다. 이렇게 출산율이 낮은 이유는 자녀 양육에 드는 경제적 부담도 크지만 사회 제도가 미비하고 육아 시설이 부족하기 때문인 것으로 분석되었다.

〈자료 3〉 ○○ 여대생과의 인터뷰

여성이 전적으로 육아를 맡아야 한다는 인식이 개선되지 않는 한, 아이를 낳을 생각이 없어요. 아직까지는 우리나라의 출산과 양육 환경이 만족스럽지 않아요.

보기

제목 : 출산율 저하에 대한 대책
Ⅰ. 처음 : 출산율이 저하되고 있는 현실
Ⅱ. 중간
가. 출산율 저하 실태
· 〈자료 1〉과 〈자료 2〉를 활용하여 우리 사회가 안고 있는 출산율 저하의 심각성을 밝힌다. … ①
나. 출산율 저하 원인
· 〈자료 2〉와 〈자료 3〉을 활용하여 출산율 저하 현상은 사회 제도 미비 및 사회 구성원들의 잘못된 인식에서 비롯된 것임을 밝힌다. ……………………………………………… ②
· 〈자료 1〉과 〈자료 3〉을 활용하여 자녀 양육 환경에 대한 실태 조사가 미비함을 밝힌다. … ③
다. 앞으로의 대책
· 〈자료 2〉와 〈자료 3〉을 활용하여 출산과 양육에 대한 재정 지원과 육아 시설 확충 등 출산 장려 정책이 필요함을 밝힌다. ………………………………………………………… ④
Ⅲ. 끝 : 〈자료 3〉을 활용하여 출산 후 보육과 교육 문제에 대한 남녀 공동 책임 의식의 확산이 필요함을 강조한다. ……………………………………………………………………… ⑤

테마 3 구성 및 개요 작성

구성의 원칙

① 통일성: 글의 주제와 그것을 뒷받침하는 요소들 사이가 내용상으로 일치되어야 하는 것을 말한다.
② 단계성: 글을 처음, 중간, 끝으로 나누되, 각 단계의 성격이 분명히 드러나게 하는 것을 말한다.
③ 응집성: 한 편의 글을 구성하는 요소들 사이의 연결 관계가 논리적으로나 인과적으로 긴밀해야 하는 것을 말한다.
  응집성의 요인: 동일 어구, 지시 어구, 접속 어구, 연결 어미

01 다음은 '국어를 사랑하자'라는 제목으로 3단 구성의 글을 쓰기 위해 모아 놓은 글감들이다. 이 글감들을 가장 잘 배열한 것은?

(가) 나라 사랑은 국어 사랑으로부터 시작된다.
(나) 현재 외래어가 지나치게 남용되고 있다.
(다) 외국과의 문화 교류와 함께 외래어의 사용은 불가피하다.
(라) 우리는 일제 강점기에서의 국어 연구의 귀중한 교훈을 가지고 있다.
(마) 무분별한 외래어의 사용은 주체성을 상실한 데서 비롯된다.
(바) 국어를 순화하자는 말은 그 자체가 국어의 심각한 오염 현상을 말해 준다.

서론	본론	결론
① (가) /	(나) (다) (마) (바) /	(라)
② (가) (나) /	(다) (라) (바) /	(마)
③ (나) (다) /	(바) (마) /	(라) (가)
④ (다) (나) /	(가) (라) (마) /	(바)
⑤ (다) (나) /	(마) (바) /	(라) (가)

02 '사람들은 일반적으로 지식의 정도와 인격이 비례하는가'라는 제목으로 서론, 본론, 결론의 3단 구성으로 짤막한 글을 쓰려고 할 때, 〈보기〉의 자료 중에서 적절한 것을 골라 가장 잘 나열한 것은?

> - 각 개인의 인격 수양의 근본은 각자의 양심에 달려 있다.
> - 지식인의 범죄, 반사회적 행위가 날로 증가하고 있다.
> - 지식인은 자기 중심적인 사고 방식이 강하다.
> - 지식 획득과 인격 수양은 필연적인 관계가 아니다.
> - 우리나라는 유교의 영향을 크게 받은 사회이다.
> - '훌륭한 사람은 곧 학문적 수양이 잘된 인물'이라는 전통적 사고 방식이 지배적이다.

① 가. 우리나라는 유교의 영향을 크게 받은 사회이다.
　　　· 훌륭한 사람은 곧 학문적 수양이 잘된 인물이라는 전통적 사고 방식이 지배적이다.
　나. 지식인의 범죄, 반사회적 행위가 날로 증가하고 있다.
　　　· 지식인은 자기 중심적 사고 방식이 강하다.
　　　· 지식 획득과 인격 수양은 필연적인 관계가 아니다.
　다. 각 개인의 인격 수양의 근본은 각자의 양심에 달려 있다.

② 가. 우리나라는 유교의 영향을 크게 받은 사회이다.
　　　· '훌륭한 사람은 곧 학문적 수양이 잘된 인물'이라는 전통적 사고 방식이 지배적이다.
　나. 지식인의 범죄, 반사회적 행위가 날로 증가하고 있다.
　　　· 지식 획득과 인격 수양은 필연적인 관계가 아니다.
　다. 각 개인의 인격 수양의 근본은 각자의 양심에 달려 있다.
　　　· 지식인은 자기 중심적 사고 방식이 강하다.

③ 가. 우리나라는 유교의 영향을 크게 받은 사회이다.
　　　· 각 개인의 인격 수양의 근본은 각자의 양심에 달려 있다.
　나. 지식인의 범죄, 반사회적 행위가 날로 증가하고 있다.
　　　· 지식인은 자기 중심적인 사고 방식이 강하다.
　　　· 지식 획득과 인격 수양은 필연적인 관계가 아니다.
　다. '훌륭한 사람은 곧 학문적 수양이 잘된 인물'이라는 전통적 사고 방식이 지배적이다.

④ 가. 지식인의 범죄, 반사회적 행위가 날로 증가하고 있다.
　　　· 지식인은 자기 중심적인 사고 방식이 강하다.
　　　· 지식 획득과 인격 수양은 필연적인 관계가 아니다.
　나. 우리나라는 유교의 영향을 크게 받은 사회이다.
　　　· '훌륭한 사람은 곧 학문적 수양이 잘된 인물'이라는 전통적 사고 방식이 지배적이다.
　다. 각 개인의 인격 수양의 근본은 각자의 양심에 달려 있다.

⑤ 가. 지식인의 범죄, 반사회적 행위가 날로 증가하고 있다.
　　　· 지식인은 자기 중심적인 사고 방식이 강하다.
　　　· 지식 획득과 인격 수양은 필연적인 관계가 아니다.
　나. 우리나라는 유교의 영향을 크게 받은 사회이다.
　다. 각 개인의 인격 수양의 근본은 각자의 양심에 달려 있다.
　　　· '훌륭한 사람은 곧 학문적 수양이 잘된 인물'이라는 전통적 사고 방식이 지배적이다.

개요 작성의 유의점
- 제목은 주제를 살릴 수 있도록 정한다.
- 주제문은 주제를 간단 명료하게 드러나도록 쓴다.
- 항목 간의 관계가 논리적 질서에 따라야 한다.
- 각 하위 항목은 상위 항목의 내용을 모두 다룬다.

03 다음은 '과학의 대중화'라는 제목으로 글을 쓰기 위해서 작성한 글의 개요이다. 결론에 들어갈 내용으로 가장 적절한 것은?

[제목] 과학의 대중화
[서론]
- 과학과 생활
  - 현대 사회에서 과학은 우리 생활의 모든 면과 밀접한 관련을 맺고 있다.
  - 국가적인 정책을 결정할 때에도 과학은 중요한 역할을 하고 있다.

[본론]
1. 과학의 소외 현상
  - 과학의 연구나 지식에 대한 일반인의 이해가 미흡하다.
  - 과학자들도 자신의 분야 이외에 대해서는 무지한 상태가 되어 가고 있다.
  - 과학의 소외 현상은 과학의 악용이나 왜곡으로 이어져 우리 삶에 치명적인 결과를 초래할 수도 있다.
2. 과학 소외 현상의 원인
  - 과학은 마치 과학자들만의 것이라는 사고 방식이 널리 퍼져 있다.
  - 과학자도 특수 분야에서 최고를 이루는 전문성을 더 선호하고 있다.

[결론]
- _____
  - _____
  - _____

① • 과학과 현대 생활
   - 현대 사회로 올수록 우리의 삶과 과학은 밀접한 관련을 지닌다.
   - 과학의 중요성과 그 역할을 바르게 인식해야 한다.
② • 과학의 전문화
   - 과학이 발전하기 위해서는 과학의 전문화가 필요하다.
   - 과학의 전문화를 위해서는 정부의 적극적인 정책이 필요하다.

③ • 과학의 대중화를 위한 우리의 자세
  – 과학의 소외 현상은 극복되어야 한다.
  – 과학을 대하는 일반인이나 과학자의 인식이 바뀌어야 한다.
④ • 과학의 소외 현상과 과학자
  – 과학의 소외 현상은 과학 자체에 존재한다고 할 수 있다.
  – 과학을 보다 친숙한 대상으로 만들려는 과학자의 노력이 필요하다.
⑤ • 과학자와 일반인의 관계
  – 일반인들도 과학자처럼 자기 전문 분야에서는 전문가라고 할 수 있다.
  – 과학자와 일반인은 상호 협동하는 상보적인 관계를 수립해야 한다.

04 아래와 같은 글의 개요에서, 제목과 결론에 들어갈 내용으로 가장 적절한 것은?

> 제목 : (㉠)
> 서론 : 역사 철학의 대립으로 역사 기술에 대한 두 가지 견해가 맞서 있다.
> 본론 1 : (1) 역사적인 사실들이 주관적으로 해석된다면 객관적인 역사는 존재할 수 없다.
>   (2) 주관적 해석을 배제하고 과거의 사실을 있는 그대로 기술해야 한다.
> 본론 2 : (1) 역사가 실제로 반영하는 것은 현재의 요구와 현재의 상황이다.
>   (2) 시대에 따라 가치관이 바뀌므로 현재의 시각에서 역사를 해석해야 한다.
> 본론 3 : (1) 주관적 해석을 배제한 역사 기술은 현재의 상황을 반영할 수 없다.
>   (2) 현재의 시각에서 재해석한 역사 기술은 객관성을 잃게 될 것이다.
> 결론 : (㉡)

① ㉠ 역사 철학과 역사의 기술
  ㉡ 역사는 인류의 바람직한 발전을 위한 방향으로 기술되어야 한다.
② ㉠ 역사가와 역사의 기술
  ㉡ 역사가는 사실과 해석 가운데 어느 것에도 비중을 더 두어서는 안 된다.
③ ㉠ 역사 철학의 대립과 역사 기술
  ㉡ 역사의 기술 방법은 역사 철학의 대립이 지속되는 한 하나로 통일될 수 없다.
④ ㉠ 역사 기술의 방법
  ㉡ 역사가는 사실을 바탕으로 현재의 시각에서 역사를 재해석하여 기술해야 한다.
⑤ ㉠ 역사 기술의 두 견해
  ㉡ 역사는 사실을 바탕으로 기술되어야 하되, 역사가의 해석을 금기시할 필요는 없다.

05 '자전거 이용 활성화'를 주제로 글을 쓰기 위해 개요를 작성하였다. 이를 검토하여 수정한 내용으로 적절하지 않은 것은?

> **주제문** : 에너지 절약을 위해 자전거 이용을 활성화 해야 한다. ················ ㉠
> Ⅰ. **서론** : 자전거 이용이 활성화되지 못한 우리나라의 실태
> Ⅱ. **본론**
> 　1. 자전거 이용 실태 및 문제점
> 　　가. 우리나라의 자전거 이용 실태
> 　　나. 선진국의 자전거 이용 실태
> 　　다. 자전거의 효율성과 활용 방안 ································ ㉡
> 　2. 자전거 이용의 활성화 방안
> 　　가. 시설적 측면 : 자전거 전용 도로의 확충
> 　　나. 제도적 측면 : ☐ ································ ㉢
> 　　다. 홍보적 측면 : 국민의 적극적인 동참 유도
> 　3. 자전거 이용 활성화의 필요성 ································ ㉣
> 　　가. 경제적 측면 : 에너지 절약
> 　　나. 환경적 측면 : 무공해 교통 수단
> Ⅲ. **결론** : 자전거 이용 환경을 개선하여 자전거 타기를 활성화해야 한다.
> 　　규칙적인 운동으로 건강에 유익함 ································ ㉤

① ㉠ : 주제문을 글 전체의 흐름에 맞게 '자전거 이용 확산으로 성숙한 시민 의식을 실천하자.'로 바꾼다.
② ㉡ : 상위 항목과 하위 항목의 관계로 보아 '선진국과의 비교를 통한 우리나라의 문제점'으로 바꾼다.
③ ㉢ : 다른 대등한 항목과의 균형을 생각할 때 '자전거를 이용한 출퇴근 및 등·하교를 장려하는 정책 마련'을 추가한다.
④ ㉣ : 논지의 흐름을 고려했을 때 본론 2의 항목과 순서를 바꾸어 글의 흐름을 원활하게 한다.
⑤ ㉤ : 전체적인 흐름으로 보아 결론의 내용으로 적절하지 않기 때문에, 본론 3에 '다'라는 항목을 새로 만들어 '건강적 측면'으로 넣는다.

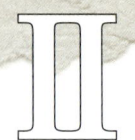

II 표현하기

 테마 4   내용 조직하기

배경 지식

문장 쓰기의 원리
① 정확성 ② 경제성 ③ 동어 반복의 회피

단락 쓰기의 원리
① 통일성 : 한 단락의 모든 화제는 한 주제에 수렴되어야 한다. (통일된 주제)
② 완결성 : 한 단락은 주제문이 있고, 이를 뒷받침하는 문장이 제시되어야 한다.
③ 일관성 : 한 단락 안의 여러 문장들은 서로 긴밀히 결합되어 일관된 질서와 논리를 갖추어야 한다.
  (자연스러운 결합)

01 다음 중 주제문과 뒷받침 문장이 가장 긴밀하게 연결된 것은?

① 설화는 신화, 전설, 민담의 세 가지 유형으로 분류된다. 신화는 '단군 신화'처럼 신적 존재의 활동에 관한 이야기로 초인간적인 존재들이 개입하며, 전설은 지역성을 바탕으로 하고 구체적 증거물이 남아 있다.

② 고전 음악은 대체로 누구에게나 위대한 예술 작품으로 인식된다. 수세기를 거치면서도 그 예술성이 칭송받을 만큼 시대를 초월하는 영원한 가치를 지니고 있다. 반면에 대중 가요는 그때그때의 대중들의 기호에 맞추어 만들어지므로 유행에 좌우되고 예술로서의 생명력이 짧다.

③ 로봇은 인간의 편리와 복지를 위해 만들어졌다. 인간이 하기에는 너무 위험한 일을 도맡아 하는 로봇이 있는가 하면, 고도의 정밀한 작업을 한 치의 착오 없이 해내는 로봇도 있다. 또 어떤 로봇은 환자를 돌보아 주기도 한다.

④ 판소리를 공연하기 위해서는 소리꾼, 고수(鼓手) 그리고 관객이 필요하다. 사람들이 많이 모이는 장소에 멍석을 깔고 고수가 자리를 잡으면 판소리 공연은 훌륭하게 이루어진다. 판소리에는 서편제와 동편제가 있는데 서편제는 동편제에 비해 가락이 애절하다.

⑤ 예로부터 우리 민족은 모를 심거나 김을 맬 때, 여러 사람이 손발을 맞추기 위하여 노래를 했다. 또 벼를 벤다든지 타작을 할 때에도 노래를 부름으로써 일의 능률을 높였다. 뿐만 아니라, 사람이 죽으면 노래를 부르며 상여를 메고 나갔고, 노래 장단에 맞춰 무덤을 다졌다.

02 글의 통일성을 위해 문맥상 삭제하는 것이 좋은 문장은?

㉠ 음악이 있다는 것은 참으로 고마운 일이다. ㉡ 유쾌한 일이 있을 때 음악을 곁들이면 더욱 좋고, 할 일이 없어서 무료하게 시간을 보낼 때에도 음악은 좋은 친구가 되는 것이다. ㉢ 또한 음악의 선율에서 느껴지는 조화, 그것이야 말로 모든 인간이 추구하고자 하는 것이 아닌가. ㉣ 혹 슬프거나 언짢은 기분에 잠겨 있을 때라도 조용하고 감미로운 음악은 우리에게 위안을 주고 힘을 주는 것이다. ㉤ 음악은 때로 언어를 대신하기도 한다. ㉥ 말로 표현하기 어려운 감정을 한 가닥 멜로디로 좀 더 충실히 나타낸다. ㉦ 종종 음악이 듣기 싫을 때도 있지만 그것은 음악 자체의 탓이라기보다는 그것을 듣는 사람에게 무엇인가 흠이 있기 때문이 아닐까.

① ㉠, ㉣　　② ㉡, ㉤　　③ ㉡, ㉥　　④ ㉢, ㉣　　⑤ ㉢, ㉦

03 다음을 본론으로 할 때 서론으로 적당한 것은?

　　더 많은 물자와 서비스가 육신의 편안함과 사회적 즐거움을 제공해 줄 수는 있다. 그러나 건설적이고 창조적인 삶에 대한 욕구를 충족시켜 주지는 못한다. 육신의 허기를 메우는 것이 행복한 삶을 향해 나아가는 한 걸음일 수는 있다. 그러나 그것은 기껏해야 시작에 지나지 않는다. 육체의 만족 이상으로 인간에게는 알고 소망하고 참여하고 창조하고자 하는 강렬한 욕구가 있다. 그리고 오직 이런 영역에서만 인간은 큰 만족과 진정한 충족감을 느낄 수 있다.

① 건강한 몸, 균형 잡힌 감정, 조화로운 마음, 더 나은 생활과 세계를 만들고자 하는 꿈을 간직한 삶은, 그것이 혼자만의 삶이든 집단의 삶이든 이미 바람직한 삶이다.
② 나는 집짐승을 기르지 않는다. 집짐승을 돌보는 데 얽매여서는 결코 자유로울 수 없으며, 또한 사람과 똑같은 생명을 가진 동물을 키워서 파는 일은 옳지 못하기 때문이다.
③ 풍족하고 안락해진다면 모든 인간이 타락할 것이라는 결론이 나오는 것일까? 나는 '그렇다'고 대답하고 싶다. 확실하게 지속되는 안락보다 더 인간을 타락하게 만드는 것은 없다.
④ 진실은 부당하리만큼 많은 세속적 재화를 확보하고 있는 자들과 권력에 굶주린 자들, 그리고 자신의 목적을 실현하기 위해 다수에게 피해를 가하는 자들에게는 불편하고 불쾌한 것이기 쉽다.
⑤ 가장 조화로운 삶은 이론과 실천이, 생각과 행동이 하나가 되는 삶이다. 순간순간, 날마다, 달마다, 해마다 어떠한 시간이나 자기가 더 바람직하게 여기는 삶을 살 수 있는 좋은 기회로 삼아야 한다.

04 다음 글은 '신화란 무엇인가'를 밝히는 글의 마무리이다. 이 글로 미루어 보아 본론에서 언급한 내용이 <u>아닌</u> 것은?

　　지금까지 보았던 것처럼, 신화의 소성(素性)인 기원, 설명, 믿음이 모두 신화의 존재 양식인 이야기의 통제를 받고 있음은 주지의 사실이다. 그러나 또한 신화가 단순히 이야기만은 아님도 알았다. 역으로 기원, 설명, 믿음이라는 종차가 이야기를 한정하고 있다. 이들은 상호 규정적이다. 그런 의미에서 신화는 역사, 학문, 종교, 예술과 모두 관련되지만, 그 중 어떤 하나도 아니며, 또 어떤 하나가 아니다. 예를 들어 '신화는 역사다'라는 말이 하나의

> 전체일 수는 없다. 나머지인 학문, 종교, 예술이 배제되고서는 더 이상 신화가 아니기 때문이다. 이들의 복합적 총체가 신화며, 또한 신화는 미분화된 상태로서 그것들을 한 몸에 안는다. 이들 네 가지 소성(素性) 중 그 어떤 하나라도 부족하면 더 이상 신화는 아니다. 따라서 신화는 단지 신화일 뿐이지, 그것이 역사나 학문이나 종교나 예술 자체일 수는 없는 것이다.

① 신화는 종교적 상관물이다.
② 신화는 신화로서의 특수성이 있다.
③ 신화는 하나의 이야기라는 점에서 예술적인 문학 작품이다.
④ 신화는 기원을 문제 삼는다는 점에서 역사와 관련이 있다.
⑤ 신화가 과학 시대 이전에는 학문이었지만 지금은 학문이 아니다.

05 **다음 글로 미루어 보아 필자가 결론에 쓸 내용으로 가장 적합한 것은?**

> 현대 문명에서 가장 광범위하고 심각한 분열이자, 또한 상호 간의 상충과 오해를 조장하는 근원은 바로 우리 시대의 두 가지 큰 신조, 즉 과학과 종교의 양립 불가능한 대립이다. 이 두 신조는 서로 근본적으로 대치되는 속성을 지니는데, '진리'에 대하여 전적으로 상반되는 배경 틀 속에 자리잡고 있다. 과학은 삼라만상에 대해서 우리들로 하여금 완전한 비인격적, 물질적, 에너지 중심적인 해석을 받아들이도록 요구하는 반면, 종교는 이에 상반되는 관점으로 신앙심을 요구한다. 이 우주는 영적인 지성에 의해서 지배되는 것이기에, 그 존재의 의도에 따라야만 한다는 것이 종교의 논리다.
>
> 이 우주가 지고의 의도를 가지며 영적인 가치를 지니고 목적 지향적이며 보다 고상한 의의를 중요시한다고 생각하는 신조와, 우주에는 어떠한 영적 존재도 관여하지 않으며 몰가치적인 양자 물리학이 철저히 지배한다고 생각하는 신조 사이에는 깊은 심연이 존재하는 것이다.
>
> 오늘날의 문명이 궁극적인 신념에 대해서 완전히 상반되고 서로 화해하기 어려운 두 개념 틀을 기반으로 하고 있으며, 그 개념 틀 속에서 진행될 수밖에 없다고 하는 점은 명백하다. 그러나 한쪽은 현대 과학의 입장에서 본다면 신뢰도가 결여되어 있다. 그 반면에 다른 한쪽은 인성에의 호소를 배격하고 일상의 경험과 상식을 무시한다.
>
> 나는 지난 수년 동안 그 양쪽의 영역을 각각 다르게 설정하고 그것들을 엄격히 구분하면서 두 견해를 모두 받아들이려는 노력을 기울였다. 도덕이라든지 종교, 또는 기타 인간적인 문제들과 관련되는 사안들이 포함될 때에는 내가 가진 과학적 입장은 잠시 덮어 두어야만 했다. 이와 반대로 실험실에서 일을 할 때에는 어떠한 감정적·영적 설명도 모두 엄격하게 제외시켰다.
>
> 나는 이러한 이중적인 사고방식에 바람직하지 못한 면이 매우 많다고 느낀다. 만약 위의 두 신념 체계가 모든 생물과 우주의 본성, 기원, 운명 그리고 그것들을 통제하는 힘의 원천 등을 고려하는 데 서로 직접적인 대립의 입장에 서고, 참으로 '서로 배타적인' 것이 된다면 확실히 무엇인가가 크게 잘못된 것이 분명하지 않을까?

① 초자연적 현상들의 발생 원인 분석
② 두 신념 체계의 배타성의 바람직한 강조
③ 과학과 종교의 대립을 해결하는 대안의 제시
④ 생물학과 물리학은 상호 배타적이 아니라는 견해
⑤ 대립의 근원은 과학자의 신앙심 부족 때문이라는 주장

 글의 전개 방식

글의 전개 방식

정태적	靜 動 세로 관계	묘사	대상에 대한 감각적 인상을 있는 그대로 언어로 그려낸다.
		분석	하나의 관념이나 사물을 구성 요소로 나누는 과정.
		분류	대상이나 생각을 비슷한 특성에 근거하여 기준을 정해 나눈다.
		예시	특수 진술이나 특수 사항을 예로 제시함으로써 구체화한다.
		정의	어떤 대상 또는 사물의 범위를 규정하거나 그 사물의 본질을 진술한다.
	가로 관계	대조	어떤 사물들 사이의 차이점을 밝혀내는 지적 작용.
		비교	어떤 사물들 사이의 유사점을 밝혀내는 지적 작용.
		유추	생소한 개념이나 복잡한 주제를 친숙하고 단순한 개념이나 주제와 비교해 나가는 지적 작용.
동태적	사건 모습	서사	사건의 제시 : 일정 시간 내에 일어나는 일련의 사건이나 행동의 전개에 따르는 행위에 초점을 두는 전개 방법.
		과정	사건의 단계 : 어떤 결과에 이르게 된 일련의 행동, 변화, 기능, 단계, 작용 등에 초점을 맞춘 방식.
		인과	사건의 관계 : 어떤 결과를 가져오게 한 힘. 또는 그 힘에 의해 결과적으로 초래한 현상에 초점을 두는 전개 방식.

01 다음 글의 내용 전개 방법을 〈보기〉에서 고르시오.

① 철수는 성적이 올라서 아버지께서 새 자전거를 사 주셨다.(   )(   )

② 물에 생강과 계피를 넣어 매운 맛이 우러나도록 끓인다. 그 다음, 체로 걸러 건더기는 버리고 설탕을 타서 졸이다가 식힌다. 그리고 곶감을 그 물에 불린다.(   )(   )

③ 그는 대문을 열고 골목길로 나왔다. 온 힘을 다해 달렸다. 한길에 이르자마자 지나가는 택시를 불러 세웠다.(   )(   )

④ 그는 가늘고 타원형인 얼굴을 지녔다. 굵고 곧은 갈색 머리 아래로 펼쳐진 이마는 윤이 나고 햇볕에 타서 약간 그을려 있다.(   )(   )

⑤ 문학은 그 형태에 따라 시, 소설, 수필, 희곡 등으로 나뉜다.(   )(   )

⑥ 모기와 각다귀는 주둥이가 길고 윗입술이 바늘 모양이다.(   )(   )

⑦ 자전거는 핸들, 안장, 체인, 바퀴, 페달, 브레이크 등으로 구성된다.(   )(   )

> **보기**
>
> ㉠ 일의 원인과 결과를 밝힘.　　　　　　　　ⓐ 과정
> ㉡ 일정 시간 동안 인물의 행동이나 변화를 나타냄.　ⓑ 원인과 결과
> ㉢ 어떤 일을 이루기까지 절차와 순서를 밝힘.　ⓒ 서사
> ㉣ 전체를 구성 요소별로 하나씩 나눔.　　　　ⓓ 묘사
> ㉤ 두 사물의 유사점에 초점을 맞추어 설명.　　ⓔ 분류
> ㉥ 일정한 기준에 따라 나누거나 묶어 설명.　　ⓕ 분석
> ㉦ 대상을 눈에 보이듯 구체적으로 표현.　　　ⓖ 비교

02 다음 중 〈보기〉와 같은 진술 방식을 택한 것은?

> **보기**
>
> 　사회의 다원화란 정치·경제·문화 등 사회의 각 부문이 일원적인 원리·이념·가치관 또는 힘에 의해 통제되거나 운영되던 획일화된 사회로부터 다양한 원리·이념·가치관·문화가 공존하는 동시에 여러 가지 힘이 상호 견제와 균형을 이룸으로써 운영되어 가는 쪽으로의 변화를 말한다.

① 건강은 단지 질병에 걸리지 않거나 허약하지 않은 상태뿐만 아니라, 육체적, 정신적, 사회적으로 온전히 행복한 상태를 말한다.
② 태극기는 흰색 바탕에 가운데 태극 문양과 네 모서리의 건곤감리(乾坤坎離) 4괘(四卦)로 구성되어 있다.
③ 건괘는 우주 만물 중에서 하늘을, 곤괘는 땅을, 감괘는 달과 물을, 이괘는 해와 불을 상징하며, 각각 정의, 풍요, 생명력, 지혜를 뜻한다.
④ 이미지는 언어에 의해 마음속에 생산된 심상(心想)의 무리이다. 심상은 상상력에 의해 만들어진다. 상상력이 개입하는 성향에 따라 이미지의 종류를 나누어 볼 수 있다. 지각 이미지는 언어가 아닌 감각 경험의 내용을 언어로써 표현한 것이고, 비유적 이미지는 원관념과 보조 관념을 결합함으로써 만들어지는 이미지이다.
⑤ 미래는 우리보다 더 높은 지력(知力)의 소유자를 요구한다. 바로 미래가 정보 사회라는 뜻은 지식의 생산, 정리, 저장, 전파, 재생, 활용이 주요 산업인 사회를 말하기 때문이고, 그것이 치열한 국제적 지식 전쟁에서 살아남을 수 있는 힘이기 때문이다.

03 다음 글에서 주로 사용된 진술 방식과 같은 것은?

> 중앙집권적 정치 권력의 정책 실패도 지금의 중소기업 문제를 가져온 요인이라고 할 수 있다. 다른 나라와 비교해 보면 한국의 중소기업의 문제를 파악하는 데 도움이 된다. 한국과 대만 양국은 공통적인 부분이 많다. 다른 국가와 달리 국가 기구가 과대 성장했고, 중심부와의 관계가 경제보다는 안보적인 것이었다. 또한 단기간에 수입 대체에 성공하여 수출 산업화 정책으로 전환된 나라이다. 그런데 한국은 중소기업과 대기업 관계에서 대만에 비해 실패한 것으로 평가되고 있다. 한국이 정부 주도의 재벌 지원 정책을 지속해 온 반면에, 대만은 민간 주도형 중소기업 중심 정책을 유지해 왔다. 대만은 기본적으로 '均富의 사회'를 만드는 데 집중했고 정책 이념이 독특한 '民生주의'에 있었으며 극단과 급변을 꺼리는 '中庸의 道'를 중요시했다. 특히 대만은 지방 분산적 산업화 추진으로 농촌의 빈곤을 감소시켰으며, 토지와 인구의 압력을 완화하고 이농을 줄여 도시의 급격한 팽창을 막았다. 한국에서도 농공 단지의 조성으로 산업의 지방 분산을 유도했으나 재벌 편중 정책으로 인해 그 성과가 대만에 비해 매우 미흡했다.

① 중앙 행정 부서들은 대통령이라는 부채심에서 갈라져 나간 부챗살과도 같다. 이 중앙 관서의 장들이 내각을 형성하고, 내각의 장(長)은 국무총리이다. 대통령의 지휘 감독을 받는 총리 휘하에서 각 부서의 장·처장들은 다시 각 도의 지방 관서를 감독하게 된다.

② 가까운 내에서 물 소리가 제법 요란하게 들려 왔다. 비 온 뒤라서 물은 콸콸 흐르고 있었다. 이러던 차에 지붕에서 탕탕 하는 요란한 소리가 들려 왔다. 큰 돌을 집어 던지는 소리 같았다. 무슨 싸움이 일어났는가 싶었다. 실은 도토리가 떨어지는 소리였다.

③ 신화, 전설, 민담은 설화에 속한다. 신화는 신적 존재와 그 활동에 대한 이야기이다. 전설은 지역이나 사물에 얽혀 있는 신비한 이야기이다. 민담은 항간에 떠도는 이야기로, 이 또한 설화로 간주된다.

④ 문학 예술은 진보하는 것이 아니라 소재나 기술이 변화한다고 보는 것이 좋을 것 같다. 예를 들면, '정읍사(井邑詞)'를 김수영의 '달밤'이나 그 누구의 달과 비교하여 현대의 작품은 진보해 있고 '정읍사'는 수준이 떨어진다고 할 수는 없는 것이다.

⑤ 판소리 사설과 여타의 고전 소설 작품에 등장하는 악인들은 다른 점이 있다. 후자의 경우는 권모술수에 능하고, 지능적이며 계획적인 악의 유형인 반면에, 전자의 경우는 결코 증오할 수 없는, 그냥 웃음으로 받아넘기게 되는 그런 유형들이다.

04 다음 보기의 글과 같은 전개 방식으로 표현된 것은?

> 행랑채가 퇴락하여 지탱할 수 없게끔 된 것이 세 칸이었다. 나는 마지못하여 이를 모두 수리하였다. 그런데 그중의 두 칸은 앞서 장마에 비가 샌 지가 오래 되었으나, 나는 그것을 알면서도 이럴까 저럴까 망설이다가 손을 대지 못했던 것이고, 나머지 한 칸은 비를 한 번 맞고 샜던 것이라 서둘러 기와를 갈았던 것이다. 이번에 수리하려고 본즉 비가 샌지 오래 된 것은 그 서까래, 추녀, 기둥, 들보가 모두 썩어서 못 쓰게 되었던 까닭으로 수리비가 엄청나게 들었고, 한 번밖에 비를 맞지 않았던 한 칸의 재목들은 완전하여 다시 쓸 수 있었던 까닭으로 그 비용이 많지 않았다.
>
> 나는 이에 느낀 것이 있었다. 사람의 몸에 있어서도 마찬가지라는 사실을. 잘못을 알고서도 바로 고치지 않으면 곧 그 자신이 나쁘게 되는 것이 마치 나무가 썩어서 못 쓰게 되는 것과 같으며, 잘못을 알고 고치기를 꺼리지 않으면 해(害)를 받지 않고 다시 착한 사람이 될 수 있으니, 저 집의 재목처럼 말끔하게 다시 쓸 수 있는 것이다. 뿐만 아니라 나라의 정치도 이와 같다. 백성을 좀먹는 무리들을 내버려 두었다가는 백성들이 도탄에 빠지고 나라가 위태롭게 된다. 그런 연후에 급히 바로잡으려 하면 이미 썩어 버린 재목처럼 때는 늦은 것이다. 어찌 삼가지 않겠는가?
>
> – 이규보, '이옥설'

① 독도에 닿은 것은 아침 9시였다. 우리는 식당에서 아침을 먹고 곧 작업에 들어갔다. 작업은 12시까지 계속되었다. 이 오전의 작업만으로도 독도의 어류 상태를 대강은 파악할 수 있을 것 같았다.

② 수영에서는 무엇보다 팔과 다리의 동작이 중요하다. 먼저 오른손 손가락을 붙이고 손바닥을 조금 우묵하게 하여, 머리 앞쪽 수면에 팔을 길게 뻗쳐 몸의 안쪽을 향하여 물을 끌어당긴다. 연이어 왼손의 동작을 같은 요령으로 반복한다. 그리고 한쪽 손이 앞쪽으로 퍼졌을 때 반대편의 다리를 강하게 친다.

③ 영화는 스크린이라는 일정한 공간 위에 시간적으로 흐르는 예술이며, 연극 또한 무대라는 제한된 공간 위에서 시간으로 형상화되는 예술이다. 이 두 예술이 다 함께 시간과 공간의 예술이라는 점에서 다른 예술에 비하여 보다 가까운 위치에 놓여 있음을 알겠다.

④ 법의 양면성은 울타리와 비교될 수 있다. 울타리는 우리의 시야를 가리고, 출입의 자유를 방해한다는 점에서 보면 답답한 존재이다. 그러나 낯선 사람의 눈총을 막아 주고 침입자를 막아 줌으로써, 안전한 삶을 보장한다는 점에서 보면 고마운 존재이다. 법은 이런 울타리처럼 달갑지 않은 면이 있으면서도, 사회에 없어서는 안 되는 것이다.

⑤ 우리 조상들은 남을 존중해 주는 공동체 의식이 있었다. 그러나 현대인들은 서구 개인주의의 무분별한 수용으로 우리의 외면적 문화뿐만이 아니라 내면적 문화도 병들어 가고 있다. 더불어 공동체 의식도 점점 사라져 가고 있다.

05 이 글에서 사용된 진술 방식이 아닌 것은?

(가) 하느님이 이 백성을 낳고는 먼저 전지(田地)*를 두어서 생산하여 먹도록 하였다. 그런 다음에는 또 백성을 위하여 임금을 세우고 수령을 두어서, 백성의 부모 노릇을 하며 그 살림을 고르게 마련하여 다 함께 살도록 하였다. 그런데도 임금과 수령된 자는 팔짱만 끼어 여러 자식이 서로 치고 빼앗아서 제 것으로 만드는 것을 눈여겨보면서도 금하고 단속하지 않아서, 건강한 자는 더욱 차지하고 약한 자는 밀침을 당해 넘어져 죽게 된다면, 그 임금과 수령된 자는 임금과 수령 노릇을 잘한 것일까?

(나) 그러므로 그 재산을 고르게 마련하여서 다 함께 살린 자는 임금과 수령 노릇을 제대로 한 자이고, 그 살림을 고르게 마련하지 못하여 다 함께 살리지 못한 자는 임금과 수령의 임무를 저버린 것이다.

(다) 지금 농사하는 자는 전지를 가지도록 하고 농사하지 않는 자는 전지를 가지지 못하도록 하려면, 여전(閭田)하는 법을 시행해야만 나의 뜻을 이룰 수 있다. 여전이란 무엇을 말하는가? 산골짜기, 냇둑의 형세를 따라서 경계를 짓고, 그 경계의 안을 여(閭)*라 한다. 여 셋을 리(里)라 하고, 리 다섯을 방(方)이라 하며, 방 다섯을 읍이라 하고, 여에는 여장(閭長)을 둔다. 무릇 한 여의 전지는 그 여의 사람에게 그 일을 함께 하도록 하여 이 구역이니 저 경계니 하는 것이 없이 오직 여장의 명령만 들을 뿐이다. 매양 하루를 노역할 때마다 여장은 문서책에 기록했다가 가을걷이를 마치면 모든 오곡을 모두 여장의 당(堂)으로 실어 나른 후, 그 양곡을 갈라서 먼저 관가 세조(稅租)에 바치고 여장의 녹봉(祿俸)*을 제한 다음, 그 나머지로써 날마다 노역한 것을 기록한 문부와 대조하여서 분배한다.

(라) 가령 곡식을 수확한 것이 2000섬인데, 기록만 노역 일이 2만 일이 된다면 하루마다 양곡 닷 되를 분배하게 된다. 한 농부가 있어 부부와 자식이 함께 노역하여 800일이 기록되었으면 양곡 분배는 40섬이 되며, 한 농부가 있어 노역한 것이 10일만 기록되어 있으면 양곡 분배는 5말뿐이다. 노역을 많이 한 자는 양곡을 많이 얻고, 노역을 적게 한 자는 양곡이 적다. 힘껏 일하지 않았는데 어찌 도조(賭租)는 많은 것이 있으리오.

(마) 사람이 그 힘을 다함으로써 땅도 그 이익을 다할 것이다. 땅에서 나오는 이익이 많으면 백성의 살림이 부유해지고, 백성의 살림이 부유해지면 풍속이 두터워지고, 효제(孝悌)*가 성립될 것이니, 이것이 전지를 제도화하는 데에는 상책이다.

* 전지(田地) : 경작지
* 여(閭) : 약 30 호(戶)
* 녹봉(祿俸) : 벼슬아치에게 봉급으로 주던 쌀, 보리, 명주, 돈 따위의 총칭
* 효제(孝悌) : 어버이에 대한 효도와 동기에 대한 우애

― 정약용 '전론(田論)'

① 논증 ② 정의 ③ 예시 ④ 비유 ⑤ 비교

테마 6 표현 기법

배경 지식

수사법

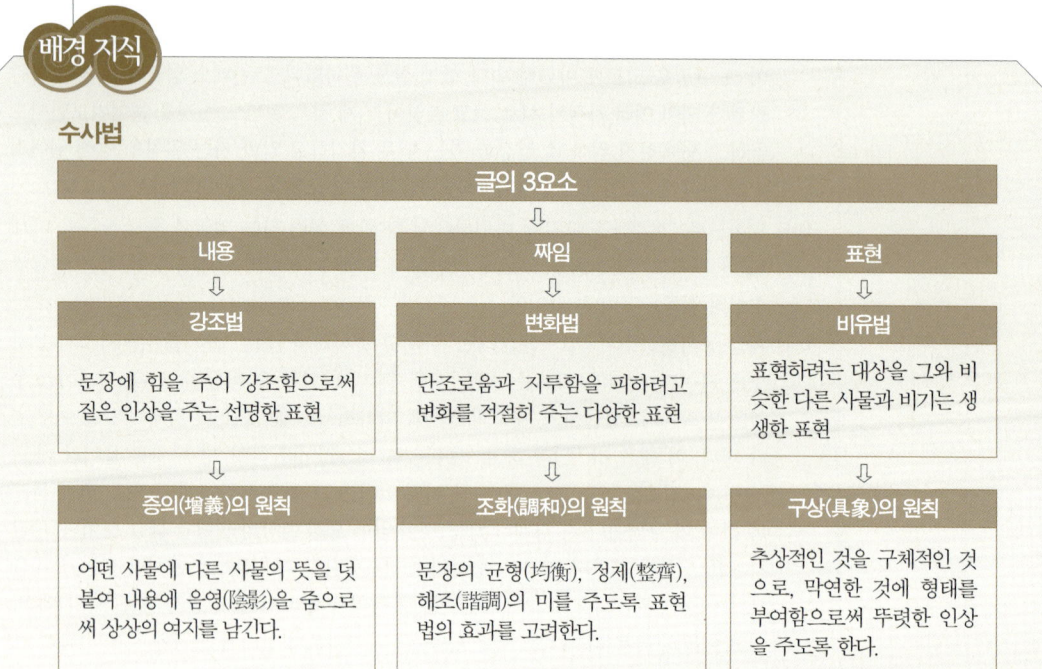

※ 다음 글을 읽고 물음에 답하시오.

　작문의 과정에서 흔히 사용되는 표현 기법의 하나로 비유법을 들 수 있다. ㉠ 비유법은, 표현하고자 하는 대상을 다른 대상에 빗대어 표현하는 방법이다. 비유의 목적은, 필자의 생각이나 정서를 독자에게 보다 생생하게 전달하거나 쉽게 이해시키는 데 있다. 비유의 종류에는 직유, 은유, 의인화, 활유, 대유, 풍유 등이 있다.
　직유는 원관념과 보조 관념 사이의 관계가 직접적으로 드러나 있는 것이고, 은유는 원관념과 보조 관념 사이의 관계가 명시적으로 드러나 있지 않은 것이다. 의인화는 사람이 아닌 것에 인격을 부여하여 비유하는 방법이고, 활유는 무생물에 생명을 부여하여 비유하는 방법이다. 대유는 어떤 대상의 부분, 특징, 모양 등을 들어 전체를 대신 나타내는 방법이고, 풍유는 원관념은 제시하지 않고, 보조 관념만 드러내어 풍자와 암시의 효과를 가져오는 방법이다.
　상반된 의미를 내포한 표현을 통해 의미의 복합성을 창조하는 표현 기법으로서 반어법과 역설법을 들 수 있다. 반어법은, 일상적인 담화나 글에서 실제와는 반대되는 뜻의 말을 함으로써 청자나 독자의 관심을 끌면서 표현 효과를 높이는 표현 기법이다. 실수를 했을 때, "잘했군."이라고 하는 것은 반어법의 한 예이다.
　㉡ 역설법은 이치에 어긋나거나 모순되는 진술을 통하여 표현하는 방법이다. "시를 쓰면 이미 시가 아니다."라는 말은, 시의 작위성을 경계하는 뜻을 담은 일종의 역설이며, "어린이는 어른의 아버지다."라는 말은 어린이의 순수성과 진실성을 모순된 표현으로 암시하는 일종의 역설이다.

01-1 이 글의 내용과 일치하지 않은 것은?

① 비유법은 원관념을 보조 관념에 빗대어 표현하는 방법이다.
② 대유법은 어떤 대상의 부분, 특징 등을 들어 전체를 대신 나타내는 방법이다.
③ 풍유법은 원관념만 제시하여 풍자와 암시의 효과를 준다.
④ 역설법은 이치에 어긋나거나 모순된 진술을 통해 의미의 복합성을 창조한다.
⑤ 반어법은 실제와는 상반되게 말을 함으로써 표현 효과를 높이는 기법이다.

01-2 ㉠과 관계 없는 문장은?

① 호랑이도 제 말 하면 나타난다.
② 사랑은 빵만으로 살 수 없다.
③ 꽃은 웃고, 버들은 손짓한다.
④ 침묵은 금이요, 사색은 다이아몬드다.
⑤ 질서는 일종의 희극이지만, 혼란은 일종의 비극이다.

01-3 ㉡의 예로 부적절한 것은?

① 바라보노라. 온갖 것의 / 보이지 않는 움직임을
② 밤에 홀로 유리를 닦는 것은 / 외로운 황홀한 심사이어니
③ 퇴색한 성교당의 지붕 위에선 // 분수처럼 흩어지는 푸른 종소리
④ 괴로운 사나이 / 행복한 예수 그리스도에게처럼 / 십자가가 허락된다면
⑤ 모란이 피기까지는, / 나는 아직 기다리고 있을 테요, 찬란한 슬픔의 봄을

02 다음 중 '나무타령'의 가사에서와 같은 표현법이 두드러진 것은?

> 어릴 적에 즐겨 불렀던 동요에 '나무타령'이라는 게 있었다.
>
> 청명 한식에 나무 심으러 가자.
> 무슨 나무 심을래.
> 십리 절반 오리나무
> 열의 갑절 스무나무
> 대낮에도 밤나무
> 방귀 뀌어 뽕나무
> 오자마자 가래나무
> 깔고 앉아 구기자나무

> 거짓 없어 참나무
> 그렇다고 치자나무
> 칼로 베어 피나무
> 네편 내편 양편나무
> 입맞추어 쪽나무
> 너하구 나하고 살구나무
> 이 나무 저 나무 내 밭두렁에 내나무……

① 어사 속으로, '오냐, 도적질은 내가 하마. 오라는 네가 져라.'
② 춘향이 기가 막혀 "내려오는 관장(官長)마다 개개이 명관이로구나."
③ 이때 월매가 하는 말이, 서방인지 남방인지 거렁뱅이가 하나 내려왔다.
④ 상을 발길로 탁 차 던지며 운봉의 갈비를 직신, "갈비 한 대 먹고지고."
⑤ "얼씨구나 좋을씨고. 어사 낭군 좋을씨고. 남원 읍내 추절(秋節) 들어 들어지게 되었더니, 객사에 봄이 들어 이화춘풍(李花春風) 날 살린다."

03 주어진 진술을 비유와 예시를 사용하여 적절하게 구체화한 것은?

① 도덕 규범은 문화 상대적이다.
→ 각 민족은 그들이 처한 사회, 경제, 문화적 배경에 따라 그 나름의 도덕 규범을 소유하고 있다.
② 젊은이들은 유교적 도덕관을 경시한다.
→ 요즘 젊은이들은 충·효와 같은 전통 도덕을 유행이 지난 기성복처럼 낡아빠진 것이라고 생각한다.
③ 개인의 삶의 목표는 사회의 보편적 가치와 상충되어서는 안 된다.
→ 개성이 존중되는 현대 사회이지만 각 개인과 사회의 관계는 마치 물과 물고기의 관계와 같은 것이므로 개인의 삶의 목표는 그가 속한 사회가 지향하는 목표와 방향을 같이 해야 한다.
④ 삶의 목표가 뚜렷하지 않은 사람은 유혹에 휘말리기 쉽다.
→ 삶의 목표는 항해에서의 나침반이나 지도와 같이 험한 인생의 항로에서 올바른 길잡이 역할을 할 수 있으므로 반드시 필요한 것이다.
⑤ 우리 사회에서는 도덕적 위기감이 팽배해 있다.
→ 전통적인 도덕 규범으로는 상상할 수도 없는 사건이 일어나는 것을 보고, 우리의 전통적 도덕 규범은 이미 존재하지 않는 것처럼 말하는 사람이 많다.

04 다음 중, 〈보기〉의 조건에 맞게 표현된 것은?

보기

- 대상이 지닌 속성을 우회적으로 드러낸다.
- 유추의 방법을 사용한다.
- 서두에서 주제를 요약적으로 제시한다.

① 들국화는 꾸밈이 없고, 그래서 조금은 거친 듯하지만 드러나지 않는 아름다움으로 다소곳하다. 장미가 도시 처녀라면 들국화는 시골 처녀라고 할 수 있겠다. 그런 들국화를 장미보다 더 좋아하는 걸 보면 아무래도 나는 도시 체질이 아닌가 싶다.

② 옛날 사람들은 흥정이요, 생계는 생계이지만, 물건을 만드는 그 순간만은 오직 아름다운 물건을 만든다는 그것에만 열중했다. 그리고 스스로 보람을 느꼈다. 그렇게 순수하게 심혈을 기울여 공예 미술품을 만들어 냈다. 이 방망이도 그런 심정에서 만들었을 것이다.

③ 감이 열리고 익어 가는 모양은 한국인의 모습과 비슷하다. 감은 딴 과일과 달라서 요염한 꽃을 피우거나 인공적인 간섭받기를 싫어한다. 봄이나 여름, 사람이 관심을 두지 않는 사이에 조용히 꽃을 피우고 열매를 맺는다. 따지고 보면 한국인의 심성도 이와 별반 다르지 않은 것이다.

④ 영웅 아킬레스가 거북이와 경주를 한다면 어떻게 될까? 저 유명한 고대 그리스의 철학자 제논에 따르면, 아킬레스가 아니라 거북이가 이긴다. 이것이 '제논의 역설'이라는 것이다. 그럼, 토끼와 거북이가 경주를 하면 누가 이길까? 다 알고 있듯이 '거북이가 이긴다.'는 것이 이 물음의 답이다. 이건 또 무슨 역설일까?

⑤ 옛날 사람들은 무엇이든 손으로 문지르고 닦아서 광택을 내게 하는 버릇을 가지고 있었다. 청동 화로나 놋그릇들은 그렇게 닦아서 길을 들였다. 마룻바닥을, 장롱을, 그리고 솥은 그들은 정성스럽게 문질러 윤택이 흐르게 했던 것이다.

05 학업에 대한 '명언'을 스스로 작성하려고 할 때, 〈보기〉의 조건에 맞게 표현한 것은?

> 보기
> - 공부와 관련된 내용을 담을 것.
> - 비유적인 표현을 사용할 것.
> - 단정적인 어조로 표현할 것.

① 실력이란 두뇌 속에 몇천 개의 패턴을 축적할 때까지 끈기 있게 공부하고 연습하는 일이다.

② 훈련을 거치지 않고 이루어지는 일은 없다. 효과적인 삶은 수 톤의 훈련 양을 인생의 차에 적재하는 것이다.

③ 약한 마음은 당신을 결코 지켜 주지 못한다. 당신과 다른 사람들의 마음에 상처를 남길 뿐이고 모든 이의 삶의 질을 떨어뜨릴 뿐이다.

④ 독서만큼 호화로운 시간의 사용법은 없으리. 수년 간의 값진 지식과 경험의 에센스를 짧은 시간에 배울 수 있는 좋은 방법이 또 있겠는가.

⑤ 얼마만큼 할 수 있느냐는 스스로 얼마만큼 할 수 있다고 생각하느냐에 달려 있다. 산을 옮길 수 있다고 믿는 사람은 끝내는 산을 옮기고 만다.

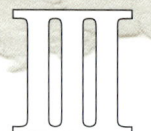

Ⅲ 글 다듬기

테마 7   고쳐 쓰기

전체 고쳐 쓰기	⇨	문단	⇨	문장	⇨	단어 고쳐 쓰기
서론 : 서론의 적합성 여부, 주제 제시의 명료성, 글 전체의 전개 계획의 명시. **본론** : 내용의 계획적 배열 여부, 일반론에 세부 내용의 적절한 제시 여부. **결론** : 글의 목적, 주제의 적절성, 독자의 요구에 부합한 정도, 논리의 일관성. **글 전체** : 짜임의 명료성, 제목의 적절성, 통일된 관점의 유지.		· 통일성에 대한 검토 · 일관성에 대한 검토 · 완결성에 대한 검토		· 구조 및 형식의 검토 · 문장 진술에 대한 검토 · 호응 관계에 대한 검토		· 정확하고 명료한 단어의 사용 여부 · 문맥의 흐름을 자연스럽게 하는 단어인가 검토 · 독자가 이해하기 쉬운 단어인가 검토. · 맞춤법에 대한 검토

01 고쳐 쓰기의 절차에 따라 독후감 초고를 다듬으려고 한다. 고쳐 쓰기의 계획으로 적절하지 않은 것은?

> 오늘 '사랑의 기술'이라는 책을 읽었다. 에리히 프롬이라는 사람이 쓴 책으로, '자유로부터의 도피'라는 유명한 책의 지은이라고 한다. 선생님이 추천하신 책인데 열심히 읽으려고 했다.
> 보통은 책을 읽으면 읽을수록 이해가 조금씩 되는 편인데 어쩐지 이 책은 쉽게 이해가 안 되었다. 그러던 중에 '사랑도 기술'이라고 하는 대목이 눈에 쏙 들어왔다. 사랑을 상대방에 대한 감정으로만 생각한 나의 생각과 틀린 것이었다. 이를 통해 아는 만큼 본다는 말이 있듯이 사랑에 대해 잘 알아야 제대로 사랑할 수 있다는 것을 알았다. 이런 내용을 조금 깊이 이해하기 위해서는 사랑의 정신적인 면을 알아야 된다고 하니 더 혼란스럽기도 하다.
> 특히, 사랑을 자기애, 형제애, 부모애 등으로 나누어 살핀 부분은 유익했던 것 같다. 책을 좀 힘들게 읽었지만 그래도 기억에 남는 대목이 있어서 뿌듯했다. 앞으로는 좀 어려워 보이는 책에도 도전해 보아야겠다고 생각했다.

	글 전체 수준	글쓰기의 의도에 맞게 내용을 생성하고 있는가?	첫째 문단에 책을 읽은 동기를 보완한다.	
완성도가 부족할 경우 다시 고침	문단과 문장 수준	문단의 구성과 문장의 흐름은 자연스러운가?	첫째 문단의 세 번째 문장은 '책인데'가 적절하지 않으니 '책이어서'로 고친다.	…①
			둘째 문단의 마지막 문장은 연결이 자연스럽지 않으므로 삭제한다.	…②
			셋째 문단의 첫 번째 문장은 문단의 성격과 맞지 않으니 내용을 마무리할 수 있도록 보완한다.	…③
	단어 수준	단어는 적절하고 맞춤법 규정은 제대로 지키고 있는가?	둘째 문단의 세 번째 문장에 쓰인 '틀린'은 옳지 않으니 '다른'으로 고친다.	…④
			둘째 문단의 네 번째 문장의 '아는 만큼'은 띄어쓰기가 옳지 않으니 '아는만큼'으로 고친다.	…⑤
	완성			

02 (가)를 (나)로 고쳐 쓰는 과정을 나타낸 것이다. '검토 결과' 중 (나)에 반영되지 <u>않은</u> 것은?

보기

(가) 처음 쓴 글	청소년에게 이성 교제라는 말은 날라리란 문구와 함께 붙어 다니는 경우가 많지만 사람이 살다 보면 친구가 자연스럽게 생기듯 남자와 여자가 함께 학교에 다니며 공부하다 보면 이성 친구가 생기는 것도 무리가 아니다. 오히려 자연스럽게 행동하며 서로를 돕는 자세를 길러 주는 풍토가 필요할 것이다. 그렇다면 우리는 이성 교제를 어떻게 해야 할까? 우선 중요한 것은 자신의 큰 목표를 포기하는 사귐이 되어서는 안 된다. 높이 나는 새가 멀리 본다는 말이 있다. 자신의 큰 목표를 버리면서까지 이성 교제를 하는 것은 좋지 않다.
검토 결과	ㄱ. 상스러운 속어를 사용하고 있다. ㄴ. 내용에 따라 문단을 구별할 필요가 있다. ㄷ. 문장의 호흡이 길어 산만하다. ㄹ. 내용의 연결이 부자연스러운 부분이 있다. ㅁ. 호응 관계가 어색한 부분이 있다.
(나) 고쳐 쓴 글	청소년에게 이성 교제라는 말은 문제 학생이란 문구와 함께 붙어 다니는 경우가 많다. 그러나, 사람이 살다 보면 친구가 자연스럽게 생기듯 남자와 여자가 함께 학교에 다니며 공부하다 보면 이성 친구가 생기는 것도 무리가 아니다. 오히려 자연스럽게 행동하며 서로를 돕는 자세를 길러 주는 풍토가 필요할 것이다. 그렇다면 우리는 이성 교제를 어떻게 해야 할까? 우선 중요한 것은 자신의 큰 목표를 포기하는 사귐이 되어서는 안 된다는 것이다. 높이 나는 새가 멀리 본다는 말이 있다. 자신의 큰 목표를 버리면서까지 이성 교제를 하는 것은 좋지 않다.

① ㄱ. ② ㄴ. ③ ㄷ. ④ ㄹ. ⑤ ㅁ.

03 〈보기〉의 글을 자기 평가표에 따라 진단하여 보았다. 진단 결과로 적절하지 <u>않은</u> 것은?

> **보기**
>
> 올바른 학과 선택의 요소
>
> 　올바른 학과 선택은 인생의 성패를 지배한다고 해도 지나친 말이 아니다. 후회 없는 학과 선택을 위해 꼭 알아야 할 사항이 있다.
> 　자신에게 적합한 학과를 선택하기 위해서는 먼저 자신의 개인적인 특성, 즉 적성, 인성, 신체적 조건, 지적 능력에 대하여 알아야 한다. 이때 부모님과 자기의 의사가 서로 다르다거나 하는 등의 가정내 갈등을 현명하게 극복할 수 있는 자세가 필요하다. 하지만 대학에서 공부할 학과 선택은 장래의 직업 선택의 문제와 직결되어 있다. 그러므로 직업에 대한 정보를 수집하는 것은 꼭 필요한 일이다. 학과 선택 시 고려해야 할 직업의 요인으로는 직업 특성, 작업 조건, 취업 전망, 자격 및 발전성, 직업의 안정성, 임금 등을 들 수 있다.

	평가 항목	진단 결과
①	제목과 글의 내용이 잘 어울리는가?	제목이 글의 내용을 전체적으로 포괄하고 있다.
②	문단의 구별은 잘 되어 있는가?	개인적 특성과 직업적 특성은 내용이 구별되므로 문단을 따로 나누어야 한다.
③	내용이 자연스럽게 연결되는가?	내용이 자연스럽게 연결되고 있다.
④	적절한 접속어를 사용하고 있는가?	'하지만'은 쓰임이 어색하므로 '또한'으로 바꾼다.
⑤	어휘의 쓰임은 자연스러운가?	'지배한다고'는 '좌우한다고'로 바꾼다.

04 다음은 퇴고의 한 사례이다. 고쳐 쓴 결과가 적절하지 <u>않은</u> 것은?

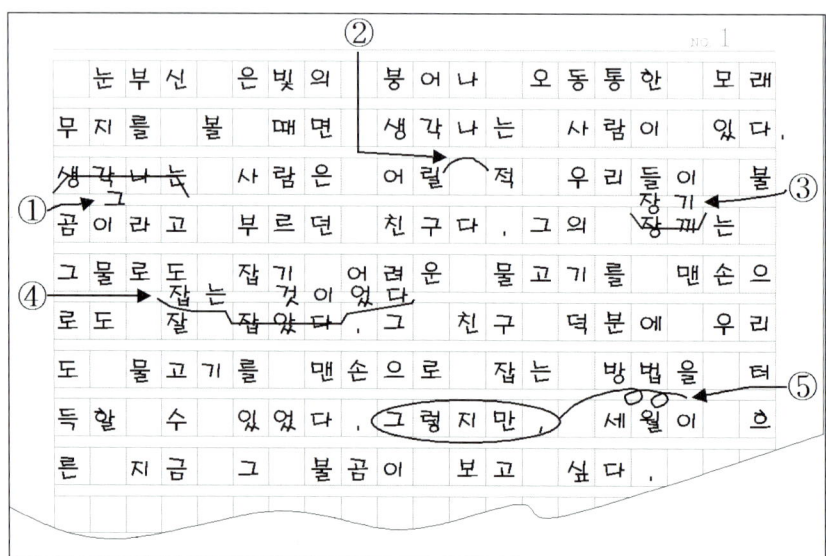

05 다음 글을 고치기 위한 의견으로 타당하지 않은 것은?

> 요즘 우리나라의 드라마를 보다 보면, 획일화된 주제에 내용도 비슷하여 식상한 느낌이 든다. ㉠ 이를테면, 케이블 방송을 통해 보는 일본이나 미국의 드라마는 사뭇 다르다. 주제나 이야기 전개 방식이 참 신선하고 다양하다는 생각이 든다. ㉡ <u>사회의 소수자인 동성애자들의 삶을 엿볼 수 있는 드라마를 비롯하여 법정 드라마, 의학 드라마, 공상 과학 드라마까지 주제와 장르도 다채롭다.</u> 등장 인물의 작업도 다양하여, 말 그대로 인간 군상들의 얽히고설킨 삶을 들여다 볼 수 있다. 그래서 드라마를 통해 생각지도 못했던 새로운 관점을 배우게 된다. 이것은 우리나라의 드라마에서 쉽사리 ㉢ <u>얻을 만한 이점이 아닐 수 없다.</u> 우리 드라마에서 왜 주인공은 꼭 암에 걸려야 하고, 출생 과정의 비밀을 간직해야 하고, ㉣ <u>삼각 관계여야 하는가?</u> 우리 드라마가 다양성을 시도하지 않는다면 ㉤ <u>멀지않아</u> 시청자들의 외면을 받게 될 것이다.

① ㉠은 문맥에 맞지 않으므로 '반면에' 또는 '이에 반해'로 고쳐야 한다.
② ㉡은 바로 앞 문장의 반복이므로 삭제해야 한다.
③ ㉢은 '쉽사리'와 호응이 되지 않으므로 '얻을 수 없는 이점이다.'로 고쳐야 한다.
④ ㉣은 주어인 '주인공은'과 호응해야 하므로 '삼각 관계를 맺어야 하는가?'로 고쳐야 한다.
⑤ ㉤은 맞춤법에 맞지 않으므로 '머지않아'로 고쳐야 한다.

테마 8 교정 및 문장 부호

원고지 사용법

① 한 칸에 한 자씩 쓴다. 다만, 알파벳(소문자)이나 아라비아 숫자 등은 한 칸에 두 자씩 쓰는 것이 좋다. 모든 문장 부호도 각각 한 칸을 씀을 원칙으로 한다.
※ 대문자는 한 칸에 한 자씩 쓴다.
② 문단의 첫머리는 한 칸을 비우고 둘째 칸부터 쓰기 시작한다. 이것은 새 문단의 시작을 의미한다.
※ 줄의 맨 끝을 비워야 할 차례인데 비울 칸이 없을 경우, 다음 줄 첫 칸을 비워서는 안 되며, 이런 경우 줄의 맨 끝에 띄어쓰기 표(∨)를 그려 띄는 곳임을 표시하고 다음 줄 첫 칸은 메워 쓴다.
③ 띄어쓰기는 맞춤법 통일안에 따라 지켜져야 하며, 문장 부호 다음에도 한 칸을 비우는 것이 원칙이나 반점(,)과 온점(.) 다음에는 관습상 한 칸을 비우지 않는다.
④ 느낌표(!)나 물음표(?) 등은 칸의 한 가운데에 쓰나, 괄호(「 」등), 따옴표(" "), 온점(.), 반점(,) 등은 칸의 구석에 치우치도록 쓴다.
⑤ 부호가 찍혀야 할 자리에서 줄이 끝나고 다음 줄로 넘어갈 경우, 그 부호를 다음 줄 첫 칸으로 넘기지 말고, 마지막 칸 속에 함께 표시해 준다. 이것은 줄 첫머리가 (.), (,)로 시작되는 것을 피하기 위해서이다.
⑥ 대화는 줄을 바꾸어 쓰되 큰따옴표(" ")를 붙이는데, 줄의 첫 칸을 비우고, 둘째 칸에 따옴표가 오게 한다.
⑦ 긴 인용문은 ⑥의 경우(대화)와 같은 방법으로 처리한다.

국어능력인증시험 완벽 준비서

부호	예	설명
♂	한국인인	글자를 뺄 때
⌒생	한국인 생	그대로 둘 때
▲	국 한인, 한구인 국	빠진 글자나, 틀린 글자를 고칠 때
⌒	한국 인	글자나 단어 사이를 붙일 때
∨	여러나라	글자나 단어 사이를 뗄 때
⌐	한국인	왼쪽으로 밀 때
⌐	한국인	오른쪽으로 밀 때
⌐	한국인	단어나 문장의 줄이 똑바르지 않을 때
⌐	한국인의 국민성	줄을 바꾸어 새 줄을 잡을 때
⌒	한국인의 국민성	두 행을 이어서 한 행으로 할 때
∽	국한인	앞뒤의 글자나 말을 뒤바꿀 때
∧ ∧	…하고…하다	문장에 부호가 빠졌을 때
⊡	한국미국	중간점을 넣을 때
²²	² X₂ H₂O ²	위로, 아래로 놓을 때
><	한국인의 국민성	행간을 넓힐 때
( )	한국인의 국민성	행간을 붙일 때
╱명	명 한국인	명조체로 바꿀 때
╱고	한국인 고	고딕체로 바꿀 때
═══	한국인	잘못된 글을 지워 버릴 때

⌒⇔∨, ⌐⇔⌐, ⌐⇔⌒, ><⇔( )는 서로 대립되는 반대의 교정 부호들이다.

※ 다음은 한국어를 배우고 있는 고급반 외국인 학생이 쓴 글을 다듬은 것이다. 교정 부호 및 원고지 사용법 등을 눈여겨 살펴보자.

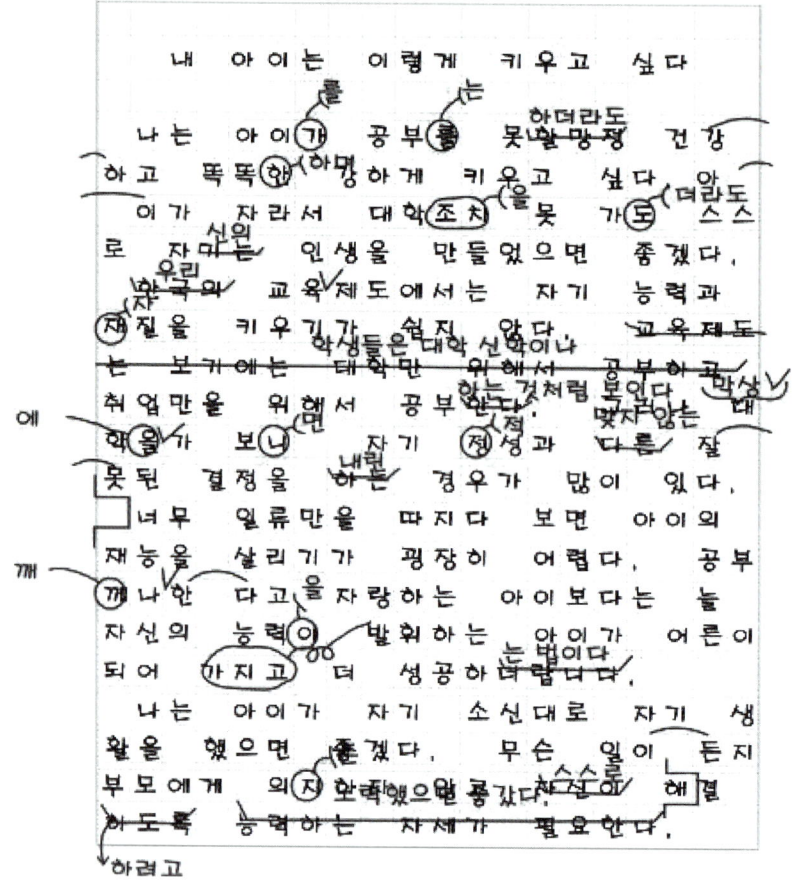

01 문장 부호의 쓰임이 틀린 것은?

① 그것 참 훌륭한(?) 태도야.

② 8.15

③ 이리 오세요, 어머님.

④ 철수·영이, 영수·순이가 서로 짝이 되어 윷놀이를 하였다.

⑤ '배부른 돼지'보다는 '배고픈 소크라테스'가 되겠다.

02 다음 문장에서 부호가 잘못 표기된 것은?

① 개구리가 나온 것을 보니, 봄이 오긴 왔구나.
② 너는 언제 왔니? 어디서 왔니? 무엇하러?
③ 동사·형용사를 합하여 용언이라고 한다.
④ 남의 손발(手足)이 되어 일하다.
⑤ 그 말을 듣는 순간 ×××란 말이 목구멍까지 치밀었다.

03 다음 중 문장 부호의 사용이 올바른 것은?

① 이 일을 도대체 어쩐단 말이냐.
② 커피[coffee]는 기호 식품이다.
③ 9월 15일 - 9월 25일
④ 어머님께 말했다가 ~ 아니, 말씀드렸다가 ~ 꾸중만 들었다.
⑤ 명령에 있어서의 불확실[단호(斷乎)하지 못함]은 복종에 있어서의 불확실(모호(模糊)함을 낳는다.

04 문장 부호 느낌표(!)의 사용에 대한 설명으로 틀린 것은?

① 느낌을 힘차게 나타내기 위해 감탄사나 감탄형 종결 어미 다음에 쓴다.
② 강한 명령문 또는 청유문에 쓴다.
③ 감정을 넣어 다른 사람을 부르거나 대답할 적에 쓴다.
④ 물음의 말로써 놀람이나 항의의 뜻을 나타내는 경우에 쓴다.
⑤ 감탄형 어미로 끝나는 문장에서 감탄의 정도가 약할 때에도 느낌표 대신 온점을 쓸 수도 없다.

05 온점(.)의 사용법에 대해 틀린 설명은?

① 서술, 명령, 청유 등을 나타내는 문장의 끝에 쓴다.
　→「문성국어」는 기본이 된 책이다.
② 표제어나 표어에 쓴다. →「한강은 흐른다.」
③ 아라비아 숫자만으로 연월일을 표시할 적에 쓴다. → 2006. 5. 5. (2006년 5월 5일)
④ 준말을 나타내는 데 쓴다. → 서. 2006. 5. 5. (서기)
⑤ 표시 문자 다음에 쓴다.
　→ 1. 노래의 문학　　ㄱ. 이야기의 문학　　가. 보여 주기 문학

실전 다지기

기출 문제 유형 파악과 실전 문제

유형 1 주제 설정

▶▶ 다음은 어떤 글의 개요이다. 개요를 보고 이 글의 주제문을 완성하시오.

01 다음은 어떤 글의 개요이다. 개요를 보고 이 글의 주제문을 완성하시오.

> 서론 : 문제 제기
>   1) 가정에서 자녀의 사회화 기능의 중요성
>   2) 자녀의 사회화 기능의 약화로 인한 문제점
>
> 본론 1 : 전통 가정이 지니고 있는 장점
>   1) 공동체적 감각의 형성
>   2) 집단 내의 질서와 규범 체득
>
> 본론 2 : 전통 가정의 장점을 현대적으로 수용
>   1) 상경 하애(上敬下愛)의 정신
>   2) 문제 해결을 위한 공동의 노력
>
> 결론 : 전통 가정의 장점을 수용한 가정의 사회화 역할 강조
>
> 주제문 :

유형 2 참주제와 가주제의 이해

▶▶ 〈보기〉는 글을 쓰기 위해 수집한 내용들을 메모한 것이다. 이를 바탕으로 설정한 주제로 보기 어려운 것은?

02

〈보기〉는 글을 쓰기 위해 수집한 내용들을 메모한 것이다. 이를 바탕으로 설정한 주제로 보기 어려운 것은?

> **보기**
>
> 제목 : 눈
> - '눈'이라는 말의 쓰임
>   - 태풍의 눈, 꽃눈, 안목(眼目), 함박눈
> - 눈은 마음의 창이다.
>   - 맑은 눈 / 사슴 눈, 음흉한 눈빛 / 뱀 눈
> - 시력, 안경
> - 안목
>   - 대상을 볼 줄 아는 눈, 전문가
> - 다양한 관점
>   - 앞에서 본 산과 뒤에서 본 산의 모습 차이

① 사물의 본질을 꿰뚫어 볼 수 있는 눈이 필요하다.
② 외형적인 눈보다는 마음의 눈을 가꾸는 것이 더 중요하다.
③ 전문가적인 안목을 기르기 위해서는 부단히 노력해야 한다.
④ 다양한 관점에서 바라보는 것은 안목을 높이는 데 기여한다.
⑤ 객관성을 유지하기 위해 대상을 단일한 시각에서 보아야 한다.

유형 3   자료의 선별, 분류

▶▶ 〈보기〉는 '국어능력인증시험의 필요성'이라는 제목으로 글을 쓰기 위해 수집한 자료들이다. 직접적인 논거로 쓰일 수 있는 항목들은?

03

〈보기〉는 '사형 제도 폐지의 필요성'이라는 제목으로 글을 쓰기 위해 수집한 자료들이다. 직접적인 논거로 쓰일 수 있는 항목들은?

> **보기**
>
> ㉠ 사회적 처벌의 목적은 교정이나 갱생에 있다.
> ㉡ 법적인 제재가 반드시 복수를 위한 것은 아니다.
> ㉢ 사회적 합의에 반하는 행위를 하는 사람은 격리시킬 필요가 있다.
> ㉣ 누구든지 반성을 통해 자신을 변화시킬 수 있는 가능성이 있다.
> ㉤ 법을 만든 목적은 개인과 사회의 이익을 보호하기 위한 것이었다.
> ㉥ 시대와 사회가 바뀌어도 변하지 않는 도덕적, 윤리적 규범은 존재한다.

① ㉠, ㉡, ㉢   ② ㉠, ㉡, ㉣   ③ ㉠, ㉡, ㉤   ④ ㉠, ㉤, ㉥   ⑤ ㉢, ㉤, ㉥

| 유형 4 | 자료의 해석 |

▶▶ 다음 자료를 바탕으로 '초등학생 비만의 원인과 해결 방안'이라는 제목으로 글을 쓰려고 한다. 글을 쓰기 위한 계획으로 적절하지 않은 것은?

04 다음 자료를 바탕으로 '어린이 교통사고 예방 방안'이라는 제목으로 글을 쓰기 위한 계획으로 적절하지 않은 것은?

보기

주제문 : 어린이 교통사고를 예방하기 위해 운전자, 학교, 관계 기관이 다각적인 노력을 기울여야 한다.
예상 독자 : 운전자, 학교 및 관계 기관

①	독자 분석	• 학교에서 어린이를 대상으로 하는 교통안전 교육이 체계적이지 못하다. • 어린이 보호 구역을 지나는 운전자는 특별한 주의가 필요하다는 인식이 부족하다. • 어린이 보호 구역 내에서 일어나는 교통사고를 예방하기 위한 관계 기관의 노력이 미흡하다.
②	전략 수립	• 어린이 교통사고가 늘어나는 원인이 무엇인지를 분석하고, 어린이 교통사고를 예방하기 위해 무엇을 개선해야 하는지를 제시한다. • 운전자, 학교, 관계 기관 등이 어린이의 행동 특성을 이해하고 어린이 교통사고를 예방하기 위해 다각적 노력을 기울일 것을 촉구한다.
③	자료 수집	• 어린이 보호 구역에서 발생한 교통사고의 원인을 유형별로 정리한다. • 교통안전 교육 프로그램, 교통사고 예방 방안 등을 찾아보고 성공 사례를 수집한다. • 월별, 요일별, 시간대별로 교통사고의 발생 빈도를 알 수 있는 통계 자료를 수집한다. • 어린이 교통사고를 예방하기 위해 운전자, 학교, 관계 기관이 해야 할 일을 정리한다.
④	내용 선정	• 어린이 보호 구역 내에서 일어나는 교통사고가 해마다 늘어나는 추세에 있음을 제시한다. • 학교에서 활용할 수 있는 효과적인 교통안전 교육 프로그램을 제시한다. • 어린이 교통사고 예방 방안으로 운전자의 주의, 경찰의 단속 강화, 안전시설 보완 등을 제시한다.
⑤	조직	• '현황 제시 → 문제점 분석 → 개선 방안 마련 → 실행 촉구'의 순서로 논지를 전개한다.

유형 5   자료의 보완

▶▶ 〈보기〉와 같은 구상을 통해 글을 완성하고자 한다. 추가적인 자료 수집 및 활용 방안으로 적절하지 않은 것은?

05 〈보기〉와 같은 자료를 통해 '세계 숲 보존'을 촉구하는 글을 완성하고자 한다. 자료 활용 방안으로 적절하지 <u>않은</u> 것은?

보기

㉠ 그린피스와 다국적 패스트푸드 업체 M, 곡물 업체 C는 벌목의 주요 원인을 제거하기 위해 열대 우림 산 콩 구입을 중지하는 협정을 맺었다. — 워싱턴 포스트	㉡ 알프스 산악 지역의 주민들과 시민 단체들이, 배기가스를 다량으로 배출하는 대형트레일러들의 통과를 막기 위해 고속도로를 봉쇄하였다. — 독일 ARD 방송	㉢ 환경에 대해 사람들이 주로 관심을 갖는 주제는 먹을거리(42.4%)와 아토피(19.6%)였으나, 생태 보전(4.0%)에 대한 관심은 적었다. — 환경 의식 조사
㉣ 세계의 숲 가운데 1/5만이 온전하게 남아 있으며, 그 중 40%는 20년 안에 완전히 사라질 것이다. — 세계 자원 연구소	㉤ 아마존의 대규모 벌목 사업 및 목초지 개발이 정부의 통제 밖에서 무분별하게 진행되고 있다. — 아마존 환경 보호 연구소	㉥ 미국의 한 여성은 삼림 파괴에 대한 저항의 의미로 삼나무 위에서 2년 남짓 생활한 끝에 대규모 벌목 사업을 막아 냈다. — 「나무 위의 여자」

숲 감소 현황과 추세
↓
숲 파괴로 인한 폐해
↓
숲 파괴의 원인
↓
숲 보존을 위한 방안
↓
숲 보존을 위한 행동 촉구

- ㉣을 활용하여 숲이 줄어드는 상황을 보여 줌으로써 독자의 경각심을 불러일으킨다. ················· ①
- ㉡을 통해 숲 파괴의 피해 사례를 보여 주고, 시민 단체들의 대응 방식이 지닌 문제점을 지적한다. ················· ②
- ㉤을 활용하면서 무분별한 벌목과 개발이 이루어지는 근본적인 원인을 찾아 추가한다. ················· ③
- ㉠을 사례로 들되, 삼림 지역의 대규모 개발을 막기 위한 현실적인 유인책들도 함께 모색한다. ················· ④
- ㉢을 통해 논지에 대한 독자의 관심을 촉구하고, 실천적 행동이 숲을 지킬 수 있음을 ㉥으로 시사한다. ················· ⑤

| 유형 6 | 구성 요소의 설정 |

▶▶ 〈보기〉는 어떤 글의 서론과 결론 부분이다. 본론의 내용으로 적절하지 않은 것은?

06 다음은 어떤 글의 서론과 결론 부분이다. 본론의 내용으로 적절한 것은?

> (가) 화려한 계절이다. 새싹과 새잎들이 고개를 내밀어 주위에 푸른 기운이 가득하고 갖가지 봄꽃들이 만개한 채 화사한 자태를 자랑한다. "잔디밭에 들어가지 마시오."라는 팻말을 못 보았는지 어느 곳에는 새로 돋아나는 잔디밭 위로 행인들의 발길이 잦아지며 길처럼 되어 버렸다. 며칠 지난 신문을 들추어 보니 "악법은 지킬 필요가 없다."는 주장이 화제에 올라 있다.
>
> (나) 법은 항상 국민들이 지킬 수 있도록 개선되어야 한다. 국민 대다수를 범법자로 만드는 규정을 그대로 계속 유지하여서는 안 된다. 아무리 정의롭고 합목적적인 규정이라 하더라도 국민 대다수가 준수하지 못하는 것이라면 그 규정이 준수되도록 국민들의 생활 방식과 의식을 고치게 하든지, 아니면 그 규정을 대다수 국민들의 생활 방식과 의식에 맞추어 고쳐 주어야 한다. 그러나, 국민들의 생활 방식과 의식을 고친다는 것이 어디 쉬운 일인가. 누구나 잔디밭을 밟고 다녀서 길처럼 만든 곳이라면 이를 막을 것이 아니라 아예 새 길로 내주어 당당하게 다닐 수 있도록 해야 할 것이다.

① 악법은 지킬 필요가 없다고 한다면 구체적으로 어느 법률이 악법에 해당하는지를 누가 판별해 낼 것인가의 문제에 답할 수 있어야 한다.

② 공동체에서 마련한 적법한 절차를 거치지 아니한 채 공동체에서 만든 규정을 지키지 않는 사람이 남을 다스리기 위한 규정을 만들어서는 안 될 것이다.

③ 악법도 법이니 사람을 죽일 수도 있고 살릴 수도 있다. 악법을 경계하고 악법에서 벗어나기 위해서는 어떤 법이 어떤 상황에서 어떻게 피해를 주고 있는가 살펴보아야 한다.

④ 어느 법을 지키지 않은 사람마다 그 법은 지킬 필요가 없는 악법이기 때문이라고 주장하고, 그러한 주장이 용인된다면 어디 그것이 모두에게 보편 타당한 효력을 갖는 법이라 할 수 있겠는가.

⑤ 지킬 수 없는 부당한 법이 있다면 개정하거나 폐지하기 위한 노력을 할 수는 있겠지만, 명백히 모두의 정의에 반하는 것으로 인정되는 법이 아닌 한 개정되거나 폐지될 때까지는 이를 준수해야 한다.

| 유형 7 | 구성 요소의 배치 |

▶▶ '공교육의 붕괴는 부모에게 책임이 있다'라는 제목으로 글을 쓰려고 한다. 다음 〈보기〉의 글감을 가장 잘 정리한 것은?

07 '분배 정의의 실현'이라는 제목으로 글을 쓰려고 한다. 다음 〈보기〉의 글감을 가장 잘 정리한 것은?

보기
- 세제의 개선
- 계층 간의 위화감 감소
- 남녀 간의 임금 격차 철폐
- 분배 정의 실현의 필요성
- 분배 정의의 실현을 위한 방안
- 과소비 풍조 추방 운동의 실시
- 저소득층의 상대적 빈곤감 증가
- 기업가의 사회적 책임 의식 고취
- 국민의 균등한 삶의 의지 향상 도모
- 분배 정의에 대한 사회적 욕구의 증대
- 금융 실명제와 토지 공개념의 조기 정착

① 1. 분배 정의에 대한 사회적 욕구의 증대
   2. 분배 정의 실현의 필요성
     (1) 계층 간의 위화감 해소
     (2) 저소득층의 상대적 빈곤감 증감
   3. 분배 정의의 실현을 위한 방안
     (1) 남녀 간의 임금 격차 철폐
     (2) 금융 실명제와 토지 공개념의 조기 정착

② 1. 분배 정의에 대한 사회적 욕구 증대
     (1) 저소득층의 상대적 빈곤감 증가
   2. 분배 정의 실현의 필요성
     (1) 계층 간의 위화감 해소
     (2) 국민의 균등한 삶의 질 향상 도모
   3. 분배 정의의 실현을 위한 방안
     (1) 세제(稅制)의 개선
     (2) 금융 실명제와 토지 공개념의 조기 정착

③ 1. 분배 정의에 대한 사회적 욕구 증대
     (1) 금융 실명제와 토지 공개념의 조기 정착
   2. 분배 정의의 실현의 필요성
     (1) 계층간의 위화감 해소
     (2) 과소비 풍조 추방 운동의 실시
     (3) 저소득층의 상대적 빈곤감 증가
   3. 분배 정의의 실현 방안
     (1) 국민의 균등한 삶의 질 향상 도모
     (2) 기업가의 사회적 책임 의식 고취

④ 1. 분배 정의 실현의 필요성
     (1) 저소득층의 상대적 빈곤감 증가
     (2) 분배 정의에 대한 사회적 욕구의 증가
   2. 분배 정의의 실현 방안
     (1) 세제(稅制)의 개선
     (2) 남녀 간의 임금 격차 철폐
     (3) 기업가의 사회적 책임 의식 고취

⑤ 1. 분배 정의에 대한 사회적 욕구 증대
     (1) 저소득층의 상대적 빈곤감 증가
   2. 분배 정의 실현의 필요성
     (1) 남녀 간의 임금 격차 해소
     (2) 기업가의 사회적 책임의식 고취
     (3) 금융 실명제와 토지 공개념의 조기 정착

| 유형 8 | 개요 작성 |

▶▶ 다음은 '하드보일드'에 관한 글이다. 〈보기〉의 조건에 맞추어 세 문장으로 요약하시오.

08 다음은 '인간의 특징'에 관한 글이다. 〈보기〉의 조건에 맞추어 세 문장으로 요약하시오.

보기
- 인과 관계가 나타나도록 한다.
- 접속어를 적절히 사용한다.
- 대상에 대한 필자의 주장이 나타나도록 쓴다.

초기 인류의 화석을 보면, 원시인의 골격은 오늘날의 인간들과는 동떨어지고 오히려 유인원에 흡사하다는 인상을 받게 된다. 그런 가운데에서도 극히 미미하지만 분명히 다른 특징을 찾아낼 수 있다. 그런데 바로 이 미미한 특징이 인류 문명의 발전을 가능하게 한 요인이 된다. 그것은 두 다리로 서서 걷기에 알맞은 신체 구조, 즉 직립 보행이 가능한 신체 구조였다. 두 다리로 걷는다는 것은, 곧 두 팔을 보행이라는 동작으로부터 해방시킨다는 의미였고, 이렇게 자유로워진 두 손으로 도구를 만들고 또 그것을 다룰 수 있게 되어서 인류 문명 발달의 새로운 국면을 열어 놓았다.

| 유형 9 | 단락의 요건과 구조 |

▶▶ ㉠~㉤ 중 단락의 구성 요건상 삭제해야 하는 것은?

09 ㉠~㉤ 중 단락의 구성 요건상 삭제해야 하는 것은?

오늘날 거의 어느 나라에서든지 과학 연구의 커다란 부분은 국립 연구 기관에서 진행된다. ㉠ 그뿐만 아니라 민간 연구 기관에서도 연구비의 많은 부분을 국가 예산에 직접 또는 간접적으로 의존하고 있다. ㉡ 이 때문에 국민들의 세금 부담이 증가되며 때로는 조세 저항의 현상을 초래하기도 한다. ㉢ 이것은 어떠한 체제에서도 볼 수 있는 것이고, 최근 들어 눈에 두드러지는 현상이기도 하다. ㉣ 그 때문에 과학자의 수는 증가하고, 연구비는 늘며, 연구 장치는 대형화·근대화되어 가고, 과학 연구의 진전 속도는 지금까지 볼 수 없었을 만큼 빨라졌다. ㉤ 예를 들어 과학 논문 발표수를 보아도 최근의 현저한 증대는 논문 홍수 같은 양상을 나타내고, 전문 분야의 모든 논문을 보는 일은 물리적으로 불가능하게 되었다.

최근의 이러한 변화는 한편으로는 긍정적 측면을 갖지만, 다른 한편으로는 과학 연구의 길을 상당히 변화시키고 과학 발전에 현저한 왜곡을 초래한다.

① ㉠   ② ㉡   ③ ㉢   ④ ㉣   ⑤ ㉤

유형 10   화제문과 뒷받침문

▶▶ 다음 중 주제 문장과 뒷받침 문장이 가장 긴밀하게 연결된 것은?

10 다음 중 주제 문장과 뒷받침 문장이 가장 긴밀하게 연결된 것은?

① 우리나라의 네 계절은 모두 아름답다. 봄에는 꽃이 피고 여름에는 새가 지저귄다. 또한 가을에는 모든 산들이 단풍에 젖어 온통 색동옷을 입은 듯하다.
② 인류 문명 발달사에서 전쟁은 양면적인 속성을 가지고 있다. 한 지역의 문명의 파괴와 동시에 또한 인간성의 파괴라는 심각한 사회 현상을 불러일으킨다.
③ 에어컨은 이제 우리 생활의 필수품이 되었다. 특히 무더운 여름날의 에어컨은 이루 말할 수 없이 고맙다. 그런데 선풍기에 비해 전력 소비량이 많고 고장도 잦아 가급적 사용하지 않는 것이 좋으며 따라서 꼭 필요한 것은 아니다.
④ 과일은 대체로 둥근 모양을 하고 있다. 사과가 그렇고 감도 그렇다. 파인애플도 전체적으로 보아 둥글다고 할 수 있다. 이 밖에도 둥근 모양을 하고 있는 과일로 포도와 배를 포함해 수많은 과일을 예로 들 수 있다.
⑤ 나는 학창 시절에 유익한 책을 많이 읽었다. 초등학교 때에는 세계의 위인전을 감명 깊게 읽었고, 중학교 때에는 한국 단편집을 읽은 것이 나의 소중한 독서 경험이었으나 고등학교 때에는 학업에 매달려 정작 좋은 책을 거의 읽지 못한 것이 못내 아쉽다.

유형 11   설명과 논증

▶▶ 〈보기〉의 조건을 지켜 '핵심어를 통해 본 21세기'라는 제목으로 글을 쓰려고 한다. 그 내용으로 가장 적절한 것은?
▶▶ 〈보기〉와 같이 내용을 보다 구체적으로 다시 써 보시오. (단, 비유법과 과장법을 써서 50자 이내로 쓰시오.)

11 〈보기〉의 조건을 지켜 '사이버 문명'이라는 제목으로 글을 쓰려고 한다. 그 내용으로 가장 적절한 것은?

보기

- 비유와 대조의 방법을 사용한다.
- 대상이 지니고 있는 양면적 속성을 드러낸다.
- 대상이 인격을 지니고 있는 것처럼 표현한다.

① '사이버 문명'은 인간에게 생산력과 효율성을 높여 주고, 이를 통해서 인간에게 정신적 풍요를 안겨다 주기도 한다.
② '사이버 문명'의 발달은 과거에는 상상할 수 없는 방향으로 인간의 운명을 이끌고 있으며, 앞으로도 이러한 발전이 계속될 것이다.
③ '사이버 문명'은 인간이 근원적으로 갖던 시간적 한계를 벗어나게 해 주었을 뿐 아니라, 공간적 한계 또한 극복할 수 있게 해 주었다.

④ '사이버 문명'의 발달로 인간은 전통적 사고에서 벗어나게 해 주었으나, 한편으로 인간 관계의 중요성을 짓밟히는 결과를 낳게 하였다.
⑤ '사이버 문명'은 인간 상상력의 한계를 넓힌 믿음직한 하인이지만, 인간을 지배하기 위해 끊임없이 시도하고 있는 음흉한 정복자이기도 하다.

12 〈보기〉와 같이 내용을 보다 구체적으로 다시 써 보시오. (단, 예시와 비유법을 써서 50자 이내로 쓰시오.)

> 보기
> 젊은이들은 유교적 도덕관을 경시한다.

유형 12 서론과 결론

▶▶ 다음은 글을 쓰기 위해 구상한 개요이다. 서론, 본론의 개요를 통해 결론의 내용을 작성해 보시오. (50자 내외의 한 문장으로 쓰시오.)

13 다음은 글을 쓰기 위해 구상한 개요이다. 서론, 본론의 개요를 통해 결론의 내용을 작성해 보시오. (50자 내외의 한 문장으로 쓰시오.)

> 서론 : 많은 사람들이 표준어는 우아하고 방언은 천하다는 인식을 가지고 있다.
> 본론 :
>   가. 표준어와 방언의 특징
>   ① 표준어는 통일된 언어를 만들기 위해 기준을 세운 것으로 공적이며 규범적이다.
>   ② 방언은 일정 지역의 언어 소통을 위해 저절로 발생한 것으로 보다 정감적이다.
>   나. 방언의 가치
>   ① 고어 연구의 귀중한 자료가 된다.
>   ② 표준어의 부족한 점을 보충해 준다.
>   ③ 훌륭한 언어 체계를 가지고 있다.
>   ④ 표준어에 없는 어휘를 보충해 주는 역할을 한다.
>   ⑤ 소설이나 드라마 등에서 극의 효과를 더욱 높여 준다.
> 결론 : _____

14 〈보기〉와 같이 내용을 보다 구체적으로 다시 써 보시오. (단, 예시와 비유법을 써서 50자 이내로 쓰시오.)

> 보기
> 사람은 무엇엔가 흔들리는 존재이다.

15
〈보기〉의 조건을 지켜 친구의 얼굴을 서술해 보시오. (100자 이내)

보기
- 묘사의 서술 방식을 택할 것.
- 비유법을 사용할 것.

16
〈보기〉의 주어진 단어를 이용하여 다음 글의 주제문을 한 문장으로 작성하시오

> 개성의 가치를 부인하는 것은 아니지만, 철학자가 편견을 가져서는 안 된다. 세계의 진리를 규명하려는 자가 치우친 생각으로 사물과 현상을 보게 된다면, 우리는 그 철학자에게서는 아무것도 기대할 수가 없다.
> 자신만의 생각을 고집하는 것 역시 철학하는 올바른 자세가 될 수 없다. 적극적인 대화와 토론을 통해 학문의 폭을 넓히고 그 깊이를 더해야 한다. 타인의 생각을 존중하지 않고, 폐쇄적인 사고만을 거듭한다면 여러 사람들의 공감을 얻을 수 있는 관점이 형성될 수 없기 때문이다.
> 아울러 철학하는 사람들에게는 아무리 단순한 내용일지라도 논리적으로 사유하는 습관이 요구된다. 철학이라는 학문은 논리의 뒷받침 없이는 불가능하기 때문이다.

보기

시각   자세   사유

17
〈보기〉는 '한국의 외래 문화'를 소재로 글을 쓰기 위해 수집한 자료이다. 이를 간결한 하나의 주제문으로 정리하시오.

> 현재 한국인들의 문화나 정신 세계에 큰 영향을 끼치며 자리 잡고 있는 외래 문화의 특징을 살펴볼 때 놀라지 않을 수 없는 것은 대부분의 외래 문화들이 외형적으로는 그 본래의 고유한 특징과 속성을 지니고 있는 것처럼 보이지만, 한국인의 문화나 정신 세계에 자리를 잡는 과정에서 한국 전통 문화의 영향을 받아 실제 내용에 있어서는 외래 문화들이 본래 가지고 있던 고유성과는 상관이 없거나 상반되는 한국적인 가치관과 특질, 요소 등을 그 속에 담고 있다는 사실이다.

홈페이지 클릭   자료 16 : 문장 부호
자료 17 : 문장 수사법

제3절 듣기

❋ 출제 방향

문항 수(주관식)		평가 내용
15(2)	기존	• 담화 자료를 듣고, 논리적, 비판적, 창조적으로 이해하는 능력을 평가 • 듣기의 실제성을 강조.
	변경	• 일상생활의 구어 텍스트 활용 • 현실적인 발화 상황의 재현 • 시각 자료의 활용을 통해 다양한 듣기 상황 능력의 평가 • 듣기 영역에 적합한 주관식 유형 도입(중심 내용의 요약, 텍스트 내용에 대한 비판, 찬·반 입장의 근거 기술)

❋ 학습 길잡이

1. 듣기는 언어 발달 과정의 첫 단계이다. 들은 것이 있어야 말하고 읽고 쓸 수 있는 것이다. 듣기를 통해 국어 전 영역의 문제에 대한 적응력을 기를 수 있을 뿐만 아니라 상식을 넓힐 수도 있다. 귀로 듣고 찍으면 된다는 선입관부터 버려야 한다.

2. 듣기는 또 들을 수 없으므로 다른 영역과 달리 훈련을 필요로 한다. 일정한 시간을 정해 놓고 지속적으로 듣기 문제를 풀어 보면서 꾸준히 적응력을 기르는 것이 무엇보다 중요하다.

3. 듣기는 시사성이 강한 제재가 자주 출제된다. 그러므로 평소에 신문이나 인터넷 등 주변의 여러 매체를 통해 배경 지식을 넓히는 것이 중요하다.

듣기 5계명
- 문제를 반드시 먼저 읽어 두는 습관을 길러야 한다.
- 들으면서 메모하는 습관을 반드시 길러야 한다.
- 세부 정보를 확인할 때에는 답지를 하나씩 지워 나가는 습관을 길러야 한다.
- 발화의 과정에서 나타나는 화자의 태도를 파악하면서 들어야 한다.
- 발화 내용에 대해 객관적인 사실과 주관적인 의견을 나누어 들어야 한다.

Ⅰ. 사고 과정별 듣기

테마 1 사실대로 듣기

발화 유형 분류

① 일상 발화('시장의 언어')
- 토론, 논쟁, 토의, 세미나, 심포지엄 등의 대화
- 전화 통화, 길 찾기 등의 일상 대화
- 상업적 광고, 요구, 부탁 등의 특수 상황 발화
- 뉴스, 광고, 극 등의 방송 발화
- 정서적 발화
- 농담, 언어유희 등의 특수 발화

② 비일상 발화('실험실의 언어')
- 학술 강연 발표
- 연설, 담화 등의 일방적 발화
- 문학 작품 낭독
- 안내, 고지 등의 정보 전달 발화

※ 다음은 강연의 일부입니다. 잘 듣고 물음에 답하십시오.

　　미식 축구의 핵은 '쿼터 백'입니다. 경기 중 작전의 성패(成敗) 여부는, 코치의 손을 이용한 사인을 쿼터 백이 얼마나 정확히 간취(看取)하느냐에도 달려 있기 때문입니다. 첨단 통신 기기의 발달을 이용한다면 얼마든지 원시적인 수신호(手信號) 외의 전달 방법이 가능하지만, 페어플레이의 정신은 그것을 금하고 있지요. 중간 휴식 시간의 직접적인 대화 방법이 있기는 하지만 관객들은 그 내용을 알아들을 수가 없고 사실 알 필요도 없습니다. 그런데 우리나라 텔레비전은 엉뚱한 친절을 베풉니다. 농구나 배구의 전반전이 끝나면, 카메라에 매달린 마이크를 통해 코치의 작전 지시를 시시콜콜 시청자에게 알려 줍니다. 축구의 경우는 라커 룸이라는 밀실까지 마이크가 따라가지요. 그것은 사실상의 비윤리적 도청 행위가 아닐까요?
　　스포츠에서는 그 동기의 순수성을 이해할 수 있다 쳐도, 오늘날의 국제 정보정치는 도청이 공인된 무기쯤으로 행세하고 있는 판입니다. 책이나 잡지에 소개된 상상을 초월하는 도청 장치는 그런 오늘의 모습을 대변하고 있지요. 당사자 몰래 눈곱만한 송신기를 그의 책상 다리에 매다는 정도는 식은 죽 먹기이고, 대상자가 자주 이용하는 공중 전화 박스 천장에도 그것을 가설하는 수가 있다고도 합니다. 조지 오웰의 소설 「1984」을 보면 도청은 차라리 중요한 통치 수단으로 둔갑하지요. 주인공 윈스턴과 애인이 방안에서 '우리는 죽은 목숨이야.' 하고 말을 나누면, 금방 등 뒤에서 '너희들은 죽은 목숨이다.'는 금속성이 들려올 정도로 말입니다.

우리나라의 형사법 조항에 편지나 문서 외에 '대화를 통한 비밀의 보호 필요성'이 들어 있음은 이러한 와중에서도 천만 다행이라 여겨집니다. 거기에는 응당 전화 도청의 도덕적 죄악도 포함되어 있으니까 말입니다.

01 이 강연에 제목을 붙인다면 가장 적절한 것은?
① 도청의 방법
② 도청 행위의 처벌 방안
③ 현대 사회가 지닌 도청의 심각성
④ 우리나라와 외국의 도청 실태 비교
⑤ 스포츠 세계와 일반 사회에서의 도청 행위의 인식의 차이

※ 다음은 강연의 일부입니다. 잘 듣고 물음에 답하십시오.

요즘 많은 서점들이 계속 문을 닫고 있다고 합니다. 사람들이 특히, 청소년들이 책을 읽지 않아서 그렇다고 하고, 또 그걸 개탄하는 목소리도 높습니다.

청소년들이 책을 읽지 않는 건 분명 걱정스런 일이죠. 그러나, 저는 이런 생각을 해봅니다. 자. — 책이라는 건 독자들에게 무슨 정보나 즐거움을 주는 거 아니겠습니까? 그런데, 사람들이 책을 읽지 않는단 말입니다. 요즘이 어떤 시대입니까? 많은 정보를 보다 빠른 시간에 얻는 게 유리한 게 아닙니까? 그런데, 책을 읽지 않아요. 그러면, 그 사람들은 정보를 얻거나 즐거움을 누리는 것을 포기한 걸까요? 저는 그렇게는 생각지 않습니다. 그 사람들은 책에서 얻던 것을 다른 데서 얻는 거죠. 바로 이 점에서 전파 매체와 영상 매체의 역할을 새롭게 볼 필요가 있다고 봅니다.

요즘 청소년들을 보면, 길을 갈 때나 심지어 등산을 할 때에도 라디오를 듣고 있어요. 가방 속에 책은 없구요. 그렇다고, 라디오를 뺏고 책을 주어야 할까요? 그래서 저는 시급한 건 그 라디오를 보다 좋은 음악과 이야기를 들려주는 라디오로 만드는 일이라고 봅니다.

02 이 강연에서 발언자가 주장한 핵심 사항은?
① 청소년들이 책을 읽지 않는 것은 잘못된 일이다.
② 책은 여전히 정보 전달 기능을 갖고 있다.
③ 정보는 어느 곳에서 얻든지 무방하다.
④ 영상 및 전파 매체를 효과적으로 이용해야 한다.
⑤ 현대에는 신속하고 많은 정보가 요구된다.

※ 다음은 대화의 일부입니다. 잘 듣고 물음에 답하십시오.

갑 : 요즘 청소년들은 무분별한 충동에 잘 휩쓸린다고 생각해요. 특히 외국의 상업 문화에 잘 빠져 드는 경향이 있죠. 지난번 뉴키즈 공연 때만 해도 그래요. 청소년들의 관람 태도는 결코 정상적 이었다고 할 수 없어요. 열광하다 못해 이성까지 잃었거든요. 그것도 집단으로요. 이런, 청소년 들의 모습을 보면은 우리 앞날을 걱정하지 않을 수가 없군요.

을 : 그렇게만 볼 수는 없지 않을까요. 청소년들도 나름대로 풀어야 할 스트레스가 있거든요. 아~, 청소년들이 어떤 가수의 공연장에서 열광했다고 해서, 무조건 비난할 수는 없지 않습니까? 기 성세대의 관점에서 그들을 일방적으로 비판해서는 곤란합니다. 물론, 그 스트레스의 해소라는 것이 도가 지나치거나, 청소년의 본분에서 벗어나는 것은 문제입니다만…….

병 : 청소년들이 자극적인 것에 쉽게 빠지고 있는 것은 사실이지요. 그러나 더 큰 책임은 기성세대에 게 있다고 봅니다. 청소년들이 건전한 문화를 누릴 수 있는 여건을 만들어 주지 못하고 있거든요. 감수성은 예민한 나이인데, 여러 가지 문제로 생기는 스트레스를 올바르게 해소할 방법은 없는 형편이거든요. 더구나, 일부 기업이나 유흥업소에서는 이익만 챙기느라구 청소년들을 부추기고 자극하고 그러거든요. 문제는 이런 데 있지 않을까요.

03 이 대화에서 세 사람이 다 같이 인정하고 있는 사실은?

① 청소년들에게 적절한 문화 공간이 없다.
② 청소년들의 행동에는 긍정적 측면이 있다.
③ 청소년들이 우리 전통 문화에 대한 인식이 없다.
④ 청소년들이 천박한 외래 상업 문화에 물들어 있다.
⑤ 청소년들이 자극적이고 충동적인 것에 휩쓸리고 있다.

※ 다음은 강연의 일부입니다. 잘 듣고 물음에 답하십시오.

　모든 사람들은 행복한 삶을 염원하고 있지만, 실제로 행복한 삶을 사는 사람은 그다지 많지 않습 니다. 모든 사람들이 보람 있는 삶을 열망하고, 각자가 나름대로 노력도 하지만, 실제로 자기 뜻을 이루는 사람들은 비교적 적은 편입니다. 하고자 했던 일이 마음대로 되지 않을 뿐만 아니라 소망하 는 것과는 전혀 다른 결과를 얻고 좌절하는 경우도 허다합니다. 이런 괴리의 원인이 어디에 있는 것 인지 생각해 봅시다.
　인간이란 본래 힘과 지혜가 유한한 존재이므로 세상 일이 뜻대로 되지 않는 것은 어쩌면 당연하 다고 볼 수도 있습니다. 그러나 모든 잘못의 원인이 인간의 유한성이나 불가피한 운명에만 있다고 보아야 할까요? 사실, 잘 생각해 보면, 인간의 힘으로 충분히 막을 수 있는 불행인데도 우리의 잘못 으로 막지 못하는 경우도 많습니다. 인간의 힘으로는 어쩔 수 없는 불행의 문제는 별 도리 없는 것 으로 접어 둔다 하더라도 인간의 힘으로 처리할 수 있는 문제에 대해서만은 최선을 다하는 것이 우 리가 취해야 할 바른 태도일 것입니다.

04 이 강연의 요지는 어느 것입니까?

① 자기의 행복을 위해 열심히 노력하자.
② 뜻대로 되지 않더라도 좌절하지 말자.
③ 할 수 있는 일이나마 최선을 다하자.
④ 이상과 현실 사이의 괴리를 극복하자.
⑤ 자기의 운명을 슬기롭게 개척하자

※ 다음은 강연의 일부입니다. 잘 듣고 물음에 답하십시오.

> 여러분들은 자린고비의 어원(語源)을 알고 있습니까? 근검 절약이 몸에 밴 한 구두쇠 양반이 부모 제사 때 쓰고 그때그때 태워 버려야 할 지방을 태우지 않고 여러 해 되풀이해 쓰는 바람에 그 지방이 낡을 대로 낡았다고 합니다. 결국 그 지방에 쓰인 아비 고(考) 자와 어미 비(妣) 자가 절을 대로 절어서 '저린고비'가 되었고, 여기에서 '자린고비'로 발전했다고 합니다.
>
> 여기에서 생겨나기 시작한 자린고비의 설화들은 대개 내용은 황당하지만 천하의 구두쇠들을 비판하거나 매도하자는 데 뜻이 있는 것이 아니라, '구두쇠처럼 살아야 한다.'는 나름대로의 교훈을 담고 있는 공통점을 보입니다. 대부분이 희화적(戲畵的)이고 과장적(誇張的)인 이야기들이지만 '근검 절약이란 아무리 해도 지나치지 않다.'는 점을 일깨우는 것입니다.
>
> 조선조 정조(正祖)때 호조 판서를 지낸 김재찬의 어머니 윤씨에 관한 이야기가 있습니다. 윤씨는 우연히 임진왜란 때 조선에 출정했던 명나라 군대가 놓고 간 많은 은덩어리를 발견하지만 그것을 땅속에 묻어 두었다고 합니다. 갑자기 부자가 되면 식구들이 일과 공부를 게을리 할 것을 우려했기 때문입니다. 아들은 열심히 공부해 성공했고, 후에 이 은덩어리들은 나라를 위해 쓰였다고 합니다.
>
> 이 일화는 지금의 우리에게 매우 상징적이라 할 수 있습니다. 일확 천금한 사람은 말할 것도 없고 갑자기 형편이 좋아진 사람 치고 근검 절약을 염두에 두는 사람이 거의 없기 때문입니다. 너나 할 것 없이 '내일 지구의 종말이 오더라도 오늘 쓸 것은 써야 한다.'는 식의 사치와 과소비 풍조가 경제 난국의 큰 요인으로 작용하기에 이르렀습니다.
>
> 지금은 자린고비나 윤씨 같은 사람을 찾아볼 수 없게 되었습니다. 음성군은 근검 절약을 실천하는 주민들에게 '자린고비상'을 주기로 했다고 하는데, 과연 이 상을 받을 만한 자린고비들이 아직도 있기는 있는지 지켜볼 만합니다.

05 이 강연을 통해 화자가 전달하고자 하는 바로 가장 적절한 것은?

① 자린고비의 설화에서 근검 절약의 정신을 본받아야 한다.
② 자린고비의 행동을 실천하는 사람에게 상을 주어야 한다.
③ 자린고비의 지나친 절약 정신은 비판적으로 수용해야 한다.
④ 우리나라에는 자린고비에 관한 설화가 많이 전해지고 있다.
⑤ 어원을 알고 말을 사용한다면, 의미를 분명하게 전달할 수 있다.

※ **다음은 대화의 일부입니다. 잘 듣고 물음에 답하십시오.**

선생 : 이군, 자네는 김상민 군의 말씨에 대해 어떻게 생각하는가? 오늘도 내 방을 다녀갔네만, 그 사람 말씨는 한마디로 엉망일세. 그 친구는 존대말의 바른 사용법을 전혀 못 배운 사람 같애.
학생 : 상민이 말씨가 좀 그렇긴 합니다만.
선생 : 이 사람아, 그 친구 말하는 것을 좀 잘 들어보게. 그 사람 말씨는 그야말로 요새 신문이나 잡지에 흔히 나오는 언어의 오염 현상 바로 그것 같애.
학생 : 선생님, 상민이 편을 드는 것은 아닙니다만, 언어에 무슨 오염이 있고 정화가 있겠습니까? 그저 시대에 따라 말이 바뀌어 가는 거겠지요. 선생님, 제 생각으로는 언어란 기본적으로 그 시대 사회의 산물인 것 같습니다. 상민이 그 친구뿐만 아니라 요새 젊은 사람들 존댓말 쓰는 모습이 거의 그런 것 같습니다. 결국 엄격한 존댓말이란 신분 구분이 철두철미했던 전통 사회의 산물이고 유물인 것 같습니다. 해방 이후 전통 사회가 붕괴되고 나서, 존댓말의 쓰임새뿐만 아니라 말씨 바뀐 것이 얼마나 많습니까? 제 생각으로는 다 세상이 바뀌고 그래서 말도 바뀌고, 특히 민주주의, 평등주의 영향 같습니다.
선생 : 하기야 사람들마다 의견이 다 다를 수 있겠지. 옛날식 존댓말을 고집하는 사람도 있겠고, 그렇지 않은 사람도 있겠고.
학생 : 예, 물론입니다. 상민이 그 사람이 조금 심하긴 합니다만 시간이 지나면 그런 말씨가 이제는 대세가 될 듯 싶습니다.
선생 : 그래, 세상이 바뀌면 말도, 풍속도 다 따라 바뀌겠지. 내 자네 의견에 동의하지 않는 게 아닐세. 좀 심하다는 거지.

06 이 대화에서 이끌어 낼 수 없는 명제는?

① 언어는 끊임없이 변화한다.
② 언어는 말하는 이의 인격을 반영한다.
③ 언어의 변화와 사회의 변화는 상호 관련된다.
④ 언어의 변화는 가치 판단의 대상이 될 수 없다.
⑤ 우리는 언어 사용에 대해 상이한 태도를 가질 수 있다.

※ 다음은 학생의 발표 내용의 일부입니다. 잘 듣고 물음에 답하십시오.

여러분, 조선 시대 사람들은 상거래를 어떻게 했을까요? 이것을 알기 위해 저희 모둠에서는 조선 시대에 활동했던 보부상에 대해 조사해 보았습니다.

보부상은 전국의 장을 돌아다니며 생산자와 소비자를 연결해 주던 상인으로, 보상과 부상을 함께 부른 이름이라고 합니다. 보상은 봇짐장수로 물품을 보자기에 싸서 어깨에 메는 방식으로 가지고 다녔는데 귀금속, 장신구, 화장품 등의 잡화를 팔았고, 부상은 등짐을 지고 다니는 장수로 옹기, 생선, 소금 등과 같은 생활용품을 팔았다고 합니다.

보부상은 전국적인 조직을 갖추고 국가의 일정한 보호를 받는 대신, 국가의 유사시에 동원되어 정치적 활동을 수행하기도 했다고 합니다. 예를 들어, 임진왜란 때는 행주산성 전투에 무기를 운반, 보급하고 직접 전투에도 가담하여 왜군을 물리치는 데 공헌한 일이 있습니다.

보부상들에게는 채장이라고 하는 신분증이 매년 발급되었는데, 이것이 없으면 장사는 물론 객줏집에서 자고 가는 것까지 금지되었습니다. 채장의 뒷면에는 보부상들이 절대로 해서는 안 되는 네 가지 계명이 적혀 있답니다. 장사를 하면서 불손한 언어를 쓰거나 불친절하여 예의에 벗어나는 행위를 하는 것을 금하는 물망언, 나그네로 돌아다니면서 민폐를 끼칠 것을 경계해 이를 금하던 물패행, 음란함을 금하던 물음란, 도둑질을 금하던 물도적과 같은 규율이 그것입니다. 이로 미루어 보부상은 조직의 엄격한 통제를 따라야 했을 것으로 짐작됩니다. 신분은 낮았지만 예의와 규율을 지켜 이웃과 함께 살아가려 했던 보부상들의 정신을 오늘날 상인들도 배워야 합니다.

07 이 발표를 들은 학생들이 알 수 있는 사실이 아닌 것은?

① 보부상은 신분증을 지니고 다녔다.
② 보부상에게는 지켜야 할 규범이 있었다.
③ 보부상은 전국의 장을 돌아다니며 장사했다.
④ 보부상은 일부 상품을 독점적으로 취급했다.
⑤ 보상과 부상은 취급하는 물품이나 운반 방법이 달랐다.

※ 다음은 대화의 일부입니다. 잘 듣고 물음에 답하십시오.

학 생 : 선생님께서는 앞으로의 문학은 무엇을 목표로 삼아야 한다고 생각하십니까?
비평가 : 음, 나는 민중의 발견이라고 생각하네. 예를 들면 자기의 개성을 들여다보지 말고 민중에게 눈을 돌려라! 개성적인 미 같은 것을 세련시키는 데 치중하지 말고, 민중의 진리를 발견하라! 라고나 할까?
학 생 : 그렇다면 선생님께서는 비평가로서 사실주의를 지지하신다는 말씀입니까?
비평가 : 그렇다고도 할 수 있지.
학 생 : 그러면 사실주의와 앞으로의 문학은 어떤 관계가 있나요?
비평가 : 그거야 있지 않은가? 앞으로는 작가들이 고갈된 개성을 억지로 과장하려 애쓰지 말고, 사회 속으로 가서 민중들의 진솔한 감정과 삶을 발견하려고 노력하라는 말일세. 달리 말하면 작가의 주관적 태도를 버리고 편견과 독단을 떠나서 민중을 보고 민중의 소리를 들으라는 이야기지. 이게 사실주의 아닌가?

학　생 : 한 가지 더 묻고 싶습니다. 앞으로는 창작보다는 기록이 중요하다는 말씀입니까?
비평가 : 꼭 그런 건 아니지. 오히려 민중의 편에 서라는 말일세. 즉 작가는 예언자 내지 지도자적 긍지를 앞세우기보다는 민중들의 삶에 대한 충실한 발견자, 기록자가 되라는 말일세.
학　생 : 그러면 오늘날의 우리 작가는 누구를 모범으로 삼아야 할까요?
비평가 : 그야 물론 고대의 이름 없는 민요 작가지. 그러나 최근 연구에 따르면 민요는 한 개인이 지은 것이 아니라, 민중 사이에서 자연 발생적으로 생겨난 것을 후대의 시인들이 수집·정리하였다고 보고 있는 모양일세.
학　생 : 아, 그러면 작가의 기능이 이전과 달라지겠군요?
비평가 : 암, 그것이 중심 문제지.

08 이 대화에서 비평가가 말하는 내용과 일치하는 사실은?

① 작가는 시대의 예언자가 되어야 한다.
② 앞으로의 문학에는 개성이 강조될 것이다.
③ 사실주의적 시각을 가질 필요가 있다.
④ 문학은 현실에 대한 작가의 주관적 표현이다.
⑤ 고대의 민요는 현재에도 살아 있는 장르이다.

※ **다음은 교양 강의의 일부입니다. 잘 듣고 물음에 답하십시오.**

　　여러분, 세상에서 가장 아름다운 모습은 무엇일까요? 아이의 웃는 모습, 혹은 꽃이 만발한 들판의 모습일까요? 옛 사람들은 어머니가 자식을 품에 안고 있는 모습이라고 생각했습니다. 그래서 만들어진 글자가 '아름답다, 좋다'는 뜻의 '호(好)'입니다. 이렇듯 한자에는 여러 글자의 의미를 합해 만든 글자들이 있습니다. 이것이 '뜻을 모아 만든 글자'란 의미를 갖고 있는 '회의자(會意字)'입니다. 여러분, '쉬다'란 의미를 갖고 있는 '휴(休)'를 아실 겁니다. '사람 인' 변 옆에 '나무 목' 자가 있는 글자죠. 이 글자는 사람이 나무 그늘에 앉아 쉬는 모습을 나타낸 글자입니다. 이렇게 각 글자가 대등한 관계로 만나 새로운 뜻을 만들면 회의자입니다.
　　회의자는 한 글자를 반복해서 만들기도 합니다. 나무가 여럿이 모이면 숲이 되겠죠. 그래서 수풀 '림(林)' 자는 나무를 두 개 합쳐 놓은 것입니다. 또 나무가 좀 더 많이 모이면 빽빽한 산림을 이루겠죠. 그래서 나무 목자를 세 개 쓴 것이 산림을 의미하는 '삼(森)' 자입니다. 동일한 글자를 두 번 반복해 쓰면 '여럿'이란 뜻이고, 세 번 반복해서 쓰면 '아주 많다'는 뜻입니다. 이렇듯 회의자가 어떻게 만들어졌는지를 이해하면 한자의 의미를 좀 더 쉽게 이해할 수 있습니다.
　　회의자가 만들어진 원리는 글자의 미묘한 차이를 이해하는 데도 도움을 줍니다. 여러분, 혹시 '간(看)' 자와 '성(省)' 자를 아시나요? 이 두 글자는 모두 '보다'라는 의미를 나타냅니다. 하지만 두 글자는 의미에 차이가 있습니다. '간(看)'은 손 '수(手)'와 눈 '목(木)'을 합쳤으니 눈 위에 손을 얹고 쑥 훑어보는 것을 뜻하는 반면, '성(省)'은 적을 '소(少)'와 눈 '목(目)'이 결합되었으므로 눈을 조그맣게 뜨고서 유심히 살피는 것을 뜻합니다.

09 이 강의에서 설명한 제자 원리의 사례로 적절한 것을 〈보기〉에서 모두 찾아 바르게 묶은 것은?

> 보기
>
> ㄱ. 水 + 靑 = 淸(청) …… 맑다
> ㄴ. 口 + 鳥 = 鳴(명) …… 울다
> ㄷ. 言 + 己 = 記(기) …… 기록하다
> ㄹ. 門 + 耳 = 聞(문) …… 듣다
> ㅁ. 車 + 車 + 車 = 轟(굉) …… 시끄럽다

① ㄱ, ㅁ   ② ㄴ, ㄹ   ③ ㄴ, ㅁ
④ ㄱ, ㄴ, ㄹ   ⑤ ㄴ, ㄷ, ㄹ

※ 다음은 무용 수업의 일부입니다. 잘 듣고 물음에 답하십시오.

> 선생님 : 여러분, 오늘은 우리나라의 민속 무용에 대해서 알아보겠습니다. 우리나라 민속 무용에는 어떤 것이 있을까요?
> 학생 1 : 예, 농악이랑 탈춤이요.
> 학생 2 : 선생님, 저는 강강술래가 대표적인 민속 무용이라 생각하는데요.
> 선생님 : 네, 잘 알고 있군요. 농악, 탈춤, 강강술래 등은 모두 우리나라 민속 무용입니다. 그럼 이 중에서 오늘은 강강술래에 대해서 알아볼까요? 강강술래는 주로 여자들이 손을 잡고 원을 그리며 빙빙 돌면서 추는 춤입니다. 그리고 그 춤에 맞추어 노래를 서로 주고받는 놀이이지요. 그러니까 노래와 춤, 놀이가 혼합된 형태입니다. 처음에는 느린 장단에 맞추어 노래를 부르며, 둥글게 서서 오른손은 앞사람 손을, 왼손은 뒷사람의 손을 잡고 천천히 돌다가, 점점 신명이 고조되어 가면서, 장단과 노래가 빨라짐에 따라 팔을 쭉 펴고 뛰게 되는데, 이것을 '자진강강술래'라고 합니다. 이때부터 본격적인 놀이가 진행되는데, 선두가 자기 왼손을 놓으면서 시계 방향으로 움직여 원의 중심을 향해 가는 것을 '덕석몰기'라고 합니다. 그리고 선두가 원의 중심에서 '덕석몰기'와는 반대로 돌아, 나선이 풀리는 방향으로 도는 것을 '덕석풀기'라 하지요. 이렇듯 강강술래는 둥글게 원을 이루며 노는 것이라 할 수 있는데, 일직선으로 서서 노는 경우도 있습니다. 우선 허리를 굽혀 앞사람의 왼쪽 허리에 오른쪽 얼굴을 대고 허리를 껴안습니다. 이렇게 하면 원이었던 대형이 일렬종대로 변형되지요. 그러면 맨 마지막 사람이 두 사람의 도움을 받아 대형의 등과 어깨를 밟고 건너가지요. 이것을 '지와밟기'라고 합니다.

10 이 수업의 내용으로 볼 때 〈보기〉의 강강술래 유형을 선생님이 설명한 순서대로 바르게 배열한 것은?

보기

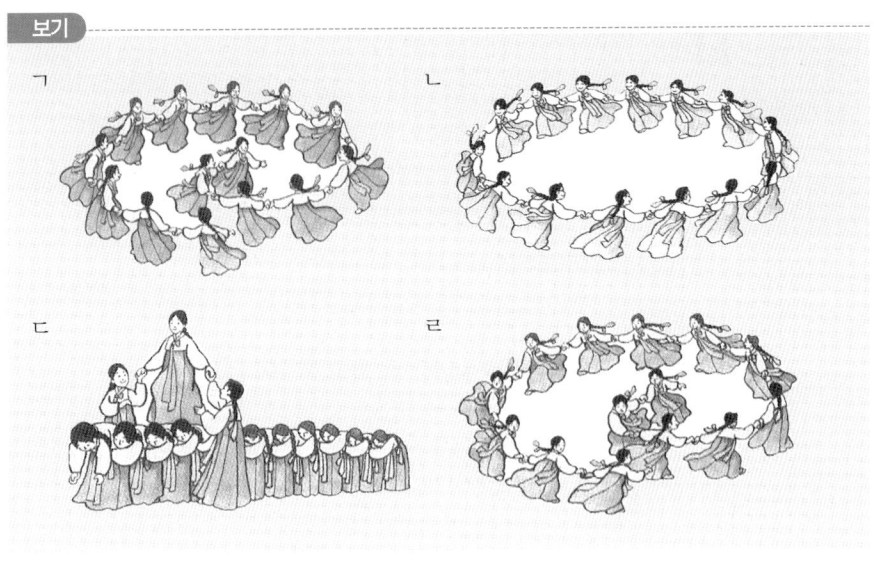

① ㄱ → ㄹ → ㄴ → ㄷ ② ㄴ → ㄱ → ㄹ → ㄷ ③ ㄴ → ㄹ → ㄱ → ㄷ
④ ㄹ → ㄱ → ㄴ → ㄷ ⑤ ㄹ → ㄴ → ㄱ → ㄷ

※ 다음은 연극 대사의 일부입니다. 잘 듣고 물음에 답하십시오.

파수꾼 : 촌장님은 이리가 무섭지 않으세요?
촌　장 : 없는 걸 왜 무서워하겠니?
파수꾼 : 촌장님도 아시는군요?
촌　장 : 난 알고 있지.
파수꾼 : 아셨으면서 왜 숨기셨죠? 모든 사람들에게, 저 덫을 보러 간 파수꾼에게, 왜 말하지 않는 거예요?
촌　장 : 말해 주지 않는 것이 더 좋기 때문이다.
파수꾼 : 거짓말 마세요, 촌장님! 일생을 이 쓸쓸한 곳에서 보내는 것이 더 좋아요? 사람들도 그렇죠! '이리 떼가 몰려 온다.'라는 이 헛된 두려움에 시달리는데 그게 더 좋아요?
촌　장 : 애야, 이리 떼는 처음부터 없었다. 없는 걸 좀 두려워한다는 것이 뭐가 그렇게 나쁘다는 거냐? 지금까지 단 한 사람도 이리에게 물리지 않았단다. 마을은 늘 안전했어. 그리고 사람들은 이리 떼에 대항하기 위해서 단결했다. 그들은 질서를 만든 거야. 질서, 그게 뭔지 넌 알기나 하니? 모를 거야, 너는. 그건 마을을 지켜 주는 거란다. 물론 저 충직한 파수꾼에겐 미안해. 수천 개의 쓸모 없는 덫들을 보살피고 양철북을 요란하게 두들겼다. 허나 말이다. 그의 일생이 그저 헛되다고만 할 순 없어. 그는 모든 사람들을 위해 고귀하게 희생한 거야. 난 네가 이러한 것들을 이해해 주기 바란다. 만약 네가 새벽에 보았다는 구름만을 고집한다면, 이런 것들은 모두 허사가 된다. 저 파수꾼은 늙도록 헛북이나 친 것이 되구, 마을의 질서는 무너져 버린다. 애야, 넌 이렇게 모든 걸 헛되게 하고 싶진 않겠지?

— 이강백, '파수꾼'

11 이 대사에서 촌장의 말하기 특징을 가장 잘 설명한 것은?

① 파수꾼의 날카로운 질책에 끝까지 시치미를 떼고 있다.
② 자기만이 아니라 파수꾼에게도 책임이 있음을 강조하고 있다.
③ 진실이 탄로 날까 두려워하며 이를 감추려 전전 긍긍하고 있다.
④ 자기의 입장을 합리화하면서도 파수꾼의 입을 막으려 하고 있다.
⑤ 자기가 한 일이 아니었음을 내세우며 책임을 회피하려 하고 있다.

※ 다음은 학급 회의의 일부입니다. 잘 듣고 물음에 답하십시오.

> A : 의장 청소 당번 문제인데요. 여기 대해서 제가 한마디 하겠습니다. 청소라는 거는 신성한 겁니다. 자기가 사는 환경을 깨끗이 하는 그 자체가 벌써 신성한 거죠.
> 청소를 하면 위생에도 좋고, 운동 효과도 있습니다. 근로 정신을 배우게도 되죠. 또 봉사 정신을 기르게도 됩니다. 이렇게 신성하고 보람 있는 청소 당번을 정하는데, 왜 하필 지각이나 교칙 위반에 대한 벌로 청소를 시키느냐 이겁니다. 그러니까 '청소는 벌'이다. 이런 생각이 들게 되고, "청소는 더러운 것이다. 청소는 나쁜 것이다." 이런 생각을 하게 된다 이겁니다.
> 나 사실 기분 나쁘다 이겁니다. 이게 말이나 됩니까? 엉망진창입니다. 이건 청소에 대한 모독이라구요. 그러니까요 우리 반은 청소를 자원해서 하자는 겁니다. 제 주장은 바로 이겁니다. 더 이상 말할 것도 없습니다. 그렇게 결정하고 회의 끝냅시다.
> B : 의장으로써 한마디 하겠습니다. 김영식 군이 방금 청소에 대해서 그럴듯한 말을 해 주었습니다. 청소가 신성하고, 청소를 함으로써 봉사 정신, 근로 정신, 뭐 이런 거를 기르게 된다는 거 저도 인정합니다.
> 그러나 저는 김영식 군에게 되묻고 싶습니다. 청소가 신성한 것을 그렇게 잘 아는 김영식 군은 그럼 지금까지 한 번이라도 자원해서 청소를 해 본 적이 있습니까? 있다면 말해 보십시오. 청소가 그렇게 좋은 것을 아는 김영식 군이 그럼 앞으로 청소를 도맡아서 하십시오. 그러면 될 거 아닙니까?

12 이 회의에 대하여 충고하는 내용으로 적당하지 <u>않은</u> 것은?

① 감정적인 표현을 사용하는 것은 바른 결정에 이르는 데 방해가 되니 삼가야 한다.
② 발언자가 자신의 개인적인 견해를 말하는 것은 회의 진행에 도움이 되지 않으니 참아야 한다.
③ 회의 진행자는 자기의 의견 제시를 삼가고 참석자의 의견 발표를 도와야 한다.
④ 말하는 사람의 어떤 부분을 약점으로 삼아서 공격하는 것은 옳지 않으니 금해야 한다.
⑤ 발언자가 자기 의견을 일방적으로 강요하는 태도는 바람직하지 않으니 조심해야 한다.

※ 다음은 토론의 일부입니다. 잘 듣고 물음에 답하십시오.

> 남 : 방학 때만 되면 어린이들의 해외 연수가 봇물을 이루고 있습니다. 어린이들이 단기간의 연수를 통하여 외국어의 필요성을 느끼게 해 주는 것이 좋다고 봅니다.
> 여 : 그렇지요. 하지만 일부 초등 학교에서는 여권의 소지 여부와 비자에 찍힌 도장의 숫자로 계급의 순위를 만든다고 하더군요. 게다가 연수를 다녀온 아이들과 다녀오지 못한 아이들의 위화감은 참 심각하리라고 봅니다.
> 남 : 그래도 언제까지나 외국인 앞에만 서면 주눅이 들어 말도 못하는 상황은 곤란하지요. 세계화 시대를 맞이하여 외국어 하나 정도는 익혀야지요. 그래서 해외 연수를 나가서 영어의 필요성만 느끼고 와도 성공이라고 생각합니다.
> 여 : 그래도 어린이들이 받아들일 만한 여건이 되었을 때 외국어를 받아들여야지 철이 들지도 않은 어린이들을 해외로 보냈다가 실력 향상은 커녕 도리어 좌절감만 안겨 준다면 이 또한 큰 문제라고 봅니다.
> 남 : 물론 단기간에 영어 실력이 늘어나리라고 생각하지는 않습니다. 그렇지만 가능한 어학 연수는 빨리 이루어지는 것이 좋다고 생각합니다. 또한 어학 연수를 통하여 나라 밖의 넓은 세계를 직접 보고 영어에 대한 흥미도 느끼고, 외국의 훌륭한 교육 환경이나 시설을 돌아보는 것이 어린이들의 성장에 좋은 자양분이 될 겁니다.
> 여 : 그렇지만 외국의 우수한 교육 환경이나 문화 환경을 보고 와도 국내에서 계속적인 교육 과정이 뒷받침되지 않으면 외국어에 대한 흥미를 오히려 반감시킬 수도 있다는 점을 알아야 합니다.

13 이 토론에서 가장 뚜렷하게 드러나는 특징을 바르게 말한 것은?
① 남자는 감성적인 면이 강하고, 여자는 논리적인 측면이 강하다.
② 남자는 긍정적 논리를 펴고, 여자는 부정적 논리를 전개하고 있다.
③ 남자는 문제의 원인을 주로 말하고, 여자는 문제의 해결책을 말한다.
④ 남자는 문제를 해결하려고 하고, 여자는 현실을 수용하려고 한다.
⑤ 남자는 현실적인 면을 강조하고, 여자는 이상적 측면을 부각시키고 있다.

※ 다음은 강연의 일부입니다. 잘 듣고 물음에 답하십시오.

> 현대를 세계화 시대, 지구촌 시대라고 합니다. 그래서 우리들 각 개인이 세계화되지 않으면 살아갈 수 없는 시대가 되었다고들 하지요. 그래서 외국어와 외국의 선진 문화를 배워 세계화에 대비해야 한다는 목소리가 여기저기서 들립니다. 외국어를 잘 못하는 저 같은 사람은 기가 죽어 사는 세상입니다. 그래서 가끔은 여러분들 같은 젊은 세대들이 외국어와 외국 문화에 낯설게 되어 세계화에 실패하지 않을까 걱정이 되었거든요. 그런데 요즘 이런 걱정이 아주 싹 가셨습니다. 저는 요즘 여러분 같은 우리나라 젊은이들을 보면 뿌듯한 마음을 감출 수가 없어요. 누가 이렇게 말하는 것을 들었습니다. 영어를 잘 하려면 자기 주위에 있는 모든 것을 영어로 바꿔야 한다는 말이었습니다. 그런데 여러분들은 영어가 잔뜩 써 있는 옷을 입고 노래 가사에도 영어를 함께 넣어 흥얼거리거든요.
> 이런 모습을 보면 '이제 우리 학생들은 앞으로 영어로 인해 고생하지는 않겠구나.'라는 생각이 들지요. 어디 그뿐인가요. 머리를 금색으로 물들이거나 푸른색 렌즈를 착용해서 파란 눈동자를 만들기도 하지요. 이런 행동들이 모두 세계화에 대비하기 위한 노력 아닙니까? 말로만 외국어를 하는 것은 안 되고 우리의 몸까지도 외국 사람들처럼 되어야 진정한 세계화를 이룰 수 있다는 깊은 의미를 여러분 같은 청소년들이 그 어린 나이에 벌써 깨닫고 있다는 것이 정말 놀랍기만 합니다.

14 이 강연에서 강연자의 말하기 방식에 대한 설명으로 가장 적절한 것은?

① 청중들의 잘못에 대해 분노하고 있다.
② 잘못을 저지른 청중들을 위로하고 있다.
③ 비꼬아 말하면서 청중의 잘못을 비판하고 있다.
④ 청중의 잘못을 구체적으로 나열한 후 비난하고 있다.
⑤ 직설적으로 청중을 질책하면서 반성을 촉구하고 있다.

※ 다음은 강연의 일부입니다. 잘 듣고 물음에 답하십시오.

> 먼저 분명히 해 둘 이야기는 요즘 흔히 말하는 국가 경쟁력을 높이는 데는 철학이 하등 도움이 되지 않는다는 것입니다. 정보화 사회에서 컴퓨터만 잘 하면 되지 철학이 무슨 필요가 있겠는가? 철학 공부 안 해도 취직하는 데 하등 문제가 없다는 것이죠. 오히려 철학 공부했다고 하면 입사 시험 담당자는 성적도 보지 않고 지원 서류를 쓰레기통에 넣어 버리기 십상 아닙니까? 철학은 텔레비전이나 재미있는 놀이 기구가 없던 시절에 사람들이 따분하니까 이런저런 생각을 하다가 만들어 냈다는 것이죠.
>
> 정말 맞는 말씀입니다. 칸트를 읽는다고 무슨 국가 경쟁력이 높아지겠으며, 컴퓨터를 아는 데 무슨 도움이 될 것이며, 취직하는 데 어떤 도움을 주겠습니까?
>
> 그러나 정말 그렇습니까? 철학 책을 읽는 국민이 만드는 제품과 그렇지 못한 국민이 만드는 제품이 과연 같을까요? 나는 분명히 다르다고 생각합니다. 특히 고도의 산업화 단계에서는 지적으로 우수한 국민이 만든 제품이 우수할 수밖에 없습니다.
>
> 철학의 분야에 미학이라는 것이 있습니다. 그 미학을 통해 서구인들의 미적 감각을 제대로 공부하지 않고서 서구인들을 사로잡을 수 있는 영화를 과연 만들 수 있겠습니까? 서양 철학은 그냥 심취하라고 있는 것이 아니예요. 우리가 서양을 이해하려고 할 때 그들의 철학부터 이해하는 것이 가장 빠른 길입니다.
>
> 미국인을 상대로 영화를 만들려면 미국인들의 사고 방식과 미적 감각, 그리고 그들의 생활 습관을 사전에 치밀하게 연구해야 합니다. 그래야 호응을 얻을 수 있지 않겠어요? 우리끼리 좋다고 해서 외국에서도 좋으리라는 보장은 없어요.
>
> 입장을 바꿔 우리가 어떤 필리핀 바이어와 상담을 한다고 해 봅시다. 그 사람이 율석에서 율곡이 어떻고 퇴계가 어떻고 한다면, 그에 대한 우리의 인상이 어떻게 바뀔지 한번 생각해 보세요. 우리도 마찬가지입니다. 미국인이나 독일인이나 프랑스 인과 상거래를 하면서, 그 나라 사상가들에 관해 초보적인 것이라도 알고 있다면 결정적인 순간에 거래를 풀어 나가는 단서가 될 수도 있지 않겠어요? 그리고 우리를 보는 그네들의 관점도 분명 달라질 것입니다.

15 이 강연에서 연사가 논지를 전개하는 방식으로 옳은 것은?

① 이미 검증된 구체적 사례를 들어 논지를 뒷받침하고 있다.
② 상호 모순 되는 주장을 제시하고 이를 변증법적으로 극복하고 있다.
③ 상대방과 자신의 입장을 바꾸어 가며 객관적인 근거를 제시하고 있다.
④ 잘못된 통념을 제시하고 그에 대한 반론을 통해 자신의 주장을 밝히고 있다.
⑤ 상대방 의견의 취약점을 분석적으로 비판하여 자신의 주장을 강화하고 있다.

테마 2 추론하며 듣기

※ 다음은 대화의 일부입니다. 잘 듣고 물음에 답하십시오.

> 최근 나진 선봉 지구에서 경수로 사업을 하고 있는 북한의 노동자와 남한의 기술자들 사이에 오간 이야기를 들려 드립니다.
> 여 : 공사가 이 정도면 은을 내겠습네까?
> 남 : 은을 내다니요?
> 여 : 아, 효과가 있겠냐는 뜻입니다.
> 남 : 물론이지요. 그런데 북한이 너무 가난에 찌든 삶을 사는 것 같아요.
> 여 : 우리야 애옥살이가 이골났지요. 그러나 우린 직장 세대라서 좀 낫습니다.
> 남 : 예? 말좀 쉽게 해 주세요. 도통 못 알아 듣겠으니 원……
> 여 : 애옥살이는 가난한 살림이구. 직장 세대는 맞벌이하는 거 아닙네까? 별걸 다 가지구 오구탕을 칩니까?
> 남 : 뭐라구요? 무슨 탕을 한다구요?
> 여 : 야단 법석은 그만 떨구 뒤에 도레라나 조심하세요.
> 남 : 도레라요? 아 이거 트레일러… 그런데 조금 전의 그것은 무슨 탕입니까?
> 여 : 야단 법석 좀 그만 떨라니까요.
> 남 : 뭐라구요!
>
> 어떻습니까? 두 사람 사이에 대화는 제대로 이루어진 것일까요? '오구탕을 치다'는 '야단 법썩을 떨다'는 의미인데 마지막에 나눈 두 마디는 서로에게 이해가 된 것일까요?

01 이 대화의 내용으로 미루어 알 수 <u>없는</u> 것은?

① 언어는 언중 사이의 약속입니다.
② 사물과 이름의 관계는 자의적이다.
③ 남북의 언어 차이는 생각보다 심각하다.
④ 외래어는 그래도 발음이 유사하여 쉽게 통한다.
⑤ 분단의 장기화는 남북 언어의 단절을 초래하게 될 것입니다.

※ 다음은 독백의 일부입니다. 잘 듣고 물음에 답하십시오.

'정말 이 세상에 믿을 것은 없는 것 같아. 사람의 마음은 당연히 믿을 수 없지만, 나이에 따라 변해 가는 사람의 육체는 어느 것이 진정 그 사람의 것일까? 아무리 아름다운 여인도 늙으면 쭈글쭈글한 노파가 되니, 아름다움이라는 것도 결국 헛된 것이 아닌가! 그러니까 내 눈에 비치는 사물 그대로를 믿는다는 것은 어리석은 일이지.

그렇지만 수학에서 공부한 내용들은 정말 확실한 진리가 아닐까? 1 + 1은 분명히 2가 아닌가? 아니야, 그것도 믿을 수 없어. 혹시 내가 수학을 생각할 때마다 마귀가 내 의식을 점령하여 내가 내린 수학 결론을 바꾸어 놓을지도 몰라.

그렇다면 이 세상에는 확실하게 믿을 수 있는 진리란 존재하지 않는단 말인가? 잠깐, 이러한 의심을 하고 있는 주체는 분명히 내가 아닌가? 그리고 나는 분명히 이 세상에 살아 있고. 그렇다! 나는 의심(생각)한다. 그러므로 나는 존재한다.'

02 이 독백을 근거로 추리한 내용 중, 잘못된 것은?

① 인간은 무상(無常)한 존재이다.
② 인간의 존재 가치는 사고(思考)에 있다.
③ 인간의 의식은 언제나 불확실성을 내포하고 있다.
④ 인간의 주체성은 진리에 대한 자각을 통해 확립된다.
⑤ 인간은 자신이 확실하다고 믿었던 진리도 부정할 수 있다.

※ 다음은 이야기의 일부입니다. 잘 듣고 물음에 답하십시오.

공자가 동쪽 나라로 여행을 하다 서로 말다툼을 하고 있는 두 아이를 만났습니다.

"애들아 왜 그러니?" 하고 공자가 묻자, 그중 한 아이가 공자에게 이렇게 말했습니다.

"저는 태양이 아침에 우리와 가장 가깝고 정오에는 가장 멀리 있다고 생각해요. 아침에 떠오르는 태양을 보면 마치 바퀴만큼이나 큰데, 정오에는 쟁반만큼이나 작잖아요. 그러니 태양이 작게 보인다는 건 태양이 멀리 떨어져 있다는 것이고, 태양이 크게 보인다는 건 가까이 있는 거니까 제 말이 맞지 않아요?" 하는 거였습니다.

그러자 다른 한 아이가 이렇게 반박하였습니다. "그렇지 않아요! 태양은 아침에는 우리와 가장 멀리 있고, 정오에는 가장 가까이 있는 거예요. 태양이 뜰 때에는 공기가 가장 차갑고, 정오에는 공기가 끓는 것처럼 뜨겁잖아요. 그러니, 뜨거울 땐 보다 가까이 있는 것이고, 차가울 땐 멀리 있다는 것이니 제 말이 맞지 않아요?" 이랬습니다.

이 두 아이의 주장을 들은 공자는 누가 옳은지 결정을 내리지 못하고 머뭇거렸습니다.

자~, 공자는 왜 판정을 못 내렸을까요?

03 이 이야기로 미루어 공자가 판정을 내리기 어려웠던 까닭은?

① 두 아이가 모두 논리적으로는 올바른 생각을 하고 있기에
② 두 아이가 모두 사실에 맞는 생각을 하고 있기에
③ 두 아이가 모두 터무니 없는 생각을 하고 있기에
④ 한 아이는 논리적으로 올바른 반면 다른 아이는 사실에 맞는 생각을 하고 있기에
⑤ 두 아이가 모두 논리적으로 올바르고 사실에도 맞는 생각을 하고 있기에

※ 다음은 대화의 일부입니다. 잘 듣고 물음에 답하십시오.

> 남 : 이번에도 광고 포스터 대회에 입상했다며? 참 좋겠다.
> 여 : 고마워. 운이 좋았지 뭐.
> 남 : 혹시 무슨 비결이라도 있니? 난 공모 결과가 항상 좋지 않거든.
> 여 : 글쎄, 뭐 특별한 건 아니지만, 대상을 어떻게 표현하느냐가 가장 중요한 것 같아. 가령, 사물을 그냥 제시하거나 단순히 나열하기보다는 표현하려는 의도에 맞게 적절하게 변형하는 거지.
> 남 : 그래? 좀 더 자세히 설명해 봐.
> 여 : 이것 좀 볼래? 다음 공모전에서 쓰려고 표현해 본 자료들이야.
> 남 : 어디 좀 보자. (……) 야, 다양한데.
> 여 : 좀 특별하다고 생각되는 게 없니?
> 남 : 글쎄. 음.
> 여 : 그래? 그럼 이것 좀 볼래? 이건 물을 절약하자는 의도에서 표현한 자료야.
> 남 : 음, 그러고 보니, 이 부분이 매우 독특한걸. 수도꼭지에서 떨어지는 물방울이 다른 것으로 대체되어 있네!
> 여 : 그래, 맞아. 수도꼭지를 있는 그대로 광고에 활용할 수도 있어. 하지만 이 그림처럼 수도꼭지에서 물방울 대신 돈이 떨어지게 표현하는 건 새로운 생각이지. 바로 이렇게 대상의 일부를 대체할 경우에는 새로운 의미가 만들어지거든.
> 남 : 아, 그렇구나. 이제 확실히 알겠다.
> 여 : 그럼, 한번 맞혀 봐. 여기 있는 다른 그림들 중, 방금 설명했던 방법으로 만들어진 자료를 골라 볼래?

04 이 대화의 상황에서 남학생이 선택했을 자료로 가장 적절한 것은?

① 함께 사는 삶

 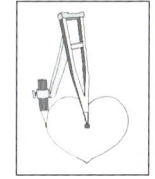

② 재활용

 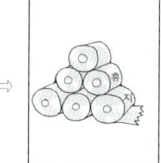

③ 숲 가꾸기

④ 대중교통 이용

⑤ 독서하는 사람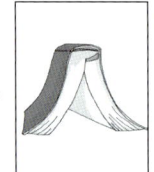

※ 다음은 이야기의 일부입니다. 잘 듣고 물음에 답하십시오.

> 이탈리아 과학자 갈릴레오는 낙하하는 물체의 속도에 관심이 있었습니다. 그는 서로 다른 무게의 물체들도 같은 속도로 떨어질 것이라고 주장했습니다. 하지만 당시의 사람들은 이를 믿지 않았습니다. 왜냐 하면, 그들의 경험으로는 무거운 물체가 가벼운 물체보다 빨리 떨어진다고 생각했기 때문입니다. 갈릴레오는 실험으로 그의 이론을 증명하기 위하여 높은 탑 위에 올라가 10파운드 무게의 쇠공과 1파운드 무게의 쇠공을 동시에 떨어뜨렸습니다. 이들 두 물체는 동시에 지면에 부딪혔습니다.
>
> 그러나 사람들은 여전히 갈릴레오를 믿지 않았습니다. 갈릴레오가 자신들을 속인 것이라 말했습니다. 사람들은 쇠공과 깃털을 동시에 떨어뜨려 보라고 말했습니다. 갈릴레오는 공기가 깃털의 낙하 속도를 떨어뜨릴 것이므로 동시에 낙하하지 못한다는 것을 알고 있었습니다. 갈릴레오는 자신의 이론을 더 이상 증명할 수가 없었습니다.
>
> 갈릴레오가 실증하지 못한 그의 이론은 400여 년이 지난 1971년에 완벽하게 증명이 되었습니다. 우주선 아폴로 15호 승무원들은 달 위에서 망치와 깃털을 동시에 떨어뜨렸는데, 이 두 물체는 동시에 달 표면에 내려앉았습니다.

05 이 이야기에서 전제하고 있는 것은?

① 어떤 물체든지 위치의 변화에 따라 중력 가속도를 지닌다.
② 갈릴레오는 자신의 이론이 증명 가능하다고 믿었다.
③ 학문은 가설에서 출발하며, 그 가설이 검증될 때 학문의 자격을 갖는다.
④ 하나의 학설이 완벽하게 증명이 되려면 시간이 오래 걸린다.
⑤ 과학자는 자신의 주장을 굽히지 않는 경향이 있다.

※ 다음은 대담의 일부입니다. 잘 듣고 물음에 답하십시오.

남 : 우리 고등학교에서 이루어지는 교육 내용은 그 정도의 차이만 있을 뿐 대개가 교과서를 중심으로 가르치고 배우는 문제로 귀착된다고 할 수 있습니다. 그런데 문제는 35퍼센트의 대학 진학자들을 위해서 그 두 배가 넘는 65퍼센트의 학생들이 사실상 별 의미가 없는 교육 내용을 강요당하고 있다는 것입니다. 이러한 다수 학생들에 대한 배려가 있어야 한다고 생각합니다.

여 : 선생님의 지적에 전적으로 공감합니다. 앞서 지적하신 대로 현재 우리나라의 학교 교육은 거의 상급 학교 진학에만 매달려 교과 위주로 이루어지기 때문에, 성적이 좋지 않은 학생들은 학교 교육을 통하여 지적·도덕적으로 성장하기는커녕 오히려 좌절과 실패를 경험하게 됩니다. 그러므로 이들을 위해서 우선 학생 각자에 대한 개성 교육이 이루어져야 한다고 생각합니다. 이렇게 함으로써 학생들은 다양한 재능을 계발할 수 있을 것입니다. 또 대학에서 학생을 선발할 때 대학 안에서 학과별로 상이한 선발 방법을 강구하는 것을 생각해 볼 필요가 있다고 봅니다.

06 이 대담에서 남자와 여자가 공통적으로 전제하고 있는 내용으로 적절한 것은?
① 현재 학교 교육이 학생 생활에 많은 변화를 가져오고 있다.
② 현재 학교 교육은 학생 간의 실력 차를 심화시키고 있다.
③ 현재 학교 교육은 긍정과 부정의 양면성을 지니고 있다.
④ 현재의 교과 위주의 교육은 부분적인 수정이 필요하다.
⑤ 현재의 교과 위주의 획일적 교육은 바람직하지 않다.

※ 다음은 대담의 일부입니다. 잘 듣고 물음에 답하십시오.

사회자 : 한동안 '신데렐라 콤플렉스'라는 말이 유행어처럼 번졌었고 지금도 심심찮게 사람들의 입에 오르내리고 있습니다. 교수님께서는 이 '신데렐라 콤플렉스'의 원인이나 속성에 대해 어떤 생각을 가지고 계십니까?

교 수 : 예, 신데렐라 콤플렉스는 여성의 '의존성'을 빗대어 표현한 말로, 마치 아기와 같이 주변에 의해 모든 문제들이 저절로 해결되는 것을 바라는 마음을 가진 여성의 심리를 칭하는 것입니다. 그래서 선뜻 수긍하기도, 그렇다고 선뜻 거부하기도 어렵습니다.

우리는 주변에서 '신데렐라 콤플렉스'라 불릴 만한 사례들, 그러한 속성을 지닌 여성들을 접하는 경우가 종종 있습니다. 그들은 해결하기 까다로운 문제에 접하게 되면 그것에 정면으로 부딪쳐 당당하게 맞서기보다는 다른 누구, 특히 남성의 도움에 의존하려 하며 정면 대결을 회피하려는 수동성을 보이기 마련입니다. 또 심하지는 않지만 여성의 내부에는 이러한 의존적인 성향이 조금씩은 숨어 있다고 볼 수 있지요.

그러나 이것은 모든 여성들에게, 그리고 여성들에게만 나타나는 것은 아니며, 여성들이 가진 불변의 속성도 아닙니다. 그것은 요즘의 변화하고 있는 여성들과, 새로운 세대 남성들의 강한 의존적 성향이 설명해 주고 있습니다. 즉, 신데렐라 콤플렉스는 '여성'이기 때문에 생기는 것이 아니라, '여성'으로 길러지는 과정에서 생겨난 것이라 볼 수 있습니다.

이와 같이 인간으로서는 지양되어야 할 속성이 길러진다는 것은, 사회 전체적인 관점에서 보았을 때 부정적인 현상일 수밖에 없습니다. 따라서 신데렐라 콤플렉스를 여성 개개인의 책임으로만 돌려서는 안 될 것입니다.

07 이 대담에서 교수의 발언에 이어질 내용으로 가장 적절한 것은?
① 신데렐라 콤플렉스의 개념
② 신데렐라 콤플렉스의 부정적 측면
③ 신데렐라 콤플렉스의 구체적인 예
④ 신데렐라 콤플렉스와 여성과의 관계
⑤ 신데렐라 콤플렉스가 생겨나게 된 사회적 배경

※ 다음은 대화의 일부입니다. 잘 듣고 물음에 답하십시오.

남 : 우리 민족은 여러 분야에서 전통이 있는 민족이라고 자부하고 있습니다.
여 : 우리는 다양한 구전 가요와 놀이 문화, 노래와 춤 등이 발달한 민족이지요.
남 : 우리 민족은 천문학 분야에서도 아주 오랜 옛날부터 우주를 관측해 왔으며 왕립 천문 기관도 조선조 말까지 계속 이어져 내려온 것으로 보아 천문학에 대한 관심이 많은 민족이었습니다.
여 : 맞아요. 그 한 예로 우리의 태극기를 보아도 알 수 있어요. 우리의 태극기는 세계의 수많은 국가의 국기들 중에 유일하게 우주의 원리를 바탕으로 만들어져 있습니다. 이는 우리 민족만큼 우주와 하늘을 숭상하고 사랑해 온 민족도 별로 없었다는 사실을 증명해 주는 것이지요.
남 : 하지만 그렇게 천문학에 대한 관심이 많았던 민족이 지금은 어떻습니까? 노래와 춤을 사랑하는 전통은 오늘날 노래방에 남아 있다고 볼 수 있지만 우주에 대해 관심을 가졌던 선조들의 정신적 전통은 간 곳이 없습니다.
여 : 맞아요. 여름철 피서지의 맑고 아름다운 밤하늘 아래에서 자기의 자식들에게 직녀성과 견우성을 가르쳐 줄 수 있는 부모가 과연 몇이나 있을까요? 서양에서는 로켓이다, 우주 정거장이다, 하는데 말이죠.

08 이 대화를 듣고 내릴 수 있는 결론으로 가장 적절한 것은?
① 우리 민족의 전통을 이어받아 우주 과학을 발전시켜야 한다.
② 우주 과학에 현재보다 더 많은 예산과 인력이 투입되어야 한다.
③ 우리는 우리의 태극기를 한층 더 자랑스럽게 생각하여야 한다.
④ 서양의 우주 과학을 우리의 실정에 맞는 것으로 수정하여야 한다.
⑤ 어린이에게는 많은 꿈을 키울 수 있는 우주에 관한 교육 환경을 조성해 주어야 한다.

※ 다음은 토의의 일부입니다. 잘 듣고 물음에 답하십시오.

> 여 : 현재 전세계적으로 화제가 되고 있는 인터넷은 미국이 주도하고 있습니다. 이러다 보니 특정한 국가에 의해서 정보가 독점되는 상황이 우려되고 있습니다. 반면에 정보의 민주화를 앞당길 수 있다는 희망을 우리에게 줍니다.
>
> 남 : 그렇습니다. 인터넷은 지구촌을 총체적으로 획일화시킬 수도 있다는 우려를 줍니다. 그러나 이와 반대로 희망도 줍니다. 다양성과 차이를 가져올 수도 있지요. 오히려 제가 보기에는 인터넷의 진정한 문제는 정보의 과잉으로 인한 정보 부재 현상이 생길 수도 있다는 것입니다. 오늘 아침 저는 제가 연구하는 분야의 책에 관한 정보를 알기 위해 인터넷을 사용했습니다. 그런데 그 분야의 정보가 5천 개나 나왔습니다. 이렇다 보니 인터넷에서 꼭 필요한 실질적인 정보를 찾는다는 것은 어렵다고 생각합니다. 그래서 책이 문제가 되는 것입니다. 책은 마치 우리가 식사를 할 때 사용하는 순가락, 칼, 포크나 자전거와 같이 사람이 만든 창조물입니다. 우리의 필요를 충족시켜 줄 수 있는 것이지요. 책은 손이나 눈과 같은 인체의 구조를 반영하여 만들어진 매체입니다.

09 이 토의에서 남자 학자가 인식하고 있는 책의 역할과 가장 가까운 것은?

① 책은 인류 문화의 보고(寶庫)이므로 중요성이 더욱 증대될 것이다.
② 영상 문화의 발달로 인하여 책의 역할을 영상 매체가 대신할 것이다.
③ 책이 우리에게 주는 정보는 과잉 상태가 될 것이므로 필요악이 될 것이다.
④ 영상 매체에 대비되는 역할이 있기 때문에 책의 중요성은 줄지 않을 것이다.
⑤ 책에 소장된 정보가 한 장의 디스켓에 담기게 되므로 책의 역할이 줄어들게 될 것이다.

※ 다음은 이야기의 일부입니다. 잘 듣고 물음에 답하십시오.

> 작년에 저는 옛 소련에 관한 기사를 쓰기 위하여 모스크바에 갔습니다. 당시 저는 하루 세 끼를 죽과 약만 먹을 만큼 위궤양에 시달리고 있었습니다. 그래서 약을 세 봉지나 가지고 갔지만 금세 동이 났습니다. 요리도 제대로 안 된 스테이크나 들꽃처럼 뻣뻣한 야채 등 극도로 조악한 모스크바의 먹거리는 음식보다 약을 많이 먹도록 만들었습니다. 약 없이는 단 몇 시간도 버틸 수 없을 만큼 통증이 심했습니다. 같이 갔던 방송국 특파원의 약까지 빌려 먹었지만 얼마 버티지 못해 약을 사러 나갔습니다. 모스크바 시내를 온종일 뒤져 외제 약 파는 곳을 겨우 찾았습니다. 큰 병원에 딸린 약국이었는데 달러나 마르크만 받는 곳으로 모스크바 시내에서 유일한 곳이었습니다. 약국에 화사한 금발머리의 미녀가 나왔습니다. 러시아 어를 잘 모르고, 그렇다고 영어를 써 봐야 잘 안 통할 것이고 해서 독일어로 위장약을 달라고 했더니 빙긋이 웃을 뿐이었습니다. 그래서 할 수 없이 영어로 얘기 했더니 이번엔 양 손바닥을 뒤집어 어깨만 추스를 뿐이었습니다. 위궤양에 해당되는 영어와 독일어를 아무리 외치고 배를 가리키며 아프다고 시늉을 해 봤지만 깜깜 절벽이었습니다. 지푸라기라도 잡겠다는 심정으로 프랑스 어를 또렷하게 발음했습니다. 그러자 정말 거짓말 같은 기적이 일어났습니다. 약사가 고개를 끄덕이더니 독일제와 프랑스제 위장약 서너 가지를 내놓는 것이었습니다. 약 한 보따리를 사고, 매우 서툰 프랑스 어로 아까는 왜 못 알아들었느냐고 물어 보았습니다. 대답은 간단했습니다. 그녀가 알고 있는 외국어는 프랑스 어 하나뿐이었던 것입니다.

10 이 이야기에서 외국어에 대한 화자의 관점을 가장 잘 나타낸 것은?

① 시간이 가면 외국어는 저절로 습득할 수 있다.
② 프랑스 어도 영어와 같이 역시 만국 공통어이다.
③ 외국어를 모른다고 외국에 나가는 것을 두려워하면 안 된다.
④ 말이 안 통하면 손짓 발짓이라도 하면 의사 소통이 가능하다.
⑤ 세계 시민이 되려면 영어에 못지않게 제2 외국어도 중요하다.

※ 다음은 뉴스의 일부입니다. 잘 듣고 물음에 답하십시오.

앵　커 : 뇌사 문제를 입법화하는 것이 과연 타당한가 하는 문제에 대한 의학계와 종교계의 입장이 첨예한 대립을 이루고 있습니다. 먼저 의사와 종교인과의 인터뷰 내용을 잠시 보시겠습니다.
의　사 : 종래의 관점에서 뇌사는 사망이 아닙니다. 뇌 조직만 죽었을 뿐 숨도 쉬고, 맥박도 뛰고 있기 때문입니다. 그러나 뇌가 마비되어 있고, 뇌 조직이 소생할 가능성이 전혀 없는데 그 생명이 생명으로서의 존엄성을 유지할 수 있는가 하는 문제가 생깁니다. 그래서 최근에는 안락사 및 장기 활용의 차원에서 뇌사를 사망으로 간주하는 나라가 늘고 있으며, 우리 사회도 이제 이를 현실로 받아들여야 하리라고 봅니다. 또한 뇌사 판정에서 장기 이식에 이르기까지의 과정은 고도의 전문성을 요할 뿐만 아니라 그 절차의 신속성도 보장되어야 한다고 봅니다. 따라서 이 문제에 대해서는 전문가인 의사의 재량권을 더 주어야 한다고 봅니다.
종교인 : 뇌사 인정을 전제로 정부 당국에서 장기 이식에 관한 법률을 제정하려는 것으로 알고 있습니다. 그러나 이 문제는 다소 성급하다는 느낌을 갖게 합니다. 아직 이 문제에 관한 국민들의 공감대가 형성되지 않았고, 자칫하면 법을 악용하여 만에 하나라도 생명을 가볍게 다룰 수 있는 가능성이 충분히 있습니다. 뇌사 문제를 장기를 활용한다는 과학성의 관점에서 떠나 생명을 좌우할 수 있다는 관점에서 접근해야 하리라고 봅니다.
앵　커 : 의료계와 종교계의 입장은 큰 차이가 나는군요. 문제는 뇌사를 인정하여 장기 이식을 합법화하는 데 따르는 악용 소지를 없애고, 생명의 존엄성을 충분히 살리면서 새로운 생명을 구할 수 있다는 신중한 관점에서 접근해야 하는 데에 있다고 봅니다.

11 이 뉴스에서 뇌사 문제에 관한 의료계의 입장에 대해 종교계가 반박할 수 있는 입장과 거리가 먼 것은?

① 생명의 존엄성을 의사만 판단한다는 것은 적절하지 않다.
② 뇌 조직이 죽었다고 인간의 존엄성이 사라지는 것은 아니다.
③ 생명을 전문성과 신속성의 관점에서 다룬다는 것은 곤란하다.
④ 희생 가능성 없이 투병하는 사람들에게도 생명의 존엄성은 있는 것이다.
⑤ 뇌사 문제는 한 생명으로 여러 생명을 구할 수 있다는 관점에서 접근해야 한다.

※ 다음은 강연의 일부입니다. 잘 듣고 물음에 답하십시오.

음력 유월 보름이 유두일입니다. 이 날 우리 선조들은 동쪽으로 흐르는 냇물을 찾아가 머리를 감음으로써 액이나 사심을 씻어 흘려 버릴 수 있을 것으로 믿었습니다. 이 풍속은 삼국 시대부터 있었던 것으로 다산 정약용은 한나라 때 상사날에 관민이 모두 동쪽으로 흐르는 강물에 가서 때를 씻던 풍습이 이 유두의 기원이라고 고증하고 있습니다.

그런데 왜 하필이면 동쪽으로 흐르는 물이라야만 액과 사심이 씻긴다고 생각했을까요? 동은 해 돋는 쪽이고, 음양 이원론으로 따져 음을 누르는 양방이기 때문입니다. 액을 몰아 오는 귀신이나 사심은 음기이며, 이 음기를 내쫓기 위해서는 양기가 필요했던 것입니다.

'용제총화'에 보면 유두일에 옛날 고려의 환관들이 동천(東泉)에서 머리를 풀고 물에 떴다가 잠기곤 했다는 기록이 있습니다. 이는 임금을 가까이 받드는 이들이 국정에 폐해가 되는 사심을 없애기 위한 주술적인 행위로 파악됩니다. 비단 환관뿐 아니라 법도를 다스리는 관원들도 집단으로 이 날 유두를 함으로써 부정과 부패를 저지르지 않겠다는 정신 자세를 주술로서 보장받곤 했던 것입니다.

또 이 날 사식으로 찰떡을 잘게 잘라 수전자를 만들어 꿀물을 칠해 먹거나 또는 도너츠 형으로 만들어 오색으로 물들여 허리춤에 차고 다니기도 했는데, 이 수전자를 먹고 차는 세시 풍속도 이미 속에 들어와 있는 사악(邪惡)을 내쫓고, 또 둘레에 널려있는 사악을 예방하기 위한 것이었습니다. 이런 세시 풍속일의 의미를 깊이 생각하면서 선인들의 지혜를 오늘에 계승하는 자세를 가져야 할 때입니다.

12 이 강연에서 연사가 궁극적으로 요구하는 반응으로 가장 적절한 것은?

① 주술적 능력을 간과하지 말자.
② 우리의 세시 풍속을 되살리자.
③ 세시 풍속의 의미를 잘 파악하자.
④ 전통 문화와 인습의 차이점을 인식하자.
⑤ 서정쇄신(庶政刷新)의 정신 자세를 갖자.

테마 3 비판하며 듣기

※ 다음은 연설의 일부입니다. 잘 듣고 물음에 답하십시오.

> 인간은 혼돈의 상태보다 질서를 원합니다. 올바르고, 아름답고 바람직한 질서를 원합니다.
> 그런데 자연에는 질서가 있고, 인간 사회에는 혼돈이 있습니다. 우주와 자연에 가득한 만물을 보십시오. 일정 불변의 정연한 질서가 있습니다. 이것은 어길 수 없는 필연성의 질서입니다. 이 질서를 우리는 자연의 섭리라고 합니다. 물은 섭씨 영 도가 되면 얼고, 백 도가 되면 끓습니다. 어두운 밤이 지나면 밝은 낮이 되고, 봄이 가면 여름이 오고, 여름이 지나면 가을이 되고 낙엽이 집니다. 이 놀라운 질서는 추호의 어김도 없습니다. 천지 만물의 섭리에는 예외가 없습니다. 자연은 인간을 속이지 않습니다. 나무나 풀에는 거짓이나 불신이 없습니다.
> 그러나 인간의 세계는 자연의 세계와는 다릅니다. 인간과 사회는 혼돈이 지배합니다. 바람직하고 정연하고 아름다운 질서가 없습니다. 거짓이 있고, 불신이 있고, 부패가 있고, 부정이 작용하고, 권력이 횡포를 부립니다. 속임수가 있고 권모술수가 있으며, 협잡과 침략이 있습니다. 이처럼 인간의 자연 상태, 사회의 방임 상태는 분명히 혼돈의 상태인 것입니다.

01 이 연설에서 화자가 범한 논리적 오류를 바르게 지적한 것은?

① 전제와 결론 사이에 일관성이 없어 모순이 발생하였다.
② 대표성이 없는 근거를 들어 주장을 뒷받침하고 있다.
③ 증명되지 않은 사실을 전제로 삼아 결론을 내렸다.
④ 서로 다른 사물의 비본질적인 속성을 비교하고 있다.
⑤ 반론 가능성이 있는 요소를 비판하여 그 자체를 봉쇄하였다.

※ 다음은 대화의 일부입니다. 잘 듣고 물음에 답하십시오.

> 아내 : 이제는 시장 가기가 겁나요.
> 남편 : 왜?
> 아내 : 돈 만 원 가지고 가 봐요. 뭘 살 수 있나.
> 남편 : 물가가 많이 뛰긴 뛰었지.
> 아내 : 더군다나 공공(公共) 요금 오르는 거 보세요. 올랐다 하면 두 자리 수! 이제 살기가 겁나요. 월급도 안 오르고…….
> 남편 : ○○ 요금이니까 오르지. ○, ○, 두 자리 수 아냐? 그러니까 올랐다 하면 두 자리 수지.
> 아내 : (힐난하는 어조로) 당신, 농담할 기분 나세요.
> 남편 : 그러면 어떻게 하나. 이렇게 우스개 소리라도 해야지. 그리고 이제 우리도 절약하면서 살아야 할 때야. 누구를 원망하겠어.

> 아내 : 그럼 물가가 뛰는 게 우리 책임이란 말이에요?
> 남편 : 뭐, 꼭 우리 책임이라고 할 수는 없겠지만, 우리 소비자도 한 몫 거든 건 사실이지. 왜, 그거 있지. 수요-공급의 법칙. 사는 사람은 많고, 물건은 적고. 그러니 물가가 안 뛰고 배겨. 이게 다 과소비에서 오는 거야. 필요하지도 않은 물건을 산다든지, 분수에 맞지 않는 소비를 하기 때문에 물가가 상승하는 거 아니겠어? 그래서 공공 요금도 오르고, 부동산 가격도 폭등하는 거야.
> 아내 : 내, 참! 당신 참 잘났어요. 이렇게 똑똑한 사람이 왜 여기 있지. 국회에 안 가고.

02 이 대화에서 남편이 범하고 있는 논리상의 오류는?

① 단어를 애매하게 사용하여 논리를 전개하고 있다.
② 대표성이 결여된 근거를 이용하여 일반적인 규칙을 도출해 내고 있다..
③ 결론에서 주장하고 있는 바를 전제로 제시하고 있다.
④ 인과적 관계가 없는 현상을 인과적 관계로 설명하고 있다.
⑤ 많은 사람들이 주장하고 있으므로 그것이 진리라고 믿고 있다.

※ **다음은 대담의 일부입니다. 잘 듣고 물음에 답하십시오.**

> 남 : 경제학은 인간의 합리성을 가정하지만 동물 근성도 잘 감안해야 합니다. 인간은 쉽사리 감정적이 될 수 있으며, 경제 사회가 불안할수록 동물 근성이 잘 발동됩니다. 이런 의미에서 경제 안정은 상당히 중요한 사안이라 할 수 있습니다. 그런데 경제는 이러한 인간의 경제 행위를 바탕으로 하기 때문에 그 예측이 상당히 어렵습니다. 가령 일기 예보의 경우에는 내일의 일기를 오늘 예보하더라도 일기가 예보 자체의 영향을 받지는 않습니다. 그러나 경기 예측의 경우에는 다릅니다. 예를 들어 정부가 경기 침체를 예고하면, 많은 사람들은 이에 대비하여 행동을 하게 되고, 반대로 경기 회복을 예고하면 그에 따라 행동하기 때문에 경기 예측 그 자체가 경기 변동에 영향을 미치게 됩니다. 따라서 예측이 어느 정도 빗나가는 것이 보통입니다. 이처럼 '될 것이다' 또는 '안 될 것이다'와 같은 예측은 이른바 '자기 실현적 예언'이 될 소지가 큽니다.
> 여 : 경제 문제는 인간의 가치 판단과도 긴밀한 관계가 있습니다. 가령 갑은 젊고 유능하며 부양 가족이 없는데도 많은 봉급을 받는 데 비하여 을은 늙고 무능하며 많은 식구들을 부양하는데도 적은 봉급을 받는 경우, 양자의 소득 격차를 어떻게 할 것인가. 그리고 집 값이 집 없는 사람의 봉급보다 빨리 상승한다든가, 고급 주택의 건설이 많아진다든가 할 때, 주택 정책을 어떻게 수립할 것인가 하는 문제 등은 감정이나 가치 판단에 따라 좌우될 소지가 큰 것입니다.

03 두 사람의 대담에 대한 설명으로 옳은 것은?

① 현상 판단도 일치하고, 원인 판단도 일치한다.
② 현상 판단도 일치하고, 해결 방안도 일치한다.
③ 현상 판단은 일치하지 않지만, 원인 판단은 일치한다.
④ 현상 판단은 일치하나, 원인 판단은 일치하지 않는다.
⑤ 현상 판단도 일치하지 않고, 원인 판단도 일치하지 않는다.

※ 다음은 토론의 일부입니다. 잘 듣고 물음에 답하십시오.

남(1) : 한국 고전 소설의 공통된 특성으로 역경이나 불행, 불운의 슬픈 묘사가 잦다는 것을 들 수 있습니다. 예로부터 책비(冊婢)라 하여 이야기 책을 읽어 주며 돌아다니는 직업 여인이 있었는데, 이름난 책비는 듣는 사람으로 하여금 한 마당에 눈물 닦는 수건 세 개쯤은 적시게 하는 것이 예사였다고 합니다. 이는 책비들이 읽어 주고 다닌 이야기의 거의가 슬픈 줄거리요, 슬픈 사설이었기 때문입니다. 이야기란 슬픈 이야기만 있는 것이 아닌데도 불구하고 한국의 규방 소설은 슬퍼야만 하는 것이 조건이 되어 버린 까닭이 무엇일까요? 그건 소설 속의 불행을 대신 울어 줌으로써 자신의 불행을 해소하고 카타르시스를 느끼기 위한 것이라 볼 수 있을 겁니다.

남(2) : 그렇습니다. 한국 고전 소설의 주인공들을 불행의 극한으로 몰아넣은 특성도 이 불행 해소와 밀접한 상관이 있다고 봅니다. 흥부 나이 마흔에 자식을 스물 다섯이나 두었는데, 입힐 옷이 없어 낡은 멍석을 주워다가 구멍 스물 다섯을 내어 목만 꿰어 겨울을 납니다. 그리하여 한 놈이 측간엘 가면 스물 네 놈이 들러리로 따라가게 되니, 동서 고금에 다시 없는 집단 의복이 아닐 수 없지요.

여(1) : 비단 옛날뿐 아니라 요즈음 텔레비전 홈 드라마 가운데 여주인공이 비극의 주인공이 될수록 인기인 것도 우리 한국인의 불행 처리 메카니즘과 무관하지 않다고 보여집니다. 불운을 당한 사람에게 '그만해서 다행이야' 하는 것도 좀 더 혹심했을 불운과 비교해서 위안을 주는 지혜가 깔려 있다고 볼 수 있습니다. '원막(院幕)이나 돌아보게' 하고 위로하기도 하는데, 원막은 행로 병자나 병들어 죽어 가는 이를 수용하는 동구 밖 관영 수용소를 말합니다. 돌보는 이 없이 원막에서 앓고 있는 가련한 처지를 돌아보고 오면 웬만한 불운은 약과가 되기 때문이지요.

04 이 토론 내용을 듣고 내릴 수 있는 판단으로 적절한 것은?
① 한국 문학의 태동은 비극에서부터 비롯되었다.
② 한국인은 인종(忍從)의 미를 최고의 덕으로 삼아 왔다.
③ 한국인은 남의 불행을 들추어 내려는 속성을 지니고 있다.
④ 한국인이 비극을 즐기는 것은 당시 시대 상황과 무관하지 않다.
⑤ 한국인은 나보다 못한 처지를 위안으로 삼으려는 속성이 강하다.

※ 다음은 이야기의 일부입니다. 잘 듣고 물음에 답하십시오.

　사람들이 무병 장수를 원하는 것은 자연스러운 일입니다. 그리고 '무슨 병이라도 쉽게 고칠 수 있는 약이 있으면' 하는 바람도 크게 탓할 일은 아닙니다. 그러나 이 기대와 소망을 이용한 터무니없는 만병 통치약들이 사람들을 현혹해 온 모습은 인간의 역사 속에서 쉽게 발견됩니다.
　만병 통치약의 기원은 고대 그리스까지 거슬러 올라가게 됩니다. 그리스 신화에서 사람의 건강과 질병, 그리고 치료를 담당하는 신은 아스클레피오스입니다. 그리스 인들은 기원전 4백 년대부터 병에 걸리면 아스클레피오스를 모신 신전에 찾아가 예배를 드리고 치료를 받아 병을 고치곤 했습니다. 오늘날 '그리스 의학' 하면 히포크라테스부터 떠올리지만 그 당시 그리스 인들에게는 아스클레피오스가 훨씬 더 친숙하고 믿음직한 존재였을 것입니다.

아스클레피오스의 두 딸 역시 질병과 건강에 관계된 일을 했습니다. 위생을 뜻하는 맏딸 히게이아는 뒤에 질병의 예방을 상징하는 건강의 여신이 됐으며, 만병 통치약을 뜻하는 작은 딸 파나케이아는 치료의 여신이 됐습니다. 그런데 늘 언니보다 동생의 지위가 높고 인기도 훨씬 좋았습니다. 여기서 고대부터 스스로 위생적이고 절제된 생활을 함으로써 건강을 지키는 노력을 하기보다 신이나 만병 통치약에 자신들의 건강을 맡기려는 인간의 모습을 발견하게 됩니다. 이런 태도는 2천여 년이 지난 오늘날에도 주변에서 얼마든지 찾아볼 수 있는 현상입니다.

05 이 이야기를 듣고 내릴 수 있는 판단으로 적절한 것은?

① 만병 통치약을 선호하는 인간의 태도는 물질주의적 사고에서 비롯된다.
② 만병 통치약을 선호하는 인간의 태도는 현실도피적 사고에서 비롯된다.
③ 만병 통치약을 선호하는 인간의 태도는 편의주의적 사고에서 비롯된다.
④ 만병 통치약을 선호하는 인간의 태도는 집단주의적 사고에서 비롯된다.
⑤ 만병 통치약을 선호하는 인간의 태도는 이기주의적 사고에서 비롯된다.

※ 다음은 이야기의 일부입니다. 잘 듣고 물음에 답하십시오.

큰 돌 하나가 나에게 이렇게 말했습니다.
'나는 하늘이 낳아 준 물건으로서 땅 위에 살고 있습니다. 편하기로 말하면 엎어 놓은 그릇과 같으니, 진실로 뿌리가 있어서 심어진 것처럼 안정되어 있습니다. 다른 물건이 움직이려 해도 움직여지지 않고, 다른 사람들이 옮겨 놓으려 해도 능히 옮기지 못하며, 항상 나의 본성을 보전하고 나의 곧은 성품을 온전하게 지니고 있으니, 실로 즐겁기만 합니다.
그런데 인간인 그대도 역시 하늘의 명을 받아 태어났고, 또 만물의 영장이라 자랑하면서도 어찌 그 몸을 자유롭게 지니지 못하고 스스로 그 성품에 맞도록 처신하지 못하는 겁니까. 항상 사물에 얽매어 이 사람 저 사람에게 끌려 다니고, 사물이 유혹하면 거기에서 빠져 나오지 못하고, 사람이 혹시 자기에게 오지 않으면 참연히 즐거워하지 않고, 사람이 좋아하면 은근히 펴지고, 배척하면 마음이 꼬부라지니 본래의 참된 것을 잃고, 또 지조가 없는 것은 실로 그대뿐입니다.'

06 이 이야기에서 '돌(石)'이 인간의 태도를 비판한 것 중 가장 적절한 것은?

① 조변석개(朝變夕改)
② 부화뇌동(附和雷同)
③ 망양보뢰(亡羊補牢)
④ 과유불급(過猶不及)
⑤ 곡학아세(曲學阿世)

※ 다음은 토론의 일부입니다. 잘 듣고 물음에 답하십시오.

남 : 1998년 12월부터 전자 주민 카드 시대가 열린다고 합니다. 현재의 주민 등록증은 위조 내지 변조가 용이해 각종 범죄에 악용되는 사례가 자주 발생해 왔는데, 이를 근본적으로 막을 수 있는 제도가 시행된다니 참으로 반가운 일입니다.

여 : 저는 그렇게 생각하지 않습니다. 우리보다 기술이 더 발전된 선진국에서 왜 이 제도를 도입하지 않는지 생각해 보셨습니까? 국민의 프라이버시 보호는 어떻게 해야 하는지, 논의를 채 시작하기도 전에 이 제도가 시행된다니, 우려가 앞서는군요. 현재는 정보화 사회라고 합니다. 그만큼 개인의 정보는 누구나 탐내는 고가의 상품일 텐데, 3천 4백만 명의 신상 정보를 전산화해 한 곳으로 집중시키는 것은 위험 천만의 일이라 생각합니다. 전자 주민 카드는 정보의 유출이라는 치명적인 약점을 지니고 있는데, 정책 담당자들이 과연 이러한 부작용을 생각해 보았는지 걱정이 됩니다.

남 : 정보의 유출을 걱정하셨는데요, 이 문제에 대해선 기술적, 제도적 보완 장치가 마련됐다고 하는데 무슨 걱정이 있겠습니까? 오히려 전자 주민 카드제가 시행되면 현재 복잡한 절차를 간소화함으로써, 국민 편의 증진과 이에 따른 경비 절감 효과를 볼 수 있을 것입니다.

여 : 문제가 그렇게 쉽지만은 않을 것입니다. 정보화 사회에서 정보는 권력입니다. 국가가 개인의 신상 정보를 소유한다면 국가와 시민 사회의 균형은 깨지게 됩니다. 국민들의 동의 없이, 사생활 보호 제도 없이 국민의 신상 정보를 집중시키는 것은 시대에 역행하는 것입니다. 매년 주민 등록증의 분실 사건이 3백만 건이라 하는데, 분실된 주민 카드의 악용을 비밀 번호 하나에 의존해 불안해하느니 증명서 절차를 간소화하고 친필 서명으로 자기 증명을 함으로써 걱정 없이 사는 것이 더 선진적이 아닐까 생각합니다. 또한, 이 제도는 '증'이 단순히 '카드'로 바뀌는 것이 아니라 새로운 국민 감시 제도라고 생각합니다. 불행한 미래를 초래하기 전에 이 법은 조속히 개정돼야 하며, 오히려 프라이버시 보호에 관한 논의를 시작해야 할 것입니다.

07 이 토론에서 여자가 주장하는 바의 논거로 적절하지 <u>않은</u> 것은?

① 기술 선진국에서도 이 제도를 시행하고 있지 않다.
② 국민들의 신상 정보 유출로 인한 부작용이 우려된다.
③ 본격적인 논의조차 없이 법이 시행된다고 발표되었다.
④ 국가가 정보를 독점해 국민을 감시하는 데 이용될 것이다.
⑤ 매년 분실되는 주민 카드의 재발급에 따른 비용이 막대하다.

※ 다음은 대담의 일부입니다. 잘 듣고 물음에 답하십시오.

> 여교수 1 : 매년 어린이 날만 되면 '코르네지아의 보석'이 생각납니다. 로마의 부인들이 코르네지아의 집에 모여 제가끔 자기 보석을 꺼내 자랑을 하고 있을 때의 이야기입니다. 그 주인에게도 귀한 보석이 있으면 좀 구경을 하자고 졸랐습니다. '저의 집에서 제일 값진 보석을 보여 드리지요.' 코르네지아는 청에 못 이겨 그들을 이끌고 안방으로 들어갔습니다. 사람들은 저마다 다이아몬드나 산호, 혹은 흑진주 같은 휘황찬란한 보석을 머리 속에 그려 보았겠지요. '자, 보십시오. 내 아들입니다. 저의 집에는 이보다 더 고상한 보석은 없어요.'라고 말했다지 뭡니까?
> 여교수 2 : 참 의미 있는 이야기군요. 로마의 그 귀부인들보다도 오늘날의 가정이 더욱 그런 것 같습니다. 어느 가정을 가 보나 사람들은 텔레비전, 냉장고, 에어콘, 피아노, 이런 물건으로 가세를 자랑삼으려고만 합니다. 뿐만 아니라 손님들이 있는데 아이들이 뛰어 들어오면 그것을 큰 흉으로 생각할 정도입니다.
> 여교수 3 : 문제는 코르네지아처럼 아이들을 집안의 보석이라고 생각하는 사람들도 그 보석을 어떻게 다루고 간수해야 하는지를 잘 모르는 사람들이 많다는 겁니다.

08 이 대담에서 마지막 발언자가 논거로 삼을 만한 사례로 적절하지 <u>않은</u> 것은?

① 덮어놓고 집안에다 가만 놔 두고 기르려는 과보호형 부모들이 많다.
② 내가 못 이룬 꿈을 대신 이루고자 하는 보상 심리형 부모들이 많다.
③ 노후에 자녀들로부터 효를 받을 생각을 하는 보온형 부모들이 많다.
④ 아이들보다는 자기 자신의 사회적 체면을 위한 전시형 부모들이 많다.
⑤ 아이의 적성을 미리 파악하여 교육시키고자 하는 조기 교육형 부모들이 많다.

 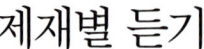

II 제재별 듣기

테마 4 대화

〈평가 목표 이원 분류 및 문항 배정표〉

분류		내용
대화	경쟁적 대화 (3)	말하는 이 간의 대립적 주장을 통해 이루어지는 대화
	협력적 대화 (3)	말하는 이 간의 공통된 주제를 통해 새로운 결론을 이끌어내는 대화

※ 1번부터 5번까지는 문제와 선택지를 듣고 푸는 문항입니다. 잘 듣고 물음에 답하시오.

01 ① ② ③ ④ ⑤

02 ① ② ③ ④ ⑤

03 ① ② ③ ④ ⑤

04 ① ② ③ ④ ⑤

05 ① ② ③ ④ ⑤

※ 6번부터 11번까지는 내용을 들은 후, 시험지에 인쇄된 문제와 선택지를 보고 푸는 문항입니다. 잘 듣고 물음에 답하시오.

(6~7) 들려주는 내용을 잘 듣고 6번과 7번의 두 물음에 답하시오.

06 이 대화에서 아내가 궁극적으로 추구하는 것은?
① 여성으로서의 권익
② 아내로서의 행복
③ 부부로서의 일체감
④ 부모로부터의 해방
⑤ 인간으로서의 가치

07 이 대화의 성격을 바르게 지적한 것은?
① 남녀는 서로 상대방의 견해를 반박하고 있다.
② 남자는 원인을 중시하고 여자는 결과를 중시한다.
③ 남자는 현상을 포용하고 여자는 현상을 비판한다.
④ 여자는 문제를 제기하고 남자는 해결점을 모색한다.
⑤ 여자는 문제를 제기하고 남자는 이를 덮어두려 한다.

(8~9) 들려주는 내용을 잘 듣고 8번과 9번의 두 물음에 답하시오.

08 이 대담을 통해 알 수 있는 내용이 아닌 것은?
① 주상복합 건물 내에는 거주자들을 위한 편의 시설들이 마련되어 있다.
② 주상복합 건물은 연돌 효과로 인해 화재가 발생해도 안전성이 보장된다.
③ 주상복합 건물의 고층으로 올라갈수록 포름알데히드의 농도가 높아진다.
④ 주상복합 건물의 거주자들은 실내 공기가 좋지 않은 편이라 여기고 있다.
⑤ 주상복합 건물은 정부, 건설 업체, 수요자의 요구가 결합하여 유행하게 되었다.

09 대담자의 말하기 방식으로 적절하지 않은 것은?
① 전문가의 연구 결과를 토대로 설명하고 있다.
② 과학적 실험 결과를 구체적인 수치로 제시하고 있다.
③ 설문 조사 결과를 활용하여 그 실태를 드러내고 있다.
④ 개인의 체험을 바탕으로 대상의 장단점을 제시하고 있다.
⑤ 현상이 발생하는 이유를 과학적인 용어를 사용해 설명하고 있다.

(10~11) 들려주는 내용을 잘 듣고 10번과 11번의 두 물음에 답하시오.

10 이 토론에서 토론자들이 공통적으로 전제하고 있는 것은?

① 언어는 사회적 약속이다.
② 언어는 문화를 창조하는 수단이다.
③ 언어는 사상을 반영하는 도구이다.
④ 언어는 의사를 소통하는 도구이다.
⑤ 언어는 자의적 음성 기호의 체계이다.

11 이 토론을 듣고 내릴 수 있는 판단으로 적절하지 않은 것은?

① 표준어는 인위적으로 형성된 것이다.
② 사투리도 유용한 의사소통 수단이 된다.
③ 사투리의 사용은 가급적 억제되어야 한다.
④ 사투리에는 개별성과 고유성이 살아 있다.
⑤ 사투리와 표준어는 대립적이라기보다 상보적(相補的)이다.

테마 5 독화

평가 목표 이원 분류 및 문항 배정표

분류		내용
독화	화자 우위 (3)	말하는 이가 일방적으로 듣는 이에게 정보를 전달하여 감화시키는 독화
	화자·청자 동등 (3)	말하는 이와 듣는 이가 동등한 위치로 말하는 이가 듣는 이에게 객관적 정보를 전달하는 독화
	청자 우위 (3)	말하는 이가 듣는 이의 행동과 동의를 요구하는 독화

※ 1번부터 5번까지는 문제와 선택지를 듣고 푸는 문항입니다. 잘 듣고 물음에 답하시오.

01 ① ② ③ ④ ⑤

02 ① ② ③ ④ ⑤

03 ① ② ③ ④ ⑤

04 ① ② ③ ④ ⑤

05 ① ② ③ ④ ⑤

※ 6번부터 11번까지는 내용을 들은 후, 시험지에 인쇄된 문제와 선택지를 보고 푸는 문항입니다. 잘 듣고 물음에 답하시오.

(6~7) 들려주는 내용을 잘 듣고 6번과 7번의 두 물음에 답하시오.

06 이 강의의 내용으로 보아 우리의 전통적인 생사관이라고 보기 어려운 것은?
① 죽은 자의 육신은 '무덤'에, 영혼은 '저승'에 존재한다고 믿었다.
② 사람의 영혼은 육신에서 잠시 분리될 수 있다고 믿었다.
③ 사람의 생사는 저승 사자가 주관하는 영역이라고 믿었다.
④ 죽음의 확인을 흔히 '곡(哭)'이라는 행위로 표현했다.
⑤ 죽은 자의 영혼은 저승 세계에 존재하는 것이 정상이라고 믿었다.

07 이 강의의 내용과 결부시켜 시 '초혼'을 이해한 것으로 적절하지 않은 것은?
① 제목에서 벌써 이 시는 죽은 임과의 이별을 노래한다는 것을 알 수 있어.
② '이름이여!'가 반복되는 것은 지붕 위에서 망자의 혼을 부르는 행위와 연결되는군.
③ 첫째 연의 '불러도 주인 없는 이름'에서 임의 죽음을 확인하고 있어.
④ 이 시의 화자는 임의 죽음을 안타까워하는 망자의 아내로 봐야 할 것 같아.
⑤ 넷째 연의 '하늘과 땅 사이'는 죽음으로 나누어진 저승과 이승 사이를 의미하는군.

(8~9) 들려주는 내용을 잘 듣고 8번과 9번의 두 물음에 답하시오.

08 이 강연에서 강연자가 흡연 행위에 대해 가지는 태도는?
① 객관적으로 설명하는 태도
② 이성적으로 비판하는 태도
③ 냉소적으로 조롱하는 태도
④ 혐오적으로 멸시하는 태도
⑤ 감정적으로 공격하는 태도

09 이 강연에서 다루어진 내용이 <u>아닌</u> 것은?

① 담배의 유래와 기원
② 담배를 즐기는 계층
③ 담배에 포함된 화합물
④ 담배의 해독과 중독성
⑤ 담배가 지닌 양면적 속성

(10–11) 들려주는 내용을 잘 듣고 10번과 11번의 두 물음에 답하시오.

10 이 뉴스에서 교수가 제시한 사법 제도의 개선안에 가장 가까운 것은?

① 법조인 충원 방식의 다양성 확보
② 법조인 양성 기관의 다양화 방안
③ 법대생에 대한 교양 과목 교육 강화
④ 법률 서비스의 획기적 비용 절감 방안
⑤ 법조인에 대한 다양한 직무 연수의 필요성

11 현재 우리 사법 제도가 안고 있는 문제점에 해당되지 <u>않는</u> 것은?

① 법률 서비스의 불량함
② 사법 시험 과목의 문제점
③ 제도 개혁의 주체가 없는 점
④ 법관의 전문적 식견이 부족한 점
⑤ 법률이 사회 변화를 수용하지 못하는 점

실전 다지기

기출 문제 유형 파악과 실전 문제

유형 1   내용의 파악

▶▶ 강연의 핵심적인 주장으로 가장 적절한 것은?
▶▶ 남자의 주장으로 가장 핵심적인 것은?

01 강연의 핵심적인 주장으로 가장 적절한 것은?

① 과학 기술의 발달 과정
② 과학 기술의 이율 배반성
③ 과학 기술의 도덕적 책임
④ 과학 기술의 무한한 발전 가능성
⑤ 과학 기술이 제공하는 풍요와 편리함

02 여교사의 주장으로 가장 핵심적인 것은?

① 교사의 체벌도 엄연한 폭력이다.
② 내 자식이 귀하면 남의 자식도 귀한 법이다.
③ 교사의 체벌에 의한 교육적 효과는 전무하다.
④ 우리는 선진국의 교육 제도를 본받아야 한다.
⑤ 칭찬과 상은 교육에 있어서 효과적 수단이 될 수 있다.

유형 2   발화 상황의 이해

▶▶ 이 대화의 전개 양상으로 설명으로 가장 적절한 것은?
▶▶ 이 강연자의 주장이 아닌 것은?

03 이 대화의 전개 양상으로 가장 적절한 것은?

① 남자는 여자를 시종 일관 책망하고 있다.
② 여자는 남자의 생각에 점차 공감하고 있다.
③ 여자는 원인을, 남자는 해결책을 말하고 있다.
④ 여자는 주로 현상적 측면을, 남자는 근본적 원인을 말하고 있다.
⑤ 여자는 양시론(兩是論)의 입장에서, 남자는 양비론(兩非論)의 입장에서 말하고 있다.

04 이 강연자의 설명이 아닌 것은?

① 숯은 나쁜 냄새를 제거한다.
② 숯은 주위의 습도를 조절한다.
③ 숯은 병균의 활동을 억제한다.
④ 숯은 우물물을 맑고 깨끗하게 해 준다.
⑤ 숯은 발효를 촉진하는 환경을 조성한다.

유형 3 의도 및 상황의 파악

▶▶ 여자의 마지막 말이 의미하는 것으로 적절한 것은?
▶▶ 토론자들이 공통적으로 전제하고 있는 것은?
▶▶ 남자의 주장의 근거로 가장 적절한 것은?

---

05 현수의 마지막 말이 의미하는 것으로 적절한 것은?

① 그래서 숙주나물이라 하는군요.
② 그래서 숙주나물이 빨리 상하는군요.
③ 그래서 녹두나물이라 하지 않는군요.
④ 그래서 콩나물보다 고소한 맛이 못 하군요.
⑤ 그래서 사람들이 숙주나물을 싫어하는군요.

06 대화를 나누는 자들이 공통적으로 전제하고 있는 것은?

① 한국인은 고정 관념을 가지고 있다.
② 천재는 언젠가 그 가치를 인정받는다.
③ 한국인은 국산 제품을 신뢰하지 않는다.
④ 해외 시장에서는 우리나라 제품을 비교적 신뢰한다.
⑤ 해외 시장에서는 제품에 대한 정당한 가격을 받을 수 있다.

07 남학생의 주장의 근거로 가장 적절한 것은?

① 아마존의 보존은 결국에는 실패할 것이다.
② 아마존 유역이 개발 위기에 처해 있다.
③ 기업가들의 아마존 개발을 막기는 어렵다.
④ 아마존 개발은 지구의 산소 공급에 큰 영향을 준다.
⑤ 기업가들은 아직 아마존 개발에 참여하지 않았다.

유형 4	생략된 정보의 추론

▶▶ 이 토론에 이어질 여자의 말로 가장 적절한 것은?
▶▶ 이 강연의 뒤에 이어질 내용으로 적절한 것은?
▶▶ 강연에서 생략된 말로 가장 적절한 것은? (신규 유형)
▶▶ 이 방송에서 삽입될 인터뷰 내용으로 가장 적절한 것은? (신규 유형)

08 이 강연에 이어질 연사의 말로 가장 적절한 것은?

젊은이여, (　　　　　　)

① 이상을 품고 살아가라.
② 자기 자신을 돌아보라.
③ 자기가 맡은 일을 사랑하라.
④ 타인의 평가를 의식하며 살아가라.
⑤ 사회에 무엇인가 봉사를 하라.

09 이 강연의 뒤에 이어질 내용으로 적절한 것은?

① 매스 미디어와 대중문화와의 관계
② 매스 미디어의 보급 현황과 수용
③ 대중문화와 고급 문화의 개념
④ 한국 대중문화의 특성
⑤ 바람직한 대중문화의 방향 제시

10 이 대화 끝에서 생략된 말로 가장 적절한 것은?

① 가까울수록 예의를 지켜야 한다.
② 양쪽 다 친구일 때 중립을 지켜야 한다.
③ 가까우면 됐지. 응원 여부는 중요하지 않다.
④ 편만 들기보다 바른 일을 하도록 도와야 한다.
⑤ 고통을 함께 나누는 것이 중요하다.

유형 5 구체적 상황에 적용하기

▶▶ 이 강연의 주제와 관련이 깊은 실례로 가장 적절한 것은?
▶▶ 남자의 질문에 답하기 위해 제시해야 할 자료로 적절하지 않은 것은?
▶▶ 담화 내용을 듣고 보인 반응으로 가장 적절한 것은?

11 이 대담의 주제와 관련이 깊은 실례로 가장 적절한 것은?

① 세종로에서 바라본 경복궁은 그 뒤의 삼각산의 축을 살짝 비켜 서 있어 자연과 어울린 조화의 미를 보여 주고 있다.
② '오구굿'의 행사 중, 가장 인상적인 장면은 무당이 저승길을 상징하는 '佛사다리'라고 하는 긴 천을 깔아 놓고 그 천을 가르고 힘껏 달려가는 것이다.
③ 우리의 수묵화(水墨畫)는 먹물과 화선지가 서로 수용함으로써 깊은 감동을 전해줄 뿐 아니라, 붓의 힘과 속도에 따라 먹물과 화선지가 조형미를 엮어 낸다.
④ 우리 춤의 내면에는 '맺음과 풀림'이라는 변하지 않는 법칙이 있다. 개개인의 가슴에 억눌려 응어리진 것이 '맺음'인데, 이러한 것들이 자연스럽게 터뜨려지는 과정이 '풀림'인 것이다.
⑤ 거문고로 상령산(上靈山) 같은 느릿한 음악을 독주(獨奏)할 때, 음향이 지속되는 시간보다 오히려 그 잔향(殘響)이 없어지고 아무 소리도 들리지 않는 음향적 공백(空白) 시간이 더 길다.

12 이 토론에서 남학생이 여학생의 의견을 비판할 때 제시할 수 있는 예로 적절하지 않은 것은?

① 가을산의 단풍
② 사춘기의 지적 방황
③ 자동화된 생산 공정
④ 현미경으로 관찰한 미생물
⑤ 바둑판에 놓여진 흑백의 바둑알

13 강연 내용을 듣고 보인 반응으로 알맞지 않은 것은?

① 남과 악수할 때에도 왼손을 내밀면 기분이 나쁘다 못해 모멸감을 느꼈던 것도 같은 이유에서겠군.
② 조선 시대에는 양반이 천민이나 마차에게 오른쪽을 양보할 수 없어서 우측 통행을 했다는 것도 수긍이 가는데.
③ 남을 저주하기 위해서 벽에 그림을 그리고 활을 쏘는 것을 좌시(左矢)라고 부르는 것은 상식에 어긋난 표현이겠군.
④ 좌의정이 우의정보다 직위가 높다는 것으로는 우리 선조들이 어느 방향을 더 좋게 평가하고 있었는지를 확인할 수 없겠네?
⑤ '메밀꽃 필 무렵'에서 동네 아이들이 허 생원을 왼손잡이라고 놀려 댄 이유는 왼손잡이를 비정상적인 것으로 보았기 때문이구나.

| 유형 6 | 내용의 적절성 평가 |

▸▸ 남자의 발언에서 모순된 내용으로 적절한 것은?

▸▸ 이 토론의 문제점으로 가장 적절한 것은?

14 학생의 발언에서 모순된 내용으로 적절한 것은?

① 허구를 사실로 말함으로써 청중의 지지를 유도하고 있다.
② 인신공격을 함으로써 그로 인한 반사적 이익을 노리고 있다.
③ 감정에 호소함으로써 친근감을 불러 일으키고 있다.
④ 모순된 내용을 제시함으로써 스스로 자가당착에 빠져 있다.
⑤ 관계 없는 내용을 말함으로써 문제의 초점을 흐리고 있다.

15 이 대담의 문제점으로 가장 적절한 것은?

① 화제가 건전하지 않다.
② 분위기가 너무 산만하다.
③ 서로 감정적으로 대립하고 있다.
④ 답변이 초점에서 빗나가고 있다.
⑤ 진행자의 태도가 진지하지 못하다.

| 유형 7 | 근거의 적절성 평가 |

▸▸ 연사의 태도의 문제점으로 가장 적절한 것은?

▸▸ 남자의 주장에 대한 비판으로 가장 적절한 것은?

16 이 토론에서 남자의 태도에 대한 문제점으로 가장 적절한 것은?

① 상대방의 발언을 주관적으로 해석하고 있다.
② 암시적 표현으로 토론의 방향을 오도하고 있다.
③ 주관적 논거로 논리의 객관성을 떨어뜨리고 있다.
④ 상황에 맞지 않는 속담을 들어 논지를 흐리고 있다.
⑤ 불분명한 주장으로 자신의 입장을 정립하지 못하고 있다.

17. 남자의 주장에 대한 비판으로 가장 적절한 것은?

① 예술이 삶의 전부일 수 있는가?
② 굳센 정신이 세계 역사의 강자를 만드는가?
③ 인간의 삶에 있어서 패기는 꼭 필요한가?
④ 역사에 대한 정확한 이해는 필수적인가?
⑤ 세계 역사의 주인이 되려면 예술 작품을 많이 남겨야 하는가?

유형 8 　 적용 및 대안 탐색

▶▶ 강연자의 주장에 반박하는 내용을 하나의 주제문으로 쓰시오. (신규 유형)
▶▶ 제시된 이야기에 대해서 주인공의 입장을 옹호하거나 비판하는 근거의 내용을 100자 이내로 쓰시오. (신규 유형)

18. 이 강연을 잘 듣고 100자 이내로 요약하시오.

19. 강연자의 주장에 반박하는 내용을 하나의 주제문으로 쓰시오.

20. 제시된 이야기에 대해서 글쓴이의 주장을 비판하는 근거의 내용을 100자 이내로 쓰시오.

 홈페이지 클릭　　자료 18 : 수능 듣기 문제
　　　　　　　　　　자료 19 : 수능 듣기 지문 및 MP3

풍부한 배경 지식이 녹아 있는 지문과 함께

기본이 되는 다양한 유형의 문제
문맥가 반영된 풍부한 내용 영역별 문제
감각을 잡아내 섬세한 인지 활동 영역별 문제

최신 출제 경향 완벽 분석

국어능력인증시험

정답과 해설

완벽 준비서

각종 국어 시험 완벽 대비

특목고 진학 및 대학 입시
공사·공단 및 공무원 입용, 언론사 및 기업체 입사
의·치의학 전문대학원 시험(MEET/DEET), 법학 전문대학원 시험(LEET)

이문성 지음

넥서스

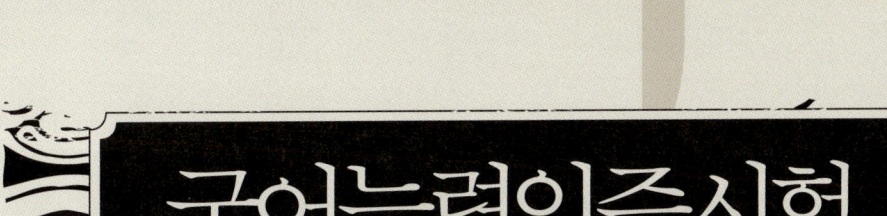

국어능력인증시험

정답과 해설

완벽
준비서

이문성 지음

넥서스

차례

제1장 언어 기초 영역

제1절 어휘
- Ⅰ 고유어 6
- Ⅱ 한자어 7
- Ⅲ 관용어 9
- Ⅳ 사자성어 10
- 실전 다지기 11

제2절 어문 규정과 어법
- Ⅰ 말소리(음운론) 15
- Ⅱ 단어(품사론) 19
- Ⅲ 문장(통사론) 24
- Ⅳ 의미론 27
- 실전 다지기 32

제2장 언어 기능 영역

제1절 읽기
- Ⅰ 사실적 이해 38
- Ⅱ 추론적 이해 46
- Ⅲ 비판과 창의적 이해 50
- Ⅳ 내용 영역별 이해 54
- 실전 다지기 61

제2절 쓰기

Ⅰ 계획하기　65

Ⅱ 표현하기　66

Ⅲ 글 다듬기　68

실전 다지기　70

제3절 듣기

Ⅰ 사고 과정별 듣기　72

Ⅱ 제재별 듣기　75

실전 다지기　78

듣기 대본

테마 4 대화　82

테마 5 독화　87

제3절 실전 다지기　93

제1장
언어 기초 영역

제1절 어휘

I 고유어

테마 1 아름다운 우리말

01 ①-ㅁ ②-ㄷ ③-ㄴ ④-ㄱ ⑤-ㄹ
⑥-ㅇ ⑦-ㅅ ⑧-ㅂ ⑨-ㅈ ⑩-ㅊ

02 ①-ㄴ ②-ㄷ ③-ㅂ ④-ㅊ ⑤-ㅈ
⑥-ㅁ ⑦-ㄱ ⑧-ㅅ ⑨-ㄹ ⑩-ㅇ

03 ①-ㄹ ②-ㅈ ③-ㄱ ④-ㅅ ⑤-ㅁ
⑥-ㄷ ⑦-ㄴ ⑧-ㅂ ⑨-ㅎ ⑩-ㅇ

04 ①-ㅊ ②-ㅂ ③-ㅇ ④-ㅈ ⑤-ㄱ
⑥-ㄷ ⑦-ㄴ ⑧-ㅅ ⑨-ㅁ ⑩-ㄹ

05 ①-ㅈ ②-ㅅ ③-ㅊ ④-ㄱ ⑤-ㅇ
⑥-ㄷ ⑦-ㄴ ⑧-ㅁ ⑨-ㄹ ⑩-ㅂ

06 ①-ㅂ ②-ㅁ ③-ㅈ ④-ㅊ ⑤-ㄹ
⑥-ㄱ ⑦-ㄴ ⑧-ㅅ ⑨-ㅇ ⑩-ㄷ

07 ①-ㅈ ②-ㅅ ③-ㅊ ④-ㄱ ⑤-ㅂ
⑥-ㄹ ⑦-ㄴ ⑧-ㅁ ⑨-ㅇ ⑩-ㄷ

08 ①-a ②-n ③-j ④-b ⑤-s
⑥-c ⑦-f ⑧-q ⑨-r ⑩-e
⑪-k ⑫-g ⑬-k ⑭-l ⑮-m
⑯-h ⑰-p ⑱-o ⑲-l ⑳-i

09 ①-e ②-k ③-a ④-k ⑤-m
⑥-b ⑦-f ⑧-c ⑨-l ⑩-h
⑪-d ⑫-n ⑬-i ⑭-o ⑮-j

10 ①-a ②-i ③-d ④-c ⑤-m
⑥-h ⑦-e ⑧-j ⑨-k ⑩-b
⑪-l ⑫-n ⑬-f ⑭-o ⑮-g

11 ①-ㄱ ②-ㄴ ③-ㄹ ④-ㄷ ⑤-ㅁ
⑥-ㅂ ⑦-ㄴ ⑧-ㄷ ⑨-ㄴ ⑩-ㅂ
⑪-ㄹ ⑫-ㄴ ⑬-ㄷ ⑭-ㄴ ⑮-ㄷ

도움
③ ㄱ은 '맏배'의 뜻이다.
⑨ ㄴ은 '보습'의 뜻이다.
⑩ ㄴ은 '얼거리', ㄷ은 '얼레빗'의 뜻이다.

⑪ ㄱ은 '덤받이', ㄷ은 '덤', ㄹ은 '덧두리'의 뜻이다.
⑮ ㄴ은 '거룩하다', ㄹ은 '갸름하다'의 뜻이다.

테마 2 작품에 나타난 고유어

01 ①-ㄴ ②-ㄱ ③-ㅂ ④-ㅊ ⑤-ㄹ
⑥-ㅁ ⑦-ㄷ ⑧-ㅅ ⑨-ㅈ ⑩-ㅇ

02 ①-ㄹ ②-ㅂ ③-ㅁ ④-ㄱ ⑤-ㄷ
⑥-ㄴ ⑦-ㅊ ⑧-ㅇ ⑨-ㅇ ⑩-ㅅ

03 ①-ㄹ ②-ㄴ ③-ㄱ ④-ㅅ ⑤-ㅈ
⑥-ㄷ ⑦-ㄴ ⑧-ㅂ ⑨-ㅁ ⑩-ㅇ

04 ①-ㄷ ②-ㄱ ③-ㄴ ④-ㅂ ⑤-ㄹ
⑥-ㄹ ⑦-ㅅ ⑧-ㅂ ⑨-ㅈ ⑩-ㅁ

05 ①-ㄱ ②-ㅂ ③-ㄷ ④-ㅇ ⑤-ㅅ
⑥-ㄴ ⑦-ㅈ ⑧-ㄹ ⑨-ㅊ ⑩-ㅁ

06 ①-ㅈ ②-ㅅ ③-ㅊ ④-ㄱ ⑤-ㅂ
⑥-ㄹ ⑦-ㄷ ⑧-ㅁ ⑨-ㅇ ⑩-ㄴ

테마 3 정겨운 단위어

01 ①-ㄴ ②-ㄱ ③-ㅂ ④-ㅊ ⑤-ㄹ
⑥-ㅁ ⑦-ㄷ ⑧-ㅅ ⑨-ㅈ ⑩-ㅇ

02 ① 대 ② 근 ③ 뼘 ④ 자루 ⑤ 짐
⑥ 돈 ⑦ 사리 ⑧ 줌 ⑨ 아름 ⑩ 발

03 ① 푼, 냥 ② 말 ③ 술 ④ 되, 말 ⑤ 자
⑥ 섬, 섬 ⑦ 척 ⑧ 치, 자 ⑨ 칸, 자 ⑩ 길, 닢

04 ① 서 ② 석 ③ 석 ④ 넉 ⑤ 서
도움 너/세 : ~돈, ~말, ~발, ~푼
넉/석 : ~냥, ~되, ~섬, ~자

테마 4 부드러운 순화어

01 (1) ① 가락국수 ② 어묵
③ 광고지, 전단 ④ 붕장어

⑤ 공사판 노동자　⑥ 보조원
⑦ 손톱깎이　⑧ 줄판
⑨ 선심　⑩ 가득, 많이
⑪ 단무지　⑫ 도시락
⑬ 군만두

(2) ① 구실, 할 일　② 타는 곳
③ 웃돈, 추가금　④ 콜레라
⑤ 노는 땅　⑥ 깃
⑦ 밤소경　⑧ 보냄, 띄움
⑨ 터, 대지　⑩ 이번
⑪ 본, 본보기

(3) ① 노래방　② 운동복
③ 양동이　④ 웃돈
⑤ 수건　⑥ 휴가
⑦ 소유주　⑧ 뒷거울

02 ① 가짜　② 손수레　③ 흠(집)
④ 민소매　⑤ 다진 양념　⑥ 대야
⑦ 양파　⑧ 채비　⑨ 우두머리
⑩ 드럼통　⑪ 생떼　⑫ 보온병
⑬ 가득　⑭ 떡　⑮ 무모
⑯ 재봉틀　⑰ 펑크　⑱ 여리꾼
⑲ 접시　⑳ 생선회　㉑ 새것
㉒ 소매치기　㉓ 우두머리　㉔ 틀
㉕ 나무젓가락　㉖ 고추냉이　㉗ 윗도리
㉘ 싱건탕　㉙ 면박　㉚ 차게 함

03 ① 임시(臨時) 계약(契約)　② 거래처(去來處)
③ 둔치　④ 감색(紺色)
⑤ 계좌(計座)　⑥ 빈터(공터)
⑦ 갓길　⑧ 짬짜미
⑨ 판매액(販賣額)　⑩ 사재기
⑪ 내주기　⑫ 비상문(非常門)
⑬ 설명서(說明書)　⑭ 순서(順序)
⑮ 숙박부(宿泊簿)　⑯ 새내기
⑰ 애창곡(愛唱曲)　⑱ 도우미
⑲ 뒤풀이　⑳ 제조(製造) 회사(會社)
㉑ 철회(撤回)

04 ① 유전체　② 지도층의 의무
③ 시위　④ 상표

⑤ 연결　⑥ 기본 계획, 기본 설계
⑦ 안내 책자　⑧ 부품 설명서
⑨ 모의 실험　⑩ 즉흥 연기
⑪ 진액　⑫ 언급
⑬ 단짝　⑭ 말썽, 충돌, 문제점
⑮ 경기

Ⅱ 한자어

테마 5　주요 한자어

01　다소　장단　문답　왕래
　　생사　고락　빈부　귀천
　　공사　고저　유무　수수
　　상벌　주객　매매　자유

02　시간　간행　개인　거대
　　식목　간호　건강　계절
　　공존　공급　교실　양반
　　부족　근본　석양　모피

03　신체　아동　외교　독특
　　불경　의논　의견　공중
　　중개　도로　도보　등록
　　초록　가게　구조　낭비

04　목축　산맥　근시　농촌
　　근면　금지　능률　선두
　　대여　무기　문자　연구
　　결과　기대　물가　복잡

05　미덕　역사　비상　상태
　　성공　세계　습관　미신
　　심사　양식　밀림　반성
　　성실　직업　홍수　헌법

06　성품　평범　소각　손해
　　방역　계곡　고립　형제
　　설화　활동　신문　약도
　　행복　필승　국민　해방

07　종류　안내　육군　합동
　　진리　휴식　우유　학교
　　신경　고배　배양　망상

08 ①-ㅈ ②-ㅂ ③-ㅋ ④-ㅅ ⑤-ㄱ ⑥-ㄷ
   ⑦-ㄴ ⑧-ㅌ ⑨-ㅁ ⑩-ㅈ ⑪-ㅇ ⑫-ㅅ

09 ①-ㄷ ②-ㅇ ③-ㄴ ④-ㄱ ⑤-ㅊ ⑥-ㅅ
   ⑦-ㄱ ⑧-ㅈ ⑨-ㅂ ⑩-ㅌ ⑪-ㅍ ⑫-ㄹ

10 ①-ㄱ ②-ㅇ ③-ㅌ ④-ㅈ ⑤-ㄱ ⑥-ㄹ
   ⑦-ㅈ ⑧-ㅋ ⑨-ㄴ ⑩-ㅊ ⑪-ㅂ ⑫-ㄷ

11 ①-ㄱ ②-ㅇ ③-ㄴ ④-ㅎ ⑤-ㄹ ⑥-ㅎ
   ⑦-ㅈ ⑧-ㅌ ⑨-ㅎ ⑩-ㄴ ⑪-ㅁ ⑫-ㄱ

12 ①-ㄴ ②-ㅁ ③-ㄹ ④-ㅅ ⑤-ㅈ ⑥-ㅋ
   ⑦-ㅌ ⑧-ㅊ ⑨-ㅎ ⑩-ㅂ ⑪-ㄹ ⑫-ㄱ

13 ①-ㅂ ②-ㅇ ③-ㅎ ④-ㅌ ⑤-ㅋ ⑥-ㄴ
   ⑦-ㄱ ⑧-ㅎ ⑨-ㅁ ⑩-ㅈ ⑪-ㄷ ⑫-ㄹ

14 ①-ㅅ ②-ㄱ ③-ㄹ ④-ㅈ ⑤-ㄷ ⑥-ㅁ
   ⑦-ㅋ ⑧-ㅎ ⑨-ㅂ ⑩-ㅇ ⑪-ㅌ ⑫-ㄴ

15 ①-ㅂ ②-ㄱ ③-ㅅ ④-ㅈ ⑤-ㅇ ⑥-ㄷ
   ⑦-ㅈ ⑧-ㄴ ⑨-ㅎ ⑩-ㅌ ⑪-ㄱ ⑫-ㄹ

16 ①-ㄹ ②-ㄱ ③-ㅎ ④-ㅇ ⑤-ㅊ ⑥-ㅂ
   ⑦-ㅋ ⑧-ㅈ ⑨-ㅎ ⑩-ㅌ ⑪-ㅁ ⑫-ㄷ

08 ①-ㄹ ②-ㄱ ③-ㅂ ④-ㅇ ⑤-ㅈ ⑥-ㄷ
   ⑦-ㅋ ⑧-ㅎ ⑨-ㅁ ⑩-ㅌ ⑪-ㅂ ⑫-ㄴ

09 ①-ㅅ ②-ㄱ ③-ㅎ ④-ㅁ ⑤-ㄷ ⑥-ㅇ
   ⑦-ㅋ ⑧-ㅎ ⑨-ㅂ ⑩-ㅇ ⑪-ㄹ ⑫-ㄴ

10 ①-ㄱ ②-ㄴ ③-ㅎ ④-ㅁ ⑤-ㅈ ⑥-ㅋ
   ⑦-ㅌ ⑧-ㄷ ⑨-ㅇ ⑩-ㅌ ⑪-ㅂ ⑫-ㄹ

11 ①-ㄹ ②-ㅇ ③-ㅋ ④-ㅂ ⑤-ㄷ ⑥-ㅎ
   ⑦-ㅊ ⑧-ㄴ ⑨-ㅎ ⑩-ㅅ ⑪-ㅂ ⑫-ㄱ

12 ①-ㄷ ②-ㅂ ③-ㄴ ④-ㅋ ⑤-ㄹ ⑥-ㅅ
   ⑦-ㅎ ⑧-ㅈ ⑨-ㅎ ⑩-ㅌ ⑪-ㅇ ⑫-ㄱ

테마 7 혼동하기 쉬운 한자어

01 改善　02 啓發　03 檢查　04 啓示
05 決濟　06 困辱　07 糾明　08 區分
09 期日　10 來歷　11 談合　12 反證
13 告訴　14 部門　15 上映　16 時間
17 一切(일체)　18 調整　19 職位　20 志向
21 體力　22 衝突　23 追突　24 爆擊
25 更新(경신)　26 更新(갱신)　27 再現　28 莫逆
29 感激　30 感動　31 發展　32 發達
33 發展　34 復舊　35 復歸　36 修理
37 修善　38 重任　39 烈士　40 義士
41 原因　42 理由　43 賃借　44 賃貸
45 主人公　46 張本人　47 典型的　48 定型
49 混同　50 混沌

도움 02 '개발'은 인위적인 노력을 통해 물리적으로 무엇을 '이루어 냄'을 의미한다. 이에 따라 '광산이나 유전을 개발하다', '신도시를 개발하다'로 쓴다.
이와 달리 '계발'은 인간의 지적·정신적 능력에 관계된 것으로 '이끌어 냄'을 의미한다. 새롭게 개척해 발전시킨다는 의미가 아닌 이미 내재해 있는 것을 찾아내 드러내는 것을 뜻한다. '소질을 계발하다', '지능을 계발하다'가 그 예다.
주의할 점은 인간의 내면에 관계된 것이라고 해서 모두 '계

테마 6 동음이의어

01 ①-ㅈ ②-ㅂ ③-ㅇ ④-ㅈ ⑤-ㄱ
   ⑥-ㄷ ⑦-ㄴ ⑧-ㅅ ⑨-ㅁ ⑩-ㄹ

02 ①-ㅈ ②-ㅅ ③-ㅊ ④-ㄱ ⑤-ㅇ
   ⑥-ㄷ ⑦-ㄹ ⑧-ㄴ ⑨-ㅁ ⑩-ㅂ

03 ①-ㅂ ②-ㅇ ③-ㅁ ④-ㄹ ⑤-ㅈ
   ⑥-ㄷ ⑦-ㄴ ⑧-ㄱ ⑨-ㅈ ⑩-ㅅ

04 ①-ㅂ ②-ㅁ ③-ㅈ ④-ㅈ ⑤-ㄹ
   ⑥-ㄱ ⑦-ㄷ ⑧-ㅅ ⑨-ㅇ ⑩-ㄴ

05 ①-ㅈ ②-ㅅ ③-ㅎ ④-ㄱ ⑤-ㅂ
   ⑥-ㄹ ⑦-ㄷ ⑧-ㅁ ⑨-ㅇ ⑩-ㄴ

06 ①-ㄱ ②-ㅅ ③-ㅂ ④-ㅂ ⑤-ㄹ
   ⑥-ㅇ ⑦-ㄹ ⑧-ㅈ ⑨-ㄷ ⑩-ㅁ

07 ①-ㅅ ②-ㅂ ③-ㅎ ④-ㅇ ⑤-ㅁ
   ⑥-ㄴ ⑦-ㅈ ⑧-ㄷ ⑨-ㅊ ⑩-ㅁ

발'을 쓰지 않는다는 것이다. '학습'이라는 인위적 방법을 통해 능력을 신장시키는 것은 '이끌어 냄'보다는 '이루어 냄'에 가까우므로 '능력 개발'로 써야 한다.

啓發(계발) : 외국어 능력의 계발. 소질이 계발되다. 예 창의성이 계발 되도록 충분한 기회를 주어야 한다. 소질을 계발하다.

開發(개발) : 개척하여 발전시킴. 유전 개발.
① 토지나 천연자원 따위를 개척하여 유용하게 만듦. 예 광산 개발. 산림 개발.
② 지식이나 재능 따위를 발달하게 함. 예 기술 개발. 자신의 능력 개발.
③ 산업이나 경제 따위를 발전하게 함. 예 산업 개발.
④ 새로운 물건이나 생각 따위를 만듦. 예 신제품 개발. 핵무기 개발. 프로그램 개발.

도움 12 '뒤집다'라는 표현으로 보아 '방증'보다는 '반증'이 어울린다

도움 26 '更'은 두 가지 음으로 읽힌다. '고치다'의 의미일 때는 [경], '다시'의 의미일 때는 [갱]이다. 올림픽 기록은 그 내용이 바뀌는 것이니까 경신(更新)을 써야 한다. 법률 관계의 존속 기간이 끝났을 때, 내용을 바꾸는 것이 아니라 단지 그 기간을 연장하는 경우에는 갱신(更新)을 써야 한다.

도움 30 감동은 무엇인가 크게 느끼어 마음의 변화가 일어났음을 나타낸다. 감격은 감동을 받아 순간적으로 강하게 솟구치는 순간적인 감정 상태를 표현할 때 주로 사용된다.

도움 31 발전은 더 나은 상태로 넘어가는 과정에 주된 의미가 있고, 발달은 일정한 수준에 이른 상태를 의미한다. 따라서 문맥상 더 나아진 상태를 의미하게 되는 31번과 33번은 '발전'을 쓰고, 어떤 수준에 이르렀음을 의미하게 되는 32번은 '발달'을 쓴다.

발전(發展) : 1. 더 낫고 좋은 상태나 더 높은 단계로 나아감. 예 과학의 발전. 경제 발전의 가속화 2. 일이 어떤 방향으로 전개됨. 예 소설이 이제 발전 단계로 접어들었다. 사태의 발전 양상.

발달(發達) : 1. 신체, 정서, 지능 따위가 성장하거나 성숙함. 예 신체의 발달. 운동 신경의 발달. 2. 학문, 기술, 문명, 사회 따위의 현상이 보다 높은 수준에 이름. 예 의학의 발달. 3. 지리상의 어떤 지역이나 대상이 제법 크게 형성됨. 또는 기압, 태풍 따위의 규모가 점차 커짐. 예 대륙붕의 발달/삼각주의 발달/고기압의 발달.

〈구분 기준〉

'발달'의 (1)과 (3)의 '신체 발달, 운동 신경 발달, 대륙붕 발달'은 '발전'으로 바꿔 쓸 수 없지만 (2)의 '의학 발달, 과학 기술의 발달'은 '발달' 대신에 '의학 발전, 과학 기술의 발전'으로 바꿔 쓸 수 있는 것으로 두 경우 모두 높은 수준으로 나아간다는 공통된 의미를 갖는다. 다만 차이가 있다면 '발달'은 '보다 높은 수준에 이름'이고 '발전'은 '높은 단계로 나아감'으로, '발달'은 높은 수준이나 단계에 이른 상태를, '발전'은 단계로 나아가는 진행성을 드러낸다고 볼 수 있다. 그러나 일반적으로 쓰임은 크게 구별해 쓰지는 않는 것으로 보인다.

도움 34 떠나 있었던 원래의 자리로 되돌아가는 경우에는 '복귀(復歸)'를 써야 하고, 손상된 것을 원래의 상태로 고칠 경우에는 '복구(復舊)'를 써야 한다.

도움 36 반드시 그런 것은 아니지만 대체로 바늘과 실을 사용하여 고치는 경우는 '수선'을 사용한다.

도움 38 교육부 장관은 임기 중에 거듭 임명된 것이므로, '중임'의 쓰임이 적절하다.

도움 39 뜻 풀이로는 명확하게 구분하기가 어렵다. 이 양자의 차이에 대한 '국가보훈처'의 설명을 보면, '열사'는 '맨몸으로써 저항하여 자신의 지조를 나타내는 사람'이고, '의사'는 '무력(武力)으로써 항거하여 의롭게 죽은 사람'이라고 한다. 이에 의하면 무력(武力)의 유무가 둘을 구분하는 데 중요한 기준임을 알 수 있다. 그렇다면 이준, 유관순은 '열사'이고, 안중근, 윤봉길은 '의사(義士)'일 것이다.

도움 41 '이유'는 어느 정도 의식이 작용하는 행위의 동기를 나타낼 때 사용하고, '원인'은 과학적 논리로 규명할 대상에 대해 사용한다.

도움 45 '장본인'은 나쁜 일을 한 주동자나 우두머리를 일컬을 때 주로 쓰인다. 적법한 일을 한 사람에게는 장본인 대신 '주인공'(主人公)이나 주역(主役)을 쓰는 것이 적절하다.

Ⅲ 관용어

테마 8 관용어

01 ①-ㄹ ②-ㅈ ③-ㄱ ④-ㅅ ⑤-ㄴ
   ⑥-ㄷ ⑦-ㅁ ⑧-ㅂ ⑨-ㅊ ⑩-ㅇ

02 ①-ㄴ ②-ㄷ ③-ㅂ ④-ㅊ ⑤-ㅈ
   ⑥-ㅁ ⑦-ㄱ ⑧-ㄱ ⑨-ㄹ ⑩-ㅇ

03 ①-ㄷ ②-ㅅ ③-ㄹ ④-ㅈ ⑤-ㄱ
   ⑥-ㄴ ⑦-ㄹ ⑧-ㅁ ⑨-ㅊ ⑩-ㅇ

테마 9 속담

01 ①　02 ④　03 ③　04 ②　05 ②
06 ④　07 ①　08 ②　09 ②　10 ⑤
11 ①　12 ②　13 ③　14 ①

15 ⑤
　도움 ⑤는 '결과를 미리 예상해 가면서 일에 착수해야 한다'는 뜻이고, 나머지는 '조심성을 강조'하는 뜻이다.

16 ①
　도움 ①은 '남이 할 수 있는 것은 저도 노력해서 능히 할 수 있다'는 뜻이고, 나머지는 '영문이나 분수도 모르고 남이 하는 대로 따라 한다'는 뜻이다.

17 ①
　도움 ①은 '좋은 일이 공교롭게도 겹친다'는 뜻이고, 나머지는 '운수가 사나운 사람은 무슨 일을 하든 손해만 본다'는 뜻이다.

18 ⑤
　도움 ⑤는 '실천이나 실제의 쓸모를 강조'하는 뜻이고, 나머지는 '협동을 강조'하는 뜻이다.

19 ⑤
　도움 ⑤는 '부지런히 하는데도 더 빨리 하라'는 뜻이고, 나머지는 '격에 어울리지 않음'을 뜻한다.

20 ①
　도움 ①은 '사람의 처신머리가 몹시 가볍다'는 뜻이고, 나머지는 '몹시 분주하게 돌아다닌다'는 뜻이다.

21 ①-ㅊ　②-ㅂ　③-ㅇ　④-ㅈ　⑤-ㄱ
　　⑥-ㄷ　⑦-ㄴ　⑧-ㅅ　⑨-ㅁ　⑩-ㄹ

22 ①-ㅈ　②-ㅅ　③-ㅊ　④-ㄱ　⑤-ㅇ
　　⑥-ㄷ　⑦-ㄹ　⑧-ㄴ　⑨-ㅁ　⑩-ㅂ

23 ①-ㅂ　②-ㅁ　③-ㅊ　④-ㅈ　⑤-ㅅ
　　⑥-ㄱ　⑦-ㄷ　⑧-ㅅ　⑨-ㅇ　⑩-ㄴ

24 ①-ㅈ　②-ㅅ　③-ㅊ　④-ㄱ　⑤-ㅂ
　　⑥-ㄹ　⑦-ㄷ　⑧-ㅁ　⑨-ㅇ　⑩-ㄴ

25 ①-ㅈ　②-ㅁ　③-ㄱ　④-ㅂ　⑤-ㄴ
　　⑥-ㅇ　⑦-ㄹ　⑧-ㅊ　⑨-ㄷ　⑩-ㅅ

IV 사자성어

테마 10 주요 사자성어

01 ①　02 ①　03 ④　04 ③　05 ①
06 ②　07 ②　08 ③　09 ③　10 ②
11 ②　12 ②　13 ②　14 ②　15 ②
16 ②　17 ①　18 ⑤　19 ⑤　20 ②
21 ④　22 ②　23 ②　24 ②　25 ②
26 ②　27 ②　28 ②　29 ②　30 ②
31 ①　32 ②　33 ④　34 ②　35 ②
36 ①　37 ②　38 ①　39 ②　40 ④
41 ③　42 ②　43 ①　44 ①　45 ③
46 ④　47 ①　48 ①　49 ②　50 ④

테마 11 속담과 관련된 사자성어

01 ①-ㄹ　②-ㅂ　③-ㄱ　④-ㅇ　⑤-ㅅ
　　⑥-ㄴ　⑦-ㅈ　⑧-ㄷ　⑨-ㅊ　⑩-ㅁ

02 ①-ㅂ　②-ㅇ　③-ㅁ　④-ㄹ　⑤-ㅊ
　　⑥-ㄷ　⑦-ㄴ　⑧-ㄱ　⑨-ㅈ　⑩-ㅅ

03 ①-ㅁ　②-ㅅ　③-ㅈ　④-ㅊ　⑤-ㄱ
　　⑥-ㄴ　⑦-ㄹ　⑧-ㅂ　⑨-ㅈ　⑩-ㅇ

04 ①-ㅅ　②-ㅊ　③-ㅈ　④-ㅁ　⑤-ㄱ
　　⑥-ㄹ　⑦-ㄴ　⑧-ㄷ　⑨-ㅂ　⑩-ㅇ

05 ①-ㅇ　②-ㅅ　③-ㄱ　④-ㅊ　⑤-ㅈ
　　⑥-ㄴ　⑦-ㄷ　⑧-ㅁ　⑨-ㅂ　⑩-ㄹ

제 1 절 실전 다지기

01 ④ 02 ③ 03 ② 04 ② 05 ③ 06 ① 07 ① 08 ③ 09 ④ 10 ③
11 ① 12 ① 13 ⑤ 14 ① 15 ② 16 ② 17 ② 18 ① 19 ⑤ 20 ③
21 ② 22 ② 23 ② 24 ① 25 ③ 26 ④ 27 ② 28 ⑤ 29 ④ 30 ④
31 ② 32 ① 33 ① 34 ① 35 ③ 36 ④ 37 ④ 38 체력
39 ① 불세출 ② 테두리 40 치다

01 ④
도움
④ 재겹다 : (…이) 조금 지겹다.
① 곰비임비 : 물건이 거듭 쌓이거나 일이 계속 일어남.
② 맥쩍다 : 심심하고 재미가 없다.
③ 애오라지 : '겨우'를 강조하여 이르는 말.
⑤ 설명하다 : 옷이 몸에 맞지 않고 짧다.

02 ③
도움 눈살 : 양 눈썹 사이에 있는 주름.

03 ②
도움
기슭 : 산이나 처마 따위에서 비탈진 곳의 아랫부분.
벼랑 : 낭떠러지의 험하고 가파른 언덕.
비탈 : 산이나 언덕 따위가 기울어진 상태나 정도.
언덕 : 땅이 비탈지고 조금 높은 곳.

04 ②
도움
채 : '집 한 채'나 '이불 한 채' 등 집이나 이불을 세는 단위.
올 : 실이나 줄의 가닥을 세는 단위.
코 : '그물이나 뜨개질한 물건의 눈마다의 매듭'의 의미이며, '뜨개질할 때 눈마다 생겨나는 매듭을 세는 단위'로 쓰인다.
장 : 종이나 유리 따위의 얇고 넓적한 물건을 세는 단위.
필 : 일정한 길이로 말아 놓은 피륙을 세는 단위.
땀 : '실을 꿴 바늘로 한 번 뜨다.'의 의미.
모 : 두부나 묵 따위를 세는 단위.

05 ③
도움 더럽혀질 수 있는 것은 명예이다.

06 ①
도움 문맥으로 볼 때 괄호에는 '실제적이지 못하고 관념에 머무른다'는 의미에 가까운 어휘가 적합하다. 그러므로 '오로지 이론이나 관념에 의존하는'에 해당하는 '사변적(思辨的)'이 적절한 어휘이다.
② '오감과 관련 있는'의 뜻으로 '추상적'과 반대의 의미로 사용된다.
③ '쉽게 슬픔에 빠지는'이라는 의미이다.
④ '일이 연속적으로 일어나는'이라는 뜻이다.
⑤ '사물의 모양을 드러내는, 구체적'이라는 뜻이다.

07 ①
도움
② 부응(符應) : 기대나 요구 따위에 좇아서 응함.
③ 호응(呼應) : 부름이나 호소 따위에 대답하거나 응함.
④ 대응(對應) : 어떤 일이나 사태에 맞추어 태도나 행동을 취함.
⑤ 조응(照應) : 둘 이상의 사물이나 현상 또는 말과 글의 앞뒤 따위가 서로 일치하게 대응함.

08 ③
도움 '맛'에는 '미각', '어떤 일에 대한 재미 또는 만족감', '어떤 대상이 주는 느낌이나 분위기' 등의 뜻이 있다. 보기의 '맛'은 '느낌이나 분위기'를 뜻하므로, 정답은 ③이다. ①은 '미각', ②, ④, ⑤는 '재미 또는 만족감'을 뜻하는 말로 쓰였다.

09 ④
도움 ①은 '방법이나 수단'의 의미로 사용되었고, ②는 '걷거나 탈것을 타고 어느 곳으로 가는 노정(路程)'이라는 의미의 '길'이다. ③은 '어떠한 일을 하는 도중이나 기회'와 같은 의미이며, ⑤는 '자격이나 신분으로 주어진 도리나 의무'에 해당하는 어휘이다.

10 ③
도움 '의지'는 '더듬다'의 대상이 될 수 없다. 문맥으

로 볼 때 기억(記憶), 추억(追憶) 등이 적합하다. 이런 문제에서 보듯 문항에 나오는 한자어들은 모두 하나의 고유어인 '생각'에 대응된다. 따라서 굳이 의미를 섬세하게 구별할 필요가 없는 장면에서는 '생각'이라는 고유어 하나만 가지고도 얼마든지 언어 생활이 가능하다는 사실을 알 수 있다.

11 ①
도움 여기서의 '정신'은 '생각하고 판단하는 능력'을 말한다. 같은 의미로 쓰인 것은 ①이다.
②, ③ 어떤 원칙이나 이념에 대한 믿음.
④, ⑤ 물질과 육체의 반대가 되는 영혼.

12 ①
도움 문맥으로 볼 때 어떤 물건을 선택하는 뜻이므로 여기서 '물색'은 물건의 상태를 말해 주는 '빛깔'로 바꾸는 것이 적합하다.

13 ⑤
도움 ①, ②, ③, ④의 '바람'은 뒷말의 근거나 원인을 나타내는 의미이다.
⑤의 '바람'은 일부 명사 뒤에 쓰여 그 명사가 나타내는 사람이나 사물의 작용, 또는 움직이는 기운, 기세 따위를 이르는 말이다.

14 ①
도움 ㉡~㉤의 나무는 모두 구부러져 쓸모없는 나무이다. ㉠의 '제목'은 '집을 짓거나 가구를 만드는 데 쓰이는 곧은 나무'를 의미한다.
㉣의 '제목'을 '좋은 나무'로 생각할 수 있으나, 그것은 단지 생각이었을 뿐 지시하는 대상은 '슬쩍 구부러져 쓸 수 없는 나무'였다.

15 ②
도움 ㉡은 ㉠과 같은 의미로 사용되었기 때문에 '의미'로 바꿀 수 없다.

16 ②
도움 자연에 대해 '폭포'는 순응하고 '분수'는 역행하므로 두 단어 관계는 대조되는 특성을 지니므로 반의 관계에 있다고 할 수 있다. '보수 : 진보' 역시 반의 관계에 있다.
① 서적은 독서의 대상이 되므로, '행위'와 '행위의 대상'의 관계로 볼 수 있다.
③ 시침은 시계를 구성하는 요소 중의 하나이므로 상하 관계로 볼 수 있다.
④ 악어가 악어새의 도움으로 입 안을 깨끗하게 하고, 악어새는 악어의 도움으로 먹이를 얻는다는 점에서 공생 관계, 즉 '상보적 관계'에 있다.
⑤ 바위는 이끼가 자라는 곳이므로 '생존 환경 : 생물체'의 관계로 볼 수 있다.

17 ②
도움 두 단어의 관계는 고유어와 그에 상응하는 한자어의 관계이다. 그러나 '진지'는 밥의 높임말이며, 밥의 한자어로는 '반식(飯食)'이 있다.

18 ①
도움
① 사사(師事) : 스승으로 섬기며 그의 가르침을 받음
② 莫逆(막역)하다 : 뜻이 맞아 서로 허물이 없다. 漠然(막연)하다 : 똑똑하지 못하고 어렴풋하다.
③ 準用(준용) : 준거하여 적용함. 주로 법률이나 규정을 적용할 때 사용하는 말이다. 사람에 대해서는 重用(중용) 정도가 해당되겠다.
④ 惹起(야기) : (무슨 일이나 사건 따위를) 일으킴. '해결책을 야기한다'는 이 단어의 어법에 맞지 않는다.
⑤ 携帶(휴대) : 어떤 물건을 몸에 지님. 자동차에 '휴대'한다는 것은 말이 안 된다. 사람의 몸에 지닐 경우에만 해당된다.

19 ⑤
도움 ⑤ 희수(喜壽)는 77세를 뜻하므로 70세 생일인 칠순 잔치에 어울리지 않는다.

20 ③
도움 '등용(登用/등용)'은 '인재, 또는 관리를 뽑아서 씀'의 뜻을 가진 말로, ③의 '관리 등용'과 같은 경우에 사용한다.
① '인재를 높은 자리에 올려 씀'의 뜻을 가진 '기용(起用)'이 적절하다.
② '삯을 주고 사람을 부림'의 뜻을 가진 '고용(雇用)'이 적절하다.
④ '지하철 이용', '폐품 이용'과 같이 '대상을 필요에 따라 이롭게 씀'의 뜻을 가진 '이용(利用)'이 적절하다. '사용(使用)'은 '일정한 목적이나 기능에 맞게 씀'의 뜻을 가진 말로, '휴대폰 사용', '존대말 사용'과 같이 개별적인 경우에 주로 쓴다.
⑤ '어떤 의견, 방안 등을 고르거나 받아들여서 씀'의 뜻을 가진 '채용(採用)'이 적절하다.

21 ②

도움 → 가을에 김장을 담가서 항아리에 담아 두었다.
②의 '담그다'는 '그릇 속에 물건을 넣다'의 뜻이고, '담그다'는 '다시 꺼내기로 하고 액체 속에 넣어 두다', '김치 간장 술 따위를 만들 때 그 원료에 물을 부어 익도록 하다'의 뜻이다.
①의 '머지않다'는 시간적 개념이고, '멀지 않다'는 공간적 개념을 의미한다.
③의 '들어내다'는 '물건을 들어서 밖으로 옮기다', 혹은 '사람을 있는 자리에서 쫓아내다'를 뜻하는 단어이고, '드러내다'는 '가려 있거나 보이지 않던 것을 보이게 하다', 또는 '알려지지 않은 사실을 널리 밝히다'는 뜻을 지닌 단어이다.
④의 '이따가'는 '조금 지난 뒤에'를 뜻하는 단어이고, '있다가'는 '있다'에 연결 어미 '다가'가 붙은 활용형이다.
⑤의 '늘리다'는 '본디보다 부피를 크게 하거나 수를 많게 하다'의 뜻이고, '늘이다'는 '본디보다 더 길게 하다', '아래로 처지게 하다'의 뜻이다.

22 ②
도움
- ~로라 : 말하는 이가 자신의 동작을 의식적으로 쳐들어 말할 때 쓰는 말.
- ~노라 : 움직임·행동을 나타내는 말 뒤에 쓰인다.
- 금방 : '이제 곧'의 의미로 미래 시제를 지닌다.
- 방금 : '바로 이제'의 의미로 과거 시제를 지닌다.
- 신문 : 알고 있는 사실을 캐어물음.
- 심문 : 자세히 따져서 물음.
- 지양(止揚) : 어떤 것을 하지 않음.
- 지향(志向) : 어떤 곳으로 나아가려는 의지.
- 매무시 : 옷을 입을 때 매고 여미는 따위의 뒷단속.
- 매무새 : 옷을 입은 맵시.

23 ②
도움 '비근한'은 '가까이에서 흔히 있는', '늘 보고 들을 수 있을 정도로 가깝고 흔한'이라는 뜻이다.

24 ③
도움 ⓐ는 단일어, ⓑ는 파생어, ⓒ는 합성이므로 이에 각각 상응하는 단어를 찾으면 된다. '장님'은 '눈 먼 사람'을 뜻하는 말로 하나의 어근으로 구성된 단일어이다.(여기서 '님'은 남의 이름이나 호칭, 또는 다른 명사 뒤에 붙어 높임의 뜻을 나타내거나, 어떤 대상을 의인화하여 높이거나 다정스럽게 일컬을 때에 쓰이는 접미사와 다르다.) '조화롭게'에서 '-롭게

(기본형 -롭다)'는 일부 명사나 관형사에 붙어, '그러함', 또는 '그럴 만함'의 뜻을 나타내는 형용사를 만드는 접미사로 어근인 '조화'와 결합하고 있다.
'낯선'은 명사 '낯'과 형용사 '설다'가 결합하여 형성된 말로 어근끼리 결합된 합성어이다.
'꿈'은 동사 '꾸다'의 어근에 명사 파생 접사인 '-ㅁ'이 결합된 파생어이다.
'둘러싼'은 '두르다'와 '쌓다'의 어근끼리 결합된 형태로 합성어에 해당한다.

25 ③
도움 ③ '올벼'는 접사 '올'이 붙은 파생어이다. 나머지 ① 볶음(파생명사)+밥(명사), ② 이(관형사)+것(명사), ④ 맛 (명사)+있다(형용사), ⑤ 밤(명사)+낮(명사) 등은 합성어이다.

26 ④
도움 ④는 단일어로 '모르는 사이에 조금씩'이란 뜻이다. ①, ②, ③, ⑤은 실질 형태소끼리 결합된 합성어이다. 말(실질)+소(실질) 〈ㄹ탈락〉, 조(실질)+쌀(실질) : 〈'ㅂ' 소리 덧생김.〉, 까막(실질-까마귀)+까치(실질), 짓(실질)+누르다(실질)

27 ②
도움
② 점입가경(漸入佳境) : 어떤 일이 진행될수록(들어갈수록) 재미가 있음.
① 삼수갑산(三水甲山) : 우리나라에서 가장 험한 산골이라 이르던 삼수와 갑산.
③ 절체절명(絶體絶命) : 몸도 목숨도 다 되었다는 뜻으로, 어찌할 수 없는 궁박한 경우를 비유적으로 이르는 말.
④ 야반도주(夜半逃走) : 남의 눈을 피하여 한밤중에 도망함.
⑤ 풍비박산(風飛雹散) : 사방으로 날아 흩어짐.

28 ⑤
도움
⑤ 人山人海(인산인해) : 사람이 헤아릴 수 없이 많이 모인 상태.
① 門前搏待(문전박대) : 사람을 푸대접한다는 뜻.
② 輾轉反側(전전반측) : 걱정이 있어 엎치락 뒤치락 하며 잠을 못 이룸.
③ 多多益善(다다익선) : 많으면 많을수록 더 좋다는 뜻.
④ 驚天動地(경천동지) : 세상을 몹시 놀라게 함.

29 ④

도움
④ 삼인성호(三人成虎) : 세 사람이 짜면 거리에 범이 나왔다는 거짓말도 꾸밀 수 있다는 뜻으로, 근거 없는 말이라도 여러 사람이 말하면 흔들리게 됨.
① 가렴주구(苛斂誅求) : 세금을 가혹하게 거두어들이고, 무리하게 재물을 빼앗음.
② 경세제민(經世濟民) : 세상을 다스리고 백성을 구제함.
③ 기호지세(騎虎之勢) : 호랑이를 타고 달리는 형세라는 뜻으로 이미 시작한 일을 중도에서 그만둘 수 없는 경우를 비유적으로 이르는 말.
⑤ 통관규천(通官窺天) : 붓 대롱을 통해서 하늘을 엿본다는 뜻으로 견문이 좁은 사람을 뜻함.

30 ④

도움 ㉠ 애-창자, ㉡ 비견-어깨, ㉢ 슬하-무릎, ㉣ 오금-뒷무릎, ㉤ 부아-폐, ㉥ 구설수-입, ㉦ 초미-눈썹, ㉧ 미주알-창자의 끝부분. ㉦-㉥-㉡-㉤-㉠-㉣-㉢이 된다.

31 ②

도움 말문을 열다 : 입을 열어 말을 시작하다. 예 그는 평소에는 말이 없지만 일단 말문을 열면 청산유수다.

32 ①

도움
①에서 '길이 닿았다'는 '어떤 일을 할 수 있는 방법이나 방도가 생기다'의 뜻이다. 예 그는 큰 회사의 구매 담당자와 길이 닿아 그 회사에 납품을 할 수 있게 되었다.
② 길(이) 바쁘다 : 목적하는 곳까지 빨리 가야 할 사정.
③ 길을 재촉하다 : 길을 갈 때에 빨리 서둘러 가다.
④ 길(을) 뚫다 : 방도를 찾아내다.
⑤ 길이 축나다 : 걸어야 할 거리가 줄어들다.

33 ①

도움 점층적으로 강해진다는 점에서는 ③, ⑤번 답지도 그럴듯하지만 문맥의 정확한 의미를 파악하게 되면 ①번이 답이라는 것을 알 수 있다.

34 ②

도움
① 가난한 사람을 구제하는 일이 결국에 가서는 제게 해롭다는 말.
② 조그마한 생쥐가 입가심할 정도의 먹을 것도 없다는 뜻으로, 먹을 것이라고는 아무것도 없고 몹시 가난함을 비유적으로 이르는 말.
③ 괴로운 일이나, 치르기 힘 드는 일이 자주 들이닥침을 이르는 말.
④ 가난한 사람일수록 남에게 잘 보이려고 허세를 부린다는 말.
⑤ 아무리 어렵게 살더라도 어떻게 해서 먹을 수는 있다는 말.

35 ②

도움
① 매우 심술 사나운 짓을 이르는 말.
③ 슬그머니 남모르게 얼버무려 넘기는 모양.
④ 쉬운 일도 차근차근하게 조심해서 하라는 뜻.
⑤ 눈치가 아주 빠른 사람을 비유함.

36 ④

도움 외래어의 무분별한 사용에 대해 외래어나 신조어에 대응하는 순화어를 알고 자주 사용하는 습관을 들여야 한다. '개런티'는 '출연료'로 순화해야 한다.

37 ④

도움 '테크니션(technician)'은 운동 경기에서 아주 교묘한 기술이나 솜씨가 있는 운동선수를 이르는 말로 국립국어원에서는 이를 '기교파(技巧派)'로 다듬어 쓰기로 한 바 있다.

38 체력

도움
체격(體格) : 몸의 골격. 예 건장한 체격
체력(體力) : 몸의 힘이나 작업 능력. 예 체력 검사
체형(體型) : 체격을 그 특징에 따라 분류한 것. 예 비만 체형
체중(體重) : 몸의 무게. 예 체중 조절
체질(體質) : 몸의 생긴 바탕이 되는 성질. 예 체질 개선

39 ① 불세출, ② 테두리

도움
불세출 : 좀처럼 세상에 나타나지 아니할 만큼 뛰어남.
테두리 : 죽 둘러서 친 줄이나 금 또는 장식 또는 '일정한 범위나 한계'.

40 치다

도움 '돼지를 치다'라고 할 때는 가축을 기른다는 뜻이고 '도랑을 치다'라고 할 때는 물길을 낸다는 뜻이다. '사군자를 치다'는 그림을 그린다는 뜻이고 '술을 치다'는 술을 부어 잔을 채운다는 뜻이다.

제 2 절 어문 규정과 어법

I 말소리(음운론)

테마 1   국어의 특질 - 음운상에 나타난 두음 법칙과 모음 조화

01 ②
도움 동전 한 잎 → 동전 한 닢

02 ①
도움 백분률 → 백분율

03 ⑤
도움 고냉지 → 고랭지(高冷-地)

04 ①
도움 구름량 → 구름양

05 ②
도움 희노애락(喜怒哀樂) → 희로애락(喜怒哀樂)

06 ③
도움 뻴장다리 → 뻗정다리

테마 2   말소리 - 소리의 길이와 자음·모음

01 ④
도움 ①, ②, ③, ⑤의 첫음절은 단음이다.

02 ③
도움 [떠벌:리다] → [떠벌리다] ⇨ 첫 음절이 아니므로 긴소리를 내지 않는다.

03 ③
도움 모음의 장단을 구별하되, 단어의 첫 음절에서만 긴소리가 나타나는 것을 원칙으로 한다. 그러므로 '감다'는 [감:다]로 발음되지만, '감으니'는 [가므니]로, '감기다'는 [감기다]로 발음한다.

04 ②
도움 ② 디읃 → 디귿

05 ⑤
도움 된소리는 해당 자음의 뒤에 온다.

① 곱살스럽다: 얼굴 모습이 보기에 곱고 얌전하다.
③ 패장부치다: 처음에는 승낙하였다가, 갑자기 엉뚱한 말을 끄집어 내어 일을 안 되게 하다.
④ 궐잡다: 제때에 제자리에 있지 않은 것을 세어 두거나 적어 두다.
⑤ 깝살리다: 찾아온 사람을 따돌려 보내다, 재물을 흐지부지 다 없애다.

06 ①
도움 ② 치읓, 키읔, 타읕이 맞다. ③ ㄲ, ㄸ, ㅃ, ㅆ, ㅉ, 등 5개이다. ④ 'ㄲ'은 'ㄱ'의 뒤이다.

테마 3   말소리 - 모음의 체계와 변화

01 ①
도움 ② [쪄], ③ [가저], ④ [다쳐]

02 ②
도움 ① [닐리리], ③ [띠어쓰기], ④ [히망], ⑤ [닝큼]으로 발음하나, ③은 [의사]로 발음한다.

03 ⑤
도움 '표준 발음법 5항 다만 3'에서는 '자음을 첫소리로 가지고 있는 음절의 ㅢ는 [ㅣ]로 발음한다'고 되어 있다. '의의'의 경우, 자음을 첫소리로 가지고 있지 않으므로 [이의]로 발음해서는 안 된다. '민주주의'에서 사용된 조사 '의'의 경우, '표준 발음법 5항 다만 4'에 의해 [ㅣ] 혹은 [ㅔ]로 발음할 수 있다.

04 ⑤
도움 휴계실 → 휴게실 ⇨ '휴게실'은 본음인 '에'를 살려서 표기해야 하는 말들 중의 하나이다.

05 ④
도움 닐리리 → 늴리리

06 ⑤
도움 허위적허위적 → 허우적허우적

07 ④
도움 지리하다 → 지루하다

08 ⑤

도움 윗옷 → 웃옷(맨 겉에 입는 옷)

09 ①
도움 글구 → 글귀

10 ③
도움 좋았든지 → 좋았던지

11 ③
도움 아지랭이 → 아지랑이

테마 4   말소리-자음의 체계

01 ③
도움 나발꽃 → 나팔꽃
'나팔'과 '나발'은 모두 표준어이나, '나발꽃'은 아니다.

02 ⑤
도움 미뜨리다 → 밀뜨리다

03 ④
도움 숫소 → 수소

04 ②
도움 민밋하다 → 밋밋하다

테마 5   말소리-자음의 변화-중화 현상

01 ③
도움 ① [밤:는], ② [넙쭈카다], ④ [밥:쏘], ⑤ [널따]

02 ①
도움 맑게[막께] → [말께]

03 ①
도움 햇볕을[핻뼈츨] → [핻뼈틀]

04 ①
도움 넋이[넉시] → [넉씨]

05 ⑤
도움 값있는[갑씬는] → [가빈는]

06 ③
도움 ① 디귿이(디그시), ② 키읔을(키으글), ④ 지읒을(지으슬)

07 ③
도움 섯달 → 섣달

테마 6   말소리-자음의 변화-동화 현상

01 ⑤
도움 흙만[흑만] → [흥만]

02 ②
도움 줄넘기[줄넘끼] → [줄럼끼]

03 ①
도움 ① 굶기다[굼기다], ② 신고[신꼬], ③ 껴안다[껴안따], ④ 젊지[점찌], ⑤ 떫지[떨:찌]

04 ②
도움 관건(關鍵)[관건] → [관껀]
고가(古家)[고:가], 고가(高價)[고까], 대가(代價)[대:까], 사법(司法)[사법], 사법(私法)[사뻡]

05 ②
도움 할수록[할수록] → [할쑤록]

06 ③
도움 싹뚝 → 싹둑

07 ④
도움 연락할께 → 연락할게

08 ④
도움 (정답을) 맞추다 → (정답을) 맞히다

09 ③
도움 ③ 밭이[바시] → [바치]

10 ③
도움 설건이 → 설거지

11 ④
도움 ① 꽃길[꼳낄] → [꼳낄] ② 지팡이[지팽이] → [지팡이] ③ 문법[뭄뻡] → [문뻡] ⑤ 꽃바구니[꼽빠구니]

② 'ㅣ'모음 동화는 표준 발음법 제22항 내용을 허용할 뿐 표준 발음으로 인정하지 않는다. ①은 연구개음화, ③과 ⑤는 양순음화로 비표준 발음이다. ④는 비음화로 표준 발음이다.

테마 7   말소리-자음의 변화-첨가 현상

01 ①
도움 늑막염[능마겸] → [능망념]

02 ④
   도움 송별연[송:별련] → [송:벼련]

03 ①
   도움 뒷윷[뒨:뉻] → [뒨:뉻]

04 ②
   도움 머릿말 → 머리말

05 ①
   도움 아랫층 → 아래층

06 ③
   도움 ① 전세방, ② 개수, ④ 초점, ⑤ 내과

테마 8 말소리-자음의 변화-탈락과 축약

01 ④
   도움 꽃 한 송이[꼳한송이] → [꼬탄송이]

02 ②
   도움 생각컨대 → 생각건대

03 ④
   도움 하마트면 → 하마터면

04 ②
   도움 장사아치 → 장사치
   ① 똬리(또아리)   ③ 솔개(소리개)
   ④ 생쥐(새앙쥐)   ⑤ 무(무우)
   ※ ( )는 비표준어이다.

05 ①
   도움 께슴츠레하다 → 게슴츠레하다/거슴츠레하다

테마 9 로마자 표기

01 ①
   도움 향찰은 신라 때에 한자의 음과 뜻을 빌려 국어 문장 자체를 적은 표기법으로, 특히 향가의 표기에 쓴 것을 이른다. 〈쓰기〉는 실질적 의미 요소인 영어 단어를 우리말 어순에 따라 적은 후, 그 옆의 문법적 요소는 우리말 발음을 로마자 표기법에 따라 적으면 된다. 〈읽기〉는 우리말 발음을 그대로 로마자 표기법에 따라 적으면 된다.

02 ① 구미 Gumi   ② 영동 Yeongdong
     ③ 백암 Baegam   ④ 옥천 Okcheon
     ⑤ 합덕 Hapdeok   ⑥ 호법 Hobeop
     ⑦ 벚꽃[벋꼳] beotkkot ⑧ 한밭[한받] Hanbat
     ⑨ 구리 Guri   ⑩ 설악 Seorak
     ⑪ 칠곡 Chilgok   ⑫ 임실 Imsil

03 ① 백마[뱅마] Baengma   ② 신문로[신문노] Sinmunno
     ③ 별내[별래] Byeollae ④ 알약[알략] allyak
     ⑤ 같이[가치] gachi   ⑥ 맞히다[마치다] machida
     ⑦ 좋고[조코] joko   ⑧ 잡혀[자펴] japyeo
     ⑨ 낳지[나치] nachi   ⑩ 죽변 Jukbyeon
     ⑪ 낙성대 Nakseongdae ⑫ 합정 Hapjeong
     ⑬ 팔당 Paldang   ⑭ 샛별 saetbyeol

04 ⑤
   도움 ⑤ 독도 Dok-do → Dokdo
   자연 지물명, 문화재명, 인공 축조물명은 붙임표(-) 없이 붙여 쓴다.
   ① 고유 명사는 첫 글자를 대문자로 적고, 발음상 혼동의 우려가 있을 때에는 음절 사이에 붙임표(-)를 쓸 수 있다.
   ② 이름에서 일어나는 음운 변화는 표기에 반영하지 않는다.
   ③ '도, 시, 군, 구, 읍, 면, 리, 동'의 행정 구역 단위와 '가'는 각각 'do, si, gun, gu, eup, myeon, ri, dong, ga'로 적고, 그 앞에는 붙임표(-)를 넣는다. 붙임표(-) 앞뒤에서 일어나는 음운 변화는 표기에 반영하지 않는다.
   ④ '시, 구, 읍'의 행정 구역 단위는 생략할 수 있다.

05

1. 강감찬 Gang Gamchan ⇨ 사람 이름을 적을 때에는 우리말 어순에 따라 성을 앞에, 이름을 뒤에 적는다. 성과 이름 사이에는 반점(,)을 찍지 않고 띄어 쓴다. 또한 이름은 음절과 음절 사이를 붙여 쓰며, 음절을 반드시 구분하고자 하는 경우에는 그 사이에 붙임표를 넣을 수 있다. 예를 들어 Hong Gildong(원칙), Hong Gil-dong(허용)

16. 김포 Gimpo ⇨ 어두 파열음은 'g'로 적는다. 다만, '김치'의 경우 국제 관계상 필요하여 'Gimchi'를 원칙으로 하되, 'Kimchi'를 허용하고 있다.

19. 남산 Namsan ⇨ 자연 지물명, 문화재명, 인공 축조

물명은 붙임표(-) 없이 붙여 쓴다.
22. 대관령 Daegwallyeong ⇨ '대관령'은 [대괄령]으로 소리 난다.
25. 대전 Daejeon. ⇨ 어두의 'ㅂ, ㅈ, ㄷ'을 'B, J, D'로 표기한다.
32. 맞춤법 matchumbeop ⇨ '맞춤법'은 [맏춤뻡]으로 소리 나는데 로마자 표기법에서는 된소리되기 현상을 표기에 반영하지 않는다.
34. 묵호 Mukho ⇨ 체언에서 'ㄱ, ㄷ, ㅂ' 뒤에 'ㅎ'이 따를 때에는 'ㅎ'을 밝혀 적는다.
36. 부산 Busan ⇨ 국어의 로마자 표기법 제2장 제2항에서는 "'ㄱ, ㄷ, ㅂ'은 모음 앞에서는 'g, d, b'로, 자음 앞이나 어말에서는 'k, t, p'로 적는다."고 규정하고 있다.
38. 서대전 Seodaejeon ⇨ 기존 지명에 의미를 가진 말이 덧붙어 만들어진 이름의 경우, 그 뜻을 알려 주기 위해 번역어를 사용하는 경향이 있다.(종로구청 Jongno-gu Office) 그러나 행정 구역 단위나 지명인 경우에는 전체가 하나의 이름이기 때문에 전체를 소리 나는 대로 적어야 한다.
42. 소월길 Sowol-gil ⇨ 길 이름의 '길'과 '가(街)'는 앞에 '-' 표시를 한다.
43. 속리산 Songnisan ⇨ '속리산'의 발음 '송니산'을 로마자로 적는다.
45. 신라 Silla ⇨ 이전의 로마자 표기법에서는 '시'는 sh로, 그 밖의 'ㅅ'는 s로 나누어 적었다. 그러나 현행 로마자 표기법에서는 어느 경우에나 s로 적는다.
46. 신림동 Sillim-dong ⇨ 행정 구역 앞에는 '-' 표시를 한다.
48. 압구정 Apgujeong ⇨ 된소리는 표기에 반영하지 않는 것이 원칙이기 때문이다.
56. 원당 Wondang ⇨ 로마자 표기법에 따르면 'ㅝ'는 'wo'로 적는다.
58. 월곶 Wolgot ⇨ 'ㄱ, ㄷ, ㅂ'은 모음 앞에서는 'g, d, b'로, 자음 앞이나 어말에서는 'k, t, p'로 적는다.
59. 을지로 Euljiro ⇨ 한 단어로 굳어진 것으로 보아 영어로 번역하거나 '-'를 넣지 않고 표기한다.
63. 전주 Jeonju. ⇨ 파찰음 'ㅈ'은 'j'로 적는다.
65. 제주도 Jeju-do ⇨ 행정 구역 앞에는 '-' 표시를 한다. 국어의 'ㅈ'은 로마자로 'j'로 표기한다.
66. 종로 Jongno ⇨ '종로'의 발음은 [종노]이다.
67. 지리산 Jirisan ⇨ 국어의 로마자 표기법'에서는 'ㄹ'은 모음 앞에서는 'r'로, 자음 앞이나 어말에서는 'l'로 적고 'ㄹㄹ'은 'll'로 적도록 규정하고 있다.
72. 충청북도 Chungcheongbuk-do ⇨ '도, 시, 군, 구, 읍, 면, 리, 동'의 행정 구역 단위와 '가'는 각각 'do, si, gun, gu, eup, myeon, ri, dong, ga'로 적고, 그 앞에는 붙임표(-)를 넣는다. 붙임표(-) 앞뒤에서 일어나는 음운 변화는 표기에 반영하지 않는다.
74. 태백 Taebaek ⇨ 모음 'ㅐ'는 'ae'로 써야 한다.
81. 한복남 Han Boknam(Han Bok-nam) ⇨ 이름에서 일어나는 음운 변화는 표기에 반영하지 않는다.

테마 10 외래어 표기

01 ③
도움 '디스켓'의 잘못. 외래어 표기의 받침에는 ㄱ, ㄴ, ㄹ, ㅁ, ㅂ, ㅅ, ㅇ만을 적음.

02 ③
도움
① ㅈ, ㅊ 어래에서 이중모음을 쓰지 않음.(주스)
② 외래어 받침에는 ㅋ, ㅌ, ㅍ을 쓰지 않음.(케이크)
④ 앙코르
⑤ 외래어 표기 시 된소리를 쓰지 않음.(서비스)

03 ①
도움 ① 짧은 모음 다음의 어말 무성 파열음([p], [t], [k]은 받침으로 적는다. ⇨ gap[gæp] 갭

04 ①
도움 ① flash[flæʃ] 플래시

05 ④
도움 ④ film[film] 필름

06 ③
도움 ① tower 타워, ② Indian 인디언, ④ boat 보트, ⑤ yellow 옐로

07 ②
도움 ① 카리브 해, ③ 몽블랑 산, ④ 하야카와 강, ⑤ 발트 해

08
1. 야드   2. 카디건   3. 그리스
4. 깁스   5. 카페   6. 콩트

7. 노블레스 오블리주 8. 덩샤오핑 9. 데뷔
10. 데생 11. 도넛 12. 도쿄
13. 디스켓 14. 라디오 15. 레크리에이션
16. 로봇 17. 로켓 18. 리더십
19. 립글로스 20. 링거 21. 말레이시아
22. 매머드 23. 마사지 24. 마니아
25. 멜론 26. 메시지 27. 모차르트
28. 몽타주 29. 밀리미터 30. 밀크셰이크
31. 바흐 32. 배터리 33. 방카쉬랑스
34. 배지 35. 배터리 36. 버터
37. 벤치 38. 보닛 39. 볼링
40. 보트 41. 부르주아 42. 뷔페
43. 블라우스 44. 비스킷 45. 샌들
46. 샤머니즘 47. 새시 48. 서비스
49. 색소폰 50. 센터 51. 셔터
52. 소시지 53. 소파 54. 슈퍼마켓
55. 스노보드 56. 슬라이드 57. 스카프
58. 스케치북 59. 스테인리스 60. 스티로폼
61. 스폿 뉴스 62. 스펀지 63. 사인
64. 서클 65. 선글라스 66. 센터
67. 아이 섀도 68. 액세서리 69. 악센트
70. 알코올 71. 앙케트 72. 애드리브
73. 앰뷸런스 74. 앙코르 75. 아나운서
76. 에어컨 77. 유머 78. 인터넷
79. 인터체인지 80. 재킷 81. 제트
82. 주스 83. 쥐라기 공원 84. 주니어
85. 재즈 86. 차트 87. 초콜릿
88. 캐나다 89. 칸 90. 컬러 텔레비전
91. 컬러믹스 92. 캐비닛 93. 커튼
94. 커피숍 95. 케이크 96. 케첩
97. 코미디 98. 콩쿠르 99. 콩트
100. 킥보드 101. 크래커 102. 크리스털
103. 클리닉 104. 터부 105. 타입
106. 탤런트 107. 터미널 108. 텔레비전
109. 트로트 110. 파일 111. 패널
112. 팸플릿 113. 포르투갈 114. 포클레인
115. 포털 사이트 116. 프라이 117. 플래카드
118. 헬멧 119. 호르몬 120. 파이팅
121. 판타지 122. 프라이팬

Ⅱ 단어(품사론)

테마 11 단어 – 파생어와 합성어

01 ①
도움 놀음 → 노름

02 ②
도움 잎파리 → 이파리

03 ③
도움 솔직이 → 솔직히

04 ③
도움 넓직하다 → 널찍하다

05 ③
도움 붙이다(편지를 ~) → 부치다(편지를 ~)

06 ①
도움 얼룩이 → 얼루기

07 ④
도움 일찌기 → 일찍이

08 ①
도움 치닫다 → 치닫다 ⇨ '치닫다'는 '치+닫다'의 구조로서, 원래 형태가 '달다'가 아니라 '닫다'이다.

테마 12 단어 – 체언과 조사

01 ①
도움 '지'는, '동안'의 의미를 담고 있을 때는 의존 명사로 띄어 쓰고 나머지 경우는 어미로 붙여 쓴다.

02 ②
도움 '같이'는 '처럼'의 뜻을 지니는 조사이므로 모두 붙인다.

03 ②
도움 '데'는 '경우에'의 뜻을 지니는 의존 명사이므로 모두 띄어 쓴다.

04 ②

도움 '부터'는 조사로만 가능하므로 늘 앞말에 붙여 써야 한다.

05 ①

도움 '빼다 박은 듯 닮았다.'에서 '듯'은 의존 명사이므로 띄어 써야 한다.

• 듯
  (명) 띄어 씀. 예 손에 잡힐 듯 가깝다. 무너질 듯 말 듯 위태롭다.
  (어미) 붙여 씀. 예 벼가 익을수록 고개를 숙이듯 성공할수록 겸손해지지.
  ⇨ 보조 용언으로 쓰일 경우 띄어 쓰는 것이 원칙이나, 붙여 쓰는 것도 허용한다.

• 듯하다
  (형) 둘 다 가능함. 예 버스가 끊긴 듯하다. 문제가 조금 쉬운듯하다.

06 ②

도움 '화를 낼 만도 하다'에서 '만'은 의존 명사이므로 띄어 써야 한다.

• 만
  (명) 띄어 씀. 예 삼 년 만에 만났다. 좋아할 만도 하다.
  (조) 붙여 씀. 예 웃기만 할 뿐 말이 없다. 먹고는 싶다만 돈이 없다. 수박만 한 머리.

• 만하다
  (형) 둘 다 가능함. 예 먹을 만한 음식이다. 믿을만한 소식통이다.

07 ⑤

도움 '공부밖에 모르는'에서 '밖에'는 '그것 말고는'의 뜻을 지니는 조사이다.

• 바
  (명) 띄어 씀.
  예 느낀 바를 적어 봐라. 맞을 바에는 먼저 맞아라.

• -ㄴ바
  (어미) 붙여 씀. 예 일찍이 학문에 뜻을 두었던바 이제야 결실을 맺는다.

• 밖
  (명) 띄어 씀. 예 예상 밖으로 문제가 쉬웠다. 너 밖에도 여러 명이 있다.

• 밖에
  (조) 붙여 씀. 예 일밖에 모르는 남자. 천 원밖에 남지 않았다.

• -ㄴ바
뒤 절에서 어떤 사실을 말하기 위하여 그 사실이 있게 된 것과 관련된 과거의 어떤 상황을 미리 제시하는 데 쓰는 연결 어미이다. 문어체이기 때문에 구어체에서는 사용하는 경우가 드물다. '-는바, -은바, -던바'와 같은 용례이다.

예 -ㄴ바 : 의견을 검토한바 수용할 수 없다.
  -는바 : 면접이 잠시 후 실시되는바 모두 용모를 단정히 하십시오.
  -은바 : 목격자의 말을 들은바, 그것은 사실과 다르다는 것이 밝혀졌다.
  -던바 : 백과사전을 찾아봤던바 여러 지식을 습득하게 되었다.

08 ③

도움 한 번 엎지른 → 한번 엎지른 ⇨ '한번'이 막연하게 '일차(一次)'라는 의미로 쓰이면 합성어이다. 따라서 붙여 쓴다.

09 ②

도움
① 일백이십삼만 사천오백육십칠
②, ③ 말끝 뒤에 붙어 듣는 사람(청자)에게 문장의 내용을 강조함을 나타내는 조사('-그래'와 '-그려')이므로 붙여 쓴다.
④ 십오억 육천칠백팔십삼만 사천칠백구십칠
⑤ 조사는 그 앞말에 붙여 쓴다.(커녕, 조차) '큰소리'는 호언장담을 뜻하는 합성어로 붙여 쓰고, '큰 소리'는 크게 내는 소리이므로 띄어 쓴다.

10 ④

도움 과일 등 속을 → 과일 등속을

11 ②

도움 '김철수님'은 '김철수 님'처럼 띄어 써야 한다. 이때 '님'은 높임의 의존 명사이다.

12 ⑤

도움
⑤ 도면그리기를 → 도면 그리기를 ⇨ 전문 용어는 붙여 쓸 수 있다. 그러나 용언의 관형사형의 수식을 받는 경우는 띄어 쓴다.
③ '국제 학술 회의'는 고유명사나 전문용어로 볼 수 없으니 띄어 쓰고 '회의 중'의 '중'은 '무엇을 하는 동안'의 뜻을 지닌 의존 명사이므로 띄어 쓴다.

④ 아이스크림의 원어는 'ice cream'으로 띄어 쓰나 국어에서는 한 단어이므로 붙여 써야 한다.

테마 13   단어-어간과 어미

01 ②

도움 쓸어지다 → 쓰러지다

02 ②

도움 저리로 가시요 → 저리로 가시오

03 ⑤

도움 안녕히 가십시요 → 안녕히 가십시오

04 ③

도움 둥글으시다 → 둥그시다

05 ④

도움 ① 나았다, ② 담가, ③ 싣고, ⑤ 잠가

06 ③

도움 아름다와 → 아름다워

07 ①

도움 깎아드린다 → 깎아 드린다. ⇨ '-아/-어' 뒤의 '서'가 줄어진 형식에서는 뒤의 용언은 보조 용언이 아니므로 붙여 쓰는 것이 허용되지 않는다. ③ '반질 반질해지도록'에서 '지도록'은 접미사로 붙여 쓴다.

테마 14   단어-고어·한자어, 방언·표준어

01 ③

도움
① '설겆다'가 아니고 '설거지하다'
② '알타리무'가 아니고 '총각무'
③ '맞상'이 아니고 '겸상'
④ '푼전'이 아니고 '푼돈'
⑤ '목발'이 아니고 '지겟다리'

02 ④

도움 코보 → 코주부

03 ①

도움 까탈스럽다 → 까다롭다 ⇨ '까탈스럽다'와 똑같은 의미로 쓰이는 '까다롭다'가 압도적으로 널리 쓰여 표준어로 인정하고, '까탈스럽다'는 버리기로 하였다.

04 ④

도움 ①, ②, ③은 모두 복수 표준어로 인정하나, ④의 경우 '-게끔, 길잡이'만 표준어로 인정한다. 압도적으로 쓰이고 있는 현실을 수용한 것이다.

테마 15   단어-올바른 단어 선택

01 ① 금세 일을 / 배추 금새
② 입술을 지그시 / 나이도 지긋이
③ 옆으로 비켰다 / 살짝 비껴갔다.
④ 비용을 낫잡아서 / 값을 낮잡는
⑤ 바람이 드세구나 / 드새보자.
⑥ 가름이 잘되지 않는다. / 물건으로 갈음
⑦ 희나리 / 희아리
⑧ 밤을 새워 / 머리를 세웠다
⑨ 홍어를 썩혀서 / 속을 썩이거나
⑩ 짚이는 곳이 없다. / 불을 지피셨다.
⑪ 토끼를 좇는 / 잠을 쫓기위해
⑫ 방을 비춰 / 달빛이 비치고
⑬ 앞머리가 거슬려 / 시대를 거스르는
⑭ 머리를 빗다 / 만두를 빚다
⑮ 지킴으로서 / 글로써

도움

┌ 금새 : 물건의 값. 시세.
└ 금세 : 지금 바로. 이제 곧.

┌ 지그시 : 어떤 일을 참을성 있고 은근하게 하는 모양을 나타냄.
└ 지긋이 : 나이가 비교적 많아 듬직하게.

┌ 비키다 : 장애물을 피하기 위해 몸을 옮기다.
└ 비끼다 : 방향을 조금 벗어나 비스듬히 지나가다.

┌ 낫잡다 : 계산할 때 넉넉하게 잡다.
└ 낮잡다 : 실제 가격보다 낮게 치다.

┌ 드새다 : 쉴 곳을 찾아 밤을 지내다.
└ 드세다 : 몹시 세거나 사납다.

┌ 가름 : 따로 나누거나, 구별함.
└ 갈음 : 다른 것으로 바꾸어 대신함.

- ┌ 희나리 : 덜 마른 장작.
- └ 희아리 : 상한 채 말라서 희끗희끗 얼룩진 고추
- ┌ 새우다 : 한숨도 자지 아니하고 밤을 지내다.
- └ 세우다 : 똑바로 서게 하거나 일으킴.
- ┌ 썩히다 : 썩다의 사동. 유기물을 부패하게 하다.
- └ 썩이다 : 썩다의 사동. 근심이나 걱정으로 괴로운 상태가 되게 하다.
- ┌ 짚이다 : 어림하여 짐작되다.
- └ 지피다 : 아궁이나 화로 등에 땔나무를 넣고 불을 붙이다.
- ┌ 좇다 : 남의 말이나 뜻을 따르다.
- └ 쫓다 : 잡기 위하여 뒤를 따라서 급히 가다.
- ┌ 비추다 : 빛을 보내어 대상을 밝게 만듦.
- └ 비치다 : 투명하거나 얇은 것을 통하여 드러나 보이다.
- ┌ 거슬리다 : 순순히 받아들여지지 않고 언짢은 느낌이 들며 기분이 상하다.
- └ 거스르다 : 일이 돌아가는 상황이나 흐름과 반대되거나 어긋나는 태도를 취하다.
- ┌ 빗다 : 머리털을 빗 따위로 가지런히 고르다.
- └ 빚다 : 가루를 반죽하여 만두, 송편, 경단 따위를 만들다.
- ┌ −(으)로서 : 지위나 신분 또는 자격을 나타내는 격 조사.
- └ −(으)로써 : 어떤 일의 수단이나 도구를 나타내는 격조사.

02 ① 홀몸으로 / 홑몸이야?
- ┌ 홀몸 : 배우자나 형제가 없는 사람. 즉 독신(獨身)을 말한다.
- └ 홑몸 : 딸린 사람이 없는 몸. 다시 말해 단신(單身)을 뜻한다.

② 껍질이 / 껍데기만
- ┌ 껍데기 : 겉을 싼 단단한 물질.
- └ 껍질 : 물체의 거죽을 싸고 있는 딱딱하지 않은 물질의 켜.

③ 갑절이다 / 곱절은
- ┌ 갑절 : 어떤 수나 양을 두 번 더함.
- └ 곱절 : 같은 수나 양을 거듭 더함.

④ 주검 / 죽음은
- ┌ 주검 : 사람의 죽은 몸. 송장, 시체.
- └ 죽음 : 죽는 일.

⑤ 추위
⇨ '강추위'는 눈도 오지 않으면서 몹시 추운 추위를 말한다.

⑥ 의견이 서로 다르다 / 계산이 틀리다
⇨ '다르다'는 이질성의 뜻이고 '틀리다'는 답이나 계산의 오류를 뜻하므로 구별된다. 맞다 ↔ 틀리다, 같다 ↔ 다르다

⑦ 일(사업, 가게)을 벌이다 / 팔을 벌리다.
⇨ '벌이다'는 '일을 벌이다, 사업을 벌이다, 가게를 벌이다'처럼 어떤 일을 시작할 때에 쓰며 '벌리다'는 '팔을 벌리다, 밤송이를 벌리다'처럼 간격을 넓히는 경우에 쓴다.

⑧ 이불을 들치다 / 과거를 들추다
⇨ '들치다'는 '이불을 들치다'처럼 물건의 한쪽을 들어올릴 때 쓰며, '들추다'는 '책을 들추어보다'처럼 무엇을 뒤지거나 '과거를 들추다'처럼 숨은 일을 드러나게 한다는 뜻에 쓰인다.

⑨ 그슬리다 / 그을렸다
⇨ '그슬리다'는 '그슬다'의 피동사로, '촛불에 머리카락이 그슬리다.'처럼 불에 쬐어 겉만 조금 타게 됨을 뜻하고 '그을리다'는 '그을다'의 피동사로 볕이나 연기 등을 쬐어 검게 됨을 말한다.

⑩ 다만 / 단지 / 오직
- ┌ 다만 : 다른 것이 아니라 오로지. ≒ 단지. 예 내게 있는 것은 다만 동전 한 닢뿐이다. / 석이네는 다만 고개를 저을 뿐 아무 말이 없었다.
- └ 단지 : 예 형의 지갑에는 단지 차비만 들어 있을 뿐이었다. / 우리는 단지 집이 가깝다는 이유 하나만으로 친구가 되었다.
- ┌ 오직 : 여러 가지 가운데서 다른 것은 있을 수 없고 다만. 예 오직 그녀만을 사랑한다. / 그는 일 년 동안 오직 공부에만 열중했다.
- └ 오죽 : 주로 미래 시제와 의문형 어미를 가진 서술어, 또는 '−으면' 어미를 가진 서술어와 함께 쓰여) '얼마나'의 뜻을 나타내는 말. 예 집 안에 있어도 이렇게 추운데 밖은 오죽 춥겠니? / 오죽 답답했으면 우리에게까지 그런 부탁을 했겠어? / 사내 녀석이 오죽 못났으면 마누라한테 쥐어 살아?

03 ① 세종이 우리말을 만들었다는 것은 잘못이다. 또한 어느 나라 말이나 고유 가치가 있으므로 우열로 평가하는 것은 19세기 유럽의 언어 진화론자들이나

가졌던 편견이다. 따라서 한글이 우수하다는 것은 괜찮으나 우리말까지 우수하다고 함은 國粹主義的 發想이다. '언어 구조'는 말의 구조이므로 이것도 '문자 구조'로 고쳐야 맞다. 결국 위 글은 '말'과 '글', '국어'와 '한글'을 구별하지 못하여 오류를 범하고 있다.

② 문장의 뜻은 '한 잔 이상'이 '한 잔'을 포함하는 개념이므로 '한 잔도 해롭다'는 것이다. 그런데 위 문장을 '한 잔은 괜찮지만 두 잔부터는 삼가는 것이 좋다'는 뜻으로 쓰는데 그런 뜻이라면 '두 잔 이상 ……'으로 해야 맞다.

③ 추녀와 처마를 혼동한 데서 나타나는 오류다. 처마 네 귀 끝에 번쩍 들린 부분인 추녀 끝에 고드름이 달리는 것은 廢家나 가능할까 비정상이므로 '처마 끝에 ……'로 해야 옳다.

④ '상승하였다'보다 '향상되었다'나 '나아졌다'가 자연스럽다.

⑤ '노고'에 대해서는 '치하(하다)'가 아닌 '위로(하다)'를 해야 한다.

⑥ '사랑스러운'이란 수식어를 가진 '그녀'의 목소리에 어울리지 않는 관형어 '앙칼진'은 의미상으로 호응이 잘못되어 있다.

04 ① 같은 생각을 가진 사람들이 모였다. / 생각을 같이하는 사람들이 모였다.
② 잠을 자다
③ 온 힘을 들여
④ 사귀고 있다
⑤ 뉘우치는 빛이 뚜렷한
⑥ 경제적 → 경제
⑦ 이 옷에서는 갈색조에 초점을 두었다.

테마 16　단어 - 어법에 맞는 단어의 사용

01 ① 명사화 구성을 하는 가운데 주어와 서술어의 호응이 제대로 이루어지지 않고 있으므로, '~ 해결할 것으로 예상되는 것이다.'를 '~ 해결할 것이라고 예상한다.'로 바꾸는 것이 좋다.

② '마련에 철저를 기해야 한다'가 어색하므로 '~ 수해 방지 대책을 철저히 마련해야 한다.'로 풀어서 쓰는 것이 좋다.

③ '권장 도서 목록 선정이'라는 부분의 의미가 애매하므로, '~ 권장 도서 목록을 선정하는 과정이 ~'의 의미가 되게 바꾸는 것이 바람직하다.

02 ① '데'가 의존 명사이므로, 그 앞에 이를 보충해 주는 다른 말(관형어)이 와야 한다. '먹을'을 보충할 수도 있고, 또는 '먹을 것이 있는가 찾아보자.' 정도로 문장을 고칠 수 있다.

② 뒤의 '철수'가 앞의 '철수'와 반복되었으므로 바르지 못하다. '철수의 옷'을 '자기(제) 옷'으로 바꾸어야 한다. (재귀적 용법)

③ '눈'은 셀 수 없는 명사(질량 명사)이므로, 복수 접미사 '-들'을 없애야 바른 문장이 된다.

④ 그는 걸음걸이가 이상하다. / 그가 걸을 수 있다는 것 자체가 이상하다.
⇨ '걸음을 걷는 것'이 '그의 걸음(걷는 방법)이 이상하다'와 '(그가 걸을 리 없는데) 그가 걸음을 걷는다는 사실 자체가 이상하여 받아들일 수 없다.'의 두 가지 뜻으로 해석될 수 있다.

03 ① 일본에 ~
② 청년에게 ~
③ ~ 5일에 마감한다. / ~ 5일까지이다.
④ 아이만은 ~ 교육만은 ~
⑤ ~ 한 권밖에 ~
⑥ ~ 한국 경제 위기 실상의 정확한 분석, 한국의 경제 위기에 대한 정확한 실상 분석
⑦ 가야겠다고
⑧ 우승했다는
⑨ 에게
⑩ 에 → 을
⑪ 를 → 에 ⇨ '~에 대처하다'의 구문이다.
⑫ 에 → 에서 ⇨ '~ 가운데에서, ~ 중에서'의 의미를 갖는다.

04 ① 아파서 ⇨ '-니까'와 '-아서'는 모두 이유나 원인을 나타내는 어미이지만, 용법에서 차이가 있다.
② 썩은 ⇨ 나무 다리의 상태를 나타내는 표현이다.
③ 가든지 ⇨ '-던지'는 회상적인 표현, '-든지'는 양보성 표현이다.
④ 합격하기를 ⇨ 서술어 '바란다'와 호응하는 목적어를 찾는다.
⑤ 있어라. ⇨ '-거라'는 '가다'에 결합되는 활용 어미이다.
⑥ 알맞은 ⇨ '알맞은'은 형용사인데, 동사에만 사용

하는 활용 어미를 사용했다.
⑦ 푸른 ⇨ 형용사의 기본형 '푸르-'에 관형사형 어미 '-ㄴ'이 결합되어야 한다.
⑧ 날아가지 ⇨ 동사의 기본형이 '날다'로, '날아가다'가 바른 표현이다.
⑨ 놓쳐 버리고 ⇨ '열차'는 인위적으로 버릴 수 있는 대상이 못 되기 때문에 '놓쳐' 정도의 본동사가 있어야 한다.
⑩ 밝은 ⇨ 여기서는 달이 밝아 가는 과정을 말한 것이 아니고, 밝은 상태를 표현하고 있으므로 '는'이 쓰일 수 없다. ('밝는'은 동사, '밝은'은 형용사이다.)
⑪ 데리고 가자 ⇨ '데리다'는 불완전 동사로 청유형 어미 '-자'를 취하지 못한다.
⑫ 날랐다 ⇨ '르 불규칙 활용'은 '-어'로 된 모음 어미가 붙으면 반드시 끝에 '으'가 떨어지고 'ㄹ'이 덧붙는다.
⑬ 빨개져서 ⇨ 'ㅎ 불규칙'은 'ㅎ'이 탈락하고 어간 모음 'ㅏ'와 연결 어미 '아'가 화합(化合)하여 'ㅐ'가 된다. 이 때는 어간과 어미가 같이 바뀐다.

05 ① 유구하고 빛나는 전통 문화를 단절시킬 가능성이 큰, 융통성 없는 문화 정책은 재고해야 한다.
⇨ '유구한'과 '빛나는'의 두 관형어가 '전통 문화'를 수식하여 어색한 느낌을 주고 있으며, '단절시킬 가능성이 큰'과 '융통성 없는'이 모두 '문화 정책'을 수식하고 있는데, 수식어의 경계가 분명하지 않아 역시 어색하다.
② 이 수술은 고도로 정밀하여 후유증이 없고 안전하며, 비용도 격격적으로 저렴하다.
⇨ '후유증이 없는', '안전한', '고도의', '정밀한' 이 모두 '수술'을 수식하여 어색한 느낌을 주고 있으며, '수술'이란 말이 중복되었고, '비용도 저렴한'과 '저비용'이 중복되었으므로 불필요한 말을 삭제해야 한다.
③ '살랑거리는, 파릇파릇한 나뭇잎'처럼 쉼표를 넣는다.

06 ④
도움 여럿 중에서 선택하는 상황에서는 '-든지'를 쓰고 과거 일을 회상할 때는 '-던지'를 쓰므로, ④에서는 "고마웠던지'로 쓰는 것이 맞다. 따라서, 이를 '고마웠든지'로 고치는 것은 적절하지 않다.

07 ③
도움 ㉢ '그러기에'의 바로 앞 문장인 '문화 전쟁의 무기는 ~ 때문이다.'는 '독서율이 낮으면 문화 전쟁 시대를 이겨낼 수 없는'의 이유가 되며, 뒤에 이어지는 문장 '책을 읽지 않는 국민에게는 미래가 없다.'는 결과가 된다. 이유와 결과를 연결하여 주는 접속어로 '그러나'를 사용하는 것은 적절치 않고, '그러기에'를 그냥 두거나 '그러므로', '따라서' 등으로 고치는 것이 옳다.

08 ③
도움 '-에'는 부사격 조사로서 대상의 움직임이 없는 것에는 '-에'를, 대상의 움직임이 있는 것에는 '-에게'를 사용한다.
① 가파르다는 '르불규칙 용언'이기에 '가파르다, 가파르고, 가파르며, 가팔라서'로 활용을 한다. '가파라서'는 '으'가 탈락한 것으로 잘못 파악한 경우이다.
④ '살찌다'는 동사이며, '살지다'는 형용사이다. ㉣에서는 생선이 살이 올라 먹음직스럽다는 의미로 쓰였기에 '살진'이 적절하다.

Ⅲ 문장(통사론)

테마 17 문장 - 문장 성분의 호응

01 ① ~ 버리시길 바란다는 점입니다.
⇨ 이 문장의 주어는 '~것은'이며 서술어는 '바랍니다'이다. 이 둘은 이 문장에서 호응을 이루지 못하므로 서술어를 고쳐야 한다.
② ~ 것으로 전망됩니다.
⇨ '전망'은 사람이 할 수 있는 행동이므로, 복지 정책은 '전망입니다'라는 서술어와 어울리지 않는다.
③ ~ 노력이 들고, 긴 시간이 걸린다.
⇨ '든다'의 주어는 '많은 비용과 노력, 그리고 긴 시간'인데, '비용과 노력'은 '든다'라고 하지만 '시간'은 '걸린다'라고 해야 한다.
④ 이 지역에 무단 입산하는 자는 자연 공원법 제60조에 의거하여 처벌받게 됩니다.
⇨ '처벌을 받게 됩니다'의 주체는 '이 지역'이 아니라 '입산자'이므로 주어와 서술어가 호응하도록 고쳐야 한다.

02 ① 반드시 ~ 제출해야 합니다.

⇨ 일부 부사는 특정 표현과 어울리는 규칙이 있다. '절대로'는 '어떤 경우에도'라는 뜻으로, 부정어와 호응하는 말이다. 따라서 삭제하거나, '절대로' 대신에 '반드시'를 넣어야 한다.

② 어려운 이웃을 한결같이 돕는 사람들이 많습니다.
⇨ 수식어와 피수식어의 거리가 너무 멀어 의미가 모호해진 경우이다. 즉, '한결같이'가 '어려운'을 한정하는지, '돕는'을 한정하는지 분명하지 않다. 수식어는 피수식어 앞에 놓는 것이 바람직하다.

③ 반드시 → 절대로
④ 절대로 → 반드시
⇨ '절대로'는 부정문에서만 쓰이고, '반드시'는 긍정문에서만 쓰인다.

⑤ ~ 학생으로서 마땅히 해야 할 의무
⇨ 명사 '의무'를 수식하는 관형어가 두 개나 되어 어색한 문장이 되었으므로 풀어서 쓰는 것이 자연스럽다.

03 ① ~ 예술의 장르인데, 인간은 문학을 즐길 예술적 본능을 지닌다.
⇨ '문학'은 '문학을 즐길 예술적 본능을 지닌다.'의 주어가 될 수 없으므로, 새로운 주어를 보충하여야 한다. 한다.

② ~ 때로는 환경에 순응하기도 하면서 산다
⇨ 현재의 문장은 '~ 때로는 환경을 순응하면서 산다.'의 의미로 비문법적인 문장이다. 따라서, '순응하면서'를 꾸며 주는 부사어('환경에')를 보충하여 고쳐야 한다.

③ ~ 시작되고, 그 도로가 언제 개통될지 모른다.
⇨ '공사'가 개통되는 것이 아니므로, '개통될지'의 주어를 보충하여 고쳐야 한다.

④ 그 선수의 장점은 ~ 것이다
⇨ 주어 '그 선수의 장점은'과 서술어 '큰 장점이다'의 호응 관계가 어색하다. 뒤의 '큰 장점'을 삭제하여야 한다.

⑤ 방학 동안 축구를 실컷 했다.
⇨ '기간'은 '어느 일정한 시기에서 다른 일정한 시기까지의 사이', '동안'은 '(어느 때부터 어느 때까지의) 사이'의 뜻이므로 의미가 중복된다. 또한 '축구를 찼다'도 의미가 중복되므로 '축구를 하다'로 바꾸어야 한다.

⑥ 요즘 같은 때에는 ~ 자주 환기시켜야 감기에 안 걸리는 거야.

⇨ '환기'는 '탁한 공기를 빼고 새 공기로 바꿈.'의 뜻이므로 '공기를'이 불필요하다.

⑦ 거의 → 거의 다 ⇨ '거의'는 동사를 꾸미지 못하고 다른 부사만 꾸밀 수 있는 말로, '거의' 다음에 부사 '다'를 넣어야 한다.

⑧ 나는 원고지에 연필로 십 년 이상 글을 써 왔는데, 이제 (원고지를 / 연필을 / 글쓰기)를 바꾸려니 쉽지 않다. ⇨ 뒷절의 서술어 '바꾸려니'의 목적어가 없다. 생략된 목적어로는 '원고지, 연필, 글쓰기' 등 어느 것도 가능하다.

04 ① 이 배는 사람을 태우거나 짐을 싣고 하루에 다섯 번씩 운행한다.
⇨ '사람'과 '짐'이 모두 타동사 '싣고'의 목적어가 되는데, '사람'의 경우에는 '싣고'가 아니라 '태우고'를 써야 한다.

② 운전 기사와 잡담을 하거나 과속하는 것을 금지한다.
⇨ '운전 기사와 잡담을 하거나'라는 구절과 '과속'이라는 단어가 병렬로 연결되어 있기 때문에 비문법적인 문장이다.

③ 영이는 노래를 하고, 순이는 춤을 춘다. / 영이는 키가 작고, 순이는 키가 크다.
⇨ 앞의 절은 행동을 나타내고 뒤의 절은 상태를 나타내어 내용상 연관성이 없는데도 병렬 문장으로 연결되어 있어 어색하다.

④ 인간은 자연에 복종도 하고, 자연을 지배도 하며 살아간다.
⇨ '지배하다'는 타동사이므로 목적어 '자연을'이 있어야 한다.

⑤ 내가 하고 싶은 말은 다름이 아니라, 아직 늦지 않았으니 새로 시작하기를 바란다는 것이다.
⇨ 'ㄱ은 ㄴ이다' 형식의 평서문으로, '말'이라는 주어를 가진다. 뒤에 오는 구절의 서술어 '바란다'는 1인칭 주어를 전제하고 있어서, 앞에 나온 주어 '말'과 호응할 수 없다.

⑥ 영희를 좋아한다.
⑦ 받기로
⑧ 흐리고
⑨ 내일은 비가 올 것으로 예상됩니다.
⑩ 즐거운 주말을 보내십시오.
⑪ 다음 주부터는 주가가 오를 것으로 전망됩니다.

테마 18 문장-문법의 요소와 기능

01 ① 냉면집 하면 생각나는 집, 한 군데 있어요. 이 집 냉면처럼 맛있는 집 처음 보았어요. 면발이 다른 집이랑 비교가 안 되어요. 국물 맛 또한 기가 막혀요.
② 아래 주소로 이사했어요. 5초 후 자동 이동합니다.
③ ○○대 산업 공학과를 2000년 2월에 졸업했습니다. 무지하게, 학교 오래 다녔어요.
④ 전부터 말썽이던 휴대 전화를 고치려고 했어요. 처음에는, ○○에 가려고 했는데, 거기는, 서비스가 별로라고 해서요. 삼성동 A/S 본사로 가라고 그래서, 갔더니 토요일이라 안 한다네요······ T.T 딴 데는, 다 하는데······ 그래서 가장 가까운 청담동으로 갔습니다. 그런데, 시간이 없다고, 당일 수리는 불가하다네요. T.T 결국 ○○에 가서 맡기고 내일, 찾기로 했습니다.
⑤ 김근호 님과 김평원 님의 가입을 축하드립니다.

02 ① 밝아요 → 밝으셔요
② 오시라고 한다 → 오라고 하신다
③ 준 → 주신
④ 이빨 → 치아
⑤ 병, 입원하였다 → 병환, 입원하셨다
⑥ 오셨습니다 → 왔습니다
⑦ 계시겠습니다 → 있으시겠습니다(원칙), 있겠습니다(허용)
⑧ 오래 → 오라셔(오라고 해서)

03 ① ㉡ ⇨ '그분'을 높이는 것이 목적이지 '따님'을 높이기 위한 것이 아니기 때문이다.
② ㉡ ⇨ '정원사'를 높이는 것이 목적이 아니다.
③ ㉠ ⇨ '선생님'을 높여야 한다.
④ ㉡ ⇨ 주체인 '형'이 아버지보다 낮은 사람이다.
⑤ ㉡ ⇨ '호철이'는 높임의 대상이 되지 않고 '선생님'만 높임의 대상이 되는데, '오다'의 주체는 '호철'이므로 '-시-'를 쓴 ㉠은 옳지 않다.
⑥ ㉠ ⇨ '어머니'는 말하는 이(=주체)보다 높다.
⑦ ㉡ ⇨ 끝이 합쇼체로 되어 있을 때의 대명사는 '저'가 되어야 한다.
⑧ ㉡ ⇨ ㉠의 '말'은 예사말이므로, 낮춤말로 쓰이는 '말씀'을 써야 한다.

04 ① 시작한다 → 시작했다
② 있었다 → 있다
③ 넘겠다 → 넘었다
④ 불렀다 → 부르려 한다
⑤ 도착하고 있지 않습니다 → 도착하지 않았습니다
⑥ 믿는 중이다 → 믿고 있다 ⇨ '-는 중이다'는 상태성의 동사에는 일반적으로 붙지 못한다.
⑦ 가더라 → 갔다 ⇨ 회상의 '-더-'는 제1인칭과 함께 쓰이지 못한다.
⑧ 영장이었다 → 영장이다 ⇨ 사물의 항구적 속성은 현재 시제로 표시해야 한다.

05 ① 당해지는 → 당하는
② 변해지겠구나 → 변하겠구나
③ 생각되어지더라 → 생각되더라
④ 댐들이 만들어지고, 시스템들이 마련되어 → 댐들을 만들고, 시스템들을 마련해
⑤ 도착됩니다 → 도착합니다
⑥ 발달해져 있다 → 발달했다
⑦ 읽혀지는 → 읽히는
⑧ 바위 위에 천마라고 생각되는 그림이 그려져 있는 것이 아닌가? → 천마로 보이는 그림을 그려 놓은
⑨ 문제들이, 해결되어지지 → 문제들을, 해결하지
⑩ 생각되어집니다. → 생각됩니다.
⑪ 진행되어지고 → 진행되고
⑫ 보아지는군요. → 보이는군요.
⑬ 닫아져서 → 닫혀서
⑭ 밟아져서 → 밟혀서
⑮ 써지지 → 쓰이지

06 ① 설치시킬 → 설치할
② 가동시키고→ 가동하고
③ 소개시켜 줄게. → 소개해 줄게(소개할게)
④ 교육시키는 분이다. → 교육하는
⑤ 마련하였다. → 마련하게 하였다. ⇨ '하여금'은 사동형 동사와 호응한다.

테마 19 문장-자연스럽게 문장 다듬기

01 ① 추진해야 할 것 같이 보여진다. → 추진해야 한다.
② → 그의 의견이 옳다.
④ 재미있는 것 같습니다. → 재미있습니다.

⇨ '재미있다'는 자신의 감정을 표현하는 말이므로, '-ㄴ 것 같다'는 추측 표현을 쓸 필요가 없다.

⑤ ⇨ '같아요'를 무의식적으로 사용하는 것은 자연스럽지 못하다. 오늘 날씨 정도에 대해서는 '매우 좋습니다'라고 분명한 태도로 말을 해야 한다.

⑥ ⇨ '너무'를 사용하면 '덜 예뻤으면 좋겠다'는 뜻이 내포되는데도 불구하고, '매우, 무척'의 뜻으로 대강대강 쓰고 있다.

⑦ ⇨ 우리말에서 '가장'은 하나만을 가리킬 뿐이어서, '~ 가운데 하나' 같은 표현은 적당하지 않다.

⑧ ⇨ 신문 등에서 자주 쓰는 번역투의 문장인데, '이 사건에 대해 반드시 해명해야 한다.'는 식으로 표현해야 우리말다운 문장이 된다.

02 ① 선각자나 다름없다(선각자라 할 만하다.)
② 이러한 면에 주목할 만하다.
③ 학생들에게
④ 학생 회의에

03 ① 회의를 하자.
② 우리는 항상 불조심을 해야 한다.
③ 배 침몰 시
④ 휴면 계좌에서
⑤ 경호원이 필요한

04 ① 우리 회사에서는 오염된 폐수는 꼭 정화하여 내보낸다.
⇨ 이미 정화한 물인데 '오염 폐수'라 한 것은 논리에 맞지 않다.
② ⇨ 우리는 돌이가 민족에 대해 자각할 수 있도록 노력하였다. *'자각'이란 스스로 깨닫는 것이다.
③ ⇨ '화사한 회색의 무늬'는 일반적으로 상상하기 어렵다.
④ 있으며 → 있으나 ⇨ 뒷절은 앞절에서 말한 내용, 즉 회장이 시설물 이용을 제한하는 행위에 대하여 제약 조건을 제시하고 있으므로 '있으며'를 '있으나'로 바꾸어야 한다.
⑤ ⇨ '자유'에는 '출판, 투표, 집회' 등 행동성이 있는 명사가 와야 한다.

05 ① 한다고 해서, → 한다고 하므로/ 하니……
② 오거든 → 오면
③ 오므로서 → 옴으로써
④ 나쁜 관계로 → 나빠서 ⇨ 앞 절 마지막 단어의 조사나 활용 어미로 나타난다.
⑤ 그것이 합리적이다라는 → 그것이 합리적이라는
⇨ 직접 인용에 붙는 '라고'를 간접 인용에 써서 잘못이다. 특히 요즈음 입말에서 간접 인용인데도 '라는, 라고'를 쓰는 현상이 많은데 이는 잘못이다.
⑥ ~불확실한 패스웍과 불안한 수비로 / 패스웍이 불확실하고 수비가 불안하여
⇨ 대략 뜻이 전달되지만 문장 구조에서 패배 원인으로 열거된 두 가지가 '불확실한 패스웍'은 구 구조이고 '수비가 불안하여'는 절 구조라 불균형하다. 따라서 구 구조로 통일한 '불확실한 패스웍과 불안한 수비로'로 고치거나 절 구조로 고친 '패스웍이 불확실하고 수비가 불안하여'로 고쳐야 문장 구조가 균형을 찾는다.

06 ① ~ 원서를 제출하였다. ⇨ '접수하다'는 한자어의 뜻 그대로 받는 주체가 접수 당국이므로 원서 제출자는 쓸 수 없는 말이다.
② ~ 가르쳐 주시는 ~ ⇨ '배워주다'는 북한에서는 인정하고 있지만 선생이 불쌍해서 배워 준다는 뜻으로 오해되므로 고쳐야 한다.
③ 김○○ 교수님을 師事하고 있습니다. ⇨ '師事'가 '스승으로 섬기다, 스승으로 섬겨 가르침을 받다'라는 뜻이므로 그 뒤에 '받다'를 또 쓰면 중복이 되므로 고쳐야 한다.

Ⅳ 의미론

01 ① 읽을 줄도 쓸 줄도 모르는, 문맹
② 죽음을 각오하고, 결사적으로
③ 수용해서, 받아들일
④ 지나간, 과거
⑤ 예상 못한, 갑작스러운
⑥ 돌이켜, 회고해
⑦ 불가피한, 어쩔 수 없는
⑧ 새로이 개발한, 신제품
⑨ 밖으로, 표출
⑩ 올해 나온 햅쌀, 햅쌀

02 ① 슬픈, 곡예사의 운명(곡예사의 슬픈 운명) / 슬픈 곡예사의, 운명(마음이 슬픈 곡예사의 운명)
② 불가불, 가(어쩔 수 없이 한다.) / 불가, 불가 (절대 안 된다.)
③ 용감한, 그의 아버지는 적군을 향해 돌진했다. / 그의 아버지는 용감하게 적군을 향해 돌진했다. ⇨ '용감한'이 수식하는 범위가 명확하지 않아 '아버지'가 용감한지, '그'가 용감한지가 분명하지 않다.
④ 그 판매원은, 웃으면서 들어오는 손님에게 인사를 건넸다.(손님이 웃음)
그 판매원은 웃으면서, 들어오는 손님에게 인사를 건넸다.(판매원이 웃음)
⇨ '웃으면서'가 수식하는 범위가 분명하지 않다.
⑤ 남편은 나보다는 비디오를 더 좋아한다. / 남편은 내가 좋아하는 것보다 비디오를 더 좋아한다.
⇨ '보다'가 비교하는 범위가 명확하지 않아 '나와 비디오'를 비교하는지, '내가 좋아하는 정도와 남편이 좋아하는 정도'를 비교하는지가 분명하지 않다.
⑥ 어머니께서 사과 하나와 귤 두 개를 주셨다. / 어머니께서 사과 하나와 귤 하나를 주셨다.
⇨ '와'의 연결 관계가 명확하지 않아 사과 한 개와 귤 두개인지 사과와 귤의 총량이 둘인지가 불분명하다.
⑦ 커피는 두 잔 이상 마시면 몸에 해롭습니다.
⇨ '이상'의 의미에 주의를 기울이지 않아서 의미상 모순이 일어나, 결국 의미가 정확하지 못하게 되었다.

테마 21   언어 다듬기 실전 연습

01 ① 머물고 → 그치고 ⇨ '미수에 그치다'는 관용적 표현이다.
② 자루 → 가닥 ⇨ '한 가닥의 희망'도 관용적 표현이다.
③ 막연한 → 막역한 ⇨ 막연하다: 아득하다, 어렴풋하다. / 막역하다: 뜻이 맞아 서로 허물이 없다.
④ 벌렸으면 → 벌였으면 ⇨ 벌리다: 사이를 떼어서 넓히다. 펴서 열다/벌이다: 일을 베풀어 놓다. 물건을 죽 늘어 놓다.
⑤ 두터운 → 두꺼운 ⇨ 두텁다: 인정이나 정의가 깊다/두껍다: 두께가 보통보다 크다.
⑥ 한 개 → 한 켤레 ⇨ 운동화를 세는 단위는 '켤레'이다.
⑦ 놀랜 → 놀란 ⇨ '놀래다'는 '놀라다'의 사동이다.

02 ① 그 문제는 재고의 여지가 없습니다. ⇨ 중복되어 있는 표현을 찾아 올바로 고친다.
② 허가를 얻은 후에 시작하는 것이 좋다고 생각됩니다. ⇨ 지나친 한자어식 표현을 자연스럽게 우리말로 고친다.
③ 너와 나 사이에 무슨 비밀이 있겠니? ⇨ 명사의 나열에서 마지막 나열 단어에는 '와'를 넣지 않으며, '의'도 곧 잘 생략된다.
④ 창수는 나에게 그것이 무엇이냐고 물었다. ⇨ 간접 인용일 경우에는 대개 '고'만을 붙인다.

03 ① 작품에 손을 대거나 파손하는 행위를 금함.
② 인간은 신을 숭배하지만 때로는 신에게 도전하기도 한다.
③ 이야기는 여기에서 일대 전환이 이루어진다. ⇨ '일대'는 관형사이므로 다음에 명사가 와야 한다.

04 ① 이 약은 신제품인데, 이번에 박리다매 방침에 따라 할인 판매를 시작하였다. ⇨ '신제품으로서'와 '따른'을 평서문으로 고쳐서 표현하는 것이 좋다.
② 이 사진은 내 친구의 어머니께서 젊은 시절에 찍으신 사진이다. ⇨ '-의'가 반복되는 표현은 삼가는 것이 좋다. '-의'의 앞과 뒤에 오는 단어들이 가지는 관계에 따라 적당한 말을 만들어 보자.
③ 이 문제를 국회에서 통과시킬 때 야당이 반발할 가능성을 배제할 수 없다. ⇨ '의'를 반복 사용하여 딱딱한 번역투의 문장이 되었다. 자연스러운 문장으로 풀어 쓰는 게 좋다.

05 ① 자 이제, 모두들 조용히 하자. ⇨ 형용사는 그대로 명령문의 서술어가 될 수 없으므로, '하다'를 사용하여 동사의 형태로 바꿔야 한다.
② 이번 축구 시합에서는 일본을 크게 이겼다. ⇨ '이겼다'는 자동사와 타동사의 용법을 모두 가지고 있는데, 여기에서는 타동사로 쓰였다.
③ 너는 영이가 오면 기분이 그토록 좋으냐? ⇨ 앞절과 뒷절의 어미가 제대로 호응하지 않고 있다는 점에 유의하여 고쳐 본다.

06 ① 그들은 심의 과정에 실제적으로 참여하길 원했다.
⇨ '심의 과정에서의 실제적 참여'와 같은 표현은 너무 딱딱한 표현이다. 자연스런 표현으로 바꿔 본다.
② 우리는 모름지기 그 사실을 알아야 한다. ⇨ '모름지기'라는 부사와 잘 어울리는 표현(~해야 한다)을 찾아본다.

③ 이 음식은 양과 질 면에서 모두 우수하다. ➪ 불필요한 한자어투 중에서, 특히 '-적'을 사용한 표현에 유의하여 고쳐 본다.

07 ① 민족성에는 기본적인 것과 파생적인 것의 두 가지가 있다. / 민족성은 기본적인 것과 파생적인 것의 두 가지로 성립된다.
② 그보다 더 기쁘고 반가운 것은 나를 지도해 주신 최 선생님께서 칭찬과 격려의 글을 보내 주신 것이다. / 그보다 더 기쁘고 반가운 것은 나를 지도해 주신 최 선생님으로부터 칭찬과 격려의 글이 온 것이다.
③ 공산주의자와의 타협이나 협상은 패배를 의미하는 것이다. / 공산주의자와 타협이나 협상을 하는 것은 패배를 의미하는 것이다.
④ 무엇보다도 중요한 것은 인간이 문명의 이기를 사용할 때에 그것이 인간 자신을 위해 지혜 있게 사용되어야 한다는 것이다.
⑤ 작업복을 튼튼하고, 입기에 편하면서, 비싸지 않은 것으로 고쳐야 한다. / 작업복이 튼튼하고, 입기에 편하면서, 비싸지 않은 것으로 고쳐져야 한다.

08 ① 안 와서 → 안 온 것으로 보아 ➪ 앞절의 사실을 근거로 하여 뒷절의 사실을 추론하는 말이 와야 한다.
② 더워서 → 더우면 ➪ 원인을 나타내는 어미 중, '-아서'는 명령문이나 청유문에 쓰일 수 없으므로 같은 원인을 나타내는 어미 중 다른 것을 바꾸어 쓰면 된다.
③ 먹으며 → 먹으면서 ➪ 문맥상 행위의 나열 어미 '-며'가 쓰였으나 감을 먹는 것과 떡을 먹는 것이 동시에 이루어진 듯하므로 그에 알맞은 '-면서'로 바꾸는 것이 자연스럽다.

09 ① 가지고 있다 → 두었다 ➪ 아들'은 가질 수 있는 사물이 아니다.
② 보도되어져 → 보도한, 보도된 ➪ 지나친 피동태 표현이 어색하다.
③ 입소해 들어갔습니다 → 입소했습니다 ➪ 동의어를 사용하였다.
④ 펑크가 → 구멍이 ➪ 외국어를 불필요하게 사용하였다.
⑤ 정도이신가요? → 정도입니까? ➪ 약품의 효과'는 높임의 대상이 아니다.
⑥ 궁금한 점이 있으면 문의해 주십시오. / 궁금한 점이 있으면 말씀해 주십시오.

10 ① 시가지의 평균 주행 속도를 10% 이상 줄이면, 운전자는 20~30% 연료를 절약할 수 있습니다.
② 차량 운행 중에는 운전에 집중하시고 전화 통화 시에는 핸즈프리를 이용하십시오.
③ 우리 청의 일반 경쟁 입찰 참가 신청 등록은 수시로 가능하며, 등록 절차는 우리 청 종합 지원 센터에 문의하시기 바랍니다.

도움

①번 문장은 먼저 주어가 있어야 하는데, 새롭게 주어를 만들기보다는 뒤 절에서 '운전자로 하여금'을 '운전자는'으로 바꾸고 앞 절과 뒤 절의 서술어를 이에 맞추어 변화시키면, '시가지 평균 주행 속도를 10% 줄이면, 운전자는 20~30% 연료를 절약할 수 있습니다.'가 된다. 이 때에는 '운전자'라는 주어가 앞 절과 뒤 절 모두에 해당하기 때문에 앞 절에서 생략되었다고 볼 수 있다. 그리고 의미를 좀 더 분명히 하기 위하여 조사 '의'를 첨가하였다.

②번 문장은 먼저 '차량 운행에는'이라는 말을 '차량 운행 중에는'으로 바꾸고, 뒤 절이 앞 절과 대칭이 되도록 '전화 통화 시에는'을 첨가하였다. 그리고 '~을 통해 통화하다'는 표현은 잘 쓰이지 않기에 '핸즈프리를 이용하십시오'라는 말로 바꾸었다.

③번 문장은 우선 중복된 주어('등록이')를 생략하고 앞 절의 '당청'은 이해하기 쉽도록 '우리 청의'로 바꾸었다. 그리고 '입찰 참가 자격 등록'에서 '입찰에 참가하는 자격을 등록 한다.'는 말이 어색하기 때문에 '입찰 참가 신청 등록'으로 바꾸고, 불필요한 '이에 대한'을 생략하였다. 마지막으로 '열람하다'는 '~에서 열람하다(뜻: 도서관 등에서 책이나 신문 등을 죽 훑어 봄. / 문서 등의 내용을 조사하면서 읽음.)'이며 '문의하다'는 '~에 문의하다'이므로 '열람'을 빼고, 완전한 문장이 되게끔 '문의하시기 바랍니다'로 바꾸었다.

11 ① 예쁘십니다. → 예쁩니다
② 계시겠습니다. → 있으시겠습니다
③ 교육시켜 드립니다. → 교육하여 드립니다
④ 믿겨지지 않는다. → 믿어지지 않는다.
⑤ 들려져 → 들고
⑥ 열려져 → 열려

도움

①의 문장의 경우에는 높일 필요가 없는 대상을 높이고 있어 어색한 느낌을 주고 있다. 따라서 '예쁘십니다'에서 높임을 나타내는 선어말 어미 '-시-'를 제외하여 '예쁩니다'와 같이 표현하는 것이 좋다.

② '있다'를 높일 때에는 '계시다'와 '있으시다'가 가능한데, 이 경우에는 '있다'의 높임으로 '있으시다'만 가능하다. '계시다'는 말하는 이가 주어를 직접 높일 때 사용되고, '있으시다'는 주어와 관련된 대상을 통하여 주어를 간접적으로 높일 때 사용되기 때문이다. 이 문장에서는 주어와 관련된 대상인 '말씀'을 통하여 주어인 '회장님'을 높이고 있으므로 '계시겠습니다'가 아니라 '있으시겠습니다'로 써야 한다. 이 경우에는 '-시-'를 생략한 '있겠습니다'도 가능하다.

③은 '-시켜'가 불필요하게 사용된 문장이다. 이는 컴퓨터를 구매하는 사람을 회사가 직접 교육하여 주는 것을 의미하는 문장으로, '-시키다'가 필요하지 않다. 또한 '교육시켜'와 같이 표현하면 다른 회사 등을 시켜 위탁 교육을 하게 한다는 의미가 되어, 간접 사동의 느낌을 줄 수 있다. 따라서 위탁 교육이 아닌 한 '교육하여'와 같이 표현하여야 한다.

④~⑥ 역시 어색한 문장이다. '믿겨지지, 들려져, 열려져'는 피동 접미사 '-이-'와 '-어지다'가 겹쳐서 사용된 군더더기 표현이다. 이들은 '믿기지/믿어지지, 들고/들려, 열려/열어져'라고 표현하는 게 자연스럽다.

12 ① 실종된 환자의 권리 → 자신의 실종된 권리
② 등이 → 등에까지
③ 추모하였습니다. → 고인의 숭고한 삶과 뜻을 기렸습니다/숭고한 삶을 살았던 고인을 추모하였습니다.
④ 해결책보다는 → 해결책을 마련하는 것보다는
⑤ 올 수 있을지 마지막 소망을 하여 봅니다. → 오기를 마지막으로 소망하여 봅니다.

도움

① 본래의 문장은 수식하는 말이 수식 받는 말 바로 앞에 쓰이지 않았기 때문에 두 가지의 의미 해석이 가능하다. 따라서 '실종된'이라는 수식어를 피수식어인 '권리' 앞에 놓음으로써 중의성을 해결할 수 있다. 그러나 '환자'라는 말이 반복되었으므로 이를 '자신의 실종된 권리'로 바꾸면 보다 효율적인 문장이 된다.
② '에서부터'라는 말을 사용하였으므로 이와 호응되는 '까지'라는 말을 사용하는 것이 옳다. 여기에 '에'까지 붙여서 '등에까지'로 바꾸면 더 좋은 문장이 된다.
③ '추모(追慕)'라는 단어는 '죽은 사람을 사모함'의 뜻을 가진 말이다. '고인을 추모하다'라는 표현은 가능하나 '삶을 추모하다, 뜻을 추모하다'라는 표현은 어색하다. 따라서 '추모하다'라는 서술어의 목적어를 '고인'으로 하거나 '삶과 뜻'에 적합한 '기리다'라는 서술어를 사용하여야 한다.

④ '의료 사태에 대한 직접적인 해결책보다는 국민 불편을 줄이는 것'이라는 주어에서 '해결책'과 '국민 불편을 줄이는 것'은 동일한 층위의 표현이 아니다. '보다'라는 조사를 사용하여 두 표현을 비교하기 위해서는 양쪽의 층위를 동일하게 하여 주는 게 좋다. 따라서 '해결책'을 '해결책을 마련하는 것'으로 바꾸는 것이 바람직하다.
⑤ '올 수 있을지'와 같은 불확실한 상황을 나타내는 표현은 '의문이다' 또는 '걱정이다'와 같은 표현과 어울리고, 기대하는 바가 이루어지길 바라는 긍정적 의미의 '소망한다'라는 표현과는 호응하지 않는다. 따라서 '올 수 있을지'를 '오기를'로 바꾼다.

13 ① 풍년 농사를 위하여 만들었던 저수지에 대한 관리 소홀과 무관심으로 올 농사를 망쳐 버렸습니다./풍년 농사를 위하여 만들었던 저수지에 대한 무관심으로 관리를 소홀히 하여 올 농사를 망쳐 버렸습니다.
② 국내산으로 속여 팔리다 적발된 수입 닭./수입 닭을 국내산으로 속여 팔다 적발된 판매자.
③ 이 같은 국내 영어 캠프는 학생들의 무분별한 해외 연수를 줄일 수 있는……
④ 내가 졸업식장에 도착하였을 때에는 이미 졸업식이 끝난 후였다.
⑤ 축구 경기에서 최후방 수비수를 골키퍼라고 하는데, 이들에게는 판단력과 순발력이 있어야 한다.
⑥ 내가 말하고 싶은 것은 겨울에 체력 훈련을 열심히 하여야 지난 해와 같은 성적을 올릴 수 있을 것이라는 점이다.
⑦ 생선의 신선도는 눈보다는 아가미를 보고(면) 알 수 있다.
⑧ 우리들은 앞으로 농촌 보건 문제에 관심을 갖자는 데 뜻을 모았다./우리들의 의견은 앞으로 농촌 보건 문제에 관심을 (갖자/갖겠다)는 것이다.
⑨ 향가의 쇠퇴 시기는 고려 중엽으로 볼 수 있다.
⑩ 현대의 민주주의 복지 국가들은 헌법에 국민의 인권을 보장하는 규정을 갖고 있다.

도움

① 농사를 망치게 된 원인은 저수지가 아니라 저수지에 대한 관리 소홀과 무관심이므로 이를 분명히 밝혀 주어야 한다. 그리고 '관리 소홀'은 '무관심'에 원인이 있으므로 동일한 층위의 언어 표현으로 취급하지 않고 인과 관계를 밝혀 주는 것도 좋다.
② '수입 닭'은 팔리다 적발된 것이므로, '팔다'를 피

동 표현인 '팔리다'로 고쳐 주어야 한다. 본래 '국내산으로 속여 팔다 적발된'의 주체는 '수입 닭'이 아니라 '판매자'이다. 또 '팔다'라는 능동 표현을 쓰기 위해서는 직접 행동을 한 '판매자'를 주체로 하여야 한다.

③ '무분별한'이 '학생들'과 '해외 연수' 둘 다 수식할 수 있어 중의적으로 해석될 수 있다. '무분별한'을 '해외 연수' 바로 앞으로 옮기면 중의성이 해소될 수 있다.

④ 앞뒤 문장의 시제 호응은 이루어지고 있으나 '모든 것'이라는 부정확한 표현으로 모호한 문장이 되었다. '모든 것'이라는 표현은 '졸업식'을 가리킬 수도 있고 '글쓴이의 인생 전체'를 가리킬 수도 있다. 따라서 정확한 의미를 전달하려면 표현하고자 하는 바를 구체적으로 밝혀 주어야 한다.

⑤ '-(으)며'는 나열이나 동시성을 보여 주는 경우에 사용되는 연결 어미이고, '-는데'는 뒤 절에서 어떤 일을 설명하기 위해 그 대상과 관련되는 상황을 미리 말할 때 쓰는 연결 어미이다. 주어진 문장에서 앞 절과 뒤 절은 모두 골키퍼에 대해 설명하고 있으므로, 단순 나열보다는 연결 어미 '-는데'를 사용하는 것이 좋다. 그리고 뒤 절에서 '판단력과 순발력이 있어야' 하는 주체는 '골키퍼'이므로, 뒤 절에 '골키퍼에게는'이 들어가야 한다. 그러나 두 절이 이어져 있고, 앞 절에 동일한 요소('골키퍼')가 포함되어 있으므로 이를 대명사로 바꾸어 주도록 한다.

⑥ 주어인 '내가 말하고 싶은 것은'과 서술어로 제시된 '성적을 올릴 수 있을 것이다'는 호응이 이루어지지 않아 이를 고쳐 주어야 한다.

⑦ '생선의 신선도'라는 주어에는 '신선도의 기준'을 설명하는 서술어가 적절하다. 그러나 이 문장은 '생선을 고르는 요령'을 설명하고 있다. 따라서 '생선의 신선도를 판단하는 기준'에 대하여 설명하는 서술어를 제시하여야 한다.

⑧ '우리들의 의견'이라는 주어는 명사형이므로 서술어 역시 명사형에 서술격 조사 '이다'가 붙은 형태로 제시되어야 한다. 따라서 주어와 서술어의 호응을 위해서는 알맞은 형태의 주어와 서술어를 사용하여야 한다.

⑨ '향가의 쇠퇴'라는 표현은 하나의 '현상'이므로 '고려 중엽'이라는 시기 개념과 호응하지 않는다. 따라서 주어를 '향가의 쇠퇴 시기' 정도로 바꾸어 주는 것이 좋다.

⑩ 주어와 서술어가 호응을 이루지 않으므로, 서술어를 '…… 규정을 갖고 있다' 정도로 고쳐야 한다.

14 ① 향상 ② 여파가 ③ 태우기 ④ 진정 ⑤ 작아졌습니다 ⑥ 예정 ⑦ 과제 ⑧ 제보 ⑨ 생기는 ⑩ 치른 ⑪ 상황 ⑫ 결과로

도움

① ┌ 발전 : 더 잘 되거나 나아지거나 활발해지거나 하는 일.
    └ 향상 : 생활이나 기술, 학습 등의 수준이 나아짐.

② ┌ 파장(波長) : ㉠ 파동에서, 같은 위상을 가진 서로 이웃한 두 점 사이의 거리. ㉡ 어떤 일이 끼치는 영향 또는 그 영향이 미치는 동안이나 정도를 비유적으로 이르는 말.
    └ 여파(餘波) : ㉠ 큰 물결이 지나간 뒤에 일어나는 잔물결. ㉡ 어떤 일이 일어난 뒤에 남아 미치는 영향('남은 영향'으로 순화).

③ ┌ 싣다 : 나를 물건 따위를 차, 배, 수레, 비행기 또는 짐승의 등 따위에 올려놓다.
    └ 태우다 : 탈것, 짐승의 몸 따위에 몸을 얹게 하다.

④ ┌ 진화(鎭火) : 불이 난 것을 끔.
    └ 진정(鎭靜) : 요란하던 것이 가라앉음, 흥분이나 아픔이 가라앉음.

⑤ ┌ 줄다 : 본디보다 적어지거나 짧아지거나 좁아지거나 하다. ↔ 늘다.
    └ 작다 : 부피, 넓이, 길이 따위가 기준 이하이다. ↔ 크다.

⑥ ┌ 전망 : 바라봄, 내다봄. 예 미래를 전망하면서 살아간다.
    └ 예정 : 미리 정하거나 예상함.

⑦ ┌ 조건 : 어떤 일을 이루게 하거나 못 이루게 하는 기본적인 상태나 요소.
    └ 과제 : 부과된 일, 처리하거나 해결하여야 할 문제.

⑧ ┌ 첩보 : 어떤 실정을 몰래 알아 내어 보고함.
    └ 제보 : 정보를 제공함.

⑨ ┌ 경험 : 겪음, 겪어 본 지식이나 능력.
    └ 생기다 : 어떠한 일이 일어나다.

⑩ ┌ 받다 : 주거나 보내 오는 것을 가지다.
    └ 치르다 : 마땅히 주어야 할 돈이나 값을 내주다.

⑪ ┌ 양상 : 생김새나 모습.
    └ 상황 : 일이 되어가는 모양, 경로.

⑫ ┌ 덕분 : 고마운 베풂.
    └ 결과 : 어떤 원인으로 말미암아 생기는 결말의 상태.

제2절 실전 다지기

01 ⑤	02 ④	03 ③	04 ②	05 ③	06 ③	07 ②	08 ①	09 ④	10 ②
11 ②	12 ④	13 ③	14 ⑤	15 ③	16 ①	17 ⑤	18 ②	19 ④	20 ①
21 ②	22 ④	23 ①	24 ②	25 ①	26 ②	27 ②	28 ⑤	29 ⑤	30 ⑤
31 ④	32 ③	33 ②	34 ④	35 ②	36 ④	37 ⑤	38 ②	39 ②	40 ③

01 ⑤
도움 알칼리량 → 알칼리양 ⇨ '알칼리'는 외래어이므로, 두음법칙이 적용된다.

02 ④
도움 촛점 → 초점 ⇨ 두 음절로 된 한자어 중에서 사이시옷이 들어가는 경우는 다음의 경우로 한정되어 있다. 곳간(庫間), 셋방(貰房), 숫자(數字), 찻간(車間), 툇간(退間), 횟수(回數)

03 ③
도움 한글 맞춤법 제51항의 규정에 의하면, '부사의 끝 음절이 분명히 '이'로만 나는 것은 '-이'로 적고, '히'로만 나거나 '이'나 '히'로 나는 것은 '-히'로 적는다.'고 되어 있다. 따라서 '흥건이'는 맞춤법에 어긋나는 표기법으로 '흥건히'로 고쳐써야 한다.

04 ②
도움
㉠ 흔히 '오랫만'이라고 착각하는데 '오랜만'이 맞다. '오래간만'의 축약형이다.
㉡ '시퍼런'이 맞다.
㉢ '객쩍다': 말이나 하는 짓이 실없고 싱겁다. '객적다'라고 하기 쉽다.
㉣ (이가) '고르다'와 같이 쓰는 형용사다. 르 불규칙 활용으로 '골라서'는 맞는 표현이다.
㉤ '무릎쓰고'는 잘못된 표현이다. '무릅쓰고'가 맞다.
㉥ '넋두리'가 맞다.

05 ③
도움 ③ 봉숭아 봉선화 즉 '봉숭화'는 틀린 표기이다.
① 설거지 ② 으레 ④ 어쩔 수가 ⑤ 손자

06 ③
도움 ㉡ 믿을 건 너뿐이다. ㉢ 약속대로 시간을 지켜라. ㉣ 여기에서부터가 휴전선이다.

07 ②
도움 ① 거칠은 → 거친, ③ 반가히 → 반가이, ④ 오랫만에 → 오랜만에, ⑤ 괴로와 → 괴로워

08 ①
도움 ② 쫓느라 → 좇느라, ③ 늘이려면 → 늘리려면, ④ 부치는 → 붙이는, ⑤ 다리는 → 달이는
① 여위다 : 몸의 살이 빠져 파리하게 되다.
　여의다 : 죽어서 이별하다. 시집 보내다.
② 쫓다 : 있는 자리에서 빨리 떠나도록 몰다.
　좇다 : 남의 뜻이나 성향, 행적 등을 따라 그대로 하다.
③ 늘이다 : 아래로 길게 처지게 하다.
　늘리다 : 본디보다 더 크거나 많게 하다.
④ 부치다 : 어떤 일에 힘이 미치지 못하다.
　붙이다 : 맞닿아서 떨어지지 않게 하다.
⑤ 달이다 : 액체를 끓여서 진하게 만들다.
　다리다 : 옷이나 천 따위의 주름살을 펴다.

09 ④
도움 ④는 '되다.'와 '-어서'가 결합한 꼴이므로 '되어서' 혹은 '돼서'가 맞는 표현이다.

10 ②
도움 ① 요컨데 → 요컨대, ③ 회계년도 → 회계연도, ④ 아둥바둥 → 아등바등, ⑤ 그리고 나서 → 그러고 나서

11 ②
도움 ②는 복수 표준어로 인정한 것으로, 모두 맞춤법에 맞게 표기하고 있다.
① 여지껏 → 여태껏, ③ 볼따귀 → 볼때기, ④ 멀찌

가→ 멀찍이, ⑤ 보통나기 → 보통내기, 여간나기 → 여간내기, 예사나기 → 예사내기 전부 '-나기'가 아니라 '-내기'이다.

12 ④
[도움] ① 깡총깡총 → 깡충깡충, ② 아니꼬와 → 아니꼬워, ③ 네째 → 넷째, 아둥바둥 → 아등바등, ⑤ 깍둑이 → 깍두기, 숫개→ 수캐

13 ②
[도움] 우뢰 → 우레
'덩굴, 넝쿨', '소고기, 쇠고기', '늑장, 늦장', '가물, 가뭄' 등은 복수 표준어이다.

14 ⑤
[도움] ① 고기국 → 고깃국, ② 방구 → 방귀, ③ 삭월세 → 사글세, ④ 웅큼 → 움큼

15 ③
[도움] ③의 '넌지시'는 '넌즈시'와 혼동하기 쉬운 것으로 '넌지시'가 표준어이다.
① 남사스럽게 → 남우세스럽게
② 지꺼리는 → 지껄이는
④ 씌여진 → 씌어진
⑤ 멋적게 → 멋쩍게

16 ①
[도움] ① '덤테기'가 아니라 '덤터기'가 맞는 표기이다.
② 삼가해 → 삼가 (※ '삼가하다'는 없는 말이다.)
③ 서슴치 → 서슴지
④ 개이고 → 개고
⑤ 설레이는 → 설레는

17 ⑤
[도움]
① '아비 부(父)'는 짧게 발음하고 '부유할 부(富)'는 길게 발음한다.
② '때 시(時)'는 짧게 발음하고 '볼 시(視)'는 길게 발음한다.
③ '막을 방(防)'은 짧게 발음하고 '놓을 방(放)'은 길게 발음한다.
④ '모래 사(沙)'는 짧게 발음하고 '사례할 사(謝)'는 길게 발음한다.
⑤ '여행할 려(旅)'와 '계집 녀(女)'는 두 음절 모두 단음이어서 짧게 발음한다. 즉 밑줄 친 음절의 소리 길이가 같은 것은 ⑤번이다.

18 ②
[도움] ②번은 용언의 어간 말음 'ㄺ'은 'ㄱ' 앞에서 [ㄹ]로 발음한다는 규정에 입각하여 '묽고[물꼬]'로 발음해야 한다.

19 ④
[도움] 'ㄷ, ㅌ' 받침 뒤에 종속적 관계를 가진 '-이(-)'가 올 때 'ㄷ, ㅌ'이 'ㅈ, ㅊ'으로 소리난다.
① 부엌을[부어클], ② 무릎이[무르피] / 무릎을[무르플], ③ 꽃밭을[꼳바틀] / 밭이[바치], ⑤ 끝을[끄틀]

20 ①
[도움] 강의의[강:이의], [강:이에], [강:의의]
단어의 첫 음절 외의 '의'는 [ㅣ]로, 조사 '의'는 [ㅔ]로 발음함도 허용한다.

21 ②
[도움] 아울렛 → 아웃렛
외래어를 표기할 때는 음운 변화를 반영하는 것이 원칙이지만, 복합어의 경우는 단독으로 쓰일 때의 표기대로 적는다. .

22 ④
[도움] ① 환타지 → 판타지, 초코렛 → 초콜릿 / 토쿄 → 도쿄, ② 비젼 → 비전, ③ 모짜르트 → 모차르트, 도너츠 → 도넛, ⑤ 매스콤 → 매스컴 / 커피샾 → 커피숍

23 ①
[도움] ② 꽁트 → 콩트, ③ 심포지움 → 심포지엄, ④ 알콜 → 알코올, ⑤ 다이나믹 → 다이내믹

24 ②
[도움] ① 벤쳐 → 벤처, ③ 화일 → 파일, ④ 오무라이스 → 오므라이스, ⑤ 악세사리 → 액세서리

25 ①
[도움] ①은 로마자 표기법 제3장 제2항이다. 중앙 Jung-ang, 세운 Se-un, 해운대 Hae-undae 등에 적용되는 규정이다.

26 ①
[도움] 인명은 성과 이름의 순서로 띄어 쓴다. 이름은

붙여 쓰는 것을 원칙으로 하되 음절 사이에 붙임표(-)를 쓰는 것을 허용한다.(( ) 안의 표기를 허용함.)
송나리 Song Nari (Song Na-ri), 민용하 Min Yongha (Min Yong-ha)

27 ②

도움 예삿일 yesatnil → yesannil '예삿일'은 [예산닐]로 발음된다.

28 ⑤

도움 밀양시 Milyang-si → Miryang-si
붙임표 앞뒤에서 일어나는 음운 변화는 표기에 반영하지 않으나, 그 외에는 음운변화를 고려해야 한다.
② '시, 군, 읍'의 행정 구역 단위는 생략할 수 있다.

29 ⑤

도움 ① 문장의 맨 앞에 부당하게 생략된 '그 사건은'이라는 주어를 넣고 '영수는'의 '는'을 '가'로 고쳐야 주어와 술어의 호응이 이루어진다.
② '사실은'에 해당하는 서술어가 없으므로 서술어 '있다'를 '있다는 것이다'로 고쳐 써야 자연스러운 문장이 된다.
③ '역전의 기회에서 패하고 말았다.' 문장 성분이 지나치게 생략되어 의미가 분명하지 못하다. '역전의 기회를 놓치고 말았다' 혹은 '역전의 기회를 살리지 못하고 패하고 말았다'와 같이 서술어구를 바꾸어 주면 자연스럽다.
④ '재해 대책 본부는'을 '재해 대책 본부에 따르면'으로 고치거나 '재산 피해가'를 '재산 피해를'로, '집계되고'를 '집계하고'로 바꿔 주고, '앞으로'와 '더욱' 사이에 '피해액은'이라는 주어를 넣어야 자연스러운 문장이 된다.

30 ⑤

도움

① '궁리하다'의 목적어가 필요함. → 여우가 빠져나갈 방법을 골똘히 궁리하고
② '마시다'의 주어가 필요하다. → 아침에 염소가 물을 마시려고 우물을 찾아왔습니다.
③ '보다'와 '검토하다'의 목적어가 필요하다. → 학문은 당연하게 받아들여지고 있는 모든 것을 의심스럽게 보고~
④ '기쁨이'의 관형어가 필요하다. → 합격한 것은 나의 기쁨이 되었다.

31 ④

① 미리 예상하고: '미리 예(豫)'와 '미리'가 중복됨. → 예상하고, 미리 생각하고
② 몸보신 음식으로: '몸'과 '몸 신(身)'이 중복됨. → 몸을 보하는 음식, 보신 음식
③ 다시 재고할 필요: '다시 재(再)'와 '다시'가 중복됨. → 재고할 필요가 있다.
⑤ 옥상 위에서만: '위 상(上)'과 '위'가 중복됨. → 옥상에서만

32 ③

도움

① 곧바로 학원으로 직행하는 : '곧을 직(直)'과 '곧바로'가 중복됨. → 행하는
② 평소 때보다 : '평소(平素)'와 '때'가 중복됨. → 평소보다
④ 해변가에는 : '가장자리 변(邊)'과 '-가'가 중복됨. → 해변에는, 바닷가에는
⑤ 따뜻한 온정을 : '따뜻한'과 따뜻할 온(溫)'이 중복됨. → 따뜻한 인정을, 온정을

33 ②

도움

① 심하다. → 심하다는 점을 들 수 있다.
③ 놀이 문화란 → 놀이 문화의 문제점은
④ 일반인들에겐 → 일반인들은 / 일이 → 일을
⑤ 마음을 가져야 한다 → 마음을 가지는 데 있는 것이다

34 ④

도움 ④는 문장 성분 간의 호응 및 조사와 어휘의 쓰임이 자연스러운 문장이다.
①은 시제 표현이 적절하지 않은 문장이며(놀았던→놀던) ② 부사 '곧'과 '이제'의 위치가 바뀌어 내용상 어색한 문장이 되었다. ③은 수식의 범위가 모호하여 두 가지 이상의 의미로 해석되는 문장이다(한결같이 경제적으로 어려운 이웃을 돕는 → 경제적으로 어려운 이웃을 한결같이 돕는). ⑤ 목적어 '소음'과 서술어 '높이다'의 호응이 어색한 문장이다(소음과 제동력을 높인 → 소음을 줄이고 제동력을 높인).

35 ②

도움 ②는 어법에 맞고 문장 성분 간의 호응이 자연스럽게 이루어져 있다.
①은 '절대로'가 부정어와 호응하므로 '언제나'로 고쳐야 한다.
③은 '생'이 '보람을 못 느끼는' 대상이므로 조사 '이'를 '에'로 고쳐야 한다. 또, '허무의 감정'과 '공허의 의식'이 중복된 표현이므로 하나를 삭제해야 한다.
④는 '사고 방식'이 '발달되었나'의 주어이어야 하므로 '에서'를 '이'로 고쳐야 한다. ⑤는 '발표해야 한다'의 주어가 부당하게 생략되어 있으므로 보충해야 한다.

36 ④

도움 ㉣은 비교의 대상이 확실하지 않아서, '그'와 '나'를 비교하는 것인지 '나'와 '부산에서 온 그 여학생'을 비교하는 것인지 명확하지 않을 뿐, '그'와 '그 여학생'을 비교하는 것은 아니다.
㉠은 의존 명사 '것'이 의미하는 바가 모호하여, '웃는 모습'이 이상한 것인지 '웃는 행위 자체'가 이상한 것인지 명확하지 않다.
㉡은 접속 조사 '과'로 병렬 관계에 있는 '밤'과 '호두'를 각각 두 알씩 먹은 것인지, 두 가지를 합하여 두 알 먹은 것인지 명확하지 않다.
㉢은 수식 관계가 확실하게 드러나지 않아서, '그'가 친절한 것인지 '그의 누나'가 친절한 것인지 명확하지 않다.
㉤은 행동의 주체가 분명하지 않아서, '그'가 울고 있는 것인지 '자신의 아이'가 울면서 돌아온 것인지 명확하지 않다.

37 ⑤

도움 ⑤는 수량을 나타내는 부사 '다'가 쓰인 부정문이지만 의미가 모호하지 않다.
'영희네 고양이가 여기 있는 생선들을 먹기는 먹었는데 다 먹지는 않았다.'의 의미로만 해석된다.
그러나 만일 '먹지는'에서 보조사 '는'이 없다면 두 가지 의미로 해석된다.
영희네 고양이가 여기 있던 생선들을 다 먹지 않았다.
→영희네 고양이가 여기 있던 생선을 하나도 먹지 않았다.
영희네 고양이가 여기 있던 생선을 먹긴 먹었는데 다 먹은 것은 아니다.

① 아내가 나를 좋아하는 정도보다 영화를 좋아하는 정도가 더 큰지, 내가 영화를 좋아하는 정도보다 아내가 영화를 좋아하는 정도가 더 큰지 불분명하다.
② 움직이는 대상이 사람들인지, 사람들의 눈동자인지 불분명하다.
③ '철수'와 '영희'가 각기 다른 사람과 결혼한다는 것일 수도 있고, '철수와 영희'가 부부가 된다는 의미일 수도 있다.
④ 명사화로 인해 의미가 모호해졌다. '의미가 있는 것'이 '사랑하는 사람이 이야기를 한다는 사실'을 말하는 것인지, 아니면 '사랑하는 사람이 하는 이야기의 내용'인지 알 수 없다.

38 ②

도움
① 나에 → 나의, 귓전에 → 귀전을
③ 감정이 → 감정에
④ 일본 정부에게 → 일본 정부에
⑤ 은유로서→은유로써
┌ 에게 : 유정 명사(사람이나 동물)에 쓰임.(말에게 물을 주다.)
└ 에 : 무정 명사에 쓰임.(나무에 물을 주다.)
┌ 로서 : 자격·신분(사람으로서 그럴 수는 없다.)
└ 로써 : 수단·방법(닭으로써 꿩을 대신했다)

39 ②

도움
① 말이 → 말씀이
③ 할아버지는 → 할아버지께서는
④ 시간이 계십니까? → 시간이 있으십니까?
⑤ 선배님이 가 보라고 하셔서 왔습니다. → 선배가 가 보라고 해서 왔습니다.

40 ③

도움
① 형님
② 아기씨, 아가씨
④, ⑤ 그냥 '고모'라 하지 않고 '○○고모'라 한다.

제2장
언어 기능 영역

제 1 절 읽기

I 사실적 이해

테마 1 정보의 문맥 파악하기

01 ④

도움 '매스 컬처'는 '대중문화'의 부정적인 면에 주목하여 '대중문화'를 부르는 용어이고, '포퓰러 컬처'는 '대중문화'의 긍정적인 면에 주목하여 '대중문화'를 부르는 용어이다. 따라서, 두 단어는 동일한 현상을 표현만 달리한 것인데, 이와 유사한 것이 ④이다. ②는 '반의 관계', ③은 '동종 관계', ⑤는 '상하 관계'에 있다.

〈개념 간의 관계〉
동일 관계: 내포는 다르나 외연은 일치하는 두 개념 간의 관계를 말한다.
예 서울 - 한국의 수도, 등변 삼각형 - 등각 삼각형
대소 관계: 한 개념의 외연이 다른 개념의 외연 속에 완전히 포함되는 두 개념 간의 관계를 말한다.
예 학생 - 중학생, 동물 - 개
교착 관계: 외연의 일부분이 서로 합치되는 두 개념 간의 관계를 말한다.
예 남자 - 여자, 교사 - 노동자
모순 관계: 내포적 의미의 질이 상반되고, 중간 개념이 없는 두 개념 간의 관계를 말한다.
예 있다[有] - 없다[無], 삶[生] - 죽음[死]
반대 관계: 분량이나 정도의 차이를 가진 개념으로, 그 중간 개념을 허용할 수 있는 두 개념 간의 관계를 말한다.
예 크다 - 작다, 검다 - 희다, 밝음 - 어둠

02 ②

도움 제시문에 따르면 혁신주의자와 보수주의자를 사회 변혁 추구의 방법에 따라서 과격파와 온건파로 나눌 수 있다. 즉 혁신주의자들 중에는 과격파도 있고, 온건파도 있는 것이다. 또 과격파 중에는 혁신주의자도 있고, 보수주의자도 있는 것이다. 이렇게 볼 때, 혁신주의자와 과격파는 일부가 겹치는 교차 관계에 있음을 알 수 있다. ②는 성인 중에 일부가 장신이고, 장신 중의 일부가 성인인 교차 관계이다. ①은 모순 관계, ③은 동일 관계, ④는 대등 관계, ⑤는 상하(포함, 대소) 관계이다.

03 ②

도움 대중 과학자와 연구 과학자의 속성을 정확하게 파악함으로써 답을 찾을 수 있다. 제시문에서 연구 과학자는 사물의 내재적 본질 파악을 위해 노력하고, 인간 삶의 향상을 위한 수단 추구의 노력을 하는 사람이며, 대중 과학자는 과학 지식을 전달하는 사람이다. 이러한 점에서 ⓒ은 ㉠에게 과학 지식의 바탕을 제공하는 존재의 역할을 한다.

04 ②

도움 지식과 수양을 함께 일러 교양이라고 하며, 이것은 가치 판단의 선행 요소가 된다. 또, 가치 판단은 신념에 선행하며 신념은 지조의 선행 요소이다. 그러나 이념과 입지가 합쳐져 실천이 되는 것이 아니라 세 요소 모두 지조를 이루고 있는 부분이라고 할 수 있다.

05 ③

도움 지식이 곧 권력을 낳는 정보화 시대에서 그 지식을 공유하게 하는 데 있어 문자의 보급은 불가분의 관계에 있는 것이다. 과학적인 한글은 익히기 쉬워 보급이 용이하며 그로 인해 문맹률을 낮추고 오늘날 지식과 정보를 공유는 데 결정적인 역할을 했다. ①, ②는 정보화 시대 이전의 한글 역할이고, ④, ⑤는 컴퓨터 통신의 역할이다.

06 ③

도움 유럽의 번지 체계는 기하학적 질서를 지니며 건물 간의 거리 관계를 알 수 있고, 일본과 한국의 번지 체계는 건물이 세워진 순서 등을 알 수 있다는 언급을 바탕으로 문맥적 의미를 추론하면 ㉠은 공간, ⓒ은 시간이 적합하다.

07 ⑤

도움 ㉠은 자연과학의 일부인 물리학이 엄청난 성공을 거두었다는 진술을 바탕으로 ⓒ은 인간은 자연 및 우주의 다른 모든 것들과 함께 조화로운 상호 작용을 한다는 진술을 바탕으로 문맥적 의미를 추론하여 적절한 어휘를 선택하면 된다. ⓒ은 "인간으로부터 독립하여 존재하는"의 수식을 받는 단어를 선택하면 된다.

08 ①

도움 ㉡~㉢은 인간 복제를 비유적으로 가리키는 말이다. ㉠은 인간 복제와는 전혀 다른, 앞에 있는 '인류에게 미래가 있느냐는 질문'을 가리키는 말이다.

09 ②

도움 이 작품에서 '당신'은 고통을 당하고 있는 '나'를 구원해 주는 존재이다. 그리고 '나'를 인격이 없다고 무시하는 ⓐ '주인'과, 정조를 짓밟으려는 ⓒ '장군'은 직접적으로 고통을 가하는 가해자이다. 또한 ⓓ의 '윤리, 도덕, 법률' 역시 ⓔ의 '칼과 황금(=무력과 재산을 가진 사람, 곧 앞의 주인과 장군)'의 편에 서서 나를 괴롭히는 사람들을 위해 일하고 있다. 이렇게 보면 이들은 모두 나에게 고통을 주는 가해자의 의미를 담고 있다. ⓑ의 '거지'는 가난하고 힘없는 시적 화자를 일컫는 말이다.

작품 감상 : 시적 화자는 절망적 상황에 놓여 있다. 나는 갈고 심을 땅도 없고, 집도 없고, 인격도 없다. 그래서 주인과 장군, 윤리와 도덕과 법률은 나를 짓밟는다. 하지만, 그런 절망적 상황 속에서도 나는 당신을 발견함으로써 구원을 얻는다. 산문에 가까운 긴 호흡의 문장을 사용하여 유장한 느낌을 주고 있는 작품이다.

10 ④

도움 ㉠ 전후 문맥을 보면, 노자가 지식의 불필요함을 말했지만, 불필요한 것을 아는 것도 앎이라고 말하여 역접 관계임을 알 수 있다. 따라서 '그러나'가 적절하다. ㉡ 앞에서 배움에 대한 공자의 각오를 말하고, 뒤 글에서는 배워서 무엇 하려고 한 것인가라고 하여 역접 관계나 전환 관계임을 알 수 있다. 역시 '그러나'가 적절하다.

11 ②

도움 ⓐ는 앞의 내용을 종합 정리하는 지시어구 성격의 연결어가 적절하다. ⓑ는 인용문 뒤에 나온다는 점을 고려하고, ⓒ에는 뒤 문장은 앞 문장을 강조하는 내용임을 고려하여 문맥에 맞는 연결어를 찾으면 된다.

12 ④

도움 (　)에 들어갈 말은 앞의 내용, 즉 '창의력은 모방하려는 정신에서 나오는 것이 아니라 확실한 이해에서 나온다.'는 것을 뒷받침할 수 있어야 한다. '촛불'과 '전등'은 모두 어둠을 밝히는 것이지만, '촛불'을 모방하려고 했다면 결코 '전등'은 만들어지지 못했을 것이다.

13 ⑤

도움 (　)의 앞에 먹물의 색은 미미하게 흑자색이나 암청색 등의 다양한 색깔을 띠기도 한다는 내용이 언급되어 있다. 따라서 (　)에는, 먹색은 단순한 검정이 아니라 여러 가지 색깔을 지닌 것이라는 내용을 담고 있는 ⑤가 들어가는 것이 가장 적절하다.

14 ①

도움 〈보기〉에서 앎의 유형에 대한 예를 제시하고 있는 점으로 보아 본문에서 앎에 대한 단정적 규정이 어디에서부터 이루어지고 있는가를 파악하는 것이 필요하다. 주지나 단정 뒤에 예시 내용이 이어지는 것이 자연스럽기 때문이다.
㉠ 앞에서 '앎'의 의미를 단정적으로 규정하고 있으므로, ㉠ 다음에 예문이 이어지는 것이 가장 자연스러운 연결이 된다.

15 ④

도움 소설 지문을 바탕으로 묻고 있다. 이 점에 착안하여 글의 전반부는 주인 색시에 대한 삼룡이의 내면 심리가 서술되어 있고, 후반부는 삼룡이의 자유로운 안 출입과 주인 색시로부터 부시 쌈지를 받은 일, 그로 인해 주인 색시가 서방에게 매를 맞은 사건을 주요 내용으로 한다는 것을 알 수 있다. 사건이 시작되는 ㉣을 기준으로 나누면 된다.

16 ③

도움 본문은 '까투리의 깃이 장끼에 비해 칙칙한 이유(장끼의 깃은 ~ 뜻입니다.)', '여성의 성격이 내향적이고 온순하게 된 이유(마찬가지로, ~ 생각되기도 했습니다.)', '허초희의 예(그러면 ~ 떠나고 말았습니다.)'의 세 가지 내용으로 되어 있다.

테마 2   핵심 정보 파악하기

01 ⑤

도움 예로 제시된 파스칼, 곰브리치, 마르셀 뒤샹, 존 케이지 등은 모두 우리 인간들의 고정 관념으로 굳어버린 눈(안목)을 비판하고, 사물을 새롭게 바라볼 수 있는 열린 눈의 필요성을 역설했던 사람들이다.

02 ⑤

도움 제시문의 구성을 보면, 앞 문단에서는 제2차 세계 대전을 기점으로 기업의 활동이 생산자 중심에서 소비자 중심으로 변하였음을 설명하고 있으며,

뒤 문단에서는 그런 변모가 일어나게 된 배경을 구체적으로 분석하고 있다. 따라서 제시문은 '기업 활동의 성격 변화'를 가장 주된 이야깃거리로 삼아 그 구체적인 양상을 살펴보는 글이라고 할 수 있다.

중심 화제의 파악 요령
- 중심 화제를 파악하려면 화제들을 종합하여 결국 그것들이 무엇에 대한 이야기인가를 알아내야 한다. '무엇에 대하여 쓴 글인가'라는 질문을 던지며 그 답을 구해 보는 것도 좋은 방법이다.
- 서두 부분에 제시된 화제가 글의 중심 내용에 해당하는지 점검해 본다. 국어능력인증시험에 나오는 독해 지문처럼 길이가 짧은 글에서는 대개 서두 부분에 중심 화제가 제시되는 경우가 많다.

03 ②

도움 이 글은 먼저 대중음악에 대한 편견을 소개한 뒤, 그러한 통념이 지닌 논리적 타당성을 비판적으로 검토하고, 마지막에서는 이를 토대로 대중음악을 대하는 올바른 인식과 태도를 제시하고 있다. 그리고 (나), (다), (라)는 바로 둘째 부분에 해당하는 문단이다. 따라서 (나)도 대중음악에 대한 편견을 비판하는 부분이므로, '대중음악에 대한 통념의 배경'이라고 보는 것이 적절하다.

04 ③

도움 이 글은 미시적 방법론을 중심으로 발전해 온 사회 복지 방법론의 폐단을 밝히고, 미시적 방법론과 거시적 방법론이 균형 있게 발전해야 함을 제시하고 있다. (다)는 역사적 발전 단계에서 드러난 '사회 복지의 미시적 방법론의 성과와 문제점'을 밝힌 것으로, 미시적 방법론으로의 편향성이 낳은 긍정적 성과와 부정적 폐단을 나열하고 있다.

05 ②

도움 이 글은 집단 소송제의 도입을 반대하는 기업들을 겨냥하여, 집단 소송제의 도입이 궁극적으로는 시장과 경제뿐 아니라 기업에도 이득이 된다는 점을 설득하고 있다. (나)는 기업 경영의 투명성 문제를 경제 회복의 관점이 아니라 기업 자체의 이득이라는 관점에서 논의하고 있다. 따라서 기업 경영의 투명성을 경제 회복 과제의 일부라고 하는 것은 문맥상 적절하지 않다. 따라서 정답은 ②이다.

06 ⑤

도움 제시문은 복잡하고 단순하고를 떠나 모든 생명체의 욕망의 근원은 동일하며, 다만 그것이 드러나는 모습만 차이가 있을 뿐임을 말하고 있다.

07 ③

도움 제시문의 핵심 내용은 '법 규범을 만드는 이유'와 '법 질서 확립의 조건'이다. 즉, 세부적으로 '자유 민주주의 사회에서는 반사회적 행위를 방지하기 위해 공권력을 발동한다.', '공권력에 의한 질서 유지 장치인 법제가 있다.', '공정한 입법과 법의 일반적 준수가 자유 민주주의 국가의 성패를 좌우한다.'는 것 등이다. 이들 내용이 빠짐없이, 그리고 두 문장의 내용이 역접으로 이어져 내용 요소 간의 의미가 자연스럽게 연결된 문장은 ③이다.
①은 내용 요소는 다 갖추었으나 불필요한 내용이 있어 요약적이지 못하다.
②는 내용 요소의 요약이 불충분하여 내용을 포괄하지 못하고 문장 또한 매끄럽지 못하다.
④는 주어와 술어의 호응 관계 미흡으로 문장 자체가 부자연스럽다.
⑤는 문장이 부자연스러울 뿐 아니라 내용 요소의 연결도 잘못되어 있다.

08 ④

도움 이 글의 핵심 어구는 '윤리적 자성'으로 필자는 지성인의 역할에 대해 논하고 있다.
따라서 이 글은 '윤리적 자성이 필요한 까닭이 무엇인가'에 대한 대답이라고 할 수 있다.

09 ⑤

도움 이 글은 한국의 전통적인 동양적 사고관에 내재하고 있는 합리주의적 가치관을 밝히고 있다. (가)의 '유교 문화의 본질 속에는 사물 표현의 구체성을 중요시하는 특징이 있다.'는 진술을 통해서 그 내용을 추리할 수 있으며, 나머지 문단은 '사물 표현의 구체성'을 상술하는 내용으로 되어 있다.
③으로 답할 수도 있는데, 이 글은 동양 사상 내지는 동양 문화의 합리주의적 요소를 분석하고 있다는 데에 주목해야 한다. 다시 말하면 이 글은 한국 사상 또는 동양 사상에 내재되어 있는 합리주의적 가치관을 '구상적(具象的) 지각(知覺)의 개발', '전통주의와 보수주의', '개인 중심주의', '민속 신앙의 현세 중심주의적 특징'과 같은 네 개 분야의 분석의 틀로써 나누어 살펴보고 있다.

10 ②

도움 이 글은 다양한 사례를 통해, 문화에는 다양성이 존재함을 강조하고 있다. 첫째 문단을 보면 '흔히 사람들은 물질적 가치를 추구했으리라고 생각하지만, 사실은 물질에 관한 인식이나 행동은 문화에 따라 다를 수 있음'을 전제로 내세우고 있다. 특히 마지막 문단에서는 앞에서 제시한 여러 사례들을 포괄하여 글쓴이의 중심 생각을 단적으로 드러내고 있는데, 글쓴이는 문화에는 다양성이 존재하며, 이러한 다양성에 대해서는 쉽게 우열을 가리거나 일률적인 가치 판단을 내릴 수 없다고 말하고 있다.

④ 부분적으로 언급된 내용이지만, 물질적 풍요에 관한 여러 부족의 이야기가 사실은 문화의 다양성을 말하기 위한 사례에 불과하다는 점을 생각할 때 전체의 논지로 보기에는 무리가 있다.

11 ②

도움 화제를 파악하고 그것에 대한 필자의 입장, 견해를 정리해 본다. 인격의 통일성이라는 측면에서 양립할 수 있는 것과 없는 것을 구별하게 되며, 자신의 삶에서 적절성 여부를 평가하는 능력을 갖게 되는 등 논리학 학습이 도덕 생활에서 갖는 중요성을 설명하고 있다.

12 ②

도움 이 글에서는 '대인 군자가 나와야 붕당과 파당이 없어지고, 이로써 군자와 소인의 차이가 뚜렷해진다.'는 점을 말하고 있다. 그런 만큼, '붕당 정치의 폐해를 타파할 대인 군자의 필요성'이 이 글의 궁극적인 주장이라 할 수 있다.

①은 궁극적 주장을 하기 위한 전제에 해당된다. ③은 부수적인 주장이다. ④, ⑤는 언급된 바가 없다.

13 ④

도움 이 글은 첫째 단락에서 서양의 학자들이 만든 이론이나 개념들로 우리 사회를 설명하는 것을 기대한다는 것은 무리일 수밖에 없다는 문제를 제기하고, 둘째, 셋째 단락에서 예를 들며 논지를 구체화하다가 넷째 단락에서 '우리 사회에서 그 개념을 내면화시키는 것은 매우 중요한 일이다.'라는 논지를 직접적으로 주장을 하고 있다.

문화적 상대주의 : 문화적 상대주의는 '모든 문화는 자체 내적 기준에 따라 판단해야 하므로 전 세계 문화들을 비교 평가할 수 있는 절대적 기준은 존재할 수 없다.'는 시각에서 출발한다. 각 문화의 유일성을 고려하지 않고 여러 사회들을 비교할 수 있는 객관적 기준이란 존재하지 않는다. 그러므로 어떤 문화가 다른 문화보다 발전되었다거나 우월하다고 말할 수 없다. 모든 사회적 가치들은 상대적이다. 사람들은 자신들이 성장한 삶의 방식과 사회적 가치들을 좋아하며, 이것을 지속시키고 싶어 한다. 이것이 문화상대주의(cultural relativism)이다.

14 ①

도움 이 글의 주제는 '근(부지런함)과 검(검소함)의 생활 태도에 대한 교훈'이라고 할 수 있다. 송강 정철이 지은 〈훈민가(訓民歌)〉 중의 한 수인 ①은 근면한 농사일과 상부 상조를 강조하고 있어, 이 글의 주제와 가장 유사하다.

② 이황의 〈도산십이곡(陶山十二曲)〉 중의 한 수로서 '자연에 살고 싶은 마음'을 노래하였다.
③ 꽃의 아름다움을 예찬하는 내용이다.
④ 초야에 묻혀 사는 즐거움을 노래하였다.
⑤ 자연 속에서 안빈낙도하는 삶을 노래하였다.

테마 3 개괄 및 세부 정보 파악하기

01 ③

도움 ③의 경우 글쓴이가 생각하는 소박한 노래의 형식이다. 이것은 글쓴이의 판단이지 사실은 아니다. 나머지는 모두 현재 우리 음악계에서 실제로 벌어지고 있는 사실들이다.

02 ⑤

도움 ① 첫째 문단 끝 부분에 나오는 "아바나에는 1992년에 유네스코로부터 세계 문화유산으로 지정받은 바 있는 식민지 시대의 오랜 주택가도 남아 있다."라는 진술에서 짐작할 수 있다.

② 셋째 문단 앞 부분에 진술된 "초등학교에는 어린이들이 자연과 농업을 배우는 통합 학습 시간이 마련되어 있으며,"라는 내용에서 알 수 있다.

③, ④ 둘째 문단에서 언급한 내용들로부터 쉽게 파악할 수 있다.

03 ④

도움 우월욕망은 군주정치와 귀족정치에만 한정되는 것이 아니고, 아테네나 로마제국 등의 공화정 체제에도 영향을 발휘하였다. 따라서 ④는 틀린 진술이다.

① 어떤 국가가 인접 국가를 정복하는 것은 자위 수단으로 혹은 자원 확보를 위한 면도 있지만 이러한 이유 이면에는 타인으로부터 인정받고 싶다는 욕망

즉 우월욕망이 있다.
② 우월욕망은 영광에 대한 욕망 형태로 나타난다. 그러므로 "마키아벨리는 영광에 대한 욕망이 인간의 보편적 특징이지만"라는 진술에서 ②는 맞는 진술이다.
③ 제시문에서 쉽게 확인되는 사실이다.
⑤ 우월욕망이 야기하는 문제에 대해 마키아벨리가 제시한 해결 방법은 공화제 입헌정치의 특징으로 받아들여졌는데 바로 그 방법은 혼합공화제이다.

04 ③

도움 (다)의 내용에 보면 '공평성 침해'는 부당하게 소득이 이전되는 것이라고 했다.

05 ⑤

도움 제시문에서는 주거 공간의 분화와 민족 의식이 어떤 상관 관계를 맺고 있는지에 대해서는 전혀 언급하고 있지 않다.
①은 첫째 문단의 첫 문장에서 쉽게 확인할 수 있는 내용이다.
②는 첫째 문단과 둘째 문단을 통하여 볼 때, 공간의 분화보다는 건물의 분리가 앞섰을 것이라는 진술에서 확인할 수 있다.
③과 ④는 셋째 문단과 넷째 문단에서 다루고 있는 중심 내용이다.

06 ④

도움 (가)단락을 보면 병자호란 이후 조선은 청나라에 대한 적개심 때문에 선진 문화의 유일한 수입로이던 중국과의 문화 교류를 단절했다는 내용이 언급되고 있다. 중세 이전에는 흔히 전쟁을 통해 문화의 교류가 활성화되기도 했으나 당쟁이 진행되던 조선의 경우에는 오히려 폐쇄적인 문화 정책을 고수했다.

07 ⑤

도움 마지막 문단에서 인간 게놈 프로젝트에 의해 수많은 유전자의 기능이 알려졌고, 그것을 연구할 때 유전자 변형 생물이 이용될 수 있다고 했다. 그러므로 ⑤는 이에 위배된다. ①은 첫째 문단, ②~④는 둘째 문단에 언급되고 있다.

08 ④

도움 이 글의 뒷부분에서는 일본말을 한꺼번에 바꾸기는 쉽지 않지만, 우리말 도로 찾기 운동이나, 국어 순화 운동을 지속적으로 실시한 결과 일본말이 많이 사라졌다고 하였다. 따라서, 광복 뒤에도 일본말이 쉽게 없어지지는 않았다는 것을 알 수 있다.

① 발전이 아니라 점차 위축되었다.
② 기원 후 2세기 무렵이다.
③ 이 글의 내용과 정확히 일치하지 않으며, 특수 전문 분야에서 아직 일본말의 찌꺼기가 남아 있다는 것을 알 수 있다
⑤ '물보기'가 '용변'으로 바뀌었으므로, 이 글의 내용과 다르다.

09 ④

도움 먼저 각 문단의 중심 내용을 파악해 보면, 동서양 미술의 목적이나 의도는 셋째, 넷째 문단과 마지막 다섯째 문단에 언급되어 있다는 것을 알 수 있다. 이를 토대로 각 답지의 내용을 확인할 경우, ④의 내용은 셋째 문단의 뒷부분과 일치한다.
①은 넷째 문단의 뒷부분에서, ②는 첫째, 둘째 문단에서, ③은 셋째 문단의 앞부분과 넷째 문단에서, ⑤는 셋째 문단의 뒷부분에서 각각 그 일치 여부를 확인할 수 있다.

10 ⑤

도움 고리의 모양은 대개 일정하고, 그 재료에 따라 몇 가지로 구분할 뿐이다. 따라서 ⑤는 이 글의 내용에 어긋나는 진술이다.
① 이 글의 첫 부분에서 확인할 수 있다.
② 양조 과정이나 방법은 별다른 변화 발전이 없었다는 진술에서 알 수 있다.
③, ④ 둘째 단락에 나타난다.

11 ⑤

도움 일탈 행동에 관련된 설명을 정리하면 다음과 같다. '일탈 행동이 일어나는 것은 이드와 사회적 요구의 사이에서 갈등이 벌어지기 때문이고, 개인적인 욕구가 충족되지 않을 때 거의 본능적으로 그것을 방해하는 것에 공격적인 행동으로 반응한다. 자신의 충동을 도저히 감당할 수 없는 사람들은 공격적 행동을 통하여 자신의 감정을 표출시킨다. 특히 구체적인 개인이나 집단에 의해 좌절을 경험한 것이 아닌 경우에는 막연히 사회 전체를 겨냥하여 불특정 다수에 대한 공격적 행동도 서슴지 않는다.' 이를 통해서 일탈 행동은 그 원인이 욕구의 좌절이라는 심리적인 데에 있고, 그 대상은 욕구의 충족을 방해하는 것이며, 성격은 공격적임을 알 수 있다. 이러한 특성을 가장 잘 정리하고 있는 것은 ⑤이다.
①은 일탈 행동의 특수한 사례일 뿐이고, ②는 지나치게 포괄적이고, ③은 일탈 행동의 원인을 밝혔을 뿐이

다. ④는 일탈 행동과의 관계가 드러나 있지 않다.

12 ①

도움 ① '별의 크기를 변화시키는 것'은 '핵융합 반응'과 관계 있는 것이 아니라, '중력에 의한 압력'이나 '핵연료의 소진'과 관계되는 내용이다. ②, ③, ④는 '핵융합 반응'의 원인이 되며, ⑤는 그 결과이다.
별이 인간의 삶과 연관되어 있음을 밝히고 별의 생성과 소멸의 과정에 대해 주로 언급하고 있다. 별은 핵융합 반응을 통해 불타게 되며 핵연료의 소진으로 소멸함을 설명하고 있다.

13 ⑤

도움 이 글은 가정을, 부부 중심적인 것으로 생각하고 어느 한 쪽이 없는 모든 경우를 '결손 가정'이라고 치부하는 경향을 비판하며, '결손 가정'에 대한 새로운 시각을 요구하고 있는 글이다. 필자의 견해에 따르면 '결손 가정'의 개념은 가부장적 관점에서 가정을 봤을 때 나온다는 것이다.

14 ②

도움 둘째 문단에 '모든 현상은 한 순간의 멈춤도 없이 변하여 가고, 그런 까닭에 '나'라고 할 고정된 실체조차 없다.'고 했다. 이로 보아, ②는 잘못된 언급이다. 나머지 문항은 '불가 철학'의 내용을 언급하고 있는 둘째, 셋째 문단에서 확인할 수 있다.

15 ⑤

도움 ①은 둘째 문단에 진술되어 있다. ②는 첫째 문단과 마지막 문단을 통해 알 수 있다. ③과 ④는 셋째 문단에 나와 있는 내용이다. 그러나 글쓴이는 넓은 국토가 빈곤의 원인이라 주장하지 않았다. 그리고 도시 빈민의 인구가 폭발적으로 증가했다는 내용은 글에 나타나지만, 과도한 인구 증가가 빈곤의 원인이라는 주장은 나타나지 않는다. 따라서 정답은 ⑤이다.

테마 4 정보 간의 관계 파악하기

01 ③

도움 지시어구, 접속어구, 동일어구 등을 잘 관찰할 필요가 있다. ㄹ에서 '어린 왕자가 말했다' ㄴ에서 '어린 왕자가 다시 말했다.' ㄱ에서 '그것은', '아무런 소리도 들리지 않는다.' ㄷ에서 '그러나', '침묵을 뚫고', '빛나는 것이' ㅁ에서 '빛남이' 등의 어구 등을 바탕으로 판단하면 된다.

02 ③

도움 논리적 순서를 배열하는 문제에서는 주어진 문항들의 내용이 글의 구성에 있어 어떤 단계의 성격을 지니는가를 살피는 것이 중요하다. 제시문은 ㄷ 현재의 상황 제시 → ㄹ 과제 제시 → ㄴ 과제의 해명 → ㄱ 해명의 구체화 순서로 연결되는 것이 자연스럽다.

03 ②

도움 주어진 문항들의 논리적 관계를 파악하면, ㄷ은 ㅁ에 대한 부연 설명이고 ㄱ은 ㄹ에 대한 이유이다. 또한 ㄹ의 무정부 상태는 ㄴ의 무정부주의를 지칭한다.

04 ②

도움 각 단락의 요지를 파악한 후 글의 흐름을 잡으면 된다. 단락의 순서와 각 단락의 중심 내용은 다음과 같다.
(나) 문화 개방 시대에 따른 문제 제기
(라) 문화의 상대성·전통성과 보편성·세계성의 관계를 토대로 다른 문화의 수용 방식에 대해 고려해야 할 필요성 제시
(마) 문화와 세계관의 관계 및 그 주관적인 면
(가) 주관성에도 불구하고 존재하는 판단 기준 및 근거
(다) 문화의 진보와 발전을 위한 개방적 수용에 의한 주체적 소화 강조

05 ③

도움 문제 해결의 빠른 접근 방법은 다음과 같다.
첫째 : 문항을 보면 읽기의 초점을 정할 수 있다. 끝이 (나)냐 (다)냐, 처음이 (라)냐 (바)냐 등을 판단한다.
둘째 : 동일 어구를 주의 깊게 관찰한다. 동일 어구 (라)의 '근로 시간' (바)의 '근로 시간' 및 '성과 지향형' (가)의 '성과 지향적 임금' 등을 통해 (라)-(바)-(가) 순서를 판단 할 수 있다.
셋째 : 접속 어구를 잘 활용한다. '따라서'로 시작되는

(다)단락은 (마) 단락에 이어지는 내용임을 알 수 있다. 이상과 같은 사고 과정을 종합하면 답은 ③이다.

06 ②

도움 ㉠은 전제, ㉡은 ㉠의 근거, ㉢은 ㉠의 반론, ㉣은 ㉢의 예증, ㉤은 전체 결론이다.

07 ③

도움
① ㉠은 머리말 성격의 글로서 주의를 환기해 주고 있다.
② ㉡은 ㉠의 부연으로서 내용을 상세히 설명해 주고 있다.
④ ㉣은 ㉢의 내용을 구체화하여 설명해 주고 있다.
⑤ ㉤은 글 전체를 요약 정리해 주고 있다.

08 ③

도움 (가)에서는 시간 강사도 나름대로 버리기는 아까운 점이 있다고 말한 후, (나)에서 그 이유를 밝혔다.

09 ②

도움 (나)는 여성 잡지의 패권 확립이 신문에 미친 영향에 대해 언급하고 있는데 이는 한국 신문 문화면이 여성화되어 가는 현상을 지적한 (가)의 원인에 해당한다.
① (가)는 (나)의 결과라고 해야 한다. ③ (다)는 (가)에 제시된 현상에 대한 의미 해석에 해당한다. ④ (라)는 (가)의 원인을 심층적으로 분석한 것이다. ⑤ (마) 역시 (가)의 원인을 분석한 것이다.

10 ④

도움 ㉠은 ㉡과 ㉢을 근거로 한 판단이고, ㉣은 ㉠을 근거로 이끌어 낸 판단이며, ㉤은 다시 ㉣을 근거로 이끌어 낸 판단이므로, 이러한 관계를 잘 보여 주고 있는 ④가 이 글의 논리적 구조를 바르게 분석한 것이다.

11 ②

도움 이 글은 3단 구성으로, 정반합의 변증법 구조이기도 하다. ㉣의 '그러나'는 앞 문단을 부정하고 있고, ㉥의 '여기서'는 위의 내용을 새롭게 재해석하는 전형적인 변증법의 모형을 취하고 있으며, 일곱 개의 문장이지만 변증법적 3단 구성임을 파악하는 것이 중요하다. ' + ' 부호는 두 문장의 대등, 부연, 첨가, 예시 등에 쓰인다. ㉡은 ㉠에, 그리고 ㉦은 ㉥에 대한 부연 설명의 관계이다. '그러므로'는 앞 문장의 요약, 맺음, 결론, 정리 등 마무리에 사용된다. 위의 '여기서'도 같은 기능을 한다. 문제는 '그러나'인데 '그러나'를 중심으로 앞과 뒤는 내용이 달라지며 글의 구성은 대립적 성격을 띠게 된다. 이럴 때의 부호는 '↔'를 쓴다. 그런데 이 글은 대립된 두 내용에서 결론을 얻어 내는 변증법적 시도를 하고 있다. '여기서' 이후의 내용은 대립되는 두 내용의 종합 결론이며 정리인 것이다.

12 ②

도움 문단 간의 구조를 파악하는 한 가지 방법은 각 문단의 주제를 파악하여 그를 토대로 구조를 만드는 것이다. 또 다른 방법은 먼저 글 전체의 주제를 파악한 다음, 그 주제를 살리기 위해 각 문단이 어떻게 기여하고 있는지를 검토하는 것이다. 아래에 제시하는 병법은 전자의 방법을 따르고 있는데, 실제로 학생들이 이런 문제를 후자의 방법으로도 병행하는 것이 도움이 될 것이다.
(가)에서는 붕당은 이해(利害) 관계에서 생긴다는 것을 먼저 밝혀 근본 원리를 밝히자고 문제를 제기하고 있다.(머리말)
(나)와 (다)는 싸움이 원래 사소한 데서 시작하여 나중에 점점 커져 끝에 가서는 그 근본 원인도 짐작하기가 어렵다는 점을, 두 가지 일로 예를 들어 설명하고 있다. 함께 묶어야 할 문단이다.
(라)는 (나)와 (다)의 내용을 정리하면서 근본 원인을 없앰으로써 싸우는 일을 그치게 할 수 있다는 대책을 제시하고 있다.
(마)는 결론적으로 붕당도 이해에서 비롯되는 것임을 밝히고, 심각한 일도 아닌데도 사생 결단할 듯이 다투는 것을 비판하면서 끝맺음을 하고 있다.
따라서 전체적으로는 '화제 제시 - 원인 규명 - 대책 - 결론'의 구성을 띠고 있다.
이상은 이 문제에 대한 교과서적인 문제 해결 방안이다. 그러나 문단 간의 구조 파악 문제는 먼저 함께 묶어야 할 문단[(나)와 (다)]을 찾고 그 결과를 바탕으로 오답을 처리한 다음(①, ③, ⑤) 나머지 단락 관계에서 지시어구, 접속어구를 관찰하며[(라)의 '이로써 보면', 마의 '이와 다를 게'] 문단 간의 관계를 파악하여 답을 하면 정확하고 빠르다.

13 ②

도움 (가)와 (나)는 문화 현상에 대한 관념론적 관점의 접근에 대한 내용이고 (다)와 (라)는 문화 현상에 대한 유물론적 관점의 접근에 대한 내용이다. 따라서 '(가)~(나)'와 '(다)~(라)'는 병렬적인 관계이다. (마)는 두 관점이 상호 보완적이라는 점을 서술하고 있으므로 앞의 내용 전체에 이어지는 관계에 놓이게 된다.

테마 5 표현 방식 파악하기

01 ④

도움 글쓴이는 인간이 참다운 지식을 얻게 되는 과정과 그것에 작용하는 요인들을 구체적으로 밝히고 있다. 따라서, 제시문을 글쓴이의 주관적 판단이 논리적으로 드러나는 논증적 성격의 글이다. ①은 설명적 서술, ②는 묘사적 서술, ④는 논증적 서술에 해당하는 설명이다. ③은 시간적 구성의 글에서 ⑤는 공간적 구성에서 볼 수 있는 서술 방식이다.

02 ⑤

도움 앞부분에서 '이민족 겸제의 통고를 상한 지 십 년이 지났다.'고 말한 다음 이민족 겸제로 인한 고통이 어떤 것인가를 네 가지로 구체화하여 설명하였다. 그러므로 이 글의 진술 방식은 일반적으로 주제 문장을 진술한 다음 이를 구체화시켜 진술하였다고 하겠다.

03 ②

도움 동양 문화와 서양 문화의 차이점을 '폭포와 분수'라는 대상을 통해 유추하고 있으며, 글의 성격 또한 분석적이다. 그러나 동양과 서양의 문화 차이가 폭포와 분수의 차이로 설명될 수 있는가는 좀 더 생각해야 할 문제이며, 따라서 동서양의 문화 차이를 단순화시켜 도식화한 단점을 지적할 수 있다.

04 ④

도움 ① 마지막 단락에서 맹자의 사상이 당대의 시대적 요청에 따른 것으로 볼 수 있다고 밝히고 있다. ② 첫째 단락과 둘째 단락을 통해 맹자의 본성론에 담긴 의도를 밝히고 있다. ③ 마지막 단락 끝부분에서 맹자를 지배 계층의 이익에 봉사한 사상가라고 평가하고 있다. ⑤ 둘째 단락에서 군자와 소인의 개념을 설명하며 맹자의 본성론에 대해 밝히고 있다.

05 ④

도움 이 글에서는 '무속에서는 죽음을 어떻게 바라보고 있는가(영혼관)'를 설명하고 있다. 이를 위해 글쓴이는 무속에서의 영혼관을 기독교, 불교 등의 다른 종교의 그것과 비교하고 있으며, 유교와의 비교를 통해 무속에서의 산 자와 죽은 자의 관계를 설명하고 있다.

06 ①

도움 이 글은 첫째 문단에서 미국의 유명한 신문들이 선거 과정에서 특정 후보를 지지한다는 사례에서 출발하고 있으며 이런 행위가 과연 바람직한가에 대한 문제를 제기하고 있다. 셋째 문단에서는 신문이 선거에 미치는 영향력이 적다는 것을 '선별 효과 이론'과 '보강 효과 이론'을 통해 설명하고 있다.

07 ②

도움 우선 각 문단의 관계를 살펴보면 다음과 같다. (가)는 도입으로 화제를 제시한 것이고, (나)와 (다)는 (가)에 대한 구체적인 예시가 되며, (라)는 이 글의 결론이 되고, (마)는 (라)에 대한 부연이 된다. 이것을 바탕으로 하여 각 문단의 서술 방식을 살펴볼 필요가 있다. (나)에서는 민주화와 산업화의 달성 유형에는 두 가지 대조적인 모델이 있음을 밝히고 이에 대해 구체적인 사례를 덧붙여서 논지를 뒷받침하고 있다.

① 일반적인 견해에 대한 비판으로 논제를 제시했다.
③ 구체적인 사례가 제시되어 있다.
④ 결론을 내리고 있다.
⑤ 앞의 결론에 대해 부연하고 있다.

08 ⑤

도움 서술 시점은 소설의 서술상의 특징을 결정 짓는 중요한 요소이다. 이 소설은 작품 속의 등장 인물이 직접 자신의 이야기를 들려 주는 1인칭 주인공 시점을 취하고 있다. 그런데 ⑤는 작가 관찰자 시점의 특징으로, 이 작품의 서술상 특징과는 거리가 멀다.

① 이 소설은 수병 생활 중 부상을 당한 경험과 어린 시절에 세 동갑내기가 겪었던 망망대해에서의 표류 경험을 회상 형식으로 드러내어 절망적 상황의 극복이라는 주제를 구체화하고 있다.

②, ④는 1인칭 주인공 시점의 특징에 해당된다. ③은 '그물'이라는 사물을 통해 인물의 심리나 의지를 상징적으로 나타내고 있다.

09 ③

도움 이 시는 섬세하고 아름다우며 순수한 이 마음을 알아 줄 사람이 있다면, 자신의 모든 것을 다 바치겠다고 노래하고 있다. 임을 향한 간절한 그리움을 여성적 어조로 노래하고 있는 작품으로, 호소하는 듯한 목소리로 고운 리듬을 살려 표현하고 있다. 그리고 1연은 3행, 2연은 4행, 다시 3연은 3행, 4연은 4행으로 배열하여 변화와 균형미를 추구하고 있다. 그리고 4연에서는 도치법을 사용하여 강조의 효과를 거두고 있다. 그러나 감정을 절제하여 표현하고 있지는 않다. 오히려 영탄적 어법으로 감정을 직접 드러내어 표현하고 있다.

Ⅱ 추론적 이해

테마 6   추론의 방법

01 ⑤

도움 ①~④는 일반적인 원리를 근거(전제)로 하여 개별적이고 구체적인 판단을 내린 연역 추론이고, ⑤는 개별적이고 구체적인 사례를 근거로 하여 일반적인 원리를 이끌어 낸 귀납 추론이다.

02 ④

도움 ①, ②, ③, ⑤는 개별적 사실로부터 일반적인 원리를 도출하는 귀납추리이고, ④는 반대의 연역추리이다.

03 ③

도움 ③은 구체적인 사례를 바탕으로 일반적 진술을 이끌어 내고 있으며, 나머지는 일반적 진술을 문두에 두고 이를 구체화해서 서술하고 있다.

04 ①

도움 변증법이란 현실을 동적으로 파악하여 서로 모순대립되는 둘 이상의 논점을 지양(止揚)·통합함으로써 좀 더 높은 차원의 결론을 유도하는 방법을 말한다. 즉, 두 개의 대립되는 개념 A[正]와 B[反]가 있을 때, A가 성립하면 B가 성립하지 못하고, B가 성립하면 A가 성립하지 못할 때, A, B를 모두 버리고 새로운 개념[合]을 이끌어내는 것이다.
• 환경을 보전하자. [正]
• 개발을 하자. [反]
• 환경 보전과 조화를 이루는 개발을 추구하자. [合]

05 ⑤

도움 다윈이 자연 선택성을 수립하는 데 적용한 추리를 정리하면 다음과 같다.
인간 사회에서는 치열한 생존 경쟁에서 이기고 환경에 잘 적응하는 자가 살아남는다.
여러 종으로 이루어진 동물들의 사회도 인간 사회와 유사한 점이 많다.
그러므로 동물들의 사회에서도 경쟁에서 이기고 환경에 잘 적응하는 종만이 살아남을 것이다.
이는 인간 사회와 여러 종으로 이루어진 동물 사회 간의 유사성을 바탕으로 이루어진 유비 추리이다.
⑤는 식물과 동물의 유사성을 바탕으로 동물에게 있는 아픔을 감지하는 감각 기관이 식물에게도 있을 것으로 생각한 유비 추리이다.
① 두 개의 전제로부터 결론을 이끌어내고 있는 삼단 논법(연역 추리)이다.
② 한 개의 전제로부터 바로 결론을 이끌어내고 있는 직접 추리(연역 추리)이다.
③ 다수의 표본 조사를 바탕으로 일반화하였으므로 통계적 귀납 추리이다.
④ 금의 부피를 늘어나게 한 원인을 추리하고 있으므로 인과적 귀납 추리이다.

06 ④

도움 이 글은 여러 가지 역사적 사실들을 근거로 하여 역사란 무엇인가를 밝혀 내고 있다는 점에서, 개별적인 사례나 사실들로부터 일반적인 원리를 이끌어 내는 귀납 추론이 적용된 글이라 할 수 있다.
이와 같은 추론 방식이 사용되고 있는 것은 ④이다. ①, ②는 연역적 방법, ③은 유추, ⑤는 변증법적 방법이다.

테마 7   전체 및 세부 정보 추론하기

01 ①

도움 모든 논의는 '중력과의 투쟁'에 연관된 것이다. '중력과의 투쟁'이란 물리적 한계를 극복하고자 하는 노력을 뜻한다. ②의 '그네타기와 널뛰기', ③의 '행글라이딩', ④의 '교통 수단의 발달' ⑤의 '홈런' 등은 중력의 물리적 한계를 극복하려는 노력을 뜻한다. '더 빠르게, 더 높이, 더 멀리' 움직이려고 하는 인간의 꿈이 실현된 좋은 예에 속하는 것이다. 그러나 연극 배우의 행동은 중력의 한계에 대한 도전으로 볼 수 없다.

02 ④

도움 하위 문화의 개념과 성격이 먼저 파악되어야 한다. 첫 문단에서 '보편적 규범 속에서도 개인이 선택할 수 있는 부분이 있다'는 내용이 하위 문화의 개념을 암시해 준다. 다음에 '하위 문화적 일체감, 다양한 하위 문화의 병존' 등의 말에 유의하여 추리해 본다.
한 사회의 하위 문화는 그 사회 내부에서 다양한 형태로 존재하고 있으며 문화적 차이(하위 문화)는 자연스럽게 생겨나는 것으로 볼 수 있다. 또, 하위 문화는 동질적인 집단 내부의 사회적 유연성을 증가시킬 것이다. 또한, 하위 문화가 지나치게 발달하여, 아주 강한 문화적 일체감을 가진 하위 문화가 많이 생겨나면 사회가 분열될 수도 있다. 그러나 하위 문화는 지배적인 문화에 도전하지 않는다고 했으므로 단속의 대상이 되는 것은 아니다.

03 ①

도움 홀론은 자율성과 예속성을 가지고 있기 때문에 홀론의 활동은 고정된 법칙에 의해서 제약을 받는 동시에 다양한 선택적 전략을 구사할 수 있다는 점을 근거로 ②, ③, ⑤를 추론할 수 있다. ④는 '홀론의 양면성이 역동적 평형 상태를 이룰 때 계층 구조는 안정을 유지할 수 있다.'에서 추론할 수 있다. 그러나 '자율성이 예속성보다 강하면 전체의 구속을 벗어난다'고 했으므로 ①은 잘못된 추론이다.

04 ③

도움 이 글에서 주로 제시된 내용은 중구 영감의 장인다운 성격과 자세이다. 그는 외가의 도움도 달갑지 않게 여겼고, 다른 일꾼을 두지 않고 혼자 일을 했으며, 집안이 가난하여 소목 일을 배우게 된다. 따라서, 중구 영감이 자신의 제작품을 흥정한다는 추리에는 무리가 있다.

05 ②

도움 생물학적 본질주의는 생물학적 요소에 의해 대상을 이해하고 규정하는 입장이다. b와 d는 생물학적 요소를 통해 설명하려고 하므로 생물학적 본질주의의 관점을 취하고 있는 것이다. 반면에 a는 환경이나 교육, c는 인격이라는 요소를 문제시하므로 생물학적 본질주의의 관점과는 다르다.

06 ⑤

도움 밑줄 친 화자의 말에는 지금 세대에 상식으로 통하는 과학 내용일지라도 이전 세대의 석학들조차 몰랐을 것임을 바탕에 깔고, 과학이 하루가 다르게 발전하고 있으며, 과학적 지식을 조금이라도 안다면 이전 세대에 아무리 뛰어난 천재보다 우수하다는 뜻이 담겨 있다.

07 ③

도움 밑줄 친 부분은 명분을 지키는 쪽을 강조하고 있는 반면에, ③은 명분을 지키는 데서 오는 부작용을 말하고 있다. 강자가 명분을 무시하기 때문에 어떤 공동체 안에서 흔히 억압적인 현상이 벌어진다. 따라서 강자도 공동체의 조화를 위해서는 명분의 제약을 받아야 한다. ②와 ⑤는 밑줄 친 부분에서 사실적으로 확인할 수 있고, ①과 ④는 밑줄 친 부분을 바탕으로 이끌어 낼 수 있는 주장이다.

08 ③

도움 인간이나, 침팬지, 오랑우탄은 이 후두의 위치가 모두 목구멍 정도의 높이로 태어난다. 모음은 이 후두의 위치와 직접적 관련이 있다. 모음은 후두 안쪽에 있는 목청이 떨리면서 소리가 나기 때문이다. 인간은 자라면서 서서히 하강하여 후두가 목구멍 아래쪽에 자리 잡게 되면서 모음이 분화할 수 있는데 비해, 유인원들은 그 위치가 변함이 없다. 따라서 유인원이 다양한 모음을 발성할 수 없는 것은 선천적으로 목구멍 정도의 높이에 후두가 위치하기 때문이다.

① 모음은 후두의 안쪽에 있는 목청이 떨리면서 소리 나게 되므로 후두가 목구멍보다 아래쪽에 있는 것이 모음 분화에 유리한 조건이 될 수 있다.

② 인간의 경우에도 갓난아이일 때는 유인원과 마찬가지로 후두의 위치가 목구멍과 비슷한 높이에 있다.

④ 화석 인류의 발성 기관을 재구해 보았을 때 몇 개의 모음만 발성되었다는 것은 현대인에 비해 완전히 모음이 분화되지 못했다는 이야기이므로, 후두의 위치가 현대인에 비해 높은 곳에 자리 잡고 있었을 것이라 추론할 수 있다.

⑤ 〈보기〉에 제시된 화석 인류의 증거를 통해 볼 때, 인간이 다양한 말소리를 낼 수 있게 된 것은 생물학적 진화 과정과도 연관이 있다.

테마 8　생략된 정보 추론하기

01 ③

도움 ①은 (가)에만 해당한다. ②에 대한 문제는 (나)에서 제기되었으나 폐지해야 된다고는 하지 않았다. ④은 (가)에만 해당하고, ⑤는 (나)에만 해당한다.

02 ⑤

도움 전제를 알기 위해서는 결론이나 주장이 무엇인지 파악하는 것이 우선되어야 한다. 제시문의 결론은 '법은 존재와 당위를 연결하는 것이다.'인데 주어진 지문의 내용과 글의 흐름을 고려하여 전제를 찾아보면 ⑤가 가장 적절하다.

①은 지문의 내용과 너무 동떨어진 전제이며, ②는 '존재'와 '당위'를 '구별'한다는 내용이 틀렸으며, ③은 '상관 없다'는 부분이 옳지 않다. ④에서는 '당위로서 존재한다'와 '억제한다'는 표현이 적절하지 않다. 법은 '당위로서 존재'하는 것이 아니라, '존재'와 사이를 연결하는 것이며 '억제하는'것이 아니라 본성을 자연스럽게 드러나도록 하는 것이다.

03 ②

도움 글쓴이 자신이 "인간은 자기를 둘러싸고 있는 환경을 올바로 인식하지 못한다면, 결코 올바른 행동을 할 수 없으며 창조적 능력을 발휘할 수도 없다."라고 말하고 있다. 이로 미루어 볼 때 필자가 전제하고 있는 관점은 환경에 대한 올바른 인식이 선행되어야 한다는 확신이다.

04 ④

도움 시작 부분의 '상기의 홍보 목표를 달성하기 위해서는'을 참고하면 홍보 목표에 대한 내용이 본문 앞에 전제되어야 한다. 홍보 활동의 초점에 대해 언급하여 목표를 구체적으로 언급하고 있는 ④가 적당하다.

05 ①

도움 '가벼운 상품'이란 가격 면에서 따지는 것이 아니라 기술 제품과는 다른 문화적인 생산품들을 의미하므로 값싼 것을 강조해서는 안 된다. 본론 부분에서는 이러한 가벼운 상품들에 대한 실례가 나와야 된다. 그러한 예로는 우리의 문화적 가치를 대변할 수 있는 일체의 것들이 포함된다. 한복이라든가 전통 음식, 그리고 전통놀이 등이 여기에 포함될 수 있을 것이다.

06 ④

도움 근대화의 과정에서 생겨난 '과도적 문화'가 정체성과 통합성의 위기에 봉착하게 되었다는 점을 언급하고 있다. 과도적 문화가 어떤 문제를 파생시키는지에 대한 충분한 논의가 이루어졌기 때문에 이에 대한 '해결 방안'을 언급하는 내용이 이어지는 게 한 편의 글로서의 '짜임새 있는 구조'가 될 것이다.

07 ⑤

도움 소설에서 기다리던 기차가 도착하자 만도는 아들 진수를 초조한 마음으로 찾는다. 꾸역꾸역 사람들이 밀려 나오고 지팡이에 의지해 절룩거리며 걸어 나가는 상이 군인의 모습도 눈에 들어온다. 그러한 속에도 아들이 보이질 않자 만도는 더욱 초조해진다. 이때 양쪽 겨드랑이에 지팡이를 끼고 서서 자신을 부르는 아들 진수의 모습을 발견한 만도는 옛날과 같이 성한 진수가 아니라는 사실을 보게 된다. 이러한 점으로 보아 이 글 바로 다음에는 기대에 어긋난 모습을 하고 나타난 진수의 모습에 애통해하는 만도의 모습을 연결하는 것이 문맥의 흐름으로 보아 적절하다.

08 ③

도움 비교육적 현상의 해결 방안으로는 재정적 보조와 사회 혁신이 필요하다. 마지막 단락에서 경제적 투자가 한계에 도달했다고 한 점을 고려하면 ③이 답이다.

09 ③

도움 이 글의 중심 내용은, 문화란 그 문화를 가지고 있는 인간의 태도가 복고적이냐 적극적이냐에 따라 발전 속도나 정도가 달라진다는 것이다. 이에 대한 뒷받침으로 동양 종교의 순환적 시간관은 결국 새로운 것을 거부했기 때문에 그만큼 문화가 침체하게 되었다는 것을 예로 들고 있다. 따라서, 이 글의 논지를 일반화시키기 위해서는 문화와 인간의 관계를 언급하여야 한다. ①, ⑤는 문화의 개인 의식과 공동체 문화와의 관계를, ④는 문화의 확대를, ②는 문화와 인간의 관계이긴 하지만, 문화에 대한 인간의 수동적인 입장을 말하고 있다.

10 ②

도움 과학에서 혁명적 변화가 진보라는 것을 글에서 전혀 추론할 수 없다. 따라서 ①은 글의 결론이 될 수 없다.
물론 과학의 목적이 영원한 진리를 발견하는 것이라는 주장은 이 글과 양립할 수 있다. 그러나 그 주장을 결론으로 이끌어낼 만한 단서가 글에 전혀 나타나지 않는다. 따라서 ③은 글의 결론이 될 수 없다. 우리는 ④도 글에서 이끌어낼 수 없다. 정상적 변화 과정에서 과학자들이 어떻게 반응할 것이라는 정보는 이 글에 포함되어 있지 않다. 그리고 코페르니쿠스 이론과 프톨레마이오스 이론을 비교할 만한 기준이 글에 나타나 있지 않기 때문에 ⑤도 결론으로 이끌어낼 수 없다. 반면 글에 따르면 '행성'이란 용어는 과학혁명 전후에 그 의미와 지시대상이 달라졌다. 그리고 글의 마지막에서 "그 변화된 자연 법칙 속의 몇몇 용어들이 자연에 적용되는 방식도 변화하였다."라고 주장하고 있다. 동일한 과학 용어가 새로운 발견과 새로운 법칙 아래에서 그 의미와 지시 대상이 변할 수 있다는 결론은 주어진 글에서 충분히 이끌어낼 수 있다. 따라서 ②가 정답이다.

테마 9 　필자의 관점 및 독자의 반응 추론하기

01 ①

도움 이 글은 고정 관념에 빠져 있는 일반인들의 눈과는 달리 화가의 눈은 사물을 있는 그대로 보거나 또는 사물의 본질을 바라보는 특징을 지니고 있음을 비교하고 있다. 이를 통해 글의 필자는 사물을 바라보는 미술가들의 태도에 대해 소개하고자 하는 것이다.

02 ⑤

도움 마지막 단락에서 필자의 의도를 읽을 수 있다.

03 ④

도움
① 글쓴이는 마지막에서 정악, 산조까지 그대로 전할 것을 요구하고 있다.
② 글의 처음 부분에 언급되어 있다.
③ 우리 음악의 전정한 대중화를 위해서는 현재의 대중적 방법은 지양되어야 한다는 것에서 비판적 시각을 찾을 수 있다.
⑤ 전체 내용을 통해 음악의 대중화는 최종적이면서도 음악의 목표로 간주되고 있음을 알 수 있다.

04 ⑤

도움 첫째 문단에서 디자인은 그것을 창안해 낸 사람의 본성을 드러낸다고 했다. 셋째 문단에서도 문화 창조자로서의 디자이너의 중요성이 높게 인식되고 있다고 말한다. 따라서, 글쓴이는 디자인이 지닌 개인적 성격을 중시하고 있음을 알 수 있다.
① 첫 문단의 마지막 문장에서 디자인이 일반 대중의 편에서 쉽게 설명되지 못했다고 했다.
② 셋째 문단에 대중문화에서 디자인이 차지하는 높은 위상이 드러난다.
③ 셋째 문단에서 갈수록 문화가 산업의 중심이 될 것임을 말했으므로 디자인의 위상이 강화될 것이라고 예상할 수 있다.
④ 마지막 문장에서 디자인은 과거에 잉여적인 장식물로 여겨졌다고 했다.

05 ③

도움 아름다움은 표상으로부터 나 자신 속에서 만들어내는 미적인 느낌이지, 나로 하여금 그 대상의 현존에 관심을 가질 수밖에 없도록 만드는 어떤 요인이 아니다.
따라서 예술 작품의 아름다움을 감상하려면 세속의 모든 욕구와 이해 관계를 초탈하여 예술 작품을 관조해야 한다.

06 ④

도움 문제에서 핵심을 가장 정확하게 파악한 반응을 찾으라고 했으므로 우선 제시문의 핵심 내용을 간추릴 필요가 있다. 결국 제시문의 마지막 문장이 이 글의 주제로 가장 적절하며 이를 반영한 반응이 ④이다.

07 ②

도움 글쓴이는 '한국화란 무엇인가'에 대해 논의를 진행하고 있는데, 한국화의 특수성과 주체성을 주장하는 이들이 그 근거로 내세운 '묵과 화선지의 신비한 힘'은 신념에 불과하며, 이러한 신념만으로는 한국화의 독자성을 주장할 수 없다고 비판하고 있다.

08 ⑤

도움 필자는 평범한 소재인 강물 소리를 통하여 사물의 본질을 파악하고 있다.

09 ③

도움 이 작품은 자연주의적 사실주의 기법을 사용하여 어린 딸만 살아남고 화수분 내외가 동사(凍死)하는 비극적인 상황을 냉정하게 묘사하고 있으므로, 결말을 주관적인 태도로 묘사했다고 한 ③은 잘못이다.
① 화수분 내외가 마지막 체온으로 어린 딸의 동사를 막아 준 것과 연관된다.
② 화수분은 매우 성실하고 착한 사람이었음에도 개인의 힘으로 어찌할 수 없는 가난 때문에 비극적인 죽음을 맞는다는 것을 감안할 때 적절하다.
④ 이 작품이 대체로 말과 행동을 보여 주기 방식으로 제시하고 있으므로 적절하다.
⑤ 이 작품이 '화수분'이라는 주인공의 이름과 실제 상황이 정반대인 반어적 표현이라는 것과 관련이 있다.

작품 이해 : 1925년 「조선문단」에 발표된 단편 소설이다. 이 작품은 '화수분' 일가의 가난과 고통, 그리고 그로인한 비극을 '나'가 화자가 되어 독자에게 보여 주고 있다. 어린 것 하나만 살아남고, 화수분 내외가 얼어 죽는 비극적 장면과 과정을 자연주의적 사실주의 기법으로 냉정하게 묘사하였다.

10 ②

도움 ② 어두운 시절의 괴로웠던 삶은 2~3연에 형상화되어 있으나, 여기에 공감각적인 이미지는 없다.

작품 이해 : 이 작품은 해방 공간에서 쓴 시이다. 해방의 기쁨과 함께 새로운 삶이 열리기를 소망하는 마음이 격정적 호흡으로 표출되고 있다. 암울했던 과거의 삶을 되돌아보며 안타까움을 표출하고, 이어서 진정한 평화가 올 날을 염원하는 마음이 노래되고 있다. 비교적 쉬운 언어로 표현되고 있어 이해가 용이한 편이다.

Ⅲ 비판과 창의적 이해

테마 10 오류의 발견과 비판하기

01 ①

도움 영수가 범하고 있는 오류는 '피장파장(역공격)의 오류'이다.
① '역공격의 오류'에 해당한다. '숯이 검정 나무란다.'는 말은 자기 허물은 모르고 자기의 허물과 비슷한 정도의 허물을 가진 사람을 흉본다는 뜻이다.
② 남이 알아듣지 못할 소리로 중얼거린다는 뜻이므로 이는 '논점 일탈의 오류'와 관계 있다.
③ 논의의 대상을 자유와 죽음의 양 극단으로만 생각하므로 '흑백 사고의 오류'와 관계된다.
④ 우연히 두 가지 일이 겹쳐 일어난 것임에도 불구하고 까마귀가 난 사실이 배가 떨어진 사실의 원인으로 생각한 것이므로 '인과 오관의 오류'와 관계 있다.
⑤ '성급한 일반화의 오류'이다.

02 ⑤

도움 주어진 내용은 주장과 논거의 의미가 동일한 순환 논증의 오류를 가지로 있다.
① 부적합한 권위에의 오류
예 이 자동차는 정말로 좋은 차임에 틀림이 없어. 유명한 사람들은 모두 이 차를 타고 다니거든.
② 피장파장(역공격)의 오류
예 "영희야. 물 좀 아껴 써라." / "엄마도 설거지하거나 빨래할 때 물 많이 쓰잖아요."
③ 대중에의 호소
예 이 후보를 선택하신 천만 유권자가 한국 정치의 미래를 보증합니다.
④ 무지에의 호소
예 아무도 과학 기술이 인류를 파괴할 것이라는 것을 증명한 일이 없다. 그러므로 과학 기술은 인류를 파괴하지 않을 것이다.
⑤ 순환 논증의 오류
예 씩씩이는 모범적인 학생이야. 왜냐? 모범상을 받았으니까. 교장 선생님은 씩씩이가 모범생이니까 모범상을 수여하셨잖아!

03 ③

도움 주어진 글에서 동물들은 경주에서 승리한 거북이가 자기를 전령으로 뽑아 달라는 주장에 대해 논리적으로 근거를 들어 반박하기보다는 '평소의 게으른 성품' 때문에 거북이가 제대로 된 경주에서 이기는 것은 불가능하다는 인식 공격을 하고 있다. 이와 같은 유형의 오류는 ③이다.
③ 인신공격의 오류
예 에디슨은 위대한 발명가라고 할 수 없어. 그는 어린 시절에 낙제를 했었거든.
예 원국이의 의견은 들을 필요도 없어. 그는 지난 시험에서 부정 행위로 적발된 적이 있어.
① 원천 봉쇄
예 진희야, 빨리 가서 자야지. 늦게 자는 어린이는 착한 어린이가 아니야.
예 네가 계속해서 너의 주장을 굽히지 않으면 난 널 공산주의자라고 할 수밖에 없다.
② 분할의 오류
예 그 학교는 삼류 대학이잖아. 그러니 그 학교의 교수인 너의 아버지도 삼류일 수밖에.
④ 원칙 혼동의 오류
예 어른들은 아이들은 때려서는 안 된다. 학교에서 선생님이 아이들에게 체벌을 가하는 것도 물론 안 된다.
⑤ 논점 일탈의 오류
예 답이 3번이든 4번이든 서로 자기 주장만을 내세우고 있을 거야? 그렇게 할 일이 없으면 운동이나 해.
예 너희들은 밤낮 먹을 것을 가지고 싸우는구나. 그러지 말고 모두 방에 들어가서 공부하는 것이 좋겠다.

04 ③

도움 제시문은 귀납 논증의 타당성을 귀납 논증으로 증명하고 있다. 순환 논증의 오류이다.
① 후건 긍정의 오류
② 결합, 분해의 오류
③ 순환 논증의 오류
④ 무지에의 호소
⑤ 대중에의 호소

05 ②

도움 '대국'이 정확하게 어느 나라를 가리키는지 애매하여 크로이소스는 잘못된 판단을 내리게 되었던 것이다. 즉 애매어의 오류이다. ①는 동정심에 호소하는 오류, ②는 "자리 있습니까?"에 대한 의미가 달라서 생긴 애매어의 오류, ③는 순환 논법의 오류, ④는 전체가 참이므로 부분도 참이라고 추론하는 분할의 오류, ⑤는 복합 질문의 오류이다.

테마 11 내용의 통일성 비판하기

01 ④

도움 제시문의 전체 내용은 경기 하강의 대책으로 설비 투자를 할 것을 주장하고 있는데 (라)는 긴축 정책을 주장하고 있다. 참고로 각 단락을 요약 정리하면 다음과 같다.
(가) 제조업 경기 하강이 경제의 내실화를 저해
(나) 설비 투자의 하강 현상
(다) 설비 투자가 줄어든 이유
(라) 긴축 정책의 필요
(마) 설비 투자의 유도 필요 → 주장

02 ③

도움 제시문은 새에 대한 인간의 동경을 다루고 있다. (다)는 새가 인간의 친구로서 인간의 여러 모습을 새에게서 찾아볼 수 있다는 내용이므로, 동경의 대상으로서의 새를 다루는 논의와 거리가 있다.

03 ③

도움 (가), (나), (라), (마) 단락은 학습무(學習巫)가 되는 요건을 진술하고 있고 (다) 단락은 강신무(降神巫)가 되는 요건을 말하고 있다. 참고로 각 단락을 요약 정리하면 다음과 같다.
(가) 무당의 자식으로 태어나 양육됨
(나) 학습을 통해 능력을 성취함.
(다) 학습보다 강신(降神)을 더 중시함.
(라) 무당과 결혼하여 굿을 배움.
(마) 일반인도 무당에게 굿을 배움.

04 ③

도움 ③은 선진국과 후진국을 구별하는 경제 지표로서의 국민 소득에 대한 설명이고, 나머지는 실제의 경제적 복지를 반영하지 못하는 국민 소득 통계에 대한 설명이다.
각 단락의 중심 내용은 다음과 같다.
(가) 국민소득의 통계에는 환경의 가치가 포함되지 않기 때문에 실제의 경제적 복지와 차이를 보일 수 있다.
(나) 국민 소득 통계는 실제의 생활 수준을 지하 경제에서 생산된 상품의 가치만큼 과소 평가해서 보여 주게 된다.
(다) 선진국과 후진국을 구별하는 경제지표 중 대표적인 것이 1인당 국민소득이다.
(라) 국민소득에는 여가(餘暇)의 가치가 포함되지 않기 때문에 실제의 복지 수준을 잘 반영하지 못하는 측면도 있다.
(마) 국민소득의 수치에는 숫자의 마술이 숨겨져 있는 경우가 많다.

05 ③

도움 (다)는 디지털(digital)과 아날로그(analog)의 어원을 설명하며 차이점을 말하고 있다. 나머지 문단은 디지털 기술에 대한 설명이다.
(가) 디지털 기술을 응용한 각종 분야 중 컴퓨터가 가장 중심에 있다.
(나) 컴퓨터로 대표되는 디지털의 꽃은 인터넷이다.
(다) 디지털(digital)이란 아날로그(analog)와 대조되는 말이다.
(라) 디지털 기술은 각종 기기에 파고들고 있다.
(마) 디지털이 만들어 내고 있는 혁명의 줄기 중 하나는 각기 다른 여러 가지 장치와 기능의 융합이다.

테마 12 논거의 적절성 비판하기

01 ②

도움 이 글의 논지는 '언어가 사고를 결정한다.'이다. 그런데 ②는 문화적 차이에도 불구하고 나타나는 언어의 동질성을 보여 주는 예에 해당하므로 이 글의 논지를 뒷받침하기에는 부적절하다.

02 ②

도움 비평가들의 주장은 오존층 문제에 대해 너무 심각하게 호들갑을 떨 필요가 없다는 것이다. 그 근거로 지표에 도달하는 자외선이 증가하지 않았고, 남극에서 일광욕을 하는 사람이 없다는 것이다. ②는 비평가들의 근거이다.
오존층 파괴는 남극에서만 일어난다고 할 수 없기에 그냥 방치할 수 없으며(⑤), 남극의 오존층 파괴가 구체적으로 어떤 영향을 줄지 아무도 모르고(①, ④), 문제점에 대비해 미리 준비할 수도 있는 것이다(③).

03 ③

도움 과학자들의 주장의 핵심은 환경 보호도 중요하지만 경제 개발을 도외시하게 되었을 때의 저개발의 상태가 인류에게 더 치명적인 피해가 된다고 보고 있다. 따라서 ①, ②, ④, ⑤는 환경 보호보다는 빈곤의 추방을 위한 경제 개발이나 부의 분배가 더 시급함을 주장하기 위한 논거가 되나, ③은 오히려 학자들의 주장을 약화시키는 논거가 된다.

04 ⑤

도움 문맥에 의하면, '일반적으로 추구되는 목적'이란 '돈, 쾌락, 권력, 지위'와 같은 '외면적 가치'를 일컫는다. ①~④에 등장하는 K 씨의 경우가 외면적 가치를 추구하는 행태를 보이는 경우에 해당한다. ⑤의 K 씨는 외면적 가치를 떠나 연구에 대한 소신 있는 행동을 보여 주는 예라 할 수 있다.

05 ④

도움 음악의 3대 요소 중 하나인 멜로디(선율)는 음악에서 없어서는 안 되는 요소이며, 선율이 없는 음악도 존재할 수 없을 것 같다는 말이다. 이러한 내용을 논박하기 위해서는 선율이 없이도 성립되는 음악을 제시하면 가능하다. ④의 몸짓만으로 이루어지는 바디랭귀지의 음악이 그 예가 될 수 있다.

화음이 없는 것이지 선율이 없는 것이 아니며(①), 현악기에 의한 음악이나 목관 악기에 의한 음악이나 건반 악기에 의한 음악은 모두 선율을 느낄 수 있다.(②, ③, ⑤).

테마 13 논지의 타당성 비판하기

01 ①

도움 ㉠에서 글쓴이는 민족 문화(외래 문화)에 대한 두 가지 대립적인 태도, 즉 무조건 민족 문화만을 중시하는 태도와 외래 문화만을 추종하는 태도를 비판하고 있다. 그러나 이는 매우 극단적인 태도만을 들어 비판의 대상으로 삼고 있다는 느낌을 갖게 한다. 민족 문화나 외래 문화와 관련하여 실제로 이렇게 극단적인 태도를 가진 사람이 대부분인가 하는 의문을 가질 수밖에 없으므로 ①이 적절한 반응이다.
② 문제 해결 방안은 두 대립적 태도에 대한 비판을 통해 암시되고 있다.
③ 제시된 두 사례의 공통점에 대해 언급하고 있다.
④ 이상적 차원에서 논의를 진행하고 있다고 할 만한 내용이 없다.
⑤ 너무 극단적인 사례를 들어서 오히려 어색한 느낌을 주고 있다.

02 ②

도움 ㉠에는 루소의 교육관이 제시되어 있는데, 여기에 나와 있는 루소의 교육관의 핵심은 '아이들을 자연 상태로 내버려 두어야 한다.'는 것이다.
따라서, 비판은 '아이들을 자연 상태로 놓아 둘 경우의 문제점'을 지적하는 방향으로 전개되어야 옳다. 이러한 논지로 비판을 하고 있는 것이 바로 ②이다.
① 루소는 지식 교육은 최소한으로 한정해야 한다고 했으므로 ㉠의 내용을 정반대로 이해한 반응이다.
③ 루소의 교육 방법에만 적용할 수 있는 비판이 아니다. 어느 교육 방법에 대해서도 제기할 수 있는 보편적인 반응이라고 할 수 있다.
④ 루소가 ㉠과 같은 교육관을 주장하게 된 배경에 해당하는 것이다. 그러므로 오히려 ㉠의 내용을 강화시켜 주는 반응이라고 할 수 있다.
⑤ 영재 교육의 필요성을 주장하는 것으로서 ㉠과는 직접적으로 논지가 연결되지 않는 반응이다.

03 ③

도움 윷놀이의 규칙에서 우리의 정쟁(政爭)의 현실을 유추해 보는 내용의 글이다. 발상이 참신하기는 하지만, 보편성을 획득하기에는 무리가 있다. 놀이나 경기는 허구로서 현실과 분리되어 있는 것이다.

04 ⑤

도움 이 글의 필자는 한 사회의 운명이 소수의 창조적 사람들의 손에 달려 있다고 한다. 그러나 사회를 구성하는 다수의 민중들에 의해 그 사회가 유지되고 발전해 왔다고 볼 수도 있기 때문에 이러한 필자의 역사에 대한 태도는 주관적인 판단이 될 가능성이 큰 것으로 객관적인 입장에서 보아 그 타당성이 의심받을 수 있다.

05 ①

도움 제시문은 사이버 공간을 인간 사회 공간에 빗대어 설명하고 있다. 서로 다른 범주의 세계를 미루어 짐작하는 유비 추리를 통해 논지를 전개하고 있다. 이러한 유비 추리를 비판하기 위해서는 비교의 타당성에 주목하면 된다. ①은 비교의 타당성과 관계 없는 진술이며 더 나아가 내용에도 없는 진술이다.

테마 14 창의적 이해

01 ⑤

도움 A, C, D는 스크린쿼터에 대해 반대하는 입장이고, B, E는 찬성하는 입장이다.

02 ④

도움 보고서의 제Ⅱ장은 수도권 빈민 지역 결식아동 문제를 해결하기 위한 대책을 마련하는 추진 단계를 기술하고, 제Ⅲ장은 구체적인 해결 방안과 대안을 제시하도록 구성되어 있다. 〈2단계〉는 아동이 도움을 받을 수 있는 자원이 무엇인지 조사하는 과정이 수록되어야 한다. ① 결식아동의 상황을 개선하기 위한 인원과 예산을 확보하는 것, ② 이웃의 후원과 자치 단체를 연계하는 것, ③ 부모의 취업 교육 프로그램을 활성화하는 것, ⑤ 결식 문제 해결을 위해 시민 단체와 아이를 연계시키는 것은 모두 결식아동 문제를 해결하기 위한 방안에 속한다. 이 내용들은 제Ⅲ장에 수록되어야 한다. ④ 아동이 놓여 있는 생활 공간을 조사하는 것은 아동이 도움을 받을 수 있는 자원을 조사하는 과정 중에 하나가 된다.

03 ③

도움 ③은 보기에 주어진 세 가지 조건 모두를 충족시키는 질문이다.

강연의 요점을 정리하고 질문한다. - 선생님께서는 결국 의사소통에 대한 훈련과 연수를 강조하셨는데,
질문의 초점을 분명히 한다. - 이에 대한 구체적인 프로그램이 마련되지 않으면 공허한 주장일 수 있다고 생각합니다.
공격적이거나 논점에서 벗어나는 질문을 삼간다. - 구체적인 교육 내용이 마련되어 있다면 좀 더 자세히 안내해 주실 수 있습니까?

04 ③

도움 차 안을 안방으로 착각하여 졸 뻔했다는 진술로 웃음을 자아내고 있고, 승용차를 아내에 비유하고 있으며, '잔소리를 하지 않는 아내'를 '좋은 아내'로 일반화하고 있으며, '부드럽게 모신다'라는 말을 통해 품질의 우수성을 암시하고 있다.

① '적게 먹고 많이 달리는 차'라는 표현에 경제성 혹은 품질의 우수성이 암시되고 있다. 그러나 ㉮와 ㉯의 요소가 드러나지는 않았다.

⑤ '토끼와 거북이' 이야기는 웃음을 유발하여 청자의 호기심을 끄는 것이고, 마지막의 '속도계가 없다'라는 표현은 품질의 우수성을 암시하는 것으로 볼 수 있다. 그러나 ㉯의 요소가 드러나지는 않았다.

05 ⑤

도움 호주제를 폐지하는 것은 바람직하지 않다는 주장을 일부 인정하면서 그에 대한 반론을 제시하는 것을 찾으면 ②, ③, ⑤이다. 그런데 반론에 대한 이유 제시와 주장에 어울리는 관용적 표현을 활용한 것은 ⑤ 뿐이다. 따라서 주어진 조건을 모두 충족시킨 것은 ⑤이다.

06 ④

도움 외종숙(外從叔)은 진외(아버지의 어머니 쪽 친족원)와 종숙(아버지보다 한 세대 위에서 방계화된 친족원)의 결합으로 구성된 친족 지칭어이다. 따라서 친할머니의 남자 형제의 아들을 말한다.

증대고모(曾大姑母)는 증대(3세대 높거나 낮은 친족원)와 고모가 결합된 친족 지칭어로 증조부의 여자 형제를 말한다.

07 ③

도움 내용의 사실적 이해와 미루어 알기를 통해 획득한 지식을 바탕으로 그와 유사한 개별적인 상황에 적용시키는 창의적 사고 능력을 묻는 문제이다. 시적 상상력 속에 과학적 지식이 적용된 작품을 찾는다. ③의 시적 화자는 '늦은 밤 창문을 닫으면 지구 반대쪽 어디선가는 아침에 문을 열 것'이라고 시상(詩想)을 전개하고 있다. 여기서 지구 반대쪽 환경에 대해서는 과학 지식이 요구된다. 즉, 지구 표면상의 한 지점과 그 반대측인 이 두 지점은 서로 낮과 밤, 계절이 정반대이다. 이러한 과학적 지식을 활용하여 시인은 시적 상상력을 펴고 있다.

08 ⑤

도움 이 글은 빨래방의 등장을 통해 현대 사회의 변화하는 일면을 사회학적으로 분석하고 있다. '우물터 → 상수도 → 세탁소·세탁기 → 빨래방'이라는 변화 과정을 통해 현대의 빨래방 문화가 전통적인 공동체 문화인 우물터 문화의 회복이 될 수 있다는 가능성을 조심스럽게 진단하고 있다. 〈보기〉는 빨래방이 현대인에게 주는 진정한 가치에 대한 설명이다. (마)의 '만나고 어우러지고자 하는 욕구', '빨래방은 사람들을 다시 불러 모으고 있다', '자기 욕실에서 각자 빨래하는 무대와는 배경이 좀 달라져야 할 것' 등과 관련이 있다.

Ⅳ 내용 영역별 이해

테마 15 인문

01 ④

도움 마지막 문단에서 필자는 생명적인 문화가 사라지는 대신 비생명적인 디지털 문화가 정착되어 가는 현실에 대해 비판적 인식을 드러내고 있다. 따라서 ④와 같이 판단을 유보했다는 것은 잘못된 설명이다.
① 디지털형과 아나로그형 시계에서 유추하여 결론을 도출하고 있다. ② 시계의 유형을 인간의 문명에 유추하여 적용하고 있다.
③ 시계와 시계 바늘, 시인의 언어, 법률, 과학, 논밭길 등의 구체적 사례를 들고 있다.
⑤ 두 대상의 상반된 속성을 각각 현대 문명과 전통 문화로 유추했으므로 옳은 진술이다.

02 ⑤

도움 아나로그형 시계에서는 바늘이 시계의 문자판을 돌아가며 시간을 알리기 때문에 시간을 총체적이고 영속적인 것으로 파악할 수 있다. 필자는 이러한 속성을 전통 문화가 지닌 속성이라고 확장하여 사고하고 있다. 반면 디지털형 시계는 깜박이는 숫자에 의해 시간을 나타내므로 시간이 단절적이고 점멸적으로 인식된다. 그렇기 때문에 아나로그형과는 다르게 그 시간이 에누리 없이 분명하다. 이는 현대 문명의 기계적 속성과 연결된다. 그러나 ⑤는 아나로그형을 '인간적'으로, 디지털형을 '기계적'으로 본 필자의 관점과 상반된다.

03 ⑤

도움 인간은 사려를 운용하는 재능과 행위를 제어하는 덕이 있기 때문에 초목이나 금수와 달라졌지만, 인간이 천명(天命)에서 벗어나 홀로 존귀한 것은 아니다.

04 ③

도움 옛사람들의 생각은 현재는 과거의 반복이며 미래는 현재의 반복이라는 생각이다. 반복의 관점이 드러나는 예는 ③이다.

05 ③

도움 본문에 현재 상황의 문제점에 해당하는 내용은 있으나, 미래의 예상되는 문제점에 대해 추론한 내용은 없으므로 ③은 적절하지 않다.

① 성(性)과 가족, 국가와 민족이라는 범주와 관련하여 파시즘에 대해 분석적으로 접근하면서 그 성격을 규명하고 있다.
② 논의 전개 과정에서 큰따옴표("~") 형식을 통해 학자들의 견해를 인용하면서 파시즘의 위험성에 대해 언급하고 있다.
④ 넷째 문단의 내용을 통해 엿볼 수 있다.
⑤ 마지막 문단의 내용을 통해 알 수 있다.

06 ②

도움 이 글에서는 우리의 일상적 삶 속에 침투하여 생명력을 과시하는 파시즘의 실체에 대해 언급하고 나서, 남녀를 구분하여 남성을 공적 영역에, 여성을 사적 영역에 국한시켜 각각의 사회적 정체성을 고정시키는 경향을 문제 삼고 있다. 따라서 이 글의 중심 화제로는 '일상적 삶에 침투한 파시즘의 실체, 무엇이 문제인가?'라는 ②가 가장 적절하다.

07 ③

도움 둘째 문단에 파시즘은 남녀의 자연성이 나타났던 과거를 황금시대로 여긴다는 내용이 있는데, 이를 ③처럼 파시즘이 과거의 황금시대에 나타났다는 방향으로 이해하는 것은 적절하지 않다. 그리고 첫째 문단에서 파시즘은 특정 사회의 성격에 내재한 항구적인 것이며 히틀러나 무솔리니는 단지 그 극단적인 형태에 불과하다고 언급하고 있는데, 이를 파시즘이 히틀러나 무솔리니에 의해 널리 확산되었다는 측면으로 판단하기에도 무리가 있다.

08 ②

도움 글쓴이는 형태 중심 연구의 한계를 구체적으로 지적한 후, 단어의 형태적 속성과 의미적 속성을 적절하게 설명하기 위해서는 의미 중심의 연구를 지향할 필요가 있다고 주장하였다. 즉, 단어의 형태는 그 의미를 충분히 반영하지 못할 뿐만 아니라 단어는 의미가 먼저 정해진 후 형태가 선택됨으로써 만들어진다고 보는 것이 자연스럽다는 점에서 형태 중심의 연구는 한계를 지니며, 이러한 한계를 극복하기 위해서는 의미 중심의 연구를 지향해야 한다는 것이다. 그러므로, 의미 중심의 연구의 한계를 극복하기 위해서는 형태 중심의 연구가 필요하다고 한 ②의 진술은 지문의 중심 내용과 상반된다.
①은 첫째 문단의 내용을 통해서, ③은 둘째 문단의 내용을 통해서, ④는 둘째 문단과 넷째 문단의 내용을 통해서, ⑤는 마지막 문단의 내용을 통해서 확인할 수 있다.

09 ①

도움 넷째 문단에서, 복합어인 '총잡이'나 '구두닦이'의 의미 요소가 단어 형성이 이루어진 이후에 주어졌다고 볼 수는 없다고 하였다. 이는 의미가 먼저 만들어지고 이를 표현할 형태가 나중에 선택된다고 보는 것이 자연스럽기 때문이다. '사과접시'의 경우에도 '사과'와 '접시'라는 어근이 결합된 복합어이므로, 단어가 형성된 후 새로운 의미 요소가 추가된 것이라는 설명은 적절하지 않다.

⑤ 형태는 '사과접시' 하나임에도 불구하고 그 단어가 나타낼 가능성이 있는 의미들이 다양하다는 것은 단어의 형태가 그 단어의 의미를 충분히 반영하지 못함을 보이는 증거가 될 수 있다. 이는 '사과'라는 형태와 '접시'라는 형태에는 '깎아 놓는 데 쓰는'이라든가 '그런(사과) 모양을 하고 있다'든가 하는 의미가 담겨 있지 않다는 점을 보아도 알 수 있다.

10 ③

도움 '총잡이', '구두닦이', '때밀이'에 쓰인 접사 '-이'는 '사람'이라는 의미를 나타내기 위해 쓰인 것이다. '글쓴이'에 사용된 '-이'도 '사람'이라는 의미를 나타내고 있다. 나머지의 단어에 사용된 '-이'는 '사람'이라는 뜻과는 전혀 관계가 없다.

① 손으로 어떤 것을 열거나 들거나 붙잡을 수 있도록 덧붙여 놓은 부분.
② 힘드는 일을 서로 거들어 주면서 품을 지고 갚고 하는 일.
④ 봄에 싹이 터서 그해 가을에 열매를 맺고 죽는 식물을 통틀어 이르는 말.
⑤ 철판 위에 고기나 생선 따위를 구워 즉석에서 먹는 일. 또는 그 음식.

11 ②

도움 인내력의 정도와 소외 상태에 빠질 가능성에 대한 직접적 언급은 없었다. 오히려 넷째 문단에서, 일을 주도적으로 처리할 수 있는 상황에서는 인내력도 강해진다고 한 것으로 보아, 소외 상태일 때보다 그렇지 않을 때 인내력은 더 강해진다고 추측할 수 있다.

12 ③

도움 지문은 소외에 대한 심리학적 연구의 필요성에 대해 주장한 글인데, 이와 반대되는 통념을 소개하거나 그 모순을 지적하지는 않았다.

① 흡연자의 예를 들어, 왜 소외의 심리 상태가 되는지를 살피고 있다.
② 5문단에서, '로터'의 견해를 인용하여 성향에 따른 인간의 유형과 인간 행동의 유발 요인을 설명함으로써, 소외의 심리적 측면에 관한 논의의 내용을 보강하고 있다. ④ 기존의 사회 심리학적인 측면에서의 연구가 지닌 한계를 지적하면서 개인의 심리적 측면에 대한 연구도 함께 필요함을 주장하였다.
⑤ 마지막 문단에서, 소외에 대한 처방을 위해서는 사회 심리학적 연구와 개인 심리학적 차원의 연구가 모두 필요하다고 말하고 있다.

13 ①

도움 지문의 내용을 참조할 때, '내적 통제형' 인간은 사태의 결과를 자기의 능력이나 노력으로 통제할 수 있다는 신념이 강한 사람이며, '외적 통제형' 인간은 스스로 아무런 영향력을 행사할 수 없다고 믿고 우연이나 행운, 운명 등 다른 사람의 힘에 기대는 경향이 있다. 이를 기준으로 볼 때, 〈보기 2〉의 'ㄱ'과 'ㄹ'에는 스스로 해결할 수 있다는 신념이 담겨 있으며, 'ㄴ'과 'ㄷ'은 우연이나 행운, 다른 사람 등에 기대는 성향을 보이고 있다. 그러므로 'ㄱ'과 'ㄹ'은 내적 통제형 인간의 심리로, 'ㄴ'과 'ㄷ'은 외적 통제형 인간의 심리로 각각 볼 수 있다.

14 ②

도움 이 글의 논지는 소외의 사회적 요인뿐만 아니라 심리적 요인까지 정확하게 분석하기 위해서는 심리학적 측면에서의 연구가 필요하며, 그래야만 비로소 제대로 처방을 내릴 수 있다는 것이다. 〈보기〉의 '어떤 사람'은 소음이라는 외적 요인에 의해 스트레스를 받고 있는 것처럼 보이지만, 사실은 스트레스의 진짜 원인은 소음 자체라기보다는 소음이 있다는 것에 대한 '인식'이다. 그러므로 이 사람에게 적절한 처방은 그의 심리적 측면에서 이루어져야 하며, 지문에서 말한 대로 자신이 그 사태를 스스로 통제할 수 있다는 믿음을 갖게 해 주는 것이 될 것이다.

테마 16 사회

01 ②

도움 ①은 (나)의 내용에서, ③은 (가)의 내용에서, ④는 (마)의 내용, ⑤는 (라)의 내용에서 가설을 이끌어 낼 수 있다.

02 ②

도움 화제의 대상이 지배층이 아니고, 평민들임을 먼저 이해한다.
양반들의 생활권에서의 '소외감'을 논하고 있다.(이데올로기, 가계 계승, 동족의 결합 등의 소외감)

03 ②

도움 많은 사람들은 풍수설을 근거로 개장(改葬)을 하여 복을 받으려고 한다.
그러나 이 글에서는 이러한 사회 현상을 문제 상황으로 파악하고 비판하여 해결책을 제시하고 있다. 이런 점에서, ②는 이 글의 내용과 일치하지 않는다.
① (가)에서 우리나라 학풍의 종주(宗主)는 정주학이라 하였다.
③ (라)에서 요동은 모두 평평한 들이라서 풍수설의 공식이 적용되지 않음을 지적하였다.
④ (나)에서 풍수설의 폐단을 언급하는 내용 가운데 재산을 탕진한 사례가 나온다. ⑤ (마)에서 그 내용을 찾아볼 수 있다.

04 ③

도움 풍수설을 논리적으로 비판하기 위해서는 풍수설의 부당성을 증명할 수 있는 사례를 제시하든가, 아니면 풍수설의 주장 가운데서 논리적인 모순을 발견하든가 해야 한다. 그런데 ③은 풍수설을 사악한 것[좌도(左道)]이며, 믿을 만한 것이 못 된다고만 하여 '풍수설은 나쁜 주장이니까 나쁘다'의 형식으로 되어 있다. 따라서 논리적 근거라고 할 수 없다.
① 풍수설의 주장이 바르지 못함을 그 결과를 통해 확인하고 있다. ②, ⑤ 풍수설의 논리가 보편성이 없음을 보여 주는 사례이다. ④ 인간의 화복이 묘자리와 관련이 있다고 보는 풍수설의 주장을 반박하고 있다.

05 ③

도움 광종은 즉위 8년까지는 검소하게 생활하였고, 처벌과 포상도 적절하게 시행하였기 때문에 억압받았던 세력이 없었다.

06 ②

도움 ② 글쓴이는 광종에 대해 불교를 깊이 믿고 과중하게 여긴다고 지적하고 있다.
① 무사들의 등용 문제와 외침에 대한 지적 사항은 없다.
③ 제시문에서는 오히려 노비가 주인을 논하기에 이름을 지적했다.
④ 국고가 충실하지 못한 것은 넷째 단락에서 알 수 있듯 광종 스스로가 낭비가 심했기 때문이다.

⑤ "중국의 풍속을 소중히 한다 하면서도 좋은 제도는 취하지 않았다."에서 글쓴이는 중국 제도를 취할 것을 주장한다.

07 ①

도움 광종은 쌍기가 등용된 이래로 文士를 받들고 중히 여겼다.

08 ⑤

도움 이 글에서 필자는 플래시몹에 대해 과도한 의미 부여를 하는 사람들이 있지만, 본인은 이에 동의하지 않는다고 밝히고 있다. 즉, 플래시몹을 주도하는 사람들의 주장과 현재의 진행 상황을 고려할 때, 플래시몹 속에 온라인에서 오프라인으로의 확장 의도가 있다거나 그 속에 상업적 의도가 있다고 볼 수 없으며, '젊은 세대의 경쾌한 놀이'로 보아야 한다는 주장을 펴고 있다. 즉, 필자는 문화 현상을 해석하기 위해서는 현상에 대한 주의 깊은 관찰이 필요하고 참여자들의 의도를 고려해야 한다는 생각을 갖고 있는 것이다.

09 ④

도움 〈보기〉는 플래시몹이 선거 운동의 하나로 사용된 사례로, 집회 내용으로 보아 참여자들은 상당한 정치적 의도를 갖고 행사에 참여했음을 알 수 있으며, 제시문에서 밝힌 '즉흥적인 놀이'의 성격에서 크게 벗어났음을 알 수 있다.
② 〈보기〉의 마지막 문장으로 보아 단속의 대상임을 알 수 있으며, 전례가 없다는 점으로 미루어 플래시몹과 같이 새롭게 등장한 문화 현상에 대한 규범이 새롭게 마련돼야 한다는 내용을 이끌어 낼 수 있다.
⑤ 필자는 제시문에서 플래시몹을 하나의 놀이로 보는 관점을 취하고 있다. 즉, 플래시몹을 즐기는 사람들의 기본적인 욕구는 즐거움에 있으며, 이들이 플래시몹에 정치적인 욕구를 담았을지언정 그것이 정치적으로 발전해야 하는 것은 아니라는 입장을 취하고 있다.

10 ②

도움 〈보기〉를 참고하면 ㉠은 단어 자체가 두 가지 의미를 지니고 있어서 모호해진 문장임을 알 수 있다. 즉, '어휘적 모호성'의 사례에 해당한다. 이와 마찬가지로, ②에서 '돌아가다'는 '본래 있던 장소로 되돌아가다'의 의미와, '죽었다'의 두 가지 의미로 해석될 수 있어 의미가 모호한 문장이 되었다.
① 비유적 표현을 사용함으로써 생겨난 모호문으로 생김새가 곰과 유사한 것인지 행동이나 성격이 굼뜨고 미련하다는 의미인지 확실하지 않다. 이는 '은유적

모호성'의 사례에 해당한다. ③, ④, ⑤는 모두 글의 구조 자체에서 유발되는 '구조적 모호성'의 사례에 해당한다. ③은 '와'가 단어의 접속인지 문장의 접속인지 모호한 경우이고, ④는 수식어와 피수식어의 관계에서 발생한 모호문이며, ⑤는 비교 구문에서 발생한 모호문이다.

11 ③

도움 이 글에서 마르크스는 노동 가치설을 근간으로 삼아 잉여 가치의 처리, 자본 축적과 경쟁력, 임금 문제 등에 대하여 간단히 언급하고 있다. ③에서 언급된 수확 체감의 법칙은 마르크스가 상정하지 않았다는 설명이 (나)에 나온다.
① 잉여 가치는 생산된 가치에서 노동력을 뺀 나머지를 가리키므로 ①의 말은 이를 잘 이해하고 있다.
② 자본주의는 점차 자본 축적을 통해 거대화되는데, 여기에서 생존하기 위해서는 필히 많은 자본을 기반으로 삼아 경쟁에서 우위를 점유해야 한다. 따라서 옳은 말이다.
④ 자본의 우위를 통해 경쟁에서도 우위를 점할 수 있다는 맥락에서 이해할 수 있는 말이므로 역시 지문에 대한 이해가 잘 된 경우이다.
⑤ 자본가들이 자본을 축적하여 경쟁력을 확보하려 할 것이기에 옳은 말이다. 또한, 언제나 산업 예비군들이 충분한 상태이기에 자본가들이 잉여 가치를 임금으로 활용하려 하지 않을 것이기 때문이다.

12 ③

도움 ③에서는 자본 축적과 경쟁이 배제된 독점의 일반화 현상에 대하여 설명하고 있다. 따라서 ③이 자본의 독점화 현상을 논하는 (라) 문단을 바탕으로 보기와 같은 맥락에서 이해한 문항이다.
①은 노동 가치설과 잉여 가치의 분배 문제에 대해 진술하고 있고, ②는 마르크스는 수확 체감의 법칙을 상정하지 않았다고 하였으며, ④는 '산업 예비군'으로 인해 최저 수준의 임금 상승만이 가능하다고 하였고, ⑤는 자본의 유기적 구성 고도화로 인한 이윤 저하에 대해 설명하였다.

13 ④

도움 ① 잉여 가치를 노동자에게 써야 한다는 주장을 펼치기 위해, 자본주의 경제 체제에서 살아남기 위해 자본을 축적하여 경쟁력을 강화해야 한다는 이야기를 했다면, 그것은 모순이다.
② 자본이란 잉여 가치가 축적되어 형성되는 것으로 설명되고 있기에, 정신적 활동도 자본화될 수 있는 것인지에 대한 여부는 분명하지 않다. 또한 모든 것이 자본화가 가능하다는 것을 설명하기 위해 각 단락들의 내용이 필요한지도 의문이다.
③ 자본 축적이 불가피하다는 주장에 따르면 오히려 자본가와 노동자 사이의 소득 격차는 벌어질 것이 자명(自明)하다.
⑤ 자본가와 노동자 사이의 소득 격차는 벌어질 것이 분명하지만, 그렇다고 노동자의 소득이 더욱 줄어 궁핍하게 생활하게 된다는 것은 사실 무근이다. 빈부 격차는 심화되지만, 소시민이라 불리는 노동자 계층이 더욱 가난에 찌들어 가지는 않는다.

14 ③

도움 상보(相補): 노동력으로 상품을 생산하고 받은 임금을 활용하여 다시 그 만큼의 노동력을 만들어낼 수 있어야 한다는 맥락에서 읽을 수 있기에 '재생산'이란 어휘가 적절하다.
② 원천(源泉): '사물의 근원'이라는 의미로서, 잉여 가치는 자본 축적을 가능하게 하는 핵심적인 요인이다. 잉여 가치가 있어야 비로소 자본 축적이 가능하기에 '원천'이라는 단어가 적절하다.
④ 공급(供給): '수요에 응하여 물품을 제공한다'는 의미로서, 산업 시장에 인력이 하나의 물품처럼 제공된다는 맥락에서 읽힐 수 있으므로 적절하다.
⑤ 공황(恐慌): 급변하는 사태에 두려워 어쩌할 줄 모른다는 의미로 쓰이는 '공황(恐慌)'은 경제 공황(經濟恐慌)의 준말이다.

테마 17 　 과학·기술

01 ①

도움
① 글의 앞 부분에서 확인된다.
② 기온이 낮아서가 아니라 강수량이 적어서 삼림이 형성되지 못한다.
③ 30~35년 전부터 산성비가 내렸다. ④ 무연탄 연료를 쓰면서 산성비가 내렸다. ⑤ 한국은 삼림면적이 차츰 줄어든다.

02 ④

도움 ④번은 장작을 연료로 하면 나무를 베는 대신에 산성비가 안 내려 삼림 면적이 확장될 수도 있다.

03 ①

도움 자연의 황폐화는 인간의 경제적 이익 추구와 관련되지만 본질적으로 지닌 무분별한 탐욕 때문이라고 말한 것은 '의도 확대의 잘못'이라 할 수 있다. ①은 의도하지 않은 결과에 대한 책임 추궁으로 의도 확대의 잘못으로 동일한 경우가 된다.
② 단순한 선후 관계를 인과 관계로 해석한 잘못(인과 오관의 잘못).
③ 논점과 관련이 없는 사항을 근거로 사용한 논점 일탈의 잘못.
④ 자기 견해에 대한 지지자가 많다는 점을 근거로 말한 '군중에의 호소'
⑤ 반론 자체를 불가능하게 만든 '원천 봉쇄의 잘못' 을 각각 범하고 있다.

04 ③

도움 이 글은 자연을 인간 삶의 윤택을 위한 도구로 인식하여 온 그동안의 기술 공학 중심 사고의 전환이 필요함을 말하고 있다. 즉 자연의 황폐화를 막을 수 있는 기술의 개발이 필요한 것이 아니라 인류와 세계의 미래에 대한 도덕적 책임이 필요하다.

05 ②

도움 수학은 추상성을 근거로 하기 때문에 일반적으로 실용성과 거리가 먼 것처럼 여기는 통념에 대해 아르키메데스의 일화와 현대의 금융 시장에서 수학이 발휘하는 영향이 막강하다는 점을 구체적인 예로 들어 논리를 전개해 나가고 있다. 그러므로 이 글은 '구체적인 사례를 들어 주장의 설득력을 높이는 글'로 특징을 정리할 수 있다.

06 ④

도움 ④는 4단락에 이미 그 영향 여부가 확실하게 밝혀져 있으므로 심화 학습을 하는 활동으로는 적절하지 않다.

07 ④

도움 ①에서 확률을 공부한 이유는 복권에 당첨되기 위해서였으므로 '실용적 측면'의 강조이다. ②는 수학을 공부한 이유가 비논리적인 사고의 교정이므로 실용적인 측면에서 수학을 공부한 것이다. ③에서 보안 프로그램을 개발하기 위한 목적으로 수학 이론을 배웠으므로 실용적인 측면에서 수학을 배운 것이다. ⑤는 학생에게 도움을 준다는 실용적인 측면을 위해 책을 학습 자료로 활용한다. 하지만 ④는 바이러스에 대한 흥미와 공부에 의해 자연히 백신 프로그램을 개발하게 되었으므로 실용적 측면이 가미된 내용이 아니다. 따라서 답은 ④이다.

08 ⑤

도움 곰팡이나 박테리아는 생태계 구조 속에서 '분해 및 환원자'의 역할을 하고 있는 미생물이다. 생산을 맡고 있다고 진술한 부분이 잘못되었다.

09 ⑤

도움 곰팡이는 생산자의 역할을 맡고 있는 것이 아니라 생태계 속에서 '분해'의 역할을 맡고 있다. 나머지 넷은 생산자의 역할을 담당하고 있다.

10 ⑤

도움 본문의 주된 내용은 생태계의 특성이고 부분적으로 오염 물질이 생태계 구조에 미치는 영향을 언급하고 있다. ①은 전체 내용을 포괄할 수 있는 제목으로는 부적합하다.

11 ③

도움 다윈은 맬서스의 인구론에서 유추하여 자연 선택설을 터득하였다. 그러나 그는 후커를 포함한 주위 몇몇 사람들에게만 그것을 알렸을 뿐, 20년이 지나도록 발표하지 않고 있다가 월러스가 독자적으로 연구한 자연 선택설을 발표하려 하자 좌절감에 빠졌다. 다윈이 '종의 기원'의 이론을 정밀화하기 위해 발표 시기를 늦추었다는 말은 없다.
④ 셋째 문단에서, 과학 사회학자 머튼은 과학사의 발견에서 동시 발견이 단독 발견보다 더 보편적이고 통상적이라고 하였다.
⑤ 다섯째 문단에서, 우선 논쟁(優先論爭)이 잦고 격렬하다고 하였다.

12 ②

도움 〈보기〉는 과학자들이 제일 먼저 과학적 발견을 이루기 위해 애쓰는 내용을 보여 준다. 지문의 끝 부분에, 남보다 먼저 과학적 발견을 해내려는 과학자들의 노력이 과학 발전의 중요한 원동력이 된다고 말하였다.

13 ④

도움 넷째 문단에 그 이유가 나와 있다. 즉, 다윈과 월러스의 경우에 우선 논쟁이 없었던 이유로, 이들이 같은 사회에 속해 있었다는 것과 두 사람의 겸손한 인품, 그리고 이들과 공동의 동료 관계에 있었던 몇몇 과학자들의 지혜로운 중간 역할 등을 들고 있다.

14 ①

도움 동시 발견이 단독 발견보다 더 보편적이라는 사실은 과학적 발견이 과학자 개인의 천재적 능력이나 행운에 의해서만 이루어지는 것이 아니라, 그 시기에 이르기까지의 과학의 개념, 이론, 방법 등의 발전에 힘입게 되고, 사회·경제·사상 등의 과학 외적 요인에도 좌우된다는 것을 암시한다. 즉 필요한 조건이 갖추어지면 과학적 발견은 저절로 이루어질 수 있다는 것이다.
⑤ 과학적 발견은 필연적인 측면이 있으나 특별한 의미를 부여할 필요가 없다는 말은 옳지 않다.

테마 18 문학·예술

01 ①

도움 (다) 단락에서 화가는 평범한 사람들은 있는지조차도 모르는 것에서 기쁨을 발견할 수 있고, 대중의 가치 체계와 다른 가치 계열에 반응한다고 말하는 것이 평범한 사람들보다 가치관이 뛰어나다는 의미는 아니다. ②는 (라), ③은 (가), ④는 (마), ⑤는 (나)에서 추리할 수 있다.

02 ⑤

도움 '회화를 정의하기 어렵다.'는 주제문만 제시되고 그에 대한 논거가 분명하게 제시되지 않았다. 뒤에 이어지는 '회화의 세계를 수정처럼 ~ 회의하게 될 것이다.'는 주제문의 논거라기보다 반복적인 진술에 가깝다.

03 ④

도움 춤에서 '맺힘'은 이루어진 상태를 뜻하며, '풀림'은 '그 다음 가락을 하기 위한 준비 과정'으로 볼 수 있다고 하였다. 이 구절에 주목한다면, 춤에서 '맺힘'과 '풀림'은 일회적으로 나타나는 것이 아니라, 반복적으로 나타난다고 할 수 있다.

04 ③

도움 ③에서 전통 사회의 우리 여성들이 한을 품고 살아갈 수밖에 없었던 것은 '맺힘'에 해당한다. 그러나 '맺힘'의 짝으로서의 '풀림'에 해당하는 내용이 제시되어 있지 않다.
① 서러운 푸념과 넋두리로 울음바다를 만드는 것은 '맺힘'에, 익살과 육담으로 구경꾼들의 허리를 꺾어 놓는 것은 '풀림'에 해당한다.
② 상사병에 걸린 처녀가 한을 품고 죽은 것은 '맺힘'에, 그 넋을 위로해 주기 위해 해낭당을 지은 것은 '풀림'에 해당한다.
④ 아버지가 수양딸의 눈을 멀게 만든 것은 '맺힘'에, 판소리를 통해 한을 표출하는 것은 '풀림'에 해당한다.
⑤ 부차가 아버지 원수를 갚기 위해 장작더미 위에서 잠을 자며 복수의 일념을 불태운 것과 구천이 쓸개를 핥으며 보복을 다짐한 것은 '맺힘'에, 부차와 구천이 각각 상대방을 패배시킨 것은 '풀림'에 해당한다.

05 ④

도움 ① 현대 연극이 극작가에서 연출가로 중심이 변한다고 텍스트보다 오브제가 더 중요시 되는 것은 아니다. 현대 연극에서 텍스트는 고정된 의미를 제시하기보다 관객 스스로 텍스트의 의미를 적극적으로 찾아나갈 것을 요구한다.
② 현대극에서 연출가는 오브제를 배치하고 활용하여 새로운 의미를 창조하는 총 책임자로서의 역할을 하고, 관객은 오브제를 통해 작품의 의미를 해석해 내거나 자신의 삶과 연관시켜 새로운 의미를 생산해 내는 경험을 하게 된다.
③ 말은 맞는 말이지만 제시문에 언급되지 않은 내용이다.
⑤ 현대 연극에서 관객은 오브제 덕택에 자신의 삶과 연관시켜 새로운 의미를 생산해 내지 객관적 의미에 도달하지 않는다.

06 ③

도움 ③ 연기자로서 작품의 다층적인 해석을 한 몸에 통합시켜 전달하는 해설자 역할을 하는 게 아니라 단지 관객들에게 자신의 몸을 하나의 오브제로 제공할 뿐이다.

07 ②

도움 〈보기〉의 전통극이든 제시문에 나오는 현대극이든 아이 인형은 무대 공간의 물리적 제약을 뛰어넘게 해 주는 소품으로서의 기본적인 역할을 한다는 것이 공통점이다.
①은 〈보기〉의 아이 인형, ③, ④, ⑤는 제시문의 아이 인형에 대한 설명이다.

08 ②

도움 (마)의 셋째 문장에서 신체미에 대한 인식이 스포츠를 활성화하는 다른 요소와 마찬가지로 스포츠의 보급과 발달에 큰 영향을 미칠 수 있다는 내용이 나온다. 이 점으로 볼 때 스포츠를 활성화하는 요소는 신체미 외에도 많이 존재하는데, 그러한 것들 중 신체미를 강조하는 것이 스포츠를 활성화하는 가장 좋은 방법이라는 내용은 언급된 바 없다.

09 ④

도움 지문에서 영상 매체에 대해 언급하고 있는 부분은, (다)의 스포츠를 소재로 한 영상 작품이 전시되고 있다는 내용과 (마)의 비디오 문화가 발달한 현대 사회에서 신체미는 큰 의미를 지니고 있다는 내용뿐이다. 따라서, 영상 매체의 발달이 외모의 아름다움만을 강조하는 경향을 심화시킨다는 내용은 지문을 통해서는 추리·상상해 낼 수 없다.

10 ③

도움 (다)에서 신체미를 설명하면서 '신체미의 연구는 ~ 국한되는 것이 아니라, ~ 인식하는 것은 아니다'라는 표현을 쓴 것은 신체미에 대한 잘못된 인식을 해명하기 위한 것이 아니라 신체미에 대한 보다 상세한 설명을 위한 의도이다.
① 첫째, 둘째 문장에서 신체미에 대한 정의로부터 논지를 전개하고 있다.
② 남성과 여성의 나체상, 고대 그리스를 예로 들고 있다.
④ 신체적 심미의 판단 기준 둘을 병렬적으로 연결하고 있다.
⑤ 첫 문장에서 신체미의 가치를 상세화하고 있다.

11 ①

도움 이 소설은 사회적 계층의 차이가 있는 농촌 남녀의 순박한 애정 세계를 그리고 있지만 궁핍한 농촌 현실을 고발하는 것과는 거리가 멀다.
② 이 소설을 마치 '나'에게 생긴 일인 양하여 사실성을 높이고 있다.
③ '나'가 어머니의 훈계를 충실히 따르고 있는 데서 알 수 있듯이, 계층적 차이는 '나'가 점순이의 호의를 받아들이지 못하는 이유로 작용하고 있다.
④ 점순이와 '나'의 성격이 대화와 행동을 통해 드러나고 있다.
⑤ 남성이 보다 적극적이고, 여성은 소극적일 것이라는 일반적 기대를 무너뜨리고 있다. 오히려 점순이의 언행이 더욱 적극적이다.

12 ③

도움 감자 사건 이후 점순이가 '나'에게 대하는 공격적 행동(우리 집 씨암탉 패기)에 대해 나는 별로 효과적인 대응을 하지 못한 채 목소리만 높이고, 지게 막대기로 울타리만 내리치고 있을 뿐이다. 그러므로 작중 인물 '나'는 상황에 효과적으로 대처하지 못하는 인물로 평가할 수 있다.
① 이 글에는 '나'가 운명론적 인생관을 지니고 있다고 판단할 수 있는 근거가 없다.
② '나'는 가족의 생계 유지에 관심을 가지고 있으나 이를 물질 지향적 가치관으로 보기는 어렵다.
④ 씨암탉이 수난을 당해도 '나'의 대응이 그리 효과적이지 못한 점에서 '나'가 상황 극복의 의지를 지니고 있다고 보기 어렵다.
⑤ '나'는 가족의 생계 및 닭에게 관심을 보이고 있으므로 이상을 가지고 있다고 보기 어렵다.

13 ②

도움 ㉠에서 '느 집엔 이거 없지?'라는 점순이의 말은 비록 나에 대한 애정의 표현이라고 하지만 신분적 열세에 있는 '나'의 자존심을 건드리면서 나와의 갈등을 유발하고 있다. 그러므로 '나'의 입장에서 이 말을 비판해 볼 때, ②와 같은 속담이 '나'의 입장을 대신할 수 있다.
① 사람의 일은 앞으로 어떻게 될지 모름.
③ 자신에게 이익이 될 때에만 받아들임.
④ 아무리 큰 일도 작은 일에서 시작됨.
⑤ 자라서 크게 될 사람은 어릴 적부터 다름.

14 ③

도움 점순이는 내가 산에서 내려올 때를 노리고 우리 집 씨암탉을 너 보란 듯이 패고 있다. 이 소설에서 닭은 자기에게 관심을 보여 달라는 점순이의 애정을 표현하는 구체적 매개물이다. 그러나 나는 우둔하기 때문에 점순이의 의도를 눈치채지 못하고 있다.
⑤ '나'는 점순이에게 계층적 열등감을 느끼고 있으나, 점순이는 이런 '나'에게 우월감을 과시하고 있지는 않다.

제 1 절 실전 다지기

01 ⑤ 02 ⑤ 03 ⑤ 04 ④ 05 ④ 06 ② 07 ③ 08 ② 09 ② 10 ③
11 ⑤ 12 ① 13 ④ 14 ⑤ 15 ④ 16 ④ 17 ③ 18 ② 19 ⑤ 20 ①
21 ② 22 ① 23 ④ 24 ⑤ 25 ⑤ 26 ④ 27~29 해설 참조

01 ⑤
도움 이 글의 내용에 따르면 연주가가 작곡가의 창작물인 악보를 보고 연주할 때는, 작곡가의 의도를 그대로 반영하는 것이 아니라 자기 나름의 해석을 통해 연주하며, 또 그렇게 하는 데서 연주의 창조성을 인정받는다고 했다. 그러므로 ⑤는 이 글의 내용과 일치하지 않는 것이다. ①과 ②는 글 전체를 통해 강조되고 있는 내용이다. ③은 둘째 문단의 앞 부분에 나오는 내용이고, ④는 첫째 문단의 앞 부분에 나오는 내용이다.

02 ⑤
도움 이 글에서 아웃소싱은 '기업 내부의 프로젝트나 사업 등을 기업 외부의 제3자에게 맡겨 처리하는 것'이라는 것과 '업무의 효율화 증대'라는 내용을 찾아낼 수 있다. 이 내용과 일치하면서 정의의 형식을 어기지 않은 것은 ⑤이다.
①과 ②는 제시된 지문의 내용과 일치하지 않으며, ③은 아웃소싱에 대한 설명이 아니라 아웃소싱이 활성화 되었을 때 가능한 가상 기업에 대한 정의이다. 그리고 ④는 피정의항과 정의항의 범주가 경영 이익과 경영 형태로 다르게 표현되어 정의의 형식을 갖추지 못하고 있다.

03 ⑤
도움 공간 텍스트는 소비자와 생산자가 의사소통을 하는 공간이고 소비자가 상품의 구매 여부를 결정짓게 되는 공간이기도 하다. 공연 예술의 특성에 대해서는 언급하지 않았다.
① 공간 텍스트는 생산자, 혹은 판매자의 메시지를 담고 있다.
② 예쁜 옷을 입고 멋있는 장신구를 한 마네킹을 쇼윈도에 세워 두는 경우에서 알 수 있듯이 공간 텍스트를 이용하여 판매를 촉진시킬 수 있다.
③ 소비자와 생산자는 공간 텍스트에서 서로 연결된다.
④ 공간 텍스트는 쇼윈도처럼 일정한 장소를 점유하게 된다.

04 ④
도움 이 글은 사고의 틀을 만들어 간다는 서양 사상의 특징을 구체적으로 서술한 후, 인간의 삶의 의외성으로 인하여 그 한계를 드러내고 있음을 언급하고 있다.

05 ④
도움 이 글의 구성은 기승전결로 이루어져 있다. (가)는 공해의 개념을 정의함으로써 화제를 제시하고 있고, (나)는 공해 발생의 원인을 역사적인 관점에서 개괄함으로써 문제를 본격적으로 제기하고 있는 것으로 '기(起)'에 해당된다. (다)는 환경 오염에 의한 자연 파괴의 실상과 위험성을 사실 논거를 통해서 설명하고 있는 것으로 '승(承)'에 해당된다. (라)는 오염을 가속화시키는 정신적 오염 현상을 지적하고 있으며 '전(轉)'에 해당된다. (마)는 공해 방지를 위한 대책과 노력을 촉구하고 있으며 '결(結)'에 해당된다.

06 ②
도움 언론의 범죄 보도를 화제로 하여, 피의자의 초상권에 관한 개념이 무엇인지 언급한 다음, 대표적 사례를 중심으로 하여 언론의 자유가 초상권을 침해해서는 안 된다는 주장을 펴 나가고 있다.

07 ③
도움 제시된 글은 3단 구성으로 이루어진 글이다. 주장이 무엇인가를 먼저 판단하고 글의 흐름을 잡으면 된다. 단락의 순서와 각 단락의 중심 내용은 다음과 같다.
(나) 학문에서 진실을 탐구하는 행위는 논리로 이루어진다. - 전제
(라) 학문은 논리에 대한 신뢰를 자기 인생관으로 삼은 사람들이 독점해서 하는 행위이다. - 본론 Ⅰ
(가) 학문을 한다면서 논리를 불신하거나 의심을 가지는 것은 용납할 수 없다. - 본론 Ⅱ
(다) 논리를 무시하는 사람이 교수가 되는 길을 원천 봉쇄해야 한다. - 결론

08 ②

도움 이 글의 핵심은 미토콘드리아 유전자의 기능을 이해했는가 하는 것이다. 체세포 제공자가 아니라 난자 제공자의 유전자가 섞임으로써 복제 인간이라 해도 진짜 100% 복제가 아니라 다른 형태로 분화될 가능성이 생기는 것이다.
① 복제 인간의 경우 미토콘드리아 유전자 때문에 반드시 일란성 쌍둥이와 같다고 할 수는 없다.
② 어미로부터만 유전되기 때문에 이 진술은 성립한다.
③ 항상 그런 것은 아니다.
④ 어미를 일치시키면 미토콘드리아 유전자도 같아지기 때문에 이럴 경우 같은 DNA를 가지게 될 것이다.
⑤ 복제 인간의 경우 환경의 영향이 일란성 쌍둥이에 비해 훨씬 크게 작용할 것이다.

09 ②

도움 이 글의 첫째 문단에서는 경제적인 자기 책임의 윤리가 개인주의적 자본주의 관계 속에서 나타난다고 했으며, 둘째 문단에서는 '합리적 이해 타산, 이기심의 억제, 계약의 준수' 등을 시민 사회의 윤리로 제시했다. 따라서, 이 내용들로 미루어 볼 때 시민 사회가 개인주의적인 이해 관계를 바탕으로 함을 추리할 수 있다.
①은 '전통보다는 합리성을 추구한다.'는 첫 문장의 진술과, ③은 '이기심의 억제가 불가피하다.'는 끝 부분의 내용과 배치된다. ④, ⑤는 언급된 바 없다.

10 ③

도움 전쟁에 쓰였다는 점에서 군사적, 행운 다산 등을 의미한다는 점에서 주술적임을 판단할 수 있다.

11 ⑤

도움 이 글에 나타난 주장은 "언어 기호의 내용과 표현 사이에는 자연적이고 필연적인 관계가 있는 것이 아니라, 관습에 의해서 내용과 표현이 결합된 것이다."라는 내용이다. 언어의 자의성을 뜻하는 진술이다. ⑤의 예는 언어에 있어 형식과 내용은 멋대로 결정된다는 자의성을 드러낸 예이다.

12 ①

도움 제시된 문항들 가운데 시작과 끝의 관계로 파악될 수 있는 것은 '싹'과 '열매'이다. 게다가 '샘'과 '바다'도 그 사이에 시내와 강 등의 중간 개념을 연결시켜 볼 수 있고, '싹'과 '열매'도 그 사이에 꽃과 잎 등의 중간 개념을 연결시켜 볼 수 있다.

③의 '구름'과 '비'도 구름이 시작, 비가 끝인 것으로 파악할 수 있을 것 같기도 하지만, 우선 '샘 : 바다'와 '비 : 구름'은 순서가 뒤바뀌었고, 중간 개념을 연결시켜 볼 수도 없다는 점에서 정답과 거리가 멀다.
②의 '빛'과 '그림자'는 서로 반대되는 개념으로 생각할 수 있다. ④의 '휘발유'는 '자동차'를 움직이게 하므로 '동력원 : 물체'의 관계로 볼 수 있으며, ⑤의 '바위'는 '이끼'가 자라는 곳이므로 '생존 환경 : 생물체'의 관계로 볼 수 있다.

13 ④

도움 ㉠은 도덕적으로 옳은 행위를 하게 되는 선택 근거이며, 행위 실천의 근거이다. ㉡은 행위의 정당성을 판단하는 근거이며, 행위의 입장을 옹호하는 정당한 근거가 된다.
㉠을 통해 옳은 행위를 선택하고 실천한다는 것은 곧 ㉠이 옳은 행위의 근거가 된다는 일이고, ㉡에서의 어떤 도덕 규칙은 행위에 대한 정당성 판단의 근거로 작용한다.

14 ⑤

도움 ①과 ②는 자연적 배경과의 조화와 어울림을 갖춘 예라고 할 수 있으며, ③은 '대상의 본질을 간결하게 꿰뚫는' 예라고 할 수 있다. 그리고 ④는 개방적인 구조의 예라고 볼 수 있다.

15 ④

도움 ①은 집단의 존재를 중요시하는 것이고, ②는 가명을 가짐으로써 자기를 숨기려 하는 것이다. ③은 자기의 이름보다는 직책에 관심이 많은 것이고, ④는 이름에 자기의 실체가 담겨 있다고 생각하는 것이고, ⑤는 익명성에 숨어 살려고 하는 것이다.

16 ④

도움 글쓴이는 넷째, 다섯째, 여섯째 단락에서 역사는 객관적 사실이 아니라 인간의 의도와 선택의 산물임을 밝히고 있다. 이로 미루어 볼 때 역사에 이미 결정된 법칙이나 목적이 있다는 인식은 잘못된 것으로 볼 수 있으며, '역사적'이라는 말 역시 그러한 말을 사용하는 사람들의 의도와 선택이 개입된 것으로 볼 수 있다. 따라서 그러한 말을 사용하는 사람들의 의도가 무엇인지 파악할 수 있어야 한다.

17 ③

도움 '신라의 찬란한 문화의 실상을 유감 없이 보여주는 사료'로서의 금제 허리띠는, 첫째 문단의 '금으로 된 신라의 장신구들은 정밀하게 새겨져 예술적 가치를 지닌 것으로 평가된다.'를 통해 ③의 진술 '문화 예술적인 의의를 보여 주려고' 한 의도를 확인할 수 있다. 신라인의 자부심이나, 자연 친화 사상, 권세와 부를 초연한 정신 세계, 선비족 수준의 디자인 등은 본문의 내용에서 근거를 찾을 수 없다.

18 ③

도움 이 글에서는 다가올 문명 세계의 모습과 성격에 대한 설명이 담겨져 있다. 그리고 글쓴이는 이러한 새 문명 사회의 현실에 대해 긍정적인 시각으로 바라보고 있다. 그러나 글의 끝 부분에 보이듯이 이러한 긍정적 평가는 '우리가 조금만 현명하게 협력한다면'이라는 조건 속에서 가능한 것이다. 그러므로 글쓴이는 인류 공동의 협력을 강조하는 것이라 볼 수 있다.

19 ⑤

도움 관현악과 합창을 지휘하는 지휘자의 신체적 동작 역시 음악의 움직임을 신체적 움직임을 통해 드러내는 것이라는 점에서 춤이라고 할 수 있을 것이다.
① 신체적 아름다움을 창조하는 것과 지휘와는 아무런 관련이 없다.
② 지휘를 중력으로부터의 자유와 연결시켜 일종의 춤이라고 주장하는 것은 무리다.
③, ④ 음악에 대한 내용이 빠져 있어 지휘와 춤을 연결시키지 못하고 있다.

20 ①

도움 이 글의 앞부분에서는 환경 결정론, 중간 부분에서는 환경 가능론을, 마지막 부분에서는 두 이론의 조화를 말하고 있다. 그러므로 논증 방식은 변증법이다.
①은 변증적 추론, ②는 귀납 추론, ③은 연역 추론, ④는 순환 논증, ⑤는 귀납 추론 중 유비 추론을 설명한 말이다.

21 ②

도움 이 글의 논지인 '해학성'을 뒷받침할 수 있는 진술은 ②이다.

22 ①

도움 (나)의 '호질'에 나오는 '북곽 선생'은 위선적인 양반을 의미한다.
박지원, 〈호질〉
이 작품은 박지원의 〈열하일기(熱河日記)〉에 수록되어 있는 한문 단편 소설로서 양반 계급의 허위적인 도덕관을 풍자적으로 비판하고 있는 박지원의 대표작이다. 기문(奇文)으로 널리 알려진 소설인데, 위선적 인물을 대표하는 북곽과 동리자를 내세워 당시의 양반 계급, 즉 선비들의 부패한 도덕 관념을 풍자하여 비판한 작품이다.

23 ④

도움 (가)에는 맹자의 말과 임금의 말을 직접 인용하여 사서를 편찬한 이유를 밝히고 있다. 이는 김부식이 왜 역사서를 편찬하게 되었는지의 주장에 대한 강화의 근거가 될 수 있다. 반면 (나)에도 자신의 말을 직접 인용한 부분이 있다. 하지만 이는 자신의 주장을 강화하는 것이 아니라, 자신의 처음 생각을 드러내는 부분이다. 이규보는 이러한 생각이 바뀌게 되면서 동명왕편을 편찬하게 된 것이기에 이러한 인용이 주장을 강화하고 있다고 볼 수 없다.
① (가)는 우리나라의 역사를 모르는 사람들이 많음을 지적한 왕의 명에 의해, (나)는 나라를 창시한 사적이기에 글을 쓰게 되었다고 했다.
② (가)에서는 '맹자'의 내용을 인용하여 (나)는 백낙천의 일을 끌어들여 글을 쓰게 된 경위를 강조하고 있다.
③ (가)의 첫 문장과 마지막 문장에서 이 글을 읽는 대상이 왕임을, (나)는 마지막 문장에서 이규보가 글을 쓰게 된 경위를 불특정 다수의 독자에게 밝히고 있는 것임을 알 수 있다.
⑤ (가)의 김부식은 자신의 능력이 부족하다고 말하며, 뒷부분에서 책을 엮은 것이 부끄러울 뿐이라며 자신을 낮추고 있다. (나)의 이규보는 중국의 백낙천은 황당하고 기괴한 이야기마저 후세에 남겼는데 동명왕편의 이야기는 나라를 창시한 신성한 이야기이기에 어찌 남기지 않을 수 있겠는가를 피력하며 이를 기록하여 우리나라가 성인의 나라임을 알리고자 한다며 자신감을 드러내고 있다.

24 ⑤

도움 갈대라는 상징적 사물을 통해 삶에 대한 자기성찰을 드러낸 작품이다. 미미한 공기의 흐름에도 흔들리는 갈대의 흔들림이 외부가 아니라 자기 자신 속의 슬픔으로 인한 것임을 이야기함으로써 삶에 대한 슬픔이 자기 자신 안에 있다는 것을 깨닫는다.
작품 이해
주제 : 비극적 삶의 인식
구성

1연 : 갈대의 울음(존재의 내면)
2연 : 갈대의 흔들림(삶의 본래적 모습)
3연 : 울음에서 비롯된 흔들림(존재의 유한성과 연약함)
4연 : 삶의 의미는 울음(존재의 근원적 비극성)

25 ⑤
[도움] 이 글에서 벤야민은 영화를 비판했는데 이는 전통적인 예술이 지니고 있는 아우라의 체험이 영화에는 없다고 보았기 때문이다. 그렇기에 벤야민은 영화를 진정한 예술로 간주하지 않았던 것이다. 하지만 필자도 지적했듯이 오늘날 영화는 문화의 총아로 각광받고 있다. 그러므로 벤야민의 견해를 비판하기 위해서는 예술에 대한 기준을 그가 제시한 '아우라'만이 아니라 다양하게 적용할 수도 있다는 것과 실제 오늘날 영화에 대한 사람들의 시선이 달라졌다는 것을 들 수 있을 것이다.
벤야민이 비판한 것은 영화 자체이다. 즉, 카메라의 개입이 있는 영화라는 장르 자체는 어떤 변화가 있어도 아우라의 체험을 얻을 수 없다는 것이다. 그러므로 영화 자체의 변화① 연기자들의 연기②, 영화 규모나 관객의 수 증가③, 카메라의 기술 발전④ 등 어떤 변화가 있더라도 이는 벤야민의 견해에 대한 비판의 근거가 될 수 없다.

26 ④
[도움] 둘째 문단의 '이 소크라테스주의를 니체는 ~ 해석하기 나름이라는 것이다.'에는 니체의 주장이 핵심이 잘 정리되어 있다. 객관적이고 보편적인 진리는 존재하지 않는다는 생각과, 이 세계는 개인이 각자 해석하기 나름이라는 생각은 니체의 주장의 핵심에 해당한다. 'A'와 'D'는 객관적이고 보편적인 진리는 존재하지 않는다는 니체의 주장을 뒷받침하기에 적절한 사례이고, 'C'는 이 세계는 개인이 각자 해석하기 나름이라는 니체의 주장을 뒷받침하기에 적절한 사례이다.
'B'는 '니체는 우리 감각의 증거들을 위조하는 원인은 이성이라고 하며, 더 나아가 그들이 말하는 허위적인 감각의 세계가 유일한 세계라고 한다.'라는 주장과 상반되는 사례라 할 수 있다.

27 찬성 : 생명이 신성하지만 삶의 질 또한 중요하다. 불치병자들에게 품위 있는 죽음을 선택할 권리를 빼앗는 것은 환자는 물론 가족에게도 고통을 주는 일이다. 인간은 자신의 운명을 스스로 결정할 수 있어야 한다.
비판 : 자살이 인간 존엄성에 대한 중대한 도전이요, 비이성적인 자기 파괴 행위이듯, 안락사 역시 타인의 도움을 받아 행하는 자살인 셈이다. 생명의 존엄성은 인간의 논리와 시대의 변화에 관계없는 절대적 가치다.

28 ① 첩이 낳은 자식들은 벼슬길에 나가지 못하였다.
② 개가(改嫁)한 어머니의 자식은 벼슬길에 나갈 수가 없었다.
③ 우리나라는 땅이 좁고 양쪽 오랑캐 사이에 끼어 있는 상황이다.
④ 가난한 집의 선비는 뛰어난 재주가 있어도 벼슬길에 오르기 힘들었다.
[도움] 이 글은 최초의 한글 소설 홍길동전을 쓴 허균의 글로, 사람의 재능은 평등하게 주어지므로 신분에 관계없이 인재를 등용해야 한다는 주장을 펴고 있다. 주장을 뒷받침해 주는 조선 사회 현실을 생각하면 된다.

29 ① 도입 : 예술의 개념과 범주의 변화
② 상술 1 : 근대적 예술의 특징
③ 상술 2 : 현대적 예술의 특성
④ 발전 : 현대 예술의 변화와 의의
⑤ 주지 : 예술의 개념 및 범주 변화의 당위성
[도움] 이 글에서는 먼저 '예술의 개념과 범주의 변화'라는 내용을 전제로 하고 이를 '문명사의 단계별로 구체적인 사례'와 함께 제시하고 나서, '예술의 개념 및 범주 변화의 당위성'으로 마무리하고 있다.

제 2 절 쓰기

I 계획하기

테마 1 　주제 설정 및 주제문 작성하기

01 ③

도움 글을 쓰기 위해서는 먼저 넓고 막연한 가주제를 정하고, 이를 주제 설정 기준에 맞추어 범위를 한정해 참주제를 결정한 다음, 자신의 중심 생각을 밝혀 주제문을 작성한다. ⓒ은 '참다운 우정의 모습'이라고 하는 것이 자연스럽다.

02 ④

도움
① 주제문은 너무 막연해서는 안 된다. (여러 가지 어려움.)
② 주제문은 비유적인 표현을 삼가야 한다. (절망의 늪)
③ 주제문은 의문문이어서는 안 된다.
⑤ 주제문은 그 표현이 정확하고 구체적이어야 한다. ('오늘의 현실을 근본적으로 개선하기 위해서'라는 표현이 '소비 생활 양식'과 직접적으로 연결되지 않으며 구체적이지 못하다.)

03 ④

도움 조건으로 내세운 두 가지 측면과 사회상, 그리고 글의 제목을 고려하여 주제를 정해야 한다. ①은 제목을 전혀 고려하지 않았고, ②, ③은 우선 하나의 문장으로 기술하지 않았으며, ⑤는 명확한 주장이 드러나지 않아서 적절한 주제문으로 볼 수 없다.

04 ③

도움 〈보기〉를 보면 첫째, 둘째, 셋째 자료의 내용은 만화의 긍정적 측면이다. 그런데 넷째 자료는 만화에 대한 우리 성인들의 부정적 인식을 문제 삼고 있다. 만화가 긍정적 측면이 많으며 서양인들은 긍정적으로 생각하는 데 비해 우리 성인들은 그렇게 생각하지 않고 있으므로 적절한 주제문은 그릇된 인식을 바꾸자는 ③이 정답이다.

05 ②

도움 〈보기〉에서는 주로 불법적 낙태의 문제점과 그 근본 원인이라 할 수 있는 남아 선호 사상의 잔존을 다루고 있다. 따라서, 이에 대한 대안이 주제문으로 작성되어야 한다는 점을 고려할 때, ②의 내용이 가장 적절한 주제문이 된다. 불법 낙태의 출발이라 할 수 있는 '성감별'을 제도적으로 봉쇄하고, 나아가 근본 원인인 '남아 선호 사상'의 타개를 위한 노력이 동시에 강조되어야 하기 때문이다.

테마 2 　자료의 수집과 선택

01 ④

도움 ④는 전문직 종사자들의 자세를 촉구한 것으로 직업과 사회 윤리와의 관계를 다룬 것이지 개인의 자아 실현을 뒷받침할 수 있는 것은 아니다.

02 ③

도움 쓰고자 하는 글의 주장을 강화시킬 수 있는 자료와 약화시킬 수 있을 자료를 〈보기〉에서 구분한다. 군필자 가산점제를 지지하는 입장에서 주장할 근거는 ⓑ, ⓒ, ⓔ, ⓗ이다. ⓓ와 ⓕ는 군필자 가산점제 폐지를 주장하는 편에서 사용할 근거이며, ⓐ와 ⓖ는 군필자 가산점제를 폐지하는 입장에서 군필자에 대한 보상책으로 제시하는 대안이다.

03 ③

도움 ㉠과 ㉤은 유전자 복제 기술에 따른 문제점들이고, ㉥은 ㉢의 예시이다. ㉡은 내용상 서론에 적절하며, ㉣은 결론을 대신하는 말로 적절하다.

04 ①

도움 ①에서 지적한 '우리나라 전체 분묘 중 40%가 연고가 없는 상태'라는 사실은 〈보기〉에서 제시한 '현행 장묘(葬墓) 문화의 문제점'과는 또 다른 차원에서의 문제일 뿐 아니라, '경로 효친 사상의 퇴색' 역시 논점에서 벗어난 내용이라고 할 수 있다.

05 ③

도움 〈자료 1〉은 여성 1인당 출산 자녀수가 계속 감소하고 있다는 내용이며, 〈자료 2〉는 출산율이 낮은 이유가 경제적 부담, 사회 제도 미비, 육아 시설 부족에 있다는 원인 분석이다. 〈자료 3〉은 저출산의 원인이 남녀 공동 육아에 대한 인식이 부족하기 때문이라는 사실을 보여 준다. ③의 '자녀 양육 환경에 대한 실태 조사'는 제시된 자료 어느 것에서도 확인할 수 없으며, '자녀 양육 환경에 대한 실태 조사가 미비한 것'과 출산율 저하 원인은 직접적인 관련이 없다.

테마 3 구성 및 개요 작성

01 ⑤

도움 주어진 글감들의 성격을 파악하고 그 내용을 글 구성의 단계를 고려하여 순서를 배열하면 된다.
(가) 궁극적 주장(결론), (나) 문제 제기(서론), (다) 도입, (라) 결론 도출을 위한 전제, (마) 과제 해명, (바) 해명의 구체화(본론)
5단 구성 : 주의 환기 → 과제 제기 → 과제 해명 → 해명의 구체화 → 요약 전망의 단계

02 ①

도움 우리나라의 지식인에 대한 일반적인 평가를 논의의 출발점으로 삼아 지식인의 자기 중심적 사고 방식과 '지식 획득과 인격 수양은 필연적인 관계는 아니다.'라는 논거를 제시한 뒤, 각 개인의 인격은 각자의 양심에 따른 문제라는 것을 결론으로 제시하는 것이 논리적인 짜임이 된다.

03 ③

도움 개요의 전체적인 흐름으로 보아, 과학의 소외 현상이라는 문제 상황을 지적하고, 그 원인을 분석한 뒤에 이에 대한 대안을 제시하는 방향으로 전개될 것임을 파악할 수 있다. 대안을 제시하기 위해서는 원인 분석이 중요한데, 여기에서는 과학의 소외 현상에 대한 원인을 일반인들의 과학에 대한 이해 부족과 자기 분야만을 고집하는 과학자들의 인식에서 찾고 있다. 따라서 결론에서는 일반인들과 과학자들의 인식 전환을 강조하는 내용이 나오는 것이 자연스럽다.

04 ④

도움 이 개요는 서론의 내용으로 보아, '역사를 어떻게 기술할 것인가'에 대한 견해를 밝히는 글을 쓰기 위해 준비된 것이다. 따라서, 이 개요에 어울리는 제목은 '역사 기술의 방법'이다. 그런데 본론 1은 역사란 있는 그대로 기록하는 것이라는 주장의 내용이고, 본론 2는 역사란 현재의 시각과 현재의 문제에 비추어 해석하는 것이라는 주장의 내용이며, 본론 3은 본론 1과 2의 주장이 갖는 문제점을 밝힌 것이다. 따라서, 이 개요는 역사 기술에 대한 두 가지 방법을 변증법적으로 통합하는 과정을 통해 결론을 내리는 글을 쓰기 위한 것임을 알 수 있다. 따라서, 역사는 사실과 역사가 사이의 계속적인 상호 작용의 과정이며 현재와 과거 사이의 끊임없는 대화이므로, '역사가는 사실을 바탕으로 현재의 시각에서 역사는 재해석하여 기술해야 한다.'는 주장을 결론으로 제시할 수 있을 것이다.

①, ③과 같은 결론은 본론의 내용과 거리가 멀고, ②의 결론은 단순히 지혜로운 중용의 방법에 불과하므로 본론 내용과 잘 어울리지 않고 막연해서 한 편의 논술문의 결론으로는 부적합하다. ⑤와 같은 제목이라면 어떤 주장을 담아 다른 사람을 설득할 논술문을 쓰기는 어려울 것이다.

05 ①

도움 주제문은 글 전체의 내용을 포괄하고 있어야 한다. 개요에 제시된 주제문은 자전거 이용을 '에너지 절약'과 연결을 하여 전체의 내용을 포괄하지 못하였다. 그렇다고 문항 ①처럼 바꾸어도 적절하지 않다. 글 전체의 흐름에 맞게 주제문을 생각한다면, '자전거 이용의 의미를 알고 자전거 이용을 활성화해야 한다.' 정도로 바꾸는 것이 적절하다.

② 같은 항목의 위상으로 보아 앞의 두 항목을 비교하는 내용이 적절하다.
③ 자전거 이용과 관련한 제도로 볼 수 있는 내용이므로 적절하다.
④ 글의 흐름으로 보아 필요성 다음에 구체적인 방안이 나오는 것이 적절하다.
⑤ 결론에 나오는 것보다는 자전거 이용 활성화의 필요성에서 다루는 것이 더 적절하다.

Ⅲ 표현하기

테마 4 내용 조직하기

01 ③

도움 한 문단에서 뒷받침 문장은 주제 문장을 내용적, 논리적으로 뒷받침함으로써 주제 문장을 구체화시키는 역할을 한다. ③는 로봇의 다양한 쓰임을 예시함으로써 '로봇은 인간의 복지와 편리를 위하여 만들어졌다.'는 주제문을 논리적으로 뒷받침하고 있다.
① 민담에 대한 언급이 없으므로 완결성에 위배된다.

② 주제문이 고전 음악이 위대한 예술 작품으로 인식된다는 것인데, 대중 가요에 대한 언급은 주제와는 다른 화제이다.
④ 마지막 문장이 중심 문장과 어긋나는 내용이므로 통일성에 위배된다.
⑤ '우리 민족은 예부터 공동 작업을 위한 노래가 발달하였다'는 식의 주제문이 첨가되어야 한다.

02 ⑤

[도움] 이 글의 주제는 음악의 좋은 점인데 ㉢, ㉥은 그것과는 거리가 먼 내용이므로 삭제하는 것이 좋다.

03 ③

[도움] 본론은 물질적 만족에 대비되는 정신적인 만족 추구를 내용으로 하고 있으므로, 물질 추구와 인간 삶의 관계를 서술하고 있는 ③이 적당하다.
① 물질적 삶에 대한 언급 없이 포괄적인 서술을 하고 있다.
② 생명의 존엄성과 매매의 관계를 다루고 있다.
④ 진실과 권력 관계에 대해 논하고 있다.
⑤ 본론 다음에 이어지면 적당할 내용이다.

04 ⑤

[도움] 제시된 글 앞에서는 먼저 신화의 기원과 설명, 믿음에 대한 진술과 신화만의 특수성이 언급되었을 것이고, 이어서 신화의 네 가지 소성(素性)인 '역사, 학문, 종교, 예술'과의 관련성에 대해 구체적으로 언급되었을 것이다. 그러나 ⑤의 진술은 글 전체의 결론을 볼 때 무관한 내용이다.

05 ③

[도움] 과학과 종교가 대립된 것이라고 본 자신의 이중적 사고 방식이 잘못된 것이라면, 그것을 해결할 수 있는 방안이 제시되어야 한다.
참고로 이 글은 오늘날의 문명이 기반으로 하고 있는 과학과 종교의 속성을 대비해 가면서, 이 두 가지 신조가 양립 불가능한 것이었다고 생각해 왔던 종래의 자신의 태도에 대한 반성을 기술하고 있다.

테마 5 글의 전개 방식

01 ① ㉠, ⓑ   ② ㉢, ⓐ   ③ ㉡, ⓒ
    ④ ㉣, ⓓ   ⑤ ㉥, ⓔ   ⑥ ㉤, ⓖ   ⑦ ㉢, ⓕ

02 ①

[도움] 보기는 정의의 진술 방식이 사용되었다. ①은 정의의 진술 방식을 사용한 문장이다. ②, ③은 정의와 그 형식이 유사하기는 하지만 개념을 규정하고 있지 않으므로, 정의가 아니라 지정(확인)의 진술 방식을 사용한 문장이다. ④는 구분, ⑤는 논증에 의한 진술 방식이다.

03 ⑤

[도움] 글의 전개 방식을 판단하는 문제를 해결하기 위해서는 먼저 '표현 대상'이 무엇인지를 파악한 후, 그것이 어떻게 전개되어 나가는가에 주목해야 한다. 제시문은 한국과 대만을 비교하여 차이점을 서술하고 있다. 즉, 한국과 대만이라는 대상에 대해 대조의 진술 방식으로 서술하고 있다.
①은 분석, ②는 묘사 ③은 분류 ④는 예시 ⑤는 대조에 의한 진술 방식이다.

04 ④

[도움] ① 서사, ②는 과정, ③은 비교, ④는 유추, ⑤는 인과의 방식에 의해 각각 글을 전개하고 있다.

05 ⑤

[도움] ① (가)와 (나)에서 피폐해진 백성의 생활이 위정자의 책임임을 논증하고 있다. ② (다)에서 여전을 정의하고 있다. ③ (라)에서 여전에서의 곡식 배분법을 예시 했다. ④ (가)와 (나)에서 위정자와 백성의 관계를 부모와 자식의 관계에 비유하고 있다. 비교의 진술 방식은 나타나지 않는다.

테마 6 표현 기법

01-1 ③

[도움] 풍유법은 보조 관념만 제시되며, 속담, 격언, 풍자시, 풍자 소설 등에 많이 쓰인다.

01-2 ⑤

[도움] ⑤는 강조법에 속하는 대조법이다. ① 풍유법, ② 대유법(제유법), ③ 의인법, ④ 은유법

01-3 ③

[도움] ③ 김광균, 〈외인촌〉, 공감각적 이미지
① 고은, 〈눈길〉, 역설
② 정지용, 〈유리창〉, 역설
④ 윤동주, 〈십자가〉, 역설
⑤ 김영랑, 〈모란이 피기까지〉, 역설

02 ③

도움 제시된 시는 이규태의 〈내나무〉에 소개된 '나무 타령'으로 여기에서 두드러진 표현 기법은 동음이의 어를 이용한 언어 유희이다.
① 대구법이다.
② 반어법이 쓰였다.
③ 서방님의 '서'를 방향을 나타내는 '서(西)'의 의미로 바꾸어서 '서방인지 남(南)방인지'라는 말장난을 한다. '서'의 동음을 이용한 언어 유희이다.
④ 중의법으로, 사람의 갈비와 동물의 갈비(먹는 갈비)를 동시에 지칭한다. 중의적 의미를 통한 언어 유희이다.
⑤ '이화춘풍'은 '봄'이라는 계절적 배경과, '이몽룡'이라는 인물 둘 다를 암시하는 중의법이 쓰였다.

03 ②

도움 ②는 '유교적 도덕관을 경시한다.'는 추상적 진술을 구체화하기 위해 '충·효와 같은 전통 도덕'을 예로 들고, 그것을 '유행이 지난 기성복'에 비유하여 제시된 조건을 모두 충족시키고 있다.
①은 어려운 말을 쉽게 풀어서 상세화한 것이다. 그러나 비유와 예시는 보이지 않는다. ③과 ④에는 비유만 있고, 구체적 예시가 없다. ⑤는 사례를 들었으므로 예시에는 해당하지만, 비유가 쓰이지 않고 있다.

04 ③

도움 ③은 감의 속성이 아니라 한국인의 속성을 나타내고 있다. 표면적으로는 감이 열리고 익어 가는 모양을 말하는 것처럼 보이지만, 사실은 한국인의 속성을 친숙한 다른 대상과 견주어서 표현하고 있으므로 유추의 조건도 만족시킨다. 또 첫째 문장이 다음에 이어지는 문장들을 포괄적으로 요약하고 있어서 셋째 조건도 만족시키고 있다.

05 ②

도움 ②는 '훈련'을 공부와 관련된 단어로 보았고, 또한 인생을 화물차에 물건을 적재하는 것에 비유하였으며, 단정적인 표현을 쓰고 있기 때문에 〈보기〉의 조건을 모두 만족한다.
① 비유적인 표현이 쓰이지 않았다.
③ 공부와 관련이 없고 비유적 표현이 쓰이지 않았다.
④ 비유적인 표현도 사용되지 않았고, 단정적인 어조가 쓰이지도 않았다.
⑤ 단정적 표현과 비유적 표현은 쓰였으나 공부와 관견성이 적다.

Ⅲ 글 다듬기

테마 7 고쳐 쓰기

01 ⑤

도움 ⑤의 경우 '아는 만큼'의 '만큼'은 의존 명사로 쓰이기도 하고 조사로 쓰이기도 하는 말이다. 그런데 조사로 쓰일 경우에는 체언이나 조사의 바로 뒤에 붙어 앞말과 비슷한 정도나 한도임을 나타낸다. '너만큼', '하늘만큼' 등의 예를 들 수 있다. 그런데 문맥을 보면 '아는'이라는 관형어의 꾸밈을 받고 있는 것으로 보아 '의존 명사'로 사용되었음을 알 수 있다. 그러므로 붙여 쓰면 안 되고 띄어 써야 한다.
① '-ㄴ데'는 '다음 말을 끌어내기 위하여, 어떤 사실을 먼저 베풀 때 쓰는 연결 어미' 혹은 '남의 의견을 듣고자 하는 태도로 스스로 감탄할 때 쓰는 종결 어미' 등으로 쓰이는 것이어서 적절한 사용이 아니다. 그러므로 인과의 의미를 지닌 어미로 바꾸는 것이 적절하다.
② 전체적인 흐름과 관련하여 연결이 매끄럽지 못하므로 삭제하는 것이 적절하다.
③ 결론의 첫 문장으로는 적절하지 않다.
④ '틀린'은 '옳지 않다'의 뜻이므로 '다른'이 맞는 말이다.

02 ④

도움 (가)와 (나)를 대조하여, 검토 결과 중에서 어느 것이 반영되었는지 살펴본다.
① '날라리'는 품위 있는 어휘와는 거리가 멀다. '문제 학생' 정도로 순화하는 것이 좋다.
② (가)는 이성 교제의 필연성을 말하는 내용과 이성 교제의 방법을 말하는 두 가지 내용으로 이루어져 있다. 서로 다른 내용을 다룰 때는 문단을 구별하여 서술하는 것이 바람직하다.
③ (가)의 첫문장은 여러 개의 내용이 한 문장으로 진술되어 비문이 되기 쉽고, 내용 전달도 그리 효과적이지 못할 가능성이 있다. 따라서, (나)처럼 두 문장으로 끊어주는 것이 좋다.
⑤ (가)에서 '우선 중요한 것은 ~ 되어서는 안 된다.'라는 문장은 '중요한 것은 ~ 안 되다'와 같이 주어와 서술어의 호응이 제대로 이루어지지 않고 있다. (나)는 그것을 바로 잡아 고쳐 주었다.
그러나 ④ (가)에서 '우선 중요한 것은 ~ 좋지 않다.'는 세 문장의 연결이 부자연스러운데도 (나)에서 고쳐지지 않고 그대로 세 문장이 나타나고 있으므로, 검토 결과가 반영되지 않은 것은 ④이다.

03 ③

도움 둘째 문단에서 개인적 특성을 제대로 파악해야 한다는 내용과 부모님의 동의 등 가정 내 갈등을 현명하게 극복해야 한다는 내용은 연결이 자연스럽지 못하다.

04 ②

도움 '적'은 '때', '시절'의 뜻으로 쓰이는 의존 명사이므로 띄어 쓴다.
① '생각나는 사람'이 중복되었기 때문에 지시어를 '그'를 사용하는 것이 좋다.
③ '장기(長技)'가 맞춤법에 맞는 표현이다.
④ 주어와 서술어의 호응을 자연스럽게 한 것이다.
⑤ 문장의 연결이 어색하므로 삭제하는 것이 좋다.

05 ②

도움 ② ⓒ은 앞 문장에 대한 구체적인 사례이므로 삭제해선 안 된다.
① 앞 문장과 대조의 관계이므로 '반면에' 또는 '이에 반해'가 맞다.
③ '쉽사리 ~ 않다'처럼 '쉽사리'는 부정의 어구와 호응한다.
④ 주어인 '주인공'의 구체적인 행위를 표현해야 한다.
⑤ ⓒ을 맞춤법에 맞게 쓰면 '머지않아'이다.

테마 8 교정 및 문장 부호

01 ②

도움 ② 가운뎃점(·)은 특정한 의미를 가지는 날을 나타내는 숫자에 쓰기도 한다. 예 3·1 운동 / 8·15 광복
① 물음표(?)는 특정한 어구 또는 그 내용에 대하여 의심이나 빈정거림, 비웃음 등을 표시할 때, 또는 적절한 말을 쓰기 어려운 경우에 소괄호 안에 쓰기도 한다. 예 그것 참 훌륭한(?) 태도야. / 우리 집 고양이가 가출(?)을 했어요.
③ 반점(,)은 도치된 문장에 쓰기도 한다. 예 이리 오세요, 어머님. / 다시 보자, 한강수야.
④ 가운뎃점(·)은 쉼표로 열거된 어구가 다시 여러 단위로 나누어질 때에 쓴다. 예 시장에 가서 사과·배·복숭아, 고추·마늘·파, 조기·명태·고등어를 샀다.
⑤ 작은따옴표(' ')는 문장에서 중요한 부분을 두드러지게 하기 위해 드러냄표 대신에 쓰기도 한다. 예 지금 필요한 것은 '지식'이 아니라 '실천'입니다. '배부른 돼지'보다는 '배고픈 소크라테스'가 되겠다.

02 ④

도움 ④ 대괄호([ ])는 묶음표 안의 말이 바깥 말과 음이 다를 때에 쓴다. 예 나이[年歲], 낱말[單語], 手足[손발]
① 감탄형 어미로 끝나는 문장이라도 감탄의 정도가 약할 때에는 느낌표 대신 온점(또는 고리점)을 쓸 수도 있다.
② 한 문장에서 몇 개의 선택적인 물음이 겹쳤을 때에는 맨 끝의 물음에만 쓰지만, 각각 독립된 물음인 경우에는 물음마다 쓴다. 예 너는 한국인이냐, 중국인이냐? / 너는 언제 왔니? 어디서 왔니? 무엇하러?
③ 가운뎃점(·)은 열거된 여러 단위가 대등하거나 밀접한 관계임을 나타내는 것으로 같은 계열의 단어 사이에 쓴다. 예 경북 방언의 조사·연구 / 충북·충남 두 도를 합하여 충청도라고 한다.
⑤ 숨김표(××, ○○)는 알면서도 고의로 드러내지 않음을 나타내는 것으로 금기어나 공공연히 쓰기 어려운 비속어의 경우, 그 글자의 수효만큼 쓴다. 예 배운 사람 입에서 어찌 ○○○란 말이 나올 수 있느냐?

03 ①

도움
① 의문형 어미로 끝나는 문장이라도 의문의 정도가 약할 때에는 물음표 대신 온점(또는 고리점)을 쓸 수도 있다. 예 아무도 그 일에 찬성하지 않을 거야. 혹 미친 사람이면 모를까.
② 커피(coffee) → 커피(coffee)
③ 9월 15일 - 9월 25일 → 9월 15일 ~ 9월 25일
④ 어머님께 말했다가 ~ 아니, 말씀드렸다가 ~ 꾸중만 들었다. → 어머님께 말했다가 ― 아니, 말씀드렸다가 ― 꾸중만 들었다.
⑤ 불확실[단호(斷乎)하지 못함]은 불확실[모호(模糊)함]을 낳는다. → 불확실[단호(斷乎)하지 못함]은 불확실[모호(模糊)함]을 낳는다.

04 ⑤

도움 ⑤ 감탄형 어미로 끝나는 문장이라도 감탄의 정도가 약할 때에는 느낌표 대신 온점(또는 고리점)을 쓸 수도 있다. 예 개구리가 나온 것을 보니, 봄이 오긴 왔구나.
① 앗! / 아, 달이 밝구나!
② 지금 즉시 대답해! / 부디 몸조심하도록!
③ 춘향아! / 예, 도련님!
④ 이게 누구야! / 내가 왜 나빠!

05 ②

도움 문장의 제목 끝에는 마침표를 찍지 않는다.

제 2 절　실전 다지기

01 해설 참조　**02** ⑤　**03** ②　**04** ③　**05** ②　**06** ③　**07** ②　**08** 해설 참조
09 ②　**10** ④　**11** ⑤　**12~17** 해설 참조

01 주제문 : 전통 가정의 장점을 현대에 맞게 수용해 가정의 사회화 역할을 수행해야 한다.

　도움 주제문은 한 편의 글을 한 문장에 압축해 놓은 것이라 생각하면 된다. 그런데 여기서는 '개요'만을 보고, '주제문'을 작성해야 한다. 따라서 개요의 전체 내용을 아우르는 핵심이 한 문장에 응축되어야 한다. 특히, '결론'의 기능을 감안하여 결론을 주제문 작성의 준거로 적절히 활용해야 한다.

02 ⑤

　도움 제시된 글감 중 '다양한 관점'에 대한 내용이 있으므로 '대상을 단일한 시각에서 보아야 한다.'는 내용을 담고 있는 ⑤는 주제로 설정하기 어렵다.

03 ②

　도움 ㉠은 사형 제도가 교정, 또는 갱생의 가능성을 박탈하는 것이라는 점을 지적함으로써 주제를 지지하는 근거로 이용할 수 있다. ㉡도 다른 처벌이 가능함에도 사형이라는 방법을 택하는 것은 '복수'라는 의미 외에 다른 의미를 발견하기 어렵다는 사실을 주장함으로써 사형 제도의 폐지를 주장하는 근거로 이용할 수 있다. ㉣은 사형 제도가 자기 반성의 기회를 박탈하는 것이라는 점에서 주제의 근거로 이용할 수 있다.

04 ③

　도움 자료 수집의 셋째 항목을 보면, '월별, 요일별, 시간대별로 교통사고의 발생 빈도를 알 수 있는 통계 자료를 수집한다.'라는 내용이 들어 있다. 이 자료는 주제와 특별한 관련이 없으므로 적절한 내용으로 볼 수 없다.
　① '독자 분석'에서 예상 독자로 상정한 학교, 운전자, 관계 기관의 문제점을 지적한 것은 적절한 내용이라고 볼 수 있다.
　② '전략 수립'에서 어린이 교통사고가 늘어나는 원인을 분석하고 개선 방안을 제시한 후, 행동을 촉구하는 것은 적절한 전략이라고 볼 수 있다.
　④ '내용 선정'에서 학교, 운전자, 관계 기관의 역할을 제시한 것은 적절한 선택으로 볼 수 있다.

　⑤ '조직'에서 '현황 제시, 문제점 분석, 개선 방안 마련, 실행 촉구'의 순서로 논지를 전개한다고 한 내용은 자연스럽다.

05 ②

　도움 '세계 숲 보전'을 촉구하는 글을 쓰기 위한 조건으로 주어진 논지 전개 방향과 자료를 연결할 경우, ②는 적절하지 않다. '숲 파괴로 인한 폐해'를 전달하기 위해 ㉡을 숲 파괴의 피해 사례로 제시한다는 것인데, ㉡은 환경 파괴를 막기 위한 시민 단체의 활동을 소개하는 내용일 뿐 구체적 피해 사례로 보기 어렵기 때문이다. 또 시민 단체들의 대응 방식이 지닌 문제점을 지적하는 내용 역시 '숲 파괴로 인한 폐해'를 제시하는 논지의 흐름상 적절하다고 보기 어렵다.
　① 숲의 보존 실태와 부정적 미래를 예상하고 있는 ㉣은 숲이 줄어드는 상황의 심각성을 전달하기에 적절하다.
　③ 정부의 통제 밖에서 진행되는 아마존 개발은 무분별한 벌목과 개발의 원인으로 제시되기에 적절하다.
　④ 환경 보호 단체인 그린피스와 다국적 패스트푸드 업체, 다국적 곡물업체 사이의 열대우림산 콩 구입 중지 협정은 대규모 삼림 개발을 막기 위한 유인책으로 적절하다.
　⑤ 생태 보전에 대한 관심이 먹을거리나 아토피에 비해 매우 적다는 ㉢은 독자의 관심을 촉구하기에 적절하고, 삼림 파괴에 대해 저항한 사례인 ㉥은 실천적 행동을 촉구하기에 적절하다.

06 ③

　도움 결론 부분에서 "법은 항상 국민들이 지킬 수 있도록 개선되어야 한다."라고 언급하였으므로 '악법은 개정되어야 한다'가 글의 주제라고 할 수 있다. 문맥상으로도 아무리 정의롭고 합목적적인 규정이라 하더라도 국민 대다수가 준수하지 못하는 것이라면 대다수 국민들의 생활 방식과 의식에 맞추어 규정을 고쳐야 한다고 주장하고 있음을 파악할 수 있다.
　①, ④, ⑤는 악법도 지켜야 한다는 주장의 논거이다.
　②는 준법 의식이 투철하지 않은 사람이 입법에 참여

하는 것이 타당한가라는 점을 언급하고 있어 정당성 여부와 관계 없이 법을 지킬 것을 주장하는 논거가 될 수 있다.
③은 악법의 위험성을 지적하고 악법의 개정을 위해 필요한 고려 사항을 제시하고 있으므로 제시문의 본론으로 적당하다.

07 ②

도움 먼저 제시된 제재 중에서 제목(주제)과 관련된 것만을 선택할 필요가 있는데, 남녀 간의 임금 격차 철폐, 기업가의 사회적 책임 의식 고취 등은 무관하므로 제재 정리 시 삭제해야 한다. 저소득층의 상대적 빈곤감의 증가를 들어 분배 정의와 삶의 질의 균등한 향상을 위해서 분배 정의의 실현이 필요함을 주장하는 것이 논리적이다. 마지막으로 세제의 개선, 금융 실명제의 조기 정착 등을 구체적 해결 방안으로 제시하면 될 것이다.

08 인간은 직립 보행을 할 수 있는 신체 구조이다. 그래서 두 손으로 도구를 만들고 다룰 수 있게 되었다. 그러므로 인류 문명을 발달시킬 수 있었다.

09 ②

도움 ②의 세금 부담, 조세 저항에 대한 언급은 전체 글의 흐름으로 보아 통일성 있는 흐름을 방해한다. 전체의 흐름은 과학 연구에 많은 국가 예산이 쓰이며, 그 결과로 연구 업적이 현저히 증가되고, 또 그 점이 원인이 되어 과학 발전에 긍정적, 부정적 영향을 끼친다는 것이다.

10 ④

도움
① 겨울에 대한 언급이 없어 완결성에 어긋난다.
② '인류 문명 발달사에서 전쟁은 양면적인 속성을 가지고 있다.'라는 내용에서 '양면적'인 속성으로 전쟁에 관한 부정적인 면과 긍정적인 면이 동시에 서술되어야 한다. 하지만 이에 관한 언급이 없고 전쟁의 부정적 속성만 적고 있다.
③ 주제가 '에어컨은 생활 필수품'이라고 하면서, '가급적 사용하지 않는 것이 좋으며 따라서 꼭 필요한 것은 아니다.'라고 하여 글의 통일성에 어긋난다.
⑤ '학창 시절에 유익한 책을 많이 읽었다.'라는 주제에서 '고등 학교 때에는 학업에 매달려 정작 좋은 책을 거의 읽지 못한 것이 못내 아쉽다.'라는 내용은 글의 통일성을 해치고 있다.

11 ⑤

도움 여기서 표현하고자 하는 대상은 '사이버 문명'이다. 이것은 양면적 속성, 즉 긍정적인 측면과 부정적인 측면이 동시에 드러나 있는 것을 찾는다. 또한 인격을 지닌 것으로 표현한다는 것은 무생물인 '사이버 문명'을 의인화하여 표현함을 말한다.

12 요즘 젊은이들은 충·효와 같은 전통 도덕을 유행이 지난 기성복처럼 낡아빠진 것이라고 생각한다.

도움 '유교적 도덕관을 경시한다.'는 추상적 진술을 구체화하기 위해 '충·효와 같은 전통 도덕'을 예로 들고, 그것을 '유행이 지난 기성복'에 비유하여 제시된 조건을 모두 충족시키고 있다.

13 방언의 가치를 인식하여 표준어와의 상호 접촉으로 더욱 풍부한 언어 생활을 하도록 해야 한다.

도움 서론에서 방언에 대한 잘못된 인식을 논하고, 본론의 첫머리에서 표준어와 방언의 특징을 지적한 다음 방언의 가치를 풍부하게 열거하고 있다.

14 정답 예시 : 사람은 갈대처럼 흔들리는 존재이다. 10대에는 친구에게 흔들리고, 20대에는 사랑에, 30대에는 일에 흔들린다.

15 정답 예시 : 친구의 얼굴은 마치 예전에 쓰던 철통도시락 같다. 턱이 발달되어 얼굴선이 둥글지 못하고 모가 나 있다. 눈은 토끼처럼 동그랗고 코는 돼지코처럼 납작하다. 이마는 넓고 툭 튀어 나왔다.

16 정답 예시 : 철학자는 균형잡힌 시각을 가지고, 개방적 자세로, 논리적 사유를 해야 한다.

도움 우선 '치우친 생각'을 해서는 안 된다고 강조하고 있다. 같은 맥락에서 '폐쇄적 사고'를 극복해야 한다고 강조하고 있는데 이는 곧 '개방적 자세'로 표현 될 수 있을 것이며, 후반부에서 명시적으로 '논리적 사유 습관'이 부각되고 있다.

17 정답 예시 : 한국에 전래된 외래 문화는 우리 전통 문화의 영향을 받아 한국적인 속성을 지니고 있다.

도움 〈보기〉의 글은 몇 개의 화제를 가지고 있다. 즉, 한국인들은 외래 문화에 영향을 받고 있다는 점, 외래 문화는 외형적으로 본래의 속성을 갖고 있다는 점, 그러나 실제적으로 한국적인 속성을 지니고 있다는 점 등이다. 따라서 이를 간략히 정리하여 하나의 소주제문으로 만들면 된다.

제3절 듣기

I 사고 과정별 듣기

테마 1 사실대로 듣기

01 ③

도움 강연의 핵심 내용을 파악해 그것을 바탕으로 제목을 붙이면 된다. 현대의 첨단 기술을 바탕으로 어떠한 상황 하에서도 도청 장치의 설치가 가능하다는 것은, 현대 사회가 지닌 도청의 심각성을 보여 준다.

02 ④

도움 전파 매체와 영상 매체의 역할을 새롭게 보므로 독서를 해서 얻어지는 여러 이점을 효과적으로 거두고자 한다.

03 ⑤

도움 갑은 청소년들을 부정적으로 보는 입장이고, 을은 청소년들을 이해하는 입장이다. 반면에 병은 객관적인 입장에서 말하고 이다. 따라서 병의 말에서 세 사람의 인정하는 바를 찾으면 된다.

04 ③

도움 행복한 삶을 추구하는 데 현실과의 괴리 현상이 생기기도 하나, 강연자는 끝 부분에서 최선을 다하는 것이 우리가 취해야 할 태도라고 말한다.

05 ①

도움 화자는 자린고비의 어원을 묻는 방식으로 자연스럽게 이야기를 시작하여, 오늘날과 같이 과소비 풍조가 심한 현실의 문제점을 제기하며, 자린고비의 교훈을 본받아 근검·절약할 것을 강조한다.

06 ②

도움 상민이 학생이 현대 사회의 오염된 말을 쓴다는 선생님의 지적에 대해 학생은 언어는 시대적 산물이며 사회상을 반영한다며, 선생님이 긍정적으로 생각하도록 말한다. 따라서 ②는 대화의 내용과는 별개의 문제이다.

07 ④

도움 학생의 발표 내용을 보면 보부상은 전국의 장을 돌아다니며 장사했고, 보상과 부상이 취급하는 물품과 운반 방법이 각각 달랐다는 사실을 알 수 있다. 또한 보부상은 '채장'이라는 신분증을 가지고 다녔으며, 절대로 해서는 안 되는 네 가지 계명이 있듯 지켜야 할 규범이 있었다는 사실도 확인할 수 있다. 하지만 ④의 내용은 학생의 발표에서 찾아볼 수 없다.

08 ③

도움 비평가는 "작가는 예언자 내지 지도자적 긍지를 앞세우거나 개성을 들여다보지 말고, 작가의 주관적 태도를 버리고 민중의 소리를 듣는 것이 사실주의가 아닌가?"라고 반문한다. ⑤에 대한 언급은 없다.

09 ③

도움 회의자는 합쳐진 글자들의 의미가 새로운 의미를 나타내는 데 모두 활용되어야 한다. ㄴ의 '명(鳴)'은 '입 구(口)'와 '새 조(鳥)'가 만나 '울다'라는 의미를 나타내고 있으며, ㅁ의 '굉(轟)'은 수레를 의미하는 '차(車)'가 셋이 모여 아주 많은 수레가 움직여 '시끄럽다'라는 의미를 나타내고 있다. 이 외에 ㄱ, ㄷ, ㄹ의 '청(淸)', '기(記)', '문(聞)'은 형성자이다. '수(水)', '언(言)', '이(耳)' 등을 의미부로 하고 '청(靑)', '기(己)', '문(門)'을 소리부로 정해 만들어진 글자들이다.

10 ②

도움 선생님이 설명한 강강술래는 장단이 빨라짐에 따라 팔을 쭉 펴고 뛰는 '자진 강강술래'(ㄴ)와 선두가 왼손을 놓으면서 시계 방향으로 움직여 원의 중심으로 향해 가는 '덕석몰기'(ㄱ), 그리고 그 반대로 도는 '덕석풀기'(ㄹ)이다. 그리고 마지막으로 일직선으로 노는 강강술래인 '지와밟기'(ㄷ)를 설명했다. 따라서 선생님이 설명한 강강술래는 'ㄴ — ㄱ — ㄹ — ㄷ' 순이다.

11 ④

도움 파수꾼은 이리가 없다는 것을 알면서도 왜 그런 사실을 말하지 않았느냐고 촌장에게 항의한다. 하지만 촌장은 진실을 감추어 온 것은 다수를 위해서 그랬노라고 현실을 합리화하고 있다. 그러면서 파수꾼에게 이러한 현실을 그대로 인정해야 더 큰 혼란과 부작용을 방지할 수 있다고 파수꾼을 오히려 설득하고 있다.

12 ②

도움 이 회의에서 발언자는 ① 감정적인 표현을 하면서 ⑤ 자기의 의견을 일방적으로 강요하고 있으며, 의장은 ④ 발언자의 약점을 잡아 ③ 자신의 의견을 제시하고 있다. 회의에 임하는 올바른 태도가 아니다. ②는 회의의 본질에 어긋난 진술이다.

13 ②

도움 '어린이 조기 해외 연수'에 대해 남자는 찬성하고 여자는 반대하는 입장에서 토론이 진행되고 있다.

	남	여
근거	• 외국어의 필요성 인식 • 조기 교육의 중요성 강조 • 폭 넓은 경험	• 위화감 조성 • 좌절감을 심어 줄 우려가 있음 • 지속적 뒷받침의 어려움.

14 ③

도움 강연에서 강연자는 젊은 세대들의 지나친 서양 문화 추종을 사례를 들면서 비판한다. 그러나 겉으로는 이러한 의도와는 반대로 "이런 모습을 보면 ~ 생각이 들지요."라고 말하는가 하면, "이런 행동들이 모두 세계화에 대비하기 위한 ~ 정말 놀랍기만 합니다."라고 표현하고 있다. 겉으로 보면 청중에 대한 찬사와 칭찬으로 들리지만 사실은 젊은이들의 지나친 서양 문화 추구와 종속적인 행동에 대해 빈정대면서 비꼬는 투로 말하고 있는 것이다.

15 ④

도움 연사가 맨 처음 거론한 내용, 즉 철학이 현실적인 삶을 위해 아무런 도움을 주지 못한다는 것은 자신의 견해가 아니라 일반론일 뿐이다. 연사는 이어서 그게 정말 맞는 말이냐고 반문한다. 그리고 뒤에 이어지는 여러 가지 사례를 통해서 철학이 현실 생활에 대단히 유익한 학문임을 누누이 강조한다. ①에서는 검증된 구체적 사례를 들어 논지를 뒷받침한다고 했지만 제시된 사례가 검증되었다는 근거는 어디에도 없다. 연사가 철학 무용론에 대한 일반적 견해를 먼저 제시하고, 이에 대한 반론을 전개하는 과정에서 일반론의 논리적 취약점도 분석한 바 없으므로 ⑤도 정답이 될 수 없다.

테마 2 추론하며 듣기

01 ④

도움 ④ 북한에서 외래어는 대부분 한글 고유어로 대체되어 오히려 통하기가 어렵다.
① 두 사람 간의 대화가 제대로 이루어지지 않는 이유는 언어에 대한 사회적 약속이 다르기 때문이다.
② '도레라'와 '트레일러'에서 사물과 그 이름 간의 관계가 멋대로(자의적)임을 알 수 있다.
③ 대화가 계속 단절되고 있는 상황에서 언어의 차이가 심각함을 알 수 있다.
⑤ 분단이 장기화되면 자연스럽게 언어 또한 단절될 것이다.

02 ④

도움 먼저 ①은 첫 문단을 근거로, ②는 끝 두 문장 '나는 의심(생각)한다. 그러므로 나는 존재한다.'에서 추리가 가능하다. 그리고 ③은 둘째 문단의 '수학을 생각할 ~ 놓을지도 몰라.'에서, ⑤는 확실한 진리라고 인색했던 수학을 의심의 대상으로 삼은 내용에서 추리할 수 있다. 그러나 ④는 위의 독백 내용과 관계가 없다.

03 ①

도움 두 아이의 주장이 다 논리적으로는 올바르지만 과학적 사실은 아니기 때문이다.

04 ①

도움 이 대화에서 남학생은 여학생이 설명한 방법에 맞는 자료를 골라야 한다. 여학생이 설명한 광고 포스터 제작 방법의 핵심은 변형에 있다. 즉 수도꼭지에서 물이 아니라 돈이 떨어지게 함으로써 물을 절약하자는 의도를 표현하는 것처럼, 어떤 대상의 일부를 다른 것으로 대체해서 새로운 의미를 만들어 내는 것이다. 답지에 제시된 것 중 컴퍼스로 원을 그리는 대신 하트 모양을 그림으로써 '함께 하는 삶'이라는 새로운 의미를 만들어 낸 것이 여학생이 설명한 방법과 가장 유사하므로, 남학생이 선택해야 할 자료는 ①이다.
② 우유팩을 두루마리 휴지로 바꿈으로써 자원을 재활용하자는 의도를 표현한 경우인데, 이는 대상의 일부를 변형한 것이 아니라 대상 전체를 새롭게 재창조한 것이므로 여학생이 설명한 방법과는 다르다.
③ 나무 한 그루를 여러 그루로 바꿈으로써 숲을 가꾸자는 의도를 표현한 경우인데, 이는 대상의 일부를 변형한 것이 아니라 대상의 수효를 늘린 것이므로 여학생이 설명한 방법과는 다르다.
④ 자가용 승용차를 지하철표로 바꿈으로써 대중교통을 이용하자는 의도를 표현한 경우인데, 이는 대상의 일부를 변형한 것이 아니라 대상 자체를 아예 다른

것으로 바꾼 것이므로 여학생이 설명한 방법과는 다르다.

⑤ 사람을 뜻하는 한자[인(人)]와 책이라는 두 대상을 책을 펼쳐 세워서 만든 '사람 인'자 모양의 한 가지 대상으로 바꿈으로써 독서하는 사람의 이미지를 표현한 경우인데, 이는 대상의 일부를 변형한 것이 아니라 두 대상을 통합하여 하나의 대상으로 만든 것이므로 여학생이 설명한 방법과는 다르다.

05 ④

도움 갈릴레오는 낙하 속도에 관한 자신의 견해를 그 당시 사람들에게 증명하기에 역부족이었다. 그러나 400여 년이 지난 1971년이 되어서야 그의 이론이 완벽하게 증명되었다는 말을 통해 한 이론이 성립되기 위해서는 상당한 시간이 걸렸다는 것을 알 수 있다. 그러므로 모든 이론이 바로 그 시대에 증명이 되는 것은 아니라는 사실을 이야기에서 전제하고 있다.

06 ⑤

도움 두 연사는 공통적으로 현재의 상급 학교 진학을 위한 교과 위주의 교육이 가진 문제점을 지적하고 있다. 그리고 이에 대해 남자는 진학을 원하지 않는 다수 학생을 위한 배려를 촉구하고 있으며, 여자는 학생 각자에 대한 개성 교육과 다양한 학생 선발을 그 대안으로 제시하고 있다.

07 ⑤

도움 교수는 강연의 뒷부분에서 신데렐라 콤플렉스가 여성 개인인의 속성에 국한되는 문제가 아니라 일종의 사회적인 문제 현상임을 주장하면서, 신데렐라 콤플렉스를 여성 개인인의 책임으로만 돌려서는 안 된다고 강조하고 있다. 따라서 신데렐라 콤플렉스가 생겨나게 된 사회적 배경에 대해서도 언급해 주는 것이 논리적인 설득력을 더해 줄 뿐만 아니라 발언의 완결성 측면에서도 자연스럽다.

08 ①

도움 남녀의 마지막 대화 부분을 참고했을 때 '우주에 대한 민족적 전통'이 점점 사라지고 있는 것을 안타까워하고 있다. 그러므로 두 사람의 대화 속에는 사라지고 있는 우주 천문학의 전통에 대한 관심을 일깨우고자 하는 의도가 담겨 있음을 알 수 있다.

09 ④

도움 남자는 인터넷이 정보의 민주화를 가져오겠지만, 정보를 과다하게 제공한다는 문제점이 있다고 보았다. 결국 인터넷은 우리가 실질적으로 필요로 하는 정보를 주지 못한다는 것이다. 반면에 책은 인터넷이나 영상 매체가 주지 못하는 장점을 지니고 있다고 화자는 생각하고 있다. 이로 미루어 보면 문항 중 ④가 남자 학자가 인식하고 있는 책의 역할이라 볼 수 있다.

10 ⑤

도움 이 문제를 해결하려면 이야기의 내용과 화자의 의도를 잘 파악해야 한다.

이 이야기는 화자가 모스크바에서 배가 아파서 약을 사려는 중 영어나 독일어를 아무리 사용해도 그 말이 통하지 않았는데 서툴지만 프랑스 어를 사용해서 그 약을 간신히 살 수 있었다는 내용이다. 이로 보면 이 이야기는 영어에 못지않게 제2 외국어를 알아 두는 것이 때로는 어려운 상황을 풀어 나갈 수 있는 수단이 될 수 있다는 것이다.

11 ⑤

도움 의료계의 입장에 대해 종교계가 취할 수 있는 관점을 파악하는 문제이므로 의료계의 주장이 갖고 있는 문제점을 종교계의 관점에서 찾아보아야 한다. 문항 ⑤는 오히려 종교계의 입장에 대해 의료계가 반박할 수 있는 논거이다.

12 ⑤

도움 강연자는 유두일의 의미를 되새기면서 선인들의 지혜로움을 밝히고 있다. 그러한 성인들의 정신 자세를 오늘의 현대인들이 습득하기를 바라고 있음을 마지막 대목에서 찾아볼 수 있다.

테마 3 비판하며 듣기

01 ②

도움 화자가 인간 사회는 혼돈뿐이라고 한 것은 인간 사회에서 사실적으로 확인할 수 있는 질서와 조화를 무시한 것이다. 이는 성급한 일반화의 오류로 볼 수 있다.

02 ④

도움 남편의 논리에 의하면 물가 상승의 원인은 과소비이며, 과소비로 인해 공공 요금이 인상되고, 부동산 가격도 폭등하고 있는 것으로 보고 있다. 그러나 공공 요금 인상이나 부동산 가격의 폭등 역시 물가 상승의 원인이기 때문에 과소비로 인해 공공 요금이 인상되었다거나, 부동산 가격이 폭등했다고 볼 수 없다.

오히려 적정 수준 이상의 과도한 통화량이 물가 상승의 주범이라고 보는 견해가 보편적이다. 잘못된 인과 관계의 오류이다.
①은 애매어의 오류, ②는 성급한 일반화의 오류, ③은 순환 논증의 오류, ④는 잘못된 인과 관계의 오류, ⑤는 대중(혹은 여론)에의 호소 오류이다.

03 ④

도움 이 대담은 경제 문제(현상)가 야기되는 원인을 인간의 경제 행위와 가치 판단 면에서 파악하고 있다. 즉, 남자는 경제 문제가 인간의 경제 행위를 바탕으로 해서 이루어지고 있음을 주장하고 있는 반면에, 여자는 인간의 가치 판단이 경제 문제를 야기하고 있음에 초점을 맞추고 있음을 알 수 있다.

04 ⑤

도움 세 사람의 발언 내용 모두 자신의 불행 해소, 카타르시스, 불행 처리 메커니즘을 말하고 있다는 점에 주목하면 ⑤가 이 토론으로부터 내릴 수 있는 적절한 판단이다.

05 ③

도움 고대 그리스인에게는 '히포크라테스'보다 '아스클레피오스'가 더욱 친숙하고 믿음직했을 거라는 대목과 고대부터 사람들은 위생적이고 절제된 생활을 통해 건강을 지키기보다 신이나 만병 통치약에 더 많은 관심을 가졌다는 데에 주목하면 된다.

06 ②

도움 이 이야기는 본성을 보전하고 성품을 온전하게 지녀 즐겁다고 생각하는 돌이 인간을 본래의 참된 것을 읽고 지조가 없는 것으로 비판하고 있다.
① 조변석개(朝變夕改) : 일을 자주 뜯어 고침.
② 부화뇌동(附和雷同) : 일정한 주관이 없이 남들의 언행에 덩달아 좇음.
③ 망양보뢰(亡羊補牢) : 일이 이미 다 틀린 뒤에 때늦게 손을 쓴들 소용이 없음.
④ 과유불급(過猶不及) : 정도를 지나침은 미치지 못함과 같다.
⑤ 곡학아세(曲學阿世) : 정도를 벗어난 학문으로 세상 사람에게 아첨함.

07 ⑤

도움 여자는 분실되는 주민 카드의 재발급에 따른 비용 문제를 말한 게 아니고 정보 유출 가능성을 우려한 것이다.
여자는 ①, ②, ③을 내세워 남자의 의견에 반대하고, 뒤의 발언에서 정보는 곧 권력인데 이러한 정보를 국가가 소유함으로써 국민을 통제할 가능성이 있으므로 새로운 국민 감시 제도라고 비판했다.(④)

08 ⑤

도움 마지막에서 여교수는 '코르네피아'의 의견에 동조하면서, 현실적으로는 그렇게 하지 못하는 우리 부모들에 대한 문제점을 제시하고 있다. 문항 ①, ② ③ ④에 제시된 부모들이 이에 해당한다. 그런데 문항 ⑤에 제시된 조기 교육형 부모들은 오히려 앞으로 우리 교육이 추구해야 할 방향이라 할 수 있다.

Ⅱ 제재별 듣기

테마 4 대화

01 ①

도움 '근신'이란 무슨 일을 저지르고 잘못을 뉘우친다는 뜻이다. 순간적으로 방송프로를 가지고 다투니까, 근신이란 말은 거리가 멀다.
어머니가 참으라는 말은 서로 양보하라, 또는 넓은 아량을 가져라, 자기 고집을 자제할 줄 알고, 남의 의견을 받아들이는 포용심을 가지라는 뜻이다.

02 ①

도움 ②와 ③은 의견이 다르니까 공통성이 없고, ④, ⑤은 남1과 여 둘다 전제로 두지 않고 있다. 국화가 있어야 하는 것만은 누구도 부정하지 않는다.

03 ③

도움 두 사람은 대형 사고의 빈발함에 대해 논의하면서, 한 사람은 사건들의 성격이 다르다고 하고, 다른 한 사람은 공통점을 지적하여 대책을 제시하고 있다. 한 사람은 대구 가스 폭발 사고를 감독이 철저하지 못해 발생한 인재로 파악하고 있고, 다른 한 사람은 사회의 정신적 기준인 가치관의 문제로 파악하고 있다. 그런데 감독이나 정신적 기준은 모두 인간과 관련된 것이므로 이들은 모두 인적 환경의 중요성에 대해 말하고 있는 것이다.

04 ①

도움 토론자는 조기 영어 교육의 실시가 첫 단추부터 잘못 끼워졌기 때문에 자리를 잡지 못한 채 갈팡질팡한다고 지적하고 있다. 이는 교육 정책의 잘못을 비판하는 것이다(②). 또한 조기 영어 교육이 민족적 정체성을 확립하는 데 장애가 될 것이고(③), 불법·탈법 해외 어학 연수를 부추기며(④), 과중한 사교육비를 부담시킨다고(⑤) 주장한다.

05 ⑤

도움 이 토론에서는 학생들이 적성과 능력에 맞는 바람직한 학과 선택의 방안을 논의하고 있다.

06 ⑤

도움 아내는 어릴 적엔 아버지의 인형, 결혼해서는 남편의 인형이었을 뿐이라는 자기 각성을 하고 있다. 지금까지 한 번도 인격적 주체로 살아오지 못했다는 각성으로 인해서 아내는 앞으로 인간으로서의 정체성, 즉 인간적 가치를 추구하는 삶을 살게 될 것이라는 추리를 할 수 있다. '인형의 집'이 여성 해방을 추구한 희곡이라는 선입견 때문에 정답을 ①이라고 판단할 가능성이 있으나 주어진 대사만으로 판단해야 옳다.

07 ⑤

도움 여자는 한낱 인형에 불과했던 자신의 결혼 생활에 대해 문제를 제기하고 있고, 남자는 아내가 각성하고 있는 문제를 외면한 채 지금까지의 결혼 생활이 행복했음을 상기시키면서 아내를 다독거리려고 노력하고 있다. 남편과 아내 사이의 갈등을 근거로 남녀가 서로 상대방의 견해를 반박한다고 생각할 수도 있으나 남편은 자신의 말을 뒷받침하지 않고 있기 때문에 반박이라고 할 수 없다. 따라서 ①은 정답이 될 수 없다.

08 ②

도움 연돌 효과는 화재 발생 시 유독 가스가 비상 계단과 엘리베이터의 수직 공간을 통해 올라가 전체 건물로 퍼지게 하는 역할도 하기 때문에 심각한 문제를 야기할 수 있다고 했다. 따라서 ②는 이 대담의 내용과 일치하지 않는다.

09 ④

도움 대담자는 정은진 박사의 책을 인용했고(①), 저층부와 고층부의 포름알데히드 농도를 측정한 과학적 실험 결과를 구체적인 수치로 제시했으며(②), 164명을 대상으로 한 주상복합 건물의 만족도 조사 결과를 제시했고(③), 실내 공기가 좋지 않은 이유를 연돌 효과를 들어 설명하고 있다(⑤). 그러나 대담자가 개인적 체험을 바탕으로 대상을 설명하고 있지는 않으므로 ④가 적절하지 않다.

10 ④

도움 세 사람의 발언 내용을 정리하면 다음과 같다.
- 남자 : 지나친 사투리 사용으로 인해 의사 소통이 불가능해진다면 그 민족만의 언어는 그 기능을 상실하게 된다.
- 여자1 : 언어는 자연 발생적 성격을 띤다.
- 여자2 : 사투리는 괴상하고 알아듣기 어려운 말이 아니라 각 지역마다 자연스럽게 형성된 지역 문화이다.

따라서, 발언자들은 표준어든 사투리든 언어는 의사를 소통하는 도구라는 데 의견을 같이 하고 있음을 알 수 있다.

11 ③

도움 10번 문제 도움말을 참고해도 되고, 여자 2의 발언을 봐도 '사투리의 사용은 가급적 억제되어야 한다'라는 판단은 적절하지 못함을 알 수 있다.

테마 5 독화

01 ④

도움 4는 중심을 둘러싸고 중앙을 지켜주는 전체의 의미를 상징한다. 따라서 4가 사물의 중심이나 기초를 상징한다고 메모한 것은 적절하지 않다.

02 ②

도움 강연의 끝 부분을 보면 알 수 있다. 즉 "만해는 그가 지닌 사상을 시로 썼고 승려로서 수양했고 독립운동가로 실천했다."라고 언급하고 있다. 이는 연사가 사상가로서의 만해 한용운을 강조한 것이다.

03 ②

도움 부자는 돈을 받아 내기 위해서 도저히 이룰 수 없는 조건을 제시하고 이를 충족시키지 못하면 돈을 갚아야 한다고 했고, 가난한 사람의 아들은 부자의 그 계략을 간파하고 오히려 이를 역이용하는 현명함을 발휘하여 빚을 갚지 않을 수 있었다. 즉, 지혜의 중요성을 강조하고자 한 이야기이다.

04 ③

도움 뉴스 해설자는 사회에서 극히 드물게 일어난 사건을 확대 해석하여 해설의 초점을 어른들의 도덕적 타락으로 결론을 몰며 윤리성 회복을 역설하고 있다. 이는 성급한 일반화의 오류를 범하고 있는 것이다.
①은 돈의 다소를 가지고 말하는 내용이 아니기 때문에, ②, ⑤는 어른의 태도를 합리화시키는 반응이므로, ④는 공동사회라는 것을 망각했기 때문에 답이 될 수 없다.

05 ⑤

도움 학생은 환경미화의 좋은 점은 보지 못하고 지엽적으로 좋지 않은 점만을 열거하고 있다.
① 마이동풍 : 남의 말을 듣지 않고 지나쳐 흘려 버림.
② 동문서답 : 묻는 말에 엉뚱한 대답을 함.
③ 중구난방 : 여러사람의 말을 이루 막기가 어려움.
④ 돌다리도 두들겨 보고 건너라 : 모든 일에 조심하고 주의를 기울여라.
⑤ 하나만 알고 둘은 모른다 : 사물을 한 측면만 보고 두루 보지 못함을 이르는 말.

06 ③

도움 강의 내용을 요약하면, '초혼 의식'은 죽은 사람의 영혼이 돌아오기를 기대하면서 지붕 위에 올라가서 세 번 부르는 의식이다. 그러므로 영혼은 죽음의 상태가 아니라도 잠시 육체에서 벗어날 수 있다고 믿었음을 알 수 있다. 그리고 육체와 영혼이 완전히 분리된 상태를 죽음이라고 믿어 곡을 했음도 알 수 있다. 죽은 영혼이 사는 곳이 저승이고 그 곳은 저승 사자의 인도로 갈 수 있다고 했다. 또 저승 사자는 초혼 의식이 끝날 때까지 기다려 준다는 설명으로 보아 저승 사자는 사람이 죽은 후에 그의 영혼을 저승으로 인도하는 역할만을 할 뿐이지 그 사람의 생사를 결정하는 권한은 없음을 알 수 있다.

07 ④

도움 이 강의는 '초혼 의식'이란 무엇인가를 밝히고 있다. 죽은 자의 영혼이 되돌아 오기를 기대하며 죽음을 최종적으로 확인하는 의식이었다는 설명을 통해 '초혼'이란 제목 자체에서 벌써 가까운 사람의 죽음이 슬픔의 원인임을 알 수 있다. ②, ③, ⑤도 이 강연과 연결해 보면 이해가 가능하다. 그런데 일반적으로 5연의 '선 채로 이 자리에 돌이 되어도'라는 구절을 망부석 모티프로 보아 여성을 시적 화자로 보는 견해가 있지만, '하인이나 가까이 지내던 남자가 지붕 위로 올라가 영혼을 불렀다'는 강의의 내용에 비추어서는 시적 화자를 망자의 아내로 보기는 어렵다.

08 ②

도움 강연자는 기본적으로 흡연의 해악을 알려 담배를 끊도록 촉구하고자 하는 목적으로 강연을 행하고 있다. 물론 강연 중간에 임어당의 말을 들어 흡연에도 긍정적 속성이 있을 수 있다는 점을 굳이 부정하고 싶지 않다는 언급을 하고는 있다. 그러나 이는 어디까지나 담배의 해독이라는 이어질 내용을 위한 하나의 도입에 지나지 않는다는 점을 주목해야 한다. 그런 만큼, 강연자는 흡연 행위에 대해 조목조목 근거를 들어 해독을 알리고 있다는 점에서 이성적으로 비판하는 태도를 지니고 있다고 보아야 할 것이다.

09 ②

도움 이 강연은 우리나라에 전래된 담배의 유래와 기원, 대학생들의 흡연 습관의 문제점, 담배가 지니고 있는 양면적 속성, 담배에 포함된 화합물, 담배의 해독과 중독 현상 등을 언급하고 있다. 그러나 대학생들의 흡연 습관의 문제점을 지적하고 있지, 특별히 대학생들이 담배를 즐기는 계층이라고 한 것은 아니다.

10 ⑤

도움 교수는 사법 제도 개혁의 내용에 대해 의견을 개진하였다. 현재와 같은 제도하에서는 변화하는 사회와 국제화 시대에 효율적으로 대처할 수 없기 때문에 폭넓은 식견을 기를 수 있는 방안을 마련해야 한다고 역설하였다.

11 ③

도움 사법 제도의 개혁은 기존 법조인들의 반발도 있어 매우 어려운 문제라고 언급했을 뿐 개혁의 주체가 없다고 말하지는 않았다.
①은 첫부분의 기자의 말에서 언급되었다. ②, ④, ⑤는 교수의 말에서 잘 드러난다.

제 3 절 실전 다지기

01 ②   02 ①   03 ④   04 ①   05 ②   06 ①   07 ③   08 ③   09 ⑤   10 ④
11 ⑤   12 ③   13 ③   14 ①   15 ④   16 ①   17 ②   18~20 해설 참조

01 ②
도움 결국 이 강연에서 연사가 주장하는 바는 첨단 과학의 발달이 인간 사회의 문제 해결에 거의 힘이 되지 못한다는 비관적인 마지막 발언이다. 즉 눈에 보이는 풍요로움과 그 뒤에 숨어 있는 과학 기술의 폐해를 말하고 있다.

02 ①
도움 이 대화에서 남교사는 오늘날의 과보호 속에서 커가는 학생들에게 신체적으로, 또는 정신적으로 자극을 주어 의식과 행동에 변화를 일으키도록 하는 것이 바람직하다는 주장을 하고 있다. 반면에 여교사는 날로 거칠어지고 과격해져가는 아이들에게 오히려 새로운 폭력의 논리를 가르친다는 주장으로 남교사의 생각을 반박하고 있다.

03 ④
도움 여자는 초등학교 6학년 어린이가 내세운 공약과 당선 이후의 행위 자체에 대해서만 언급하고 있다. 남자는 그러한 현상이 일어나게 된 근본적 원인을 말하고 있다. 즉, 그러한 현상의 원인은 어린이들이 순수하지 못함을 탓하기 이전에, 어린이들의 순수한 동심을 오염시킨 어른들의 혼탁한 선거 풍토에 더 큰 책임이 있다는 것이다.

04 ①
도움 강사는 금줄에 꽂은 숯의 경우를 예로 들어 숯이 병균의 활동을 억제하는 효능이 있음을 말한 후, 장을 담글 때 장독에 숯을 넣어 유익한 미생물의 서식지를 제공함으로써 발효를 촉진할 수 있는 환경을 조성함을 제시하고 있다. 그리고 팔만대장경 경판이 썩지 않고 오랫동안 보관된 비결이 숯의 습도 조절 능력에 있음을 언급한 후, 우물을 만들 때 우물 바닥에 숯을 깔면 숯이 이물질을 흡착하여 우물물을 맑고 깨끗하게 해 준다고 말하고 있다. 그러나 숯의 냄새 제거 효능에 대해서는 언급하지 않았다.

05 ②
도움 현수는 신숙주의 변절이 나물 이름과 연관이 있다고 생각하고 있다. ①과 ③은 같은 내용이다.

06 ①
도움 '갑'은 SF 영화로 세계 영화 시장을 공략하겠다는 한 영화인의 의욕을 주변 사람들이 코웃음을 쳤다고 말한다. '을'은 백화점에 납품된 값싸고 질 좋은 액세서리를 국산이라 값이 싸다고 외면하면서 외제를 사가는 소비자에 관해 말한다. '병'은 컴퓨터 프로그램을 성능으로 평가하지 않고 대학도 나오지 않은 애송이가 만든 것이라면서 배척한 사람들의 행태를 말하고 있다. 즉, 세 사람 모두 편견 때문에 인정을 받지 못한 사례를 이야기하고 있는데, 여기에서 한국인이 가지고 있는 고정 관념을 전제로 하고 있음을 엿볼 수 있다.

07 ③
도움 남학생은 기업의 이익을 앞세우는 기업가들이 아마존을 개발하고 말 것이라고 생각해서 아마존의 보전이 실패할 것이라고 주장한다.

08 ③
도움 연사가 주장하고자 하는 바는 결론적으로 '일을 하라'는 것이다.

09 ⑤
도움 강연의 전체 흐름을 파악하면 다음과 같다.
대중문화의 개념 → 대중문화의 기능(경제적 기능, 이데올로기적 기능) → 한국 대중문화의 특성 및 부정적 측면을 제시
따라서 이어질 내용은 대중문화의 바람직한 방향을 제시하는 것이 가장 자연스럽다.

10 ④
도움 '갑'의 대화에 옳건 그르건 응원을 해야 된다는 말에서 편만 들기보다는 바른 길로 인도하는 것이 진정한 친구라는 말을 해 주어야 마땅하다.

11 ⑤
도움 학자가 설명한 내용을 제대로 파악하였는지를 실제의 사례를 통해 확인하는 문제이다. 학자의 해설

은, 우리 조상들은 예로부터 다 이루지를 않고 뭔가를 남겨 놓는다는 것이다. 밥도 배불리 먹지 않으며 복도 다 누리지 않음으로써, 밥을 배불리 먹거나 복을 다 누리는 이상의 효과를 얻을 줄 아는 지혜를 지녔다는 내용이다. 따라서 답지 중에서 그러한 내용을 가진 것을 고르면 되겠다. ⑤는 청각(聽覺)에 잡히는 물리적 음향만을 감상하는 현재의 음악관과는 반대되는 것으로 청각적 음향이 단절되고 난 뒤의 여백의 세계를 통해 그 기쁨을 맛보던 우리 선조들의 독특한 음악 사상이다. 소리의 공해 속에 사는 오늘의 우리들이 음미해 보아야 할 내용이다.

①은 우리나라 건축의 미는 건축물 자체에 있는 것이 아니라 건물과 환경과의 연결의 특수성, 아름다움에 있음을 말하고 있다. ②는 사자(死者)의 영혼을 천상 세계로 인도하는 의식인 '오구굿'의 한 의식으로서, 인간 실존의 궁극적인 본질이 이별임을 보여 주는 행위이다. ③은 우리의 수묵화가 지니고 있는 특징인, 붓과 먹과 화선지의 완벽한 조화를 말하고 있다.

12 ③

도움 남학생은 외견상 혼돈 상태에 있는 것처럼 보이는 사물들도 어느 면에서는 나름대로의 법칙과 질서를 가지고 있으며 새 질서가 탄생하기 이전의 과정으로 해석하고 있다. 반면에 여학생은 혼돈을 부정 일변도로 파악하고 있음에 주목하면 된다.

13 ③

도움 강연의 내용을 정리하면, 우리가 무의식적으로 방향에 좋고 나쁜 가치를 부여함으로써, 왼쪽이 나쁜 뜻을 지니게 되었고, 상대적으로 오른쪽이 좋은 뜻을 지니게 되었다는 것이다. ③의 좌시(左矢)는 남을 저주하는 나쁜 뜻으로 쓰였기 때문에 나쁜 일은 왼손이 한다는 상식과 일치함을 알 수 있다.

①의 왼손은 모멸감을 느끼게 하므로, ②의 우측 통행은 양반의 권위와 통하므로, ⑤의 왼손잡이는 비정상적인 사람으로 평가할 기준이 되므로 모두 강연의 내용과 일치한다. ④는 좌의정이 더 높다는 것이 오른쪽을 더 높이는 상식과 다르므로 그것으로는 방향에 대한 가치 평가를 비판할 수 없다.

14 ①

도움 선거에 입후보한 학생이 마치 승리한 듯이 연설을 이끌어 가고 있다.

15 ④

도움 이 대담의 목적은 겨울철의 체력 관리의 방법을 전문가로부터 듣고자 하는 것이다. 따라서 사회자는 전문가인 초대 손님에게 겨울철에 체력을 관리할 수 있는 운동을 일러달라고 요청하고 있다. 그러나 초대 손님은 겨울철에 운동하는 것이 부적절하다는 것을 개구리가 겨울잠을 자는 것에 비유하여 말하는가 하면, 마라톤 선수와 체조 선수의 예를 들면서 겨울철의 훈련 방식을 말하고 있다. 따라서 초대 손님은 대담의 목적이 무엇인지, 사회자의 질문의 핵심이 무엇인지를 파악하지 못함으로 인하여 동문서답을 하고 있는 셈이다.

16 ①

도움 여자는 첫 번째 대사에서 프로그램 완성도 문제와 소비자 권리 침해가 우려되는 점을 들어 간접 광고의 단점에 대해서 말하고 있다. 남자는 여자의 이 말에 대해, 직접 판매 행위를 선호하는 주장으로 받아들이면서 어떤 환경에서든 상품을 직접 보고 선택할 권리가 있다고 말하고 있다. 마지막 여자의 말에서도 여자는 시청자의 권리 침해가 우려된다고 하고 있으나 남자는 직접 광고는 선호하고 간접 광고는 규제해야 한다는 쪽으로 판단하고 있다. 즉 남자는 두 번에 걸쳐 상대방의 주장을 주관적으로 해석하고 있다고 할 수 있다. 따라서 정답은 ①이다.

17 ②

도움 남자가 전시회를 둘러보면서 절실하게 느낀 바를 말하는 마지막 대화 부분에서 주장이 무엇인지를 파악하고 이를 바탕으로 비판하면 된다.

18
요약 : 언어의 기원은 역사적으로 인간의 언어 능력은 신이 부여한 것이라는 언어 신수설과 인간이 언어를 발명하였다는 언어 발명설로 설명하여 왔지만 아직도 만족스러운 설명은 주고 있지 못하다.

19
답안 1 : 사투리는 그것을 사용함으로써 집단 내의 결속력을 높이고, 상호 유대감을 높이는 나름대로의 가치가 있다.

답안 2 : 사투리를 쓰지만 높은 사회적 지위에 있는 사람들이 많고, 교육을 받은 사람 중에서 사투리를 쓰는 사람도 많다.

20
비판 : 노약자들 중에는 남에게 부담감을 주지 않고 자신이 앉을 자리가 확보된 지정석을 원하는 이들이 더 많다. 그러나 무엇보다 보호석이 있으므로 그들에 대한 사회적 관심을 촉구하는 효과가 있다.

듣기 대본
제2장-제3절 듣기

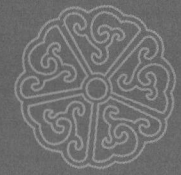

제3절 듣기

Ⅱ 제재별 듣기

테마 4 대화

01 다음은 대화의 일부입니다. 잘 듣고 물음에 답하십시오.

남 누나, 그냥 둬둬! 난 스포츠 중계 볼 거야.
여 난 드라마 볼 거야.
남 <u>스포츠 볼 거야.</u>
여 난 드라마야.
남 난 본다면 봐!
여 (격한) 아니 애가?
여 이게 그냥! 엄마! 얘 좀 보세요! 지 맘대로 하려고 그래요.
남 엄마! 누나 좀 보세요! 자기 멋대로 한 대요.
어머니 아유 느넨… 참아라 좀, 참아! 느넨 참을 줄도 모르니 그래? 참는 것도 배워라 좀.

잘 들으셨지요? 어머니의 마지막 말이 의미하는 것으로 적절하지 않은 것은 무엇입니까?

① 근신(勤愼)   ② 포용(包容)   ③ 아량(雅量)
④ 자제(自制)   ⑤ 양보(讓步)

02 다음은 대화의 일부입니다. 잘 듣고 물음에 답하십시오.

남1 무궁화가 우리에게 친근하기는 하지요. 그런데 무궁화의 원산지가 인도라는 얘기가 있어요. 그런데다가 전국에 피는 것도 아니고 38선 이남에만 핀대요. 그렇다고 뭐 일년 내내 피지도 않지요. 예쁘지도 않지요. 벌레는 많이 붙지요. 이러니 우리 국화로 놓아 두기가 좀 곤란하지 않겠어요? 다시 생각해 봅시다.

여 무슨 말씀이세요? 우리 민족이 수난을 당할 때, 우리는 한 송이 무궁화에 감격의 눈물을 흘렸어요. 그때 수많은 무궁화가 꺾이고 뽑히는 수난을 당했지요. 무궁화야말로 우리 민족과 역사를 같이 했다구요. 이런 꽃은 두고 국화를 바꾸자구요? 말도 안돼요.

남2 아, 저 잠깐만요, 사실 국화를 정한다는 건 매우 중요하고 어려운 일이지요. 법률로 정한다고 해서 되는 것도 아니구요. 어떤 나라나 민족이 '저 꽃이 우리의 국화'라고 생각하면 그게 국화가 되는 건데…… 그런데 또 국화의 조건을 꼽는 사람들도 그들대로 일리는 있어요.

잘 들으셨지요? 이 대화에서 세 사람의 말에 공통적으로 깔려 있는 전제는 다음 중 무엇입니까?

① 우리나라에 국화는 있어야 한다.
② 우리나라의 국화는 무궁화라야 한다.
③ 우리나라의 국화가 무궁화여서는 안 된다.
④ 국화는 법으로 정할 필요가 있다.
⑤ 국화가 되기 위해서는 정해진 기준에 맞아야 한다.

03 다음은 대담의 일부입니다. 잘 듣고 물음에 답하십시오.

갑 수년 전, 1백 명의 목숨을 순식간에 앗아간 지하철 공사장 가스 폭발 사고 소식을 접하면서, 저는 인간을 둘러싼 주변 환경이 얼마나 열악한가라는 생각을 새삼스럽게 다시 하게 됐습니다.

을 이제까지 인류의 문명사는 인간의 존재를 위해 자연 환경을 개선하려는 노력들로 일관되어 왔습니다. 지하철 공사도 생활 환경의 개선을 위한 것인데, 이러한 큰 공사에는 많은 위험 요소들이 있기 때문에 언제나 사고의 가능성은 있습니다. 주의를 기울이지 않으면 사고가 발생하는 것입니다.

갑 정도의 문제가 아닙니다. 이러한 사고가 발생한 배경에는 열악한 인적 환경이 있습니다. 미국 오클라호마에서 수많은 어린이들의 목숨을 앗아간 사건은 그 어린이들이 얼마나 열악한 인적 환경에 노출되어 있었던가 하는 점을 단적으로 보여 준다고 하겠습니다.

을 대구 지하철 공사장 가스 폭발 사건은 미국 오클라호마 사건과는 성격이 다른 것이 아닌가요? 사고와 고의적 테러는 다르죠. 지하철 공사장 사건은 공사를 진행하는 사람들이 절차를 무시했기 때문입니다. 감독을 철저히 하고 더 많은 투자를 했으면 막을 수 있었으니까요.

갑 물론 겉으로는 다르지만 그 본질은 결국 같은 것이 아닐까요? 수많은 학생들이 등교하고 있는 큰길 밑에서 가스관이 묻힌 것을 아무 생각 없이 뚫어 버린 사람들이 일으킨 대참사이니 이도 역시 인적 환경이 문제가 되는 사건이죠.

잘 들으셨지요? 이 대담의 핵심 내용을 바르게 정리한 것은 무엇입니까?

① 인류 문명의 문제점
② 대형 사고의 잔인성
③ 인적 환경의 중요성
④ 위험물 관리의 문제점
⑤ 효과적인 테러 방지 대책

04 다음은 토론의 일부입니다. 잘 듣고 물음에 답하십시오.

　초등학교 3학년을 대상으로 실시됐던 조기 영어 교육이 시행 1년 만에 다시 도마 위에 오르게 된 것은 우리나라 교육 정책의 현주소를 보는 것 같아 참으로 안타깝습니다. 말로는 교육을 백년지대계라고 하면서도 항상 자리를 잡지 못한 채 갈팡질팡하고 있으니 기성 세대의 한 사람으로서 우리 학생들에게 면목이 없는 일입니다. 그러나 첫 단추가 잘못 끼워졌으면 다시 고쳐 입어야 합니다. 사실 조기 영어 교육은 첫 단추부터 잘못 끼운 것 아닙니까? 초등학교 3학년 어린이들에게 영어 교육을 시킨다는 발상 자체가 저는 잘못되었다고 보았습니다. 언어 기능을 빨리 터득하는 측면만 생각하면 당연히 조기 교육이 효과적이지요. 그러나 언어 교육은 또한 가치관의 형성을 돕는 교육이기도 합니다. 아직 가치관이 형성되지 않은 어린이에게 영어 교육을 시켰을 때 어린이들이 느낄 수 있는 가치관의 혼란이나 왜곡을 생각해 보았습니까? 언어를 통해 얻어지는 민족적 정체성을 어디 가서 확립할 수 있겠습니까?

그뿐 아닙니다. 외국어 교육을 시킬 수 있는 기본 설비는커녕 교사 확보나 교재 준비도 제대로 되어 있지 않은 상태에서 졸속으로 시행되어 그 실효성도 의심스러울뿐더러 초등학생들의 불법·탈법 해외 어학 연수를 부추기고, 사교육 열풍을 불러일으켜 연간 4~5조 원의 사교육비가 추가로 지출되고 있는 실정입니다. 교육의 일관성 유지도 중요하지만 이런 망국적 정책 실패를 그냥 둘 수는 없는 것입니다.

잘 들으셨지요? 이 토론자가 조기 영어 교육 철회를 주장하는 근거로 언급하지 않은 측면은 무엇입니까?

① 학습적 측면　　② 정책적 측면　　③ 민족적 측면
④ 법률적 측면　　⑤ 경제적 측면

05 다음은 토의의 일부입니다. 잘 듣고 물음에 답하십시오.

사회자(남) 적성에 맞는 학과를 선택해서 만족해 하는 학생들도 있는 반면, 자신의 적성과 무관한 학과에 입학을 했다가 중도에 학업을 포기하는 경우도 의외로 많습니다. 이런 문제점들은 어떻게 해결할 수 있을까요?

교　수(여) 우선 문제점은, 학생들이 학과에 대해 제대로 알지 못하는 상태에서 학과를 선택하는 데 있습니다. 그러므로 학생들은 우선 선생님, 선배님, 그리고 기타 방법을 통해서 자신이 지원하고자 하는 학과에 대해서 충분히 알고 난 후 학과 선택을 해야 합니다.

제가 다년간 학생들을 진학 지도해 본 결과, 학생들 중에서 자신의 능력, 적성을 제대로 판단할 수 있는 경우는 전체 학생의 약 20% 정도이고, 도리어 자신보다 곁에서 지켜본 부모님이나 선생님들이 학생의 능력과 적성을 정확히 파악하고 있는 경우가 80% 정도 된다고 생각합니다. 그러므로 수험생들이 진로를 결정할 때는 부모님이나 선생님들이 권하시는 학과를 무조건 배격할 것이 아니라, 함께 의논하여 결정을 내리는 것이 자신에게 맞는 학과를 고르는 가장 좋은 방법이라고 생각합니다.

잘 들으셨지요? 이 토론의 주제로 적절한 것은 무엇입니까?

① 대화의 필요성　　　　② 진로 상담의 중요성
③ 학생들의 적성과 능력　　④ 학업 중도 탈락자의 문제점
⑤ 바람직한 학과 선택의 방법

06~07 다음은 대사의 일부입니다. 잘 듣고 물음에 답하십시오.

남편 이봐, 이봐요, 노라. 그렇게 말하면 안 되는 거요.

아내 하지만, 그건 사실입니다. 제가 친정 아버지 곁에 있을 적에는 아버지가 저한테 여러 가지 자기 의견을 말씀하셨지요. 그러면 저도 역시 같은 의견을 가졌습니다. 혹시 제가 다른 의

견을 가진 경우에도 저는 그것을 몰래 감추어 두었지요. 제 자신만의 의견은 아버지의 마음을 거스르는 일이 되기 때문이었습니다. 아버지는 저를 자기의 인형이라고 불렀습니다. 아버지는 마치 제가 인형을 가지고 놀듯이 저와 놀아 주셨어요. 그러다가 저는 당신 집에 오게 되었어요…….

남편 이봐요, 우리의 결혼을 그렇게 묘하게 표현할 것은 없지 않소?

아내 (기세가 꺾이지 않고) 아니에요, 전 아버지의 손에서 당신 손으로 넘겨졌다…… 말하고 싶은 겁니다. 당신은 모든 것을 당신의 취미에 맞춰서 여기저기 방을 꾸미기도 했습니다. 그래서 저 역시 당신하고 같은 취미를 지니게 되었답니다. 아니면 단지 그런 흉내를 내고 있었는지도 모르지요. 어쩌면 그 양쪽이 다 해당될지도 모르구요. 때로는 그런 취미를 갖는가 하면, 때로는 흉내를 내기도 하고……. 지금 돌이켜보면, 저는 이 집에서 거지처럼 살아 왔습니다……. 그냥 손에서 입으로 가져가는 생활을 해 왔다는 느낌이 들어요. ……토르발트 씨, 저는 당신 앞에서 재주를 부리며 살아온 거예요. 그리고 당신은 그것을 즐기셨지요. 당신과 아버지는 두 분 다 저에 대해서 깊은 잘못을 저지르신 거예요. 당신 덕택에 저는 이처럼 공허한 여자가 되어 버렸답니다!

남편 말도 안 돼. 은혜를 모르는 소리야. 노라! 당신은 여기서 행복하게 살아오지 않았소!

아내 아녜요. 행복했던 적은 한 번도 없었어요. 그런 줄 알았었는데 사실은 그렇지가 않았어요.

남편 그렇지 않았다고, ……행복하지 않았다고?

아내 그럼요. 단지…… 마음이 들떠 있었지요. 당신은 제 응석을 받아 주셨어요. 우리 가정은 놀이하는 방 같은 거였답니다. 저는 친정에 있을 적엔 아버지의 아이 인형이었어요. 여기서는 당신의 여자 인형입니다. 그리고 다음에는 저 아이들이 제 인형이 되었지요. 당신이 저를 가지고 놀아 주셨을 때에 저는 단지 즐거워했답니다. 하지만, 그건 마치 우리가 아이들을 데리고 같이 놀아 주면 아이들이 즐거워하는 것과 조금도 다르지 않았어요. 이게 우리의 결혼이었어요, 토르발트 씨.

08~09

다음은 라디오 대담의 일부입니다. 잘 듣고 물음에 답하십시오.

진행자(여) 선생님, 최근 주상복합 건물 열풍이 불고 있는 것 같은데 어떻습니까?

대담자(남) 현재 건축되고 있는 단지를 합쳐 330개의 주상복합 단지가 있습니다. 정은진 박사의 「서울시 주상복합 건물의 주거 특성」이란 책을 보면 주상복합이 사회적 대세를 이루게 된 배경으로 정부의 정책과 건설 업체들의 이해타산, 그리고 주상복합 건물 안이나 인근에서 생활에 필요한 모든 게 해결되고 안전이 보장될 뿐 아니라, 거주자들의 수준도 비슷하다는 점을 장점으로 여긴 주택 수요자들의 투기적 수요를 들고 있습니다.

진행자 흔히 관리비가 비싸고 밀폐식 구조라 환기가 잘 안 되는 등 거주 여건이 생각보다 좋지 않다는 지적도 있는데요?

대담자 그와 관련하여 흥미로운 조사 결과가 있습니다. 2005년 말 164명을 대상으로 주상복합 건물의 만족도 조사를 했는데, 평균 점수를 5점으로 할 때, 안전 경보 시스템은 5.22점, 방범 시스템은 5.66점으로 평균보다 높은 점수를 받았지만, 자연 환기 상태는 4.44점, 실내 공기 질의 건강성은 4.62점으로 낮은 점수를 받았습니다.

진행자 안전에 대해 만족도는 높은데, 역시 실내 공기의 질에서는 취약하군요.

대담자 실내 공기 문제는 연돌 효과로 인해 사정이 악화되고 있습니다. 연돌 효과는 밀폐된 공간에서 엘리베이터, 비상 계단, 환기 통로 등 수직 통로를 통해 공기가 상승하는 현상입니다. 밀폐도가 크고 내·외부 온도 차가 클수록 연돌 효과는 커지지요. 한국건설기술연구원의 2003년 측정 결과 저층부에서 0.2ppm까지 치솟는 것으로 확인되었습니다. 포름알데히드는 단열재, 합판, 가구 등의 접착제에서 수년 동안 방출되는 오염 물질입니다. 이런 연돌 효과는 화재 발생 시 유독 가스가 비상 계단과 엘리베이터의 수직 공간을 통해 올라가 전체 건물로 퍼지게 하는 역할도 하기 때문에 심각한 문제를 야기할 수 있습니다.

진행자 예, 그렇군요. 잠시 노래 한 곡 듣고, 말씀을 이어 가도록 하겠습니다.

10~11

다음은 토론의 일부입니다. 잘 듣고 물음에 답하십시오.

남 사물에 대한 체계적 관리법의 하나로 표준화라는 게 있습니다. 이는 사물을 다루는 데 있어 요구되는 최적의 기준이나 규칙을 발견하고 외부 조건들의 철저한 통제를 통해 그것을 통일시키는 것을 의미합니다. 표준어는 이 표준화라는 원리를 언어라는 대상에 적용시킨 것으로 수도에서 쓰이는 말을 최적의 기준으로 삼고 사투리라는 외부 조건의 통제를 통해 한 나라의 공통어로 제정된 언어를 뜻하는 말입니다. 따라서 이는 원칙적으로 수도 이외의 다른 모든 지역에서 사용이 강요되는 언어입니다.

여1 언어는 자연 발생적 성격을 띱니다. 원시 사회에서 언어가 형성될 당시에는 특정한 발생 방향으로 당위성이 주어지는 일이 없었으므로 발생 주체는 자신의 감정에 가장 부합하는 방식으로 자의적인 언어 형성을 진행시켜 나갔을 것입니다. 따라서 적어도 그 사회의 구성원들이나 그 후예들에게 있어선 자신들이 발생시킨 언어가 최적의 소통 수단일 수밖에 없었습니다. 이렇게 볼 때 사투리는 지방민들이 스스로 형성해 온 값진 의사 소통 수단이라고 생각합니다. 그러므로 지방민들에게 표준어 사용을 강요함은 그 값진 결과물의 효용을 충분히 누리지 못하게 한다는 점에서 의사 소통 수단으로서의 언어 기능을 애써 격하시키는 꼴이 되는 것입니다.

남 언어의 첫 번째 기능이 의사 소통임을 고려할 때 모든 지역의 사투리 사용은 바람직하다고 할 수 없습니다. 지나친 사투리의 남용으로 한 나라의 국민들이 서로 의사소통을 할 수 없게 된다면 이미 그 민족만의 언어는 그 기능을 상실하게 되는 것입니다. 이런 언어적 차이는 자칫 상호 간의 정서 교류를 어렵게 하고 각 지방 사이에 배타적 이질감을 갖게 해 인간 관계를 왜곡시키고 국민 통합에도 부정적 요소가 될 수 있습니다. 여기서 우리는 표준어의 필요성을 절감하게 됩니다.

여2 우리는 사투리에 대한 현재의 인식과 대응을 좀 더 올바른 방향으로 바꾸어 나가야 합니다. 사투리는 괴상하고 알아듣기 어려운 말이 아니라 각 지역마다 자연스럽게 생긴 지역 문화이기 때문입니다. 서울이 한국의 수도이기 때문에 서울말이 표준어가 된 것이지, 만약 부산이 한국의 수도였다면 표준어는 부산말이 되었을 것입니다. 그러므로 우리는 표준어와 사투리는 똑같은 가치를 가지고 있을 것이라는 사실을 항상 염두에 두어야 합니다. 고정된 관념으로 사투리 사용을 경계할 것이 아니라 그 자체적인 고유성을 인정해 주면서 한국인으로서의 표준어 사용을 정착시키면 됩니다. 따라서, 한국인으로서 서로의 뜻을 전달하는 여러 공적인 만남에서나 지식 정보를 받을 수 있는 방송 매체와 교육 기관에서는 표준어를 사용하되, 각 지방의 고유한 사투리의 사용을 인정할 수 있어야 합니다.

테마 5   독화

01 **다음은 강의의 일부입니다. 잘 듣고 물음에 답하십시오.**

　사람들은 어떤 숫자는 좋아하지만 어떤 숫자는 일부러 피하곤 합니다. 왜 그럴까요? 그것은 관습적으로 숫자에 상징적 의미를 부여하고 있기 때문입니다. 우리 민족의 경우, 이러한 숫자 관념에 가장 많은 영향을 미친 것이 음양오행 사상입니다.

　먼저 숫자 1과 2의 상징적 의미에 대해 알아볼까요? 1은 하나의 수량을 말하지만 동시에 우주 만물의 근원이 되는 실체를 나타내는 수입니다. 음양의 이치에서 보면, 1은 아무 수와도 섞이지 않은 순수한 양의 수이고 최초의 수이므로 1에는 모든 사물이 생겨나는 근원이라는 뜻이 담겨 있습니다. 그리고 2는 하나가 아닌 최초의 단위이자 최초의 음의 수로서 음과 양, 하늘과 땅, 남과 여 등에서 보는 것처럼 둘이 짝하여 하나가 된다는 대립과 화합의 의미를 담고 있습니다.

　그렇다면 3은 어떨까요? 3은 양의 수의 시작인 1과 음의 수의 시작인 2가 결합하여 생겨난 수입니다. 즉, 음양의 조화가 비로소 완벽하게 이루어진 수가 3입니다. 그래서 3은 2처럼 둘로 갈라지지 않을 뿐 아니라 양의 수인 1의 신성함을 파괴하지 않은 채 결합되어 있다는 뜻에서 안정과 조화를 상징합니다.

　다음으로 4에는 나 또는 우리를 중심으로 서로 균형과 조화를 이루는 네 가지 요소를 배열함으로써 비로소 중심이 온전해질 수 있다는 인식이 담겨 있습니다. 우리가 사주팔자라 할 때의 사주(四柱)는 태어난 연월일시를 말하는데, 이 사주가 나를 구성하고 있는 기본적인 네 개의 기둥이기에 운명을 좌우한다고 생각했습니다. 이렇듯이 숫자 4는 중심을 둘러싸고 중앙을 지켜줄 수 있는 전체의 의미를 담고 있습니다.

　마지막으로 5에 대해 말씀드리죠. 우리나라에서는 5를 모든 것을 갖춘 수로 파악하고 있습니다. 즉, 5는 음양오행의 원리가 모두 갖추어진 완전한 수인 것입니다. 동서남북에 중앙을 보탬으로써 비로소 오행이 갖추어진 전체로서의 완전함을 뜻합니다. 이처럼 5는 오행사상의 원리에 따라 모든 것이 이치에 맞는 완전함을 뜻함으로써 서양에서는 볼 수 없는 동양 특유의 수 관념을 형성하고 있습니다.

　잘 들으셨지요? 이 강의를 듣고 숫자의 상징적 의미를 메모한 내용으로 적절하지 않은 것은 무엇입니까?

① 1 → 근원이나 출발
② 2 → 대립과 화합
③ 3 → 안정과 조화
④ 4 → 사물의 중심이나 기초
⑤ 5 → 이치에 맞는 완전함

02 **다음은 강연의 일부입니다. 잘 듣고 물음에 답하십시오.**

　만해 한용운을 한마디로 설명하기는 쉽지 않습니다. 대쪽같이 곧은 지조로 민족 정기를 지킨 독립운동가인가 하면은, 불교의 대선사였고, 사랑을 노래하던 시인이였고, 대사상가였습니다.

그는 우선 만상을 공이라고 생각했습니다. 이때 공이란, 우리가 알 수 있는 것은 존재일뿐 실체는 없다는 정신입니다. "아아~ 님은 갔지만 나는 님을 보내지 아니하였습니다." 이렇게 노래한 싯구처럼 님은 가지도 오지도 않는 존재로 보고 있는 것입니다.

다음으로는 법신 사상입니다. 여기서 법신 사상이란 무엇이냐?

"인간이라는 존재를 보되 유기적이고 통일적인 존재로 본다."

이런 사상입니다. 그러기에 만해의 시에 나타난 님이 조국이기도 하고, 불타이기도 하고, 연인이기도 한 것입니다. 바로 여기서 시인이요, 독립운동가요, 승려. 이 모두를 한몸에 지니고 있는 만해의 행동과 철학이 설명될 수 있습니다.

이런 사상을 지닌 만해 한용운은 그 정신을 시로 썼고, 또 승려로서 수양했고, 독립운동가로써 실천을 했던 것입니다. 만해 한용운을 이렇게 이해해야 우리는 그 분을 바로 이해하는 것입니다.

잘 들으셨지요? 이 강연이 강조하고 있는 바는 만해 한용운의 어떤 측면입니까?

① 시인   ② 사상가   ③ 종교인   ④ 독립운동가   ⑤ 생활인

03 다음은 이야기의 일부입니다. 잘 듣고 물음에 답하십시오.

손　자　할아버지, 재미있는 옛날 이야기 좀 해 주세요.

할아버지　음, 그래, 무슨 이야기가 좋을까? 음, 그래. 내가 어릴 적에 할아버지한테 들은 얘긴데, 옛날 어느 고을에 가난한 사람이 있었단다. 그런데 돈이 필요해서 그 마을 부자한테 돈 천 냥을 꾸었어. 헌데 갚을 수가 없어서 그럭저럭 몇 해가 지나갔지. 그런데 말이다. 하루는 아, 글쎄 돈을 꾸어 준 부자가 본전 천 냥에다가 그동안 밀린 이자까지 쳐서 이천 냥을 아무 날까지 갚으라는 거야. 만일 갚지 못하겠거든 모래로 짚신을 삼아 오라고 했지.

손　자　아니, 어떻게 모래로 짚신을 삼아요?

할아버지　그러니 걱정이지. 이 사람은 돈 이천 냥은커녕 이십 냥도 갚을 수가 없었거든. 걱정이 태산 같아서 밥도 못 먹고 끙끙 앓아 누웠어. 그런데, 이 사람 아들이 예닐곱 살 쯤 됐는데 너처럼 똑똑했었나 봐. 아버지가 밥도 안 먹고 드러누워 있는 것을 보고, "아버지 왜 그러세요?" 하고 물었지. 아버진 "니가 알 바가 아니다." 하면서 말하지 않았어. 아들은 다시 졸랐지. "아버지께서 걱정하시는 것을 아들인 제가 몰라서야 되겠습니까? 어서 말씀해 주십시오." 하고 말이야. 하는 수 없이 아버지는 그동안의 일을 얘기해 주었지. 그랬더니 아들은 아버지 말을 다 듣고 나서 이렇게 말했단다. "아버지, 걱정하지 마시고 진지나 잡수십시오. 제가 가서 잘해 보겠습니다." 하고는 두 손에 모래를 쥐고 그 부자한테 찾아갔지. 그리고 이렇게 말했던 게야. "어르신께서 저희 아버지보고 모래로 짚신을 삼아 오라고 하셨다면서요. 그런데 모래로 짚신을 삼으려면 새끼가 있어야 하지 않겠습니까? 어르신네께서 이 모래로 새끼를 꼬아 주시면 모래로 짚신을 삼아 오겠습니다." 그러자 부자는 돈도 신도 그만두라고 하고 말았다는 거야.

잘 들으셨지요? 이 이야기가 주는 교훈으로 가장 적절한 것은 무엇입니까?

① 부자일수록 검손해야 한다.
② 지혜보다 더 큰 재산은 없다.
③ 정직한 사람은 하늘이 돕는다.
④ 인간 관계에서는 신용이 중요하다.
⑤ 어려울수록 용기를 잃지 말아야 한다.

04 **다음은 뉴스 해설의 일부입니다. 잘 듣고 물음에 답하십시오.**

어린이는 정직하고 순수한데 비해 어른은 부도덕하고 탐욕스럽다는 사실을 여실이 입증하는 일이 발생해서 화제가 되고 있습니다.

오늘 낮 시내 남산동에 사는 열 살 난 김광수 군이 동네 어린이 놀이터에서 놀던 중 가방을 주워 열어 보니, 돈뭉치가 들어 있는 것을 발견하고, 이를 즉시 동네 파출소에 신고했습니다.

한편, 시내 월암동에 거주하는 김모 씨는 자신이 경영하는 가게에서, 손님이 떨어 뜨리고 간 지갑을 주워 그 속에 들어 있는 100만원 짜리 수표 석장을 사용했다가 수표 추적 결과 이 사실이 밝혀져 쇠고랑을 차게 됐습니다.

이 사건은 우리에게 심각한 반성을 불러 일으키고 있습니다. 여기서 한 시민의 얘기를 직접 들어보시겠습니다.

"어휴. 당연하죠. 뭐 어른들은 죄다 그렇다구요. 한마디로 말해서 죄다 부도덕하다구요."

방금 한 시민의 행위를 통해서 우리의 전국민, 특히 어른들의 도덕적 타락이 심각한 지경에 이르렀다는 결론에 도달하게 됩니다. 기성세대의 윤리성 회복이 그 무엇보다도 시급하다는 점을 말씀드리면서 해설을 마치겠습니다.

잘 들으셨지요? 이 뉴스 해설자의 논리 전개에 나타난 오류를 지적한 반응으로 가장 적당한 것은 어느 것입니까?

① 호들갑도! 그게 뭐 큰 돈이라고 저렇게 야단이지?
② 당연하지 뭐! 견물생심이란 말도 모르는 모양이지?
③ 지나치군! 단 한 사람이 그런 걸 가지고 싸잡아 말하는군.
④ 상관없어! 누가 어쨌건 나만 정직하면 되는 거 아냐?
⑤ 웃기고 있네! 애들은 돈이 뭔지도 모르니까 그런 거지.

05 **다음은 '교실의 환경 미화'에 대한 한 학생의 의견입니다. 잘 듣고 물음에 답하십시오.**

저는 반대입니다. 교실에 이것저것 왜 덕지덕지 붙이느냐 이겁니다. 그런 걸 붙인다고 우리에게 도대체 무슨 도움이 되느냐 이런 얘기입니다.

세계 지도를 붙여 놓는다고, 지리 시험을 잘 봅니까?
글 지은 거를 교실 뒤에다 붙여 놓는다고 해서 작문하는 데 도움이 됩니까?
그림을 그려서 붙여 놓으면, 우리 반 전체 미술 성적이 올라갑니까?
아니면 벽에다가 삼각함수 공식을 붙여 놓고, 그걸 보고 외자는 겁니까?

도대체 아무 도움이 되지 않는 거를 왜 벽에다 붙이느냐 이겁니다. 돈 들고, 시간 들고, 어지러워서 주위 산만해지고, 그러니까 환경미화를 한답시고, 교실에다 뭘 붙이고 걸고 하는 거 저는 단연코 반대입니다.

잘 들으셨지요? 환경 미화에 대한 이 학생의 관점과 태도를 비판하는 말로 가장 알맞은 것은 다음 중 어느 것입니까?

① 마이동풍(馬耳東風)
② 동문서답(東問西答)
③ 중구난방(衆口難防)
④ 돌다리도 두들겨 보고 건넌다
⑤ 하나만 알고 둘은 모른다.

06~07 다음은 강의의 일부입니다. 잘 듣고 물음에 답하십시오.

　여러분! 김소월 시인의 '초혼'이란 시를 아시지요? 그런데 이 시의 제목 '초혼'이란 과연 어떤 의미일까요?
　사람이 죽으면 몸은 무덤에 묻히지만 정신은 혼으로 살아나 어디론가 떠나간다고 믿은 우리 조상들은 죽음 앞에서 이런 절차를 밟았습니다. 대개 웬만큼 사는 집에서 주로 그 집의 하인이, 그렇지 않은 집에서는 그 전 날까지 병석을 지켰던, 생시에 가까이 지내던 남자가 지붕 위로 올라가 망자의 저고리를 흔들며 "복 복 복 아무 동네 아무개 적삼 가져 가시오."라고 세 번 외치는 것입니다. 이 소리를 듣고 길을 떠나던 혼이 도로 돌아와 사람이 살아날 수도 있다고 우리 조상들은 믿었습니다. 이것이 '초혼'이라는 의식이며, 이를 다른 말로 '복', 혹은 '고복(皐復)'이라고 합니다.
　이렇게 혼을 세 번 부르고 났는데도 깨어나지 않으면 그때 비로소 죽음이 선포되고 온 집안에 곡(哭)이 터지기 시작합니다. 망자를 저승으로 인도하는 저승 사자도 그 때까지는 기다려 주는 것이 예의였습니다. 초혼 절차가 끝나면 맨 먼저 저승 사자에게 드릴 밥상을 차렸습니다. 망자의 혼이 이승과 저승 사이의 구천을 떠돌지 않고 저승 사자의 인도로 편히 저승에 갈 수 있도록 하려는 의도에서였지요. 자, 이런 기초 지식을 기억하면서 시를 음미해 봅시다.

　　　　〈초혼〉
　산산히 부서진 이름이여!
　허공(虛空) 중에 헤어진 이름이여!
　불러도 주인 없는 이름이여!
　부르다가 내가 죽을 이름이여!

　심중(心中)에 남아 있는 말 한마디는
　끝끝내 마저 하지 못하였구나.
　사랑하던 그 사람이여!
　사랑하던 그 사람이여!

붉은 해는 서산(西山) 마루에 걸리었다.
사슴의 무리도 슬피 운다.
떨어져 나가 앉은 산 위에서
나는 그대의 이름을 부르노라.

설움에 겹도록 부르노라.
설움에 겹도록 부르노라.
부르는 소리는 빗겨 가지만
하늘과 땅 사이가 너무 넓구나.

선 채로 이 자리에 돌이 되어도
부르다가 내가 죽을 이름이여 !
사랑하던 그 사람이여 !
사랑하던 그 사람이여 !

08~09

다음은 강연의 일부입니다. 잘 듣고 물음에 답하십시오.

우리나라엔 임진왜란을 전후하여 담배가 전래된 것으로 알려져 있습니다. 그러나 엽연초를 가공해서 오늘날과 같이 휴대하기 쉽고 깊게 흡입할 수 있게 만든 것은 19세기 중엽 담배 제조 기술이 발전하면서부터이니 사실상 담배의 역사는 매우 짧다고 할 수 있겠습니다. 더구나 우리나라에 미국산 궐련이 수입된 것은 1885년 경이라 하니 이제 겨우 백 년의 역사밖에 되지 않지요. 그런데도 전 세계로 빨리 전파되어 오늘날 수많은 사람들이 끽연하고 있는 까닭은 무엇일까요? 이에 대해 오랫동안 생각해 보았습니다만, 이는 아마도 담배에 대한 호기심, 유행 심리, 자기 확인, 습관화, 향기에 대한 매혹, 자극성, 중독성 등이 어우러져 흡연 습관을 촉발한 것이 아닐까 생각합니다.

중·고등 학교까지는 담배 피우지 않는 것을 당연하게 생각하던 학생들이 갑작스러운 흡연으로 대학 생활을 시작하는 경우가 많습니다. 아무런 저항감 없이 서로 건네는 담배를 통해 성년의 자격을 획득하기라도 한 착각에 사로잡히는 것은 아닌지요? 물론 기호품의 선택은 의지가 아닌 습관에, 이성보다는 감성에 근거하는 까닭에 논리로써 좌우할 수 없는 면을 갖고 있다고 볼 수 있지요. 또한 작용·반작용의 물리적 현상과 같이 담배를 포함한 모든 기호품은 유익하고 해로운 양면성을 갖고 있는 것도 사실입니다. 중국의 작가 임어당은 흡연이 인류 최대의 쾌락 중의 하나라고 하였고, 흡연이 명랑, 사교, 재치를 유도하고 있어 여기에는 예술적, 문화적 가치와 정신적 이익이 있다고 흡연 습관을 극찬했습니다. 나는 이 점을 굳이 부정하고 싶은 생각은 없습니다. 그러나 금연가는 대개 근엄하고 도덕적이어서 정서적 감동이 부족하고 무감동하다고 말한다면 이에는 전혀 동의할 수 없습니다. 아무리 정신적 건강에 유익한 것이어도 신체에 해독이 더욱 크다면 이를 선택하지 않음이 당연한 논리의 귀결이요, 상식이 아닐까요?

담배를 태울 때에는 약 4천여 가지의 화합물이 발생한다고 합니다. 그중에서도 일산화탄소, 니코틴 및 타르 세 가지는 인체에 큰 해를 끼치지요. 일산화탄소는 연탄 가스 중독의 원인 물질이고, 니코틴은 자율 신경계의 균형을 파괴하고 스트레스를 높이며, 타르는 기관지, 폐의 환기 기능을 파괴하고, 각종 발암 물질을 함유하여 폐암, 구강암, 방광암 등 수많은 암을 유발한다는 것은 이미 확인된 사실입니다. 흡연자의 폐암 발생률이 비흡연자에 비하여 10~15배 이상 높습니다. 이는 흡연 부산물이 축적 효과가 있는 까닭에 흡연에 비례하여 폐암 발생률이 높아진다는 것입니다. 게다가 일반 사망률도 흡연자가 비흡연자에 비해 70% 가량 더 높다고 알려져 있습니다. 일이 이쯤되면 이미 담배는 기호품을 떠나 약물이라고 하겠습니다. 어떤 약물이든 상당 기간 섭취한 뒤 시작과 끊음을 일상의 의지력으로 할 수 없을 때 우리는 그 사람이 약물에 중독되었다고 합니다. 이런 점에서 담배는 넓은 의미로 마약에 속한다고 할 수 있습니다. 한 번 시작한 흡연을 큰 동기 없이 금연할 수 있는 경우는 극히 드물다고 합니다. 이 때의 그 동기라고 하는 것은 이미 신체적으로 망가졌을 때, 곧, 신체적인 위기 상황이 보통입니다. 그런 만큼 우리가 담배의 해독을 알면서 피하지 못함은 중독이며, 해독을 모르며 피우는 것은 무지의 소치라고밖에 더 달리 할 말이 없습니다.

10~11

다음은 뉴스의 일부입니다. 잘 듣고 물음에 답하십시오.

기자(여) 최근 사법 제도 개혁에 관한 국민들의 관심이 높습니다. 이제 전문가 한 분을 모시고 의견을 들어 보겠습니다.
국민들이 양질의 법률 서비스를 받을 수 있도록 사법 제도가 개선되어야 한다는 여론이 높습니다. 교수님께서는 우리 사법 제도가 어떤 방향으로 개선되어야 한다고 생각하시는지요.

교 수 예, 사법 제도의 개혁은 기존 법조인들의 반발도 있고 해서 매우 어려운 문제입니다. 우선 개혁이 어떤 방향으로 나아가야 하는가 하는 문제가 있으며, 어떤 내용을 고쳐야 하는가 하는 문제도 있습니다. 먼저 법조인의 기능과 관련한 문제인데, 우리 법조계는 그동안 민사 문제나 형사 문제에 대해 치중해 온 감이 없지 않습니다. 그러나 이제 사회가 크게 변하여 환경 문제, 지적 재산권 문제 등이 부각되고 있으며, 세계화 시대를 맞이하여 국제 문제에 관한 전문가도 필요합니다. 그런데 우리 사법 시험 제도는 법률 지식을 외우는 데에 치중하고 있습니다. 그래서 다양해진 사회적 갈등이나 전문 분야의 문제를 효율적으로 해결하기가 어려운 실정입니다.

기자(여) 복잡한 현대 생활의 제반 문제를 다루기 위해서는 법조인들이 다양한 분야에 대한 전문적 식견이 있어야 한다는 이야기군요.

교 수 그렇습니다. 그동안 이런 문제가 많이 제기되었습니다. 다양한 교양 과정을 수강하도록 해도 시험 과목이 아니라는 이유로 학생들의 외면을 받고 있습니다. 지금의 우리 법과 대학들은 정해진 시험 과목만 열심히 공부하는 학생들로 가득 차서 마치 고시 학원처럼 되어 있습니다. 이런 현상은 반드시 시정하도록 해야지요.

제3절 실전 다지기

01 **다음은 강연의 일부입니다. 잘 듣고 물음에 답하십시오.**

첨단 과학이 인간에게 제공해 줄 수 있는 것은 물질적인 풍요와 편리함입니다. 컴퓨터와 데이터 통신의 발달로 우리는 머지않아 안방에 앉아 직장의 모든 일을 할 수 있게 될 것입니다. 안방 근무 시대가 열리는 것이지요. 유전 공학의 발달은 전염병의 퇴치와 암 정복의 길을 열어 줄지 모르며, 여러 첨단 의학의 발달로 인간의 수명은 더욱 길어질 것입니다. 귀찮고 힘든 일이 모두 로보트에게 맡겨지고, 우주 저쪽에 지구의 식민지가 건설되는 것도 시간 문제임이 분명하지요. 모든 분야에 걸쳐 자연에 대한 인간의 이해와 통제가 폭발적으로 확대되어 가고 있는 것입니다.

그런데 과학 기술의 발달이 인간 사이를 멀게 해 준다는 것은 좀 뜻밖으로 들릴지도 모릅니다. 지구 반대편에 있는 친구와도 간단히 전화로 통화할 수 있고, 워싱턴과 동경과 서울에 있는 세 학자들이 3각 인터뷰를 하는 장면이 TV에 생중계되는 지구촌 시대에, 사람과 사람 사이가 멀어져 간다는 것은 이치에 맞지 않은 듯 보일지도 모릅니다. 그러나 사람 사이가 물리적으로 가까워지는 것이 심리적 또는 정서적 거리를 좁혀 주는 것은 결코 아닙니다. 과학 기술의 발달로 기계와 도구가 더욱 사람 사이에 끼어들고 사회가 더욱 조직화될수록 사람들은 피부와 피부를 서로 비비며 살 기회를 잃게 되기 마련입니다. 과학 기술의 발달은 이처럼 더욱더 인간과 인간의 사이를 이간시키고 있는데, 그 이유는 그 사이에 기계가 끼어들고 기계를 이용하는 조직이 개입하기 때문이지요.

첨단 과학의 발달은 무한한 가능성을 앞에 두고 있습니다. 그러나 과학 기술의 발달이 반드시 인간 사회를 더 좋게 만드는 지혜를 인간에게 주는 것은 아닙니다. 과학 기술은 엄청난 힘을 인간에게 주었지만, 전세계를 한꺼번에 파괴할 수 있는 큰 힘을 가진 국가라도 269명의 아무 죄 없는 생명을 미사일 한 발로 앗아 버린 구 소련의 비도덕을 징벌할 힘을 갖지는 못하지 않았습니까? 세계를 먹여 살릴 수 있는 풍요로운 생산의 뒤안길에서 지금도 세계에는 굶어 죽는 사람들이 얼마든지 있음을 우리는 알고 있습니다. 좋은 뜻에서 무한한 가능성을 가진 첨단 과학은 또한 인간 사회의 상대적인 불평등을 더욱 심화하는 데 작용하고 있는 것이지요. 과학 기술의 근본적인 한계성은 그것이 인간 사회의 문제 해결에 거의 힘이 되지 못한다는 점에 있는 것입니다.

02 **다음은 대화의 일부입니다. 잘 듣고 물음에 답하십시오.**

남 교사 (침울한 목소리로) 한때는 동서양을 막론하고 스승에 의한 학생 체벌은 '사랑의 매'라고 불리기도 했는데…….

여 교사 (약간 도전적인 목소리로) 네, 그랬었죠. 하지만 이제는 교사에 의한 학생 체벌도 인권 차원의 문제에서 다루어져야 하지 않을까요?

남 교사 물론, 비교육적이거나 감정적인 체벌이 없어져야 한다는 데에는 저도 이의가 없습니다. 그러나 학생의 잘못을 깨우쳐 주고 자기가 한 일에 책임을 지게 하는 정당한 사유가 있는 체벌은 교육 현장에서 꼭 필요하다고 저는 생각합니다. 이것은 남의 귀한 자식을 맡아 가르치는 교사가 반드시 해야 하는 일이기도 합니다.

여 교사 결코 그렇지 않습니다. 대다수 선진국들은 이미 교사에 의한 학생 체벌 제도를 없앴습니다.

남 교사 원……, 선생님도, 선진국들이 하는 일을 우리가 무조건 따라가야 할 필요가 있을까요? 우리는 우리 나름대로의 상황이 있어요. 지금의 학생들은 핵가족 속에서 과보호되면서 칭찬만 받고 자란 경우가 대부분이에요. 의지가 부족하고 자신의 잘못을 인정할 줄도 모르고 남의 탓만 하기에 익숙한 아이들에게 체벌 없이 칭찬과 상만 있는 교육을 했을 때 나타나는 결과를 생각이나 해보셨어요? 끔찍한 일입니다.

여 교사 (답답하다는 듯이) 김 선생님, 저는 무조건 선진국의 제도이니 따르자는 이야기가 아닙니다. 선진국이나 우리나라의 아이들이 과거의 아이들보다 더 거칠어지고 과격해진 것은 사실입니다. 그럼에도 불구하고 체벌을 없애자는 이유를 아직 모르시겠어요?
우선 체벌은 '폭력에 의한 통제'를 정당화해서, 학생들에게 나쁜 영향을 끼친다는 것이지요. 따라서 체벌은 학교 폭력의 뿌리를 제공해 주는 결과를 낳는다는 말이에요.

03 다음은 대화의 일부입니다. 잘 듣고 물음에 답하십시오.

여 글쎄, 초등학교 6학년 아이가 학생 회장에 입후보하면서 '책상, 걸상을 새 것으로 바꾸겠다.'는 선거 공약을 내걸었고, 회장이 되자 대통령에게 편지를 보내어 도움을 요청했대요.

남 그러니까 자신의 말에 책임을 지겠다 그거군요. 어린 녀석이 제법인데요?

여 어머, 그렇게 생각하세요? 저는 그 이야기를 듣고 기분이 착잡해지던데요. 그걸 어린이가 할 수 있는 발상이라고 이해해야 돼요?

남 그걸 어린이들의 잘못이라고만 볼 수 있습니까? 혼탁한 선거 문화와 대통령 만능 풍조로 순진무구한 어린이들마저 오염시키고 있는 어른들이 뼈 아프게 반성할 일이죠.

여 그렇기는 해도 어디까지가 어린이다운 것인지 판단하기가 쉽지 않네요. 그 나이에는 그저 아무것도 모르는 채 어른이 시키는 것을 전부로 알 그런 나이 아닌가요?

남 웬걸요. 요즘 아이들 정신 연령이 얼마나 높은데요. 그리고 영양 상태가 좋아지면서 어린이들의 몸은 우리 세대와는 비교할 수 없을 만큼 커졌어요. 지난 30년간 초등학교 6학년 아이들의 키가 15~18cm, 몸무게는 10~12kg이 늘었다지 않습니까? 그 공약 사건만 해도 그래요. 10년 전, 20년 전에 쓰던 책걸상이 얼마나 불편하고 힘들었으면 아이들이 그런 공약을 했겠습니까? 그걸 생각해야죠.

04 다음은 교양 강좌의 일부입니다. 잘 듣고 물음에 답하십시오.

안녕하십니까? '조상의 지혜를 찾아서' 두 번째 시간입니다. 오늘은 우리 선조들이 일상 생활 속에서 다양하게 사용해 온 숯에 대해서 말씀 드리겠습니다.

우리 조상들은 아이가 태어나면 대문에 숯을 꽂은 금줄을 칩니다. 장을 담글 때에는 반드시 장독 속에 숯을 띄웠고, 집을 지을 때에는 땅 속에 숯을 묻었습니다. 이처럼 우리 조상들은 늘 숯을 가까이 했던 것이죠. 이것은 막연한 미신이나 그저 전해 내려오는 풍습 때문만은 아닙니다. 여기에는 우리 조상들의 지혜와 슬기가 담겨 있습니다.

금줄에 숯을 꽂아 두면 주위에 음이온이 증가하게 되죠. 이 음이온은 병균의 활동을 억제하여 병에 감염되기 쉬운 산모를 보호하는 역할을 했던 것이죠. 또 된장은 누구나 알고 있듯이 발효 식품입니다. 발효를 시키려면 미생물이 있어야 합니다. 그런데 숯에는 미세한 구멍이 아주 많은데,

이 구멍에서 우리에게 유익한 미생물은 살 수 있지만, 덩치가 큰 해로운 미생물은 살 수가 없죠. 발효를 돕는 유익한 미생물의 서식지를 숯이 제공하는 셈이죠.

숯의 효능은 이것만이 아닙니다. 얼마 전 세계 문화유산으로 지정된 팔만대장경은 만들어진 지 칠백 년이 넘었습니다. 그런데도 신비에 가깝다고 할 만큼 원형을 그대로 유지하고 있습니다. 그 비결도 바로 숯에 있었던 것입니다. 팔만대장경이 보관된 장경각 밑에는 많은 양의 숯을 묻어 두었습니다. 숯은 습도가 높으면 수분을 흡수하고, 너무 건조하면 수분을 방출하여 적절한 습도를 유지하게 해 줍니다. 경판이 원형대로 보존될 수 있었던 까닭이 여기에 있었습니다.

또, 우리 조상들은 우물을 만들 때도 우물 바닥에 숯을 깔았습니다. 우물에 숯을 깔면 숯에 많이 포함되어 있는 미네랄 덕분에 물맛이 좋아지는 것은 물론이고, 숯에 있는 무수한 구멍이 이물질을 흡착하여 물을 맑고 깨끗하게 만들어 주었던 것이죠.

이렇게 우리 조상들은 숯을 매우 유용하게 활용하는 지혜를 가졌던 것입니다.

다음 시간에는 한복에 담긴 우리 조상들의 지혜에 대해 말씀드리겠습니다. 안녕히 계십시오.

05 다음은 대화의 일부입니다. 잘 듣고 물음에 답하십시오.

현 주 엄마, 나물 맛이 이상해요. 상했나 봐요.

어머니 맛이 왜? (먹어 보고) 아이고, 아까워라, 상해 버렸네. 어제 저녁에 무쳐 놓은 건데……. 숙주나물은 금방 상해 버린다니까, 쯧쯧.

현 주 엄마, 숙주나물은 무엇으로 만드는 거예요?

어머니 녹두에 물을 줘서 잘 기르면 된단다. 콩나물 기르듯이 말이다.

현 수 그런데 왜 녹두나물이라고 하지 않고 숙주나물이라고 하죠? 콩나물은 콩으로 만드니까 콩나물이라고 부르는데.

어머니 얘는 밥이나 먹지. 뭘 그렇게 꼬치꼬치 캐물어? 그런 것은 잘 따지면서 학교 성적은 만날 그 모양이냐? 빨리 밥 먹고 어제 생물 시험지에서 틀린 문제나 다시 풀어 봐!

아버지 현수야, 내가 설명해 줄까?

현 수 예, 거기에는 분명 무슨 뜻이 있는 것 같아요.

아버지 그렇지, 그런데 너 사육신에 대해서 들어 봤니?

현 수 예. 그런데 그게 숙주나물에 무슨 관계가 있나요?

아버지 물론 관계가 있었단다. 사육신들이 절개를 지키려고 죽음의 길을 택했을 때, 신숙주는 변절하여 다른 길을 택하고 말았지. 그래서 그의 이름을 따서 숙주나물이라고 하지.

현 수 다른 길이라니요?

아버지 그거야 당연히 부귀 영화의 길이지. 신숙주는 지금의 국무 총리에 해당하는 영의정의 자리에까지 올랐으니까.

현 수 아, 그래서 그랬군요!

06 다음은 대화의 일부입니다. 잘 듣고 물음에 답하십시오.

갑 　SF 영화에 승부를 걸고 있는 한 영화인이 있습니다. 제작 기술상의 여건 때문에 우리나라에서는 불모나 다름없는 SF 영화계에 뛰어들어 '쥐라기 공원' 같은 영화를 만들어 세계 시장을 공략하겠다는 것이었죠. 이 무모한 도전에 대해서 주변 사람들은 모두 코웃음을 쳤지만 이 영화인은 결국 해내고 말았습니다. 이제 그는 영화 제작 계획서와 시나리오만 가지고도 수백만 불 이상의 수출 계약을 맺을 정도로 해외 영화 시장에서 신뢰를 받고 있습니다.

을 　한 액세서리 제조업자는 우리나라 백화점에 값싸고 품질 좋은 액세서리를 납품하였답니다. 그런데 소비자들은 이 제품이 국산품인 것을 확인하자 "국산이라 값이 싸구나." 하고는 비싼 외제품으로 바꾸어 사 가더라는 것입니다. 결국 이 제조업자는 국내 백화점 진출을 포기하고 해외 시장 개척으로 눈을 돌렸답니다. 지금 이 제품은 외국에서 제 값을 받으면서도 높은 인기를 얻고 있습니다.

병 　한국의 빌 게이츠를 꿈꾸는 열아홉 살의 청년 사업가가 있습니다. 그는 고졸 학력밖에 없지만 외국에서는 천재 컴퓨터 프로그래머로 알려져 있습니다. 처음 프로그램을 만들었을 때 사람들은 대학도 나오지 않은 이 애송이 프로그래머를 깔보고 상대도 해 주지 않았다는 겁니다. 그래서 할 수 없이 스스로 컴퓨터 프로그램 수출 회사를 차린 것이죠.

07 다음은 대화의 일부입니다. 잘 듣고 물음에 답하십시오.

남학생 어제 신문을 보니까 말야, 아마존 강 유역의 밀림이 개발될 위기에 처해 있다고 그러더라.
여학생 그런데 그게 왜 '위기'니?
남학생 그게 말이지, 아마존 유역의 밀림이 지구의 허파라는 거야. 대기 산소의 70%가 아마존에서 공급된다.
여학생 (놀라면서) 그러니? 난 몰랐어. 그렇다면 대책을 강구해야지…….
남학생 그게 어디 쉬운 일이래야 말이지.
여학생 왜 어렵다는 거니? 개발을 금지시키면 되는 거 아냐?
남학생 아니야. 아마존을 개발하는 것이 보존하는 것보다 훨씬 이익이라고 생각하는 기업가들이 많거든. 아마존의 보존이라는 거, 아마 성공할 수 없을거야.

08 다음은 강연의 일부입니다. 잘 듣고 물음에 답하십시오.

　우리는 과거나 미래에 살 수는 없습니다. 살고 있는 것은 언제나 오늘입니다. 그런데도 우리는 내일은 무슨 수가 나지 않을까 하는 요행을 바라고, 내일 아침 스포츠 신문에 나오는 운수를 미리 찾아보며 울고 웃습니다.

　과거는 이미 무효가 되어 버린 약속 어음이고 미래는 불투명한 백지 수표이며 오늘만이 확실한 현찰인 것입니다. 승부를 오늘에 겁시다. 우리는 가장 중요한 때 가장 중요한 사람과 가장 값진 일을 하고 있음을 깨닫지 않으면 안 됩니다.

　우리의 삶에서 일처럼 소중한 것도 없습니다. 일이란 삶에 에너지를 공급해 줍니다. 에너지가 없는 삶이란 죽은 삶입니다. 힘든 일, 어려운 일을 기피하는 것은 죽음을 재촉하는 것과 같습니다. 죽으면 어차피 일도 없어지게 되는 것입니다. 제가 젊은이들에게 꼭 당부하고 싶은 말이 하나 있습니다.

09 다음은 강연의 일부입니다. 잘 듣고 물음에 답하십시오.

대중문화 개념에 대한 정의는 매우 분분하여 아직은 그 내용과 경계가 불분명한 채로 그 개념이 사용되고 있습니다. 그런데 대중문화의 일차적인 속성은 그것이 상품화된 문화라는 것, 경제적인 이윤 추구를 목적으로 하는 소위 '문화 사업'에 의해 생산되는 문화라는 데 있습니다. 그리하여 먼저 대중문화란 '자본주의 체계 내에서 기업이나 매스 커뮤니케이션 기구에 의해 하나의 상품으로 생산되는 문화'라고 볼 수 있습니다.

한편 대중문화는 이와 같은 경제적 의미 내지 기능만을 가지는 것은 아닙니다. 대중문화는 자본주의 체계 내에서 중요한 이데올로기적 기능 또한 수행합니다. 즉 대중문화는 수용자들에게 쾌락적이고 비현실적인 도피적 문화 내용물을 제공함으로써 수용자들을 탈정치화시키고 정치적 무관심을 창출하는 소극적 기능에서부터, 그 문화 내용 속에 지배 계급의 가치와 이데올로기를 은폐적으로 싣는 적극적 기능까지 수행할 수 있습니다.

이윤 추구를 앞세운 상업주의의 범람, 수동적인 위치에 앉혀져 있는 소비자, 국가의 통제에 있는 관제 문화의 틈입, 광고주 입김에 의한 소비주의의 만연, 중심국의 가치와 이데올로기를 품고 있는 중심국 대중문화의 득세, 이런 것들이 생산 및 소비 메커니즘이라는 결을 따라 잘라 본 한국 대중문화의 단면도에서 음영을 드리우는 풍경들입니다.

10 다음은 대화의 일부입니다. 잘 듣고 물음에 답하십시오.

갑 너 같은 게 친구냐?

을 친구 아냐, 그럼?

갑 나 너 같은 친구 둔 적 없어!

을 뭐어…야?

갑 너 친구 사이에 이럴 수 있어? 진짜 친구라면 그런 때, 내가 옳건 그르건, 그 건 나중 문제고, 일단 응원을 해 줘야 하는 게 인지상정 아냐. 그런데 넌 보고만 있었지? 아냐! 보고만 있는 정도가 아니라 그 녀석 편을 들고 되레 나를 나무랬지? 그게 친구야? 그게 친구냐구!

을 친구지! 진정한 친구는 그래야 하는 거야.

갑 뭐? 진정한 친구? 니가 말하는 진정한 친구가 뭔데?

을 그래 얘기하자. 내가 생각하는 진정한 친구라는 거는 말야…….

11 다음은 대담의 일부입니다. 잘 듣고 물음에 답하십시오.

사회자 얼마 전, 어느 기업에서 매달 봉급 중 1천 원 이하의 우수리를 떼어 모아 장학 기금을 만들었다고 합니다. 우수리 돈이다 보니 1원에서부터 많아야 9백99원이어서 '참사랑 실천 999 운동'이라고 이름을 붙였다죠. 또 어떤 화가는 길이 25cm의 나무 토막 999개에 각기 다른 여성의 모습을 그려 넣고 전시장 바닥에 세운 설치 미술 전시회를 '999'라고 이름 붙였다고 합니다. 그 외에도 우리 주변에는 9와 연관된 말이 많은데요. 따라서 이 9라는 숫자는 우리 민족과 아주 가까운 숫자가 아닌가 합니다. 어떤 해석이 가능할까요?

학 자 많은 가운데서 가장 적은 것을 나타내는 '구우일모(九牛一毛)', '구사일생(九死一生)', '구중궁궐(九重宮闕)' 등등 많은 한자 성어를 알고 계실 겁니다. 여기서 '구(九)'는 꼭 아홉이라는 숫자의 의미가 아니고 많은 되풀이를 뜻하는 것이지요. '세 번은 질리고 일곱 번은 짜증나고 아홉 번이면 재가 잡히고 열 번은 재를 넘긴다.'는 속담이 있습니다. '재가 잡힌다.'는 말은 남도 지방 사투리로, 일에 리듬이 생겨 일이 하기 싫지 않게 된다는 뜻입니다. 어떠세요? 속담의 뜻이 와 닿습니까? 밥은 배불리 먹지 말고, 세력은 남김없이 부리지 말며, 복은 남김없이 누리지 않는 것이 화를 멀리하고 복을 누리는 길이라고 우리 조상들은 가르쳤던 것입니다. '1000'이라면 이미 끝나 버린 완벽한 느낌이 드는데 '999'는 아직 가능성이 남아 있는 것 같은 느낌이 들지 않으세요?

12 다음은 토론의 일부입니다. 잘 듣고 물음에 답하십시오.

여 혼돈이란 보통 무질서, 무정형, 무법칙 등과 같은 성질을 가지고 있어. 그래서 우리는 아무렇게나 흐트러진 서류더미를 볼 때 매우 혼돈스럽다는 인상을 받게 되는 거야. 또 너저분하게 쌓여 있는 옷가지에서도 마찬가지로 혼돈스러운 상태를 경험하는 거구. 혼돈스러운 상태는 대체로 두 가지 측면에서 성격을 규정할 수 있어. 첫째, 미적 관점에서 볼 때 혼돈 상태는 추하다는 거야. 일정한 정형을 이루고 있지 못한 것이 혼돈 상태이기 때문이지. 둘째, 경제적 관점에서 볼 때 혼돈 상태에서 어떤 것을 찾는다는 것은 대단히 비효율적이라고 생각해. 이런 이유 때문에 우리는 대체로 혼돈에 대하여 부정적 인상을 갖게 되는 것 같아.

남 그렇지만 경우에 따라 혼돈을 굳이 부정적 관점에서만 볼 수 없는 사례도 있지 않을까? 예를 들어 강물의 흐름은 매우 자의적이고, 그 진행 방향이 예측 불가능하다고 생각할 수도 있지만 높은 곳에서 낮은 곳으로, 굳은 바위보다는 무른 흙 쪽으로 흘러간다는 점에서는 분명히 일관성 있는 법칙을 준수하고 있다고 볼 수 있잖아. 이렇게 본다면 법칙과 질서, 그리고 정해진 꼴을 갖추고 있지 않은 것처럼 보이는 대상도 어떤 경우에는 긍정적인 측면을 지니고 있는 거야. 그래서 나는 혼돈을 부정 일변도에서 파악하는 것보다는 새 질서가 탄생하기 이전의 과정으로 해석하고 싶고, 무질서 자체의 아름다움도 간과할 수 없다고 봐.

13 다음은 강연의 일부입니다. 잘 듣고 물음에 답하십시오.

오늘은 왼쪽과 오른쪽에 대하여 이야기를 할까 합니다.

술자리에서 처음 만난 사람들끼리 술을 마시다가 한 사람이 다른 사람에게 술잔을 권했는데, 왼손으로 잔을 건넸답니다. 그러자 상대방은 잔을 툭 쳐서 바닥에 떨어뜨린 다음 좌중이 다 놀라게 소리를 쳤습니다. "당신, 나한테 시비 거는 거요? 나한테 무슨 감정 있어?"라고 말입니다. 그리고는 서로 언성을 높이면서 크게 싸움을 벌였다는 것입니다.

수수께끼에도 이런 이야기가 있습니다. 어느 도둑을 순경이 쫓아가다가 놓쳤는데, 길이 두 갈래로 나 있었습니다. 그때 순경은 전혀 망설임 없이 달아난 길을 짐작하고서 쫓아갔다는 것입니다. 어느 쪽일까요? 물론 왼쪽입니다. 옳은 일을 하지 않는 놈이니 오른쪽 길을 갈 리가 없다는 것이 그 이유입니다.

이와 같이 왼손이나 왼쪽을 불길하고 좋지 않은 것으로 생각하는 것은 우리나라뿐 아니라 세계적으로 공통성을 띱니다. 인도네시아의 사이시아트 족에서는 인간이 여덟 개의 혼을 갖는데 선한 영혼은 오른쪽 어깨에, 악령은 왼쪽 어깨에 깃들인다고 믿습니다.

영어에도 light에는 '오른쪽'이라는 뜻과 함께 '바르다'는 뜻이 곁들여 있지만, 왼쪽을 나타내는 말인 left가 만든 lefthanded에는 '왼손잡이의'라는 뜻 말고도 '엉터리의, 앙큼한, 애매모호한' 등의 뜻이 있어 방향에 대한 생각을 알 수 있습니다.

14 다음은 연설의 일부입니다. 잘 듣고 물음에 답하십시오.

학우 여러분!

여러분의 우레같은 박수 소리를 듣고 보니, 이번 선거는 오늘로써 제가 승리했다는 것을 확신하게 되었습니다. (박수, 함성) 아니, 제가 승리한 것이 아니라 우리 학교의 발전을 기원하는 우리 1,500명 학우 여러분이 승리했습니다. (박수, 함성) 오늘 여러분이 제게 보내 주는 우레와 같은 박수와 함성이 이것을 증명합니다. 그렇지 않습니까, 여러분! (박수, 함성)

저는 지금 우리 학교를 거쳐간 수많은 선배님들이 저에게 이렇게 말씀하시는 것을 듣고 있습니다. "그래, 너 참 장하다! 너를 보니까, 네가 회장이 된 것을 보고, 우리는 모교의 발전을 믿는다. 장하다!" 이런 말씀을 듣고 있습니다. 여러분! 저기 앉아 계신 교장 선생님을 비롯해서 여러 선생님들께서도 그렇게 말씀하고 계십니다. 저는 그것을 저의 두 귀로 똑똑히 듣고 있습니다. 여러분!

그렇기 때문에 분명합니다. 학우 여러분이 믿고, 선배님들께서 믿고, 선생님들께서 믿는 제가 학생 회장이 되면, 우리 학교가 발전한다는 것이 불을 보듯 명백하지 않습니까, 여러분.

그렇기 때문에 저는 나머지 두 후보에게 악수를 청하는 바입니다. 학우, 선배, 후배, 선생님, 이 모든 분이 저의 당선을 확신하고 있는 이상, 저를 낙선시키기 위해 해 왔던 모든 노력을 포기하십시오! 그래서 저를 무투표로 당선되도록 하십시오. 그러면 저는 우정이 가득한 두 손을 잡아 그들을 위로하겠습니다. 여러분! (박수, 함성)

15 다음은 대담의 일부입니다. 잘 듣고 물음에 답하십시오.

사 회 자 청취자 여러분 안녕하세요. 이제 곧 본격적인 추위가 오려나 봅니다. 아, 오늘은 초대 손님을 모시고 겨울철에는 체력 관리를 어떻게 하는 것이 좋을지 이야기를 나누어 보려고 합니다. 어서 오세요. 이렇게 나와 주셔서 감사합니다.

초대 손님 예, 반갑습니다. 이렇게 불러 주셔서 감사합니다. 날씨가 많이 쌀쌀해졌는데요.

사 회 자 그렇죠? 어떤가요? 겨울철에는 다른 계절에 비해서 아무래도 운동량이 부족하게 되는데, 체력을 관리할 수 있는 무슨 좋은 방법이 없을까요?

초대 손님 예, 그렇습니다. 겨울에는 운동 경기를 하기에는 여러 가지 어려움이 많죠. 그래서 선수들의 경우 몸을 보호하기 위해 가급적 경기를 하지 않고 다음 시즌을 대비합니다.

사 회 자 선수들은 그럴 텐데, 저 같은 일반인들은 어떻게 해야 될까요?

초대 손님 운동을 못 하는 것은 일반인들도 마찬가지 아닌가요? 누구를 막론하고 겨울철에는 아무래도 활동하기가 어려울 테니까요. 개구리가 겨울잠을 자는 것과 같은 이치 아닐까요?

사 회 자 아휴, 그건 좀 다른 얘기 같군요. 애청자들께서 알고 싶은 것은 겨울철 체력 관리 방법이거든요. 예를 들어서 집안에서도 쉽게 할 수 있는 운동이라든가 그런 거 말이죠.

초대 손님 글쎄요. 선수들 간에도 차이가 있거든요. 쉽게 설명하면 마라톤 선수와 체조 선수의 체력이 다른 것과 마찬가지죠. 그래서 겨울에는 훈련하는 방식에도 많은 차이가 있습니다.

사 회 자 아, 아무래도 아직 긴장이 안 풀리셨나 봐요. 긴장도 풀 겸 노래 한 곡 듣고 계속할까요.

16 다음은 토론의 일부입니다. 잘 듣고 물음에 답하십시오.

사회자(여) 오늘은 간접 광고 허용 문제에 대해 으뜸방송의 조 PD님, 시민 연대의 김 소장님, 이렇게 두 분을 모시고 말씀 나눠 보도록 하지요. 나와 주셔서 감사합니다. PPL이라고 하죠? 번역하면 간접 광고라고 할 수 있겠는데요, TV 드라마 등에서 특정 제품이나 로고 등을 부각시켜 판매 효과를 노리는 기법에 대해 요즈음 찬반양론이 뜨겁습니다. 조 PD님은 어떻게 보십니까?

조 PD(남) 네, 저는 간접 광고를 양성화해서 기업의 효율적인 마케팅 도구로 활용하는 것이 좋다고 봅니다. 간접 광고를 규제하려는 발상은 오히려 시대의 흐름에 역행하는 일이라고 생각합니다.

사회자(여) 아, 그렇다면 간접 광고를 우리 고유 상표와 기업이 자연스럽게 해외 시장에 진출할 수 있는 길로 활용할 수도 있겠네요. 김 소장님은 이 문제를 어떻게 보십니까?

김 소장(여) 아 네, 그렇지만 간접 광고는 광고와 프로그램의 구분을 모호하게 하여 시청자에게 혼란을 주는 경우가 있어요. 제품이나 상표 노출을 위해 억지로 소품을 배치하거나 이야기의 줄거리까지 바꾸는 경우도 종종 있구요. 그 결과 프로그램 완성도가 심각하게 훼손되기도 하고, 시청자 입장에서는 소비자로서의 권리도 침해될 수 있지요. 무방비 상태의 시청자에게 가해지는 간접 광고의 메시지는 무언의 폭력입니다.

조 PD(남) 시대의 흐름을 읽지 못하고 계시군요. 판매 행위가 직접적이어야 한다는 것은 편견이죠. 그리고 간접 광고가 소비자의 권리를 침해하다니요? 어떤 환경에서든 상품을 보고 선택할 권리가 소비자에게 있는 겁니다. 오히려 규제 수위를 융통성 있게 조절하는 것이 현실적이지요. 간접 광고 협찬 수입을 투명하게 처리할 세부 지침을 마련하고, 외주 제작사에 대한 방송사의 제작비 지원이 현실화될 수 있도록 한다면, 잃는 것보다는 얻는 것이 많다는 얘기지요. 구더기 무서워 장 못 담급니까?

김 소장(여) 아까도 말씀드렸지만 간접 광고는 시청자에게 의사 결정을 강요함으로써 소비자의 권리를 침해한다는 문제점이 있지요. 또한 방송 제작 환경이 개선되지 않은 상태에서 간접 광고가 허용되면 광고 시장이 문란해지고 공정 경쟁을 저해할 소지가 다분하거든요. 결국 그 폐해는 고스란히 시청자들의 몫으로 돌아가게 되지요.

조 PD(남) 의사 결정을 강요한다니, 그럼 직접 광고는 권유하는 거고 간접 광고는 강요하는 것으로 보시는 겁니까? 방송 중에 정보 탐색은 물론 상품 주문까지 가능해진 상황에서 간접 광고를 굳이 규제할 필요가 있을까요?

사회자(여) 역시 양측 의견이 팽팽하군요. 그럼, 여기서 잠깐 광고 듣고 계속하죠.

17 다음은 대화의 일부입니다. 잘 듣고 물음에 답하십시오.

여 너 어제 어디 갔었니? 전화했는데 없더라.

남 응 나 어제 전시회에 갔다 왔어.

여 무슨 전시회?

남 '아! 고구려전'

여 아, 그거 나도 들었어. 어땠는데?

남 '아! 고구려전'은 나에게 많은 질문을 던져 주었고 생각의 변화를 일으키게 했어. 내가 놀란 것은 압록강 이북, 즉 만주 부근에 고구려의 고분들과 또 그 속에 있는 벽화들이 매우 많다는 사실이었어. 전시품들이 많지 않고 또 많이 변질되어서 정확히 알 수는 없었지만 고구려인들의 생활 모습을 느낄 수 있었어. 험한 지리적 조건들이 만들어낸 그들의 굳센 기상과 날쌔고 힘찬 패기는 그들의 예술품에도 여실히 드러나 있는 것 같았어. 잘 보이지는 않았지만 막 날아갈 듯한 주작처럼 생동감이 넘치는 그림과 선이 그랬어. 그 넓은 중국 땅을 지배한 고구려인들이 자랑스럽기 그지 없었어. 그나마 전시회를 둘러보면서 가장 절실하게 느낀 것이 하나 있어.

여 그게 뭔데?

남 응. 그건 내가 신라나 백제에 비해 고구려에 대한 공부와 이해가 너무나 부족했다는 점이야. 고구려인들의 굳센 정신을 계승했더라면 우리가 세계 역사 속에서 강자로 남을 수 있지 않았을까 하는 아쉬움도 갖게 되었어. 우리가 강자가 되려면 고구려인들의 굳센 정신을 계승해야 해.

18 **다음은 강연의 일부입니다. 잘 듣고 물음에 답하십시오.**

언어의 기원 문제는 고대부터 현대에 이르기까지 인류의 호기심을 무한히 자극하는 주제이다. 이에 대하여는 두 가지 가설이 있다.

하나는 언어 신수설(言語神授說)로 인간의 언어 능력은 신이 부여한 것이라는 종교적 언어관이며, 구약 성서의 바벨탑 이야기가 대표적이다. 즉, 온 세상이 신이 준 한 가지 말을 쓰고 있었다. 그런데 신이 땅에 내려와 인간이 세운 도시와 하늘로 치솟은 탑을 보고 이를 신에 대한 도전으로 생각하여 사람들의 힘을 약화하도록 그들이 쓰는 말을 뒤섞었다. 이로써 사람들은 서로 알아듣지 못하고, 온 땅에 흩어 살게 됨으로써 언어의 분화가 시작되었다는 것이다. 이에 따르면 언어는 신의 선물이라는 것, 인류의 언어는 한 가지에서 분화한 것이라는 것, 인류 발전의 원동력은 말이라는 것을 보여 준다.

중세까지는 이러한 언어 신수설이 널리 퍼졌지만 근대 이래로는 인간이 언어를 발명하였다는 언어 발명설(言語發明設)이 나왔다. 특히 진화론의 대두로 언어의 기원은 정설이 없지만 자연 발성음 기원설, 원시 노래 기원설, 의성음 기원설, 몸짓 기원설 등 다양한 기원설이 제기되었다. 이러한 발명설은 다원론적 주장을 바탕으로 한다.

19 **다음은 강연의 일부입니다. 잘 듣고 물음에 답하십시오.**

표준어가 가지는 또 하나의 중요한 기능은 우월(優越)의 기능이다. 표준어는 그것을 쓰는 사람이 쓰지 않는 사람보다 우월한 사람임을 드러내 주는 기능을 한다. 표준어는 주로 학교 교육을 통하여 습득되기 때문에, 표준어를 바르게 쓸 줄 안다는 것은 교육을 정상적으로 받았다는 것을 뜻한다. 즉, 표준어를 쓰는 사람은 사투리밖에 쓰지 못하는 사람보다 더 배운 사람, 나아가 사회적으로 더 우위(優位)에 있는 사람임을 드러낸다고 할 수 있다. 이것이 곧 표준어의 우월의 기능이다.

표준어의 우월의 기능을 입증(立證)해 주는 몇 가지 재미있는 연구가 외국에서 행해진 바 있다. 그 중의 하나는, 무의식적(無意識的)으로 하는 일상적인 말투에서는 그러지 않다가, 격식적(格式的)인 말투에서는 되도록 조심성 있게 표준어를 쓰는 일이, 교육을 바르게 받았고 교양이 있다는 것을 드러내는 한 수단임을 사람들이 의식하고 있다는 증거가 아닐 수 없다. 그만큼 우월의 기능은 표준어의 중요한 기능 중의 하나임이 분명하다.

20 **다음은 이야기의 일부입니다. 잘 듣고 물음에 답하십시오.**

지하철 캠페인 〈유감〉

언제부턴가 갑자기 지하철 양쪽 네 구석을 노약자를 위해 비워 두라고 합니다. 뉴스 방송의 고발 카메라는 그 자리에 앉은 젊은이에게 왜 노약자의 권리를 빼앗느냐고 야단을 치기도 합니다. 그래서 이제는 노약자가 한가운데로 오면 왜 당신의 자리를 두고 이곳으로 오느냐고 사람들은 눈치를 주게 되었습니다. 어쩌면 이젠, 늙고 병약한 사람의 자리는 바로 그 구석으로만 한정하는 사회가 되었는지 모르겠습니다.

차라리 이렇게 하는 것이 어떻겠습니까? 의자를 따로 비워 두지 맙시다. 다만 어디서건 더 불편한 사람을 위해 벌떡 일어납시다. 세상의 모든 의자는 노약자 우선석입니다.

MEMO

국어능력인증시험을 완벽하게 준비한다!

출제 방향과 학습 길잡이
교재의 각 절마다 한국언어문화연구원이 제시한 변경 전과 변경 후의 출제 방향을 함께 제시하여 출제의 흐름을 파악할 수 있도록 하였고, 이에 따른 올바른 학습 방향을 잡기 위해 학습 길잡이를 제시함으로써 국어능력인증시험 준비를 제대로 할 수 있도록 하였다.

토대 학습
어휘 영역에서는 보고 또 보기를, 규범 영역에서는 문법 지식을, 읽기, 쓰기, 듣기에서는 배경 지식 등을 제시하여 기초를 튼튼히 할 수 있도록 하였다.

테마별 학습
출제 영역별 학습을 테마별로 좀 더 세분화하여 단계적이고 체계적으로 학습하여 실력을 배양할 수 있도록 하였다.

실전 다지기
국어능력인증시험 유형 안내 문제들을 제시하고, 그와 같은 문제들로 구성하여 시험에 실질적으로 대비할 수 있도록 하였다.

정답과 해설
정답과 해설을 별도로 분권하여 편하게 학습하도록 하였으며, 그 내용에 있어서도 정답과 오답에 대한 명쾌한 해설은 물론 출제 의도와 문제 해결 과정까지 상세히 설명하여 다양한 형태의 문제를 효과적으로 학습하도록 하였다.

마무리 학습
좀 더 익혀야 할 어휘들, 반복해서 접해야 할 규범들, 꾸준히 풀어야 할 읽기 문제들, 기본적으로 알아야 할 쓰기 지식들, 자주 들어야 할 듣기 대본들 등의 자료를 홈페이지에 올려 마무리 학습을 할 수 있도록 하였다.

값 29,800원 (본책 + 정답과 해설 포함)